# 대기업 합격을 위한 추가 학습자료

KB084724

## 김소원의 수리능력
### 3초 풀이법 강의 수강권

### 780E 624K K848 0000

* 등록 후 30일간 수강 가능합니다.

## 대기업 인적성
### 온라인 모의고사 2회분 응시권

### 585F 6243 K623 9000

* 등록 후 30일간 응시 가능합니다.

## 교재 수록 모의고사 전 회차
### 온라인 응시 서비스

* 본 서비스는 교재에 수록된 동일한 문제를 온라인 환경으로 풀어볼 수 있는 서비스입니다.
* 등록 후 30일간 PC에서 응시 가능합니다.

## 본 교재 동영상강의
### 2만원 할인쿠폰

### A4EK 5F9E K2KC 7000

* 이벤트 강의 / 프로모션 강의 적용 불가 / 쿠폰 중복 할인 불가

## 대기업 인적성 패키지
### 2만원 할인쿠폰

### 639A 5F9F E2FB 2000

* 대기업 인적성 패키지 외 강의 적용 불가

## 취업 인강
### 20% 할인쿠폰

### 72FD 5FA0 K044 7000

* 단과 강의 외 이벤트 강의 / 프로모션 강의 적용 불가 / 쿠폰 중복 할인 불가

· **이용방법**: 해커스잡 사이트(ejob.Hackers.com) 접속 후 로그인 ▶ 사이트 메인 우측 상단 [나의 정보] 클릭 ▶ [나의 쿠폰 - 쿠폰/수강권 등록]에 위 쿠폰번호 입력 ▶
[마이클래스]에서 확인 or 강의 결제 시 쿠폰 적용

* 위 쿠폰은 한 ID당 1회에 한해 등록 및 사용 가능합니다.
* 이 외 쿠폰관련 문의는 해커스잡 고객센터(02-537-5000)로 연락바랍니다.

## 상식&사무지각능력 핵심 공략집 [PDF]

### 5DAS 87QW E54X 45XA

· **이용방법**: 해커스잡 사이트(ejob.Hackers.com) 접속 후 로그인 ▶ 사이트 메인 상단 [교재정보 - 교재 무료자료] 클릭 ▶
교재 확인 후 이용하길 원하는 무료자료의 다운로드 버튼 클릭 ▶ 위 쿠폰번호 입력 후 다운로드

## 무료 바로 채점 및 성적 분석 서비스

바로가기 ▲

· **이용방법**: 해커스잡 사이트(ejob.Hackers.com) 접속 후 로그인 ▶
사이트 메인 상단의 [교재정보-교재 채점 서비스] 클릭 ▶ 교재 확인 후 채점하기 버튼 클릭

취업강의 1위, 해커스잡 ejob.Hackers.com

# 대기업
# 직무적성검사,

## 해커스 20대기업 인적성 통합 기본서로
# 한 번에
# 준비할 수 있습니다.

1. 20대기업의 출제 유형을 모두 반영한 교재로 준비한다.

2. 20대기업의 최신 출제 경향과 합격 전략을 파악한다.

3. 출제 가능성이 높은 필수 이론과 개념을 확실히 공부한다.

4. 취약 유형을 점검하고 완벽하게 극복한다.

# 대기업 직무적성검사,
## 해커스 20대기업 인적성 통합 기본서로 한 번에 준비할 수 있습니다.

## 1 20대기업의 출제 유형을 모두 반영한 교재로 준비한다.

직무적성검사를 기업별로 준비하기에는 시간이 부족합니다. 해커스는 이러한 고민을 해결해드리기 위해 20대기업의 모든 기출 유형, 그리고 각 유형에 적용할 수 있는 문제 풀이 전략을 수록하였습니다. 교재에 수록된 기출 유형과 문제 풀이 전략을 익힌다면 어떤 기업의 인적성 검사든지 빠르고 정확하게 문제를 풀 수 있습니다.

[문제 풀이 전략 미리보기]

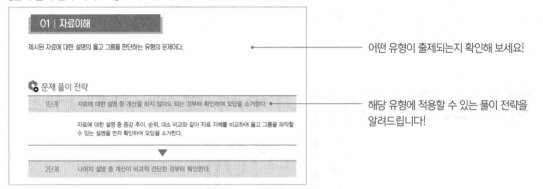

어떤 유형이 출제되는지 확인해 보세요!

해당 유형에 적용할 수 있는 풀이 전략을 알려드립니다!

## 2 20대기업의 최신 출제 경향과 합격전략을 파악한다.

직무적성검사에서 합격하기 위해서는 기업별 인적성 검사의 최신 출제 경향을 통해 시험 특성에 따른 합격 전략을 파악하고 이를 토대로 전략적으로 대비해야 합니다. 해커스는 20대기업 인적성 검사에 철저히 대비할 수 있도록 기업별 최신 인적성 검사 출제 경향과 합격 전략을 수록하였습니다.

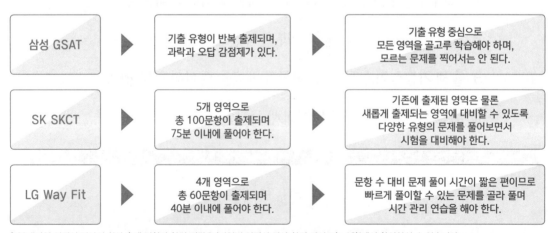

* 20대기업 인적성 검사의 최신 출제 경향과 합격 전략은 '기업별 인적성 검사 합격 가이드(p.18)'에서 확인하실 수 있습니다.

# 3 출제 가능성이 높은 필수 이론과 개념을 확실히 공부한다.

직무적성검사는 기업별로 달라 보이지만, 실제 유형별 문제 풀이에 요구되는 핵심 이론과 개념은 크게 다르지 않습니다. 따라서 자주 출제되는 이론과 개념부터 확실히 습득하는 것이 단기 합격의 지름길입니다. 해커스가 주요 20대기업 직무적성검사에 출제된 개념 및 필수 이론을 총정리한 직무적성검사 필수 암기 핸드북으로 공부하면 시험에 어떤 문제가 출제되더라도 대응할 수 있습니다.

---

해커스가 제안하는 〈직무적성검사 필수 암기 핸드북〉 활용법

| 활용법 1 | 본격적인 직무적성검사 학습 전에 살펴보면서 기본기를 쌓는다. |

| 활용법 2 | 문제 풀이에 어려움을 겪을 때 틈틈이 확인하여 이론과 개념을 확실히 이해하고, 취약한 영역의 이론과 개념은 꼼꼼히 복습한다. |

| 활용법 3 | 시험장에 가져가서 최종 정리용으로 활용한다. |

---

# 4 취약 유형을 점검하고 완벽하게 극복한다.

날로 경쟁이 심화되고 있는 직무적성검사에 합격하려면 어떤 영역과 유형도 소홀히 해서는 안 됩니다. 특히 삼성을 비롯한 일부 기업은 영역별 과락이 있어 취약한 부분이 있으면 합격 가능성이 크게 줄어듭니다. 해커스는 이러한 취업 시장의 특성을 반영하여 자신의 취약점을 파악하고, 취약 유형을 확실히 극복할 수 있도록 하였습니다.

| 취약 유형 분석표를 통한 자신의 취약 유형 및 학습 전략 확인 | + | 유형별 추가 문제 풀이를 통한 취약 유형 학습 | ▶ | 취약 유형 완벽히 극복! / 실력 단기 향상! |

**취약 유형 진단 & 약점 극복**   **취약 유형 극복 100제**

*해커스와 함께 인적성 검사를 넘어*
*최종합격에 한 걸음 더 다가갈 수 있기를 기원합니다.*

# 해커스
# 20대기업
# 인적성 통합 기본서

최신기출유형+실전문제

해커스잡

# 다양한 대기업 인적성 검사, 기업마다 다르게 준비해야 하나요?

취업 경쟁이 과열되면서 인적성 검사를 미리 준비하려는 수험생이 점차 늘어나고 있습니다.
그러나 인적성 검사를 기업별로 준비하기에는 시간이 부족하기 때문에 어떻게 대비해야 할지 갈피를 잡지 못하고 어려움을 겪는 수험생이 많습니다.

그러한 수험생의 어려움을 알기에 해커스는 수많은 고민을 거듭한 끝에
「해커스 20대기업 인적성 통합 기본서 최신기출유형＋실전문제」 개정판을 출간하게 되었습니다.

**「해커스 20대기업 인적성 통합 기본서 최신기출유형＋실전문제」 개정판의**

20대기업 인적성 검사의 최신 출제 경향을 반영**한 문제로,**

실전 감각을 키우기에 최적화된 실전모의고사 5회분(온라인 2회)**으로,**

영역별 필수 이론 학습을 돕는 직무적성검사 필수 암기 핸드북**으로,**

그리고 약점을 보완해주는 취약 유형 진단&약점 극복**으로,**

## 단기간에 확실하게 준비할 수 있습니다.

「해커스 20대기업 인적성 통합 기본서 최신기출유형＋실전문제」를 통해 대기업 채용에 대비하는 수험생 모두 합격의 기쁨을 누리시길 바랍니다.

해커스 취업교육연구소

# 목차

## PART 1 언어능력

## PART 2 수리능력

## PART 3 추리능력

**[부록]**
인성검사 합격 가이드

**[책 속의 책]**
약점 보완 해설집

**[핸드북]**
직무적성검사 필수 암기 핸드북

**[온라인 제공]**

ー해커스잡 사이트(ejob.Hackers.com)
· 대기업 인적성 온라인 모의고사
응시권(2회분)
· 상식&사무지각능력 핵심
공략집(PDF)

**기출 유형으로 최신 출제 경향을 파악하고 문제 풀이 전략을 익힌다!**

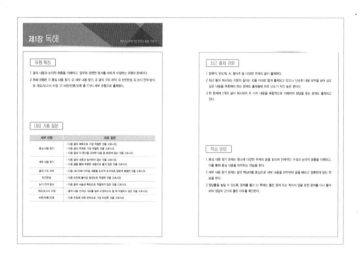

### 기출 유형 분석

20대기업 인적성 검사에 출제되는 기출 유형별 특징, 대표 기출 질문, 최근 출제 경향, 학습 방법을 수록하였다. 이를 통해 보다 효율적으로 직무적성검사를 준비할 수 있다.

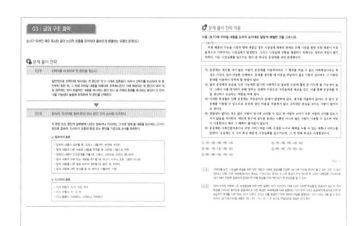

### 문제 풀이 전략

유형별로 제한 시간 내에 빠르고 정확하게 풀 수 있는 문제 풀이 전략을 손쉽게 익힐 수 있다.

## 02 자주 출제되는 이론은 직무적성검사 필수 암기 핸드북으로 정리한다!

### 직무적성검사 필수 암기 핸드북

영역별로 꼭 알아두어야 하는 이론과 개념으로 구성된 직무적성검사 필수 암기 핸드북을 별책으로 제공한다. 이를 통해 대기업 직무적성검사 대비를 위한 필수 이론과 개념을 빠르게 학습할 수 있다. 취약한 영역의 이론을 보완하거나 시험 직전에 최종 정리용으로도 활용할 수 있다.

### 기출 표시

직무적성검사 필수 암기 핸드북에 수록한 이론과 개념 중 20대기업의 직무적성검사에 출제된 적이 있는 이론 및 개념이 별도로 표시되어 있어 효율적으로 학습할 수 있다.

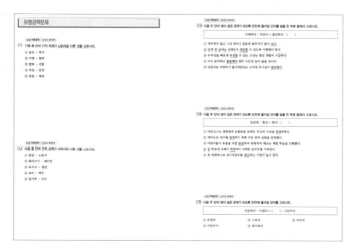

## 유형공략문제

최신 출제 경향이 반영된 문제를 통해 유형별로 문제 풀이 전략을 적용하여 문제를 집중적으로 푸는 연습을 할 수 있다.

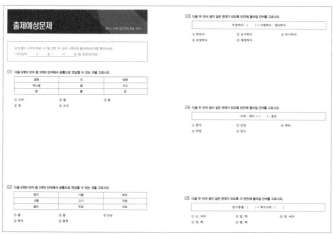

## 출제예상문제

영역별로 출제 가능성이 높은 출제예상문제를 풀어보며 시간 관리 연습을 하고, 심화 학습을 할 수 있다.

## 실전모의고사

최신 기출경향을 반영한 실전모의고사 3회분을 풀어보며 실전 감각을 극대화하고, 최종 점검을 할 수 있다.

# 04 상세한 해설로 완벽하게 정리한다!

## 약점 보완 해설집

문제집과 해설집을 분리하여 보다 편리하게 학습할 수 있으며, 모든 문제에 대해 상세하고 이해하기 쉬운 해설을 수록하여 보다 체계적으로 학습할 수 있도록 하였다. 또한

## 빠른 문제 풀이 Tip

수리능력 해설에서는 '빠른 문제 풀이 Tip'을 통해 복잡한 수치 계산 문제를 빠르게 푸는 방법을 익힐 수 있다.

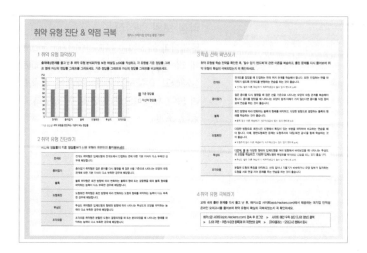

## 취약 유형 진단&약점극복

유형별 정답률을 바탕으로 취약점을 진단한 뒤, 취약 유형에 대한 학습 전략을 통해 단기간에 실력을 향상할 수 있다.

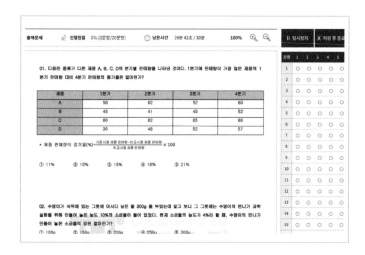

## 무료 바로 채점 및 성적 분석 서비스

해커스잡 사이트(ejob.Hackers.com)에서 제공하는 '무료 바로 채점 및 성적 분석 서비스'를 통해 응시 인원 대비 본인의 성적 위치를 확인할 수 있다.

# 06 동영상강의와 온라인 모의고사를 이용한다!

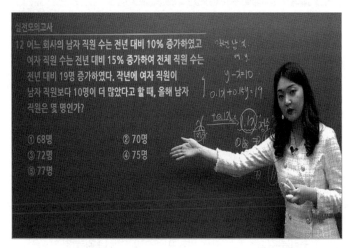

## 대기업 인적성 인강

해커스잡 사이트(ejob.Hackers.com)에서 제공되는 대기업 인적성 전문가 군단의 본 교재 동영상강의를 통해 최신 경향 및 영역별 전략, 빠른 문제 풀이 노하우를 익힐 수 있다.

## 온라인 모의고사

해커스잡 사이트(ejob.Hackers.com)에서 제공되는 직무적성검사·인성검사 온라인 모의고사를 통해 자신의 실력을 최종적으로 점검해볼 수 있다.

## 교재 수록 모의고사
## 전 회차 온라인 응시 서비스

교재 내에 수록된 실전모의고사 3회분을 온라인상으로 풀어봄으로써 온라인 환경에 완벽하게 적응하여 실전에 대비할 수 있다.

# 기간별 맞춤 학습 플랜

자신에게 맞는 일정의 학습 플랜을 선택하여 학습 플랜에 따라 매일 그 날에 해당하는 학습 분량을 공부하도록 한다.
심화 학습을 원한다면, 해커스잡 사이트(ejob.Hackers.com)에서 유료로 제공되는 본 교재 동영상강의를 수강하여 심화 학습을 할 수 있다.

## 10일 완성 학습 플랜

출제 빈도가 높은 유형을 집중적으로 학습함으로써 단기간에 효과적으로 20대기업 인적성 검사를 대비할 수 있다.

|  | 1일 | 2일 | 3일 | 4일 | 5일 |
|---|---|---|---|---|---|
| 1주 | [언어능력]<br>제1장 독해<br>• 유형공략문제 (p.56) | [언어능력]<br>제2장 어휘<br>• 유형공략문제 (p.98)<br><br>제3장 어법<br>• 유형공략문제 (p.108)<br><br>출제예상문제 (p.112)<br><br>[필수 암기 핸드북]<br>언어능력 (p.2) | [수리능력]<br>제1장 자료해석<br>• 유형공략문제 (p.150) | [수리능력]<br>제2장 응용계산<br>• 유형공략문제 (p.198)<br><br>출제예상문제 (p.206)<br><br>[필수 암기 핸드북]<br>수리능력 (p.30) | [추리능력]<br>제1장 언어추리<br>• 유형공략문제 (p.234)<br><br>제2장 수/문자추리<br>• 유형공략문제 (p.250) |
| 2주 | [추리능력]<br>제3장 도식추리<br>• 유형공략문제 (p.264)<br><br>제4장 도형추리<br>• 유형공략문제 (p.284)<br><br>출제예상문제 (p.288)<br><br>[필수 암기 핸드북]<br>추리능력 (p.41) | [공간지각능력]<br>제1장 전개도<br>• 유형공략문제 (p.322)<br><br>제2장 종이접기<br>• 유형공략문제 (p.338)<br><br>제3장 블록<br>• 유형공략문제 (p.350) | [공간지각능력]<br>제4장 도형회전<br>• 유형공략문제 (p.362)<br><br>제5장 투상도<br>• 유형공략문제 (p.370)<br><br>제6장 조각모음<br>• 유형공략문제 (p.380)<br><br>출제예상문제 (p.382)<br><br>[필수 암기 핸드북]<br>공간지각능력 (p.49) | [실전모의고사]<br>실전모의고사 1회 (p.406)<br>실전모의고사 2회 (p.446) | [실전모의고사]<br>실전모의고사 3회 (p.488) |

\* 영역별 이론 및 개념에 대한 지식이 부족하다면, 〈직무적성검사 필수 암기 핸드북〉을 먼저 암기한 후 문제를 푸는 순서로 학습할 수 있다.

# 20일 완성 학습 플랜

모든 출제 유형을 꼼꼼하게 학습함으로써 20대기업 인적성 검사에 완벽하게 대비할 수 있다.

| | 1일 | 2일 | 3일 | 4일 | 5일 |
|---|---|---|---|---|---|
| 1주 | [언어능력]<br>제1장 독해<br>• 유형공략문제 (p.56) | [언어능력]<br>제2장 어휘<br>• 유형공략문제 (p.98) | [언어능력]<br>제3장 어법<br>• 유형공략문제 (p.108) | [언어능력]<br>출제예상문제 (p.112)<br><br>[필수 암기 핸드북]<br>언어능력 (p.2) | [수리능력]<br>제1장 자료해석<br>• 유형공략문제 (p.150) |
| 2주 | [수리능력]<br>제2장 응용계산<br>• 유형공략문제 (p.198) | [수리능력]<br>출제예상문제 (p.206)<br><br>[필수 암기 핸드북]<br>수리능력 (p.30) | [추리능력]<br>제1장 언어추리<br>• 유형공략문제 (p.234)<br>제2장 수/문자추리<br>• 유형공략문제 (p.250) | [추리능력]<br>제3장 도식추리<br>• 유형공략문제 (p.264)<br>제4장 도형추리<br>• 유형공략문제 (p.284) | [추리능력]<br>출제예상문제 (p.288)<br><br>[필수 암기 핸드북]<br>추리능력 (p.41) |
| 3주 | [공간지각능력]<br>제1장 전개도<br>• 유형공략문제 (p.322)<br>제2장 종이접기<br>• 유형공략문제 (p.338) | [공간지각능력]<br>제3장 블록<br>• 유형공략문제 (p.350)<br>제4장 도형회전<br>• 유형공략문제 (p.362) | [공간지각능력]<br>제5장 투상도<br>• 유형공략문제 (p.370)<br>제6장 조각모음<br>• 유형공략문제 (p.380) | [공간지각능력]<br>출제예상문제 (p.382)<br><br>[필수 암기 핸드북]<br>공간지각능력 (p.49) | [실전모의고사]<br>실전모의고사 1회 (p.406) |
| 4주 | [실전모의고사]<br>1회 틀린 문제 및<br>취약 유형 복습 (p.406) | [실전모의고사]<br>실전모의고사 2회 (p.446) | [실전모의고사]<br>2회 틀린 문제 및<br>취약 유형 복습 (p.446) | [실전모의고사]<br>실전모의고사 3회 (p.488) | [실전모의고사]<br>3회 틀린 문제 및<br>취약 유형 복습 (p.488) |

* 영역별 이론 및 개념에 대한 지식이 부족하다면, 〈직무적성검사 필수 암기 핸드북〉을 먼저 암기한 후 문제를 푸는 순서로 학습할 수 있다.

# 20대기업 인적성 검사 출제 영역

대부분의 기업 채용 전형에서 시행하는 직무적성검사는 직무수행과 관련된 기초지식과 업무를 수행할 때 겪게 되는 여러 상황에 대한 대처 능력을 평가하기 위한 검사이다. 직무적성검사에 출제되는 영역 및 유형은 기업의 평가 의도에 따라 차이가 있지만, 언어능력, 수리능력, 추리능력, 공간지각능력, 상식능력, 사무지각능력을 평가하는 경우가 많다.

## 1. 영역별 출제 비중

각 기업에서 출제되는 영역은 기업 및 시기에 따라 달라질 수 있지만, 20대기업에서 치러진 시험의 최신 출제 경향을 기준으로 하였을 때 언어능력, 수리능력, 추리능력의 출제 비중이 가장 높다.

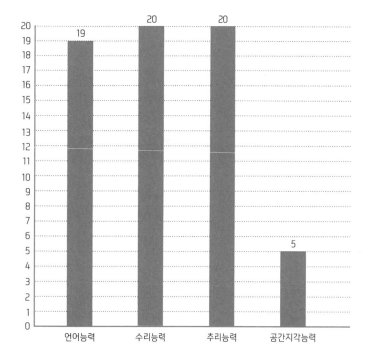

# 2. 출제 영역의 특징

## 01 언어능력

- 언어능력은 글을 분석적으로 읽고 내용을 파악하는 능력, 어휘의 의미와 우리말 어법을 정확히 알고 바르게 사용하는 능력을 평가하는 영역이다.
- 언어능력의 유형에는 독해, 어휘, 어법이 있으며, 그중에서 독해의 출제 비중이 가장 높다.
- 언어능력은 언어논리, 언어이해와 같은 영역명으로 출제되기도 한다.
- 삼성, SK, LG, CJ, 현대자동차, 이랜드, 롯데, 포스코, KT, 두산, LS, S-OIL, 효성, 대우건설, KCC, 삼양, 샘표, LX, 현대에서 출제된다.

## 02 수리능력

- 수리능력은 제시된 자료를 분석하는 능력과 기본 수학 이론·공식을 이용한 계산 능력을 평가하는 영역이다.
- 수리능력의 유형에는 자료해석과 응용계산이 있으며, 그중에서 자료해석의 출제 비중이 가장 높다.
- 수리능력은 수리논리, 자료해석, 수리력과 같은 영역명으로 출제되기도 한다.
- 삼성, SK, LG, CJ, 현대자동차, 이랜드, 롯데, 포스코, GS, KT, 두산, LS, S-OIL, 효성, 대우건설, KCC, 삼양, 샘표, LX, 현대에서 출제된다.

## 03 추리능력

- 추리능력은 주어진 조건을 종합하여 논리적으로 사고하는 능력, 숫자 또는 문자의 배열 규칙을 유추하는 능력, 제시된 도형이나 암호 기호에 적용된 규칙을 유추하는 능력을 평가하는 영역이다.
- 추리능력의 유형에는 언어추리, 수/문자추리, 도식추리, 도형추리가 있으며, 그중에서 언어추리의 출제 비중이 가장 높다.
- 추리능력은 논리판단, 언어추리, 도식적추리, 도형추리와 같은 영역명으로 출제되기도 한다.
- 삼성, SK, LG, CJ, 현대자동차, 이랜드, 롯데, 포스코, GS, KT, 두산, LS, S-OIL, 효성, 대우건설, KCC, 삼양, 샘표, LX, 현대에서 출제된다.

## 04 공간지각능력

- 공간지각능력은 다양한 도형의 상하, 좌우, 전후의 공간관계나 공간위치를 파악하는 능력을 평가하는 영역이다.
- 공간지각능력의 유형에는 전개도, 종이접기, 블록, 도형회전, 투상도, 조각모음이 있으며, 그중에서 전개도와 블록의 출제 비중이 가장 높다.
- 공간지각능력은 시각적사고, 공간추리와 같은 영역명으로 출제되기도 한다.
- 현대자동차, GS, KT, 두산, 효성에서 출제된다.

\* 기업에 따라 세부 유형이 위 영역과 다른 영역으로 분류될 수 있음

예 삼성의 경우 어휘의 세부 유형인 '어휘관계'와 독해의 세부 유형인 '세부 내용 찾기'가 '언어능력'이 아닌 '추리능력' 문제로 출제됨

# 3. 출제 영역 일람표

20대기업에서 치러진 시험의 최신 출제 영역 및 온라인 시행 여부를 하나로 정리한 출제 영역 일람표를 통해 각 기업의 최신 출제 영역을 한눈에 확인할 수 있다.

| 기업 \ 영역 | 언어능력 | 수리능력 | 추리능력 | 공간지각능력 | 온라인 시행 |
|---|---|---|---|---|---|
| 삼성 | ○ | ○ | ○ | | ○ |
| SK | ○ | ○ | ○ | | ○ |
| LG | ○ | ○ | ○ | | ○ |
| CJ | ○ | ○ | ○ | | ○ |
| 현대자동차 | △ | △ | △ | △ | ○ |
| 이랜드 | ○ | ○ | ○ | | |
| 롯데 | ○ | ○ | ○ | | ○ |
| 포스코 | ○ | ○ | ○ | | ○ |
| GS | | ○ | ○ | ○ | ○ |
| KT | ○ | ○ | ○ | ○ | ○ |
| 두산 | ○ | ○ | ○ | ○ | ○ |
| LS | ○ | ○ | ○ | | ○ |
| S-OIL | ○ | ○ | ○ | | ○ |
| 효성 | ○ | ○ | ○ | ○ | |
| 대우건설 | ○ | ○ | ○ | | |
| KCC | ○ | ○ | ○ | | |
| 삼양 | ○ | ○ | ○ | | ○ |
| 샘표 | ○ | ○ | ○ | | ○ |
| LX | ○ | ○ | ○ | | |
| 현대 | ○ | ○ | ○ | | ○ |

* 본 교재는 20대기업이 공통적으로 중요하게 다루고 있는 언어능력, 수리능력, 추리능력, 공간지각능력을 다루고 있으며, 영역명은 본 교재 기준이므로 실제 기업별 출제 영역명은 '기업별 인적성 검사 합격 가이드(p.18)'에서 확인할 수 있음

* ○ 표시는 꾸준히 출제되고 있는 영역, △ 표시는 최근 시험에서 제외되는 등 변동사항이 있는 영역을 나타냄

* 온라인 시행 기업에만 ○ 표시하였음

# 기업별 인적성 검사 합격 가이드

대부분의 기업에서 출제되는 직무적성검사는 출제 영역, 유형 및 문항 수와 시간이 고정되어 있는 경우가 많지만, 일부 기업의 경우 시기에 따라 출제하는 영역, 유형 및 문항 수와 시간이 변동되기도 한다. 따라서 기업별 최신 직무적성검사의 출제 경향을 파악하여 대비하는 것이 좋다.

## 01 삼성

- 필기시험 명칭은 '삼성직무적성검사 GSAT(Global Samsung Aptitude Test)'이다.
- 직무적성검사는 2개 영역으로 총 50문항이 출제되며, 60분 이내에 풀어야 한다.
- 인성검사와 GSAT 약식 평가는 직무적성검사 합격자에 한해 면접 당일에 시행하며, 수리 10문항과 추리 15문항으로 구성된 GSAT 약식 평가는 30분 이내에 풀어야 한다.

### ❶ 합격 전략

> 기출 유형을 중심으로 모든 영역을 골고루 학습한다!

✔ 기출 유형이 반복해서 출제되므로 최근 출제 유형을 파악하고 이를 중점적으로 학습한다.

✔ 오답 감점제가 있으므로 모르는 문제는 찍지 말고 공란으로 두는 것이 좋다.

✔ 영역별 과락이 있으므로 자신의 취약점을 파악하고 집중 학습하여 극복해야 한다.

### ❷ 시험 구성

| 구분 | 영역 | 문항 수 | 시간 |
|---|---|---|---|
| 직무적성검사 | 수리논리 | 20문항 | 30분 |
| | 추리 | 30문항 | 30분 |

* 2023년 하반기 기준(온라인 진행)

## 02 SK

- 필기시험 명칭은 'SK종합역량검사 SKCT(SK Competency Test)'이다.
- 인성검사는 직무적성검사와 함께 시행된다.
- 2023년 하반기부터 전 계열사 통일된 온라인 SKCT가 치러졌다.
- 인지역량검사는 언어이해, 자료해석, 창의수리, 언어추리, 수열추리 20문항씩 총 100문항을 75분 이내에 풀어야 한다.
- 심층역량검사는 PART1과 PART2로 구분되며, PART1은 240문항을 45분 이내에, PART2는 150문항을 25분 이내에 풀어야 한다.

## ❶ 합격 전략

**빠른 시간 안에 정확하게 문제를 풀어야 한다!**

✔ 각 영역별 20문항씩 15분 이내에 풀이해야 하므로 1문항당 40초 이내에 풀이하는 연습을 한다.

✔ 온라인 풀이 시 계산기, 메모장을 사용할 수 있으나 수기로 필기하는 것은 불가하므로 컴퓨터로 계산기와 메모장을 활용하는 방법을 연습한다.

✔ 일단 문제를 넘어가면 이전 문제로 돌아갈 수 없어 정답 수정이 불가하므로 최대한 빠른 시간 안에 정확하게 문제를 풀이하는 연습을 한다.

✔ 수열추리에서 분수 형태의 숫자가 제시되고, 이에 대한 규칙을 찾아야 해 체감 난도가 높았으므로 분수의 규칙 찾는 연습을 한다.

## ❷ 시험 구성

| 구분 | 영역 | 문항 수 | 시간 |
|---|---|---|---|
| 인지역량검사 | 언어이해 | 20문항 | 15분 |
| | 자료해석 | 20문항 | 15분 |
| | 창의수리 | 20문항 | 15분 |
| | 언어추리 | 20문항 | 15분 |
| | 수열추리 | 20문항 | 15분 |
| 심층역량검사 | PART1 | 240문항 | 45분 |
| | PART2 | 150문항 | 25분 |

\* 2023년 하반기 기준(온라인 진행)

- 필기시험 명칭은 'LG Way Fit Test'이다.
- 직무적성검사는 4개 영역으로 총 60문항이 출제되며, 40분 이내에 풀어야 한다.
- 인성검사는 직무적성검사와 함께 시행된다.

### ❶ 합격 전략

*짧은 시간 안에 빠르고 정확하게 문제를 풀이하는 것이 핵심이다!*

✔ 필기시험이 온라인으로 진행되면서 난이도는 대폭 낮아졌으나, 문항 수 대비 문제 풀이 시간이 짧은 편이므로 빠르고 정확하게 문제를 풀이하는 연습을 한다.

✔ 문제 풀이 시에는 자필 메모가 불가능하며, 온라인 메모나 계산기 사용만 가능하므로 사전에 컴퓨터를 활용하여 문제를 푸는 연습을 한다.

### ❷ 시험 구성

| 구분 | 영역 | 문항 수 | 시간 |
|---|---|---|---|
| 인성검사 | – | 183문항 | 20분 |
| 직무적성검사 | 언어이해 | 15문항 | 10분 |
| | 언어추리 | 15문항 | 10분 |
| | 자료해석 | 15문항 | 10분 |
| | 창의수리 | 15문항 | 10분 |

* 2023년 하반기 기준(온라인 진행)

- 2024년 하반기부터 전 계열사 동시 진행의 CAT(적성검사)/CFT(인성검사)가 온라인으로 진행되었다.
- 제시되는 지문 및 자료의 길이가 짧고 문제도 단순한 편이었으나 문제 풀이 시간이 부족하여 체감 난도가 약간 어려운 편이었다.

## ❶ 합격 전략

풀이 시간이 부족한 편이므로 빠르게 문제를 풀이해야 한다!

✔ 전반적으로 문제 풀이 시간이 부족한 편이므로 빠르게 풀 수 있는 문제부터 골라 풀며 시간 관리 연습을 해야 한다.

✔ 수학 공식 등을 활용한 문제가 다수 출제되므로 사전에 학습하여 암산으로 빠르고 정확하게 문제를 푸는 연습을 한다.

## ❷ 시험 구성

| 구분 | 영역 | 문항 수 | 시간 |
|---|---|---|---|
| CAT(직무적성검사) | 언어이해 | 20문항 | 15분 |
| | 언어추리 | 20문항 | 15분 |
| | 자료해석 | 20문항 | 15분 |
| | 창의수리 | 20문항 | 15분 |
| CFT(인성검사) | PART 1 | 275문항 | 45분 |
| | PART 2 | 90문항 | 15분 |

\* 2024년 하반기 채용 공고 기준

- 필기시험 명칭은 '현대자동차그룹 직무적성검사 HMAT(Hyundai Motor group Aptitude Test)' 이다.
- 직무적성검사는 4개 영역으로 총 50문항이 출제되며, 65분 이내에 풀어야 한다.
- 인성검사는 직무적성검사와 함께 시행된다.
- 2020년부터 수시채용으로 변경되면서 필기 전형에서 인성검사만 시행하고 있다.

---

## ❶ 합격 전략

> 공간지각과 도식이해 모두 대비해야 한다!

✓ 2019년 상·하반기에는 모두 공간지각이 출제되었으나, 2018년까지는 상반기에 공간지각, 하반기에 도식이해가 출제 되었으므로 둘 중 어떤 영역이 출제되어도 풀 수 있도록 철저히 대비한다.

✓ 공간지각과 도식이해 모두 출제 유형이 매번 변경되며 기출 유형이 다시 출제되기도 하므로 HMAT 기출 유형을 포 함한 다양한 유형의 문제를 학습한다.

✓ 공간지각의 경우 시험지에 필기하는 행위를 금지하므로 펜을 사용하지 않고 눈으로 푸는 연습을 한다.

## ❷ 시험 구성

| 구분 | 영역 | 문항 수 | 시간 |
|---|---|---|---|
| 직무적성검사 | 언어이해 | 15문항 | 20분 |
| | 논리판단 | 10문항 | 15분 |
| | 자료해석 | 15문항 | 20분 |
| | 공간지각 | 10문항 | 10분 |
| 인성검사 | 인성검사 I | 336문항 | 50분 |
| | 인성검사 II | 335문항 | 45분 |

* 2019년 하반기 기준

# E·LAND

- 필기시험 명칭은 '이랜드 직무적성검사 ESAT(E – Land Strength Aptitude Test)'이다.
- 직무적성검사는 3개 영역으로 총 70문항이 출제되며, 56분 이내에 풀어야 한다.
- 인성검사는 직무적성검사와 함께 시행된다.

## ❶ 합격 전략

*여러 번의 인성검사, 일관성 유지가 중요하다!*

✔ 인성 측면에 대한 검사가 여러 차례에 걸쳐 진행되므로 솔직하고 일관성 있게 답변하고, 미리 기업의 인재상과 경영이념 등을 숙지하는 것이 좋다.

✔ 직무적성검사의 경우 시험지에 필기하는 행위를 금지하고 별도의 연습지를 제공하므로 문제에 직접 표시하지 않고 연습지를 활용해 문제를 푸는 연습을 한다.

✔ 오답 감점제가 있으므로 모르는 문제는 찍지 말고 공란으로 두는 것이 좋다.

## ❷ 시험 구성

| 구분 | 영역 | | 문항 수 | 시간 |
|---|---|---|---|---|
| 기초인재검사 | – | | 100문항 | 40분 |
| 직무적성검사 | 언어비평 | 언어추론 | 20문항 | 10분 |
| | | 독해 | 25문항 | 22분 |
| | 수리비평 | 자료해석 | 25문항 | 24분 |
| 상황판단검사 | – | | 32문항 | 45분 |
| 인재유형검사 | – | | 462문항 | 60분 |

* 2023년 상반기 기준

- 필기시험 명칭은 '롯데 조직·직무적합도검사 L−TAB(LOTTE Talent Assessment Battery)' 이다.
- 직무적성검사는 3개 영역으로 총 80문항이 출제되며, 120분 이내에 풀어야 한다.
- 인성검사는 직무적성검사와 함께 시행된다.

## ❶ 합격 전략

> 새롭게 출제되는 유형에 대비해야 한다!

✔ 실제 업무 상황처럼 구현된 이메일, 메신저 등으로 전달되는 다수의 과제를 수행하는 형식으로 진행되므로, 관련 자료가 제시되는 문제를 학습하는 것이 좋다.

✔ 수리적 사고의 경우 자료를 보고 계산하는 문제의 출제 비중이 높으므로, 수리능력의 자료해석 유형을 집중 학습하며 문제 풀이 능력을 기른다.

## ❷ 시험 구성

| 구분 | 영역 | 문항 수 | 시간 |
|---|---|---|---|
| 직무적합검사 (직무적성검사) | 언어적 사고, 수리적 사고, 문제해결 | 80문항 | 120분 |
| 조직적합검사(인성검사) | − | 265문항 | 30분 |

* 2023년 하반기 기준(온라인 진행)

# posco

- 필기시험 명칭은 '포스코 인적성 검사 PAT(POSCO Aptitude Test)'이다.
- 직무적성검사는 4개 영역으로 총 60문항이 출제되며, 60분 이내에 풀어야 한다.
- 온라인으로 시험 진행됨에 따라 영역 및 시간이 대폭 변경되었다.

## ❶ 합격 전략

### 영역별 시간 관리에 유념해야 한다!

✔ 응시 플랫폼에서 제공하는 메모장 외에는 사용할 수 없으므로 펜이나 계산기를 사용하지 않고 수학 문제를 풀이하는 연습을 한다.

✔ 한 영역당 15문항을 15분 이내에 풀이해야 하므로 영역별 시간 관리에 유의하여 문제를 풀이해야 한다.

✔ 취약한 영역과 유형 위주로 준비하여 빠르고 정확하게 문제를 푸는 연습을 한다.

## ❷ 시험 구성

| 구분 | 영역 | 문항 수 | 시간 |
|---|---|---|---|
| 인적성검사(PAT) | 언어이해 | 15문항 | 15분 |
| | 자료해석 | 15문항 | 15분 |
| | 문제해결 | 15문항 | 15분 |
| | 추리 | 15문항 | 15분 |

* 2023년 하반기 기준(온라인 진행)

## 09 GS

- GS칼텍스 테스트전형은 온라인으로 직무역량, 조직가치부합도, 디지털역량, 한국사 시험이 치러진다.
- GS리테일에서는 AI 역량검사만 시행하는 것으로 변경되었으므로 지원하는 계열사에 따라 준비해야 한다.

## ❶ 합격 전략

*응시하는 계열사의 시험을 확인한다!*

✔ 계열사에 따라 인적성 전형 자체가 상이하므로 자신이 응시할 시험의 구성을 확인하고 준비한다.

✔ GS칼텍스의 경우 짧은 시간 안에 온라인으로 문제를 풀이해야 하므로 눈으로 문제를 빠르게 푸는 연습을 한다.

## ❷ 시험 구성

| 구분 | 영역 | 문항 수 | 시간 |
|---|---|---|---|
| 직무역량검사 | 언어추리 | 45문항 | 15분 |
| | 수리추론 | 30문항 | 25분 |
| 한국사시험 | – | 10문항 | 10분 |
| 디지털 역량 검사 | – | 20문항 | 20분 |
| 조직가치 부합도 검사 | – | 100문항 | 40분 |

* 2023년 하반기 기준(GS칼텍스 온라인 진행 시험 기준)

- 필기시험 명칭은 'KT 종합 인적성 검사'이다.
- 직무적성검사는 4개 영역으로 총 75문항이 출제되며, 90분 이내에 풀어야 한다.
- 인성검사는 직무적성검사와 함께 시행된다.

### ❶ 합격 전략

*시간 관리는 물론, 메모장을 이용할 수 없음도 고려해야 한다!*

✔ 문항 수에 비해 풀이 시간이 짧은 편이므로 평소에 시간 제한을 두고 문제를 푸는 연습을 한다.

✔ 온라인으로 시험 진행됨에 따라 메모장 이용 등이 불가하므로 눈으로 문제를 푸는 연습을 한다.

✔ 도형추리의 경우 출제 유형이 매번 변경될 가능성이 있으므로 어떤 유형이 출제되어도 풀 수 있도록 다양한 유형의 문제를 학습한다.

### ❷ 시험 구성

| 구분 | 영역 | 문항 수 | 시간 |
|---|---|---|---|
| 적성검사 | 언어 | 20문항 | 20분 |
| | 언어추리＋수추리 | 20문항 | 25분 |
| | 자료해석＋응용수리 | 20문항 | 25분 |
| | 도형추리 | 15문항 | 20분 |
| 인성검사 | PART1 | 333문항 | 55분 |
| | PART2 | 160문항 | |

* 2023년 하반기 기준(온라인 진행)

- 필기시험 명칭은 '두산종합적성검사 DCAT(Doosan Comprehensive Aptitude Test)'이다.
- 직무적성검사는 3개 영역으로 총 90문항이 출제되며, 80분 이내에 풀어야 한다.
- 인성검사는 직무적성검사와 함께 시행된다.
- 온라인으로 시험 진행되었다.

## ❶ 합격 전략

고난도 문제에 대비해야 한다!

✔ 전반적으로 문제의 난도가 높고, 특히 수리자료분석과 공간추리는 출제 유형이 자주 변경되므로 다양한 유형의 문제를 학습하는 것이 좋다.

✔ 본 문제 풀이 전 예제 문제를 풀어보는 시간이 주어지므로 예제 문제를 보며 풀이 방법을 익힌 뒤 본 문제에 적용해야 한다.

## ❷ 시험 구성

| 구분 | 영역 | 문항 수 | 시간 |
|---|---|---|---|
| 직무적성검사 | 언어논리 | 20문항 | 20분 |
| | 언어표현 | 15문항 | 10분 |
| | 수리자료분석 | 20문항 | 20분 |
| | 공간추리 | 10문항 | 7.5분 |
| | 도형추리 | 10문항 | 7.5분 |
| 인성검사 | – | 272문항 | 55분 |

* 2023년 하반기 기준(온라인 기준)

## 12 LS

- 필기시험 명칭은 'LS 인적성 검사 LSAT(Leading Solution Aptitude Test)'이다.
- 직무적성검사는 4개 영역으로 총 80문항이 출제되며, 60분 이내에 풀어야 한다.
- 인성검사는 직무적성검사와 함께 시행되며, 인적성검사 모두 온라인으로 진행된다.

### ❶ 합격 전략

*영역별 제한 시간이 없으므로 자신있는 유형부터 풀이한다!*

✔ 계열사에 따라 채용 전형이 상이하므로 사전에 자신이 응시할 시험이 무엇인지 잘 확인하고 준비한다.

✔ 영역별 제한 시간이 없고, 풀이 문제를 자유롭게 이동할 수 있으므로 문제 풀이에 자신 있는 영역 및 유형의 문제부터 풀이하는 것이 좋다.

✔ 개인 용지나 필기구는 사용 불가하며, 사이트 내에서 제공하는 노트만 사용 가능하므로 눈으로 문제 풀이하는 방법을 익히는 것이 좋다.

### ❷ 시험 구성

| 구분 | | 영역 | 문항 수 | 시간 |
|---|---|---|---|---|
| 인성검사 | | – | 450문항 | 50분 |
| LS<br>(LS전선) | 직무적성검사 | 언어이해 | 20문항 | 60분 |
| | | 자료해석 | 20문항 | |
| | | 집중력 | 20문항 | |
| | | 추리 | 20문항 | |

\* 2023년 하반기 기준(온라인 진행)

- 필기시험 명칭은 'S-OIL 인적성 검사'이다.
- 직무적성검사는 3개 영역으로 총 50문항이 출제되며, 60분 이내에 풀어야 한다.
- 인성검사는 직무적성검사와 함께 온라인으로 시행된다.

## ❶ 합격 전략

### 독해력과 추리력이 당락을 결정한다!

✔ 언어의 경우 온라인임에도 불구하고 지문이 긴 편이라 풀이 시간이 많이 소요되므로 평소 신문 기사 및 사설, 보고서, 일반 도서 등 다양한 분야의 글을 읽으며 독해력을 키운다.

✔ 수리는 방정식, 함수 등을 활용하여 창의적인 방법으로 문제에 접근하는 능력을 측정하는 문제가 출제되므로, 수학의 기본원리와 공식을 미리 숙지하고 응용계산 능력을 길러 대응한다.

✔ 추리의 경우 도형의 배열에서 규칙성을 파악하고 변화 관계를 추론하는 문제가 출제되므로, 도형추리 문제를 풀어보며 추리력을 키운다.

## ❷ 시험 구성

| 구분 | 영역 | 문항 수 | 시간 |
|---|---|---|---|
| 적성검사<br>(직무적성검사) | 언어 | 15문항 | 20분 |
| | 수리 | 20문항 | 20분 |
| | 추리 | 15문항 | 15분 |
| 인성검사 | – | 420~460문항 | 60분 |

* 2023년 하반기 기준(온라인 진행)

**HYOSUNG**

- 필기시험 명칭은 '효성 인적성 검사'이다.
- 직무적성검사는 8개 영역으로 총 151문항이 출제되며, 64분 이내에 풀어야 한다.
- 인성검사는 직무적성검사와 함께 시행된다.

## ❶ 합격 전략

*창의력 문제에 대한 대비가 필요하다!*

✔ 문항 수에 비해 풀이 시간이 매우 짧은 시험이므로 전략적으로 문제를 푸는 연습을 한다.

✔ 오답 감점제가 있으므로 모르는 문제는 찍지 말고 공란으로 두는 것이 좋다.

✔ 창의력의 경우 제시된 도형의 용도를 상상하여 답하는 주관식 시험으로, 정답이 있는 것은 아니지만 짧은 시간 안에 여러 가지(최대 40개)를 써야 하므로 다양한 시각으로 대상의 용도를 상상해보며 답안을 작성하도록 한다.

✔ 컴퓨터용 사인펜만 사용 가능하므로 연필이나 볼펜이 아닌 컴퓨터용 사인펜으로 문제를 푸는 연습을 한다.

## ❷ 시험 구성

| 구분 | 영역 | 문항 수 | 시간 |
|---|---|---|---|
| 인성검사 | – | 345문항 | 40분 |
| 직무적성검사 | 지각정확력 | 30문항 | 6분 |
| | 언어유추력 | 20문항 | 5분 |
| | 언어추리력 | 20문항 | 5분 |
| | 공간지각력 | 20문항 | 8분 |
| | 판단력 | 20문항 | 12분 |
| | 응용계산력 | 20문항 | 12분 |
| | 수추리력 | 20문항 | 10분 |
| | 창의력 | 1문항 | 6분 |

* 2023년 하반기 기준

 대우건설

- 필기시험 명칭은 '대우건설 종합직무능력검사'이다.
- 직무적성검사는 4개 영역으로 총 80문항이 출제되며, 70분 이내에 풀어야 한다.
- 인성검사는 직무적성검사와 함께 시행된다.

❶ 합격 전략

철저한 시간 관리가 중요하다!

✔ 잘 모르거나 풀이 시간이 오래 걸리는 문제가 있으면 다음 문제로 넘어가는 방식으로 풀이 시간을 단축한다.

✔ 수치자료판단 영역의 난도가 높으므로 수학의 기본원리와 공식을 숙지하고 응용력을 기르는 것이 좋다.

✔ 오답 감점제가 있으므로 모르는 문제는 찍지 말고 공란으로 두는 것이 좋다.

❷ 시험 구성

| 구분 | 영역 | 문항 수 | 시간 |
|---|---|---|---|
| 인성검사 | – | 85문항 | 50분 |
| 직무능력검사 | 바이오데이터(A, B, C) | 60문항 | 20분 |
| | D 언어자료판단 | 20문항 | 20분 |
| | E 수치자료판단 | 20문항 | 20분 |
| | F 상황판단 | 25문항 | 15분 |
| | G Construction | 15문항 | 15분 |

\* 2023년 상반기 기준

- 필기시험은 온라인으로 진행되며, 명칭은 '온라인 인적성 검사'이다.
- 인적성 검사는 총 4개 영역으로 언어추론, 자료해석, 도식추리, 상식이 출제된다.
- 개별 문항당 30초의 시간 제한이 있으며, 오답 감점이 있다.

## ❶ 합격 전략

*시간 관리는 물론, 오답 감점에도 주의해라!*

✔ 개별 문항당 30초 이내에 문제를 풀이해야 하며, 오답 감점이 있으므로 찍지 않도록 주의해야 한다.

✔ 펜을 사용할 수 없어 눈으로 문제를 풀어야 하므로 미리 관련 유형을 눈으로 푸는 연습을 한다.

✔ 자료해석의 경우 계산기를 사용할 수 있으므로 컴퓨터 계산기를 활용하여 문제를 빠르게 푸는 연습을 하는 것이 좋다.

## ❷ 시험 구성

| 구분 | 영역 | 문항 수 | 시간 |
|---|---|---|---|
| 온라인 인적성 검사 | 언어추론 | 48문항 | 50분 |
| | 자료해석 | | |
| | 도식추리 | | |
| | 상식 | | |

* 2023년 상반기 기준(온라인 진행)

**°samyang°°**

- 필기시험 명칭은 '삼양 인적성 검사'이다.
- 직무적성검사는 3개 영역으로 총 110문항이 출제되며, 75분 이내에 풀어야 한다.
- 인성검사는 직무적성검사와 함께 온라인으로 시행된다.

---

### ❶ 합격 전략

빠르고 정확한 문제 풀이가 합격을 좌우한다!

✔ 문항 수에 비해 풀이 시간이 매우 짧은 시험이므로 전략적으로 문제를 푸는 연습을 한다.

✔ 언어비평, 수리비평, 도식추론은 GSAT와 유사하게 출제되는 경향이 있으므로 관련 유형들을 미리 준비하면 좋다.

---

### ❷ 시험 구성

| 구분 | 영역 | 문항 수 | 시간 |
|---|---|---|---|
| 삼양 인적성 검사 | 언어비평 | 40문항 | 20분 |
| | 수리비평 | 30문항 | 25분 |
| | 도식추론 | 40문항 | 30분 |
| | 성격검사 | 104문항 | 제한 없음 |

\* 2023년 하반기 기준(온라인 진행)

- 필기시험 명칭은 '샘표 인적성 검사'이다.
- 직무적성검사는 3개 영역으로 총 60문항이 출제되며, 85분 이내에 풀어야 한다.
- 인성검사는 직무적성검사와 함께 시행된다.

## ❶ 합격 전략

**철저한 시간 관리가 합격의 관건이 된다!**

✔ 개인 시계 소지를 금지하므로 한 문항당 풀이 시간을 정해놓고 문제를 풀며 시간 관리 연습을 해야 한다.

✔ 오답 감점제가 있으므로 모르는 문제는 찍지 말고 공란으로 두는 것이 좋다.

✔ 컴퓨터용 사인펜만 사용 가능하므로 연필이나 볼펜이 아닌 컴퓨터용 사인펜으로 문제를 푸는 연습을 한다.

✔ 도형추리의 경우 난도가 높고 출제 유형이 자주 변경되므로 다양한 유형의 도형추리 문제를 학습한다.

## ❷ 시험 구성

| 구분 | 영역 | 문항 수 | 시간 |
|---|---|---|---|
| 적성검사<br>(직무적성검사) | 언어 | 20문항 | 30분 |
| | 수리 | 20문항 | 30분 |
| | 도형추리 | 20문항 | 25분 |
| 인성검사 | – | 340문항 | 50분 |

\* 2023년 하반기 기준

• 직무적성검사는 4개 영역으로 총 60문항이 출제되며, 40분 이내에 풀어야 한나.
• 인성검사는 직무적성검사와 함께 온라인으로 시행된다.

## ❶ 합격 전략

> *짧은 시간 안에 빠르게 풀면서도 정확도를 높이는 것이 무엇보다 중요하다!*

✔ LG그룹에서 파생된 기업으로, LG 인적성검사인 LG Way Fit Test와 동일한 형태로 치러진다.

✔ 출제되는 문제의 난도는 높지 않지만, 문제 풀이 시간이 짧으므로 빠르게 문제를 풀이하면서도 정확도를 높이는 연습을 하는 것이 좋다.

✔ 자필 메모는 불가능하며, 온라인 메모 및 계산기 사용만 가능하므로 사전에 관련 연습을 진행하는 것도 도움이 된다.

## ❷ 시험 구성

| 구분 | 영역 | 문항 수 | 시간 |
|---|---|---|---|
| 인성검사 | – | 183문항 | 20분 |
| 직무적성검사 | 언어이해 | 15문항 | 10분 |
| | 언어추리 | 15문항 | 10분 |
| | 자료해석 | 15문항 | 10분 |
| | 창의수리 | 15문항 | 10분 |

\* 2023년 하반기 기준(온라인 진행)

**▲ HYUNDAI**

- 직무적성검사는 4개 영역으로 총 80문항이 출제되며, 60분 이내에 풀어야 한다.
- 인성검사는 직무적성검사와 함께 온라인으로 시행된다.

---

## ❶ 합격 전략

> 철저한 시간 관리가 합격을 좌우한다!

✔ 문제 자체의 난도는 낮은 편이나, 종이나 펜을 사용할 수 없고, 영역당 15분 이내에 20문항을 풀이해야 하므로 시간 관리를 철저히 해야 한다.

✔ 문제를 빠르게 눈으로 읽고 암산하는 연습을 하면 시간 단축에 도움이 된다.

✔ 온라인 메모 및 계산기 사용만 가능하므로 사전에 연습하면 실제 문제 풀이 시 도움이 될 수 있다.

## ❷ 시험 구성

| 구분 | 영역 | 문항 수 | 시간 |
|---|---|---|---|
| 적성검사 | 언어이해 | 20문항 | 15분 |
| | 언어추리 | 20문항 | 15분 |
| | 자료해석 | 20문항 | 15분 |
| | 창의수리 | 20문항 | 15분 |
| 인성검사 | – | 421문항 | 60분 |

* 2023년 하반기 기준(온라인 진행)

해커스 20대기업 인적성 통합 기본서

# PART 1 언어능력

## 유형 특징

**1** 글의 내용과 논리적 흐름을 이해하고, 업무와 관련한 문서를 바르게 수정하는 유형의 문제이다.

**2** 독해 유형은 ① 중심 내용 찾기, ② 세부 내용 찾기, ③ 글의 구조 파악, ④ 빈칸완성, ⑤ 논지 전개 방식, ⑥ 개요/보고서 수정, ⑦ 비판/반론/오류 총 7가지 세부 유형으로 출제된다.

## 대표 기출 질문

| 세부 유형 | 대표 질문 |
|---|---|
| 중심 내용 찾기 | • 다음 글의 제목으로 가장 적절한 것을 고르시오.<br>• 다음 글의 주제로 가장 적절한 것을 고르시오.<br>• 다음 글의 각 문단을 요약한 내용 중 본문에 없는 것을 고르시오. |
| 세부 내용 찾기 | • 다음 글의 내용과 일치하지 않는 것을 고르시오.<br>• 다음 글을 통해 추론한 내용으로 옳지 않은 것을 고르시오. |
| 글의 구조 파악 | • 다음 〈보기〉에 이어질 내용을 논리적 순서대로 알맞게 배열한 것을 고르시오. |
| 빈칸완성 | • 다음 빈칸에 들어갈 문장으로 적절한 것을 고르시오. |
| 논지 전개 방식 | • 다음 글의 서술상 특징으로 적절하지 않은 것을 고르시오. |
| 개요/보고서 수정 | • 글의 내용 전개상 개요를 일부 수정하고자 할 때 적절하지 않은 것을 고르시오. |
| 비판/반론/오류 | • 다음 주장에 대한 반박으로 가장 타당한 것을 고르시오. |

1
언어능력

2
수리능력

3
추리능력

4
공간지각능력

5
실전모의고사

해커스 20세기엄 인적성 통합 기본서 최신기출유형+실전문제

## 최근 출제 경향

**1** 암묵지, 반도체, AI, 몽타주 등 다양한 주제의 글이 출제된다.

**2** 최근 들어 제시되는 지문의 길이는 10줄 이내로 짧게 출제되고 있으나, 단순한 내용 파악을 넘어 심도 깊은 내용을 추론해야 하는 문제도 출제됨에 따라 난도가 약간 높은 편이다.

**3** 한 문제에 2개의 글이 제시되어 두 가지 내용을 복합적으로 이해하여 정답을 찾는 문제도 출제되고 있다.

## 학습 방법

**1** 중심 내용 찾기 문제는 평소에 다양한 주제의 글을 읽으며 전체적인 구성과 논리적 흐름을 이해하고, 이를 통해 중심 내용을 파악하는 연습을 한다.

**2** 세부 내용 찾기 문제는 글의 핵심어를 중심으로 세부 내용을 파악하며 글을 빠르고 정확하게 읽는 연습을 한다.

**3** 정답률을 높일 수 있도록, 문제를 풀고 난 후에는 틀린 문제 또는 찍어서 답을 맞힌 문제를 다시 풀어보며 정답의 근거와 틀린 이유를 확인한다.

# 01 | 중심 내용 찾기

글을 분석적으로 이해하여 주제 및 핵심 논지를 파악하는 유형의 문제이다.

##  문제 풀이 전략

| 1단계 | 글의 앞부분과 뒷부분을 읽는다. |
|---|---|

일반적으로 글에서 가장 핵심적인 내용은 맨 앞 또는 맨 뒤에 나올 가능성이 높다. 따라서 글을 처음부터 끝까지 모두 읽기보다는, 글의 앞부분과 뒷부분만 먼저 읽고 이를 토대로 중심 내용을 파악한다.

▼

| 2단계 | 일부 내용만을 포함한 선택지는 소거한다. |
|---|---|

중심 내용은 글에서 반복적으로 언급되는 개념에 관한 세부 내용을 모두 포함할 수 있어야 한다. 따라서 글에 제시된 일부 내용만을 포함한 선택지는 오답이므로 소거한다.

1
20능력

2
수리능력

3
추리능력

4
공간지각능력

5
실전모의고사

해커스 20대기업 인적성 통합 기본서 최신기출유형+실전문제

## 문제 풀이 전략 적용

**다음 글의 제목으로 가장 적절한 것을 고르시오.**

> 현대 의학으로는 인공 혈액을 만드는 데 한계가 있으며, 여전히 혈액을 대체할 수 있는 물질은 존재하지 않는다. 게다가 살아있는 세포로 구성된 혈액의 경우 장기간 보존이 어려우므로 헌혈은 수혈이 필요한 환자의 생명을 구하는 유일한 수단이라 할 수 있다. 우리나라는 과거 외국에서 혈액을 수입한 적도 있었으나, 헌혈에 대한 대중의 관심과 참여가 높아지면서 현재는 수혈용 혈액의 경우 국내 혈액으로 자급자족할 수 있게 되었다. 하지만 의약품의 원재료가 되는 혈장 성분은 여전히 대부분 수입에 의존하고 있어 완벽한 의미의 혈액 자급자족을 위해서는 연간 약 300만 명의 헌혈자가 필요하다. 상황이 이러함에도 불구하고 헌혈에 대한 부정적 인식으로 인해 헌혈을 꺼리는 경우가 많은 것이 사실이다. 가장 대표적인 것이 바로 헌혈을 출혈의 개념으로 생각하여 헌혈이 신체에 부정적 영향을 준다는 인식이다. 하지만 체내 혈액량을 살펴보면 전체 혈액량 중 약 15%는 비상 상황을 대비한 여유 혈액량으로, 400ml 정도를 헌혈한다고 해도 건강에는 아무런 해가 되지 않는다. 게다가 우리의 몸은 헌혈한 뒤 이틀 정도면 혈관 내외의 혈액순환이 회복되므로 일상생활에도 전혀 지장이 없다. 앞서 헌혈을 출혈 개념으로 생각한 것과 관련하여 헌혈이 빈혈의 원인이 된다는 인식이 존재하기도 한다. 그러나 헌혈 전에 적혈구 내 혈색소인 헤모글로빈 수치를 측정하고 이를 통해 헌혈 가능 여부를 판단하므로, 사실상 빈혈에 걸릴 정도의 사람이라면 헌혈 전에 걸러지게 된다. 또한, 헌혈자의 건강을 보호하기 위해 대한적십자사는 적혈구와 백혈구, 혈장, 혈소판 등 혈액 전체 성분을 헌혈하는 전혈 헌혈의 경우 연 5회, 혈액의 특정 성분 즉, 혈장, 혈소판만 따로 헌혈하는 성분 헌혈의 경우 월 2회 정도로 횟수 및 간격을 제한하고 있으며, 헌혈 가능 연령대와 체중 등의 조건도 엄격히 관리하고 있다. 한편 헌혈을 하면 혈관이 얇아진다고 여기는 사람들이 있다. 혈관은 채혈 바늘이 신체에 들어올 때 일시적으로 수축하지만, 금방 원래의 상태로 돌아가게 된다. 물론 같은 부위를 여러 번 채혈 바늘로 찌를 경우 혈관에 무리가 갈 수는 있으나, 이 역시 평균적으로 2~3일 정도 지나면 회복된다.

① 우리나라 헌혈 시스템의 현황과 전망
② 헌혈이 인체에 미치는 부정적 영향
③ 헌혈 증가를 위한 방안 마련의 필요성
④ 헌혈을 둘러싼 그릇된 의학적 상식
⑤ 전혈 헌혈과 성분 헌혈의 비교 및 대조

[정답] ④

| 1단계 | 글의 앞부분은 헌혈의 활성화를 방해하는 요소로 지목되는 헌혈 관련 속설들이 존재한다는 내용이고, 글의 뒷부분은 헌혈이 건강에 부정적 영향을 미친다는 설, 헌혈이 빈혈의 원인이라는 설, 헌혈이 혈관을 얇아지게 만든다는 설 모두 잘못되었다는 내용이다. |
|---|---|
| 2단계 | 글의 앞부분과 뒷부분을 고려하면 이 글의 제목에는 헌혈에 대해 부정적으로 생각하게 되는 잘못된 지식이 존재한다는 내용이 포함되어야 한다.<br>따라서 정답은 ④가 된다. |

## 02 | 세부 내용 찾기

글에 나온 정보를 바탕으로 세부적인 내용의 옳고 그름을 추론하는 유형의 문제이다.

###  문제 풀이 전략

| 1단계 | 선택지를 읽고 핵심어를 추려낸다. |
|---|---|

각 선택지를 차례대로 읽고 핵심어에 표시한다. 이때 고유명사나 숫자와 같이 글에서 쉽게 찾을 수 있는 것을 핵심어로 설정하면 풀이 시간을 단축할 수 있다.

▼

| 2단계 | 핵심어 관련 내용을 글에서 찾아, 선택지의 내용을 글의 내용과 대조하여 정답을 찾는다. |
|---|---|

글을 빠르게 훑어보며 각 선택지의 핵심어와 관련된 내용이 언급되는 부분을 찾고, 선택지의 내용과 글의 내용을 비교하여 각 선택지의 내용이 옳은지 틀린지 확인한다.

**다음 글을 통해 추론한 내용으로 옳지 않은 것을 고르시오.**

페르마의 마지막 정리는 2보다 큰 정수 n에 대하여 $x^n + y^n = z^n$을 만족하는 양의 정수 x, y, z는 존재하지 않는다는 정리이다. 1637년 수학자 페르마는 '나는 놀라운 방법으로 이 정리를 증명하였지만, 여백이 부족하여 증명은 생략한다.'라고 디오판토스의 저서 〈아리스메티카〉 여백에 메모를 남겼다. 페르마의 정리들은 이런 식으로 책의 여백에 대충 적혀져 있는 경우가 많았으며, 자세한 증명은 대부분 빠져 있었다. 이후 페르마의 정리들은 모두 증명이 되었으나, 페르마의 마지막 정리만 풀리지 않고 남아 약 350년간이나 수학자들의 도전을 자극했다. 그중 독일의 아마추어 수학자 파울 볼프스켈(Paul Wolfskehl)은 자살을 결심했던 것조차 잊을 정도로 페르마의 마지막 정리에 매료되었다. 수학이 자신을 구했다고 생각한 그는 감사의 뜻을 표하기 위해 괴팅겐 왕립과학원에 10만 마르크를 기증하고, 100년 안에 페르마의 마지막 정리를 최초로 완벽하게 증명한 사람에게 이를 주라고 했다. 괴팅겐 왕립과학원이 그의 유지를 받들어 1908년에 볼프스켈 상을 제정하면서 페르마의 마지막 정리는 더욱 유명해지게 되었다. 이와 함께 페르마의 마지막 정리에 대한 새로운 증명이 수천 개 접수되었으나, 그중 정확한 증명은 없었다. 1997년, 마침내 영국의 수학자 앤드류 와일즈(Andrew Wiles)가 페르마의 마지막 정리를 만족하는 값이 있다면 이들은 타원형으로 나타날 것이라고 가정하고, 이 '만약'이라는 가정이 오류임이 밝혀지면 이 정리는 성립한다는 내용의 증명을 발표하면서 볼프스켈 상을 수상했다. 와일즈의 증명이 흥미로운 것은 정수론의 문제인 페르마의 마지막 정리를 타원이라는 기하학적 대상을 통해 해결했기 때문이다. 이처럼 와일즈의 증명은 수학의 이질적인 분야를 엮어낸 대통합의 증명이라는 점에서 오늘날 높이 평가되고 있다.

① 앤드류 와일즈는 괴팅겐 왕립과학원으로부터 상금을 받았다.
② 현재 페르마가 남겼던 정리들은 모두 증명이 완료된 상태이다.
③ $x^3 + y^3 = z^3$을 만족하는 양의 정수 x, y, z는 존재하지 않는다.
④ 파울 볼프스켈은 생전에 페르마의 마지막 정리를 증명하지 못했다.
⑤ 페르마의 마지막 정리는 페르마의 저서에 증명 없이 남겨져 있었다.

[정답] ⑤

1단계   각 선택지에서 추려낼 수 있는 핵심어는 아래와 같다.
① 앤드류 와일즈, 괴팅겐, 왕립과학원, 상금
② 페르마, 정리, 모두, 증명, 완료
③ $x^3+y^3=z^3$, 양의 정수, x, y, z는 존재
④ 파울 볼프스켈, 생전, 페르마의 마지막 정리, 증명
⑤ 페르마의 마지막 정리, 페르마의 저서, 증명

2단계   글의 전반부에서 페르마가 디오판토스의 저서 〈아리스메티카〉 여백에 마지막 정리를 기록했다고 하였으므로 페르마의 마지막 정리가 페르마의 저서에 남겨져 있었던 것은 아님을 알 수 있다.
따라서 정답은 ⑤가 된다.

# 03 | 글의 구조 파악

순서가 뒤섞인 채로 제시된 글의 논리적 흐름을 파악하여 올바르게 배열하는 유형의 문제이다.

## 💠 문제 풀이 전략

| 1단계 | 선택지를 비교하여 첫 문단을 찾는다. |
| --- | --- |

일반적으로 선택지에 제시되는 첫 문단은 약 2~3개로 압축된다. 따라서 선택지를 비교하여 첫 문단부터 찾은 뒤, 그 뒤에 이어질 내용을 차례대로 유추해나간다. 이때 예상되는 첫 문단이 여러 개일 경우에는 보다 포괄적인 내용을 제시하는 문단 또는 글 전체의 화제를 제시하는 문단이 더 먼저나올 가능성이 높음에 유의하여 첫 문단을 선택한다.

| 2단계 | 접속어, 지시어를 통해 문장 또는 문단 간의 순서를 유추한다. |
| --- | --- |

각 문장 또는 문단의 앞부분에 나오는 접속어나 지시어는 그 바로 앞에 올 내용을 암시하는 근거가되므로 접속어, 지시어가 포함된 문장 또는 문단을 기준으로 순서를 유추한다.

### ✔ 접속어의 종류

- 앞뒤의 내용이 상반될 때: 그러나, 그렇지만, 반면에, 하지만
- 앞의 내용과 다른 새로운 내용을 전개할 때: 그런데, 다음으로, 한편
- 앞뒤의 내용이 인과관계를 이룰 때: 그래서, 그러므로, 따라서, 왜냐하면
- 앞의 내용과 관련 있는 내용을 추가할 때: 게다가, 더구나, 또한, 그뿐만 아니라
- 앞의 내용을 다른 말로 바꾸어 정리할 때: 결국, 즉, 요컨대
- 앞의 내용에 대한 예시를 들 때: 예컨대, 이를테면, 가령

### ✔ 지시어의 종류

- 지시 대명사: 이것, 그것, 저것
- 지시 관형사: 이, 그, 저
- 지시 형용사: 이러하다, 그러하다, 저러하다

1
언어능력

2
수리능력

3
추리능력

4
공간지각능력

5
실전모의고사

해커스 20대기업 인적성 통합 기본서 최신기출유형+실전문제

## 문제 풀이 전략 적용

다음 〈보기〉에 이어질 내용을 논리적 순서대로 알맞게 배열한 것을 고르시오.

─〈보기〉─

　자원 배분의 기능을 시장의 힘에 내맡길 경우 시장경제 체제의 한계로 인해 시장을 통한 자원 배분이 비효율적으로 이루어지는 시장실패가 발생한다. 그리고 시장실패 상황을 해결하기 위해서는 정부의 개입이 불가피하다. 이는 시장실패를 일으키는 원인 중 하나인 공공재를 보면 분명해진다.

─────────────────────────

가) 공공재는 대가를 내지 않은 사람이 공공재를 이용하더라도 그 행위를 막을 수 없는 비배제성이라는 특성도 가진다. 앞서 언급한 사례에서, 등대를 설치할 때 비용을 부담하지 않은 사람이 있더라도 그 사람만 등대를 이용하지 못하게 할 방법이 없다.

나) 결국 공공재의 공급을 시장 기능에만 맡기면 사회적으로 필요한 수준에 훨씬 못 미치게 될 가능성이 높다. 그래서 이를 방지하기 위해 정부는 강제적 수단으로 국민들에게 세금을 걷고, 이를 통해 공공재를 직접 생산하고 공급하는 역할을 하게 된다.

다) 이러한 특성들로 인해 공공재는 무임승차자 문제가 발생하게 된다. 대가를 지불하지 않아도 다 같이 공공재를 이용할 수 있으므로 공공재 생산 비용을 부담하지 않고 소비에만 관심을 보이는 사람이 많아지는 것이다.

라) 경합성이 없다는 것은 많은 사람이 동시에 소비할 수 있고 한 사람의 소비가 다른 사람의 소비를 감소시키지 않음을 의미한다. 예컨대 항구에 설치된 등대는 나뿐만 아니라 많은 사람이 이용할 수 있으며 여럿이 이용한다고 해서 그 혜택이 줄어들지 않는다.

마) 공공재란 사회간접자본이나 국방 서비스처럼 사회 구성원 누구나 혜택을 누릴 수 있는 재화나 서비스를 말한다. 공공재는 두 가지 특성 때문에 시장실패를 일으키는데, 그 첫 번째 특성은 비경합성이다.

① 가)-다)-라)-마)-나)
② 가)-라)-마)-나)-다)
③ 마)-가)-나)-라)-다)
④ 마)-라)-가)-다)-나)
⑤ 마)-라)-다)-가)-나)

[정답] ④

1단계　선택지를 보면, 시장실패 해결을 위한 정부 개입의 사례로 공공재를 언급한 〈보기〉에 이어질 문단이 될 수 있는 것은 가) 또는 마)이다. 이때, 가)의 '비배제성이라는 특성도 가진다'라는 문구는 또 다른 특성이 먼저 제시된 후 나오는 내용임을 나타내므로 〈보기〉에서 언급한 공공재의 정의와 첫 번째 특성을 이야기한 마)가 첫 문단임을 알 수 있다.

2단계　마)의 마지막 부분에 나온 비경합성에 대한 부연 설명인 라)가 이어진다. 이때, 다)의 '이러한 특성들'은 공공재가 갖는 두 가지 특성을 가리키는 말이므로 공공재의 또 다른 특성인 비배제성에 대해 설명하는 가)가 먼저 나오고 공공재의 특성으로 인한 무임승차자 문제를 이야기하는 다)가 나온다. 그리고 이를 해결하기 위한 정부의 개입을 설명하는 나)가 나오는 것을 알 수 있다. 따라서 〈보기〉에 이어질 내용은 '마) - 라) - 가) - 다) - 나)' 순으로 연결되므로 정답은 ④가 된다.

## 04 | 빈칸완성

글의 맥락을 고려하여 빈칸에 들어갈 단어 또는 구절, 문장을 추론하는 유형의 문제이다.

 문제 풀이 전략

| 1단계 | 빈칸 앞뒤에 오는 1~2개의 문장을 읽는다. |
|---|---|

빈칸 앞 또는 뒤에 위치한 문장이 각각 어떤 내용이며, 앞의 문장과 뒤의 문장이 어떤 관계로 연결되고 있는지를 파악한다.

▼

| 2단계 | 선택지에 제시된 단어 또는 구절, 문장을 하나씩 넣어보며 글의 내용이 자연스럽게 이어지는 것을 찾는다. |
|---|---|

선택지에 나온 단어 또는 구절, 문장을 넣었을 때 앞뒤 문맥과 자연스럽게 연결되며 글의 전반적인 흐름과도 잘 맞는 것을 찾는다.

## 🔷 문제 풀이 전략 적용

**다음 빈칸에 들어갈 문장으로 가장 적절한 것을 고르시오.**

중세 시대의 봉건 영주인 '시뇨르(Seigneur)'는 자기 영지의 화폐 주조에 대한 독점권을 가지고 있었다. 당시 시뇨르들은 시중에 유통되는 금·은화에 불순물을 섞어 액면가보다 실제 가치가 떨어지는 화폐를 만들어 유통하고, 이로 인해 발생하는 차익을 이용하여 부족한 재정을 보충하였다. 이렇게 화폐 주조권자가 얻은 이익을 시뇨르가 얻는 이득이라는 의미로 '시뇨리지(Seigniorage)'라고 한다. 오늘날에는 화폐 주조권을 가지는 각국의 중앙은행이 시뇨리지를 얻는다. 시뇨리지는 화폐의 액면가에서 화폐 발행 비용을 뺀 값으로, 우리나라의 중앙은행인 한국은행이 1만 원권을 발행하는 데 드는 비용이 1천 원이라고 가정하면 한국은행은 1만 원권을 1장 발행할 때마다 9천 원의 시뇨리지를 얻을 수 있다. 시뇨리지는 (                              ) 커지게 된다. 한국의 경우 한국은행이 원화를 발행하여 얻을 수 있는 시뇨리지는 원화가 통용되는 국내에 국한된다. 하지만 전 세계적으로 통용되는 기축통화인 달러를 발행하는 미국의 경우 전 세계를 대상으로 천문학적인 시뇨리지를 얻을 수 있다. 예를 들어 미국이 10억 달러를 발행해 모두 외국 제품을 수입하는 데 쓴다면 상대적으로 적은 비용으로 10억 달러어치의 실물을 얻는 것이 가능하다. 한편 각국의 중앙은행은 시뇨리지를 얻으려고 일부러 통화 발행량을 늘리는 경우가 있는데, 이를 인플레이션 조세라고 부르기도 한다. 돈이 늘어나는 만큼 발생한 시뇨리지는 국가가 모두 가져가고 실질적인 돈의 가치는 감소하기 때문에 이를 조세라고 표현한 것이다.

① 발행하는 화폐의 액면가가 높아질수록
② 발행하는 화폐가 통용되는 범위가 넓어질수록
③ 해당 화폐의 제조 단가가 높아질수록
④ 발행하는 화폐에 불순물이 많이 섞여 있을수록
⑤ 화폐를 발행하는 중앙은행이 의도한 만큼

[정답] ②

| 1단계 | 빈칸 앞에서는 화폐의 액면가와 실제 화폐 발행 비용의 차이가 시뇨리지라는 내용을 말하고 있고, 빈칸 뒤에서는 우리나라는 원화의 사용 범위가 국내에 한정된 반면, 미국은 달러가 전 세계적으로 사용되어 우리나라보다 훨씬 많은 시뇨리지를 얻을 수 있다는 내용을 말하고 있다. |

| 2단계 | 빈칸에는 발행하는 화폐의 통용 범위가 넓을수록 더 큰 시뇨리지를 얻을 수 있다는 내용이 들어가야 한다. 따라서 정답은 ②이다. |

# 05 | 논지 전개 방식

글의 주제나 핵심 내용을 효과적으로 드러내기 위해 사용된 서술 방식을 파악하는 유형의 문제이다.

## 문제 풀이 전략

| 1단계 | 선택지에 제시된 서술 방식의 핵심어를 확인한다. |
|---|---|

각 선택지를 차례대로 읽고 그 내용에 따라 핵심어를 정리한다. 이때 핵심어는 정의, 예시, 비교, 대조, 분류, 묘사 등과 같이 서술 방식과 관련한 단어로 설정한다.

| 2단계 | 글을 빠르게 읽고 중심 내용과 전반적인 흐름을 파악한다. |
|---|---|

글을 빠르게 읽으면서 중심 내용이 제시되는 방식은 어떠한지, 그 내용을 뒷받침하기 위해 택한 수단은 무엇인지, 각 내용은 어떻게 연결되고 있는지 등에 주목하여 글을 빠르게 읽고 서술 방식을 파악한다.

✔ 대표적인 논지 전개 방식

- 다양한 학설을 제시한 후 학설들의 공통점과 차이점을 비교한다.
- 반대의 사례를 제시하며 논지의 흐름을 변화시킨다.
- 특정 현상에 대한 문제점을 지적하고 그에 대한 원인을 구체적으로 분석한다.
- 대립되는 주장을 모두 소개한 후 절충된 주장을 제시하며 마무리한다.
- 구체적이고 특수한 사례로부터 공통점을 추출한 후 보편적 이론을 도출한다.
- 가설을 설정한 후 이를 구체적인 현상에 적용한다.
- 상반되는 의견을 모두 소개하고 예상되는 반론을 반박하며 주장을 강화한다.
- 다양하고 구체적인 사례를 통해 주장을 제시한다.
- 서로 확연히 다른 주장을 객관적으로 소개한다.
- 자문자답의 문장을 사용하여 논지를 확대 및 강화한다.
- 정의, 대조, 예시의 방법 등을 사용해 현상에 대해 설명한다.
- 특정 관점에 입각하여 반대 입장의 주장을 논박한다.
- 핵심 개념을 제시하고 이를 토대로 문제 해결 방안을 찾는다.
- 일반적으로 그렇다고 여겨지는 통념에 대해 문제를 제기한다.
- 대상의 변화 과정을 시간의 흐름에 따라 서술한다.

**다음 글의 서술상 특징으로 가장 적절한 것을 고르시오.**

> 1920년대 말, 미국의 화학 기업 듀폰(DuPont)은 실크를 대체할 합성 섬유에 지대한 관심을 보였다. 당시 실크는 희소성이 높아 가격이 비싼 상황이었다. 이 상황에서 듀폰은 실크를 대체할 부드럽고 저렴한 인공 섬유를 출시한다면 대공황에 따른 수익성 악화를 단번에 해소할 수 있을 것이라고 판단했고, 월리스 캐로더스를 주축으로 한 인공 물질 연구팀에 실크를 대체할 물질의 개발을 요구하였다. 이후 캐로더스는 여러 번의 시도 끝에 석탄의 부산물인 벤젠을 원료로 한 중합체(분자들이 결합한 화합물)인 폴리헥사메틸렌아디파미드를 발견하였으며, 이로부터 내구성이 좋고 탄력성까지 겸비한 섬유를 뽑아낼 수 있었다. 이후 듀폰이 이 섬유를 상업화하면서 이 섬유에는 '나일론'이라는 명칭이 붙게 되었다. 나일론을 소재로 한 최초의 상품은 칫솔모였다. 기존의 칫솔모는 수퇘지의 털을 사용했기 때문에 잘 마르지 않았으며, 세균이 빠른 속도로 번식한다는 문제점이 있었다. 이에 반해 나일론 칫솔모는 쉽게 건조되어 위생적이었을 뿐만 아니라 대량 생산이 가능하다는 큰 장점을 가지고 있었다. 한편 나일론이 20세기를 대표하는 중요한 발명품으로 자리매김하게 되는 데에 1등 공신으로 꼽히는 것은 스타킹이다. 실크처럼 부드럽고 광택이 나면서도 실크보다 저렴하고, 헐거워지지도 구겨지지도 않으며 불에 젖을 경우 빨리 건조되는 나일론 스타킹은 출시되자마자 단기간에 폭발적인 인기를 구가했다. 기록에 따르면 당시 나일론 스타킹을 구입하려는 여성들이 백화점 앞에 길게 줄을 선 모습을 쉽게 볼 수 있었으며, 스타킹이 시중에 처음으로 출시된 그해에 약 6천400만 족의 제품이 팔렸다고 한다. 나일론의 등장과 함께 천연 섬유는 뒤로 밀려났으며, 합성 섬유의 시대가 도래하게 되었다. 나일론의 영향력은 비단 일부 섬유 시장에만 국한되지 않았다. 제2차 세계대전이 발발하면서 나일론은 이제 군수품의 소재로 각광받게 되었다. 내구성과 탄력성은 물론 무게까지 가벼웠기 때문에 나일론은 타이어코드, 모기장, 밧줄, 낙하산 등에 사용되었다. 이후로도 나일론은 그 사용 범위를 넓히며 오늘날에는 속옷, 양말, 의류는 물론 카펫, 돛, 운동기구 등에도 사용되어 생활밀착형 소재로서 당당히 자리 잡았다.

① 서술 대상에 대한 다양한 인식을 공시적 측면에서 설명하고 있다.

② 서술 대상의 제작 원리를 제시하고 이를 객관적으로 검증하고 있다.

③ 서술 대상에 대한 다양한 관점을 제시하고 특정 관점을 옹호하고 있다.

④ 서술 대상의 문제점을 분석하고 그에 대한 대안을 제시하고 있다.

⑤ 서술 대상의 활용 양상을 시간의 변화에 따라 살피고 있다.

[정답] ⑤

| 1단계 | ①은 서술 대상에 대한 인식을 공시적 측면, ②는 서술 대상의 제작 원리를 객관적으로 검증, ③은 서술 대상에 대한 다양한 관점 제시 후 옹호, ④는 서술 대상의 문제점 분석 및 대안 제시, ⑤는 서술 대상의 활용 양상을 시간 변화에 따라 확인이라는 서술 방식을 제시하고 있다. |
| --- | --- |

| 2단계 | 글의 도입부에서 실크의 대체품으로 등장한 나일론에 대해서 설명한 뒤 글의 중·후반부에서 과거에는 칫솔모, 스타킹으로 상업화되었던 나일론이 2차 세계대전의 발발로 군수품의 소재로까지 각광받았고 오늘날에는 다양한 용도로 활용되며 생활밀착형 소재로 자리매김하고 있음을 설명하고 있다. 따라서 정답은 ⑤이다. |
| --- | --- |

## 06 | 개요/보고서 수정

개요 및 보고서의 내용적인 타당성과 수정 방안의 적절성을 판단하는 유형의 문제이다.

### 문제 풀이 전략

| 1단계 | 개요 및 보고서의 주제 또는 목적을 파악한다. |
| --- | --- |

개요 및 보고서의 전반적인 구성과 흐름을 인지하고 있어야 선택지에 제시된 개요 및 보고서의 수정 방안이 적절한지를 보다 정확히 판단할 수 있다. 따라서 개요의 경우 주제를, 보고서의 경우 작성 의도 및 목적을 먼저 파악한다.

| 2단계 | 선택지에 제시된 내용을 중심으로 수정 방안이 적절한지를 확인한다. |
| --- | --- |

각 선택지를 차례대로 읽고, 수정하려는 내용과 그 이유가 적절한지를 확인하여 오답을 소거하면 문제 풀이 시간을 단축할 수 있다.

✅ 개요/보고서 수정 시 고려 사항

| 부가 | • 주제 또는 목적이 충분히 드러나지 않을 경우 부족한 부분을 추가함 |
| --- | --- |
| 삭제 | • 주제 또는 목적에서 벗어나는 내용을 삭제함<br>• 내용적으로 중복되는 항목이 있을 경우 이를 삭제함 |
| 재구성 | • 전반적인 내용 전개를 고려하여 흐름에 맞지 않는 부분을 재배열함<br>• 상위 항목과 하위 항목의 연결이 적절하지 않은 부분을 바로잡음 |

1
20어휘

2
수리능력

3
추리능력

4
공기지각능력

5
실전모의고사

해커스 20대기업 인적성 통합 기본서 최신기출유형+실전문제

## 문제 풀이 전략 적용

다음은 미세먼지에 관한 글을 쓰기 위해 작성한 개요이다. 글의 내용 전개상 개요를 일부 수정하고자 할 때 가장 적절하지 않은 것을 고르시오.

---

주제: 국민 건강을 위협하는 미세먼지의 위험성을 강조하고, 미세먼지 감축을 위한 다양한 방안을 모색함
서론: 1. 미세먼지의 정의
     2. 미세먼지의 영향
본론: 1. (                              )
      가. 편서풍의 영향으로 인한 중국발 미세먼지
      나. 화석 연료를 사용하는 공장, 발전소 등
      다. 자동차 배기가스
    2. 미세먼지 감축 대책
      가. 국가적 차원의 대책
         ㄱ. 경유차 생산 및 구매 제한 시행
         ㄴ. 노후 화력발전소 가동 중단 및 단계적 폐쇄
         ㄷ. 미세먼지와 황사의 차이점 안내
         ㄹ. 중국과의 외교에서 미세먼지 방지 조치 요구
      나. 기업적 차원의 대책
         ㄱ. 자사 대기오염물질 배출량 측정 및 대외 공개
         ㄴ. 생산시설에 대기오염물질 차단 장치 설치
         ㄷ. 탄소펀드 조성에 참여
      다. 개인적 차원의 대책
         ㄱ. 대중교통 및 자전거 이용
         ㄴ. 자동차 운전 시 급출발 및 급제동, 공회전 등 자제
         ㄷ. 공기정화 식물 재배 및 공기청정기 사용
         ㄹ. 도심 차량 운행 제한
결론: 중앙 정부와 지방 정부의 협력 아래 미세먼지 감축 대책이 시행되어야 함

---

① '주제'를 고려하여 '서론2'를 '미세먼지가 건강에 미치는 영향'으로 구체화한다.

② '본론1'의 하위 항목은 모두 미세먼지가 발생하게 된 배경에 해당하므로, 빈칸에 '미세먼지 발생 원인'을 넣는다.

③ '본론2-가-ㄷ'은 미세먼지 감축 대책과 직접적인 관련이 없으므로 삭제한다.

④ '본론2-다-ㄹ'은 개인적 차원에서 이루어질 수 없는 미세먼지 감축 대책이므로 '본론2-나'의 하위 항목으로 위치를 이동시킨다.

⑤ '본론2'의 내용을 종합적으로 고려하여 '결론'을 '미세먼지 감축을 위해 국가, 기업, 개인이 하나 되어 노력해야 함'으로 수정한다.

[정답] ④

---

1단계   '주제'를 통해 이 개요는 국민 건강을 위협하는 미세먼지의 위험성을 강조하고, 미세먼지 감축을 위한 다양한 방안을 모색하는 내용으로 구성됨을 유추할 수 있다.

2단계   '본론2 - 다 - ㄹ'은 개인적 차원이 아닌 국가적 차원에서 이루어질 수 있는 미세먼지 감축 대책이므로 이를 기업적 차원의 미세먼지 감축 대책인 '본론2 - 나'의 하위 항목으로 이동시키는 것은 적절하지 않다.
              따라서 정답은 ④가 된다.

글에 제시된 주장에 대해 비판 및 반론을 제기하거나 글에 나타난 논리적 오류를 판단하는 유형의 문제이며, 일부 기업의 경우 추리능력에서 출제되기도 한다.

##  문제 풀이 전략

| 1단계 | 글을 읽고 핵심 주장과 근거를 파악한다. |
| --- | --- |

글을 읽으면서 필자가 주장하는 바는 무엇인지, 그러한 주장을 강화하기 위해 제시한 근거는 무엇인지를 파악한다.

▼

| 2단계 | 선택지를 읽고 글에 제시된 근거의 허점을 지적하거나 반례를 들어 반박하는 진술을 찾는다. |
| --- | --- |

필자의 주장을 무조건 반대하는 것이 아니라 그 주장에 나타난 허점을 찾고, 반례를 들어 타당한 진술을 제시하는 선택지를 찾는다.

## 🔷 문제 풀이 전략 적용

**다음 주장에 대한 반박으로 가장 타당한 것을 고르시오.**

> 독일의 한 대학병원 연구팀에 따르면 약 5개월간 매일 다크초콜릿을 한 조각씩 먹은 고혈압 환자는 그렇지 않은 고혈압 환자에 비해 10년 후 심장마비 또는 뇌졸중 위험이 현저하게 낮은 것으로 나타났다. 이는 초콜릿의 원료인 카카오에 함유된 폴리페놀 성분이 체내의 산화질소량을 증가시켜 혈관을 깨끗하게 만들었기 때문이다. 그뿐만 아니라 폴리페놀 성분은 항산화 작용을 하며, 우리 몸의 노화를 방지하는 효과가 있는 것으로 알려져 있다. 종종 초콜릿은 치아를 썩게 하는 주범으로 지목되는데, 사실 카카오 함량이 높은 다크초콜릿은 폴리페놀 성분의 작용 덕분에 치아에 손상을 주지 않으며, 오히려 충치를 막아준다. 이러한 점을 고려한다면 폴리페놀 성분을 섭취하기 위해서라도 적당량의 다크초콜릿을 꾸준히 먹는 데 노력을 기울여야 한다.

① 폴리페놀 성분의 효능은 다크초콜릿을 얼마나 꾸준히 먹었는지, 그 기간에 달려 있다.

② 폴리페놀 성분은 굳이 다크초콜릿을 먹지 않더라도 녹차, 과일 등을 통해서 섭취할 수 있다.

③ 비만인 사람이 다크초콜릿을 섭취할 경우 체중 조절에 도움을 받을 수 있다는 연구 결과가 있다.

④ 모든 초콜릿에는 폴리페놀 성분이 포함되어 있어 모두 혈관을 깨끗하게 만드는 효과가 있다.

⑤ 다크초콜릿의 경우 항산화 작용보다는 노화 방지 효과가 월등히 높다는 것에 주목해야 한다.

[정답] ②

| 1단계 | 이 글의 필자는 폴리페놀 성분이 혈관 질환 예방, 항산화 작용 및 노화 방지, 충치 예방 등과 같은 효과가 있으므로 폴리페놀 성분이 함유된 다크초콜릿을 섭취해야 한다고 주장하고 있다. |

| 2단계 | 필자는 다크초콜릿이 폴리페놀 성분 섭취의 유일한 방안이 아님을 고려하지 않고 있다. 따라서 폴리페놀 성분은 다크초콜릿뿐만 아니라 녹차, 과일 등에도 포함되어 있으므로 굳이 다크초콜릿을 먹지 않아도 된다는 반박이 타당하다. <br> 따라서 정답은 ②가 된다. |

1 어휘능력
2 추리능력
3 추리능력
4 공간지각능력
5 상황판단검사

해커스 20대기업 인적성 통합 기본서 최신기출유형+실전문제

유형: 중심 내용 찾기   난이도: ★★☆

**01** 다음 글의 주제로 가장 적절한 것을 고르시오.

> 소비자 집단소송제란 다수의 피해자로 이루어진 소비자 집단의 대표자가 가해자에게 소송을 제기함으로써 다른 피해자들의 소송 없이도 피해 소비자 집단 전체에 대한 배상 책임을 물을 수 있는 제도를 말한다. 이는 담합과 같은 소비자 피해 사건이 발생했을 때 소송을 제기하는 데 드는 비용 부담을 최소화함으로써 보다 적극적으로 피해자를 구제할 수 있는 동시에 기업의 불공정 행위를 억제할 수 있는 효율적인 수단이다. 그러나 한편으로는 배상금을 노리고 소송을 일삼는 악의적인 집단이 늘어날 수 있고, 이로 인해 기업이 막대한 경제적 손실을 볼 수도 있다는 문제점이 있다. 게다가 담합과 관련한 소비자 집단소송의 경우 담합 근절에 효과적인 제도인 리니언시(자진신고자 감면 제도)의 활용도를 급감시킬 수 있다. 따라서 이러한 부작용을 완화할 수단을 마련한 후에 집단소송제를 활용한 소비자 피해 구제의 길을 열어야 할 것이다.

① 담합 기업에 대한 소비자 집단소송 절차

② 소비자 집단소송제의 부정적 측면에 대한 보완책

③ 리니언시의 활용도를 제고하기 위한 방안

④ 득과 실을 고려한 소비자 집단소송제 시행의 필요성

⑤ 소비자 집단이 소송을 제기할 때 갖추어야 할 요건

**02** 다음 글의 중심 내용과 가장 일치하는 주장을 고르시오.

> 그리스의 의학자인 히포크라테스는 역사상 가장 유명한 의사이자 의학의 대명사로 알려져 있다. 그의 가문은 대대로 의술에 종사하면서 의학의 신인 아스클레피오스를 섬겼다. 당시 환자들은 아스클레피오스 신전에서 기도를 하면 자신의 병이 나을 수 있다고 믿어 자연스럽게 신전에 환자들이 방문하게 되었고, 이에 따라 히포크라테스는 의학적 지식을 쌓을 수 있었을 것으로 추측된다. 이러한 히포크라테스의 의학적 견해는 〈히포크라테스 전집〉에서 명확히 드러나는데, 그는 질병에 대한 자연주의적 접근을 중요하게 여기며 관찰에 입각한 진단 및 처방을 중시한 합리주의를 표방하였다. 예컨대 간질은 당시 신이 내리는 질병으로 여겨졌으나, 그는 간질의 발생 원인과 처방을 논리적으로 설명하고자 노력하였으며 실제로 그는 실력은 부재하면서 극적인 치료법을 통해 대중의 환심을 사려고 노력하는 일부 의사에 대해서도 비판을 서슴지 않았다고 한다. 물론 학문적 한계로 전제가 적절히 수립되지 않아 잘못된 결론을 내리는 경우가 있었으며 그를 이은 학파는 시대적인 굴레로 동물 해부에 근거하여 의학 지식을 터득한 탓에 진단과 처방에 있어 오류를 범하기도 하였다. 그럼에도 불구하고 당시 과학 발달 수준을 고려하면 히포크라테스의 의학 이론은 충분히 논리적이고 합리적이었다고 평가할 수 있다. 히포크라테스의 의학적 지식은 오늘날까지도 의학의 본질 및 의사의 자질에 대해 알려주는 중요한 유산임에는 이견이 없다.

① 시대에 따라 의학 지식이 발전하므로 꾸준하게 지식을 습득하는 것이 중요하다.

② 실력 없이 극적인 치료법만으로 대중의 환심을 사는 일부 의사들의 행태는 비판받아 마땅하다.

③ 히포크라테스가 남긴 의학적 지식의 한계는 분명하지만 현대 의학에 공헌하는 바가 크다.

④ 히포크라테스의 의학 이론은 동물 해부를 기반으로 수립되어 오늘날까지 큰 영향을 미치고 있다.

⑤ 의사는 부작용을 최소화하기 위해 환자의 상태를 직접 관찰하고 이에 맞는 처방을 해야 한다.

**03** 다음 글의 각 문단을 요약한 내용 중 본문에 없는 것을 고르시오.

> 최근 고용노동부가 배달 애플리케이션의 배달 기사에 대한 근로자 지위를 인정했다. 고용노동부 측은 배달 기사의 근무 시간과 장소를 회사에서 직접 지정하는 것뿐만 아니라 배달 기사가 자신의 출퇴근 시간을 회사에 보고해야 한다는 점을 고려하여 내린 판단이라고 밝혔다. 그러나 배달 기사마다 구체적인 근무 형태는 다르기 때문에 모든 배달 기사를 근로자로 인정하기에는 어렵다는 견해를 추가하기도 했다.
>
> 고용노동부의 이와 같은 판단은 그동안 활발하게 논의되지 않았던 플랫폼 노동자의 노동 문제를 사회적 화두로 끌어올리는 계기가 되었다. 여기서 플랫폼 노동자란 배달 애플리케이션과 같이 디지털 플랫폼에 소속되어 고객이 요청한 상품이나 서비스를 제공하는 일종의 수행원을 말한다. 이때, 플랫폼에 소속된 수행원들은 노동자가 아닌 개인 사업자로 분류되는 것이 일반적인 행태였다.
>
> 그러나 플랫폼 노동자가 개인 사업자로 분류될 경우, 근로자로서 마땅히 누려야 할 최저임금, 퇴직금, 고용보험과 같은 보호 장치나 권리가 배제된다는 문제점이 있다. 예를 들어 시간당 임금을 받는 임금 노동자와 달리 플랫폼 노동자는 건당 수수료를 받기 때문에 1건을 처리하기까지 걸린 대기 시간을 보상받지 못한다. 또한, 플랫폼 노동자가 자신이 원하는 시간만큼 자유롭게 일할 수 있다고 알려진 것과 달리 근무 시간과 장소에 대한 회사의 구체적인 규율이 있는 경우가 대다수로, 임금 노동자와 다를 바 없는 것이 실상이다.
>
> 현행법상 플랫폼 노동자에 대한 구체적인 기준이 없어 뜨거운 논란이 이어지고 있는 가운데, 새로운 형태의 산업이 발전한 것에 비해 해당 산업에 종사하는 노동자에 대한 법안은 제자리라는 비판이 제기되고 있다. 플랫폼 경제가 새롭게 두각을 나타내는 산업인 만큼 관련 종사자를 보호할 수 있는 법적 장치가 필요하며, 노동자와 사업자 간의 이해관계가 조화롭게 유지될 수 있도록 구체적인 논의가 진행되어야 할 것이다.

① 노동권을 보장받지 못하는 플랫폼 노동자의 현실
② 고용노동부의 배달 기사에 대한 근로자 지위 판단
③ 플랫폼 노동자에 대한 구체적인 법안 마련의 필요성
④ 새로운 형태의 노동 시장이 등장한 배경
⑤ 개인 사업자로 분류되는 플랫폼 노동자의 정의

**04** 다음 각 문단의 내용을 요약한 것으로 가장 적절하지 않은 것을 고르시오.

가) 지금까지 인류가 생산하고 축적해온 정보의 양이 방대해짐에 따라 이를 나타내기 위한 정보의 단위 역시 점차 커지고 있다. 정보의 단위는 한 단위가 증가할 때마다 용량이 1,024배씩 증가하는데, 현재는 기가, 테라, 페타바이트에 이어 엑사, 제타, 요타바이트까지 쓰이고 있다. 시간이 갈수록 증가하는 정보들을 감당하려면 현재 사용하는 매체들보다 더 많은 정보를 효과적으로 저장할 새로운 매체가 필요하다.

나) 이에 대한 대책으로 등장한 저장매체가 바로 생물 DNA이다. 생물 DNA의 저장 능력은 1g에 215 페타바이트 정도로, 1페타바이트가 2,500억 페이지 분량의 정보를 수용한다는 것을 고려하면 실로 엄청난 양이다. 또한, 대부분의 저장매체는 수명이 정해져 있어 시간이 지나면 물리적 손상이 시작되지만 생물 DNA는 수만 년 전에 멸종한 동물의 잔해에서도 정보를 읽어낼 수 있을 만큼 보존성이 좋다.

다) 게다가 일반적인 저장매체는 기술이 발달하여 새로운 저장매체와 재생장치가 등장할 때마다 기존의 정보들을 새로운 양식으로 다시 기록해야 했다. 하지만 생물 DNA를 활용하면 염기서열 분석기가 계속 변한다고 해도 생물 DNA에 기록된 정보를 오랜 시간 후에 읽어내는 데 전혀 문제가 없으므로 이러한 과정을 거치지 않아도 된다.

라) 하지만 생물체의 DNA를 저장매체로 활용하기 위해서는 넘어야 할 산이 있는데, 세포가 죽고 생겨나는 분열 과정에서 인위적으로 수록한 데이터에 손상이 생길 수 있다는 점이다. 이에 하버드 의과대학에서는 생물 DNA의 변이 가능성을 낮추기 위해 화학적으로 합성한 DNA를 개발하였다.

마) 이 DNA는 A, C, G, T 등 4가지 문자를 조합해 데이터를 저장할 수 있는데, 연구진은 A, C를 0, G, T를 1로 변환한 후에 그 DNA를 마이크로칩 위에 배열해 메모리를 만들었다. 이렇게 만들어진 메모리는 기존의 HDD보다 훨씬 낮은 수준의 에러율을 보였다.

① 가): 인류의 정보 증가량을 감당할 수 있는 대용량 저장매체의 필요성
② 나): 용량이 크고 보존성이 좋아 차세대 저장매체로 언급되는 생물 DNA
③ 다): 새 저장 기술이 나올 때마다 기존 정보를 재기록해야 하는 생물 DNA
④ 라): 생물 DNA가 지닌 한계를 보완할 수 있는 합성 DNA의 등장
⑤ 마): 합성 DNA의 데이터 저장 원리 및 합성 DNA로 만든 메모리의 장점

05 다음 글의 주제문으로 가장 적절한 것을 고르시오.

> 흔히 관절염은 노년층에서만 나타나는 질병이라고 알려져 있으나, 이는 사실이 아니다. 관절염은 퇴행성 관절염과 류머티즘 관절염으로 나뉘며, 이때 퇴행성 관절염은 나이가 들면서 발병할 수 있는 관절염에 해당하지만, 류머티즘 관절염은 손과 손목, 발목 등 여러 관절에 염증이 나타나는 만성 염증성 질환이기 때문이다. 따라서 류머티즘 관절염은 어린이부터 노인까지 누구라도 걸릴 수 있는 질환으로, 특히 30~40대에 자주 발병하며 그중에서도 여성이 남성보다 걸릴 확률이 더 높다. 류머티즘 관절염의 발병 원인에 대해 아직 뚜렷하게 밝혀진 바는 없으나, 자가 면역 현상이 주원인일 것으로 추측하고 있으며 유전 인자나 세균 또는 바이러스 감염과의 연관성도 의심되고 있다. 문제는 류머티즘 관절염이 당뇨병이나 고혈압과 같은 만성 질환에 해당되어 완치되는 경우가 희박하다는 점이다. 전체 환자 중 10%가량만이 완치되며, 그 외 나머지 환자 중 치료받지 않을 경우 관절 파괴나 장애를 겪고 일부 증상이 심한 환자는 생명이 단축되기도 한다. 이로 인해 류머티즘 관절염의 치료는 관절의 통증을 완화시키고 염증을 감소시키는 데 그 목적이 있다. 아직까지 류머티즘 관절염을 예방할 수 있는 확실한 방법은 없지만, 조기 진단과 적절한 치료는 증상을 완화시키고 관절 변형을 줄일 수 있다. 따라서 평상시 일상생활에 무리가 없도록 관절 기능을 유지하고, 해당 질환이 의심되는 경우 빠르게 병원에 방문하는 것이 좋다. 또한, 류머티즘 관절염을 진단받은 경우 관절이 파괴되는 것을 예방하거나 관절염 진행 속도를 늦출 수 있도록 치료를 꾸준히 받는 것이 무엇보다도 중요하다.

① 류머티즘 관절염을 치료하기 위해서는 환자 주변인들이 치료에 적극적으로 협조하려는 노력이 필요하다.

② 류머티즘 관절염의 발병 원인은 자가 면역 현상으로 추정되고 있으나, 정확한 원인은 밝혀지지 않았다.

③ 류머티즘 관절염은 완치가 어려우므로 평소 질환을 예방하고, 발병 시 꾸준히 치료받아야 한다.

④ 류머티즘 관절염의 적절한 예방법을 강구하기 위해서는 가족력이 있는지 파악해야 한다.

⑤ 노년층에서만 발병하는 질병으로 알려진 류머티즘 관절염은 전 연령대에 나타날 수 있는 질병이다.

**06** 다음 글에 이어질 내용으로 가장 적절한 것을 고르시오.

> **빠른** 속도로 달리는 열차 안에서 물건을 떨어뜨리면 어떻게 될까? 물건이 떨어지는 동안 열차가 앞으로 이동하기 때문에 열차가 움직인 거리만큼 물건이 뒤쪽에 떨어지리라 생각할 수도 있다. 하지만 물건은 떨어뜨린 위치 바로 아래에 수직으로 떨어진다. 왜냐하면 물체는 떨어지는 그 순간에도 열차와 같은 속력을 유지하며 앞으로 이동했기 때문이다. 근대 과학이론의 선구자였던 아이작 뉴턴은 이러한 현상을 '관성'으로 설명하였다. 관성은 물체에 힘을 가하지 않을 때 그 물체가 원래 지니고 있던 운동 상태를 계속 유지하고자 하는 성질이다. 멈춰 있는 물체는 정지 상태를 유지하려 하고 움직이는 물체는 운동 상태를 유지하려 하는데, 이러한 물체의 성질을 관성의 법칙이라 부른다. 관성의 법칙은 의외로 우리 생활 곳곳에서 쉽게 발견할 수 있다. 예를 들어 멈춰 있던 버스가 갑자기 출발하면 우리 몸은 순간적으로 뒤로 쏠리게 되는데, 이는 우리 몸이 계속해서 정지 상태로 있고 싶어 하기 때문이다. 그뿐만 아니라 달리기 경주에서 선수가 골인 지점에 도착해도 바로 멈추지 않고 얼마간 더 뛰어가는 것 역시 우리 몸이 관성의 영향을 받아 움직이는 운동 상태를 지속하고자 하기 때문이다. 그러나 운동 상태를 띠는 물체에 외부의 힘이 가해질 경우 관성의 법칙이 완벽하게 적용되지 않을 수 있다.

① 관성으로 인해 발생하는 문제점

② 관성에 영향을 미치는 힘의 종류

③ 일상생활에서 나타나는 관성의 종류

④ 관성의 법칙을 증명하는 방법

⑤ 관성의 법칙과 중력의 상호 관련성

**07** 다음 글에 이어질 내용으로 가장 적절한 것을 고르시오.

> 북태평양 서남부에서 발생하여 아시아 대륙 동부로 불어오는 태풍은 폭풍우를 수반한 열대 저기압을 말한다. 태풍은 발생하는 지역에 따라 상이한 이름으로 불리는데, 북태평양에서 발생하는 것을 일컬어 태풍(Typhoon)이라고 하며, 북중미에서 발생하는 것을 허리케인(Hurricane), 인도양에서 발생하는 것을 사이클론(Cyclone), 남태평양에서 발생하는 것을 윌리윌리(Willy-Willy)라고 부른다. 세계기상기구는 열대 저기압 중 중심부의 최대 풍속을 분석하여 33m/s 이상이면 태풍, 25~32m/s이면 강한 열대 폭풍, 17~24m/s이면 열대 폭풍, 17m/s 미만이면 열대 저압부로 구분하였다. 적도 주변은 극지방보다 태양열을 더 많이 받게 되는데, 태풍은 이때 나타나는 열적 불균형을 없애기 위해 발생하는 현상이다. 적도 인근의 해상 공기는 고온다습하고 불안정하기 때문에 주변보다 기압이 약한 곳이 생길 경우 인근의 공기가 몰려들며 상승하게 되고, 그 결과 작은 소용돌이를 이루며 적란운을 만든다. 이러한 소용돌이가 북동 무역풍의 영향으로 한곳에 모여 세력이 커지면 태풍의 씨앗이 되고, 이후 상승기류로 발생한 적란운이 비와 함께 많은 열을 방출하면 이 열이 다시 상승기류를 강화하는 역할을 하게 된다. 이와 같은 과정이 반복되어 세력이 강해질 때 마침내 태풍이 생성되는 것이다. 태풍의 영향이 미치는 곳으로 우리나라도 예외는 아니다. 우리나라는 북위 5~25°, 동경 120~170° 지역에서 태풍이 주로 생성되는데, 이 또한 발생하는 시기에 따라 달라지는 양상을 보인다.

① 우리나라에서 태풍이 발생하기 위한 기상 조건
② 열대 저기압 발생 지역에 따른 태풍의 최대 풍속
③ 세계기상기구가 분석한 우리나라 태풍 이동 경로
④ 태풍을 비롯한 각종 자연재해에 따른 피해 규모
⑤ 계절에 따라 달라지는 우리나라의 태풍 발생 위치

**08** 다음 글의 내용과 일치하지 않는 것을 고르시오.

공황장애는 연예인, 인플루언서 등 특정 직업군에게만 나타나는 질환으로 여기는 경우가 많지만, 실제로는 직업군과 무관하게 누구나 겪을 수 있는 질환이다. 정서적인 문제가 주요 원인이며, 대표적으로 심리적인 불안감, 대인관계에서 오는 어려움, 직장 내 성과 스트레스 등 다양한 요인이 복합적으로 작용해서 발생한다. 가슴 두근거림, 식은땀, 호흡곤란 등의 공황발작 증세가 동반되는데, 이러한 발작은 폐쇄된 공간이나 공공장소에서 갑작스럽게 나타나기 때문에 일상생활에 큰 지장을 미친다. 증상이 악화되면 발작의 빈도수가 잦아지고, 이는 장소를 회피하는 행동으로 이어져 공황장애 환자는 우울증이나 대인기피증 등을 같이 겪기도 한다. 따라서 이른 시일 내로 정신과를 방문하여 적절한 치료로 증상을 개선하는 것이 중요하다. 실제로 대부분의 공황장애는 적절한 시기에 전문적인 치료를 받는다면 완치가 가능하다. 한편, 스트레스가 축적되면 자율신경의 균형이 무너져 교감신경이 부교감신경에 비해 과도하게 흥분된 상태가 지속되어 사소한 일에도 쉽게 불안해지고, 가슴이 두근거리는 공포가 찾아올 수 있다. 따라서 공황장애를 효과적으로 치료하기 위해서는 자율신경의 균형을 정상적으로 회복시키고, 교감신경의 조절 능력을 키워주는 치료가 필요하다. 대표적인 치료 방법으로 약물 치료와 인지행동 치료가 있는데, 두 치료를 병행하는 것이 각각의 단독 치료에 비해 효과적인 것으로 알려져 있어 정신과에서는 두 치료를 병행하여 왜곡된 생각을 교정하고, 불안과 공포를 완화하는 방식으로 치료하고 있다. 공황장애는 생활 환경에서 비롯되는 문제를 다루고 증상에서 벗어나도록 하는 것이 가장 중요하다. 특히 재발 가능성이 있기 때문에 충분한 수면, 취미생활 등을 통해 스스로 감정을 조절하며 스트레스를 관리하려는 자세가 필요하다.

① 공황장애는 완치가 가능하지만 재발 위험도가 있는 질환이다.

② 특정 장소에서 반복적으로 호흡곤란 증세를 보이는 사람은 공황장애를 겪고 있을 수 있다.

③ 인지행동 치료와 약물 치료를 함께 진행하는 것이 각 치료를 따로 진행하는 것보다 효과적이다.

④ 공황장애는 스트레스 상황을 경험한 사람이라면 누구나 겪을 수 있는 질병이다.

⑤ 정상적인 상태에서는 부교감신경보다 교감신경이 더 강한 자극을 받는 상태이다.

**09** 다음 글의 내용과 일치하는 것을 고르시오.

구름은 대기 중의 작은 물방울 또는 얼음 입자가 모여 하늘에 떠 있는 것을 의미하며, 여기에는 매연이나 먼지 등과 같은 고체 입자가 포함되어 있다. 구름이 지면과 접한 곳에 있을 경우에는 구름 대신 안개라는 명칭을 사용한다. 공기 덩어리가 위쪽으로 상승하면 주변 공기의 기압이 낮아져 공기 덩어리의 부피가 팽창하게 된다. 이때 공기의 기온은 점점 낮아지게 되는데, 기온이 이슬점에 도달할 경우 수증기가 응결하고 이로 인해 작은 물방울이 생성된다. 그리고 이러한 물방울이 모여 구름을 이루게 된다. 앞서 언급했듯이 구름이 생성되기 위해서는 가장 먼저 공기가 상승해야 하는데, 대표적으로 지표면이 불균등하게 가열될 경우, 저기압 중심으로 공기가 모일 경우, 찬 공기와 더운 공기가 서로 만났을 경우에 공기가 상승하게 된다. 산을 향해 바람이 불 경우에도 공기가 산비탈을 타고 상승하여 구름을 생성하는데, 이것은 산 주변에 구름이 자주 생기는 이유이기도 하다. 구름은 모양에 따라 크게 적운형 구름과 층운형 구름으로 나눌 수 있다. 적운형 구름은 상승 기류가 강할 때 생성되어 수직으로 발달하는 구름으로 위로 솟는 모양이 특징이다. 이에 반해 층운형 구름은 상승 기류가 약할 때 생성되어 수평으로 발달하는 구름으로 옆으로 퍼지는 모양을 가지고 있다. 이 두 가지 유형을 기본으로 구름은 높이에 따라 다시 분류될 수 있다. 우선 대기 중의 가장 높은 곳에 나타나는 구름을 상층운이라 하는데, 여기에는 권운, 권적운, 권층운이 포함된다. 고층운과 고적운은 중간 고도에서 나타나는 중층운이며, 층운과 층적운, 난층운은 대기 하층에서 나타나는 구름이다. 적운과 적란운은 고도와 상관없이 수직으로 발달하는 구름으로 대기 하층부터 상층까지 위치하는 것이 특징이다. 한편 구름은 예로부터 날씨 상태 자체를 표현하는 역할 외에도 날씨의 변화를 예측하는 척도가 되기도 하였다. 예를 들어 털쌘구름이라고도 불리는 권적운은 태풍이 오기 전이나 기상 변화가 클 때 나타나는 경우가 많아 급변하는 날씨를 예측하는 데 활용되었다. 쌘비구름으로 불리는 적란운은 보통 맑은 날 오후 대기가 불안정하거나 공기 습도가 높을 때 잘 생성되며, 밤이 되면 구름 윗부분이 권운으로 변하고 아랫부분은 고적운이나 층적운 등으로 나뉘어 소멸하게 된다. 그러나 전선이나 저기압에서 발달한 적란운의 경우 강력한 천둥 번개 및 돌풍 등을 동반하므로 이를 통해 거칠게 내리는 비를 예측할 수 있다. 비층구름으로 불리는 난층운은 넓은 모양만큼이나 양도 많고 오랫동안 내리는 비를 암시한다.

① 구름과 지표면 사이의 거리만으로는 구름과 안개를 구분할 수 없다.
② 적운은 대기의 상층부에서만 관측되는 구름 형태이다.
③ 상승 기류의 강약은 구름의 모양에 영향을 주는 요소 중 하나이다.
④ 일반적으로 난층운이 권층운보다 더 높은 고도에서 나타난다.
⑤ 지표면이 균일하게 가열되거나 고기압 중심으로 공기가 모일 때 공기가 상승한다.

**10** 다음 글의 내용과 일치하는 것을 고르시오.

1971년 존 오키프 교수는 '장소세포' 이론을 발표했다. 이는 뇌에서 학습, 기억 등을 담당하는 부분인 해마(Hippocampus)에 위치 정보를 기록하는 신경세포, 일명 장소세포가 있다는 내용이었다. 존 오키프 교수에 따르면 하나의 장소세포는 하나의 공간에 관한 기억을 보관하며, 장소마다 다른 장소세포가 위치를 기록한다. 예를 들어 광화문 근처에 처음 왔다면 여러 개의 장소세포가 이순신 동상, 세종문화회관, 경복궁 등의 위치를 긱긱 기억하고, 이를 통해 하나의 지도가 머릿속에 그려지게 되는 것이다. 이 이론은 발표 직후에는 그다지 학계의 주목을 받지 못했지만, 꾸준히 후속 연구가 이어지면서 점차 인정받게 됐다. 특히 중요한 후속 연구로는 '격자세포' 이론이 있다. 노르웨이 과학기술대의 에드바르드 모세르, 마이브리트 모세르 부부 교수는 시각, 청각, 촉각 등의 감각 정보를 장소세포에 전달하는 기관이 있을 것이라 여겼고, 그 기관이 해마 옆에 있는 내후각피질(Entorhinal cortex)이라는 것을 알아냈다. 2004년에는 내후각피질 내에도 장소세포처럼 위치 변화에 반응하는 신경세포가 있다는 것을 확인했는데, 이 신경세포는 장소세포와 달리 하나의 세포가 넓은 공간을 처리했다. 예를 들어 광화문 근처라는 넓은 공간을 하나의 세포가 책임지는 식이다. 모세르 부부 교수는 이 신경세포를 격자세포라고 명명했다. 쥐를 이용한 생리신경학 실험에서 쥐의 내후각피질 안에 있는 신경세포들이 쥐가 특정 위치를 지나갈 때마다 활성화되었는데, 이렇게 신경세포의 활동이 기록된 지점을 이어보니 정삼각형 6개로 구성된 정육각형의 격자무늬가 나타났기 때문이다. 특히 이러한 격자무늬는 장소세포에서는 발견되지 않은 것이었다. 존 오키프 교수와 모세르 부부 교수는 뇌의 위치 확인 시스템을 발견한 공로를 인정받아 2014년 노벨 생리의학상을 수상했다. 이들은 장소세포와 격자세포가 서로 정보를 주고받으며 머릿속에서 지도를 만들어낸다는 점을 확인함으로써 뇌의 연산처리 연구 분야에 새로운 길을 열었다고 평가받고 있다.

① 장소세포는 내후각피질에 감각 정보를 전달한다.
② 길을 찾을 때 뇌 속의 장소세포와 격자세포는 각자 홀로 작동한다.
③ 존 오키프 교수는 모세르 부부 교수보다 먼저 노벨상을 받은 인물이다.
④ 장소세포와 달리 격자세포의 활동에서는 규칙적인 배열을 발견할 수 있다.
⑤ 격자세포 이론은 장소세포 이론보다 먼저 등장했다.

**11** 다음 글의 내용과 일치하지 않는 것을 고르시오.

청동기 시대의 대표적인 무덤 양식인 고인돌은 유럽, 인도, 중국, 일본 등 여러 나라에서 발견되었으나, 전 세계 고인돌의 약 40%가 한반도에 있을 정도로 우리나라에 집중 분포되어 있다. 그중 수백 기 이상의 고인돌이 밀집해 있는 전라북도 고창군, 전라남도 화순군, 인천광역시 강화군 일대는 고인돌 유적으로서의 가치를 인정받으며 유네스코 세계유산으로 등재되기도 했다. 이 세 지역의 고인돌은 단순히 개수가 많을 뿐만 아니라 세계적으로 유례를 찾기 어려울 정도로 다양한 형태와 유형의 고인돌이 나타나고 있어 거석(巨石)문화의 발전 과정을 연구하기에 적합하다는 평가를 받고 있다. 현재까지 우리나라에서 발견된 고인돌은 그 형태에 따라 탁자식, 기반식, 개석식 등으로 나뉜다. 탁자식 고인돌은 지상에 4개의 굄돌을 세워 무덤방을 만들고 그 위에 덮개돌을 얹은 형태이며, 바둑판식이라고도 하는 기반식 고인돌은 지하에 판석을 세우거나 깬돌을 쌓아 주검을 넣을 무덤방을 만든 후 땅 위에 낮은 굄돌을 놓고 덮개돌을 얹은 형태이다. 대체로 탁자식 고인돌은 한반도 중부 이북 지방에서 발견되고 기반식 고인돌은 중부 이남 지방에서 많이 발견되기 때문에 전자를 북방식, 후자를 남방식으로 구분하기도 한다. 개석식 고인돌은 기반식과 비슷하나 굄돌 없이 무덤방 위에 바로 덮개돌을 덮은 형태이다. 그 밖에도 굄돌을 덮개돌의 둘레에 따라 여러 매 세운 형태의 위석식 고인돌이 있는데, 이는 제주도에서 주로 발견된다. 이와 같은 다양한 고인돌은 고고학적으로 선사 시대의 사회상을 엿보는 중요한 사료(史料)이다. 고인돌을 만들기 위해서는 수십 톤의 돌을 옮기는 작업이 필요한데 여기에 적지 않은 시간과 노동력이 필요하다는 사실로 보아, 고인돌을 제작하던 시대는 그만큼의 노동력을 동원할 수 있는 우두머리가 존재하는 계급 사회였음을 짐작할 수 있다. 또한, 주검이 땅 위에 놓여 대형 굄돌을 세우고 그 위에 거대한 돌을 얹으려면 굄돌이 작거나 없는 형태의 고인돌을 만들 때보다 더 많은 노동력이 필요하다는 점에서 탁자식 고인돌을 세운 집단이 사회적으로 좀 더 우세했을 것으로 추정된다. 실제로 굄돌이 작거나 없는 고인돌에서는 비교적 단출한 부장품이 출토되거나 아예 없는 경우도 있다.

① 기반식 고인돌과 개석식 고인돌은 굄돌의 유무로 구별할 수 있다.

② 고인돌에 묻힌 유물을 통해 그 고인돌을 제작한 사회의 특징을 유추할 수도 있다.

③ 고창·화순·강화는 고인돌 문화의 발전 과정을 연구하기에 적합한 지역이다.

④ 남방식은 탁자 모양의 고인돌, 북방식은 바둑판 모양의 고인돌을 가리킨다.

⑤ 개석식 고인돌보다 탁자식 고인돌을 만들 때 더 많은 노동력이 필요했을 것이다.

**12** 다음 글을 통해 추론한 내용으로 옳지 않은 것을 고르시오.

---

우리나라의 경제는 대기업을 중심으로 급격하게 성장하였고, 이러한 과정에서 여러 협력중소기업이 소수의 대기업에 부품을 납품하는 피라미드형 하도급 산업 구조가 형성되었다. 이로 인해 산업이 호황기를 맞아도 그 성과는 대기업에만 돌아갈 뿐, 중소기업은 단가 인하 부담과 자금난으로 인해 연구개발(R&D) 투자를 통한 질적 성장을 이룰 수 없어 그 격차가 더욱 심화되었다. 국세청의 조사에 따르면 국내 기업 총소득금액의 90% 이상을 상위 10% 기업이 차지하며, 상위 0.1%의 대기업이 창출하는 이익만 해도 전체 소득금액의 과반수에 달하는 것으로 나타났다. 이러한 기업 간의 격차를 완화하기 위한 방안으로 협력이익공유제가 있다. 협력이익공유제는 대기업과 협력업체가 공동으로 지정한 목표 매출액 또는 영업 이익을 달성할 경우, 각각의 기여도를 고려하여 초과이윤의 일부를 협력업체와 공유하는 제도이다. 이는 성과공유제와 비슷해 보이지만 성과공유제는 대기업과 협력업체가 원가 절감 또는 신기술 개발을 통해 발생한 이익을 공유하는 제도이다. 따라서 적용 산업이 제한적이고 공동개발 과정에서 원가 정보가 공개되어 협력업체가 납품단가 인하에 대한 압박을 받을 수 있다는 한계가 있다. 그러나 협력이익공유제는 기업 간 협력을 통해 발생한 이익을 공유하므로 원가 정보를 제공할 필요가 없으며 신기술 개발, 마케팅, 서비스 등 다양한 사업 분야에 적용할 수 있다. 일각에서는 협력업체의 기여도를 객관적으로 측정하는 것이 어려울 뿐만 아니라 시장의 자율성을 침해하고 기업활동을 위축시킬 수도 있다는 우려의 목소리가 제기되고 있다. 하지만 협력이익공유제는 대기업에 집중된 기존의 산업구조를 건드리지 않으면서도 기업 간 수평적인 협력관계를 이룰 수 있는 실용적인 방안이다. 또한, 중소기업의 질적 성장 도모 및 양극화 현상을 완화하여 기업 간의 양극화로 인해 발생하는 다양한 문제를 해결할 수 있다는 점에서 효율적이다.

---

① 성과공유제는 원가 절감으로 인한 이익을 공유하므로 협력업체가 무리한 단가 절감 요구를 받을 수 있다.

② 협력이익공유제는 기업 간 수직적인 협력관계를 개선하고 양극화로 인한 구조적 문제를 해결할 수 있다.

③ 소수의 대기업이 국내 기업 총소득금액의 절반 이상을 창출하며 중소기업과의 격차가 심화되고 있다.

④ 성과공유제는 판매이윤에 기인하기 때문에 협력이익공유제보다 적용 가능한 사업이 다양하다.

⑤ 협력이익공유제는 초과이윤에 대한 협력업체의 기여도를 정확하게 파악하기 어렵다는 한계가 있다.

**13** 다음 글의 내용과 일치하지 않는 것을 고르시오.

> 고속도로에서 고속버스, 화물트럭 등 대형 차량이 승용차를 덮쳐서 큰 인명피해로 이어지는 사고가 종종 발생한다. 이러한 사고의 주요 원인은 장시간 동안 운전한 대형 차량 운전자의 졸음운전 때문이다. 이에 국토교통부는 대형 차량 운전자의 휴식시간을 보장할 수 있도록 〈여객자동차 운수사업법〉을 개정하였다. 관련 법의 개정으로 시외·고속·전세버스의 운전자는 1회 노선 운행 후 15분 이상의 휴식시간을 가져야 하며, 퇴근 전 마지막 운행 종료 시점으로부터 최소 8시간이 지나야 다시 버스를 운전할 수 있다. 하지만 휴식시간을 법으로 정해놓았다고 하여 졸음운전 사고를 완전히 예방할 수 있는 것은 아니다. 이에 국토교통부는 LDWS(차선이탈 경고장치)라는 장치도 의무적으로 장착하도록 하였다. 그러나 LDWS는 차선을 이탈했을 때에만 경고음이 울리는 장치이므로, 경고음이 울렸을 때 운전자가 바로 브레이크를 밟지 않으면 사고를 막을 수 없다. 또한, 자동차가 차선을 이탈하지 않은 상태로 앞차와 충돌하는 경우에는 경고음조차 울리지 않는다. 따라서 더욱 확실한 사고 예방을 위해서는 AEB(자동긴급제동장치)를 도입하는 것이 훨씬 유용하다. AEB는 앞차와의 충돌이 예상될 때, 운전자가 브레이크 페달을 밟지 않아도 차가 스스로 멈추는 기능이다. 국내 시장에서는 현대자동차가 AEB 장치를 탑재한 차량을 생산하고 있다. AEB는 시속 15~100km 이내로 주행 시 3단계로 작동한다. 1단계는 카메라와 레이더 센서를 통해 서행 중인 앞차를 파악하여 알려주고, 2단계는 위험한 상황이 발생하면 경고음이 울린다. 3단계는 경고음에도 운전자가 브레이크 페달을 밟지 않을 경우 차가 스스로 감속하거나 멈춘다. 이때, 자동 브레이크가 작동하면 0.8초 만에 20km/h로 속도가 떨어지는데, 이는 운전자가 힘껏 브레이크를 밟았을 때보다 훨씬 빠른 감속이다.

① 110km/h 이상으로 과속할 경우 AEB 시스템이 제대로 작동하지 않을 수 있다.

② 법령 개정으로 고속버스 운전기사는 마지막 운행을 종료하면 8시간의 연속휴식시간을 보장받게 되었다.

③ 국내 차량에 도입된 자동긴급제동장치의 작동 단계 중 1~2단계는 LDWS와 동일한 기능이다.

④ 주행 중에 운전자가 급제동을 거는 것보다 AEB 3단계 작동이 사고 예방에 더 효과적이다.

⑤ AEB와 달리 LDWS는 대형 차량에 의무 탑재하도록 규정되어 있다.

**14** 다음 글 〈가〉와 〈나〉의 관계에 대한 설명으로 가장 적절한 것을 고르시오.

---

〈가〉

　　1973년 8월 스톡홀름에서 은행 강도 사건이 일어났다. 인질범들은 4명의 은행 직원을 인질로 잡고 6일 동안 경찰과 대치하였다. 다행히 사상자 없이 인질극은 끝났지만, 사건을 수사하는 과정에서 이상한 현상이 발견되었다. 인질들이 인질범들에게 불리한 증언을 거부하고 심지어 인질범을 옹호하는 발언을 하는 일이 벌어진 것이다. 이를 본 범죄심리학자 베예로트는 극한의 공포 상황에서 피해자가 가해자에게 긍정적인 감정을 갖게 되는 비합리적 현상을 일컬어 '스톡홀름 증후군'이라 명명하고, 스톡홀름 증후군이 나타나는 심리학적 원인을 다음과 같이 설명했다. 처음 범죄 상황에 놓인 피해자는 가해자에게 공포심, 적개심을 느낄 것이다. 하지만 목숨이 위협받는 극도의 공포 상황에서 가해자가 조금이라도 친절한 모습을 보이면 피해자는 이를 유일한 생존 방법으로 생각하고, 가해자의 행동을 합리화하게 된다. 결과적으로 피해자는 가해자에 대한 증오심을 잊고, 자신을 구해주려는 경찰보다 가해자에게 동조하는 모습을 보이게 된다.

---

〈나〉

　　1996년 12월 페루의 반(反)정부 조직인 투팍아마루 혁명운동의 요원들은 일본 대사관을 점거하고 무려 126일 동안 400여 명의 인질과 함께 생활했다. 시간이 흐를수록 반군들은 인질들이 가족에게 편지를 보낼 수 있도록 허용하거나 인질들에게 자신의 신상을 털어놓기도 하는 등 점차 인질에게 동화되는 모습을 보였다. 페루 정부의 강경 진압으로 반군들이 모두 사살되는 것으로 사건은 마무리되었지만, 126일 동안 반군이 보인 심경 변화는 후에 심리학자들의 연구 대상이 되었다. 심리학자들은 인질범이 포로나 인질에게 동화되어 폭력성을 거두는 현상을 두고 사건이 일어났던 지역의 이름을 따서 '리마 증후군'이라고 명명하기로 하였다.

---

① 〈가〉는 가설을 제시하고, 〈나〉는 이를 검증한다.

② 〈가〉는 전제이고, 〈나〉는 결론에 해당한다.

③ 〈가〉와 〈나〉 모두 대조와 역설로 논지를 강화하고 있다.

④ 〈나〉는 〈가〉와 반대되는 개념에 대해 설명하고 있다.

⑤ 〈나〉는 사례를 들어 〈가〉에 제시된 이론을 증명하고 있다.

**15** 다음 글을 통해 추론한 내용으로 옳지 않은 것을 고르시오.

가상화폐는 일반적으로 사용되는 지폐나 동전과 달리 물리적 형태 없이 온라인상에서만 거래되는 일종의 네트워크형 전자화폐이다. 대표적인 가상화폐로는 2009년에 나카모토 사토시라는 필명을 사용하는 정체불명의 프로그래머에 의해 개발된 비트코인(Bitcoin)이 있다. 비트코인을 얻기 위해서는 어려운 수학 문제를 풀어야 하는데 이 과정을 가리켜 채굴이라 부른다. 비트코인은 개발 당시부터 2,100만 개로 총량이 정해져 있었기 때문에 채굴을 하는 사람이 많아지면 많아질수록 비트코인을 얻기 어려워진다. 세계적으로 비트코인이 큰 인기를 얻으면서, 비트코인과 현금을 교환해주는 거래소는 물론 비트코인을 현금처럼 사용할 수 있는 상점도 늘고 있다. 예컨대 미국의 경우 나이키, 버거킹, 갭 등 약 5만여 개의 상점에서 비트코인으로 상품을 구입할 수 있으며, 심지어 중국에서는 집을 구매할 때에도 비트코인을 결제수단으로 이용할 수 있다. 우리나라의 경우 2013년에 처음 비트코인 거래소가 설립된 이후 다수의 거래소가 운영 중에 있으며, 일부 오프라인 상점에서는 비트코인으로 제품 및 서비스를 구입할 수 있다. 2014년 3월에는 비트코인을 현금으로 교환할 수 있는 자동입출금기(ATM)가 설치되기도 하였다. 이처럼 비트코인이 성공 가도를 달리게 되면서 세계 곳곳에서 다양한 가상화폐들이 등장하게 되었다. 그 중 라이트코인(Litecoin)은 빠른 성장세를 보이며 비트코인의 자리를 위협하고 있는 가상화폐이다. 2011년 10월 구글 직원인 찰리 리가 개발한 라이트코인은 실생활에서 더 널리 쓰이도록 비트코인에 약간의 변화를 준 것으로, 총량이 약 8,500만 개로 한정되어 있다. 라이트코인 역시 비트코인과 마찬가지로 채굴을 통해 구할 수 있는데, 비트코인에 비해 문제 해결 방법이 복잡하지 않고 구매 속도가 빠르다는 것이 장점이다. 아직 라이트코인은 비트코인에 비해 시장 규모가 작은 편이지만, 빠른 통화량 증가 속도를 자랑하며 유망한 투자 대상으로 주목을 받고 있다.

① 비트코인과 달리 라이트코인은 개발자가 누군지 확실히 밝혀져 있다.

② 가상화폐는 투자 대상이 될 수 있으며, 현금으로 교환될 수도 있다.

③ 가상화폐는 개발된 국가와 상관없이 전 세계에서 채굴이 이루어질 수 있다.

④ 라이트코인과 비트코인은 개발 당시부터 화폐 발행량이 계획되어 있었다는 공통점이 있다.

⑤ 라이트코인은 비트코인에 비해 채굴방법이 쉬워 비트코인보다 더 큰 시장이 형성되어 있다.

**16** 다음 문단을 논리적 순서대로 알맞게 배열한 것을 고르시오.

---

가) 흔히 100세 시대라고 한다. 질병을 고치고자 하는 여러 학자의 노력이 인류의 발전에 큰 영향을 미치고 있으며, 오늘날에도 인류의 역사와 미래를 변화시킬 다양한 치료법과 약물이 발견되고 있다. 나노 입자를 활용하여 뇌로 약물을 전달하는 기술이 연구되기도 하고, 불치병으로 여겨지던 암을 치료하는 약물도 꾸준히 발표되고 있다. 결과적으로 오늘날 우리가 치료받고 질병으로부터 나을 수 있던 모든 것은 인류가 좀 더 살아남고자 했던 노력의 산물이라 할 수 있다.

나) 오래전부터 인류는 각종 질병과 싸워오며 오늘날 눈부신 의학 발전을 이루었다. 질병의 원인을 최초로 파악한 사람은 미생물학의 아버지라고 불리는 루이스 파스퇴르이다. 그는 질병과 미생물의 연관성을 파악하여 질병의 원인이 미생물에 있다는 학설을 완성하였다. 또한, 세균학의 아버지로 여겨지는 로베르트 코흐는 질병마다 해당 질병을 유발하는 미생물이 있음을 밝혀내었다. 이후 미생물로부터 유발된 질병에서 벗어나기 위해 인류는 다양한 노력을 전개하였는데, 에드워드 제너는 1796년 천연두 발생을 막고자 예방접종을 시행했고, 파스퇴르는 1885년 예방접종의 원리를 파악하기도 하였다.

다) 이때 영국의 세균학자였던 알렉산더 플레밍은 페니실린이라는 약물을 만들어냈다. 페니실린은 인체에 비교적 해롭지 않다는 점에서 획기적이었는데, 플레밍은 푸른곰팡이 주위에서 포도상구균이 번식하지 않는다는 점에서 착안하여 푸른곰팡이 액에서 항균 물질인 페니실린을 추출하였다. 페니실린은 세계 제2차 대전 당시 노르망디 상륙작전을 수행하는 과정에서 수많은 사람의 목숨을 살렸으며, 전쟁이 끝나고 난 뒤에도 다양한 전염병 및 질병으로부터 인류를 구하는 데 크게 기여하였다.

라) 하지만 예방접종은 말 그대로 질병을 유발하는 미생물 일부를 몸에 미리 주입함으로써 몸 안에 항체를 형성하여 질병이 형성되는 것을 사전에 막는 수단으로 활용되었으므로 미생물을 직접 억제하거나 죽일 수는 없었다. 이에 많은 사람은 항생제를 만들기 위해 노력하였다. 먼저 특정 질병은 특정 병원균에 의해 만들어진다는 이론이 확립되었는데, 이후 독일의 의학자인 폴 에를리히가 매독균을 억제하는 살바르산 606호를 만들어 화학 요법을 통해 병원균을 억제할 수 있다는 점을 입증하였다. 하지만, 항생제는 인간의 몸에 해롭다는 문제가 있었다.

---

① 가) – 나) – 라) – 다)  
② 가) – 라) – 나) – 다)  
③ 나) – 가) – 라) – 다)  
④ 나) – 라) – 가) – 다)  
⑤ 나) – 라) – 다) – 가)

**17** 다음 〈보기〉에 이어질 내용을 논리적 순서대로 알맞게 배열한 것을 고르시오.

─〈보기〉─

산소, 탄소, 수소, 질소 등은 식물이 생장하는 데에 있어 꼭 필요한 요소들이다. 그중에서 산소와 탄소는 공기 중의 이산화탄소에서, 수소는 뿌리를 통해 땅속의 물에서 얻을 수 있지만, 콩과 식물을 제외한 대부분의 식물은 공기 중의 질소를 직접 흡수하지 못하고 토양에서 흡수한다. 식물의 생장에 질소가 많이 필요한 것에 비해 토양 중에는 질소가 부족하여, 과거에는 퇴비나 동물의 배설물 등을 비료로 이용해 질소를 공급하였다. 그러나 산업혁명 이후 유럽의 인구가 늘어 식량난이 심각한 문제로 부상하게 되었고, 이로 인해 식량 생산량을 늘리는 데에 꼭 필요한 인공 질소 비료에 대한 수요가 증가하였다.

가) 1904년 당시 대학에서 물리화학을 연구하던 하버는 수많은 시행착오 끝에 섭씨 500도, 200기압의 조건에서 철, 오스뮴, 우라늄을 촉매로 기체 상태의 질소와 수소를 반응시켜 질소 비료의 주원료인 암모니아를 얻을 수 있게 되었다. 이후 화학공업회사인 바스프사(社)의 보슈와 협력하여, 1913년에 하버-보슈 공정을 개발함으로써 암모니아의 대량생산이 가능해졌다. 암모니아 합성법을 개발한 하버는 인류의 식량난을 해결했다는 공로를 인정받아 1918년 노벨화학상을 받았으며, '공기로 빵을 만든 과학자'라고 불리게 되었다.

나) 게다가 하버는 제1차 세계대전 중 살상용 화학무기 개발에도 참여하였는데, 이때 소금을 분해하여 만든 염소로 독가스를 개발하는 데 성공하게 된다. 이 염소 독가스는 1915년 4월 22일 서부전선 이프르 전투에 사용되어 약 5,000명의 사망자와 약 15,000명의 부상자를 냈다. 이 때문에 하버는 구세주와 전범자라는 상반된 평가를 받고 있으며, 오늘날까지도 노벨상 수상 자격에 대한 논란의 중심에 있다.

다) 19세기 초에 칠레 사막에서 발견된 초석($NaNO_3$) 덕분에 인공 질소 비료에 대한 수요는 어느 정도 충족되는 듯했으나, 19세기 말에 들어 초석 역시 고갈 위험에 처하게 되었다. 이에 따라 전 세계적으로 대기 부피의 약 78%를 차지하는 질소로 비료를 생산하는 방안에 관심을 갖기 시작했다. 여러 과학자가 이 연구에 몰두하였고, 독일의 화학자인 프리츠 하버 역시 그들 중 하나였다.

라) 이러한 하버에게는 또 다른 별명이 있는데, 바로 '독가스의 아버지'이다. 하버에 대해 상반된 평가가 존재하는 이유는 암모니아가 질소 비료의 원료인 동시에 폭탄 제조에 필수적인 질산의 원료로도 사용되기 때문이다. 실제로 독일은 제1차 세계대전 당시 연합군에 의해 바닷길이 막혀 칠레초석을 수입하지 못하는 상황에서도 하버 공정 덕분에 충분한 식량과 화약을 생산할 수 있었고, 이로 인해 2년이나 더 전쟁을 지속할 수 있었다.

① 가) - 다) - 나) - 라)　　　　　② 가) - 라) - 다) - 나)

③ 다) - 가) - 라) - 나)　　　　　④ 다) - 가) - 나) - 라)

⑤ 다) - 라) - 나) - 가)

**18** 다음 〈보기〉에 이어질 내용을 논리적 순서대로 알맞게 배열한 것을 고르시오.

┌─〈보기〉─────────────────────────────────────────────────┐

　　목성은 태양계의 다섯 번째 궤도를 돌고 있는 행성이다. 부피가 지구의 1,300배 이상, 질량이 지구의 300배 이상에 달하는 거대한 규모로도 잘 알려져 있다. 목성을 두고 작은 태양계라고도 부르는데, 이는 태양을 중심으로 여러 천체가 도는 것처럼 목성 주위에도 수많은 위성이 돌고 있기 때문이다.

└─────────────────────────────────────────────────────────┘

┌─────────────────────────────────────────────────────────┐

가) 그동안 유로파는 지구보다 2배 이상 많은 물을 보유하고 있는 것으로 추정되었다. 생명이 존재하는 데 반드시 물이 필요하다는 점에서 유로파는 생명체가 살 수 있는 가장 유력한 행성으로도 꼽혔다. 그러나 유로파에서 생명체의 흔적을 찾아낼 방법이 묘연했는데, 그 이유는 유로파의 표면과 관련 있다.

나) 이 중 지구의 위성인 달보다 조금 작은 크기의 유로파가 최근 국제 천문학계의 주목을 받고 있다. 미국항공우주국이 지구의 허블 망원경을 통해 유로파에서 수증기 기둥이 솟아오른 현상을 관측함으로써 유로파를 연구하는 새로운 길이 열리게 되었기 때문이다.

다) 67개의 위성 중 가장 잘 알려진 위성은 단연 갈릴레이 위성이라 불리는 4개의 천체이다. 1610년 갈릴레이에 의해 목성의 위성이라는 것이 밝혀진 4개의 천체는 훗날 이오, 가니메데, 칼리스토, 유로파라는 이름이 붙게 되었다.

라) 유로파는 추위로 인해 표면이 두꺼운 얼음으로 뒤덮여 있어 그 아래에 존재할 것으로 예상되는 바다를 찾는 일이 쉽지 않았다. 그러나 수증기 기둥에서 샘플을 채취한다면 굳이 표면에 구멍을 뚫지 않아도 유로파의 숨겨진 물과 다른 물질의 성분을 파악할 수 있을 것으로 기대된다.

└─────────────────────────────────────────────────────────┘

① 나) - 가) - 다) - 라)　　　　　　　② 나) - 가) - 라) - 다)

③ 나) - 라) - 가) - 다)　　　　　　　④ 다) - 나) - 가) - 라)

⑤ 다) - 나) - 라) - 가)

**19** 다음 〈보기〉에 이어질 내용을 논리적 순서대로 알맞게 배열한 것을 고르시오.

---〈보기〉---

　　인도 북서부에 있는 라자스탄 주(州)는 '라지푸트들의 땅'이라는 의미를 담고 있다. 라지푸트란 과거 라자스탄을 지켰던 전사들을 말한다. 라자스탄은 인도와 주변 국가를 연결하는 군사적 요충지이자 페르시아로 이어지는 동서 교역로의 일부였기 때문에 이 지역을 차지하려는 전쟁이 잦았다.

---

가) 125m 높이의 절벽 위에 있는 이 성은 본래 라지푸트들이 적의 침략을 방어하고자 천혜의 지역에 세운 것이지만, 오늘날에는 인도의 중요한 관광자원으로 활용되어 여행자들을 불러모으고 있다.

나) 이에 라자스탄의 지배자들은 잦은 전쟁에 대비하기 위해 용맹한 자들을 중용해 전사 집단을 이루며 땅을 지켰는데, 이들의 용맹성이 얼마나 뛰어났는지 인도 전역을 통일한 무굴제국조차 라자스탄을 대할 때는 무력이 아닌 혼인 등의 친화 정책을 전개했다고 한다.

다) 이러한 역사를 지닌 라자스탄은 오늘날에도 많은 사람이 찾아올 만큼 유명세를 누리고 있는데, 이는 블루시티라고 불리는 조드푸르의 영향이 크다. 조드푸르는 도시 내 건물 벽이 온통 파랗게 칠해져 있는 라자스탄의 도시로, 조드푸르가 파란빛으로 가득한 이유는 인도의 카스트 제도에서 최상위 계급인 브라만의 고유 색깔이 파란색이기 때문이다.

라) 반면 조드푸르의 파란 물결 위에 자리 잡은 메헤랑가르 성은 전체적으로 붉은색을 띠고 있다. 이는 라자스탄을 둘러싸고 있는 타르 사막에서 구하기 쉬운 붉은 사암을 활용하여 건축되었기 때문인데, 사암의 부드러운 재질 덕분에 성안 곳곳에는 조각가들의 섬세한 세공 솜씨가 여과 없이 녹아들어 있다.

마) 1459년 조드푸르가 마르와르 왕국의 수도가 되면서 당시 조드푸르에 살게 된 브라만 계급의 사람들은 자신의 신분을 과시하고자 집 벽을 파랗게 칠했고, 이후 브라만 계급이 아닌 사람들도 신분 상승에 대한 염원을 담아 집 벽을 파란색으로 칠하게 되었다.

① 나) – 다) – 라) – 마) – 가)  　　　　② 나) – 다) – 마) – 라) – 가)

③ 다) – 라) – 가) – 나) – 마)  　　　　④ 다) – 마) – 가) – 라) – 나)

⑤ 마) – 가) – 나) – 라) – 다)

**20** 〈보기〉에 이어질 문단을 논리적 순서대로 알맞게 배열한 것을 고르시오.

─〈보기〉─

　백 원짜리 동전 서너 개로 커피 한 잔을 뽑을 수 있는 자판기가 있다. 이 자판기에는 고급 커피, 일반 커피 버튼이 따로 있으나, 모든 커피의 가격은 같다. 이 경우 "고급 커피와 일반 커피 사이에 품질 차이가 있다고 생각하는가?"라고 묻는다면 대다수는 아니라고 답할 것이다. 그런데도 많은 사람이 일반 커피가 아닌 고급 커피 버튼을 누른다.

가) 휴리스틱의 종류에는 가용성 휴리스틱, 대표성 휴리스틱, 기준점과 조정 휴리스틱, 감정 휴리스틱 등이 있다. 이 중에서 감정 휴리스틱이란 말 그대로 감정에 따라 무언가를 판단하는 것을 일컫는다. 감정 휴리스틱의 개념을 제안한 미국의 심리학자 폴 슬로빅은 사람의 기분이나 감정이 의사결정의 정신적인 지름길로 작용한다고 주장했다.

나) 앞서 본 사례에서 사람들이 같은 가격임에도 '기왕이면' 고급 커피를 선택한 이유도 여기에 있다. 감정 휴리스틱은 마케팅에서 유용하게 사용되곤 하는데, 예컨대 '뉴(New)'나 '프리미엄(Premium)'이라는 수식어를 붙이는 것이다. 이 경우 소비자는 '뉴'라는 수식어를 통해 뭔가 새로운 제품이라고 인식하고, '프리미엄'이라는 말에서 제품에 차별화된 가치가 내재되어 있을 것이라는 긍정적인 인상을 받게 된다.

다) 이처럼 사람들의 판단이 언제나 이성적이고 합리적인 것은 아니며, 실제로는 감정에 의해 판단하는 경우가 잦다. 점심으로 어떤 음식을 먹을지, 오늘은 무슨 옷을 입을지 등을 생각할 때 매번 논리적이고 완벽한 판단을 내리기 위해 고심한다면 인지적으로 상당한 부담감을 느끼게 되기 때문이다. 이러한 상황에서 경험과 직관에 의존하여 어림짐작으로 신속히 판단하는 것을 휴리스틱(Heuristic)이라고 한다.

라) 브랜드 역시 감정 휴리스틱을 자극하는 전략의 일종이다. 소비자는 바지 하나를 사더라도 어디선가 본 적 있고 이름을 들어 본 적 있는 브랜드의 제품을 선택할 확률이 높기 때문이다. 실제 실험에서 '코카콜라'의 상표를 보여주고 콜라를 마시게 했을 때와 상표를 가리고 콜라를 마시게 했을 때 피험자들은 같은 제품을 섭취하고 있음에도 불구하고 전자의 경우에서 더 높은 쾌감 반응을 보인 것으로 나타났다.

① 나)-가)-다)-라)　　　　　　　　② 나)-다)-가)-라)

③ 다)-가)-나)-라)　　　　　　　　④ 다)-가)-라)-나)

⑤ 다)-나)-라)-가)

**21** 다음 빈칸에 들어갈 문장을 〈보기〉에서 골라 순서대로 바르게 나열한 것을 고르시오.

> 과학혁명기로 불리는 17세기 근대 유럽에서는 천문학과 물리학을 비롯한 많은 과학 분야의 진일보가 이루어지고 있었다. 그 가운데에서도 가장 혁명적인 연구였다고 평가받는 이론은 코페르니쿠스의 지동설이다. 코페르니쿠스는 그의 저서 〈천체의 회전에 관하여〉를 통해 당시 지배적이었던 천동설을 지동설로 뒤집는 이론을 주장했다. (  ㉠  ) 지동설은 당시 사람들이 가지고 있던 지구에 대한 인식의 변화를 가져왔다. 지구를 우주의 중심이라고 여기는 천동설과 달리, 지동설에서 지구는 세상의 중심이 아니라 태양을 도는 행성 중 하나에 불과했기 때문이다. 그러나 여전히 아리스토텔레스의 물리학을 토대로 한 천동설이 학계를 지배하고 있었고, 이에 지배 계층이던 성직자들 역시 지동설을 성서의 권위에 대항하는 것으로 받아들였다. 심지어 천체 운행을 망원경으로 관측하여 지동설을 옹호했던 갈릴레오는 종교 재판에 넘겨지기도 했다. 하지만 성직자들 사이에서도 지동설이 일리가 있다고 여기는 사람들이 있었다. 대다수의 사람이 문맹이었던 17세기에 글을 읽고 쓸 줄 알았던 성직자들은 당대 최고의 지식인 집단이었다. (  ㉡  ) 그래서 당시 성직자들이 대안으로 받아들였던 우주관은 덴마크 천문학자 티코 브라헤의 이론이었다. 브라헤는 기존의 전통적인 천동설과 코페르니쿠스의 지동설을 절충한 우주 체계를 세웠다. (  ㉢  ) 과학이 발달한 오늘날에는 그의 이론이 다소 우스꽝스럽게 비칠지 모르지만, 지구가 우주의 중심이라고 믿고 싶어 하던 천동설 지지자들에게는 비교적 안전한 대안이었다.

〈보기〉
가) 그는 천체의 중심에 지구가 있고, 이 지구 주위를 태양이 돌며 다른 모든 행성은 지구가 아닌 태양 주위를 공전한다고 설명하였다.
나) 그들은 신앙인의 입장에서는 천동설을 주장했지만, 지식인의 입장에서는 지동설이 훨씬 합리적이라고 생각하였다.
다) 그는 행성들의 운동을 쉽게 설명하기 위해 연구를 하던 중, 태양이 우주의 중심일 때 천체의 운행을 훨씬 간단하게 설명할 수 있다고 생각하였다.

|   | ㉠ | ㉡ | ㉢ |
|---|---|---|---|
| ① | 가) | 나) | 다) |
| ② | 가) | 다) | 나) |
| ③ | 나) | 가) | 다) |
| ④ | 다) | 가) | 나) |
| ⑤ | 다) | 나) | 가) |

**22** 다음 글의 논리적 구조를 고려하여 각 문단의 관계를 가장 적절하게 나타낸 것을 고르시오.

가) 진화론이 틀렸음을 지적한 사람은 오스트리아의 수도사였던 그레고어 멘델이다. 그는 부모의 형질은 일정한 유전 법칙에 따라 자식에게 전달된다고 주장하였으며, 이를 증명하기 위해 완두콩을 대상으로 유전 원리를 연구하였다. 실제로 완두콩은 명확한 대립 형질을 갖고 있는데, 멘델은 7가지 대립 형질인 완두콩의 모양, 종자의 색, 콩깍지의 모양 등을 토대로 실험하였다. 우선 그는 각 형질에 대한 순종을 얻는 작업을 진행하고, 특정 형질에 대해 서로 다른 형태의 순종을 교배하는 실험을 진행하였다.

나) 일련의 실험을 거친 후 멘델은 유전 형질과 관련하여 우열의 법칙, 분리의 법칙, 독립의 법칙을 도출할 수 있었다. 우열의 법칙이란 서로 대립하는 우성 유전 인자와 열성 유전 인자가 있을 때 잡종 제1대에 우성 형질만이 표면에 드러나고, 열성 형질은 가려진다는 법칙이다. 여기서 말하는 우성과 열성의 구분은 어떤 유전 인자가 더 우월하다던가 열등한지의 문제가 아니다. 잡종 제1대에서 나타나는 유전 인자가 우성 인자가 되며, 잡종 제1대에서 나타나지 않는 유전 인자는 열성 인자가 된다.

다) 그다음, 분리의 법칙은 잡종 제1대에는 대립 형질 가운데 우성의 형질만이 나타나는 것과 달리 잡종 제2대에는 우성과 열성의 형질이 3:1의 비율로 분리되어 나타난다는 법칙이다. 즉, 잡종 실험 시 제1대에서는 함께 짝지어 있던 유전 인자는 생식 세포가 형성되면서 정확히 1:1로 분리되어 있다가, 잡종 제2대가 수정될 때 합해지면서 다시 유전 인자를 2개씩 가진 개체가 만들어져 3:1의 비율로 개체가 만들어지게 되는 것이다.

라) 마지막은 서로 다른 상동 염색체에 있는 유전자는 다른 유전자와 관계없이 서로 완전히 독립하여 유전된다는 독립의 법칙이다. 예를 들어, 녹색 완두콩과 노란색 완두콩 중 우성 인자는 노란색 완두콩이므로 두 개체를 교배했을 때 잡종 제1대에서는 노란색 완두콩이 나오게 되고, 둥근 완두콩과 주름진 완두콩 중 우성 인자는 둥근 완두콩이므로 두 개체를 교배하였을 때 잡종 제1대에서는 둥근 완두콩이 나오게 된다. 이때 노란색 완두콩과 둥근 완두콩은 모두 우성 인자이지만 다른 형질에 해당하기 때문에 서로 영향을 미치지 않고 독립적으로 유전 인자를 실현하게 된다.

마) 물론 모든 유전이 멘델의 세 가지 유전 법칙으로만 이루어지는 것은 아니다. 완두콩과 달리 대부분의 생물체는 매우 복잡한 인자들로 인하여 다양한 형질을 갖고 있기 때문이다. 특히 사람의 경우 인위적으로 교배할 수 없어 유전적인 특징을 더욱 밝혀내기 어렵다. 바로 이 점이 멘델의 유전 법칙에 위배된 결과의 도출 원인을 설명해준다. 그렇다고 해서 멘델의 이론이 틀린 것은 아니다. 유전 형질의 기본적인 원리는 멘델의 유전 법칙으로 적용할 수 있고, 피로써 유전이 이루어지지 않음을 증명하는 위대한 발견임은 분명하기 때문이다.

① 가) - 나) ┬ 다) ┐
           └ 라) ┘ 마)

② 가) ┐
    나) ┴ 다) ┬ 라) ┐
              └ 마)

③ 가) ┬ 나) ┐
      ├ 다) ┼ 마)
      └ 라) ┘

④ 가) - 나) - 다) ┬ 라) ┐
                   └ 마)

⑤ 가) ┬ 나) - 다)
      └ 라) - 마)

**23** 다음 글의 논리적 흐름을 고려하여 각 문단의 관계를 가장 적절하게 나타낸 것을 고르시오.

> 가) 무주의 맹시에서 비롯된 사고는 교통사고에서 흔히 볼 수 있다. 차량끼리 접촉사고가 났을 때, 운전자들은 서로 상대방 차가 끼어드는 것을 못 봤다고 해명하곤 한다. 운전자가 거짓말을 할 수도 있지만 이는 사실일 가능성이 매우 크다. 운전하다가 다른 곳에 신경을 쓰거나 신호등에 집중하여 신호가 바뀌자마자 출발했다면 운전자는 다른 차가 끼어드는 것을 알아차리지 못했을 수도 있기 때문이다.
>
> 나) 1999년 미국의 심리학자인 다니엘 사이먼스와 크리스토퍼 차브리스는 6명의 학생을 두 팀으로 나눈 후 한 팀은 흰색 옷을, 다른 팀은 검은색 옷을 입게 하여 같은 팀끼리 농구공을 패스하도록 하였다. 그리고 이들의 모습을 찍은 동영상을 다른 피험자들에게 보여주면서, 흰색 옷을 입은 팀이 서로에게 몇 번 패스했는지를 세어보라고 지시했다.
>
> 다) 이 실험에서 시사하는 바는 사람이 어느 한 가지에 집중하다 보면 주변의 다른 존재를 알아차리지 못하는 일종의 인지적 착각이 종종 발생한다는 것이다. 사이먼스와 차브리스의 '보이지 않는 고릴라' 실험을 통해 입증된 이 현상은 인간의 주의력에 많은 영향을 끼치는 심리 현상으로 무(無)주의 맹시라고 불린다. 무주의 맹시는 주어진 과업에 집중할 수 있도록 하는 긍정적인 기능을 하기도 하지만 때로는 치명적인 사고를 유발하는 원인이 된다.
>
> 라) 또 다른 사례로는 2001년 미국의 핵잠수함 그린빌호가 수면 위로 부상하다가 일본의 민간 어선을 들이받은 사고가 있다. 당시 탑승객이었던 주요 정책 결정자들에게 모든 승무원이 집중한 나머지 그 누구도 잠수함 레이더망에 나타난 어선을 보지 못했다고 한다. 결국, 9명의 사망자를 낸 그린빌호 사고는 바로 눈앞에 있는 위험 요소를 알아차리지 못하여 큰 사고를 불러일으킨 무주의 맹시의 위험성이 잘 나타난 사례가 되었다.
>
> 마) 영상이 끝난 후 사이먼스와 차브리스는 피험자들에게 영상에서 패스를 몇 번 했는지에 관한 질문이 아니라 고릴라를 보았냐는 엉뚱한 질문을 했다. 사실 이 영상 중간에는 고릴라 의상을 입은 학생이 들어와 농구공을 주고받는 학생들 틈에서 가슴을 두드리는 고릴라 흉내를 내고 사라지는 장면이 있었던 것이다. 하지만 피험자들 중 절반은 영상 내내 고릴라를 보지 못했다고 답했다.

① 가) ┐
   라) ┘ ├ 다) – 나) – 마)

② 가) ┐
   라) ┤ ├ 나) – 마)
   다) ┘

③ 나) ┐       ┌ 가)
   마) ┘ ├ 다) ┤
          └ 라)

④ 나) ┤ 다) ┐ ├ 라)
       마) ┤
       가) ┘

⑤ 마) – 나) ┌ 다) ┐ – 라)
            └ 가) ┘

**24** 다음 문장을 논리적 순서대로 알맞게 배열한 것을 고르시오.

> 가) 그래서 우리는 특정한 상황에서 상대가 어떤 행동을 할지, 서로에게 무엇을 기대하는지 예측할 수 있게 된다.
>
> 나) 문화는 사회 구성원들에게서 공통적으로 발견되는 사고방식이나 행동 양식이다.
>
> 다) 한 구성원이 그 사회의 문화에서 벗어난 행동을 할 경우 다른 구성원에게는 이것이 쉽게 용납되지 않기 때문이다.
>
> 라) 한 사회에서 공유된 문화는 구성원들의 원활한 사회생활을 위한 공통의 장을 제공한다.
>
> 마) 문화는 원활한 상호 작용의 토대가 되는 한편, 구성원들의 사고와 행동을 구속하는 수단이 되기도 한다.

① 나)-가)-다)-라)-마)     ② 나)-라)-가)-마)-다)

③ 나)-마)-가)-다)-라)     ④ 마)-가)-라)-나)-다)

⑤ 마)-다)-가)-라)-나)

**25** 다음 글의 논리적 구조를 고려하여 각 문단의 관계를 가장 적절하게 나타낸 것을 고르시오.

---

가) 클라우드 컴퓨팅(Cloud computing)은 IoT 환경에 없어서는 안 될 중요한 기술이다. 하지만 인터넷으로 연결되는 기기와 처리해야 할 데이터의 양이 늘어나면서 문제가 생기기 시작했다. 클라우드 컴퓨팅은 수집한 데이터를 모아 중앙의 데이터 센터에서 처리하는데, 센터에서 처리할 수 있는 데이터양에 한계가 있어 신속한 처리가 어려워진 것이다. 최근 IT업계에서는 이에 대한 해결책으로 엣지 컴퓨팅(Edge computing)이 부상하고 있다.

나) 엣지 컴퓨팅은 클라우드 컴퓨팅에서 발생할 수 있는 과부하 문제를 보완할 수 있도록 IoT 기기와 가까운 주변이나 기기 내의 다른 주변부(Edge)로 연산 기능을 분산시키는 기술이다. 엣지 컴퓨팅을 이용하면 데이터가 수집되는 엣지에서 데이터를 처리하고 연산 결과를 바로 적용할 수 있어 클라우드 컴퓨팅보다 더 빠른 연산과 대응이 가능하다.

다) 또한, 엣지 컴퓨팅은 그동안 클라우드 컴퓨팅 기술에서 발생하였던 보안 관련 이슈도 어느 정도 해결할 수 있다. 엣지 컴퓨팅 기술은 클라우드 컴퓨팅 기술에 비해 더욱 강화된 보안 솔루션을 적용할 수 있으며, 데이터 처리 방식도 중앙 데이터 센터를 거치지 않고 엣지에서 데이터 수집과 연산, 처리를 끝내는 방식이므로 해킹을 당한다고 해도 정보 유출의 위험성을 줄일 수 있다.

라) 오늘날 실시간 대응, 정보 보안 등이 강조된다는 점에서 엣지 컴퓨팅 기술은 다양한 분야에서 활약할 것으로 기대된다. 그중에서도 가장 주목받고 있는 분야는 교통 시스템으로, 특히 자율주행 자동차는 엣지 컴퓨팅 기술의 도입으로 안전성이 한층 강화될 것으로 보인다. 엣지 컴퓨팅 기술이 적용된 자율주행자동차는 차량에 부착된 센서로 데이터를 실시간 수집하여 차들 사이의 안전거리를 유지하고, 도로상황 및 교통흐름을 파악해 돌발상황이 발생하였을 때 신속히 대처할 수 있다.

마) 한편 엣지 컴퓨팅은 스마트 팩토리에도 유용하게 활용될 전망이다. 스마트 팩토리는 IoT를 통해 사이버 시스템과 물리적 시스템이 통합된 형태의 지능형 생산공장으로, 대표적인 4차 산업 기술 중 하나이다. 엣지 컴퓨팅이 적용된 스마트 팩토리의 경우 실시간으로 공장 내 온도와 습도 정보, 기계별 가동 현황을 파악해서 공장을 더 효율적으로 관리할 수 있다.

---

① ⌈ 가) – 나) – 다)
  ⌊ 라) – 마)

② 가)
  나) ⌉– 다) – 라) – 마)

③ 가) – 나) – 다) –⌈ 라)
              ⌊ 마)

④ 가) –⌈ 나) –⌉⌈ 라)
     ⌊ 다) –⌋⌊ 마)

⑤ 가) –⌈ 나)
     ⌈ 다) ⌉– 마)
     ⌊ 라)

**26** 다음 글의 서술상 특징으로 가장 적절하지 않은 것을 고르시오.

옷을 사러 갔을 때 같은 디자인의 옷도 색깔에 따라 자신에게 어울리기도 하고 그렇지 않기도 했던 경험이 있을 것이다. 이처럼 사람은 자신의 고유한 신체 색과 조화를 이루는 색채가 조금씩 다른데, 이를 퍼스널 컬러(Personal color)라고 한다. 자신에게 맞는 퍼스널 컬러를 활용하면 활기차고 생기 넘치는 인상을 줄 수 있지만, 반대의 경우 단점이 도드라져 보이기 쉽다. 예를 들어 저명도와 저채도의 푸른 기가 도는 톤의 사람은 흰색이나 검은색, 남색 옷을 입을 때는 괜찮지만, 따뜻한 느낌을 주는 베이지색이나 주황색 옷을 입으면 잡티가 도드라지고 얼굴이 어두워 보인다. 그렇다면 이러한 퍼스널 컬러를 고안해낸 사람은 누구일까? 퍼스널 컬러라는 개념을 처음으로 만든 사람은 스위스의 화가 요하네스 이텐으로 알려져 있다. 그는 초상화를 그리며 특정 피부색이나 눈동자 색과 더 어울리는 색이 있음을 깨달았고, 이를 발전시켜 사계절을 기반으로 한 네 가지 색채 분류를 시도했다. 이후 배색의 원리를 연구하던 로버트 도어는 노란색과 파란색을 핵심 색채로 하고 각각에 어울리는 컬러 170개씩을 제안하였는데, 그는 핵심 색채가 동일한 컬러는 서로 조화를 이룬다고 설명하였다. 이어 등장한 심리학자 캐럴 잭슨은 자신의 저서에서 인간의 이미지를 네 가지로 분류하고 이를 토대로 패션과 메이크업 컬러를 제안하며 큰 인기를 얻었다. 사실상 퍼스널 컬러가 상용화된 것은 그에 의해서라고 할 수 있다. 이러한 과정을 거쳐 퍼스널 컬러는 오늘날의 과학적 이론으로 발전하게 되었다. 외모와 이미지, 개성을 중시하는 현대 사회에서 퍼스널 컬러는 누구에게는 결점 보완 수단으로, 누구에게는 자존감 향상 수단으로 그 역할을 톡톡히 하고 있다.

① 서술 대상과 관련한 이론의 변천을 시간순으로 소개하고 있다.
② 질문을 통하여 자연스럽게 화제를 전환하고 있다.
③ 서술 대상의 중요성을 재확인하면서 글을 마무리하고 있다.
④ 사례를 들어 설명함으로써 화제에 대한 이해를 돕고 있다.
⑤ 서술 대상과 관련한 다양한 이론을 제시한 뒤 이를 절충하고 있다.

**27** 다음 글의 서술상 특징으로 가장 적절한 것을 고르시오.

> 모순율은 동일률, 배중률과 함께 아리스토텔레스가 성립한 논리학의 3대 기본원리 중 하나이다. 그는 어떤 것이 존재함과 동시에 존재하지 않는 것은 불가능하며, 어떤 것이 동일한 관계에서 속함과 동시에 속하지 않는 것은 가능하지 않다고 지적하며 논리 법칙으로 모순율을 제시하였다. 라이프니츠는 이를 바탕으로 이성적 인식의 가장 근본적인 원리 두 가지를 전제하였다. 바로 모든 명제는 모순을 포함하지 않아야 한다는 모순율과 명제가 참이 되기 위해서는 충분한 이유가 있어야 한다는 충족이유율이다. 동시에 그는 서로 모순 관계에 있는 두 주장 중 하나가 참이면 하나는 거짓이며, 모순을 포함하는 모든 주장은 거짓이라고 논하였다. 또한, 거짓과 모순 관계에 있는 주장은 참이 된다고 보았다. 한편 볼프와 그의 후계자 바움가르텐은 모순율의 근본 취지를 '모순을 포함하는 것은 존재할 수 없으며, 모순을 포함하지 않는 것은 존재할 수 있다'고 존재론적 입장에서 해석하였다. 이와 달리 칸트는 논리학적 문제를 논할 때 모순율만을 근본 원리로 두는 것은 바람직하지 않다고 판단하였다. 그리고 모든 대상은 그 자체와 같다는 동일률을 긍정 판단의 최고원리로, 모순율을 부정 판단의 최고원리로 채택해야 한다고 주장하였다. 아리스토텔레스에 의해 확립된 모순율은 라이프니츠, 볼프와 바움가르텐을 거쳐 칸트에 이르러 모든 분석적 인식의 규준(規準)이 되었다.

① 추상적인 내용을 친숙한 사물에 빗대어 구체화하고 있다.

② 일반적인 통념을 제시하고 문제를 제기하고 있다.

③ 핵심 개념을 제시하고 이를 토대로 문제를 해결하고 있다.

④ 특정 개념에 대한 학자들의 다양한 견해를 서술하고 있다.

⑤ 반대되는 두 개념을 제시하고 차이점을 비교하고 있다.

**28** 다음 빈칸에 들어갈 속담으로 가장 적절한 것을 고르시오.

> 우리나라는 다른 나라에 비해 채식주의자의 비율이 낮은 편이다. 하지만 최근 건강을 중요시하는 사회적 분위기에 따라 고혈압, 암과 같은 질병의 원인으로 여겨지는 육식을 삼가고 식단을 채식 위주로 바꾸는 사람이 늘어나고 있다. 이와 관련하여 채식주의자들은 채식이 (                              ) 이므로 더 많은 사람이 채식에 동참해야 한다고 주장한다. 왜냐하면 육류 소비를 줄이면 축산업에서 발생하는 많은 양의 온실가스를 감소시킬 수 있고, 목초지의 사막화를 막을 수 있으므로 채식이 개인의 신체적 건강에 도움이 될 뿐만 아니라 환경오염을 줄이고 생태계를 보호하는 데에도 효과적이기 때문이다.

① 가는 방망이 오는 홍두깨

② 꿩 먹고 알 먹기

③ 제 논에 물 대기

④ 냉수 먹고 이 쑤시기

⑤ 빛 좋은 개살구

**29** 다음 빈칸에 들어갈 문장으로 가장 적절한 것을 고르시오.

---

　　보편논쟁은 중세 스콜라 철학의 주된 논쟁 주제로, 보편적인 관념이 실재하느냐 아니면 실재하지 않느냐에 대한 철학 논쟁이다. 보편이 실체로서 존재한다고 여기는 입장은 실재론, 보편은 사물에 대한 일반적인 이름에 지나지 않는다고 여기는 입장은 유명론으로 부른다. 이들 주장의 근거는 플라톤과 아리스토텔레스의 철학에서부터 시작한다. 실재론자들은 플라톤의 이데아론에 따라 보편적인 관념이 우리의 감각을 초월하여 실재하며, 우리의 감각에 나타나는 개별적인 사물은 보편적인 관념의 불완전한 예시에 불과하다고 주장하였다. 이에 대해 아리스토텔레스의 사상을 이어받은 유명론자들은 (　　　　　　　　　　　　　　　　　　　　　　) 즉, 보편적인 관념이란 사람들이 사물에 붙인 단순한 명칭에 불과하다고 본 것이다. 이러한 보편논쟁이 중세 스콜라 철학에서 큰 의미를 가지게 된 이유는 신학과 긴밀하게 결부되었기 때문이다. 보편논쟁은 중세 시대 내내 다양한 기독교 논리와 현실에서 신의 존재 여부를 설명하는 데 사용되었으며, 그 과정에서 수많은 종교적, 학문적, 정치적 논박이 오갔다. 스콜라 철학의 아버지라 불린 안셀무스, 극단적 유명론을 펼친 로스켈리누스, 두 입장을 절충하고자 한 아벨라르 등에 의해 이어진 논박은 〈신학대전〉을 집필한 토마스 아퀴나스에 이르러서야 일단락될 수 있었다.

---

① 보편적인 관념의 실재 여부는 인간이 판단할 수 없는 영역이라고 주장하였다.

② 개별적인 사물만이 존재할 뿐 보편적인 관념은 실재하지 않는다고 주장하였다.

③ 보편적인 관념과 개별적인 사물 모두 실재하는 것이라고 주장하였다.

④ 인간의 감각을 통해서 인지할 수 있는 개별적 사물은 존재하지 않는다고 주장하였다.

⑤ 보편적인 관념은 실재하지 않을 수도 있지만, 실재할 수도 있다고 주장하였다.

## 30 다음 ㉠~㉤에 들어갈 말로 가장 적절하지 않은 것을 고르시오.

맡겨둔 커피, 착한 기부 커피 등으로 불리는 '서스펜디드 커피(Suspended coffee)'는 경제적으로 어려운 이웃을 위해 커피를 기부하는 것을 의미한다. 자신의 커피값을 계산할 때 이웃에게 기부할 커피값까지 함께 지불하면, 나중에 서스펜디드 커피를 원하는 사람에게 ( ㉠ ) 커피를 제공하는 일종의 커피 기부 운동이다. 서스펜디드 커피는 제2차 세계대전 당시 이탈리아 남부 나폴리 지방에서 전쟁의 공포에 빠진 사람들을 위로하는 방법이었던 '카페 소스페소(Caffe sospeso)'에서 유래하였다. 이후 사람들의 ( ㉡ ) 카페 소스페소는 2010년 12월 10일 세계 인권의 날을 맞이하여 이탈리아에서 열린 '서스펜디드 커피 네트워크'라는 페스티벌을 계기로 다시 활발해지기 시작했다. 한편 이와 비슷한 기부 운동이 우리나라에도 존재하는데, 바로 '미리내 운동'이다. 미리내 운동은 가게에 비용을 ( ㉢ ) 지불하면, 그 비용으로 다른 사람이 상품과 서비스를 이용한다는 점에서 기본적인 원리는 서스펜디드 커피와 유사하다. 다만, ( ㉣ ) 서스펜디드 커피와 달리, 미리내 운동은 기부 항목 및 방법이 훨씬 다양하다. 먼저, 미리내 운동의 기부 항목은 기본적으로 커피뿐만 아니라 음식, 영화, 티켓 등으로 다양하다. 또한, 불특정 다수뿐만 아니라 기부 수혜자를 ( ㉤ ) 있다는 점에서 기부 당시 수혜자가 누구인지 알 수 없는 일반적인 서스펜디드 커피의 기부 형태와는 다르다. 기부자는 본인이 원하는 금액을 해당 가게 주인에게 지급하면 금액에 해당하는 쿠폰을 받을 수 있다. 그리고 그 쿠폰에 짧은 응원의 메시지를 적은 후 가게에 맡기면 된다. 이처럼, 서스펜디드 커피나 미리내 운동은 세부적인 기부 방법 및 항목은 다르지만, 평소 기부를 하고 싶어도 부담스러웠던 사람들에게는 간단하면서도 색다른 방법으로 의미가 있다.

① ㉠: 무료로

② ㉡: 관심에서 멀어졌던

③ ㉢: 후불로

④ ㉣: 커피에 국한되어 있는

⑤ ㉤: 미리 지정할 수

## 31 다음 빈칸에 들어갈 문장으로 가장 적절한 것을 고르시오.

가계의 총 소비 지출액 중에서 식료품비가 차지하는 비율을 엥겔지수라고 한다. 일반적으로 저소득층 가구는 고소득층 가구보다 엥겔지수가 높게 나타난다. 왜냐하면 소득이 적을수록 전체 소비 지출액 중 많은 부분을 필수 지출 항목인 식료품비로 사용하게 되어, 여가나 교육과 같은 분야에 지출하는 금액은 상대적으로 줄어들 수밖에 없기 때문이다. 실제로 최근 조사된 내용에 따르면 2016년 3분기를 기준으로 소득 하위 20% 계층의 엥겔지수는 21.4%로, 21.9%였던 2015년 3분기 이후 4분기 만에 가장 높은 수준을 기록했다. 이는 (                                    ) 따라서 전문가들은 자연적 악재로 인한 식료품의 가격 급등을 예방할 수 있는 대책을 우선 마련하고, 독거 노인과 저소득층 가구에 생활비나 식료품을 지급하는 방안도 함께 강구해야 한다고 주장하고 있다.

① 우리 사회에 깊게 자리 잡은 소득 계층 간의 양극화 현상을 단적으로 보여주는 사례이다.

② 이상 기후, 가축 전염병 등으로 농·축산물과 신선식품의 가격이 상승한 데에서 기인한 것이다.

③ 일반적인 가계의 생활 수준을 엥겔지수로 측정하기에는 무리가 있음을 방증한다.

④ 전체 가구 평균과 저소득층 가구의 엥겔지수 차이가 사상 최대치를 기록한 것과 관련이 있다.

⑤ 경기 침체의 장기화로 인해 전체 소득 계층의 소비가 위축되고 있다는 사실을 뒷받침한다.

32 다음 기획안에서 보충되어야 할 내용으로 가장 적절한 것을 고르시오.

| 제목 | 신차 홍보 기획안 |
| --- | --- |
| 항목 | 요점 |
| 기획의도 | 1. 신차(SG 01)의 판매량이 예상보다 저조하여 3/4분기 매출에 타격이 생길 것이라는 전망이 지속적으로 나오고 있음<br>2. 이에 20△△년 하반기 판매량을 증가시킬 새로운 마케팅 전략을 수립하고자 함 |
| 타깃 분석 | 1. 주요 타깃: 20~30대 젊은 남성·여성<br>2. 특성<br>　－ 자동차 자체의 스펙이나 가격보다는 브랜드가 갖고 있는 콘셉트와 스토리 등 감성적 측면에 더 매력을 느낌<br>　－ 타깃 고객들이 주로 정보를 얻는 곳은 TV가 아닌 인터넷과 모바일임<br>　－ 자사 시승센터 이용 고객 조사 결과 전체 연령대 중에서 20~30대의 이용률이 가장 높음 |
| 기존 마케팅 분석 | 1. TV 광고<br>　－ 현재 주력하고 있는 TV 광고의 경우 투입 비용 대비 광고 효과가 낮은 것으로 나타남<br>　－ 무겁고 진지한 느낌의 기존 광고는 주요 타깃인 20~30대를 사로잡기에 부족함<br>2. 생애 첫 자동차 구매 고객 할인 이벤트<br>　－ 주요 타깃의 연령대를 고려한 마케팅이지만, 많이 알려지지 않아 해당 이벤트의 판매 촉진 효과가 미미함 |
| 대응책 | 마케팅 효과가 작은 기존 마케팅 방안을 폐기하고 다음 방안을 추진하도록 함<br>1. 인터넷과 모바일로 확산시킬 수 있는 바이럴 무비를 제작<br>　－ '청춘'과 '여행'을 콘셉트로 잡고 스토리를 전개하도록 함<br>　－ 이전에 제작한 TV 광고보다 가볍고 통통 튀는 발랄한 색감으로 제작하도록 함<br>2. 체험 마케팅 시행<br>　－ 홍대, 강남, 광화문 등 서울 주요 도심지에서 시승 체험 이벤트를 기습적으로 개최함<br>　－ 시승 체험 후기를 SNS에 업로드하는 시민에게 기프티콘 등의 보상을 지급함 |
| 실행자 | 홍보 1팀 이홍빈 팀장 외 3명 |
| 세부 계획 | 1. 바이럴 무비 제작<br>　－ 제작 기간: 20△△. 6. 1.~20△△. 6. 30.<br>　－ 배포 시기: 티저 → 20△△. 6. 27., 본 바이럴 무비 → 20△△. 7. 1.<br>　－ 소요 예산: 1,500,000원<br>2. 체험 마케팅 시행<br>　－ 행사 기간 및 회차: 20△△. 6. 1.~20△△. 8. 31.(매주 토요일에 진행 예정), 총 13회<br>　－ 소요 예산: 회당 500,000원 |

① 기존에 시행된 마케팅 전략이 지닌 문제점
② 마케팅 전략 추진 시 발생할 기대효과
③ 마케팅 전략 추진 시기 및 전략별 예상 비용
④ 신차(SG 01)의 예상 소비자층이 가진 특징
⑤ 마케팅 추진 담당자 및 마케팅 시행 장소

**33** 다음 〈자료〉를 이용해 청년창업 실패율에 관한 글을 쓰기 위해 개요를 작성한다고 할 때 가장 적절하지 않은 것을 고르시오.

---
〈자료〉
---

가) 최근 몇 년 사이 청년창업이 인기를 끌고 있다. 이는 청년실업을 창업으로 해소해보려는 정부 정책에 청년층이 호응하면서 이루어진 현상으로, 정부는 각종 금융지원을 통해 청년창업을 지지해왔다. 그러나 통계청 조사에서 청년창업의 5년 생존율이 20%대에 머물고 있다는 점이 밝혀지자 이에 대한 대책 마련이 시급하다는 목소리가 나오고 있다.

나) 전문가들은 우리나라의 청년창업이 발전적으로 성장하기 위해서는 창업 실패에 대한 안전망이 확실히 구축되어야 한다고 지적한다. 현재의 시스템에서는 창업이 실패로 끝날 경우 재기가 어렵고, 일부 청년층은 빚을 떠안게 되어 새로운 출발을 시도조차 하지 못하게 된다. 사전에 청년창업 실패율을 줄이는 것만큼 실패의 경험을 자산화할 수 있는 제도와 문화를 마련하는 것도 중요하다.

다) 선진국의 경우 지속적으로 산업에 자금을 공급하는 투자은행이 잘 발달되어 있지만, 우리나라는 그렇지 않다. 이에 따라 청년층이 정부 정책의 도움을 받아 초기 투자금을 마련하여 창업한다고 해도 후속 투자금을 마련하지 못하는 경우가 많은 것이다.

라) 창업의 핵심은 참신한 아이디어임에도 불구하고 청년창업을 준비하는 대부분의 청년들이 안일한 생각으로 창업에 뛰어드는 것으로 나타났다. 이들이 제시하는 아이디어는 음식점과 같은 자영업에 국한되어 있는 경우가 많으며, 심지어 자신이 준비하고 있는 창업 아이디어가 시장 수요에 적합한 것인지에 대한 검증도 진행하지 않는 경우가 대다수인 것으로 드러났다.

마) 청년창업에 있어서 자금만큼 중요한 것은 청년들의 역량이다. 청년창업의 생존율을 높이기 위해서는 청년들이 창업할 수 있는 역량을 갖출 수 있도록 돕는 교육 체계가 정부 차원에서 마련되어야 한다. 실제로 한 청년창업 교육 전문가에 따르면 전문적인 창업 교육을 받은 청년들은 통계청이 발표한 청년창업 생존율 평균을 웃도는 생존율을 보이는 것으로 나타났다.

```
주제: 높아지는 청년창업 실패율, 대책 마련이 시급하다.
서론:
본론;
  1. 청년창업 실패율 상승 원인
    1.1.
    1.2.
  2. 청년창업 실패율을 낮출 방안
    2.1.
    2.2.
결론:
```

① 가)를 이용하여 서론에 '정부의 정책적 지원에도 불구하고 실패율이 증가하고 있는 청년창업'을 작성한다.

② 다)를 이용하여 본론1 - 1.1에 '청년창업을 뒷받침해줄 수 있을 정도로 성숙하지 못한 우리나라의 금융 환경'을 작성한다.

③ 마)를 이용하여 본론2 - 2.1에 '청년층의 창업 역량 확보를 위한 교육 지원의 필요성'을 작성한다.

④ 라)를 이용하여 본론2 - 2.2에 '신규 청년 창업자를 지도해주고 도와줄 수 있는 창업자 간의 네트워크 형성'을 작성한다.

⑤ 나)를 이용하여 결론에 '청년창업 실패율을 줄이는 것만큼 실패하더라도 재기할 기회를 마련해주는 것도 중요하다.'를 작성한다.

**34** 다음 주장에 대한 반박으로 가장 타당한 것을 고르시오.

매년 6월 8일은 유엔이 지정한 세계 해양의 날이다. 최근 유엔은 해양 보존을 위해 주목해야 할 이슈로 미세 플라스틱을 지목했다. 미세 플라스틱이란 5mm 이하의 크기가 매우 작은 플라스틱 알갱이를 말한다. 한국해양과학기술원 유류·유해물질연구단의 조사에 따르면 거제 해역의 바닷물 1m³에서 평균 21만 개의 미세 플라스틱이 발견될 만큼 우리나라의 해양 미세 플라스틱 오염도는 최고 수준이다. 미세 플라스틱의 발생은 플라스틱 쓰레기와 깊은 관련이 있다. 플라스틱 쓰레기는 주로 홍수가 나거나 선박에서 쓰레기를 버리는 경우, 양식장의 어구가 수거되지 않는 경우에 바다에 유입되는데, 그 양이 연간 1,000만~2,000만 톤에 달한다. 문제는 플라스틱 쓰레기가 파도에 휩쓸리거나 햇빛에 의한 광화학 반응으로 그 크기가 작아질 수는 있지만, 완전히 분해되기까지 상당히 오랜 시간이 걸린다는 것이다. 이 때문에 플라스틱 쓰레기는 미세 플라스틱이 되어 계속 바다를 떠돌게 된다. 우리가 일상에서 흔히 사용하는 제품도 미세 플라스틱으로 인한 해양 오염을 부추긴다. 각질 제거 효과가 있는 스크럽제 화장품, 치석 제거 효과가 있는 치약 등에 들어 있는 작은 알갱이가 바로 미세 플라스틱이다. 현재의 하수처리 시설로는 이러한 미세 입자를 걸러낼 수 없어 그대로 바다에 배출되고 있다. 이처럼 다양한 경로로 바다에 배출되는 미세 플라스틱은 중금속 등의 유해 물질을 흡수하게 되고, 이를 먹이 사슬의 가장 아래에 있는 동물성 플랑크톤이 먹이로 오인해 섭취한다. 그러한 플랑크톤을 먹은 해양 생물이 우리 식탁에 오르면서 결국 오염된 미세 플라스틱이 인체에 쌓이게 된다. 실제로 미국의 한 연구 결과에 따르면 시중에 유통되는 생선 10마리 중 약 2.5마리에서 미세 플라스틱이 발견된다고 한다. 이처럼 미세 플라스틱에 대한 우려의 목소리가 높아지는 가운데 일상생활에서부터 플라스틱 쓰레기를 줄일 수 있도록 미세 플라스틱이 들어가는 제품 생산을 일절 금지해야 한다.

① NGO 단체 등을 비롯하여 각종 환경 단체에서 미세 플라스틱 사용 금지 운동을 전개해야 한다.

② 일회용품 사용을 줄이는 등 일상생활에서부터 플라스틱 사용을 줄이는 습관을 가져야 한다.

③ 플라스틱 제품의 재질 및 용도에 따른 재활용 기술과 공정을 마련하는 것이 우선이다.

④ 주요 산업제품 중 플라스틱의 사용 비중이 높으므로 환경 오염을 일부 감수할 수밖에 없다.

⑤ 미세 플라스틱 섭취는 혈관 건강에 악영향을 미칠 수 있으므로 해산물 섭취는 가능한 피하는 것이 좋다.

**35** 다음 글에서 범한 오류와 성격이 같은 것을 고르시오.

> 이침에 출근할 때 신호에 많이 밀리면 하루 종일 새수가 없는데, 오늘 아짐 출근길에는 신호에 한 번도 안 걸렸으니 아마 좋은 일이 생길 거야.

① 이 식당에서 김치찌개를 먹었는데 정말 맛있었어. 그러니까 다른 메뉴도 다 맛있을 거야.

② 세계적인 베스트셀러라서 영화화된 소설이니까 분명히 재미있겠지?

③ 그가 사리 분별을 할 줄 아는 사람이라면 내 제안을 거절하지 않을 거야.

④ 밤에 음식을 먹는 습관은 비만이 되는 지름길이라는데, 너는 비만이 되려고 또 야식을 먹니?

⑤ 난 머리를 감으면 꼭 시험을 망쳐. 중요한 시험이 있는 다음 주 월요일까지 머리를 감지 않겠어.

약점 보완 해설집 p.2

## 유형 특징

**1** 어휘의 의미를 고려해 문맥에 맞는 어휘를 판단하고, 어휘 간의 의미 관계를 유추하는 유형의 문제이다.

**2** 어휘 유형은 ① 어휘관계, ② 다의어/유의어, ③ 빈칸완성 총 3가지 세부 유형으로 출제된다.

## 대표 기출 질문

| 세부 유형 | 대표 질문 |
| --- | --- |
| 어휘관계 | • 다음 두 단어 쌍이 같은 관계가 되도록 빈칸에 들어갈 단어를 고르시오.<br>• 다음 9개의 단어 중 3개의 단어에서 공통으로 연상할 수 있는 것을 고르시오. |
| 다의어/유의어 | • 다음 밑줄 친 단어와 같은 의미로 사용된 것을 고르시오.<br>• 다음 밑줄 친 단어와 의미가 유사한 것을 고르시오. |
| 빈칸완성 | • 다음 빈칸에 들어갈 말을 〈보기〉에서 골라 순서대로 바르게 나열한 것을 고르시오.<br>• 다음 중 어느 빈칸에도 들어갈 수 없는 것을 고르시오. |

## 최근 출제 경향

1 대체로 제시되는 어휘의 난도가 낮은 편이나, 일부 기업의 경우 일상생활에서 잘 사용하지 않는 생소한 어휘가 출제되기도 한다.

2 어휘관계 문제는 대부분 형태가 단순하고 길이가 짧아 풀이 시간이 적게 들지만, 의미 관계 파악이 쉽지 않은 어휘 쌍이 출제되기도 한다.

3 다의어/유의어 문제는 문맥에 따른 의미 차이를 파악해야 하는 난도 높은 문제가 출제되기도 한다.

4 빈칸완성 문제는 출제 기업에 따라 한 문장의 예문이 제시되는 경우도 있고, 글과 결합된 형태로 출제되는 경우도 있으므로 두 가지 형태 모두 학습해 두는 것이 좋다.

## 학습 방법

1 20대기업 직무적성검사에 출제된 적이 있는 다양한 관계의 어휘 쌍을 예시와 함께 학습한다. (직무적성검사 필수 암기 핸드북 p.2)

2 하나의 어휘가 가진 다양한 의미를 예문과 함께 학습한다. (직무적성검사 필수 암기 핸드북 p.3)

3 의미와 발음이 비슷하여 혼동하기 쉬운 어휘들을 예문과 함께 학습한다. (직무적성검사 필수 암기 핸드북 p.16)

4 무작정 어휘를 암기하기보다는 다양한 문제를 풀어보며 문제에 제시된 어휘들의 의미와 예문을 비교하여 정리하는 것이 좋다.

# 01 | 어휘관계

2~3개 어휘 간의 의미 관계를 유추하거나, 여러 단어 중 일정한 의미 관계를 맺고 있는 어휘를 고르는 유형의 문제이며, 일부 기업의 경우 추리능력에서 출제되기도 한다.

## 🧩 문제 풀이 전략

| 1단계 | 제시된 어휘 쌍이 유의관계 또는 반대관계가 성립하는지 확인한다. |
| --- | --- |

어휘관계 문제는 의미가 서로 비슷한 유의어 또는 의미가 서로 반대되는 반의어로 이루어진 어휘 쌍이 자주 출제되는 편이나. 따라서 제시된 어휘 쌍이 유의관계 또는 반대관계가 성립하는지를 먼저 확인해 본다.

| 2단계 | 제시된 어휘 쌍으로 문장을 만들어 본다. |
| --- | --- |

유의관계나 반대관계가 성립하지 않을 경우에는 제시된 어휘 쌍을 활용하여 문장을 만들어 보며 어휘 간의 관계를 파악한다. 이때 문장이 잘 만들어지지 않는다면 어휘의 속성을 떠올리며 어휘를 서로 연관 지어 본다.

> ✔ 어휘 간의 관계 확인하기
>
> - 암호:기억
>   - → '암호를 기억하다'라는 문장을 만들 수 있으므로 목적어와 서술어의 관계임을 알 수 있음
> - 초콜릿:카카오
>   - → 초콜릿과 카카오의 속성을 생각해 보면 '초콜릿은 카카오로 만든다'라는 문장을 만들 수 있으므로 완제품과 재료의 관계임을 알 수 있음
> - 물리:과학
>   - → 물리와 과학의 속성을 생각해 보면 '물리는 과학의 일종이다'라는 문장을 만들 수 있으므로 포함관계임을 알 수 있음
> - 기자:취재
>   - → 기자와 취재의 속성을 생각해 보면 '기자의 업무는 취재이다'라는 문장을 만들 수 있으므로 직업과 업무의 관계임을 알 수 있음

## 📘 문제 풀이 전략 적용

다음 두 단어 쌍이 같은 관계가 되도록 각 빈칸에 들어갈 단어를 고르시오.

식물 : 생물 = (　　　) : (　　　)

① 백합, 사자　　　　　② 주택, 분양　　　　　③ 장학금, 성적
④ 질, 사찰　　　　　　⑤ 향수, 화장품

[정답] ⑤

1단계　첫 번째 어휘 쌍에서 '식물'은 생물계의 두 갈래 가운데 하나를 뜻하고, '생물'은 생명을 가지고 스스로 생활 현상을 유지하여 나가는 물체로, 영양 · 운동 · 생장 · 증식을 하며, 동물 · 식물 · 미생물로 나뉘는 것을 뜻하므로 두 어휘는 의미상 유의관계나 반대관계가 성립하지 않는다. 이에 따라 목적어 서술어 관계인 ②와 유의관계인 ④는 소거한다.

2단계　식물은 생물의 한 종류로 포함됨에 따라 식물과 생물은 포함 관계임을 파악하고, 선택지 관계에서도 포함 관계에 해당하는 어휘 쌍을 확인하는 방식으로 문제를 푼다. ⑤ 향수, 화장품에서 향수는 화장품의 한 종류로 포함되므로 향수와 화장품이 포함 관계임을 알 수 있다.
따라서 정답은 ⑤가 된다.

1 언어능력
2 수리능력
3 추리능력
4 공간지각능력
5 상황판단능력

해커스 20대기업 인적성 통합 기본서 최신기출유형+실전문제

## 02 | 다의어/유의어

한 어휘가 가진 여러 가지 의미를 구분하거나 의미가 서로 비슷한 2개 이상의 어휘를 고르는 유형의 문제이다.

###  문제 풀이 전략

| 1단계 | 제시된 문장을 읽고 어휘의 의미를 파악한다. |
| --- | --- |

어휘가 포함된 문장에서 어휘의 주어, 목적어 또는 수식어를 찾아 표시하고, 전체적인 문맥을 통해 어휘의 의미를 파악한다.

▼

| 2단계 | 제시된 어휘의 의미를 선택지에 차례대로 대입해본다. |
| --- | --- |

선택지를 차례대로 읽으면서 밑줄 친 어휘의 주어, 목적어 또는 수식어를 찾아 표시하고, 제시된 어휘의 의미를 선택지에 차례대로 대입해보며 정답을 찾는다.

## 🔷 문제 풀이 전략 적용

**다음 밑줄 친 단어와 같은 의미로 사용될 것을 고르시오.**

> 친구 간의 다툼을 <u>막으려고</u> 노력했지만 어쩔 도리가 없었다.

① 말일까지 이자를 <u>막지</u> 못한다면 부도가 날지도 모른다.

② 이번 공격만 <u>막으면</u> 올 시즌 우승은 따놓은 당상이다.

③ 협상 시 상대방의 말을 <u>막거나</u> 끊지 않도록 주의해야 한다.

④ 소방대원이 불길을 초기에 진압한 덕에 큰 피해를 <u>막을</u> 수 있었다.

⑤ 추위를 <u>막기</u> 위해 목도리와 장갑으로 중무장하고 집을 나섰다.

[정답] ③

**1단계** '막다'는 문맥에 따라 다른 의미로 쓰일 수 있으므로 우선 제시된 문장에서 '막다'가 어떤 의미로 사용되었는지 파악해야 한다. '다툼을 막다'라는 문맥을 통해 어떤 일이나 행동을 못하게 한다는 의미로 사용되었음을 알 수 있다.

**2단계** 각 선택지에서 밑줄 친 어휘의 주어, 수식어 등을 찾아보면 ①은 '돈을 갚거나 결제하다', ②는 '외부의 공격이나 침입 따위에 버티어 지키다', ④는 '어떤 현상이 일어나지 못하게 하다', ⑤는 '강물, 추위, 햇빛 따위가 어떤 대상에 미치지 못하게 하다'라는 문맥을 확인할 수 있다.
따라서 ③은 어떤 일이나 행동을 못하게 한다는 의미가 대입될 수 있으므로 정답은 ③이 된다.

1 언어능력

2 수리능력

3 추리능력

4 공간지각능력

5 실전모의고사

해커스 20대기업 인적성 통합 기본서 최신기출유형+실전문제

# 03 | 빈칸완성

어휘의 의미와 글의 문맥을 고려하여, 빈칸에 들어가기에 적절한 어휘 또는 부적절한 어휘를 고르는 유형의 문제이다.

##  문제 풀이 전략

| 1단계 | 빈칸이 포함된 문장의 내용을 파악한 후, 빈칸 앞뒤에 오는 어휘를 확인한다. |
|---|---|

빈칸이 포함된 문장을 읽고 문장의 내용을 파악하고, 빈칸 앞 또는 뒤에 나오는 어휘 중 빈칸에 들어
갈 어휘와 '주어 – 서술어', '목적어 – 서술어' 등의 관계를 이루는 것이 있는지 확인한다.

▼

| 2단계 | 선택지에 주어진 어휘를 빈칸에 넣으며 문맥에 맞는 어휘인지, 빈칸 앞뒤에 오는 어휘와 적절하게 연결되는지를 판단한다. |
|---|---|

선택지에 주어진 어휘를 빈칸에 넣었을 때 문장의 전반적인 내용에 잘 맞는 것을 고른다. 이때 어
휘의 의미가 비슷하여 헷갈리는 선택지가 있다면, 빈칸 앞뒤에 오는 어휘와 적절하게 연결되는 선
택지를 찾는다.

다음 빈칸에 들어갈 말을 〈보기〉에서 골라 순서대로 바르게 나열한 것을 고르시오.

서킷브레이커(Circuit breaker)란 주가가 급격히 하락할 때 투자자들이 냉정하게 투자 판단을 할 수 있도록 시장에서의 모든 매매 거래를 일시 중단하는 제도로, 전류가 과도하게 흐르면 자동으로 전류를 차단하는 회로차단기와 같은 역할을 한다고 하여 붙여진 이름이다. 우리나라의 경우 1998년 12월에 가격 제한 폭이 상하 12%에서 상하 15%로 변경되면서 유가증권시장에 먼저 서킷브레이커 제도가 들어왔고, 코스닥시장에는 2001년 9·11 테러 이후에 이 제도가 도입되었다. 이후 2015년 6월부터 가격 제한 폭이 상하 30%로 ( ㉠ )되면서 서킷브레이커는 세 단계로 세분화되었다. 이에 따라 코스피지수나 코스닥지수가 직전 매매 거래일의 종가 대비 8% 이상, 15% 이상 떨어진 상태가 1분간 ( ㉡ )되면 각각 1단계, 2단계 서킷브레이커가 발동하여 20분간 거래를 정지한 후 10분간은 동기호가 단일가 매매로 장이 ( ㉢ )된다. 만약 코스피지수나 코스닥지수가 20% 이상 폭락하면 3단계 서킷브레이커가 발동하는데, 이 경우 당일 장 운영이 종료되어 모든 종목의 매매 거래가 중단된다. 서킷브레이커 발동 가능 횟수는 종전의 1일 1회로 ( ㉣ )했던 것을 완화하여 각 단계별로 하루에 한 번씩 발동할 수 있도록 했다. 또한, 1단계와 2단계 서킷브레이커의 경우 당일 종가 결정 시간을 확보하기 위해 장 마감 40분 전까지만 발동하는 반면에, 3단계 서킷브레이커는 장이 끝날 때까지 발동이 가능하다.

┌─〈보기〉─
│ 가) 한정     나) 연속     다) 재계     라) 지속     마) 확대     바) 재개     사) 축소
└────

| | ㉠ | ㉡ | ㉢ | ㉣ |
|---|---|---|---|---|
| ① | 마) | 나) | 다) | 사) |
| ② | 사) | 나) | 바) | 가) |
| ③ | 마) | 라) | 바) | 가) |
| ④ | 사) | 라) | 다) | 마) |
| ⑤ | 가) | 라) | 바) | 나) |

[정답] ③

**1단계**　㉠이 포함된 문장은 상하 15%였던 가격 제한 폭이 상하 30%로 변경되었다는 내용이다.
　㉡이 포함된 문장은 코스피지수 또는 코스닥지수가 직전 매매거래일의 종가보다 8% 이상, 15% 이상 떨어진 상태가 1분가량 이어지면 각각 1단계, 2단계 서킷브레이커가 발동된다는 내용이며, ㉡에는 빈칸 앞의 단어인 '1분간'과 함께 쓸 수 있는 말이 들어가야 한다.
　㉢이 포함된 문장은 일시적으로 정지되었던 장이 다시 운영된다는 내용이다.
　㉣이 포함된 문장은 종전에는 1일 1회만 서킷브레이커를 발동할 수 있었다는 내용이다.

**2단계**　㉠에는 모양이나 규모 따위가 더 크게 된다는 의미의 '확대(擴大)'가 들어가야 한다.
　㉡에는 어떤 상태가 오래 계속된다는 의미의 '지속(持續)'이 들어가야 한다.
　㉢에는 어떤 활동이나 회의 따위가 한동안 중단되었다가 다시 시작된다는 의미의 '재개(再開)'가 들어가야 한다.
　㉣에는 수량이나 범위 따위가 제한되어 정해진다는 의미의 '한정(限定)'이 들어가야 한다.
　따라서 정답은 ③이 된다.

유형: 어휘관계    난이도: ★☆☆

**01** 다음 중 단어 간의 관계가 나머지와 다른 것을 고르시오.

① 승인 – 허가

② 가맹 – 탈퇴

③ 발탁 – 선발

④ 치장 – 단장

⑤ 송달 – 배송

유형: 어휘관계    난이도: ★☆☆

**02** 다음 중 단어 간의 관계가 나머지와 다른 것을 고르시오.

① 달걀 – 노른자

② 돼지고기 – 베이컨

③ 옥수수 – 팝콘

④ 보리 – 맥주

⑤ 밀가루 – 국수

1
언어능력

2
수리능력

3
추리능력

4
공간지각능력

5
실전모의고사

해커스 20대기업 인적성 통합 기본서 최신기출유형+실전문제

유형: 어휘관계　난이도: ★☆☆

**03** 다음 두 단어 쌍이 같은 관계가 되도록 빈칸에 들어갈 단어를 밑줄 친 부분 중에서 고르시오.

---

> 구매하다 : 누르다 = 발진하다 : (　　　)

---

① 세수하지 않고 그냥 잤더니 얼굴에 뾰루지가 많이 <u>났다</u>.

② 안개 낀 날에는 언제든지 <u>제동</u>할 수 있도록 서행해야 한다.

③ 우주선을 빠르게 <u>추진</u>할 수 있는 고성능 엔진 개발이 시급하다.

④ 어서 준비하고 <u>출발</u>해야 열차 시간에 늦지 않을 것이다.

⑤ 인공지능 아파트가 출시되었다는 소식에 호기심이 <u>발동</u>했다.

유형: 어휘관계　난이도: ★☆☆

**04** 다음 두 단어 쌍이 같은 관계가 되도록 빈칸에 들어갈 단어를 밑줄 친 부분 중에서 고르시오.

---

> 공감대 : 형성 = 화석 : (　　　)

---

① 마르크스는 변증법적 유물론을 토대로 자신의 사상을 <u>증명</u>하였다.

② 에디슨은 전구를 발명하기 위해 수만 번의 실험을 반복했다.

③ 어린이들이 유물을 직접 <u>발굴</u>하여 복원까지 해보는 체험 학습을 진행했다.

④ 강 하류에 모래가 <u>퇴적</u>되어 거대한 삼각주를 이루었다.

⑤ 전 세계적으로 전기자동차를 <u>생산</u>하는 기업이 늘고 있다.

유형: 어휘관계　난이도: ★★☆

**05** 다음 두 단어 쌍이 같은 관계가 되도록 빈칸에 들어갈 단어를 고르시오.

---

> 서운하다 : 아쉽다 = (　　　) : 그만두다

---

① 손대다　　　　　　② 그르다　　　　　　③ 거두다

④ 가만두다　　　　　⑤ 개시하다

**06** 다음 두 단어 쌍이 같은 관계가 되도록 빈칸에 들어갈 단어를 고르시오.

| 관계 : 형성 = 체력 : (　　　　) |
| --- |

① 능가 　　　　　　② 원기 　　　　　　③ 단련

④ 근골 　　　　　　⑤ 저하

**07** 다음 9개의 단어 중 3개의 단어에서 공통으로 연상할 수 있는 것을 고르시오.

| 기라성 | 연장 | 완구 |
| --- | --- | --- |
| 절단 | 막대 | 스타 |
| 못 | 장난 | 접착 |

① 망치 　　　② 톱 　　　③ 풍선 　　　④ 별 　　　⑤ 가위

**08** 다음 밑줄 친 단어와 의미가 유사한 것을 고르시오.

| 그의 독단적인 행동은 더 이상 묵과할 수 없는 지경에 이르렀다. |
| --- |

① 좌시할 　　　　　　② 주시할 　　　　　　③ 간과할

④ 목도할 　　　　　　⑤ 상관할

1 언어능력
2 수리능력
3 추리능력
4 공간지각능력
5 실전모의고사
해커스 20대기업 인적성 통합 기본서 최신기출유형+실전문제

유형: 다의어/유의어    난이도: ★☆☆

**09** 다음 밑줄 친 다의어와 같은 의미로 사용된 것을 고르시오.

> 계획을 실행으로 옮길 때가 되었다.

① 신입사원은 바닥으로 시선을 옮기며 어떤 말도 하지 않았다.
② 나는 한국 소설을 영어로 옮기는 일을 하고 있다.
③ 남에게 들은 말을 다른 곳으로 옮기지 않아야 한다.
④ 오랫동안 구상했던 일을 행동으로 옮기려 한다.
⑤ 1학년 3반에 감기를 옮긴 사람은 지현이었다.

유형: 빈칸완성    난이도: ★☆☆

**10** 다음 빈칸에 들어갈 말을 〈보기〉에서 골라 순서대로 바르게 나열한 것을 고르시오.

> 영국의 인문주의자 토머스 모어는 그의 저서에서 주민 모두가 평등하고, 경제적으로 궁핍하지 않으며, 도덕적으로 타락하지 않은 사회인 '유토피아'를 등장시켰다. 여기에서 ( ㉠ )한 유토피아는 현실에서 찾아볼 수는 없지만, 당대 사람들에게 바람직하다고 여겨지는 이상사회를 가리키는 말로 사용되고 있다. 사람들은 유토피아를 꿈꾸며 현재의 한계를 극복하고 이상사회로 나아가기 위해 노력한다. 오늘날 인간이 성취한 삶과 사회의 발전은 이러한 끊임없는 도전과 노력의 ( ㉡ )이라고 할 수 있다. 또한, 유토피아는 우리의 현실을 ( ㉢ )하게 만들기도 하는데, 이상적인 모습의 유토피아는 현실사회의 문제점이 무엇인지 그리고 그 문제점을 해결하는 데 필요한 목표와 변화에 대한 척도를 함께 제시해 준다. 즉, 유토피아의 모습을 ( ㉣ )(으)로 인간은 현재 살고 있는 사회의 부조리함과 모순, 한계를 인식할 수 있게 된다.

> ─〈보기〉─
> 가) 초래      나) 유래      다) 산물      라) 물자      마) 기준      바) 직시      사) 회피

|      | ㉠   | ㉡   | ㉢   | ㉣   |
|------|------|------|------|------|
| ①    | 가)  | 다)  | 바)  | 마)  |
| ②    | 가)  | 라)  | 사)  | 다)  |
| ③    | 나)  | 다)  | 바)  | 라)  |
| ④    | 나)  | 다)  | 바)  | 마)  |
| ⑤    | 나)  | 라)  | 사)  | 마)  |

약점 보완 해설집 p.7

## 유형 특징

1 우리말 어법에 대한 지식을 바탕으로 정확한 우리말 표현을 찾는 유형의 문제이다.

2 어법 유형은 ① 맞춤법 적용, ② 고쳐 쓰기 총 2가지 세부 유형으로 출제된다.

## 대표 기출 질문

| 세부 유형 | 대표 질문 |
|---|---|
| 맞춤법 적용 | • 다음 중 띄어쓰기가 옳지 않은 것을 고르시오.<br>• 다음 중 외래어 표기법에 맞지 않는 것을 고르시오. |
| 고쳐 쓰기 | • 다음 ㉠~㉢을 바르게 고쳐 쓴다고 할 때 적절하지 않은 것을 고르시오. |

1
언어능력

2
수리능력

3
추리능력

4
공간지각능력

5
실전모의고사

해커스 20대기업 인적성 통합 기본서 최신기출유형+실전문제

## 최근 출제 경향

1 우리말 어법에 대한 지식 중에서도 일상생활에서 자주 틀리는 어휘나 표현이 주로 출제된다.

2 맞춤법 적용 문제는 옳고 그른 문장을 가려내는 비교적 단순한 형태로, 띄어쓰기나 표준어, 외래어 표기법 등의 출제 빈도가 높은 편이다.

3 고쳐 쓰기 문제는 글에서 잘못 사용된 어휘와 표현, 글의 흐름상 부자연스러운 부분 등을 찾고, 그에 대한 적절한 수정 방안을 판단하는 문제가 출제되고 있다.

## 학습 방법

1 틀리기 쉬운 맞춤법이나 외래어 표기, 헷갈리는 표준어와 비표준어 등 시험에 주로 출제되는 것들을 통해 관련 어문 규정을 확실히 이해한다. (직무적성검사 필수 암기 핸드북 p.23)

2 무작정 어법을 암기하기보다는 다양한 문제를 풀어보며 자주 틀리거나 헷갈리는 어법을 예문과 함께 정리하여 학습한다.

# 01 | 맞춤법 적용

우리말 어법에 부합하는 표현 또는 그렇지 않은 표현을 고르는 유형의 문제이나.

##  문제 풀이 전략

| 1단계 | 선택지를 읽고 각 선택지에 적용된 어법을 파악한다. |
| --- | --- |

어법에는 띄어쓰기를 포함한 맞춤법, 표준어 규정, 외래어 표기법 등이 포함되며, 출제 범위가 실생활에서 자주 들리는 표현으로 다소 한정적이라는 짐을 고려하여 선택지를 읽고 어떤 어법이 적용되었는지를 파악한다.

▼

| 2단계 | 어떤 어법이 쓰였는지 확실히 파악한 선택지부터 확인하며 오답을 빠르게 소거한다. |
| --- | --- |

어법을 잘 파악하고 있다면 가급적 선택지를 모두 읽고 정답과 오답을 파악하는 것이 좋다. 그러나 어법에 대한 지식이 부족하거나 헷갈리는 선택지가 있다면, 어떤 어법이 쓰였는지 확실히 파악한 선택지부터 우리말 어법에 맞는 표현인지 틀린 표현인지 확인한다.

## 🔷 문제 풀이 전략 적용

**다음 중 띄어쓰기가 옳지 않은 것을 고르시오.**

① 내 친구는 얼굴도 잘생긴데다가 성격도 좋다.

② 도서관에서 살다시피 했지만 시험을 망쳤다.

③ 아버지께서는 부장 겸 대표이사로 선임되셨다.

④ 좌우간에 곧 있으면 손님들이 들이닥칠 것이다.

⑤ 요즘 일이 잘 안돼서 잠깐 쉬고 있다.

[정답] ①

1단계 띄어쓰기에 관한 문제임을 알 수 있으며, 띄어쓰기 규정 중 자주 틀리는 것으로 '문장의 각 단어는 띄어 씀을 원칙으로 함', 조사는 앞말에 붙여 씀', '의존 명사는 띄어 씀', '성과 이름, 성과 호 등은 붙여 쓰고, 이에 덧붙는 호칭어, 관직명 등은 띄어 씀', '말을 이어주거나 열거할 적에 쓰이는 다음의 말들은 띄어 씀' 등이 있다.

2단계 가급적 모든 선택지를 꼼꼼히 읽고 정답과 오답을 파악해야 하나, 어법에 대한 지식이 충분하지 않다면 정확히 알고 있는 내용을 중심으로 오답을 소거하며 문제를 풀어야 한다. 선택지에 '데', '겸', '간' 등이 포함되어 있으므로 의존 명사와 관련된 띄어쓰기 부분을 먼저 확인한다. 그중 ④의 '좌우간'은 한 단어로 의존 명사가 아니므로 소거하고, ①, ③에서 '데'와 '겸'의 띄어쓰기가 다르므로 확인한다. 이때, 한글 맞춤법 제42항에 따라 의존 명사는 띄어 써야 하므로 '잘생긴데다가'는 '잘생긴 데다가'로 띄어 써야 한다.
따라서 정답은 ①이 된다.

1
언어능력

2
수리능력

3
추리능력

4
업권지각능력

5
실전모의고사

해커스 20대기업 인적성 통합 기본서 최신기출유형+실전문제

## 02 | 고쳐 쓰기

글에서 어법이 잘못된 부분 또는 글의 전반적인 흐름에 맞지 않는 내용에 대한 수정 방안의 적절성을 판단하는 유형의 문제이다.

 문제 풀이 전략

| 1단계 | 글에서 밑줄이나 괄호로 표시된 부분이 수정할 필요가 있는지를 확인한다. |
|---|---|

글에서 밑줄이나 괄호로 표시된 부분을 수정할 필요가 있는지, 굳이 수정하지 않아도 되는지를 검토한다. 이때 어휘 또는 문장 일부가 표시된 것은 어법상 오류가 있는지를, 문장 전체가 표시된 것은 해당 문장의 내용이 글의 맥락에 맞는지를 중점적으로 확인한다.

✔ 대표적인 비문 유형

| 문장 성분 탈락 | • 밤늦게 다니면 <u>걱정을 끼치게</u> 된다.<br>→ '걱정을 끼치다'의 부사어가 생략됨 |
|---|---|
| 문장 성분 사이의<br>어색한 호응 | • <u>눈</u>과 바람이 많이 <u>불어</u> 옷을 단단히 챙겨 입었다.<br>→ 주어인 '눈'과 서술어인 '불다' 사이의 호응이 어색함 |
| 동어 반복 표현 | • <u>과반수가 넘는</u> 사람이 회의에 불참했다.<br>→ '과반수'와 '넘는'의 의미가 중복됨 |
| 중의적 표현 | • <u>착한 진영이의 동생이</u> 내게 말을 걸었다.<br>→ 진영이가 착한지, 진영이의 동생이 착한지 불분명함 |
| 외국어식 표현 | • 그 영화는 정식 개봉 전 시사회를 <u>가졌다.</u><br>→ '~을 가지다'는 영어의 'have'를 직역한 표현에 해당함 |
| 문맥에 맞지 않는<br>어휘 사용 | • 저 산 <u>넘어</u>에 외딴 마을이 있다.<br>→ 높은 부분의 위 또는 경계 등을 지나감을 의미하는 '넘어'가 아니라, 높이나 경계로 가로막은 사물의 저쪽 또는 그 공간을 의미하는 '너머'가 쓰여야 함 |

| 2단계 | 선택지에 제시된 내용을 적용해보며 수정 방안이 적절한지 판단한다. |
|---|---|

선택지에 제시된 수정 방안을 글에 적용하여 어법상의 오류가 적절하게 수정되었는지, 문맥에 맞는 내용으로 고쳐졌는지를 확인하여 수정 방안이 적절한지 판단한다.

## ⬡ 문제 풀이 전략 적용

**다음 ㉠ ~ ㉤을 바르게 고쳐 쓴다고 할 때 가장 적절하지 않은 것을 고르시오.**

> 작곡가 앤드류 로이드 웨버는 어릴 적 읽었던 T.S.엘리엇의 우화 시집에서 영감을 받아 새로운 뮤지컬을 만들고자 하였다. 그는 여러 뮤지컬 제작자와 연출가들에게 뮤지컬 제작을 의뢰하였지만, 그들로부터 거절 당하기 ㉠ 일수였다. 수차례 퇴짜를 맞은 끝에 앤드류 로이드 웨버는 뮤지컬 제작자 카메론 매킨토시와 연출가 트레버 넌을 파트너로 맞이하였고, 세 사람은 의기투합하여 〈캣츠〉라는 뮤지컬을 무대에 ㉡ 올랐다. 〈캣츠〉는 1년에 한 번 열리는 '젤리클 축제'에서 최고의 고양이가 되기 위해 30여 마리의 고양이들이 차례로 나와 자신의 사연을 소개하고 기량을 뽐낸다는 내용의 뮤지컬로, 1982년부터는 브로드웨이에서도 공연되었다. ㉢ 브로드웨이는 미국 뉴욕 주의 한 거리로 뮤지컬을 비롯해 연극, 버라이어티쇼 등을 상연하는 대규모의 상업 극장들이 밀집해 있다. 이를 두고 처음에 브로드웨이의 공연 관계자들은 고양이 분장을 한 배우들이 이리저리 돌아다니는 극의 특성과 트레버 넌이 대형 상업극을 연출해 본 경험이 없다는 점 때문에 〈캣츠〉가 흥행하지 못할 것이라 생각했다. ( ㉣ ) 업계의 예상과 달리 관객들은 〈캣츠〉에 대해 어른과 아이 모두가 즐길 수 있는 멋진 작품이라는 찬사를 보냈고, 결국 〈캣츠〉는 브로드웨이를 대표하는 뮤지컬 중 하나로 ㉤ 자리 매김할 수 있었다.

① ㉠을 문맥에 맞는 명사인 '일쑤'로 고쳐 쓴다.
② 주어와 서술어의 호응을 고려해 ㉡을 '올렸다'로 수정한다.
③ ㉢은 전체 글의 흐름상 불필요한 내용이므로 삭제한다.
④ ㉣ 뒤의 내용이 앞의 내용을 보충하는 내용이므로 ㉣에 '또한'을 넣는다.
⑤ ㉤은 한 단어이므로 '자리매김할'로 붙여 쓴다.

[정답] ④

---

1단계  ㉠~㉤ 중에서 ㉤은 어법상 오류이므로 '자리매김할'로 붙여 쓰는 것이 적절하여 바르게 고쳐 쓴 내용이다.

2단계  앞의 내용을 심화하면서 다른 내용을 추가할 때는 접속어 '그러나'를 사용해야 하므로 앞의 내용과 관련 있는 내용을 추가할 때 사용하는 접속어 '또한'은 적절하지 않다.
       따라서 정답은 ④가 된다.

유형: 맞춤법 적용  난이도: ★☆☆

**01** 다음 중 띄어쓰기가 옳지 않은 것을 고르시오.

① 한국 대 브라질의 배구 경기를 펼치고 있다.

② 사과, 배, 귤 등등 다양한 과일을 판매하고 있다.

③ 하루내지 이틀 안으로 택배가 올 예정이다.

④ 폭설로 인해 육상 및 항공 교통이 두절된 상태이다.

⑤ 그는 문학 평론가 겸 출판사의 팀장으로 있다.

유형: 맞춤법 적용  난이도: ★★☆

**02** 다음 중 맞춤법에 맞지 않는 것을 고르시오.

① 정부에서는 개인이 수령 가능한 실업 급여의 횟수를 제한할 계획이다.

② 과거 우리나라에서는 임금이 먹을 음식을 만들기 위해 수라간을 두었다.

③ 올해의 마지막 모임이 끝나고 나면 뒤풀이가 있을 예정이다.

④ 철수는 초콜릿의 갯수를 모두 센 뒤 친구들에게 공평히 나누어 주었다.

⑤ 팔레스타인 분쟁 지역에서 수많은 사람의 죽음은 예삿일이었다.

유형: 맞춤법 적용  난이도: ★★☆

**03** 다음 중 외래어 표기법이 맞지 않는 것을 고르시오.

① flash − 플래시

② lobster − 로브스터

③ gap − 갭

④ topknot − 톱놋

⑤ shrimp − 쉬림프

**04** 다음 ㉠~㉤을 바르게 고쳐 쓴다고 할 때 가장 적절하지 않은 것을 고르시오.

> 인문학이란 주로 인간과 관련하여 근원적인 사상이나 문화 및 가치를 탐구하는 학문으로, 객관적인 자연현상을 탐구하는 자연과학과는 상대적인 개념이다. 인문학의 역사는 고대 그리스·로마 시대의 젊은이들을 올바른 시민으로 ㉠ 길러 양성하기 위한 교육을 의미하는 '파이데이아'에서 시작되었다. 이후 중세의 신 중심 세계관에서 벗어나 고대의 인간관을 계승했던 르네상스에 이르면서 인문학은 교양을 위한 학문으로 규정되었다. 오늘날의 인문학이 인간에 대한 고찰을 중심으로 한 학문으로 발전한 것은 르네상스에서 정의된 인문학의 개념에서 비롯된 것으로 볼 수 있다. ( ㉡ ) 과학·기술의 발전으로 시대가 급변하면서 인문학의 의미가 퇴색되고 인문학의 위기론까지 대두되었다. 인공지능과 같은 기술이 ㉢ 인간에게 대체할 수 있게 되면서, 인간에 대한 탐구보다는 기계와 디지털을 다루는 능력이 요구되고 있는 것이다. 이는 취업 시장과도 연결되어 인문학 계열에 진학하는 것이 취업에 불리하다는 부정적인 인식이 굳어지게 된 배경이 되기도 했다. 물론, 나날이 발전하는 기술을 ㉣ 따라 잡기 위해서는 그에 대한 이해도가 필요하다. 그러나 과학 기술이 사람에 대한 이해를 바탕으로 구현된다는 것은 틀림없는 사실이며, 사람의 사고와 행동, 문화를 이해하는 것이 선행되어야 사람에게 필요한 기술로 발전될 수 있다. 따라서 급변하는 4차 산업혁명 시대에서 우리가 진정으로 갖춰야 할 것이 무엇인지에 대한 고민이 필요하며, 여기에 인문학적 소양이 ㉤ 배제되어서는 안 된다는 것을 명심해야 할 것이다.

① 의미가 중복되고 있으므로 ㉠을 '양성하기'로 고쳐 쓴다.

② 앞에서 언급한 내용과 상반되는 설명을 하고 있으므로 ㉡에 '하지만'을 넣는다.

③ 잘못된 조사가 사용되었으므로 ㉢을 '인간을'로 수정한다.

④ 띄어쓰기가 올바르지 않으므로 ㉣을 '따라잡기'로 붙여 쓴다.

⑤ 앞의 문맥을 고려하여 ㉤을 '포함'으로 바꿔 쓴다.

**05** 다음 ㉠~㉤을 바르게 고쳐 쓴다고 할 때 가장 적절하지 않은 것을 고르시오.

> 치료가 불가능한 질병으로 힘들어하는 환자의 고통을 ㉠ 삭감시키기 위해 인위적으로 죽음을 앞당기는 안락사는 크게 적극적 안락사와 소극적 안락사로 구분된다. 적극적 안락사는 치료를 중단해도 바로 사망하지 않는 환자에게 약물 투약 등을 통해 사망에 이르게 하는 것이다. ( ㉡ ) 시한부 선고를 받은 뇌종양 환자는 치료를 중단한다 해도 바로 숨을 거두는 것은 아니기 때문에, 치사량의 독극물을 주사하여 환자의 고통을 줄여주는 것이 적극적 안락사에 해당한다. 소극적 안락사는 환자 본인이나 환자 가족의 요구에 따라 심폐소생술, 인공호흡기, 약물 투여 등과 같은 무의미한 연명치료를 ㉢ 중단함으로서 자연스럽게 죽음의 시기를 앞당기는 것이다. 일반적으로 소극적 안락사는 존엄사와 비슷한 의미로 사용되고 있다. 그러나 소극적 안락사가 회복 여부와 ㉣ 상관없이 연명치료를 중단하는 것임에 반해 존엄사는 최선의 치료를 했음에도 죽음을 막을 수 없을 때 연명치료를 중단한다는 점에서 차이가 있다. 즉, 인위적으로 죽음을 앞당기는 소극적 안락사와 달리 존엄사는 생명을 단축시키는 개념이 아닌 것이다. 오랫동안 안락사 허용 문제는 논란의 대상이 되어왔으며, 이미 안락사를 허용하고 있는 나라들 사이에서도 허용 기준과 그 범위는 모두 ㉤ 같다. 소극적 안락사의 경우 몇몇 유럽 국가에서 허용되고 있지만 적극적 안락사를 허용하는 나라는 매우 소수이다. 우리나라에서는 식물인간 상태에 있는 환자의 연명치료를 중단하는 소극적 안락사가 허용된 경우가 존재하나 적극적 안락사는 인정하지 않고 있다.

① 목적어로 사용된 단어를 고려하여 ㉠을 '경감시키기'로 바꿔 쓴다.

② 앞의 내용에 대한 사례를 들어 구체화하고 있으므로 ㉡에 '예컨대'를 넣는다.

③ 조사의 쓰임이 올바르지 않으므로 ㉢을 '중단함으로써'로 수정한다.

④ ㉣은 '상관'과 '없이'라는 두 단어가 연결된 것이므로 '상관 없이'로 띄어 쓴다.

⑤ ㉤을 '다르다'로 고쳐 써 내용이 자연스럽게 전개되도록 한다.

약점 보완 해설집 p.9

문제 풀이 시작과 종료 시각을 정한 후, 실제 시험처럼 출제예상문제를 풀어보세요.

• 언어능력 _____ 시 _____ 분 ~ _____ 시 _____ 분 (총 30문제/25분)

**01** 다음 9개의 단어 중 3개의 단어에서 공통으로 연상할 수 있는 것을 고르시오.

| 걸음 | 죄 | 방패 |
|---|---|---|
| 바느질 | 꿀 | 수고 |
| 문 | 흙 | 옷 |

① 고리　　　　② 벌　　　　③ 땀

④ 창　　　　⑤ 오리

**02** 다음 9개의 단어 중 3개의 단어에서 공통으로 연상할 수 있는 것을 고르시오.

| 편지 | 가뭄 | 부처 |
|---|---|---|
| 시험 | 고기 | 걱정 |
| 달러 | 우표 | 수표 |

① 불　　　　② 물　　　　③ 안심

④ 백지　　　　⑤ 봉투

**03** 다음 두 단어 쌍이 같은 관계가 되도록 빈칸에 들어갈 단어를 고르시오.

주장하다 : (　　) = 수렴하다 : 정리하다

① 따르다　　　　　　　　② 능가하다　　　　　　　　③ 주시하다

④ 보장하다　　　　　　　⑤ 제창하다

1 언어능력

2 수리능력

3 추리능력

4 공간지각능력

5 실전모의고사

해커스 20대기업 인적성 통합 기본서 최신기출유형+실전문제

**04** 다음 두 단어 쌍이 같은 관계가 되도록 빈칸에 들어갈 단어를 고르시오.

인재 : 배치 = (　　) : 중단

① 중지　　　　　　　　　② 단념　　　　　　　　　③ 계속

④ 작업　　　　　　　　　⑤ 중도

**05** 다음 두 단어 쌍이 같은 관계가 되도록 각 빈칸에 들어갈 단어를 고르시오.

당구풍월 : (　　) = 학수고대 : (　　)

① 소, 여우　　　　　　　② 말, 학　　　　　　　　③ 개, 여우

④ 개, 학　　　　　　　　⑤ 뱀, 학

**06** 다음 밑줄 친 단어와 같은 의미로 사용된 것을 고르시오.

> 그가 하는 말은 전부 그럴듯하게 <u>꾸민</u> 거짓말이니 절대 믿지 마라.

① 회의에서 나온 의견들을 보고서로 <u>꾸며서</u> 부장님께 제출해 주세요.
② 우리는 신혼살림을 <u>꾸밀</u> 집을 알아보기 위해 이곳저곳을 돌아다녔다.
③ 오빠는 멋지게 <u>꾸민</u> 후 소개팅 상대를 만나러 나갔다.
④ 나는 도서관에 간 것처럼 <u>꾸미고</u> 친구들과 오락실에 갔다.
⑤ 그들이 왕위 찬탈을 위해 음모를 <u>꾸민</u> 사실이 드러났다.


**07** 다음 중 어느 빈칸에도 들어갈 수 없는 것을 고르시오.

> 가) 리더는 경쟁관계에 있는 상대방까지도 너그럽게 감싸 주는 (          )력을 지녀야 한다.
> 나) 그 회사는 업계 최고 수준의 기술력을 (          )받으며 승승장구하고 있다.
> 다) 아무리 읽어봐도 후배가 작성한 보고서는 무슨 말인지 (          )하기 어려웠다.
> 라) 우리 팀은 경기 종료 직전 상대편에 역전 골을 (          )하며 1대 2로 아쉽게 패했다.
> 마) 그는 유죄 판결을 받은 후에도 자신의 죄를 (          )하지 않았다.
> 바) 과부 설움은 홀아비가 안다는 말처럼, 우리는 서로의 처지를 (          )할 수 있었다.

① 허용          ② 인정          ③ 이해
④ 포용          ⑤ 수용


**08** 다음 중 어느 빈칸에도 들어갈 수 없는 것을 고르시오.

> 가) 농약의 남용은 생태계의 균형을 망가뜨리는 (          )을/를 낳았다.
> 나) 노조는 임금 협상이 (          )되면 파업을 강행할 방침이다.
> 다) 적성을 고려하여 진로를 (          )하는 것이 가장 중요하므로 다양한 경험을 해야 한다.
> 라) 경찰에 입건된 용의자는 브로커와 (          )하여 비리 행각을 저지른 사실이 밝혀졌다.
> 마) 4년간 열심히 노력한 (          )로 우승컵을 들어 올릴 수 있었다.
> 바) 1차 회담이 (          )된 이후 양국 대표들은 2차 회담에서 새로운 방안을 제시하였다.

① 결과          ② 결탁          ③ 결렬
④ 결의          ⑤ 결정

## 09 다음 중 외래어 표기법에 맞지 않는 것을 고르시오.

① mania – 마니아

② union – 유니온

③ yellow – 옐로

④ squall – 스콜

⑤ plankton – 플랑크톤

1
언어능력

2
수리능력

3
추리능력

4
공간지각능력

5
실전모의고사

해커스 20대기업 인적성 통합 기본서 최신기출유형+실전문제

## 10 다음 중 맞춤법에 맞지 않는 것을 고르시오.

① 뒷산에는 노란색 개나리가 곳곳이 피어 있었다.

② 행사에 참석한 사람은 모두 옷을 깔끔히 차려입었다.

③ 형사는 범행 증거를 찾기 위해 방안을 샅샅이 뒤졌다.

④ 그는 일 년 전의 사건도 뚜렷히 기억하고 있었다.

⑤ 갈치조림은 무와 함께 간간히 조리하면 맛이 좋아진다.

**11** 다음 빈칸에 들어갈 말을 〈보기〉에서 골라 순서대로 바르게 나열한 것을 고르시오.

> 석굴암과 함께 유네스코 세계문화유산으로 등재되어 있는 불국사의 대웅전 앞뜰에는 동서(東西)로 마주 서 있는 두 개의 탑이 있다. 대웅전을 향해 서서 봤을 때 서쪽에 있는 석가탑, 동쪽에 있는 다보탑이 그것이다. 사찰 내에 동서 방향으로 두 개의 탑을 ( ㉠ )하는 형식인 쌍탑식 가람의 두 탑은 동일한 형태로 만드는 것이 보통이지만, 석가탑과 다보탑은 ( ㉡ )적인 양식으로 만들어졌다는 특징이 있다. 석가탑의 경우 복잡한 장식이 없으며 더 **뺄** 것도 더할 것도 없는 ( ㉢ )한 형태의 전형적인 통일 신라 시대 석탑 양식을 갖추고 있나. 절세미의 표본인 식가탑은 한국형 식답의 원형이 되어 이후에 만들어진 한국 석탑에 많은 영향을 끼쳤다. 반면에 다보탑은 인도의 탑을 ( ㉣ )해 만들었기 때문에 일반적인 한국의 석탑에서 찾아보기 어려운 화려하고 독특한 형태를 하고 있다.

〈보기〉
가) 획일       나) 이질       다) 배치       라) 열거       마) 참작       바) 완전       사) 모방

|   | ㉠ | ㉡ | ㉢ | ㉣ |
|---|---|---|---|---|
| ① | 다) | 나) | 가) | 마) |
| ② | 라) | 가) | 바) | 사) |
| ③ | 마) | 가) | 라) | 사) |
| ④ | 다) | 나) | 바) | 사) |
| ⑤ | 라) | 나) | 바) | 마) |

**12** 다음 빈칸에 들어갈 말을 〈보기〉에서 골라 순서대로 바르게 나열한 것을 고르시오.

우리나라의 전통주는 크게 양조주, 증류주, 혼성주 세 가지로 나눌 수 있다. 이 중 양조주는 다시 탁주와 청주로 ( ㉠ )된다. 탁주는 쌀, 보리 등과 같은 곡식으로 밑밥을 지어 발효시킨 후 찌꺼기를 걸러서 만드는 것으로 알코올 성분이 적다. 술을 거르고 난 술 찌꺼기는 비싼 술을 사 먹지 못하는 가난한 서민들이 술 대신 먹었으며, 술떡의 재료가 되기도 하였다. 탁주라는 이름은 빛깔이 맑지 않고 탁한 술이라는 뜻에서 ( ㉡ )한 것인데, 집집마다 재료를 달리해 제조하였기 때문에 가주(家酒), 농사일을 할 때 즐겨 마셔서 농주(農酒)로 불리기도 하였다. 전통주 중 가장 높은 인기를 자랑하는 막걸리가 바로 탁주의 일종이다. 한편 쌀을 쪄 누룩과 물을 첨가하여 두면 효모균과 술효모가 함께 ( ㉢ )된다. 술독에 넣고 이 과정을 세 번 반복할 경우 효모균의 작용으로 술이 만들어지는데, 이를 약 한 달간 깨끗한 곳에 둔 것이 바로 청주이다. 청주는 삼국 시대부터 제조된 것으로 보이며, 고려 시대에 ( ㉣ )된 〈동국이상국집〉에서도 그 기록을 찾아 볼 수 있다. 오늘날 청주는 음료뿐만이 아니라 육류 및 생선요리 등에 조미료로 사용되기도 한다.

─〈보기〉─
가) 간행    나) 유례    다) 분류    라) 분리    마) 생성    바) 전래    사) 유래

| | ㉠ | ㉡ | ㉢ | ㉣ |
|---|---|---|---|---|
| ① | 다) | 나) | 바) | 마) |
| ② | 라) | 나) | 사) | 바) |
| ③ | 다) | 사) | 마) | 가) |
| ④ | 라) | 나) | 사) | 가) |
| ⑤ | 바) | 사) | 마) | 가) |

1 언어능력

2 수리능력

3 추리능력

4 공간지각능력

5 실전모의고사

해커스 20대기업 인적성 통합 기본서 최신기출유형＋실전문제

**13** 다음 글의 ㉠~㉤을 바르게 고쳐 쓴다고 할 때 가장 적절하지 않은 것을 고르시오.

이순신 장군은 우리나라를 대표하는 위대한 장수로, 임진왜란 당시 자신이 지휘한 모든 전투에서 승리한 사실로 유명하다. 이순신 장군의 승리 배경에는 그의 뛰어난 전술을 뒷받침한 판옥선과 거북선이 있다. 판옥선은 왜선보다 갑판이 한 층 더 높은 2층 배로, 을묘왜변을 계기로 발명되었다. 당시 일본군은 적선에 ㉠하선하여 칼과 창으로 공격하는 백병전에 강했기 때문에 조선군은 일본군이 배에 오르는 것을 막을 수 있는 군함이 절실했다. 그 결과 일본군이 쉽게 뛰어오를 수 없도록 ㉡크고 거대한 갑판을 실치한 판옥선이 세작되었으나, 하지만 판옥선은 2층 상장갑판의 전투 요원들이 적의 공격에 노출된다는 한계가 있었다. 이를 극복하고자 기존의 판옥선 위에 덮개를 덮어 제작한 배가 바로 거북선이다. ㉢거북선이라는 이름은 군함의 모양이 거북이를 닮았다고 하여 유래하였는데, 거북이는 지구상에 서식하는 파충류 중 가장 오래전부터 존재해온 동물 중 하나로 평가되고 있다. 거북선은 화살이나 조총 사격 등의 공격으로부터 아군을 보호할 수 있어 판옥선보다 방어력이 훨씬 뛰어났으며, 최선봉에서 돌격선의 임무를 수행한 것은 당연지사였다. 먼저 거북선이 돌격하여 적들의 전투대형을 교란하면 혼란한 틈을 타 판옥선이 적함에 화포 공격을 퍼붓는 방식으로 왜군을 효율적으로 제압했다. 또한, 거북선은 돌격선 역할뿐만 아니라 조선군의 전술을 한층 강화하는 역할도 충실하게 해냈다. 당시 조선군이 주로 사용하던 활과 화학 무기는 ㉣장거리 공격에 쓰여 날씨 변수가 많은 해상에서 적을 명중시키는 것은 어려운 일이었으나, 강력한 방호 능력을 보유한 거북선이 적선에 최대한 가깝게 접근하여 안정감 있는 조준이 가능해지면서 조선군의 공격력이 높아지게 되었다. 판옥선과 거북선의 활약은 조선군의 사기를 ㉤고착시켰고, 특히 거북선은 사천해전에 처음 출전한 이후 한산도대첩, 명량대첩 등 여러 전투의 승리에 크게 기여하였다.

① 문장의 흐름을 고려하여 ㉠을 '승선'으로 바꾸어 쓴다.
② 의미가 서로 중복되는 어휘가 나열되고 있으므로 ㉡은 '거대한'으로 수정한다.
③ 글의 전체적인 흐름을 고려하면 ㉢은 불필요한 내용이므로 생략한다.
④ 문맥을 고려하였을 때 내용이 정확하게 서술되도록 ㉣을 '단거리'로 고친다.
⑤ 단어의 쓰임이 옳지 않으므로 ㉤을 '고취시켰고'로 수정한다.

**14** 다음 글을 통해 추론한 내용으로 옳지 <u>않은</u> 것을 고르시오.

1865년 미국 남북전쟁에서 링컨 대통령이 이끄는 북부 세력이 승리함에 따라 흑인 노예가 해방되었음에도 남부에서는 흑인을 시속석으로 차별하고 흑인의 인권을 제약하기 위해 짐 크로법을 제정하기 시작했다. 짐 크로법은 남부의 각 주(州)가 식당, 화장실, 극장, 버스 등과 같은 공공장소에서 백인과 흑인을 분리하기 위해 제정한 여러 악법을 통칭하는 명칭이다. 1800년대 초반 미국 코미디 뮤지컬에서 백인 배우가 연기한 바보 흑인 캐릭터 '짐 크로'와 그가 부른 '점프 짐 크로'라는 노래가 유명해지면서 짐 크로라는 말은 흑인을 경멸하는 용어로 자리매김하였는데, 짐 크로법 역시 여기에서 유래되있다. 1954년 미국 연방대법원이 '분리하되 평등하면 된다'고 하며 짐 크로법에 대해 합헌 판결을 내리면서 남부에서는 합법적으로 각종 공공장소에서 흑인과 백인을 분리하는 시설이 설치되기 시작하였다.

1955년 짐 크로법은 일대 전환점에 봉착하는데 여기에는 미국 앨라배마주의 몽고메리시에서 발생한 일명 '로사 파크스 사건'이 중요한 역할을 했다. 당시 백화점 재봉사로 일하고 있던 로사 파크스는 버스에 올라타 백인 전용 좌석에 앉았다. 잠시 후 두세 명의 백인 승객이 서 있는 것을 본 버스 운전사는 그녀에게 자리 양보를 요구했고, 로사 파크스는 이를 거부하였다. 결국, 짐 크로법을 위반했다는 혐의로 로사 파크스는 경찰에 체포되었다. 이 사건이 발생한 지 4일 만에 몽고메리시에서는 버스 보이콧 운동이 시작되었다. 이를 주도한 것은 1954년부터 몽고메리시의 침례교회에 목사로 취임 중이었던 마틴 루터 킹으로, 그의 주도 아래 각 교회는 로사의 공판일에 버스 보이콧 운동 관련 인쇄물을 배포하였다.

로사 파크스의 사례는 그간 불합리한 차별에 억눌려 있던 흑인의 민권 의식에 불을 지폈다. 전체 승객의 약 75%에 달했던 흑인 승객의 90%가 버스 이용을 거부하고, 도보, 카풀, 당나귀 등을 이용하여 출퇴근하기 시작한 것이다. 버스 보이콧 운동으로 버스 회사의 수입은 65%나 줄게 되었다. 시 당국은 버스 보이콧 운동에 대한 보복으로 마틴 루터 킹을 비롯한 운동 지도자들을 승차 거부 금지에 관한 법률을 위반한 혐의로 기소하기도 하였다. 그러나 오히려 흑백 차별 철폐를 주장하는 목소리는 삽시간에 앨라배마주를 넘어 미국 남부의 여러 주로 퍼져나갔으며, 버스 보이콧 운동은 약 1년간 지속되었다.

결국, 미국 연방대법원은 몽고메리시의 흑백 분리 버스 운용 정책이 위헌이라고 판결하였다. 앨라배마주와 몽고메리시는 이에 항소를 제기하였으나 위헌 판결은 바뀌지 않았다. 이와 함께 버스에서의 흑백 좌석 분리제가 폐지되었으며, 짐 크로법 역시 사실상 효력을 잃게 되었다. 이러한 판결로 그동안 버스 보이콧 운동에 노력을 다한 마틴 루터 킹은 흑인 민권 운동의 선구자로 부상하였으며, 비폭력적으로 민권 운동을 전개했다는 데에서 높은 평가를 받게 되었다. 이후 1964년 인종·민족·국가·여성의 차별을 금지한 연방 민권법이 제정되고, 이후 투표권법까지 마련되면서 수많은 흑인에게 좌절을 안겨주었던 짐 크로법은 폐지되기에 이르렀다.

① 버스 보이콧 운동에 가담한 흑인 중에는 버스 대신 동물을 교통수단으로 삼은 경우가 있었다.

② 짐 크로법이라는 명칭은 실존 인물이 아닌 예술 작품의 등장인물에서 유래되었다.

③ 마틴 루터 킹이 주도했던 버스 보이콧 운동은 비폭력적인 흑인 민권 운동으로 볼 수 있다.

④ 짐 크로법은 폐지된 이후에도 효력이 지속되었으나 연방 민권법이 제정되면서 효력이 사라졌다.

⑤ 1955년에 앨라배마주의 몽고메리시는 흑인과 백인의 좌석을 분리한 버스를 운용하였다.

1 언어능력

2 수리능력

3 추리능력

4 공간지각능력

5 실전모의고사

해커스 20대기업 인적성 통합 기본서 최신기출유형+실전문제

**15** 다음 글의 제목으로 가장 적절한 것을 고르시오.

> 자동차를 운전하는 방법에 대한 책을 읽었다고 해서 바로 운전할 수 있는 것은 아니다. 이는 책이나 강의 등을 통해 특정 지식을 습득했다고 해서 바로 활용할 수는 없다는 것인데, 지식에는 언어로 표현할 수 있는 형식지 외에도 암묵지가 존재하기 때문이다. 암묵지에 대한 개념은 헝가리 출신의 철학자이자 물리화학자인 폴라니에 의해 처음으로 만들어졌다. 그는 책이나 이론에 담겨 있는 명시적인 지식을 형식지, 학습과 경험을 통해 개인에게 있지만 겉으로 드러나지 않는 지식을 암묵지로 구분하였다. 예를 들어 실험 장치를 설치하고 실험 기구를 다루는 방법, 시약을 혼합하는 시점이니 속도, 실험 중간에 발생하는 문제들을 해결하는 노하우와 같이 책이나 강의에서는 다루고 있지 않으나 실험 성공을 위해 꼭 필요한 지식이 암묵지에 해당하고, 실험 매뉴얼처럼 외부로 표출되어 있는 지식이 형식지에 해당한다. 이때 암묵지가 의미를 지니기 위해서는 다른 사람과 공유할 수 있는 형식지로 변환될 필요가 있다. 즉, 개인의 암묵지는 매체를 통해 전달 및 공유될 수 있도록 언어의 형태로 명시화되어야 하며, 이렇게 데이터화된 암묵지는 형식지로 변환되는 것이다. 나아가 형식지의 의미를 내면화하고 현실에 활용하는 과정에서 새로운 암묵지가 만들어진다. 이렇게 암묵지와 형식지가 서로 순환하며 지식이 증대된다.

① 과학 실험 성공의 필수 요소인 암묵지

② 암묵지 존재로 인한 지식 전수의 한계

③ 인간 행동의 기초가 되는 지식인 암묵지와 형식지

④ 지식 창조를 위한 암묵지와 형식지 간 상호작용의 필요성

⑤ 지식의 내면화를 위한 체험 및 경험의 중요성

**16** 다음 문단을 논리적 순서대로 알맞게 배열한 것을 고르시오.

> 가) 이러한 상황에서 감자의 가격이 하락하자 아일랜드 사람의 실질소득이 향상되는 효과가 나타나게 되었고, 구매력이 향상된 아일랜드 사람은 감자의 소비를 줄이고 평소에 잘 먹지 못한 빵의 소비를 늘리게 되었다. 여기서 감자는 소득탄력성이 음의 값을 갖는 재화인 열등재이고, 빵은 소득탄력성이 양의 값을 갖는 재화인 정상재임을 알 수 있다.
>
> 나) 저소득 가계일수록 전체 소비지출 중 식료품비의 비중이 크다는 엥겔의 법칙을 고려할 때, 당시 아일랜드 사람은 생필품인 감자에 대한 지출이 매우 컸을 것이다. 그래서 감자의 가격 변화는 상당히 큰 소득효과를 발생시키는 원인이 되었다. 이 사례의 감자와 같이 열등재이면서 소득효과가 대체효과보다 큰 재화를 두고 이러한 역설적인 현상을 최초로 발견한 경제학자의 이름을 따 기펜재라고 부르게 되었다.
>
> 다) 이렇게 역설적인 현상이 나타난 이유를 알기 위해서는 당시 아일랜드의 경제적 상황 및 그와 관련한 감자의 의미를 살펴봐야 한다. 영국의 지배 아래에 있던 아일랜드는 매우 가난했기 때문에 빵 대신 감자를 주식으로 삼고 있었다. 즉, 감자를 좋아해서가 아니라 빵을 살 돈이 없었기 때문에 비교적 저렴한 감자를 먹어야 했던 것이다.
>
> 라) 19세기 영국의 한 경제학자는 아일랜드 사람의 소비 패턴을 조사하던 중 매우 특이한 경향을 발견하게 된다. 일반적으로는 수요의 법칙에 따라 재화의 가격이 오르면 수요량이 감소하고 가격이 내리면 수요량이 증가해야 하지만, 당시 감자 가격이 내려감에 따라 감자 수요량이 오히려 줄어든 것이다.

① 나) - 가) - 라) - 다)

② 나) - 다) - 라) - 가)

③ 라) - 가) - 다) - 나)

④ 라) - 나) - 가) - 다)

⑤ 라) - 다) - 가) - 나)

**17** 다음 글을 통해 추론한 내용으로 옳지 않은 것을 고르시오.

별자리란 별의 위치를 정하기 위해 밝은 별을 중심으로 천구(天球)를 몇 부분으로 나누고, 천구에 투영된 별들을 연결하여 만들어진 형태에 동물, 물건, 신화 속의 인물 등의 이름을 붙여 놓은 것을 말한다. 성좌(星座)라고도 불리는 별자리는 오늘날 88개로 구분되고 있으나, 과거에는 각 나라와 지역에 따라 다르게 구분되었다. 동양의 별자리는 3원과 28수로 대표되는데 태미원, 자미원, 천시원 3원으로 황도 안쪽을 나누고, 3원을 제외한 나머지 하늘은 사방신인 청룡, 현무, 백호, 주작에 각 7개의 별이 속하는 28수로 구분하였다. 현재 일반적으로 통용되는 별자리는 서양의 별자리이다. 서양 별자리는 기원전 수천 년경 바빌로니아 지역에 거주하던 칼데아인으로부터 유래되었다. 유목민이었던 칼데아인은 이동을 하면서 밤하늘을 자주 쳐다보았는데, 이 과정에서 밝은 별들을 연결하고 그 모양을 동물에 비유하며 별자리를 만들었다고 한다. 기원전 3000년경에 만들어진 이 지역의 표석에는 양, 황소, 쌍둥이, 게, 사자, 처녀, 천칭, 전갈, 궁수, 염소, 물병, 물고기자리 등 태양과 행성이 지나는 길목인 황도(黃道)를 따라 배치된 12개의 황도 12궁을 포함하여 약 20개의 별자리가 기록되어 있다. 이러한 표석은 기원전 2000년경에 이르러 페니키아인에 의해 그리스로 전해지게 되었고, 여기에 그리스의 신화 속 신과 영웅 및 동물 이름이 추가되게 된다. 이후 A.D. 150년경 그리스의 천문학자였던 프톨레마이오스는 〈알마게스트〉라는 책을 집필하여 북반구의 별자리를 그려냈다. 위치를 보면 황도에 12개의 별자리가, 황도 북쪽에 21개의 별자리가, 황도 남쪽에 15개의 별자리가 있으며 이와 같은 별자리는 15세기까지 유럽 전역에 알려지게 되었다. 15세기 이후에는 항해와 무역이 발달하며 남반구의 별들도 관찰될 수 있었는데, 이에 따라 새로운 별자리가 추가되었다. 그뿐만 아니라 근대 천문학이 태동함과 동시에 망원경이 발달하면서 밤하늘의 별들을 관찰할 수 있게 되었고, 이 과정에서 밝은 별자리 사이를 채우고자 작은 별자리를 만들게 되었다. 20세기 초에 이르러서는 별자리가 지역 및 나라에 따라 다르게 이용되면서 초래되는 혼란과 불편함을 극복하기 위해 국제천문연맹 제1회 총회에서 별자리의 계통 정리가 제안되었고, 1928년 총회에서 하늘 천체의 별자리를 황도 12개, 북반구 28개, 남반구 48개로 총 88개의 별자리가 확정되었다. 또한 천구상의 별자리 경계를 정하고 별자리의 학명과 약부호를 결정하였으며, 이것이 바로 오늘날 사용되고 있는 별자리이다.

① 페키니아인이 별자리 표석을 그리스에 전하기 전까지 별자리에 신화 속 인물은 포함되지 않았을 것이다.

② 근대 천문학이 발전하면서 지역에 따른 혼란을 줄이기 위해 작은 별자리는 별자리에서 제외하였다.

③ 프톨레마이오스가 집필한 책에 따르면 북반구의 별자리는 총 48개가 존재한다.

④ 서양의 별자리는 대략 기원전 수천 년경쯤 칼데아인으로부터 시작되었다고 여겨진다.

⑤ 동양의 별자리인 3원 28수에서는 황도 안쪽을 태미원, 자미원, 천시원 3개로 구분하고 있다.

**18** 다음 글에 나타난 필자의 의견으로 가장 적절한 것을 고르시오.

매년 약 2천만 명의 미숙아가 태어나며 그중 20% 정도가 저체온증으로 생후 한 달 내에 목숨을 잃는다. 미숙아 사망 문제기 심각한 **수준**에 이르렀음에도 지개발 국가에시는 인규베이터가 너무 비싼 **탓**에 보급이 원활하게 이루어지지 않고 있으며, 전기 공급이 되지 않아 인큐베이터를 사용할 수 없는 지역도 많은 실정이다. 이러한 문제를 해결하기 위해 미국 스탠퍼드 대학생들은 '임브레이스 인펀트 워머(Embrace infant warmer)'를 개발했다. 이는 따뜻한 물로 데운 파우치를 포대기 형태의 침낭에 넣으면 신생아를 위한 적정 온도인 37도가 유지되는 미니 인큐베이터로, 기존 인큐베이터에 비해 가격이 훨씬 저렴하고 사용과 휴대가 간편하다. 게다가 전기가 없어도 사용할 수 있으며 위생적이기까지 하다. 한편 인도의 한 도예가는 지진 피해를 입은 마을에서 사람들이 깨진 질그릇을 냉장고 대용품으로 사용하는 것을 보고 점토 냉장고 '미티쿨(Mitticool)'을 발명했다. 이 냉장고는 윗부분에 물을 부으면 물이 점토로 된 벽면을 타고 흘러내리며 증발해 온도가 낮아지는 구조다. 전기가 공급되지 않는 상황에서도 사용할 수 있으며, 제품의 수명이 다하면 자연 분해되어 친환경적인 미티쿨은 50달러도 되지 않는 저렴한 가격임에도 핵심적인 기능은 다 갖추고 있다는 평가를 받는다. 앞서 언급한 임브레이스 인펀트 워머와 미티쿨은 모두 검소한 혁신의 사례들이다. 검소한 혁신이란 돈, 시간, 에너지 등 자원을 최소한으로 사용하면서도 더 많은 부가가치를 창출하는 방식이다. 이 개념을 처음 제시한 경제학자 나비 라드주는 기업이 대규모 R&D 센터를 없애고 검소한 혁신에 주목해야 함을 강조했다. 전 세계적으로 성장이 정체되고 경기가 어려워짐에 따라 소비자들은 가격 대비 성능에 대해 민감해지게 되었다. 그러므로 기업은 최고 사양을 구현하기 위해 많은 자원을 투자하는 기존의 R&D 방식을 버리고, 대신에 자원의 한계를 골칫거리가 아닌 기회로 여김으로써 적은 비용으로 더 많은 소비자의 니즈를 충족할 수 있는 제품 개발에 초점을 맞춰야 한다는 것이다. 이러한 검소한 혁신이 성공하기 위해서는 먼저 고객이 원하는 것을 정확히 파악하려는 노력이 이루어져야 한다. 그리고 이에 대한 완전한 해결책을 찾기 위해 많은 시간과 비용을 투자하기보다는 실용적인 방안을 마련하고 고객과의 적극적인 소통을 통해 제품 및 서비스를 개선해나가는 전략이 필요하다.

① 개발도상국 시장을 개척하려면 새로운 시각으로 혁신 방안을 모색해야 한다.
② 저성장 시대에는 최첨단 기술 개발에 주력하는 기업만이 살아남을 수 있다.
③ 새로운 시장 진출 시 소비자의 특성을 고려해 제품의 가격을 책정해야 한다.
④ 막대한 비용이 들더라도 고객이 기대하는 것 이상의 가치를 창출해야 한다.
⑤ 발상의 전환을 통해 제한된 자원을 혁신의 원동력으로 삼아야 한다.

**19** 다음 〈보기〉에 이어질 내용을 논리적 순서대로 알맞게 배열한 것을 고르시오.

> ──〈보기〉──
>
> 근대 시민 사회가 '평등', '사유재산', '개인의 자유 존중'을 존립 근거로 삼음에 따라 모든 개인은 신분적 차별과 여러 구속에서 벗어났다. 그 대신 생존을 보장하던 기존의 확고한 신분 질서가 해체되면서 스스로 생존을 도모해야 했다. 결국 개인은 필연적으로 타인과 사회적 협동 관계를 맺어야 했으며, 그 수단으로 근대법에서 채택한 것이 바로 '계약'이다.

> 가) 우리나라 민법의 경우 채무자주의를 따르므로 기본적으로 쌍방에 책임이 없음을 필수 요건으로 한다. 그러나 만일 채무자에게 계약을 이행할 수 없는 귀책 사유가 있을 경우 채무 불이행으로 인한 손해배상책임이 발생한다. 반대로 채권자에게 계약 불이행에 대한 귀책 사유가 있다면 채권자주의에 따른다. 따라서 귀책 사유가 명확한 경우 두 관점 중 어느 것이 더 공평한가에 대한 논쟁은 발생하지 않는다.
>
> 나) 하지만 계약이 이뤄졌다고 해서 당사자가 원하는 대로 효력이 생기는 것은 아니다. 바로 위험부담 때문이다. 위험부담이란 쌍무계약 관계에서 한쪽의 채무가 채무자와 채권자의 책임과 무관한 사유로 계약을 이행할 수 없게 되어 소멸했을 때, 이와 대가(對價)관계에 있는 상대방의 채무도 소멸하느냐에 대한 문제이다.
>
> 다) 계약이란 당사자 간에 권리와 의무 등 사법상 일정한 법률 효과를 목적으로 하는 행위이다. 계약이 성립되려면 당사자 간 서로 대립하는 의사표시에 대한 합의가 필요하다. 일반적으로 합의는 청약과 승낙으로 이루어지는데, 청약은 계약을 성립시키기 위해 내보이는 일방적인 의사표시를 말하고 승낙은 청약을 받은 상대방이 계약을 성립시키기 위해 청약자에게 보내는 긍정적인 의사표시를 말한다. 즉, 계약은 승낙의 의사표시가 상대방에게 도달하여 합의를 이룰 때 성립된다.
>
> 라) 예를 들어 매매 계약을 체결한 선박이 태풍을 만나 침몰할 경우, 선박을 산 매수인이 대금을 지급해야 하는가에 관한 위험부담에 따라 두 가지 관점으로 나뉜다. 채무자주의적 관점에서 본다면 매수인의 채무도 함께 소멸하므로 이로 인한 손실은 선박을 판 매도인이 져야 한다. 그러나 채권자주의적 관점에서 볼 경우 매수인은 대금을 지급해야 하며, 그 손실 또한 채권자인 매수인이 져야 한다.

① 나) – 가) – 라) – 다)

② 나) – 라) – 다) – 가)

③ 다) – 가) – 나) – 라)

④ 다) – 나) – 라) – 가)

⑤ 다) – 라) – 나) – 가)

**20** 다음 글의 서술상 특징으로 가장 적절하지 않은 것을 고르시오.

12세기 중반 프랑스에서 시작되어 15세기 중반까지 전 유럽에 영향을 미친 중세의 미술 양식을 고딕 양식이라고 한다. 본래는 프랑스 대성당의 특징적인 건축 양식을 이르는 말이었으나 점차 그 범위가 넓어져 당대의 조각, 회화, 공예 양식까지 포함하게 되었다. 고딕이라는 명칭은 후대인 르네상스에 지어졌는데, 이는 고트(Goth)족에서 유래한 것으로 유럽에서 야만인 취급을 받던 고트족의 취향처럼 그 미학이 천박하다는 의미로 사용되었다. 하지만 고딕 양식은 처음 등장했을 당시에 기존의 로마네스크 양식을 뛰어넘는 획기적이고 세련된 양식으로 주목받았다. 고딕 양식하면 떠오르는 대표적인 이미지는 하늘을 찌를 듯 뾰족한 아치일 것이다. 기존의 로마네스크 양식은 기본적으로 둥근 아치형으로 대표되는 원형의 구조를 특징으로 하지만, 고딕 양식은 원뿔처럼 끝이 뾰족하게 모이는 아치로 상승 구조를 지향한다. 고딕 성당 내부의 첨두형 궁륭과 외부 팀파눔을 둘러싼 아치, 그리고 뾰족한 첨탑은 상승감을 한층 강화하기 위한 대표적인 요소이다. 한편 고딕 양식을 설명할 때 빼놓을 수 없는 것이 스테인드글라스이다. 육중한 벽으로 둘러싸여 다소 어둡고 폐쇄적이었던 로마네스크 양식의 성당과 달리, 고딕 양식의 성당은 한층 발전된 건축 기술 덕분에 얇고 높아진 기둥과 벽들 사이에 커다란 창을 내어 빛으로 가득한 공간을 형성할 수 있었다. 여기에 색유리를 이어 붙여 만든 화려한 스테인드글라스는 성당 내부로 들어오는 빛을 더욱 찬란하게 만들어 그들이 모시는 신의 존재를 거룩하게 만들어 주었다. 이러한 고딕 양식의 진수는 파리에 세워진 생드니 수도원이나 그와 멀지 않은 곳에 있는 노트르담 대성당 등을 통해 확인할 수 있다.

① 대상의 변화 과정을 시간의 흐름에 따라 서술한다.
② 서술 대상의 특징을 설명하며 내용을 전개하고 있다.
③ 예시의 방법을 이용하여 대상을 설명한다.
④ 반대되는 두 대상을 제시하고 차이점을 설명하고 있다.
⑤ 특정 개념에 대한 학자의 견해를 서술하고 있다.

1 영어능력
2 수리능력
3 추리능력
4 공간지각능력
5 실전모의고사
해커스 20세기업 인적성 통합 기본서 최신기출유형 + 실전문제

다음 빈칸에 들어갈 문장으로 가장 적절한 것을 고르시오.

트롤리 딜레마는 다섯 사람을 구하기 위해 한 사람을 희생시키는 것이 도덕적으로 허용될 수 있는가에 대한 윤리적 사고실험이다. 첫 번째는 당신이 선로변환기 옆에 서 있는데 브레이크가 고장 난 트롤리 열차가 선로 위의 인부 다섯 명을 향해 달려오는 상황이다. 가만히 있을 경우 다섯 명이 모두 사망하지만, 선로변환기를 당기면 다른 선로에서 일하던 인부 한 명이 죽는 대신 다섯 명의 인부를 살릴 수 있다. 두 번째는 당신이 어떤 뚱뚱한 남자와 육교 위에 서 있는데, 마찬가지로 다섯 명의 인부를 향해 열치가 달려오고 있는 상황이다. 그 남자를 밀어 열차 앞에 떨어뜨리면 열차를 멈출 수 있다. 이에 대해 첫 번째 상황에서는 피험자의 89%가 방향을 바꾸어야 한다고 응답했다. 그러나 두 번째 상황에서는 78%에 달하는 피험자가 뚱뚱한 남자를 밀어서는 안 된다고 응답했다. 두 상황 모두 다수를 위해 소수를 희생할 수 있는가에 대해 묻고 있음에도 불구하고 이렇게 상이한 결과가 나온 이유는 무엇일까? 일반적으로 첫 번째 상황은 최대 다수의 최대 행복을 추구하는 공리주의적 관점에서, 두 번째 상황은 아무리 옳은 행위라도 그 과정이 옳지 못하면 행해서는 안 된다는 칸트의 의무론적 윤리로 해석할 수 있다. 즉, 인간의 도덕 판단은 합리적 이성의 사고 과정을 거친다는 전통 윤리학의 관점에서 보면 두 상황에 대한 응답 결과에 차이가 나는 이유는 도덕적 추론 방식이 다르기 때문이다. 그러나 신경윤리학에 따르면 이러한 차이는 인간의 윤리적 판단에 (                                              ) 작용하기 때문이다. 실제로 응답자들의 뇌 활동도를 조사한 결과 첫 번째 상황처럼 변환기만 조작하여 간접적으로 관여하는 경우 합리적·이성적 의사결정과 관련된 전전두엽 부위가 활성화되었다. 반면, 두 번째 상황처럼 누군가를 떠밀어 죽이는 직접적인 선택을 해야 하는 경우 편도체를 비롯한 정서와 관련된 뇌 영역이 활성화되었다.

① 어떠한 행동의 옳고 그름을 판단하는 이성과 합리성이

② 합리적 이성에 따른 철학적 숙고와는 별개로 감정적 요소가

③ 인간은 그 자체로 목적이 되어야 한다는 도덕 원리가

④ 어떠한 상황에서도 유연하게 반응할 수 있는 이성이

⑤ 특정 행위에 대해 사회적으로 합의된 윤리적 판단 기준이

**22** 다음 주장에 대한 반박으로 가장 타당한 것을 고르시오.

> 오늘날 외래어를 사용하지 않고는 대화가 진행되지 않을 만큼 외래어는 우리 생활 속 깊숙이 들어와 있다. 예를 들어 '오늘은 스마트폰으로 미리 찾아본 브런치 카페에 가기로 했다.'라는 문장의 외래어를 우리말로 바꾸면 '오늘은 똑똑 전화로 미리 찾아본 어울참 다방에 가기로 했다.'가 된다. 그러나 누구도 이렇게 말하지 않으며, 이렇게 말한다 해도 상대방이 알아듣지 못할 것이다. 언어는 의사소통의 관점에서 바라보아야 한다. 소통이 원활하지 않다면 그 언어는 제 기능을 하지 못하는 것이다. 이미 실생활에 자리 잡은 외래어를 당장에 우리말로 순화한다면 대중들은 외래어보다 낯선 우리말에 혼란스러워할 수 있다. 또한, 외래어를 우리말로 바꾸는 과정에서 순화된 우리말이 일상생활에서 쓰기에는 단어의 길이가 길어져 사용에 거부감을 느낄 수 있다. 따라서 외래어를 우리말로 순화해야 한다는 움직임은 언어의 의사소통 기능과 대중의 정서를 역행하는 시류라고 볼 수 있다.

① 과도한 우리말 순화 운동은 오히려 언중의 혼란을 야기하고 원활한 의사소통을 방해할 수 있다.

② 방송가나 언론에서부터 외래어를 남용하고 있어 우리말 사용에 대한 법적인 규제가 필요하다.

③ 자주 쓰이지 않는 외래어부터 단계적으로 순화한다면 순화 과정에서 발생하는 문제점을 해결할 수 있다.

④ 과거 대중의 반감으로 인해 외래어 순화에 실패한 사례를 본보기 삼아 외래어를 수용하는 태도가 필요하다.

⑤ 정부, 학계, 민간 차원의 종합적인 노력이 있어야 우리 고유의 정체성이 담긴 우리말을 지킬 수 있다.

**23** 다음 글에서 범한 오류와 성격이 같은 것을 고르시오.

> 자동차는 무거운 편이니까 자동차를 구성하는 부품들도 분명히 무거울 거야!

① 저렇게 과속을 하는 것을 보니 저 운전자는 죽으려고 아주 작정을 한 것 같아.

② 거짓말은 나쁜 행위이므로 아이를 치료하기 위해 약이 쓰지 않다고 거짓말하는 것 역시 나쁘다.

③ 각 야구팀에서 최고의 선수를 한 명씩 뽑아 한 팀을 만든다면 단연 최고의 팀이 될 것이다.

④ 철수가 영희를 좋아하지 않는다고 하는 것을 보니 철수는 영희를 증오하는 것이 분명하다.

⑤ 그는 전국 최상위권의 학교를 졸업한 학생이므로 공부를 잘할 수밖에 없다.

**24** 다음 기획안에서 보충되어야 할 내용으로 가장 적절한 것을 고르시오.

---

## 신입사원 오리엔테이션 기획안

- **행사 목표**
  신입사원에게 회사는 물론 부서에 적응하는 기회를 제공함으로써 진입 충격을 완화하도록 함

- **행사 세부 목표**
  (1) 신입사원이 애사심을 가질 수 있도록 회사의 목표와 비전을 공유한다.
  (2) 각 부서의 신입사원에게 공통적으로 적용되는 회사 생활의 기본 소양을 교육한다.
  (3) 신입사원으로 하여금 자신이 속한 부서의 업무 수칙 및 업무 절차를 학습할 수 있도록 한다.

- **행사 준비**
  (1) 행사 준비 위원회는 인사부 2명, 총무부 2명으로, 전문성을 위해 대리급 이상으로 구성한다.
  (2) 행사 준비는 실제 행사일 전날까지 완료되도록 하며, 행사 당일 오전 9시에 리허설을 진행한다.
  (3) 행사 준비 위원회는 다음의 물품을 준비하도록 한다.
     ※ 디지털카메라, 비디오카메라, 일회용 접시, 종이컵, 다과, 전체 신입사원 명찰, 신입사원 배부용 교육자료

- **행사 개요**
  (1) 행사일: 20XX년 7월 6일 (금)
  (2) 장소: 본사 대강당
  (3) 참가 대상: 신입사원 총 187명, 13개 각 부서장 13명
  (4) 참가 대상에 따른 준비물

  | 신입사원 | 필기도구, 세미정장 차림 |
  |---|---|
  | 부서장(13개 부서 관리자) | 소속 부서 업무 수칙 및 업무 절차와 관련된 하드카피 자료 |

- **행사 세부 프로그램**

  | 시작 시간 | 프로그램명 | 비고 |
  |---|---|---|
  | 14:00 | 기념사 | 조○○ 사장님 기념사 낭독 |
  | 14:20 | 기업 탐구 | 행사 준비 위원회가 하드카피 자료 배부한 후 프로그램 시작 |
  | | | 김○○ 상무님 프로그램 진행 |
  | 15:00 | 사업 보고 | 행사 준비 위원회가 하드카피 자료 배부한 후 프로그램 시작 |
  | | | 경영지원부 장○○ 부장님 프로그램 진행 |
  | 15:30 | 휴식 | 행사 준비 위원회가 미리 준비한 다과 제공 |
  | | | 신입사원은 부서별로 모여 다과 섭취 |

| 시작 시간 | 프로그램명 | 비고 |
|---|---|---|
| 16:00 | 비즈니스 예절 교육 | 행사 준비 위원회가 하드카피 자료 배부한 후 프로그램 시작 |
| | | 신입사원이 움직일 수 있도록 충분한 공간을 확보하도록 함 |
| | | 행사 준비 위원회 인사부 윤○○ 대리님 프로그램 진행 |
| 17:00 | 부서별 오리엔테이션 | 신입사원은 부서별로 모여 대기하며, 담당자의 안내에 따라 사전에 지정한 각 부서별 오리엔테이션 장소로 이동함 |
| | | 각 부서장이 하드카피 자료 배부한 후 프로그램 시작 |
| | | ※ 각 부서별 정책 및 업무 절차가 상이하므로 각 부서장이 업무 특징을 고려하여 자체적으로 하드카피 자료를 제작 및 준비함 |
| | | 프로그램 종료 후 사진 촬영을 위해 다시 본사 대강당으로 집결 |
| 18:30 | 사진 촬영 | 부서와 상관없이 전체 신입사원, 부서장 모여 1차 사진 촬영 |
| | | 부서별로 신입사원과 해당 부서장 모여 2차 사진 촬영 |
| | | 행사 준비 위원회의 총무부 한○○ 대리님 사진 촬영 |
| 18:45 | 행사 종료 | 참가 대상 전체 사가(社歌) 제창 |

① 신입사원 오리엔테이션 리허설 시작 시각
② 세부 프로그램에 참가하는 부서장의 준비물
③ 세부 프로그램을 진행하는 임원 및 사원
④ 부서별 오리엔테이션이 진행되는 장소
⑤ 행사 준비 위원회에 참여 가능한 사원 조건

**25** 다음은 옥외 간판에 관한 글을 쓰기 위해 작성한 개요이다. 글의 내용 전개상 개요를 일부 수정하고자 할 때 가장 적절하지 않은 것을 고르시오.

---

주제: 도시 환경 개선을 위한 옥외 간판 사용 실태 파악
서론: 도시 환경을 조성하는 데 있어 간판의 중요성
본론:
  1. 옥외 간판
    가. 옥외 간판의 징의
    나. 옥외 간판의 종류
    다. 옥외 간판의 기능
  2. 옥외 간판의 문제점
    가. 옥외 간판 제작자 및 사용자 관련 문제점
      ㄱ. 획일적이 혛태: 직사각형
      ㄴ. 외국어 및 외래어 남용
      ㄷ. 유행어 및 속어 사용
      ㄹ. 가독성이 떨어지는 서체 사용
      ㅁ. 통일성 없는 규격
    나. 법령 제정 및 관리 관련 문제점
      ㄱ. 불법 옥외 간판 대처 미흡
      ㄴ. 가로형 간판 부착 층수 관련 단속 부족
      ㄷ. 간판 크기에 관한 규정 미비
결론: 다각도로 확인한 옥외 간판의 문제점을 개선할 수 있도록 옥외 간판 제작자 및 사용자가 노력해
    야 함

---

① 주제: '본론' 및 '결론'과 자연스럽게 연결될 수 있도록 '올바른 옥외 간판 사용을 통한 도시 환경 개선 방안 제시'로 수정한다.

② 서론: 글에서 다루고 있는 소재가 정확히 드러날 수 있도록 '간판'을 '옥외 간판'으로 바꿔 쓴다.

③ 본론1 – 나: 옥외 간판의 특정 종류에 대해 언급한 '본론2 – 나'를 고려해 '가로형 간판', '세로형 간판', '돌출형 간판'이라는 하위 항목을 마련한다.

④ 본론2 – 가: 하위 항목이 두서없이 나열되어 있으므로 하위 항목을 '디자인상 문제점'과 '사용 언어상 문제점'으로 분류하여 제시한다.

⑤ 결론: '본론'에서 법령 제정 및 관리 관련 문제점에 대해 서술하고 있으므로 노력의 주체에 '관련 부처'를 추가한다.

**26** 다음 빈칸에 들어갈 문장으로 가장 적절한 것을 고르시오.

1990년 미국 스탠퍼드 대학의 엘리자베스 뉴턴은 간단한 실험을 진행하였다. 그녀는 실험 참가자를 두 그룹으로 나눈 후 첫 번째 그룹에는 당시 유행했던 노래를 들려주고, 두 번째 그룹에는 들려주지 않았다. 그다음 첫 번째 그룹의 1명과 두 번째 그룹의 1명을 짝지어 주고, 첫 번째 그룹에 아까 들었던 노래의 리듬을 손가락으로 책상을 두드려 짝에게 들려주라고 지시하였다. 두 번째 그룹에는 자신의 짝이 표현한 노래를 맞혀보라고 하였다. 재미있게도 첫 번째 그룹의 절반은 자신의 짝이 쉽게 노래 제목을 맞힐 수 있을 거라고 예상했지만, 사실 두 번째 그룹은 노래 제목을 거의 맞히지 못했다. 이처럼 우리는 (                              ) 경우가 많은데, 이를 '지식의 저주'라고 부른다. 지식의 저주는 1989년 3명의 경제학자가 발표한 논문에서 처음 언급된 용어로, 이는 정보가 풍부한 쪽과 정보가 부족한 쪽이 거래할 때 전자가 풍부한 정보를 바탕으로 유리한 위치에 놓인다는 기존 경제학의 관점을 반박한다. 정보가 너무 많으면 정보가 없는 것을 상상할 수 없어 잘못된 판단을 내리게 되고, 이로 인해 손해를 본다는 것이다. 이러한 현상은 전문가들 사이에서 종종 나타나는데, 전문가들은 자신이 알고 있는 수준에 맞춰 일반 대중의 수준을 예측하다 보니 일반 대중을 고려하지 못한 결과를 내놓게 된다. 전문가들이 특정 용어나 현상을 나름 쉽게 설명했다고 하더라도 일반 대중이 이를 이해하지 못하는 것, 전문가 평가에 따라 높은 등급을 받은 영화가 오히려 흥행에 참패하는 것 등이 대표적 사례이다.

① 자신이 원하는 바를 다른 사람에게 투사하는
② 자신이 모르는 것을 다른 사람은 알고 있을 것이라 오해하는
③ 자신이 예상한 내용이 실제 내용과 다르더라도 이를 인정하지 않는
④ 자신이 알고 있는 것을 다른 사람도 충분히 알고 있다고 착각하는
⑤ 자신이 상대방보다 정보를 많이 가지고 있다고 자만하는

1 언어능력
2 수리능력
3 추리능력
4 공간지각능력
5 실전모의고사
해커스 20대기업 인적성 통합 기본서 최신기출유형+실전문제

**[27 - 28] 다음 지문을 읽고 각 물음에 답하시오.**

지방자치제란 일정한 지역을 기반으로 지방분권을 실현하는 것으로서, 그 지역 내의 주민을 기초로 하는 지방자치단체가 중앙정부로부터 부여받은 자율적인 권한과 책임 아래 해당 지역 내의 공공사무를 수행하는 것을 일컫는다. 다시 말해 지방자치제는 지역 내의 문제를 해결하기 위해 그 지역 주민이 단체를 구성하여 자율적으로 지역 사회의 정치와 행정을 결정 및 처리하는 것이라고 할 수 있다. 이러한 지방자치제는 권력 분립의 원리를 실현하는 동시에, 지역 주민의 정치 참여를 바탕으로 한다는 점에서 민주주의 실현에 기초가 되므로 '풀뿌리 민주주의' 또는 '민주주의의 학교'라고 일컬어지기도 한다.

우리나라는 1949년 7월에 지방자치법이 제정됨에 따라 지방자치제 시행의 근거를 마련하게 되었다. 그러나 사회적 혼란으로 인해 곧바로 시행되지 못하다 1952년에 시·도의원과 시·읍·면의원 선거를 실시하면서 시작되었는데, 그마저도 10년간 지속되다가 5·16 군사정변으로 위축되었다. 이후 1991년에 지방의회가 구성되고 1995년에 지방자치단체의 장을 선출하는 지방 선거가 시행되면서 본격적으로 시작되었다. 지방자치제의 실시로 각 지방자치단체가 저마다의 캐릭터나 슬로건을 만들고, 각 지역의 특색을 살린 지연(地緣) 사업을 추진할 수 있게 되면서 지역 공동체 정신 회복과 지역 경쟁력 확보라는 성과를 거눌 수 있었다. 또한, 시역주민 중심의 열린 행정이 실현되면서 공무원 중심의 권위주의 행정문화가 누그러졌고 전반적인 복지 서비스도 개선되었다.

하지만 지방자치권을 놓고 중앙정부와 지방정부가 대립하면서 지방자치제의 핵심이라 할 수 있는 지방으로의 행정·재정 권한 이양이 원활히 이루어지지 않고 있다. 또한, 지방자치단체장의 도덕적 해이와 과도한 의욕으로 인한 지방자치제의 부작용도 나타나고 있다. 지방의회에서 호화로운 청사를 건립하거나 재정에 무리가 갈 정도로 대규모의 사업을 벌였다가 재정난을 겪는 일이 허다하고 지역끼리 의정비 인상을 담합하여 세금을 낭비하는가 하면, 지역 이기주의로 인한 갈등도 심화되고 있다. 잦은 지방 선거로 인력과 예산이 낭비되고 있으며 이것이 주민들의 세금 부담으로 이어지고 있다는 비판의 목소리도 거세지고 있다.

이렇듯 지방자치제는 동전의 양면처럼 긍정적인 측면과 부정적인 측면을 동시에 가지고 있다. ⓐ 따라서 지방자치제에서 야기되는 지역 갈등과 이기주의, 예산 낭비 등의 부정적인 측면을 보완하고, 중앙정부의 권력 남용 견제와 지역 경제 활성화라는 지방자치의 긍정적인 측면을 강화해야 할 필요가 있다. 한편 성숙한 지방자치제 정착을 위해 중앙정부의 역할도 중요하다. 중앙정부는 공공 복리와 지역 주민의 이익이 조화를 이루도록 입장차이를 조정하되, 지방자치단체의 독자성을 인정하고 각 지방자치단체가 균형적으로 발전할 수 있도록 재정적·기술적으로 지원해야 한다. 지방자치의 자율성과 중앙정부의 통합성을 유지할 수 있는 중앙정부와 지방자치 간의 관계가 형성된다면 풀뿌리 민주주의 실현이라는 지방자치의 궁극적인 목적을 달성할 수 있을 것이다.

**27** 윗글을 참고하여 다음 글을 이해한 것으로 가장 적절하지 않은 것을 고르시오.

> 최근 A 시는 막무가내식 경전철 사업 추진으로, B 도는 무리한 국제대회 유치로 인해 심각한 재정난을 겪고 있는 것으로 알려졌다. 이 지방자치단체들은 충분한 조사와 확실한 근거도 없이 사업을 강행하거나 포퓰리즘(Populism)에 영합해 예산에 무리가 가는 국제대회 유치를 추진함으로써 지역의 재정 적자를 초래하였고, 이로 인해 지역 주민들에게 막대한 세금을 부과하게 되었다. 정작 사업을 주도적으로 추진한 지방자치단체의 관료들은 책임을 회피하고 사업 실패에 따른 재정적인 부담은 지역 주민들이 고스란히 떠안게 되는 제도적 모순이 더 심각한 문제라는 비판의 목소리가 점점 높아져 가고 있다.

① 지방자치단체의 관료들이 자신의 지지도를 높일 목적으로 사업을 시행하여 결국에는 지역 주민들이 손해를 입게 되었어.

② 새로운 사업 추진에 앞서 지방자치단체는 그 사업이 지역의 현실에 맞는지 다방면에서 검토해봐야 해.

③ 지방자치단체들의 무분별한 사업 추진을 감시하고 제재하기 위해 지방자치단체들에 대한 정부의 영향력을 보다 강화해야 해.

④ 지방자치단체가 예산을 건전하고 투명하게 운용하고 있는지 지역 주민들이 알 수 있도록 주기적으로 재정 내역을 공개해야 해.

⑤ 지방자치단체의 도덕적 해이가 심각해질수록 지역 주민들의 세금 부담은 더욱 커질거야.

**28** 밑줄 친 ⓐ의 근거를 정리할 때, 다음 빈칸에 들어갈 말로 가장 적절한 것을 고르시오.

> 지방자치제는 해당 지역을 구성하는 주민 스스로, 또는 그들이 직접 선출한 지방자치단체를 통해 그 지역의 사무를 자주적으로 처리하는 제도이다. 하지만 (                  )
> 따라서 중앙권력으로부터 독립된 주체로서 지역 주민과 지방의회가 제대로 된 지방자치를 실현하기 위해서는 지방자치의 자율성이 보장되어야 한다.

① 현실적으로 모든 지역 주민들이 직접 지역 행정에 참여하는 것은 불가능하다.

② 중앙정부가 정치 권력을 독점하면 지방자치제가 중앙정부의 통치 수단으로 전락할 수 있다.

③ 지역 이기주의로 인해 지역 간, 중앙정부와 지방정부 간의 갈등이 심화되고 있다.

④ 민주주의 사회에서는 과거에 지방자치를 매개했던 관료제의 한계를 극복해야 한다.

⑤ 지방자치제가 실시됨에 따라 국가 권력이 중앙정부와 지방정부에 수평적으로 분산되고 있다.

1 언어능력
2 수리능력
3 추리능력
4 공간지각력
5 실전모의고사
해커스 20대기업 인적성 통합 기본서 최신기출유형＋실전문제

**[29 - 30] 다음 지문을 읽고 각 물음에 답하시오.**

설탕의 주원료인 사탕수수는 남태평양, 뉴기니, 인도네시아 ⊙등지에서 처음 재배되었으며, '꿀벌 없이도 꿀을 만들어 내는 갈대'로 서양에 전해져 큰 인기를 얻었다. ⓛ한편 유럽에서 설탕은 매우 귀했기 때문에 곧 부와 권력의 상징이 되었다. 영국의 귀족들은 연회 자리에 설탕 과자를 내놓거나 설탕 공예품을 전시함으로써 재력을 과시했으며, 영국의 ⓒ하위층 사이에서는 홍차나 커피에 설탕을 넣어 마시는 것이 유행처럼 퍼지기도 했다. 이러한 분위기 속에서 막대한 이익을 위해 신대륙인 아메리카로 이주해 사탕수수를 재배하는 농장주가 생겨났고, 그들과 거래하는 무역상 역시 ⓔ감소하였다. 설탕 무역상은 유럽에서 출발해 아프리카에 들렀다가 아메리카에 도착한 후 다시 유럽으로 돌아오는 삼각형의 동선으로 움직였는데, 이는 유럽과 아메리카, 아프리카를 연결하는 삼각무역이 이루어지는 계기가 되었다. 이들이 아메리카에 가기 전 아프리카에 들른 이유는 노예사냥에 있었다. 사탕수수는 한곳에서 반복 재배할 경우 과육이 급격히 증가하여 계속해서 농경지를 바꿔야 하고, 설탕 ⓜ정재 시 커다란 가마솥에서 엄청난 고온으로 끓여야 한다. 이 과정에서 어마어마한 노동력이 필요했기에, 농장주는 더 많은 노예를 필요로 했고 무역상은 흑인을 납치해 농장주에게 팔았던 것이다.

**29** 윗글의 주제로 가장 적절한 것을 고르시오.

① 통시적 관점에서 본 설탕의 사회적 정의
② 삼각무역의 활성화에 따른 설탕의 가치 상승
③ 설탕 생산 기술의 특징과 발달 과정
④ 미국 흑인 노예의 발생 배경과 어두운 역사
⑤ 설탕의 상품적 가치와 삼각무역의 성립

**30** 윗글의 ⊙~ⓜ을 바르게 고쳐 쓴다고 할 때 가장 적절하지 않은 것을 고르시오.

① 앞에 나오는 어휘와의 호응을 고려하여 ⊙을 '등지의 곳'으로 수정한다.
② ⓛ을 앞 내용에 관련 내용을 보충할 때 사용하는 접속어인 '특히'로 고쳐 쓴다.
③ 글의 내용과 어울리지 않는 어휘이므로 ⓒ을 '상류층'으로 고쳐 쓴다.
④ 글의 맥락을 고려하여 ⓔ을 '증가하였다'로 바꾸어 쓴다.
⑤ 문맥에 맞지 않는 어휘를 사용하고 있으므로 ⓜ를 '정제'로 고친다.

약점 보완 해설집 p.10

## 1 취약 유형 파악하기

출제예상문제를 풀고 난 후 취약 유형 분석표(약점 보완 해설집 p.10)를 작성하고, 각 유형별 기준 정답률 그래프 옆에 자신의 정답률 그래프를 그려보세요. 기준 정답률 그래프와 자신의 정답률 그래프를 비교해보세요.

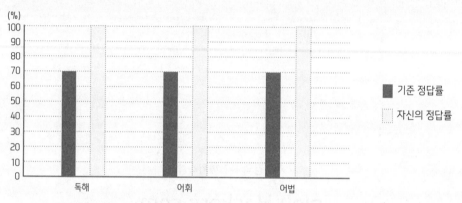

*기준 정답률: 취약 유형을 판단하는 기준이 되는 정답률

## 2 취약 유형 진단하기

자신의 정답률이 기준 정답률보다 낮은 유형이 무엇인지 확인해보세요.

| 독해 | 독해 취약형은 기본적인 독해 능력은 갖추고 있지만, 글의 세부적인 내용을 빠르고 정확하게 파악하여 문제를 푸는 능력은 다소 부족한 경우에 해당합니다. |
|---|---|
| 어휘 | 어휘 취약형은 어려운 어휘에 대한 지식을 보유하고 있지 않거나 여러 어휘 간의 의미 관계를 파악하는 능력 및 어휘가 사용되는 문맥에 대한 이해가 다소 부족한 경우에 해당합니다. |
| 어법 | 어법 취약형은 한글 맞춤법, 표준어 규정 등 기본적인 어문 규정에 대한 지식이 부족하고 우리말 어법에 맞지 않는 비문을 판단하여 바르게 고치는 능력이 부족한 경우에 해당합니다. |

# 3 학습 전략 확인하기

취약 유형별 학습 전략을 확인한 후, '필수 암기 핸드북'의 관련 이론을 복습하고, 틀린 문제를 다시 풀어보며 취약 유형이 확실히 극복되었는지 꼭 확인하세요.

| | |
|---|---|
| 독해 | 독해는 다양한 형태의 문제로 출제되므로 각 문제 유형별 풀이 전략을 다시 한번 숙지하고 이를 정확히 적용하는 연습을 해야 합니다. 또한, 어떤 유형이든 기본이 되는 것은 글의 주제와 전개 방식을 파악하는 것이므로 평소 문제를 풀 때 글의 전체 흐름과 세부 흐름을 나누어 내용을 도식화해보는 것도 좋습니다. 한편 각 기업의 추진 사업과 관련된 내용의 글이 출제되는 경우가 많으므로 기업 공식사이트에 게재된 기사, 칼럼 등을 확인합니다. |
| 어휘 | 자주 출제되는 어휘 및 어휘관계에 대한 복습이 이루어져야 합니다. 이때 의미 또는 형태가 유사해 혼동하기 쉬운 어휘의 경우 예문을 통해 정확한 표기와 뜻을 학습하고, 다의어와 유의어는 서로 연관성이 있는 어휘의 관계별 의미를 함께 학습하는 것이 좋습니다. <br> ▶어휘 필수 이론 복습하기: 직무적성검사 필수 암기 핸드북 p.2 |
| 어법 | 한글 맞춤법, 표준어 규정, 외래어 표기법 등 자주 출제되는 어문 규정을 숙지해야 합니다. 또한, 다양한 어법 문제를 풀어보며 평소 잘못 알고 있던 우리말 어법이 있다면 이를 별도로 정리하고 암기하는 것이 좋습니다. <br> ▶어법 필수 이론 복습하기: 직무적성검사 필수 암기 핸드북 p.23 |

# 4 취약 유형 극복하기

교재 내의 틀린 문제를 다시 풀고 난 후, 해커스잡 사이트(ejob.Hackers.com)에서 제공하는 대기업 인적성 온라인 모의고사를 풀어보며 취약 유형이 확실히 극복되었는지 꼭 확인하세요.

> 해커스잡 사이트(ejob.Hackers.com) 접속 후 로그인 ▶ 사이트 메인 우측 상단 [나의 정보] 클릭
> ▶ [나의 쿠폰 - 쿠폰/수강권 등록]에 위 쿠폰번호 입력 ▶ [마이클래스 - 모의고사] 탭에서 응시

해커스 20대기업 인적성 통합 기본서

# PART 2 수리능력

## 유형 특징

**1** 제시된 자료의 항목을 분석하거나 항목의 값을 이용하여 계산하는 유형의 문제이다.

**2** 자료해석 유형은 ① 자료이해, ② 자료계산, ③ 자료변환 총 3가지 세부 유형으로 출제된다.

## 대표 기출 질문

| 세부 유형 | 대표 질문 |
|---|---|
| 자료이해 | • 다음은 A에 대한 자료이다. 다음 중 자료에 대한 설명으로 옳지 않은 것을 고르시오.<br>• 다음은 A에 대한 자료이다. 다음 중 자료에 대한 설명으로 옳은 것을 고르시오.<br>• 다음은 A에 대한 자료이다. 해당 자료를 보고 A~D를 바르게 짝지은 것을 고르시오. |
| 자료계산 | • 다음은 A에 대한 자료이다. 자료를 보고 빈칸 ㉠, ㉡에 해당하는 값을 예측했을 때, 가장 타당한 값을 고르시오.<br>• 다음은 A에 대한 자료이다. 전년 대비 A가 증가한 기업의 올해 A의 전년 대비 증가율은 약 얼마인가? |
| 자료변환 | • 다음은 A에 대한 자료이다. 이를 바탕으로 만든 자료로 옳지 않은 것을 고르시오.<br>• 다음은 A에 대한 자료이다. 이를 바탕으로 연도별 증감 추이를 바르게 나타낸 것을 고르시오. |

1
언어능력

2
수리능력

3
추리능력

4
공간지각능력

5
실전모의고사

해커스 20대기업 인적성 통합 기본서 최신기출유형+실전문제

## 최근 출제 경향

**1** 정확한 계산이 필요한 문제와 어림산으로 풀이할 수 있는 문제가 함께 출제되므로 선택지를 먼저 확인한 후, 근삿값으로 계산하여 풀이할 수 있는 문제는 빠르게 계산하여 풀이 시간을 단축하는 것이 중요하다.

**2** 여러 개의 자료를 복합적으로 분석하여 문제를 풀도록 출제되며, 자료의 형태 또한 막대그래프, 원그래프 등 다양하게 출제되고 있다.

**3** 사회, 과학, 문화, 경제, 경영 등 다양한 분야의 자료가 출제된다.

## 학습 방법

**1** 문제를 풀기 전 자료해석의 기본이 되는 자료 해석법을 숙지하여 다양한 분야의 자료를 빠르고 정확하게 분석하는 능력을 기른다. (직무적성검사 필수 암기 핸드북 p.30)

**2** 자료계산 문제는 변화량, 증감률, 비중, 평균 등 간단한 공식으로 풀 수 있는 문제들이 많이 출제되므로 빈출 계산 식을 반드시 암기한다. (직무적성검사 필수 암기 핸드북 p.30)

**3** 본 교재 해설의 '빠른 문제 풀이 Tip'을 적용하여 빠르고 정확하게 문제를 푸는 연습을 한다.

## 01 | 자료이해

제시된 자료에 대한 설명의 옳고 그름을 판단하는 유형의 문제이다.

###  문제 풀이 전략

| 1단계 | 자료에 대한 설명 중 계산을 하지 않아도 되는 것부터 확인하여 오답을 소거한다. |
|---|---|

자료에 대한 설명 중 증감 추이, 순위, 대소 비교와 같이 자료 자체를 비교하여 옳고 그름을 파악할 수 있는 설명을 먼저 확인하여 오답을 소거한다.

▼

| 2단계 | 나머지 설명 중 계산이 비교적 간단한 것부터 확인한다. |
|---|---|

나머지 설명 중 변화량, 합계와 같이 계산이 비교적 간단한 설명부터 확인한 후, 보다 복잡한 공식에 대입하여 계산하는 설명을 확인하는 순으로 문제를 푼다. 이때 '미만', '이상'과 같은 단어가 포함된 설명은 일정한 수치를 기준으로 그보다 많고 적음만을 판단하면 되므로 대략적인 값만 도출한다.

## 🔷 문제 풀이 전략 적용

다음은 A~E 지역의 연도별 정보 격차지수를 나타낸 자료이다. 다음 중 자료에 대한 설명으로 옳지 않은 것을 고르시오.

[연도별 정보 격차지수]

| 구분 | 2016년 | 2017년 | 2018년 | 2019년 | 2020년 | 2021년 |
|------|--------|--------|--------|--------|--------|--------|
| A 지역 | 40.3 | 48.9 | 37.6 | 36.0 | 34.8 | 33.4 |
| B 지역 | 19.0 | 18.2 | 17.3 | 16.6 | 16.4 | 15.7 |
| C 지역 | 61.1 | 59.2 | 57.2 | 53.9 | 50.0 | 45.9 |
| D 지역 | 54.3 | 52.5 | 51.4 | 50.3 | 47.4 | 46.5 |
| E 지역 | 57.7 | 55.9 | 53.2 | 49.6 | 48.4 | 46.6 |

※ 격차지수가 높을수록 정보 격차가 큰 것을 의미함

① 2018년 이후 A 지역의 격차지수는 전년 대비 매년 감소하였다.

② 제시된 기간 동안 C 지역의 격차지수가 다른 지역의 격차지수에 비해 매년 가장 높다.

③ B 지역의 격차지수가 전년 대비 가장 많이 감소한 해는 2018년이다.

④ D 지역의 격차지수는 제시된 기간 중 2016년에 가장 높다.

⑤ 2017년부터 2021년까지 E 지역의 격차지수의 전년 대비 변화량이 가장 큰 해는 2019년이다.

[정답] ②

1단계    5개의 선택지 중 한 개 지역의 수치 비교를 통해 옳고 그름을 판단할 수 있는 ①, ④를 먼저 확인한다. 2018년 이후 A 지역의 격차 지수는 매년 전년 대비 감소하여 옳은 설명이므로 ①을 소거하고, D 지역의 정보 격차지수는 2016년이 54.3으로 가장 높아 옳은 설명이므로 ④를 소거한다.

2단계    나머지 선택지 중 수치 계산이 필요 없는 선택지 ②를 확인한다. 2021년 C 지역의 격차지수는 45.90이지만, E 지역의 격차지수는 46.60이므로 옳지 않은 설명이다.
따라서 정답은 ②가 된다.

보충설명    ③ B 지역의 격차지수가 전년 대비 가장 많이 감소한 해는 18.2-17.3=0.9 감소한 2018년이므로 옳은 설명이다.

            ⑤ E 지역의 격차지수의 전년 대비 변화량은 2017년에 57.7-55.9=1.8, 2018년에 55.9-53.2=2.7, 2019년에 53.2-49.6=3.6, 2020년에 49.6-48.4=1.2, 2021년에 48.4-46.6=1.8로 변화량이 가장 큰 해는 2019년이므로 옳은 설명이다.

## 02 | 자료계산

제시된 자료의 수치를 이용하여 특정 값을 계산하는 유형의 문제이다.

###  문제 풀이 전략

| 1단계 | 문제를 읽고 묻는 대상이 무엇인지 정확히 파악한다. |
| --- | --- |

문제에서 묻는 대상이 무엇인지를 파악한 후, 제시된 자료에서 관련 내용을 찾는다.

▼

| 2단계 | 제시된 자료의 수치 중 문제 풀이에 필요한 수치를 찾아 계산한다. |
| --- | --- |

제시된 자료에서 문제 풀이에 필요한 수치를 찾고, 이를 이용하여 문제를 푼다. 이때 대소 비교를 통해 수치를 파악할 수 있는 것부터 먼저 확인하여 오답을 소거한다. 그다음, 선택지에 제시된 숫자의 특정 자리 수가 모두 다를 경우에는 특정 자릿수만 계산하여 문제를 풀고, 선택지에 제시된 숫자 간의 크기 차이가 클 경우에는 십의 자리 또는 백의 자리에서 반올림하여 근삿값으로 계산하여 문제를 푼다.

## 🔷 문제 풀이 전략 적용

다음은 통신사별 고객 만족률에 대한 자료이다. 자료를 보고 빈칸 ㉠, ㉡에 해당하는 값을 예측했을 때 가장 타당한 값을 고르시오.

**[통신사별 고객 만족률]**

(단위: %)

| 구분 | 2019년 | | 2020년 | | 2021년 | | 2022년 | |
|---|---|---|---|---|---|---|---|---|
| | 상반기 | 하반기 | 상반기 | 하반기 | 상반기 | 하반기 | 상반기 | 하반기 |
| A 사 | 51 | 49 | 53 | 51 | 55 | 54 | ( ㉡ ) | 64 |
| B 사 | 40 | 38 | 41 | 40 | 43 | 41 | 49 | 50 |
| C 사 | 41 | 41 | 46 | 44 | ( ㉠ ) | 42 | 47 | 47 |
| D 사 | 44 | 40 | 41 | 36 | 41 | 40 | 47 | 50 |

※ 고객 만족률(%)은 10점 척도 중 7점 이상으로 응답한 비율을 나타냄

- 2022년 상반기 C 사의 고객 만족률은 같은 해 상반기 A 사의 고객 만족률과 15%p 차이가 난다.
- 2021년 상반기 C 사의 고객 만족률은 같은 해 상반기 B 사와 D 사의 고객 만족률보다 높다.
- 2022년 상반기 A 사의 고객 만족률은 전년도 상반기 대비 증가하였다.

| | ㉠ | ㉡ |
|---|---|---|
| ① | 42 | 32 |
| ② | 42 | 62 |
| ③ | 47 | 62 |
| ④ | 47 | 32 |
| ⑤ | 62 | 57 |

[정답] ③

**1단계** 문제에서 묻는 대상은 ㉠의 값인 2021년 상반기 C 사의 고객 만족률과 ㉡의 값인 2022년 상반기 A 사의 고객 만족률이다. ㉠은 두 번째 조건을 통해 구할 수 있고, ㉡은 첫 번째와 세 번째 조건을 통해 구할 수 있다.

**2단계** ㉠은 2021년 상반기 B 사와 D 사의 고객 만족률보다 높아야 하므로 43%보다 낮은 ①, ②가 소거된다. 그 다음 ㉡을 찾으면, 2022년 상반기 C 사의 고객 만족률은 47%로, 같은 해 상반기 A 사의 고객 만족률과 15%p 차이가 나므로 2022년 상반기 A 사의 고객 만족률은 47-15=32% 또는 47+15=62%이다. 이때, 2022년 상반기 A 사의 고객 만족률은 전년도 상반기 대비 증가하여 55%보다 높아야 하므로 62%이다.
따라서 정답은 ③이 된다.

1 언어능력
2 수리능력
3 추리능력
4 공간지각능력
5 실전모의고사
해커스 20대기업 인적성 통합 기본서 최신기출유형+실전문제

# 03 | 자료변환

제시된 자료를 다른 형태의 자료로 변환하는 유형의 문제이다.

## 🔷 문제 풀이 전략

| 1단계 | 선택지의 구성 항목을 확인한다. |
|---|---|

제시된 자료를 보기 전에 문제를 정확히 읽고 선택지에 제시된 그래프의 가로축과 세로축의 구성 항목을 파악한다. 구성 항목을 먼저 파악하면 그와 관련 있는 내용만 자료에서 확인하여 문제 풀이에 사용되지 않는 자료를 확인하는 시간을 줄일 수 있다.

| 2단계 | 선택지의 세부 내용을 확인하여 우선적으로 파악할 요소를 결정한다. |
|---|---|

선택지의 세부 내용을 확인하고, 선택지의 구성 항목에 따라 우선적으로 파악할 요소를 결정하여 문제를 푼다.

- 5개의 선택지가 모두 같은 시기의 같은 항목을 묻는 경우, 선택지에서 수치가 가장 높거나 낮은 부분과 같이 특징적인 부분을 확인한다. 또한, 구체적인 수치를 파악하기 전에 먼저 그래프 추이를 자료와 비교하여 올바른 모양인지 확인한다.
- 5개의 선택지가 모두 다른 항목을 묻는 경우, 비교 대상이 더 적거나 제시된 자료의 값을 계산하여 재구성하지 않고 그대로 나타낸 것을 먼저 확인한다. 이때 제시된 자료의 값을 계산하여 재구성한 경우에도 항목 간의 특징이나 자료의 추이 비교로 오답을 소거할 수 있다.

## 문제 풀이 전략 적용

다음은 연도별 태양광에너지 보급 실적을 나타낸 자료이다. 이를 바탕으로 만든 자료로 옳지 않은 것을 고르시오.

### [용도별 태양광에너지 보급 실적]

(단위: kW)

| 구분 | 2011년 | 2012년 | 2013년 | 2014년 | 2015년 |
|---|---|---|---|---|---|
| 가정용 | 17,307 | 36,668 | 24,095 | 22,061 | 36,542 |
| 공공시설 | 8,772 | 20,027 | 24,790 | 20,611 | 28,150 |
| 교육시설 | 3,951 | 1,251 | 5,327 | 13,778 | 19,605 |
| 사회복지시설 | 2,582 | 2,015 | 5,200 | 4,660 | 2,605 |
| 산업시설 | 1,287 | 1,113 | 1,357 | 82 | 2,693 |
| 상업시설 | 247 | 484 | 1,888 | 45 | 288 |
| 발전사업용 | 42,983 | 232,978 | 443,836 | 857,353 | 1,040,107 |
| 기타 | 3,236 | 622 | 642 | 7,673 | 3,911 |
| 합계 | 80,365 | 295,158 | 507,135 | 926,263 | 1,133,901 |

### [용량별 태양광에너지 보급 실적]

(단위: kW)

| 구분 | 2011년 | 2012년 | 2013년 | 2014년 | 2015년 |
|---|---|---|---|---|---|
| 1kW 미만 | 15,648 | 2 | 0 | 751 | 1,298 |
| 1~3kW 미만 | 943 | 32,830 | 245 | 19,166 | 35,269 |
| 3~10kW 미만 | 15,939 | 2,257 | 167 | 3,189 | 3,529 |
| 10~50kW 미만 | 26,102 | 24,799 | 36,851 | 67,135 | 53,260 |
| 50~200kW 미만 | 1,547 | 59,171 | 109,116 | 363,602 | 519,174 |
| 200~1,000kW 미만 | 8,666 | 78,057 | 134,747 | 242,871 | 306,722 |
| 1,000kW 이상 | 11,520 | 98,042 | 226,009 | 229,549 | 214,649 |
| 합계 | 80,365 | 295,158 | 507,135 | 926,263 | 1,133,901 |

①       [태양광에너지 보급 실적]

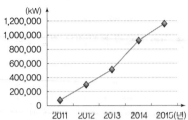

②       [가정용 태양광에너지 보급 실적]

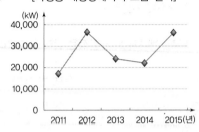

③  [0~10kW 미만 태양광에너지 보급 실적]

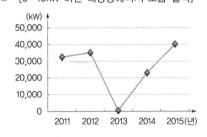

④  [전년 대비 태양광에너지 보급 실적 증가량]

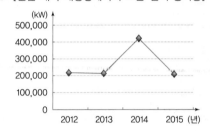

⑤  [3~10kW 미만 태양광에너지 보급 실적]

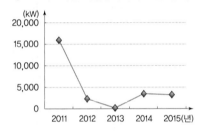

[정답] ⑤

각 선택지를 확인했을 때, ①, ④는 첫 번째 또는 두 번째 자료에서 확인할 수 있고, ②는 첫 번째 자료에서, ③, ⑤는 두 번째 자료에서 확인할 수 있다.

③, ④는 제시된 자료를 재구성해야 하므로 ①, ②, ⑤를 먼저 확인한다.
제시된 자료에서 태양광에너지 보급 실적은 매년 증가하고 ①은 이와 일치하며, 가정용 태양광에너지 보급 실적은 2012년, 2015년에 전년 대비 증가하고 ②는 이와 일치한다. 제시된 자료에서 3~10kW 미만 태양광에너지 보급 실적은 2013년까지 전년 대비 감소하다가 2014년, 2015년에는 전년 대비 증가하지만 ⑤는 2015년에 전년 대비 감소하는 것으로 나타난다.
따라서 정답은 ⑤가 된다.

유형: 자료이해  난이도: ★★☆

01 다음은 차년도 적정 최저임금에 대한 자료이다. 다음 중 자료에 대한 설명으로 옳지 않은 것을 고르시오.

[차년도 적정 최저임금]

(단위: 원)

| 구분 | | 2017년 | 2018년 | 2019년 | 2020년 |
|---|---|---|---|---|---|
| 성별 | 남성 | 8,830 | 9,248 | 9,216 | 9,348 |
| | 여성 | 8,732 | 9,221 | 9,186 | 9,344 |
| 연령별 | 20세 미만 | 8,692 | 9,156 | 9,204 | 9,284 |
| | 20대 | 8,805 | 9,268 | 9,169 | 9,316 |
| | 30대 | 8,789 | 9,232 | 9,235 | 9,369 |
| 학력별 | 고졸 이하 | 8,890 | 9,193 | 9,308 | 9,361 |
| | 대졸 이상 | 8,822 | 9,239 | 9,196 | 9,368 |
| 주거 형태별 | 동거 | 8,749 | 9,226 | 9,154 | 9,342 |
| | 독립 | 8,819 | 9,249 | 9,253 | 9,353 |
| 전체 | | 8,783 | 9,235 | 9,202 | 9,346 |

※ 출처: KOSIS(한국청소년정책연구원, 청년사회·경제실태조사)

① 제시된 기간 동안 남성은 여성보다 매년 차년도 적정 최저임금이 더 높다.

② 제시된 기간 동안 전체 차년도 적정 최저임금은 매년 전년 대비 상승하였다.

③ 20세 미만 차년도 적정 최저임금이 가장 높은 해에 20대와 30대의 차년도 적정 최저임금도 가장 높다.

④ 2017년부터 2020년까지 4개년 차년도 적정 최저임금의 평균은 고졸 이하가 대졸 이상보다 높다.

⑤ 2020년 전체 차년도 적정 최저임금은 3년 전 대비 5% 이상 상승하였다.

02 다음은 로봇산업 현황에 대한 자료이다. 다음 중 자료에 대한 설명으로 옳지 않은 것을 고르시오.

[로봇산업 현황]

(단위: 명, 개, 십억 원)

| 구분 | 2019년 | | | 2020년 | | |
|---|---|---|---|---|---|---|
| | 종사자 수 | 기업 수 | 매출액 | 종사자 수 | 기업 수 | 매출액 |
| 제조업용 로봇 | 11,754 | 525 | 2,944 | 11,425 | 558 | 2,866 |
| 전문 서비스용 로봇 | 3,330 | 244 | 320 | 3,467 | 331 | 461 |
| 개인 서비스용 로봇 | 1,795 | 106 | 316 | 2,176 | 127 | 397 |
| 로봇 부품 및 소프트웨어 | 14,156 | 1,360 | 1,755 | 13,718 | 1,411 | 1,750 |
| 로봇 시스템 | 8,857 | 742 | 1,444 | 7,157 | 612 | 1,557 |
| 로봇 임베디드 | 1,933 | 158 | 321 | 1,784 | 164 | 361 |
| 로봇 서비스 | 8,922 | 1,175 | 1,960 | 8,122 | 1,137 | 1,793 |
| 전체 | 50,747 | 4,310 | 9,060 | 47,849 | 4,340 | 9,185 |

[로봇산업 전체 수출액 및 수입액]

(단위: 십억 원)

| 구분 | 2019년 | 2020년 |
|---|---|---|
| 수출액 | 1,337 | 1,325 |
| 수입액 | 918 | 969 |

※ 무역수지 = 수출액 - 수입액
※ 출처: KOSIS(한국로봇산업협회, 로봇산업실태조사)

① 2020년 로봇산업 전체 종사자 수는 전년 대비 감소하였으나 로봇산업 전체 기업 수는 증가하였다.

② 2020년 로봇산업 전체 매출액에서 수출액이 차지하는 비중은 20% 미만이다.

③ 2020년 매출액이 1,000십억 원 이상인 업종 중 기업 1개당 매출액이 가장 큰 업종은 제조업용 로봇이다.

④ 2020년 로봇산업 무역수지는 전년 대비 감소하였다.

⑤ 2019년에 종사자 수가 5,000명 이상인 업종의 총매출액은 8,200십억 원 이상이다.

**03** 다음은 연령별 안산시 다문화 가구원 인원수를 나타낸 자료이다. 20대와 30대 전체 다문화 가구원 인원 중 30대 여성 인원이 차지하는 비중은 약 얼마인가? (단, 소수점 둘째 자리에서 반올림하여 계산한다.)

[연령별 안산시 다문화 가구원 인원수]

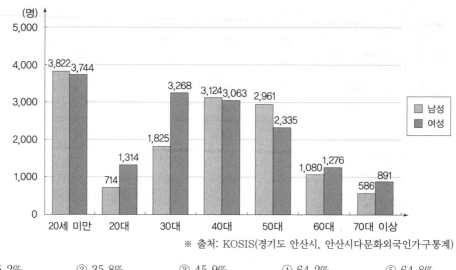

※ 출처: KOSIS(경기도 안산시, 안산시다문화외국인가구통계)

① 35.2%      ② 35.8%      ③ 45.9%      ④ 64.2%      ⑤ 64.8%

**04** 다음은 우정사업본부에서 제공하는 접수 우편물량에 대한 자료이다. 자료를 보고 2008년 접수 우편물량을 예측했을 때 가장 타당한 값을 고르시오.

• 접수 우편물량 그래프는 2007년부터 2009년까지 일직선으로 연결된다.

① 4,852백만 통            ② 4,865백만 통            ③ 4,879백만 통
④ 4,887백만 통            ⑤ 4,912백만 통

**05** 다음은 2021년 일부 지역의 월령별 닭 마릿수 및 전국과 경기의 1일 평균 식용 계란 생산량에 대한 자료이다. 다음 중 자료에 대한 설명으로 옳은 것을 모두 고르시오.

**[월령별 닭 마릿수]**

(단위: 천 마리)

| 구분 | 1분기 | | 2분기 | | 3분기 | | 4분기 | |
|---|---|---|---|---|---|---|---|---|
| | 3개월 미만 | 3개월 이상 | 3개월 미만 | 3개월 이상 | 3개월 미만 | 3개월 이상 | 3개월 미만 | 3개월 이상 |
| 대구 | 40 | 152 | 0 | 230 | 0 | 260 | 30 | 265 |
| 인천 | 132 | 268 | 791 | 286 | 361 | 284 | 152 | 227 |
| 광주 | 42 | 81 | 42 | 87 | 52 | 86 | 45 | 90 |
| 세종 | 280 | 2,262 | 256 | 2,232 | 452 | 2,534 | 368 | 2,406 |
| 경기 | 13,992 | 10,049 | 16,362 | 12,164 | 13,216 | 15,732 | 15,486 | 17,641 |
| 강원 | 4,081 | 3,384 | 4,732 | 3,475 | 3,044 | 3,427 | 4,402 | 3,284 |
| 충북 | 8,165 | 4,114 | 10,757 | 3,918 | 8,539 | 4,295 | 7,893 | 4,181 |
| 충남 | 19,307 | 10,840 | 19,287 | 11,101 | 16,815 | 10,899 | 18,348 | 11,272 |
| 전북 | 26,690 | 5,342 | 31,585 | 5,799 | 22,705 | 5,954 | 25,916 | 5,879 |
| 전남 | 16,991 | 4,215 | 18,949 | 4,870 | 14,302 | 4,828 | 16,139 | 4,695 |
| 경북 | 12,105 | 12,789 | 12,611 | 13,283 | 10,572 | 13,858 | 11,547 | 13,437 |
| 경남 | 4,610 | 6,722 | 4,692 | 6,584 | 4,639 | 6,103 | 5,237 | 6,007 |
| 제주 | 947 | 971 | 998 | 883 | 792 | 897 | 1,057 | 857 |

**[1일 평균 식용 계란 생산량]**

※ 출처: KOSIS(통계청 및 축산물품질평가원, 가축동향조사)

a. 제시된 지역 중 매 분기 3개월 미만인 닭과 3개월 이상인 닭이 각각 10,000천 마리 이상인 지역은 세 곳이다.

b. 경기의 1일 평균 식용 계란 생산량이 가장 많은 분기에 전국 1일 평균 식용 계란 생산량에서 경기가 차지하는 비중은 25% 미만이다.

c. 한 분기를 90일로 가정하면 3분기 경기의 전체 닭 1마리당 식용 계란 생산량은 40개 이상이다.

d. 제시된 지역 중 4분기에 3개월 미만 닭 마릿수와 3개월 이상 닭 마릿수의 차이가 가장 큰 지역은 전북이다.

① a, b       ② a, d       ③ b, c       ④ a, b, c       ⑤ a, b, d

**06** 다음은 2021년 2분기 국제이동 내·외국인 인원수를 나타낸 자료이다. 자료를 보고 빈칸 ㉠, ㉡에 해당하는 값을 예측했을 때 가장 타당한 값을 고르시오.

[국제이동 내·외국인 인원수]

(단위: 명)

| 구분 | | 4월 | | 5월 | | 6월 | |
|---|---|---|---|---|---|---|---|
| | | 출국자 | 국제순이동 | 출국자 | 국제순이동 | 출국자 | 국제순이동 |
| 내국인 | 남성 | 7,742 | 864 | 6,215 | 4,219 | 6,416 | 4,162 |
| | 여성 | 5,140 | 521 | ( ㉡ ) | 3,226 | 5,232 | 3,180 |
| 외국인 | 남성 | 14,672 | −4,581 | 11,155 | −2,592 | 12,628 | −3,848 |
| | 여성 | 9,764 | −2,084 | 9,342 | −1,174 | ( ㉠ ) | −4,167 |

- 6월 여성 외국인 출국자는 지난달 대비 2,544명 더 많다.
- 5월 여성 내국인 출국자는 5월 남성 내국인 출국자의 절반보다 많다.

※ 출처: KOSIS(통계청, 국제인구이동통계)

|  | ㉠ | ㉡ |
|---|---|---|
| ① | 6,798 | 3,102 |
| ② | 6,798 | 4,667 |
| ③ | 11,886 | 3,102 |
| ④ | 11,886 | 4,667 |
| ⑤ | 11,896 | 4,667 |

07 다음은 축종별 항생제 및 항콕시듐제 판매량을 나타낸 자료이다. 다음 중 자료에 대한 설명으로 옳지 않은 것을 고르시오.

[축종별 항생제 및 항콕시듐제 판매량]

(단위: 천kg)

| 구분 | | 2016년 | 2017년 | 2018년 | 2019년 | 2020년 |
|---|---|---|---|---|---|---|
| 소 | | 69.5 | 88.8 | 92.0 | 98.7 | 98.6 |
| | 항생제 | 66.7 | 86.5 | 91.1 | 97.4 | 96.4 |
| | 항콕시듐제 | 2.8 | 2.3 | 0.9 | 1.3 | 2.2 |
| 돼지 | | 502.1 | 536.5 | 492.1 | 506.6 | 507.1 |
| | 항생제 | 496.2 | 531.3 | 487.4 | 502.1 | 501.0 |
| | 항콕시듐제 | 5.9 | 5.2 | 4.7 | 4.5 | 6.1 |
| 닭 | | 156.5 | 153.5 | 157.8 | 163.5 | 154.6 |
| | 항생제 | 122.1 | 138.0 | 140.2 | 145.6 | 138.9 |
| | 항콕시듐제 | 34.4 | 15.5 | 17.6 | 17.9 | 15.7 |
| 수산용 | | 235.8 | 247.8 | 242.0 | 158.3 | 158.8 |
| | 항생제 | 235.8 | 247.8 | 242.0 | 158.3 | 158.8 |
| | 항콕시듐제 | 0.0 | 0.0 | 0.0 | 0.0 | 0.0 |
| 전체 | | 963.9 | 1,026.6 | 983.9 | 927.1 | 919.1 |
| | 항생제 | 920.8 | 1,003.6 | 960.7 | 903.4 | 895.1 |
| | 항콕시듐제 | 43.1 | 23.0 | 23.2 | 23.7 | 24.0 |

※ 출처: KOSIS(식품의약품안전처, 국가항생제사용조사)

① 2020년 항생제와 항콕시듐제의 총판매량이 4년 전 대비 가장 많이 감소한 축종은 수산용이다.

② 제시된 기간 동안 소와 닭의 항생제 판매량 전년 대비 증감 추이는 서로 동일하다.

③ 2017년 돼지 항생제 판매량은 전년 대비 35.1천kg 증가하였다.

④ 전체 항생제 판매량은 2018년부터 전년 대비 매년 감소하였다.

⑤ 2020년 전체 항생제 판매량 중 가장 높은 비중을 차지하는 축종은 전체 판매량의 60% 이상을 차지한다.

**08** 다음은 문화재청에서 제공하는 건축문화재와 관련된 자료이다. 다음 중 자료에 대한 설명으로 옳은 것을 고르시오.

[연도별 건축문화재 수]

(단위: 건)

| 구분 | | 2010년 | 2011년 | 2012년 | 2013년 | 2014년 | 2015년 |
|---|---|---|---|---|---|---|---|
| 석조 문화재 | 국보 | 69 | 69 | 69 | 69 | 69 | 70 |
| | 보물 | 483 | 488 | 490 | 494 | 498 | 499 |
| | 합계 | 552 | 557 | 559 | 563 | 567 | 569 |
| 목조 문화재 | 국보 | 23 | 24 | 24 | 24 | 24 | 24 |
| | 보물 | 128 | 135 | 143 | 144 | 151 | 152 |
| | 합계 | 151 | 159 | 167 | 168 | 175 | 176 |

a. 2015년 석조문화재 수는 목조문화재 수의 3배 미만이다.

b. 2013년 보물 석조문화재 수의 전년 대비 증가율은 같은 해 보물 목조문화재 수의 전년 대비 증가율보다 크다.

c. 제시된 기간 동안 전체 건축문화재 수가 전년 대비 가장 많이 증가한 해는 2011년이다.

d. 제시된 기간 동안 전체 목조문화재 수에서 국보 목조문화재 수가 차지하는 비중은 매년 14.2% 이상이다.

① a, b          ② b, c          ③ c, d          ④ a, b, c          ⑤ b, c, d

**09** 다음은 20XX년 ○○시에서 조사한 4차 산업혁명 관련 미래 전망에 대한 응답 비율을 나타낸 자료이다. 다음 중 자료에 대한 설명으로 옳지 않은 것을 고르시오.

[4차 산업혁명 관련 미래 전망별 응답 비율]

(단위: %)

| 전망 | 응답 문항 | 15~19세 | 20~29세 | 30~39세 | 40~49세 | 50~59세 | 60세 이상 |
|---|---|---|---|---|---|---|---|
| 일자리가 줄어들 것이다 | 매우 동의함 | 16.9 | 16.6 | 18.3 | 18.3 | 15.2 | 9.5 |
| | 대체로 동의함 | 63.6 | 60.7 | 57.3 | 58.5 | 61.3 | 58.6 |
| | 별로 동의하지 않음 | 18.8 | 21.5 | 22.8 | 21.9 | 22.3 | 29.5 |
| | 전혀 동의하지 않음 | 0.7 | 1.2 | 1.6 | 1.3 | 1.2 | 2.4 |
| 경제 성장에 도움이 될 것이다 | 매우 동의함 | 19.1 | 18.2 | 18.0 | 17.9 | 15.5 | 11.7 |
| | 대체로 동의함 | 40.1 | 45.3 | 47.3 | 45.3 | 46.3 | 45.9 |
| | 별로 동의하지 않음 | 32.9 | 32.0 | 32.0 | 31.8 | 34.0 | 37.7 |
| | 전혀 동의하지 않음 | 7.9 | 4.5 | 2.7 | 5.0 | 4.2 | 4.7 |
| 빈부격차가 심해질 것이다 | 매우 동의함 | 14.3 | 15.1 | 15.0 | 14.7 | 13.9 | 11.0 |
| | 대체로 동의함 | 50.5 | 53.4 | 53.2 | 51.6 | 51.5 | 50.3 |
| | 별로 동의하지 않음 | 33.9 | 29.4 | 28.8 | 31.5 | 32.1 | 34.6 |
| | 전혀 동의하지 않음 | 1.3 | 2.1 | 3.0 | 2.2 | 2.5 | 4.1 |
| 여가 시간이 늘어날 것이다 | 매우 동의함 | 11.6 | 11.7 | 10.7 | 8.8 | 8.8 | 6.4 |
| | 대체로 동의함 | 46.5 | 51.3 | 52.0 | 51.6 | 50.2 | 47.8 |
| | 별로 동의하지 않음 | 27.3 | 28.9 | 31.6 | 30.9 | 32.5 | 38.2 |
| | 전혀 동의하지 않음 | 14.6 | 8.1 | 5.7 | 8.7 | 8.5 | 7.6 |

① 30~39세 중 일자리가 줄어들 것이라는 전망에 대체로 동의한다고 응답한 인원수는 매우 동의한다고 응답한 인원수의 3배 이상이다.

② 15~19세 응답자 수는 500명, 40~49세 응답자 수는 750명이라면, 여가 시간이 늘어날 것이라는 전망에 매우 동의한다고 응답한 인원수는 15~19세가 40~49세보다 많다.

③ 모든 연령에서 전망별 응답 비율이 가장 높은 응답 문항은 모두 대체로 동의함이다.

④ 빈부격차가 심해질 것이라는 전망에 별로 동의하지 않는다고 응답한 연령 중 응답 비율이 세 번째로 낮은 연령은 40~49세이다.

⑤ 30~59세에서 연령대가 높아질수록 응답 비율이 낮아지는 응답 문항은 전망별로 적어도 1개씩 있다.

**10** 다음은 보건복지부에서 제공하는 제1군 법정감염병 발생 추이에 대한 자료이다. 다음 중 자료에 대한 설명으로 옳지 않은 것을 고르시오.

[제1군 법정감염병 발생 추이]

(단위: 건)

| 구분 | 콜레라 | 장티푸스 | 파라티푸스 | 세균성이질 | 장출혈성 대장균 감염증 | A형 감염 | 소계 |
|---|---|---|---|---|---|---|---|
| 2001년 | 162 | 401 | 36 | 927 | 11 | – | 1,537 |
| 2002년 | 4 | 221 | 413 | 767 | 8 | – | 1,413 |
| 2003년 | 1 | 199 | 88 | 1,117 | 52 | – | 1,457 |
| 2004년 | 10 | 174 | 45 | 487 | 118 | – | 834 |
| 2005년 | 16 | 190 | 31 | 317 | 43 | – | 597 |
| 2006년 | 5 | 200 | 50 | 389 | 37 | – | 681 |
| 2007년 | 7 | 223 | 45 | 131 | 41 | – | 447 |
| 2008년 | 5 | 188 | 44 | 209 | 58 | – | 504 |
| 2009년 | 0 | 168 | 36 | 180 | 62 | – | 446 |
| 2010년 | 8 | 133 | 55 | 228 | 56 | – | 480 |
| 2011년 | 3 | 148 | 56 | 171 | 71 | 5,521 | 5,970 |
| 2012년 | 0 | 129 | 58 | 58 | 58 | 1,197 | 1,532 |
| 2013년 | 3 | 156 | 54 | 54 | 61 | 867 | 1,435 |
| 2014년 | 0 | 251 | 37 | 110 | 111 | 1,307 | 1,816 |
| 2015년 | 0 | 121 | 44 | 88 | 71 | 1,804 | 2,128 |
| 2016년 | 4 | 121 | 56 | 113 | 104 | 4,679 | 5,077 |

※ A형 간염은 2010년 말에 제1군 법정감염병으로 새롭게 분류되었음

① A형 간염을 제외한 제1군 법정감염병 발생 건수가 가장 많은 해는 2001년이다.

② 2004년 세균성이질 발생 건수는 같은 해 제1군 법정감염병 전체 발생 건수에서 60% 이상을 차지한다.

③ 장티푸스의 발생 건수가 두 번째로 많은 해의 장티푸스 발생 건수는 파라티푸스 발생 건수보다 많다.

④ 콜레라는 2001년에 유행하였으나 2002년 이후 발생 건수가 눈에 띄게 감소하였다.

⑤ 2016년 장출혈성대장균감염증의 10년 전 대비 증가율은 180% 이상이다.

**11** 다음은 2019년 상반기 국내여행 횟수와 지출액에 대한 자료이다. 다음 중 자료에 대한 설명으로 옳지 않은 것을 고르시오.

[월별 국내여행 횟수]

(단위: 천 회)

| 구분 | | 1월 | 2월 | 3월 | 4월 | 5월 | 6월 |
|---|---|---|---|---|---|---|---|
| 전체 | | 24,442 | 34,250 | 25,368 | 27,897 | 28,575 | 24,443 |
| 성 | 남자 | 12,282 | 16,950 | 12,839 | 14,102 | 14,765 | 12,360 |
| | 여자 | 12,160 | 17,300 | 12,529 | 13,795 | 13,810 | 12,083 |
| 학력 | 초졸 이하 | 678 | 1,217 | 823 | 1,016 | 1,050 | 787 |
| | 중학교 | 1,290 | 1,882 | 1,430 | 1,429 | 1,588 | 1,434 |
| | 고등학교 | 8,225 | 12,596 | 9,487 | 10,543 | 10,582 | 8,855 |
| | 대학교 이상 | 14,249 | 18,555 | 13,628 | 14,909 | 15,355 | 13,367 |

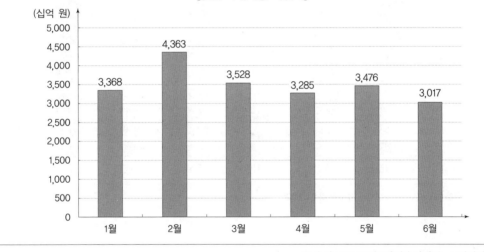

[월별 국내여행 지출액]

(십억 원)

1월 3,368
2월 4,363
3월 3,528
4월 3,285
5월 3,476
6월 3,017

※ 출처: KOSIS(문화체육관광부, 국민여행조사)

① 제시된 기간 중 국내여행 지출액이 가장 적었던 달과 국내여행 횟수가 가장 적었던 달은 서로 다르다.

② 1~3월 국내여행 지출액의 평균은 3,753십억 원이다.

③ 5월 국내여행 횟수는 대학교 이상 학력이 고등학교 학력보다 4,773천 회 더 많다.

④ 4월 국내여행 1회당 지출액이 모두 동일하다면 같은 달 중학교 학력의 국내여행 1천 회당 지출액은 1.5억 원 이상이다.

⑤ 제시된 기간 중 여자의 국내여행 횟수가 남자의 국내여행 횟수보다 많은 달은 1개이다.

[12-13] 다음은 국내 일부 댐의 저수 현황과 관련된 자료이다. 각 물음에 답하시오.

[댐별 저수 현황]

(단위: 백만m³)

| 구분 | 유입량 | 방류량 | 평균 저수량 |
| --- | --- | --- | --- |
| 대청댐 | 1,354.5 | 1,394.6 | 1,023.0 |
| 섬진강댐 | 365.1 | 412.6 | 262.8 |
| 소양강댐 | 1,148.4 | 1,434.4 | 1,501.3 |
| 안동댐 | 641.2 | 756.4 | 779.8 |
| 충주댐 | 2,346.5 | 2,801.7 | 1,504.7 |
| 합천댐 | 588.5 | 481.2 | 600.6 |

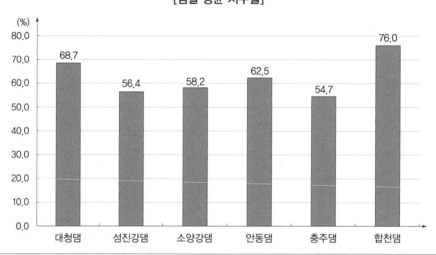

[댐별 평균 저수율]

※ 평균 저수율(%) = (평균 저수량 / 저수용량) × 100

유형: 자료계산    난이도: ★☆☆

**12** 방류량이 유입량보다 적은 댐의 유입량 대비 방류량의 비율은 약 얼마인가? (단, 소수점 셋째 자리에서 반올림하여 계산한다.)

① 0.82      ② 0.84      ③ 0.86      ④ 1.22      ⑤ 1.24

유형: 자료계산    난이도: ★★☆

**13** 평균 저수량이 방류량보다 적은 댐들의 저수용량 합은 약 얼마인가? (단, 소수점 첫째 자리에서 반올림하여 계산한다.)

① 1,552백만m³     ② 2,835백만m³     ③ 4,295백만m³     ④ 4,706백만m³     ⑤ 5,143백만m³

**14** 다음은 2020년 상반기 주유소 제품별 가격에 대한 자료이다. 다음 중 자료에 대한 설명으로 옳은 것을 고르시오.

[주유소 제품별 가격]

(단위: 원/L)

| 구분 | 2020년 1월 | 2020년 2월 | 2020년 3월 | 2020년 4월 | 2020년 5월 | 2020년 6월 |
| --- | --- | --- | --- | --- | --- | --- |
| 무연 보통 휘발유 | 1,568 | 1,545 | 1,469 | 1,324 | 1,255 | 1,323 |
| 실내등유 | 975 | 968 | 933 | 858 | 796 | 801 |
| 자동차용 경유 | 1,398 | 1,370 | 1,281 | 1,132 | 1,066 | 1,128 |

※ 주유소 제품량(L) = 주행 가능 거리(km)/연비(km/L)
※ 출처: KOSIS(한국석유공사, 석유제품가격통계)

① 2020년 2월 이후 무연 보통 휘발유 가격이 전월보다 비싼 모든 달에 실내등유 가격은 전월보다 싸다.

② 2020년 5월 주유소 제품 가격의 2개월 전 대비 감소율은 무연 보통 휘발유가 자동차용 경유보다 크다.

③ 2020년 2월 이후 무연 보통 휘발유와 자동차용 경유 가격의 전월 대비 증감 추이는 서로 다르다.

④ 2020년 6월 연비가 12km/L인 자동차에 무연 보통 휘발유를 30,000원만큼 주유했다면 270km 이상 주행할 수 있다.

⑤ 2020년 2월 실내등유 가격은 전월 대비 1L당 7원 감소하였고, 같은 달 자동차용 경유 가격은 전월 대비 1L당 18원 감소하였다.

**15** 다음은 2021년 연령대별 인구수 및 고용률을 나타낸 자료이다. 자료를 보고 빈칸 ㉠, ㉡에 해당하는 값을 예측했을 때 가장 타당한 값을 고르시오. (단, 소수점 둘째 자리에서 반올림하여 계산한다.)

### [연령대별 인구수 및 고용률]
(단위: 천 명, %)

| 연령별 | 1분기 | | 2분기 | | 3분기 | | 4분기 | |
|---|---|---|---|---|---|---|---|---|
| | 인구수 | 고용률 | 인구수 | 고용률 | 인구수 | 고용률 | 인구수 | 고용률 |
| 15세 이상 19세 이하 | 2,356 | 6.7 | 2,317 | 8.2 | 2,294 | 7.5 | 2,279 | 7.0 |
| 20대 | 6,485 | 55.0 | 6,481 | 57.3 | 6,450 | 58.7 | 6,418 | 45.5 |
| 30대 | 7,035 | ( ㉠ ) | 6,996 | 75.4 | 6,965 | 75.1 | 6,940 | 76.0 |
| 40대 | 8,190 | 76.5 | 8,170 | 77.4 | 8,154 | 77.7 | 8,142 | 77.6 |
| 50대 | 8,545 | 73.1 | 8,540 | 75.3 | 8,549 | 75.7 | 8,565 | 76.3 |
| 60대 이상 | 12,377 | 39.4 | 12,544 | 44.1 | 12,694 | 44.5 | ( ㉡ ) | 43.3 |
| 전체 | 44,988 | 58.6 | 45,048 | 61.0 | 45,106 | 61.3 | ( ) | 61.1 |

※ 고용률(%) = (취업자 수 / 인구수) × 100

- 1분기 30대 여성 취업자 수는 2,974천 명으로 30대 남성 취업자 수보다 699천 명 많다.
- 4분기 전체 인구수는 전 분기 대비 73천 명 증가하였다.

※ 출처: KOSIS(통계청, 경제활동인구조사)

| | ㉠ | ㉡ |
|---|---|---|
| ① | 42.3 | 12,689 |
| ② | 42.3 | 12,835 |
| ③ | 74.6 | 12,689 |
| ④ | 74.6 | 12,835 |
| ⑤ | 75.0 | 12,835 |

**16** 다음은 연도별 정부재정 현황 및 규모에 대한 자료이다. 다음 중 자료에 대한 설명으로 옳은 것을 고르시오.

**[연도별 정부재정 현황]**

(단위: 조 원)

| 구분 | | 2015 | 2016 | 2017 | 2018 | 2019 |
|---|---|---|---|---|---|---|
| 공무원 인건비 | | 30.7 | 32.1 | 33.4 | 35.7 | 37.1 |
| 예비비 | 일반예비비 | 1.2 | 1.2 | 1.2 | 1.2 | 1.2 |
| | 목적예비비 | 1.8 | 2.0 | 1.8 | 1.8 | 1.8 |
| 사회복지비 | 예산 | 40.8 | 42.0 | 43.0 | 51.3 | 60.6 |
| | 기금 | 74.9 | 81.4 | 86.5 | 98.4 | 100.4 |

**[연도별 정부재정 규모]**

(단위: 조 원)

| 구분 | 2015 | 2016 | 2017 | 2018 | 2019 |
|---|---|---|---|---|---|
| 중앙정부 총지출 규모 | 375.4 | 386.4 | 400.5 | 428.8 | 469.6 |
| 중앙정부 통합재정 규모 | 339.4 | 354.4 | 379.8 | 397.7 | 439.9 |

※ 1) 중앙정부 총지출 규모 = 경상지출 + 자본지출 + 융자지출
2) 중앙정부 통합재정 규모 = 지출(경상지출 + 자본지출) + 순융자(융자지출 − 융자회수)

① 2019년 중앙정부 통합재정 규모의 전년 대비 증가율은 약 12%이다.

② 공무원 인건비는 매년 전년 대비 1.5조 원 미만 증가하였다.

③ 2018년 사회복지비에서 예산이 차지하는 비중은 약 52%이다.

④ 중앙정부 총지출 규모가 처음으로 400조 원을 넘은 해에 융자회수금액은 20.7조 원이다.

⑤ 일반예비비와 목적예비비의 전년 대비 증감 추이는 매년 같다.

1 언어능력
2 수리능력
3 추리능력
4 공간지각능력
5 실전모의고사

해커스 20대기업 인적성 통합 기본서 최신기출유형+실전문제

**17** 다음은 국내외 유학생 추이를 나타낸 자료이다. 다음 중 자료에 대한 설명으로 옳지 않은 것을 고르시오.

[국내외 유학생 추이]

(단위 : 천 명)

| 구분 | | 2017년 | 2018년 | 2019년 | 2020년 | 2021년 | 2022년 |
|---|---|---|---|---|---|---|---|
| 국외 한국인 유학생 | 초등학교 | 14 | 12 | 13 | 8 | 9 | 7 |
| | 중학교 | 9 | 9 | 9 | 6 | 6 | 5 |
| | 고등학교 | 6 | 6 | 6 | 4 | 4 | 4 |
| | 대학(학위) | 114 | 124 | 127 | 152 | 153 | 164 |
| | 대학(학위+연수) | 190 | 218 | 217 | 241 | 252 | 262 |
| 국내 외국인 유학생 | 대학(학위) | 23 | 32 | 41 | 51 | 60 | 64 |
| | 대학(학위+연수) | 33 | 49 | 64 | 76 | 84 | 90 |

※ 대학(학위+연수) 유학생은 어학연수를 선행하거나 병행하면서 학위를 취득한 유학생으로, 대학(학위) 유학생과 구별됨

① 2017년 국내 대학의 총 외국인 유학생 수는 50천 명 이상이다.

② 2018년 국내외 총 유학생 수는 400천 명 이상이다.

③ 2020년 국외 초, 중, 고등학교 한국인 유학생 수의 합은 국내 대학(학위+연수)과 국내 대학(학위) 외국인 유학생 수의 차보다 작다.

④ 2021년 국외 한국인 유학생 중 초등학생 수는 고등학생 수의 2배 이상이다.

⑤ 2022년 국내 대학의 총 외국인 유학생 수는 국외 대학(학위)의 한국인 유학생 수와 같다.

**18** 다음은 보유세 항목별 징수액에 대한 자료이다. 다음 중 자료에 대한 설명으로 옳지 않은 것을 고르시오.

**[보유세 항목별 징수액]**

(단위: 억 원)

| 구분 | 2012년 | 2013년 | 2014년 | 2015년 | 2016년 | 2017년 |
|---|---|---|---|---|---|---|
| 재산세 | 80,492 | 82,651 | 87,791 | 92,937 | 99,299 | 106,621 |
| 지역자원시설세 | 7,884 | 8,212 | 9,971 | 10,789 | 11,629 | 12,287 |
| 도시계획세 | 27 | 15 | 10 | 1 | 0 | 0 |
| 지방교육세 | 10,576 | 10,809 | 11,411 | 12,061 | 12,906 | 13,792 |

※ 보유세는 재산세, 지역자원시설세, 도시계획세, 지방교육세로 구분됨

① 2017년 재산세 징수액은 5년 전 대비 26,129억 원 증가하였고, 같은 해 지역자원시설세 징수액은 5년 전 대비 4,403억 원 증가하였다.

② 2013년 이후 전체 보유세 징수액은 매년 전년 대비 증가하였다.

③ 도시계획세 징수액이 20억 원을 넘은 해에 지방교육세 징수액은 도시계획세 징수액의 400배 이상이다.

④ 2014년 지역자원시설세와 지방교육세의 징수액 차이는 2년 전 대비 감소하였다.

⑤ 2015년 전체 보유세 징수액에서 재산세 징수액이 차지하는 비중은 약 80.3%이다.

**19** 다음은 6대 광역시의 총 병상 수 및 인구 천 명당 병상 수를 나타낸 자료이다. 자료를 보고 빈칸 ㉠, ㉡, ㉢에 해당하는 값을 예측했을 때 가장 타당한 값을 고르시오. (단, 소수점 둘째 자리에서 반올림하여 계산한다.)

### [총 병상 수 및 인구 천 명당 병상 수]

(단위: 개)

| 구분 | 2018년 | | 2019년 | | 2020년 | |
|---|---|---|---|---|---|---|
| | 총 병상 수 | 천 명당 병상 수 | 총 병상 수 | 천 명당 병상 수 | 총 병상 수 | 천 명당 병상 수 |
| 부산 | 70,430 | 20.5 | ( ㉢ ) | 20.5 | 70,748 | 20.9 |
| 대구 | 36,970 | 15.0 | 38,132 | 15.6 | 39,361 | 16.3 |
| 인천 | 34,021 | 11.5 | 34,176 | 11.6 | 35,078 | ( ㉠ ) |
| 광주 | 40,727 | 27.9 | 40,206 | 27.6 | 39,793 | 27.4 |
| 대전 | 23,865 | 16.0 | 23,417 | 15.9 | ( ㉡ ) | 16.4 |
| 울산 | 15,476 | 13.4 | 15,284 | 13.3 | 15,345 | 13.5 |
| 전체 | 221,489 | 17.1 | 221,077 | 17.2 | 224,328 | 17.5 |

※ 1) 전체 수치는 6대 광역시의 전체 총 병상 수 및 천 명당 병상 수를 의미함
   2) 천 명당 병상 수 = (총 병상 수 / 주민등록인구 수) × 1,000

- 2020년 인천의 주민등록인구 수는 2,943천 명이다.
- 제시된 기간 동안 대전의 천 명당 병상 수가 가장 많은 해에 대전의 총 병상 수는 전년 대비 586개 증가하였다.
- 제시된 기간 동안 전체 총 병상 수가 처음으로 전년 대비 감소한 해에 부산의 총 병상 수는 같은 해 대전의 총 병상 수의 3배 미만이다.

※ 출처: KOSIS(국민건강보험공단, 지역별의료이용통계)

|  | ㉠ | ㉡ | ㉢ |
|---|---|---|---|
| ① | 11.7 | 24,003 | 69,862 |
| ② | 11.7 | 24,903 | 70,252 |
| ③ | 11.9 | 24,003 | 69,862 |
| ④ | 11.9 | 24,003 | 70,252 |
| ⑤ | 11.9 | 24,903 | 70,382 |

**20** 다음은 개인 정보 침해 유형에 따른 신고 건수를 나타낸 자료이다. 다음 중 자료에 대한 설명으로 옳은 것을 고르시오.

[개인 정보 침해 유형별 신고 건수]

(단위 : 건)

| 유형 | 2016년 | 2017년 | 2018년 | 2019년 | 2020년 | 2021년 | 2022년 |
|---|---|---|---|---|---|---|---|
| 개인 정보 무단수집 | 564 | 1,140 | 2,565 | 1,166 | 1,129 | 1,075 | 1,267 |
| 개인 정보 무단이용제공 | 784 | 916 | 917 | 1,001 | 1,037 | 1,171 | 1,202 |
| 주민번호 등 타인 정보도용 | 9,163 | 9,810 | 10,835 | 9,086 | 10,148 | 6,303 | 10,137 |
| 회원탈퇴 또는 정정요구불응 | 2,312 | 771 | 923 | 865 | 949 | 680 | 826 |
| 법 적용 불가 침해사례 | 2,768 | 4,401 | 6,355 | 12,497 | 24,144 | 23,893 | 38,414 |
| 기타 | 1,978 | 1,168 | 1,738 | 1,350 | 2,404 | 2,045 | 2,986 |
| 합계 | 17,569 | 18,206 | 23,333 | 25,965 | 39,811 | 35,167 | 54,832 |

① 제시된 기간 동안 개인 성보 침해 신고 건수는 매년 전년 대비 증가하고 있다.

② 기타 유형에 관한 신고 건수는 2017년에 가장 적은 신고 건수를 기록하였다.

③ 해마다 전체 신고 건수 중 절반 이상이 주민번호 등 타인 정보도용에 관한 신고이다.

④ 2022년에 전년 대비 신고 건수의 변화량이 가장 큰 유형은 회원탈퇴 또는 정정요구불응에 관한 신고 건수이다.

⑤ 2017년에 신고가 가장 많이 접수된 개인 정보 침해 유형은 신고가 가장 적게 접수된 유형의 8.6배이다.

다음은 2021년 4분기 항공사별 운항편 수 및 월별 여객 수에 대한 자료이다. 각 물음에 답하시오.

### [4분기 항공사별 운항편 수]

(단위: 편)

| 구분 | 10월 | | | 11월 | | | 12월 | | |
|---|---|---|---|---|---|---|---|---|---|
| | 계 | 도착 | 출발 | 계 | 도착 | 출발 | 계 | 도착 | 출발 |
| 아시아나항공 | 7,444 | 3,721 | 3,723 | 7,322 | 3,662 | 3,660 | 7,456 | 3,727 | 3,729 |
| 에어부산 | 5,244 | 2,622 | 2,622 | 4,853 | 2,426 | 2,427 | 5,149 | 2,574 | 2,575 |
| 에어인천 | 255 | 128 | 127 | 301 | 151 | 150 | 348 | 174 | 174 |
| 에어서울 | 1,644 | 822 | 822 | 1,658 | 829 | 829 | 1,770 | 885 | 885 |
| 플라이강원 | 336 | 168 | 168 | 272 | 136 | 136 | 304 | 152 | 152 |
| 제주항공 | 7,410 | 3,705 | 3,705 | 7,002 | 3,501 | 3,501 | 7,250 | 3,624 | 3,626 |
| 진에어 | 7,174 | 3,587 | 3,587 | 6,982 | 3,491 | 3,491 | 6,788 | 3,394 | 3,394 |
| 대한항공 | 10,651 | 5,323 | 5,328 | 10,523 | 5,263 | 5,260 | 10,604 | 5,304 | 5,300 |
| 티웨이항공 | 5,904 | 2,952 | 2,952 | 5,654 | 2,827 | 2,827 | 5,848 | 2,924 | 2,924 |
| 에어로케이항공 | 372 | 186 | 186 | 360 | 180 | 180 | 102 | 51 | 51 |
| 에어프레미아 | 240 | 120 | 120 | 0 | 0 | 0 | 5 | 2 | 3 |
| 외항사 | 5,125 | 2,554 | 2,571 | 5,235 | 2,604 | 2,631 | 5,181 | 2,575 | 2,606 |
| 전체 | 51,799 | 25,888 | 25,911 | 50,162 | 25,070 | 25,092 | 50,805 | 25,386 | 25,419 |

### [4분기 월별 여객 수]

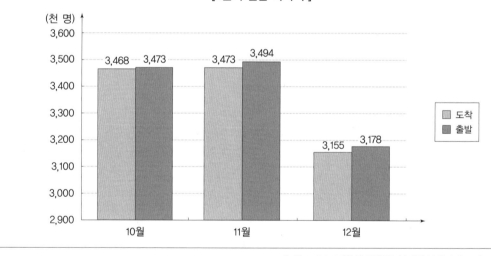

※ 출처: KOSIS(한국공항공사/인천국제공항공사, 항공통계)

## 21　다음 중 자료에 대한 설명으로 옳은 것을 고르시오.

① 전체 운항편 수는 11월과 12월에 모두 지난달 대비 감소하였다.

② 12월 전체 여객 수는 2개월 전 대비 608천 명 감소하였다.

③ 4분기 동안 도착 운항편 수가 가장 많은 상위 3개 항공사는 매월 다르다.

④ 4분기 동안 제시된 모든 항공사는 매월 최소 1편 이상의 운항편 수를 기록하였다.

⑤ 4분기 중 출발 여객 수가 가장 적은 달에 출발 운항편 수가 1,000편 미만인 운항사의 12월 출발 운항 편 수의 평균은 255편이다.

## 22　도착 여객 수가 가장 많은 달에 전체 도착 운항편 수에서 가장 높은 비중을 차지하는 항공사의 운항편 수가 차지하는 비중은 약 얼마인가? (단, 소수점 둘째 자리에서 반올림하여 계산한다.)

① 14.6%　　　　② 21.0%　　　　③ 22.4%　　　　④ 52.8%　　　　⑤ 53.4%

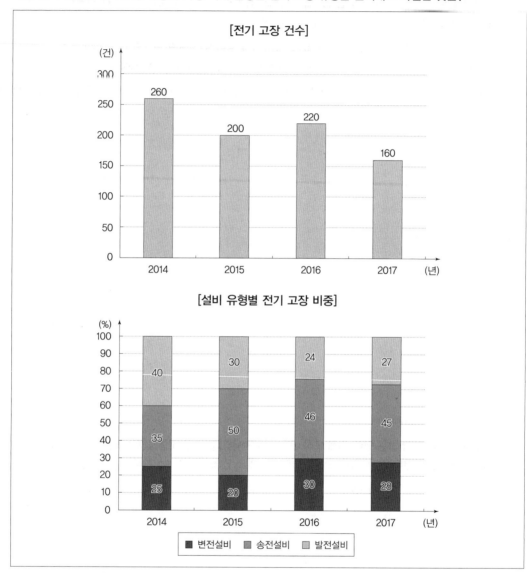

유형: 자료계산  난이도: ★☆☆

**23** 다음은 전기 고장 건수 및 설비 유형별 전기 고장 비중을 나타낸 자료이다. 2015년부터 2017년까지 3년 동안 가장 많이 발생한 전기 고장 유형과 가장 적게 발생한 전기 고장 유형을 순서대로 나열한 것은?

[전기 고장 건수]

[설비 유형별 전기 고장 비중]

■ 변전설비  ■ 송전설비  ■ 발전설비

① 발전설비, 송전설비          ② 발전설비, 변전설비

③ 송전설비, 발전설비          ④ 송전설비, 변전설비

⑤ 변전설비, 발전설비

**24** 다음은 20XX년 공간정보산업 종사자의 연령별 구성비에 대한 자료이다. 다음 중 자료에 대한 설명으로 옳지 않은 것을 고르시오.

[공간정보산업 종사자의 연령별 구성비]

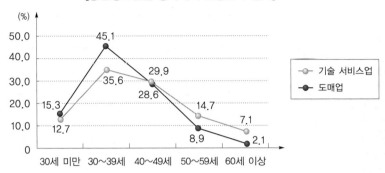

① 전체 종사자에서 40세 미만 종사자가 차지하는 비중은 도매업이 기술 서비스업보다 높다.

② 도매업과 기술 서비스업 모두 종사자 수는 30대가 가장 많고, 60대 이상이 가장 적다.

③ 기술 서비스업의 60세 이상 종사자 수는 도매업의 60세 이상 종사자 수의 3배 이상이다.

④ 기술 서비스업의 30세 미만 종사자 수는 동일 산업 40대 종사자 수의 50%도 채 되지 않는다.

⑤ 도매업에서 40세 미만 종사자 수는 전체 연령의 약 60%를 차지한다.

**25** 다음은 일부 지역의 119 운영 구급차 및 구급대원 수를 나타낸 자료이다. 해당 자료를 보고 A~D를 바르게 짝지은 것을 고르시오.

[지역별 119 운영 구급차 및 구급대원 수]

(단위: 대, 명)

| 구분 | 2017년 | | 2018년 | | 2019년 | |
|---|---|---|---|---|---|---|
| | 운영 구급차 | 구급대원 | 운영 구급차 | 구급대원 | 운영 구급차 | 구급대원 |
| 서울 | 149 | 1,321 | 150 | 1,371 | 151 | 1,359 |
| A | 57 | 513 | 67 | 603 | 69 | 621 |
| 대구 | 47 | 437 | 50 | 464 | 50 | 450 |
| B | 62 | 465 | 67 | 486 | 69 | 548 |
| C | 29 | 205 | 30 | 270 | 30 | 270 |
| 대전 | 32 | 236 | 32 | 260 | 33 | 279 |
| D | 24 | 183 | 25 | 183 | 25 | 213 |

※ 출처: KOSIS(소방청, 119구조구급활동실적보고)

ㄱ 2019년 운영 구급차 1대당 구급대원 수가 가장 적은 지역은 인천이다.

ㄴ 2018년 광주의 구급대원 수는 운영 구급차 수의 9배이다.

ㄷ 2019년 울산의 구급대원 수의 2년 전 대비 증가 인원은 50명 이하이다.

ㄹ 2018년 이후 부산과 인천 각 지역의 운영 구급차 수는 매년 전년 대비 증가하였다.

| | A | B | C | D |
|---|---|---|---|---|
| ① | 부산 | 인천 | 광주 | 울산 |
| ② | 인천 | 부산 | 광주 | 울산 |
| ③ | 부산 | 인천 | 울산 | 광주 |
| ④ | 인천 | 광주 | 부산 | 울산 |
| ⑤ | 광주 | 울산 | 부산 | 인천 |

**26** 다음은 검사 방법별 수입식품 적합 여부에 대한 자료이다. 자료를 보고 빈칸을 예측했을 때 가장 타당한 값을 고르시오.

[검사 방법별 수입식품 적합 여부]

(단위 : 건)

| 검사 방법 | 2019년 | | 2020년 | | 2021년 | | 2022년 | |
|---|---|---|---|---|---|---|---|---|
| | 적합 | 부적합 | 적합 | 부적합 | 적합 | 부적합 | 적합 | 부적합 |
| 서류검사 | 128,277 | 37 | 146,033 | 25 | 164,983 | 24 | 179,961 | 24 |
| 관능검사 | 29,848 | 69 | 29,367 | ( ) | 23,970 | 40 | 27,923 | 49 |
| 정밀검사 | 33,716 | 791 | 33,445 | 829 | 37,309 | 748 | 44,994 | 1,110 |
| 무작위표본검사 | 4,172 | 58 | 5,696 | 52 | 11,355 | 110 | 15,837 | 265 |

- 2020년 관능검사의 부적합 건수는 전년 대비 감소하였다.
- 2020년 부적합 건수는 검사 방법 중 서류검사가 가장 적다.
- 2020년부터 무작위표본검사의 부적합 건수는 관능검사의 부적합 건수보다 많다.

① 21건　　　　② 47건　　　　③ 56건　　　　④ 71건　　　　⑤ 75건

**27** 다음은 소재지별 개인 소유 주택과 개인 소유 아파트 수를 나타낸 자료이다. 자료를 보고 빈칸 ㉠, ㉡, ㉢에 해당하는 값을 예측했을 때 가장 타당한 값을 고르시오.

[소재지별 개인 소유 주택 및 아파트 수]

(단위: 천 호)

| 구분 | 2016년 | | 2017년 | | 2018년 | |
|---|---|---|---|---|---|---|
| | 주택 | 아파트 | 주택 | 아파트 | 주택 | 아파트 |
| 서울 | 2,537 | 1,399 | 2,553 | ( ) | 2,571 | 1,422 |
| 부산 | ( ) | 668 | 1,090 | 686 | 1,102 | 703 |
| 대구 | 685 | ( ㉠ ) | 705 | 484 | 713 | 496 |
| 인천 | ( ) | 512 | 880 | 527 | 895 | 545 |
| 광주 | 426 | 323 | 434 | 331 | 442 | ( ㉢ ) |
| 대전 | 422 | 297 | ( ㉡ ) | 296 | 431 | 306 |
| 경기 | 3,322 | 2,165 | ( ) | 2,238 | 3,568 | 2,352 |

- 2017년 소재지별 개인 소유 주택 수와 아파트 수의 전년 대비 증감 추이는 동일하다.
- 모든 소재지의 개인 소유 주택 수는 매년 420천 호보다 많다.
- 2018년 개인 소유 주택 수가 세 번째로 적은 소재지의 2016년 개인 소유 주택 수와 아파트 수의 차이는 222천 호이다.
- 2018년 개인 소유 아파트 수의 2년 전 대비 증가량은 광주가 대전의 2배보다 1천 호 더 적다.

※ 출처: KOSIS(통계청, 주택소유통계)

| | ㉠ | ㉡ | ㉢ |
|---|---|---|---|
| ① | 463 | 421 | 340 |
| ② | 463 | 422 | 350 |
| ③ | 907 | 421 | 330 |
| ④ | 907 | 424 | 330 |
| ⑤ | 907 | 424 | 340 |

**28** 다음은 2021년 상반기 원자재 품목별 수입 단가에 대한 자료이다. 이를 바탕으로 만든 자료로 옳은 것을 고르시오.

[원자재 품목별 수입 단가]

(단위: US$/톤)

| 구분 | 1월 | 2월 | 3월 | 4월 | 5월 | 6월 |
|---|---|---|---|---|---|---|
| 침엽수류 | 606 | 644 | 670 | 729 | 819 | 864 |
| 활엽수류 | 457 | 476 | 501 | 552 | 650 | 721 |
| 폐골판지 | 185 | 206 | 220 | 241 | 250 | 255 |
| 폐신문지 | 187 | 191 | 194 | 200 | 208 | 218 |
| 철스크랩 | 736 | 488 | 875 | 446 | 460 | 474 |

※ 출처: KOSIS(한국환경공단, 재활용가능자원가격조사)

① [품목별 3월 수입 단가]

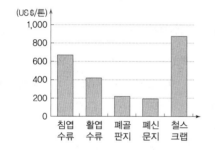

② [월별 침엽수류 수입 단가]

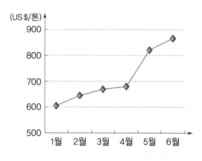

③ [품목별 5월 수입 단가]

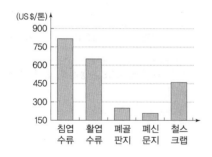

④ [월별 철스크랩 수입 단가]

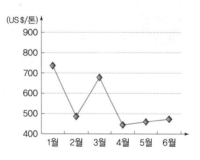

⑤ [품목별 6월 수입 단가]

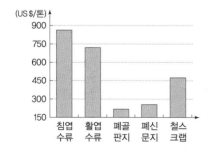

**29** 다음은 중장년층 남성과 여성의 연령대별 취업자 수 및 미취업자 수를 나타낸 자료이다. 이를 바탕으로 만든 그래프로 옳지 않은 것을 고르시오. (단, 소수점 첫째 자리에서 반올림하여 계산한다.)

[연령대별 남성 취업자 수 및 미취업자 수]

(단위: 천 명)

| 구분 | 2018년 | | 2019년 | | 2020년 | |
|---|---|---|---|---|---|---|
| | 취업자 | 미취업자 | 취업자 | 미취업자 | 취업자 | 미취업자 |
| 40~44세 | 1,543 | 377 | 1,525 | 360 | 1,558 | 351 |
| 45~49세 | 1,728 | 478 | 1,727 | 456 | 1,689 | 434 |
| 50~54세 | 1,540 | 505 | 1,606 | 496 | 1,639 | 491 |
| 55~59세 | 1,484 | 618 | 1,491 | 594 | 1,478 | 574 |
| 60~64세 | 994 | 682 | 1,069 | 706 | 1,135 | 734 |
| 전체 | 7,289 | 2,660 | 7,418 | 2,612 | 7,499 | 2,584 |

[연령대별 여성 취업자 수 및 미취업자 수]

(단위: 천 명)

| 구분 | 2018년 | | 2019년 | | 2020년 | |
|---|---|---|---|---|---|---|
| | 취업자 | 미취업자 | 취업자 | 미취업자 | 취업자 | 미취업자 |
| 40~44세 | 1,070 | 786 | 1,065 | 758 | 1,102 | 747 |
| 45~49세 | 1,271 | 885 | 1,271 | 854 | 1,270 | 802 |
| 50~54세 | 1,152 | 875 | 1,217 | 874 | 1,269 | 847 |
| 55~59세 | 1,041 | 1,070 | 1,068 | 1,015 | 1,097 | 943 |
| 60~64세 | 651 | 1,074 | 722 | 1,107 | 803 | 1,123 |
| 전체 | 5,185 | 4,690 | 5,343 | 4,608 | 5,541 | 4,462 |

※ 출처: KOSIS(통계청, 중장년층행정통계)

① [2020년 남성 취업자 수]

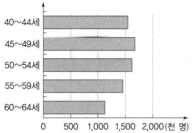

② [연도별 중장년층 전체 인구수]

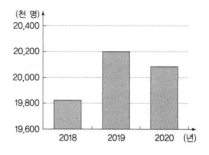

③ [연도별 남성과 여성의 전체 취업자 수 차이]

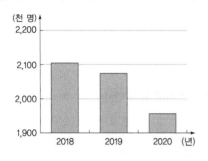

④ [2020년 전체 인구의 취업자 수 및 미취업자 수 비중]

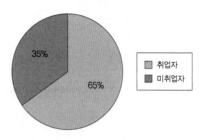

⑤ [연도별 60~64세 여성 취업자 수 및 미취업자 수]

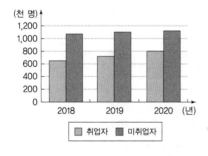

1 언어능력

2 수리능력

3 추리능력

4 공간지각능력

5 실전모의고사

해커스 20대기업 인적성 통합 기본서 최신기출유형+실전문제

30 다음은 2008년과 2018년 최종학력 및 주요 도시별 자원봉사자 1인당 연간 평균 봉사시간에 대한 자료이다.
이를 바탕으로 만든 자료로 옳은 것을 고르시오.

### [최종학력별 자원봉사자 1인당 연간 평균 봉사시간]

(단위: 시간)

| 구분 | 2008년 | | 2018년 | |
|---|---|---|---|---|
| | 남자 | 여자 | 남사 | 여지 |
| 무학 | 42.3 | 49.5 | 22.4 | 30.9 |
| 초졸 | 42.3 | 66.6 | 15.1 | 18.0 |
| 중졸 | 36.5 | 43.3 | 16.3 | 18.8 |
| 고졸 | 32.6 | 41.7 | 24.6 | 27.8 |
| 대졸 이상 | 30.8 | 35.5 | 21.6 | 24.6 |

### [주요 도시별 자원봉사자 1인당 연간 평균 봉사시간]

(단위: 시간)

| 구분 | 2008년 | | 2018년 | |
|---|---|---|---|---|
| | 남자 | 여자 | 남자 | 여자 |
| 서울 | 19.1 | 28.5 | 22.2 | 29.8 |
| 부산 | 23.4 | 36.1 | 23.4 | 32.5 |
| 대구 | 24.0 | 31.5 | 24.2 | 29.9 |
| 인천 | 25.0 | 37.2 | 24.3 | 35.5 |
| 광주 | 22.7 | 32.4 | 24.3 | 27.6 |
| 대전 | 21.2 | 26.7 | 21.9 | 26.7 |
| 울산 | 15.8 | 27.5 | 21.7 | 29.7 |

※ 출처: KOSIS(보건복지부, 사회복지자원봉사현황)

① [남자 자원봉사자 연간 평균 봉사시간]

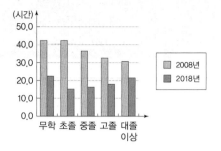

② [2008년 자원봉사자 연간 평균 봉사시간]

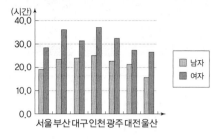

③ [대졸 이상 자원봉사자 연간 평균 봉사시간]

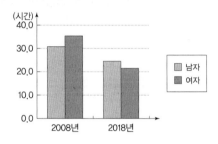

④ [2018년 자원봉사자 연간 평균 봉사시간]

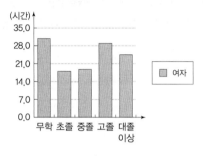

⑤ [2018년 자원봉사자 연간 평균 봉사시간]

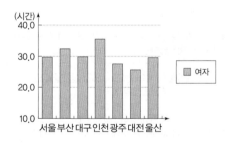

약점 보완 해설집 p.15

1 언어능력

2 수리능력

3 추리능력

4 공간지각능력

5 실전모의고사

해커스 20대기업 인적성 통합 기본서 최신기출유형+실전문제

## 유형 특징

**1** 문제에 제시된 조건을 이용하여 식을 세우고 답을 도출하는 유형의 문제이다.

**2** 응용계산 유형은 ① 거리/속력/시간, ② 용액의 농도, ③ 일의 양, ④ 원가/정가, ⑤ 방정식의 활용, ⑥ 경우의 수/확률, ⑦ 기타 총 7가지 세부 유형으로 출제된다.

## 대표 기출 질문

| 세부 유형 | 대표 질문 |
| --- | --- |
| 거리/속력/시간 | • A의 집과 회사와의 거리가 $x$km이고 A의 평균 속력은 $y$km/h일 때, A가 집에서 출발하여 회사에 도착할 때까지 걸리는 시간은 얼마인가? |
| 용액의 농도 | • 농도가 a%인 설탕물과 농도가 b%인 설탕물을 섞어 농도가 c%인 설탕물을 만들었을 때, 농도가 c%인 설탕물에 들어 있는 설탕의 양은 얼마인가? |
| 일의 양 | • A가 혼자 일하면 $x$시간이 소요되고, A와 B가 함께 일하면 $y$시간, B와 C가 함께 일하면 $z$시간이 소요되는 일을 세 사람이 함께 할 때, 소요되는 시간은 얼마인가? |
| 원가/정가 | • 원가가 $x$원인 공책을 20% 할인한 금액으로 총 100개를 판매하여 50,000원의 이익을 얻었을 때, 공책 1개의 정가는 얼마인가? |
| 방정식의 활용 | • 상자 하나에 구슬을 $x$개씩 넣으면 구슬 2개가 남고, $y$개씩 넣으면 상자가 1개 남는다. 마지막 상자에는 구슬이 들어있지 않을 수도 있을 때, 상자의 개수로 가능한 수의 합은 얼마인가? |
| 경우의 수/확률 | • 제품 A와 B에 대한 생산비는 6:4이고, 불량품이 발생할 확률이 각각 $x$%, $y$%라면, 생산된 불량품 중 그것이 제품 A일 확률은 얼마인가? |
| 기타 | • 3시 20분에 시작하는 드라마의 방영 시간은 $x$이다. 드라마가 끝났을 때, 시계의 시침과 분침이 이루는 각 중 작은 각의 각도는 얼마인가? |

## 최근 출제 경향

**1** 최근 들어 응용계산 유형에서는 공식에 숫자를 대입하여 푸는 단순한 문제와 주어진 조건을 응용하여 새로운 방정식을 세워 풀어야 하는 난도 높은 문제가 모두 출제되고 있다.

**2** 응용계산 유형이지만 자료해석 유형과 비슷하게 표 형태의 자료가 제시되고 주어진 자료를 조건에 맞게 응용할 수 있는지를 판단하는 문제가 꾸준히 출제되고 있으므로 다양한 형태의 문제 풀이 연습을 하는 것이 좋다.

## 학습 방법

**1** 대부분의 기업에서 자주 출제되는 방정식의 활용 공식을 반드시 암기하고, 확률의 정의와 공식을 학습한다. (직무적성검사 필수 암기 핸드북 p.31)

**2** 여러 개의 식을 세울 때 문제를 푸는 데 필요한 조건이 누락되지 않도록 제시된 조건을 표나 그림으로 간단히 정리하여 문제를 푸는 연습을 한다.

# 01 | 거리/속력/시간

제시된 조건과 거리, 속력, 시간 공식을 이용하여 답을 도출하는 유형의 문제이다.

## 문제 풀이 전략

| 1단계 | 제시된 조건을 표나 그림으로 간단히 정리한다. |
|---|---|

문제에 제시된 여러 개의 조건을 보기 쉽게 표나 그림으로 정리하면 조건을 잊어버리거나 놓치는 실수를 줄일 수 있으므로, 제시된 조건을 표나 그림으로 간단히 정리하여 빠진 조건이 없는지 확인한다.

| 2단계 | 정리한 조건을 바탕으로 식을 세워 정답을 찾는다. |
|---|---|

문제에서 묻는 대상이 무엇인지 고려하여 미지수를 정하고, 거리/속력/시간 공식 중에서 정리한 조건을 효과적으로 나타낼 수 있는 공식을 이용하여 식을 세운 후 답을 도출한다.

☑ 거리/속력/시간 공식

- 거리 = 속력 × 시간
- 속력 = $\dfrac{거리}{시간}$
- 시간 = $\dfrac{거리}{속력}$

**문제 풀이 전략 적용**

진혁이가 도서관에서 자전거를 타고 시속 23km로 달려 12분 뒤에 집에 도착했다. 집에 도착한 후 자동차를 타고 시속 62km로 달려 15분 뒤에 공원에 도착했다면, 진혁이가 이동한 거리는 총 몇 km인가?

① 18.8km      ② 20.1km      ③ 22.5km      ④ 25.1km      ⑤ 27.8km

[정답] ②

| 1단계 | 진혁이가 이동한 거리에 해당하는 조건을 그림으로 나타내면 아래와 같다. |

| 2단계 | 문제에서 묻는 대상은 진혁이가 이동한 총 거리이므로 거리 = 속력 × 시간임을 적용하여 식을 세우면 아래와 같다. |

$$23 \times \frac{12}{60} + 62 \times \frac{15}{60} = 20.1$$

따라서 진혁이가 도서관에서 집을 거쳐 공원으로 이동했을 때, 이동한 거리는 총 20.1km이므로 정답은 ②가 된다.

# 02 | 용액의 농도

제시된 조건과 용질, 용매, 용액 사이의 관계식을 이용하여 답을 도출하는 유형의 문제이다.

## 문제 풀이 전략

**1단계** 제시된 조건을 표나 그림으로 간단히 정리한다.

문제에 제시된 여러 개의 조건을 보기 쉽게 표나 그림으로 정리하면 조건을 잊어버리거나 놓치는 실수를 줄일 수 있으므로, 제시된 조건을 표나 그림으로 간단히 정리하여 빠진 조건이 없는지 확인한다.

**2단계** 정리한 조건을 바탕으로 식을 세워 정답을 찾는다.

문제에서 묻는 대상이 무엇인지 고려하여 미지수를 정하고, 용액의 농도 관련 공식 중에서 정리한 조건을 효과적으로 나타낼 수 있는 공식을 이용하여 식을 세운 후 답을 도출한다.

✓ 용액의 농도 관련 공식
소금물은 용액, 소금은 용질, 물은 용매의 한 종류이므로 소금물 공식은 아래와 같이 대응된다.

- 용질의 양 = 용액의 양 $\times \dfrac{\text{용액의 농도}}{100}$ → 소금의 양 = 소금물의 양 $\times \dfrac{\text{소금물의 농도}}{100}$

- 용액의 양 = 용매의 양 + 용질의 양 → 소금물의 양 = 물의 양 + 소금의 양

- 용액의 농도(%) = $\dfrac{\text{용질의 양}}{\text{용액의 양}} \times 100$ → 소금물의 농도(%) = $\dfrac{\text{소금의 양}}{\text{소금물의 양}} \times 100$

## 문제 풀이 전략 적용

20% 농도의 소금물 570g이 들어있는 용기에 40% 농도의 소금물 240g을 넣고 가열하였더니 110g의 물이 증발하였다. 이때 소금물 일부인 230g에 들어있는 소금의 양은 얼마인가?

① 57g          ② 64g          ③ 69g          ④ 72g          ⑤ 76g

[정답] ③

1단계 용기에 들어있는 소금물과 농도에 대한 조건을 그림으로 나타내면 아래와 같다.

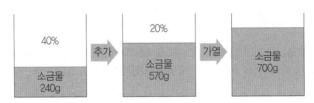

2단계 소금의 양=소금물의 양 × $\dfrac{\text{소금물의 농도}}{100}$ 임을 적용하여 구한다.

20% 농도의 소금물 570g에 들어있는 소금의 양은 $570 \times \dfrac{20}{100} = 114g$이고,

40% 농도의 소금물 240g에 들어있는 소금의 양은 $240 \times \dfrac{40}{100} = 96g$이다.

증발한 후의 소금물의 양은 $570 + 240 - 110 = 700g$이므로 농도는 $\dfrac{114+96}{700} \times 100 = 30\%$이다.

따라서 소금물 230g에 들어있는 소금의 양은 $230 \times \dfrac{30}{100} = 69g$이므로 정답은 ③이 된다.

해커스 20대기업 인적성 통합 기본서 최신기출유형+실전문제

언어능력
2 수리능력
3 추리능력
4 공간지각능력
5 실전모의고사

제2장 응용계산  02 용액의 농도  **187**

# 03 | 일의 양

제시된 조건과 시간, 인력에 따른 작업량 공식을 이용하여 답을 도출하는 유형의 문제이다.

## 🔩 문제 풀이 전략

**1단계**　제시된 조건을 표나 그림으로 간단히 정리한다.

문제에 제시된 여러 개의 조건을 보기 쉽게 표나 그림으로 정리하면 조건을 잊어버리거나 놓치는 실수를 줄일 수 있으므로, 제시된 조건을 표나 그림으로 간단히 정리하여 빠진 조건이 없는지 확인한다.

**2단계**　정리한 조건을 바탕으로 식을 세워 정답을 찾는다.

문제에서 묻는 대상이 무엇인지 고려하여 미지수를 정하고, 작업량 공식 중에서 정리한 조건을 효과적으로 나타낼 수 있는 공식을 이용하여 식을 세운 후 답을 도출한다.

☑ 작업량 공식

- 시간당 작업량 $= \dfrac{\text{작업량}}{\text{시간}}$
- 작업량 $=$ 시간당 작업량 $\times$ 시간
- 시간 $= \dfrac{\text{작업량}}{\text{시간당 작업량}}$

## 🔷 문제 풀이 전략 적용

45L짜리 물탱크에는 시간당 4.2L이 물이 유입되고 시간당 1.7L의 물이 방출되는 순한 시스템이 작동되고 있으며, 이 시스템은 물이 모두 찰 경우 작동을 멈춘다. 현재 물탱크 안에 물이 절반만큼 차 있을 때 순환 시스템이 멈추기까지 얼마나 걸리는가?

① 5시간　　　② 7시간　　　③ 9시간　　　④ 13시간　　　⑤ 18시간

[정답] ③

[1단계]　물탱크에 들어있는 물의 양과 시간당 물의 변화량 조건을 그림으로 나타내면 아래와 같다.

$4.2-1.7=2.5$L/시간

$\frac{45}{2}=22.5$L

[2단계]　문제에서 묻는 내상은 순환 시스템이 멈추기까지의 시간이고, 이를 미지수 $x$로 정한다.

물탱크의 총 용량은 45L이고 물탱크 안에 물은 22.5L만큼 차 있으므로 시간 $=\dfrac{\text{작업량}}{\text{시간당 작업량}}$임을 적용하여 식을 세우면 아래와 같다.

$x=\dfrac{22.5}{2.5} \rightarrow x=9$

따라서 순환 시스템이 멈추기까지의 시간은 9시간이므로 정답은 ③이 된다.

1 언어능력

2 수리능력

3 추리능력

4 코스지각력

5 실전모의고사

해커스 20대기업 인적성 통합 기본서 최신기출유형+실전문제

# 04 | 원가/정가

제시된 조건과 정가, 이익, 할인율 등 가격과 관련된 공식을 이용하여 답을 도출하는 유형의 문제이다.

## 문제 풀이 전략

### 1단계    문제에서 묻는 대상을 정확히 파악하여 문제 풀이에 필요한 요소를 찾는다.

문제에 주어진 단어를 통해 묻는 대상을 정확히 파악하여 문제 풀이에 필요한 요소를 찾는다. 이때 원가, 정가, 이익, 손실, 할인 등 관련 단어의 의미를 정확하게 알고 있어야 실수하지 않고 문제를 풀 수 있다.

☑ 원가/정가 정의

> • 원가: 처음 만든 곳에서 상품을 사올 때의 가격
> • 정가: 원가에 이익금을 더해서 정한 가격(= 판매가)

### 2단계    제시된 조건을 바탕으로 식을 간단히 세워 정답을 찾는다.

제시된 조건에 원가/정가 공식을 적용하여 식을 세운 후 답을 도출한다. 이때 문제 풀이 시간을 단축할 수 있는 요소를 활용하여 최대한 간단히 식을 세워 빠르게 계산한다.

☑ 원가/정가 공식

> • 정가 = 원가 × (1 + 이익률)
> • 이익 = 정가 − 원가(정가 > 원가) = 원가 × 이익률
> • 할인율(%) = $\left( \dfrac{정가 - 할인가}{정가} \right) \times 100$
> • 할인가 = 정가 × (1 − 할인율)

## 🔷 문제 풀이 전략 적용

어떤 마트에서 유통기한이 얼마 남지 않은 달걀을 할인하여 판매하려고 한다. 남아있는 달걀 44판을 모두 판매하면 매출액이 178,000원이고, 그 중 57,000원의 이익을 얻을 때, 달걀 1판의 원가는 얼마인가?

① 2,600원　　　② 2,750원　　　③ 2,900원　　　④ 3,150원　　　⑤ 3,300원

[정답] ②

| 1단계 | 문제에 주어진 매출액, 이익을 통해 이익=정가-원가(정가 > 원가)가 문제 풀이에 필요한 공식임을 알 수 있다. |

| 2단계 | 달걀 44판을 모두 판매한 매출액이 178,000원이고, 그 중 57,000원의 이익을 얻으므로 달걀 44판의 원가는 178,000-57,000=121,000원이다.<br>따라서 달걀 1판의 원가는 $\frac{121,000}{44}$=2,750원이므로 정답은 ②가 된다. |

# 05 | 방정식의 활용

제시된 조건과 일차방정식, 이차방정식, 연립방정식 등을 이용하여 답을 도출하는 유형의 문제이다.

##  문제 풀이 전략

| 1단계 | 문제의 마지막 문장을 읽고 묻는 대상을 미지수로 정한다. |
| --- | --- |

문제에서 묻는 대상은 대부분 마지막 문장에 제시되므로 마지막 문장을 읽고 묻는 대상을 미지수로 정한다.

▼

| 2단계 | 최대한 간단하게 식을 세워 정답을 찾는다. |
| --- | --- |

필요한 모든 식을 세우고 문제를 풀면 문제를 정확히 풀 수 있지만, 풀이 시간이 길어지므로 풀이 시간을 단축할 수 있는 방법이 있는지 확인한 후, 최대한 간단하게 식을 세워 답을 도출한다.

## 📊 문제 풀이 전략 적용

인턴 가, 나, 다, 라는 회사 근처 원룸에서 월세를 내며 살고 있다. 가의 월세는 다와 라의 월세를 합한 금액의 30% 금액이며, 가와 나와 라의 월세를 합한 금액은 다의 월세의 3배 금액이다. 나는 다보다 월세를 10만 원 더 내고, 가와 나의 월세를 합한 금액이 다와 라의 월세를 합한 금액과 같을 때, 가의 월세는 얼마인가?

① 15만 원　　　② 20만 원　　　③ 25만 원　　　④ 30만 원　　　⑤ 35만 원

[정답] ①

**1단계** | 문제에서 묻는 대상은 가의 월세이므로 가의 월세를 a, 나, 다, 라의 월세를 각각 b, c, d로 정한다.

**2단계** | 제시된 조건을 간단하게 식으로 나타내면 아래와 같다.

$a=(c+d)\times 0.3$　　… ⓐ
$3c=a+b+d$　　… ⓑ
$b=c+10$　　… ⓒ
$a+b=c+d$　　… ⓓ

가의 월세 a를 구하기 위해 위 식을 이용하여 a로만 구성된 일차식을 도출한다.

먼저 ⓓ를 ⓑ에 대입하여 풀면 c=d임을 알 수 있고, 이를 ⓐ에 대입하여 풀면 $c=\frac{5}{3}a$ 임을 알 수 있다.

이에 따라 ⓑ에 정리한 식을 대입하여 풀면

$3c=a+b+d \rightarrow 3 \times \frac{5}{3}a=a+(\frac{5}{3}a+10)+\frac{5}{3}a \rightarrow \frac{2}{3}a=10 \rightarrow a=15$

따라서 가의 월세는 15만 원이므로 정답은 ①이 된다.

1 언어능력

2 수리능력

3 추리능력

4 공간지각력

5 실전모의고사

해커스 20대기업 인적성 통합 기본서 최신기출유형+실전문제

제시된 조건과 경우의 수, 확률 등의 개념을 이용하여 답을 도출하는 유형의 문제이다.

### 문제 풀이 전략

| 1단계 | 문제 풀이에 이용할 개념이나 공식을 정한다. |
|---|---|

문제에서 묻는 대상을 정확히 파악하여 문제 풀이에 이용할 개념이나 공식을 정한다.

| 2단계 | 관련 개념이나 공식을 적용하여 정답을 찾는다. |
|---|---|

제시된 조건에 관련 개념이나 공식을 적용하여 식을 세운 후 답을 도출한다. 이때 경우의 수와 확률 문제는 원리를 이해하고 공식을 암기하면 문제에 적용하기 쉬우며, 특히 확률 문제는 경우의 수와 관련된 개념을 적용하여 문제를 풀게 되므로 관련 개념을 충분히 학습해야 한다.

문제 풀이 전략 적용

A와 B가 저녁 내기를 걸고 S 루트로 암벽등반을 하려고 한다. 암벽등반에 둘 중 한 명만 성공해야 승부가 결정되며, 승부가 결정되지 않을 경우에는 P 루트로 변경하여 암벽등반을 처음부터 다시 하게 된다. S 루트로 암벽등반에 성공할 확률은 A가 0.4, B가 0.8일 때, P 루트로 변경하게 될 확률은 얼마인가?

① 0.32　　　　② 0.44　　　　③ 0.56　　　　④ 0.68　　　　⑤ 0.72

[정답] ②

1단계 | 문제에서 묻는 대상은 승부가 결정되지 않아 P 루트로 변경하게 될 확률이므로 확률의 여사건을 이용하여 문제를 풀어야 함을 알 수 있다.

2단계 | 암벽등반에 A, B 둘 중 한 명만 성공해야 승부가 결정되므로 둘 다 암벽등반에 성공하거나 둘 다 암벽등반에 성공하지 못하면 승부가 결정되지 않는다.
S 루트로 암벽등반에 성공할 확률은 A가 0.4, B가 0.8이므로 S 루트로 암벽등반에 성공하지 못할 확률은 A가 1-0.4=0.6, B가 1-0.8=0.2이다. 이에 따라 둘 다 암벽등반에 성공할 확률은 0.4×0.8=0.32, 둘 다 암벽등반에 성공하지 못할 확률은 0.6×0.2=0.12이다.
따라서 P 루트로 변경하게 될 확률은 0.32+0.12=0.44이므로 정답은 ②가 된다.

1 언어능력

2 수리능력

3 추리능력

4 공간지각력

5 실전모의고사

해커스 20대기업 인적성 통합 기본서 최신기출유형+실전문제

## 07 | 기타

제시된 조건과 약수와 배수, 집합, 통계 등의 개념을 이용하여 답을 도출하는 유형의 문제이다.

### 문제 풀이 전략

| 1단계 | 문제의 마지막 문장을 읽고 문제 풀이에 이용할 개념이나 공식을 정한다. |
|---|---|

문제에서 묻는 대상은 대부분 마지막 문장에 제시되므로 마지막 문장을 읽고 묻는 대상을 정확히 파악하여 문제 풀이에 이용할 개념이나 공식을 정한다.

| 2단계 | 관련 개념이나 공식을 적용하여 정답을 찾는다. |
|---|---|

제시된 조건에 관련 개념이나 공식을 적용하여 식을 세운 후 답을 도출한다. 이때 문제 풀이에 필요한 조건을 빠뜨리거나 함정에 빠지지 않도록 주의해야 한다.

## ⬢ 문제 풀이 전략 적용

어떤 사진가는 전시회를 위해 가로 길이가 20cm, 세로 길이가 12cm로 크기가 같은 15개의 사진을 이어 붙여 정사각형 모양의 작품 하나를 만들려고 한다. 작품을 상, 하, 좌, 우로 각각 2cm 간격을 두고 벽면에 전시하려고 할 때, 필요한 벽면의 최소 넓이는 얼마인가?

① $3,600\text{cm}^2$      ② $3,844\text{cm}^2$      ③ $4,096\text{cm}^2$      ④ $4,356\text{cm}^2$      ⑤ $5,150\text{cm}^2$

[정답] ③

| 1단계 | 마지막 문장에서 사진 15개로 만든 정사각형 모양의 작품을 전시하는 데 필요한 벽면의 최소 넓이를 묻고 있으므로 최소공배수를 이용하여 문제를 풀어야 함을 알 수 있다. |

| 2단계 | 사진의 가로 길이는 20cm, 세로 길이는 12cm이며, 20cm와 12cm의 최소공배수는 60cm이다. 이에 따라 가로와 세로의 길이가 각각 60cm인 작품을 상, 하, 좌, 우로 2cm씩 간격을 두고 벽면에 전시할 때, 필요한 벽면의 가로와 세로 길이는 각각 60+(2+2)=64cm이다.<br>따라서 작품을 전시하는 데 필요한 벽면의 최소 넓이는 64×64=4,096cm²이므로 정답은 ③이 된다. |

1 언어능력
2 수리능력
3 추리능력
4 공간지각력
5 실전모의고사
해커스 20대기업 인적성 통합 기본서 최신기출유형+실전문제

유형: 거리/속력/시간   난이도: ★☆☆

**01** 90m 원형 트랙의 출발 지점에서 달리는 속력이 다른 두 사람이 같은 방향으로 45초 동안 달리면 두 사람이 달린 거리는 트랙 한 바퀴만큼 차이가 나고, 서로 반대 방향으로 달리면 두 사람이 마주칠 때까지 9초가 걸린다. 두 사람 중 속력이 더 빠른 사람의 속력은 몇 m/s인가?

① 2m/s          ② 3m/s          ③ 4m/s          ④ 5m/s          ⑤ 6m/s

유형: 거리/속력/시간   난이도: ★★☆

**02** 운행 방향이 서로 다른 기차 A와 B의 길이는 각각 500m, 200m이며, 5,000m인 터널을 지날 때 기차 A는 1분 15초간 터널에 완전히 가려져 보이지 않았고 기차 B는 터널에 진입한 순간부터 완전히 빠져나오기까지 1분 20초가 걸렸다. 두 기차가 동시에 터널로 진입했을 때, 진입 후 서로 마주치기까지 걸린 시간은 얼마인가? (단, 기차 A와 B의 속력은 일정하다.)

① 36초          ② 38초          ③ 40초          ④ 42초          ⑤ 44초

유형: 거리/속력/시간   난이도: ★★☆

**03** 집에서 2km 떨어진 헬스장에 다니는 정민이가 집에서 헬스장을 향해 가던 중 회원증을 두고 와 집으로 되돌아간 후 회원증을 챙겨 다시 헬스장으로 갔다. 정민이는 집에서 출발한 지 8분 만에 다시 집에 도착했고, 처음 집에서 출발하여 헬스장에 도착하기까지 이동하는 데 걸린 시간은 28분이었다. 정민이가 일정한 속력으로 이동했다면, 집과 집으로 되돌아간 지점 사이의 거리는 얼마인가?

① 200m          ② 300m          ③ 400m          ④ 500m          ⑤ 700m

유형: 용액의 농도   난이도: ★☆☆

**04** A 컵에는 10%의 소금물 200g, B 컵에는 3%의 소금물 500g, C 컵에는 $x$%의 소금물 $y$g이 들어있다. A 컵과 C 컵에 들어있는 소금의 양은 총 65g이고, B 컵과 C 컵의 소금물을 섞었을 때의 농도는 7.5%이다. $x+y$의 값은 얼마인가?

① 215          ② 300          ③ 315          ④ 400          ⑤ 500

**05** 수진이가 20% 농도의 소금물 200g에 실수로 마시던 물을 넣었더니 8% 농도의 소금물이 만들어졌다. 이때 만들어진 8% 농도의 소금물의 양은 얼마인가?

① 300g              ② 450g              ③ 500g              ④ 550g              ⑤ 600g

**06** 농도가 4%인 소금물에 농도가 13%인 소금물을 넣어 농도가 6%인 소금물 630g을 만들었을 때, 농도가 4%인 소금물의 양은 얼마인가?

① 475g              ② 480g              ③ 485g              ④ 490g              ⑤ 495g

**07** 윤정이가 혼자 하면 3시간이 걸리는 PPT 작업을 윤정이와 지선이가 함께 하면 각각 능률이 1.5배 상승하여 1시간이 걸린다. 지선이가 혼자 PPT 작업을 할 때 걸리는 시간은?

① 2시간              ② 2.5시간           ③ 3시간              ④ 3.5시간           ⑤ 4시간

**08** A가 혼자 작업하면 51일이 걸리고, B와 C가 함께 작업하면 17일이 걸리는 일이 있다. A, B, C가 함께 작업하다가 A가 다쳐서 마지막 5일 동안은 B와 C만 작업하여 일을 끝냈을 때, 전체 일을 끝내는 데 걸린 기간은 얼마인가?

① 9일               ② 10일              ③ 12일              ④ 14일              ⑤ 16일

**09** 물류센터의 경력 직원인 현수는 아르바이트생인 민호보다 15분 동안 6개의 물품을 더 많이 운반한다고 한다. 민호가 2시간 동안 운반하는 물품의 개수와 현수가 1시간 30분 동안 운반하는 물품의 개수가 같을 때, 민호와 현수가 1시간 동안 운반할 수 있는 물품은 총 몇 개인가?

① 72개          ② 96개          ③ 148개          ④ 168개          ⑤ 224개

**10** H 사는 창립 100주년을 기념하여 전 직원에게 만년필을 선물하려고 한다. 총무과 권 대리는 만년필 한 자루를 50,000원에 판매하는 업체에서 250자루의 만년필을 구매하였다. 업체가 만년필을 판매하여 2,500,000원의 이익을 얻었을 때, 이익률은?

① 12.5%          ② 15.0%          ③ 20.5%          ④ 22.5%          ⑤ 25.0%

**11** 나래는 원가가 5,000원인 필통을 25% 할인한 금액으로 총 150개 판매하여 60,000원의 이익을 얻었다. 나래가 판매한 필통 1개의 정가는 얼마인가?

① 5,400원          ② 6,250원          ③ 6,750원          ④ 7,200원          ⑤ 7,650원

**12** C는 원가가 18,000원인 책을 120권 제작해 10%의 이익을 남겨 판매하려다 잉크 부족으로 80권밖에 제작하지 못했다. C는 제작한 80권의 책을 판매하여 처음과 같은 이익을 남기려고 할 때, 책정해야 하는 이익률은 얼마인가?

① 12%          ② 15%          ③ 18%          ④ 20%          ⑤ 22%

**13** 다영이와 세훈이가 각자 사탕을 몇 개씩 가지고 있다. 다영이가 세훈이에게 자신의 사탕 7개를 주면 세훈이가 가진 사탕의 개수는 다영이가 가진 사탕 개수의 3배가 되고, 세훈이가 다영이에게 사탕 7개를 주면 다영이는 세훈이보다 사탕 12개를 더 많이 가지게 될 때, 두 사람이 처음에 가지고 있는 사탕은 총 몇 개인가?

① 30개　　　　② 31개　　　　③ 32개　　　　④ 33개　　　　⑤ 34개

**14** 가온이와 나온이는 이기면 사탕 3개를 얻고 지면 사탕 2개를 잃는 게임을 했다. 게임은 7번 진행되었으며 가온이는 사탕 16개, 나온이는 사탕 12개를 가지고 게임을 시작했다. 게임이 끝난 후 나온이의 사탕이 23개일 때, 가온이의 사탕은 몇 개인가? (단, 게임에서 비기는 경우는 없다.)

① 7개　　　　② 12개　　　　③ 17개　　　　④ 22개　　　　⑤ 27개

**15** 나이 차이가 나는 두 사람이 있다. 둘 중 나이가 많은 사람의 나이는 나이가 적은 사람의 3배이고, 두 사람의 나이 차이는 22살일 때, 나이가 많은 사람의 나이는?

① 27살　　　　② 30살　　　　③ 33살　　　　④ 36살　　　　⑤ 39살

**16** 어느 제과점에서 빵과 과자를 1개씩 만드는 데 필요한 밀가루와 설탕의 양은 다음과 같다. 이 제과점에서 하루에 사용할 수 있는 밀가루와 설탕의 양은 각각 10kg, 7kg이고, 빵과 과자를 각각 1개씩 팔아서 얻는 이익이 1만 원으로 같다고 할 때, 이 제과점이 하루에 얻을 수 있는 최대 이익은 얼마인가?

| 구분 | 밀가루(g) | 설탕(g) |
| --- | --- | --- |
| 빵 | 400 | 100 |
| 과자 | 200 | 200 |

① 30만 원　　　② 35만 원　　　③ 40만 원　　　④ 45만 원　　　⑤ 50만 원

**17** 주은이와 소은이는 여행자금을 모으기 위해 매월 동일한 금액을 내고 있으며, 주은이는 월소득의 12.5%를, 소은이는 월소득의 10%를 내고 있다. 5개월 동안 모은 여행자금의 누적액이 300만 원일 때, 두 사람의 월소득 차이는 얼마인가?

① 20만 원　　　　② 30만 원　　　　③ 50만 원　　　　④ 60만 원　　　　⑤ 80만 원

**18** 헌혈을 한 사람 중 20%는 여자이고, 여자의 $\frac{1}{3}$은 혈액형이 B형이다. 헌혈을 한 사람 중 혈액형이 B형인 여자가 5명이라면 헌혈을 한 사람은 총 몇 명인가?

① 26명　　　　② 32명　　　　③ 40명　　　　④ 53명　　　　⑤ 75명

**19** 상자 하나에 반지를 5개씩 넣으면 반지가 2개 남고, 반지를 7개씩 넣으면 상자가 1개 남는다. 상자 하나에 반지를 7개씩 넣어 상자가 남을 경우, 반지를 넣은 마지막 상자에는 반드시 7개의 반지가 들어있지 않을 수도 있다. 이때 상자의 개수로 가능한 수들의 합은 얼마인가?

① 7　　　　② 11　　　　③ 13　　　　④ 16　　　　⑤ 18

**20** 90,000원으로 최대 5권의 책을 구매할 수 있다면 45,300원으로 구매할 수 있는 책은 최대 몇 권인가?

① 3권　　　　② 4권　　　　③ 5권　　　　④ 6권　　　　⑤ 7권

1
언어능력

2
수리능력

3
추리능력

4
공간지각능력

5
실전모의고사

해커스 20대기업 인적성 통합 기본서 최신기출유형+실전문제

유형: 경우의 수/확률　난이도: ★☆☆

**21** 甲 사이트에 회원가입을 하기 위해서는 타인과 중복되지 않는 5자리의 ID를 등록해야 한다. 등록 가능한 ID는 알파벳 a, e, i, o, u 중 3개와 숫자 2개로 구성되며, 맨 앞자리에는 숫자가 올 수 없다. 甲 사이트에 회원가입을 할 수 있는 회원수는 최대 몇 명인가? (단, 한 ID에는 동일한 알파벳과 숫자를 두 번 이상 사용할 수 없다.)

① 25,920명　　　② 32,400명　　　③ 43,200명　　　④ 54,000명　　　⑤ 86,400명

유형: 경우의 수/확률　난이도: ★☆☆

**22** 서로 다른 화분 8개를 사장 사무실과 이사 사무실에 각각 한 개씩 매일 다른 조합으로 배치하려고 할 때, 배치 가능한 일수는 얼마인가?

① 28일　　　② 36일　　　③ 56일　　　④ 64일　　　⑤ 72일

유형: 경우의 수/확률　난이도: ★★☆

**23** P 팀의 팀원들은 오후에 있을 회의에 전원 참석해야 하며, P 팀의 팀원 총 9명 중 2명은 회의 준비를 해야 한다. P 팀에서 회의 준비를 하는 팀원 2명을 뽑는 방법은 몇 가지인가?

① 36가지　　　② 40가지　　　③ 48가지　　　④ 52가지　　　⑤ 72가지

유형: 경우의 수/확률　난이도: ★★☆

**24** 어떤 회사는 서울 5개의 지역에 홍보 부스를 하나씩 설치하려고 하는데, 이때 같은 종류의 원형 의자를 각 부스에 배치할 예정이다. 원형 의자는 각 부스에 1개부터 4개까지 배치 가능하며, 배치할 의자는 총 8개로 이를 5개의 홍보 부스에 모두 배치해야 할 때, 원형 의자를 배치하는 방법은 몇 가지인가?

① 20가지　　　② 25가지　　　③ 30가지　　　④ 35가지　　　⑤ 40가지

**25** 원겸이네 집에서 공원까지 가는 방법은 5가지이고, 공원에서 동물병원까지 가는 방법은 4가지이다. 원겸이가 집에서 출발하여 공원을 산책한 후 동물병원에 가는 서로 다른 방법은 몇 가지인가?

① 5가지　　　　② 9가지　　　　③ 18가지　　　　④ 20가지　　　　⑤ 25가지

**26** 어느 기계의 제품 A와 B에 대한 생산비는 7:3이다. 제품 A와 B를 생산했을 때 불량품이 발생할 확률이 각각 4%와 2%라면, 생산된 불량품 중 하나를 선택했을 때 그것이 제품 A일 확률은 얼마인가?

① $\dfrac{5}{7}$　　　　② $\dfrac{3}{10}$　　　　③ $\dfrac{7}{13}$　　　　④ $\dfrac{4}{17}$　　　　⑤ $\dfrac{14}{17}$

**27** A와 B가 각각 귤 5개를 가지고 가위바위보 게임을 한다. 가위바위보에서 이긴 사람은 상대의 귤을 1개 가져 오고, 비기면 귤을 그대로 둔다. A와 B가 가위바위보 세 판을 했을 때, A가 귤 5개를 가지고 있을 확률은 얼마인가?

① $\dfrac{1}{9}$　　　　② $\dfrac{5}{27}$　　　　③ $\dfrac{2}{9}$　　　　④ $\dfrac{7}{27}$　　　　⑤ $\dfrac{1}{3}$

1 언어능력

2 수리능력

3 추리능력

4 공간지각능력

5 실전모의고사

해커스 20대기업 인적성 통합 기본서 최신기출유형+실전문제

유형: 기타  난이도: ★★☆

**28** 1시 10분에 시작하는 드라마의 방영 시간은 1시간 14분이다. 드라마가 끝났을 때, 시계의 시침과 분침이 이루는 각 중 작은 각의 각도는 얼마인가?

① 72°          ② 74°          ③ 76°          ④ 78°          ⑤ 80°

유형: 기타  난이도: ★★☆

**29** A, B, C, D 4명은 각자 소장하고 있는 소설책을 서로 빌려주기로 했다. A, B, C가 D에게 각각 같은 수의 소설책을 빌려주었다고 할 때, D가 빌린 소설책과 빌려준 소설책은 총 몇 권인가?

| 구분 | A | B | C | D |
|---|---|---|---|---|
| 빌린 소설책 | 2권 | 3권 | 2권 | ( ) |
| 빌려준 소설책 | 3권 | 1권 | 5권 | ( ) |

① 3권          ② 4권          ③ 5권          ④ 6권          ⑤ 7권

유형: 기타  난이도: ★★☆

**30** 시계는 5시 30분을 가리키고 있었지만, 실제 시각은 5시 50분이었다. 시침과 분침을 돌려 실제 시각으로 정확히 맞췄을 때, 시침과 분침이 각각 최소한으로 움직인 각도의 합은?

① 60°          ② 70°          ③ 120°          ④ 130°          ⑤ 150°

약점 보완 해설집 p.21

문제 풀이 시작과 종료 시각을 정한 후, 실제 시험처럼 출제예상문제를 풀어보세요.

• 수리능력 _____ 시 _____ 분 ~ _____ 시 _____ 분 (총 30문제/30분)

**01** 2km 길이의 등산 코스를 따라 정상까지 왕복하는 데 1시간이 걸린다. 내려올 때 걸리는 시간은 올라갈 때 걸리는 시간의 절반이라고 할 때, 올라갈 때와 내려올 때의 속력 차이는 얼마인가?

① 1km/h      ② 2km/h      ③ 3km/h      ④ 4km/h      ⑤ 5km/h

**02** 물 790g과 소금 60g으로 A 비커에 200g, B 비커에 650g의 소금물을 만들었다. A 비커의 소금물의 절반을 B 비커에 부은 후, B 비커의 소금물의 $\frac{1}{5}$만큼을 다시 A 비커에 부었다. 이때 A 비커에 들어있는 소금의 양이 원래 A 비커에 들어있던 소금의 양과 같아졌다면, A 비커의 소금의 양은?

① 10g      ② 20g      ③ 30g      ④ 40g      ⑤ 50g

**03** H 은행의 1창구에서는 고객 10명의 업무를 처리하는 데 2시간이 소요되며 2창구에서는 2시간 30분, 3창구에서는 1시간이 각각 소요된다. 세 개의 창구가 모두 열려있을 때, 고객 38명의 업무를 처리하는 데 소요되는 시간은 얼마인가?

① 2시간      ② 2시간 20분      ③ 2시간 40분      ④ 3시간      ⑤ 3시간 20분

**04** 사과 장수 A 씨는 과수원에서 한 상자에 20개씩 들어있는 사과 박스 10상자를 한 상자당 16,000원에 사고, 배송비와 인건비로 20,000원을 추가 지불하였다. 그런데 배송 도중 한 상자당 사과가 2개씩 썩어서 팔 수 없는 상태가 되었다. A 씨가 썩지 않은 사과를 모두 판매하여 지불한 총 금액의 16%의 이익을 얻으려면 사과 한 개의 원가에 몇 %의 이익을 붙여서 팔아야 하는가? (단, 원가는 배송비와 인건비를 고려하지 않고 계산한다.)

① 20%          ② 25%          ③ 35%          ④ 40%          ⑤ 45%

**05** 현재 예진이는 어머니와의 나이 차가 26세이고, 5년 후에는 어머니의 나이가 예진이 나이의 2배보다 4세 적다면 현재로부터 8년 전 어머니의 나이는 몇 세인가?

① 33세          ② 37세          ③ 43세          ④ 51세          ⑤ 59세

**06** 비가 올 확률이 매일 50%일 때, 일주일 중 하루만 비가 올 확률은 얼마인가?

① $\frac{1}{128}$          ② $\frac{7}{128}$          ③ $\frac{7}{64}$          ④ $\frac{1}{7}$          ⑤ $\frac{25}{128}$

**07** 서울발 춘천행 급행열차는 30개의 좌석을 보유하고 있으며, 운행 도중에 한 번만 정차한다. 서울에서 30명이 탑승한 채 출발하여 운행 도중에 5명이 하차하고, 15명이 승차하였다. 서울에서 춘천까지의 열차 요금은 좌석이 20,000원, 입석이 10,000원이고, 운행 도중에 승차 또는 하차하는 경우의 요금은 좌석이 10,000원, 입석이 5,000원이다. 이 열차가 춘천까지 운행하는 동안 비어있는 좌석은 없다고 할 때, 열차 탑승객의 총교통비는 얼마인가?

① 50만 원          ② 55만 원          ③ 60만 원          ④ 65만 원          ⑤ 70만 원

**08** 동일 구간을 2대의 버스를 이용하여 셔틀버스를 운행하는 문화센터가 있다. 지정된 시간마다 출발하는 두 셔틀버스가 항상 문화센터에 동시에 도착한다고 할 때, 셔틀버스가 운행되는 구간의 거리는 얼마인가?

| 구분 | 속력 | 비고 |
|------|------|------|
| 1호차 | 60km/h | 매시 정각에 문화센터에서 출발 |
| 2호차 | 80km/h | 매시 10분에 문화센터에서 출발 |

① 25km      ② 30km      ③ 35km      ④ 40km      ⑤ 45km

**09** 소금물 250g에서 소금물 100g을 덜어낸 후 소금 50g을 넣었더니 소금물의 농도가 처음 농도의 2배가 되었다. 처음 소금물의 농도는 얼마인가?

① 10%      ② 20%      ③ 30%      ④ 40%      ⑤ 50%

**10** 가로의 길이가 10cm이고, 세로의 길이가 5cm인 직사각형을 밑면으로 하는 사각기둥 모양의 용기 안에 한 변의 길이가 2cm인 정육면체 모양의 물체가 들어 있다. 이 용기에 12mL/s의 속력으로 물을 부으면 16초 후에 용기에 물이 가득 찬다고 할 때, 용기의 높이는 몇 cm인가?

① 1cm      ② 2cm      ③ 3cm      ④ 4cm      ⑤ 5cm

**11** 현재 물류회사에서 발생하는 비용과 수익의 비는 8:2이다. 앞으로 물품을 10만 개씩 수송할 때마다 비용은 40%씩 감소하고, 수익은 20%씩 증가한다. 수익이 비용과 같아지거나 비용보다 많아질 때 수송한 물품은 최소 몇 개인가?

① 10만 개      ② 20만 개      ③ 30만 개      ④ 40만 개      ⑤ 50만 개

**12** 어느 회사의 남자 직원 수는 전년 대비 10% 증가하였고 여자 직원 수는 전년 대비 15% 증가하여 전체 직원 수는 전년 대비 19명 증가하였다. 작년에 여자 직원이 남자 직원보다 10명이 더 많았다고 할 때, 올해 남자 직원은 몇 명인가?

① 68명　　　② 70명　　　③ 72명　　　④ 75명　　　⑤ 77명

**13** A 팀은 남성 직원 4명, 여성 직원 5명으로 구성되어 있으며, 팀원을 두 조로 나누어 다음 주부터 격주로 재택 근무를 시행하려고 한다. 다음 주에는 4명이 재택근무를 할 예정이며 각 조에 남성 직원과 여성 직원이 적어도 한 명씩 포함되도록 조를 편성할 때, 다음 주 재택근무 구성원을 뽑는 경우의 수는 얼마인가?

① 60가지　　　② 80가지　　　③ 90가지　　　④ 100가지　　　⑤ 120가지

**14** 진주는 어느 영어 학원에서 A, B, C, D 4개의 강의 중 하나를 수강 신청하려고 한다. 다음은 진주가 해당 강의를 신청할 확률과 수강료라고 할 때, 진주가 지불해야 하는 수강료의 기댓값은 얼마인가? (단, 진주가 A, B, C, D 강의를 신청하는 사건은 서로 독립이다.)

| 구분 | A | B | C | D |
|---|---|---|---|---|
| 확률 | 30% | 15% | 35% | 20% |
| 수강료 | 80,000원 | 100,000원 | 60,000원 | 120,000원 |

① 80,000원　　　② 84,000원　　　③ 88,000원　　　④ 90,000원　　　⑤ 94,000원

1 언어능력
2 수리능력
3 추리능력
4 공간지각력
5 실전모의고사

해커스 20대기업 인적성 통합 기본서 최신기출유형+실전문제

**[15-16]** 다음은 중소기업의 조직 형태별 종사자 수 및 전체 기업 수를 나타낸 자료이다. 각 물음에 답하시오.

[조직 형태별 종사자 수]

(단위: 천 명)

| 구분 | | 2015년 | 2016년 | 2017년 | 2018년 | 2019년 |
|---|---|---|---|---|---|---|
| 전체 | | 32,065 | 32,723 | 33,289 | 34,117 | 34,873 |
| 소상공인 | | 16,037 | 16,491 | 17,072 | 17,939 | 18,439 |
| | 개인 | 14,130 | 14,437 | 14,878 | 15,563 | 15,919 |
| | 법인 | 1,907 | 2,054 | 2,194 | 2,376 | 2,520 |
| 소기업 | | 8,814 | 8,747 | 8,545 | 8,506 | 8,565 |
| | 개인 | 3,034 | 2,909 | 2,828 | 2,906 | 2,906 |
| | 법인 | 5,780 | 5,838 | 5,717 | 5,600 | 5,659 |
| 중기업 | | 7,214 | 7,485 | 7,672 | 7,672 | 7,869 |
| | 개인 | 882 | 933 | 969 | 1,019 | 1,101 |
| | 법인 | 6,332 | 6,552 | 6,703 | 6,653 | 6,768 |

[전체 기업 수]

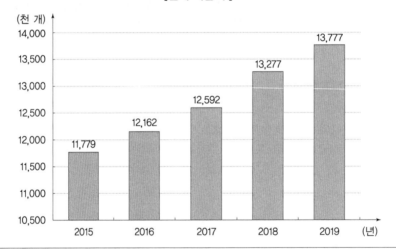

※ 출처: KOSIS(중소벤처기업부, 중소기업기본통계)

**15** 다음 중 자료에 대한 설명으로 옳은 것을 고르시오.

① 제시된 기간 동안 소기업 법인 종사자 수가 가장 적은 해에 소기업 개인 종사자 수도 가장 적다.

② 제시된 기간 동안 모든 소상공인 종사자 수는 모든 중기업 종사자 수의 2배 이상이다.

③ 2019년 전체 중소기업 1개당 종사자 수는 3명 이상이다.

④ 2019년에 모든 소상공인 종사자 중 개인 종사자가 차지하는 비중은 90% 이상이다.

⑤ 제시된 기간 중 중기업 개인 종사자 수가 가장 많은 해에 중기업 법인 종사자 수는 두 번째로 많다.

**16** 제시된 기간 중 전체 중소기업 종사자 수가 가장 많은 해의 전체 기업 수는 전체 종사자 수가 가장 적은 해의 전체 기업 수 대비 약 몇 % 증가하였는가? (단, 소수점 둘째 자리에서 반올림하여 계산한다.)

① 16.0%  ② 16.5%  ③ 17.0%  ④ 17.5%  ⑤ 18.0%

**[17-18]** 다음은 정보통신방송기기기업 산업별 종사자 수와 전체 종사자 수를 나타낸 자료이다. 각 물음에 답하시오.

[정보통신방송기기기업 산업별 종사자 수]

(단위: 명)

| 구분 | 2015년 | 2016년 | 2017년 | 2018년 | 2019년 |
|---|---|---|---|---|---|
| 컴퓨터 및 주변기기기업 | 9,222 | 9,178 | 9,029 | 8,976 | 8,846 |
| 통신 및 방송기기기업 | 64,647 | 60,367 | 58,669 | 53,788 | 52,963 |
| 영상 및 음향기기기업 | 20,993 | 19,554 | 18,106 | 16,947 | 14,320 |
| 정보통신 응용기반기기업 | 169,605 | 179,266 | 181,711 | 187,055 | 187,866 |
| 전자부품업 | 331,493 | 321,826 | 323,185 | 319,256 | 318,265 |

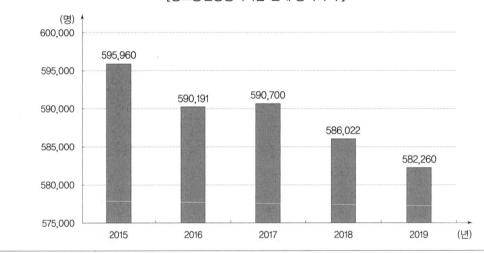

[정보통신방송기기기업 전체 종사자 수]

※ 출처: KOSIS(과학기술정보통신부, ICT인력동향실태조사)

**17** 제시된 정보통신방송기기업 산업 중 2016년 이후 종사자 수의 전년 대비 증감 추이가 정보통신방송기기업 전체 종사자 수의 전년 대비 증감 추이와 동일한 산업의 2019년 종사자 수의 전년 대비 변화량은?

① 130명　　　　② 811명　　　　③ 825명　　　　④ 991명　　　　⑤ 2,627명

**18** 다음 중 자료에 대한 설명으로 옳지 않은 것을 모두 고르시오.

a. 연도별로 제시된 5개의 정보통신방송기기업 산업을 종사자 수가 많은 순으로 나열하면 그 순위는 매년 동일하다.
b. 제시된 기간 동안 컴퓨터 및 주변기기업 종사자 수의 평균은 9,000명 이하이다.
c. 2018년 종사자 수의 2년 전 대비 감소율은 영상 및 음향기기업이 통신 및 방송기기업보다 크다.
d. 2019년 정보통신방송기기업 전체 종사자 수에서 전자부품업 종사자 수가 차지하는 비중은 4년 전 대비 증가하였다.

① a, b　　　　② a, c　　　　③ b, c　　　　④ b, d　　　　⑤ c, d

**19** 다음은 2021년 상반기 비수도권 광역시 및 세종특별자치시의 m²당 분양가격지수에 대한 자료이다. 이를 바탕으로 만든 그래프로 옳은 것을 고르시오.

[m²당 분양가격지수]

| 구분 | | 1월 | 2월 | 3월 | 4월 | 5월 | 6월 |
|---|---|---|---|---|---|---|---|
| 전체 | | 156.4 | 160.1 | 160.8 | 162.3 | 164.7 | 165.2 |
| | 부산 | 152.7 | 154.1 | 154.1 | 156.9 | 158.6 | 158.2 |
| | 대구 | 186.4 | 186.1 | 187.8 | 188.6 | 188.4 | 188.1 |
| | 광주 | 166.9 | 179.7 | 180.0 | 180.0 | 180.7 | 183.2 |
| | 대전 | 131.4 | 141.1 | 141.1 | 142.6 | 151.7 | 151.5 |
| | 울산 | 155.4 | 155.4 | 157.4 | 161.2 | 164.3 | 165.6 |
| | 세종 | 146.7 | 146.7 | 146.7 | 146.7 | 146.7 | 146.7 |

※ 출처: KOSIS(주택도시보증공사, 민간아파트분양시장동향)

① [지역별 1월 m²당 분양가격지수]

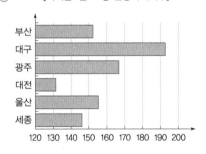

② [월별 전체 m²당 분양가격지수]

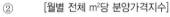
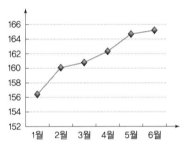

③ [지역별 3월 m²당 분양가격지수]

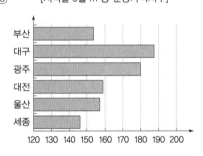

④ [월별 광주 m²당 분양가격지수]

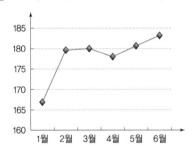

⑤ [지역별 6월 m²당 분양가격지수]

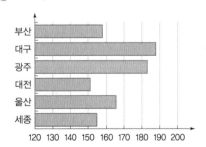

**20** 다음은 환경산업 분류별 사업체 수를 나타낸 자료이다. 다음 중 자료에 대한 설명으로 옳은 것을 고르시오.

### [환경산업 분류별 사업체 수]

(단위: 개소)

| 구분 | 2014년 | 2015년 | 2016년 | 2017년 | 2018년 |
|---|---|---|---|---|---|
| 전산업 | 57,108 | 57,311 | 57,858 | 58,013 | 58,235 |
| 제조업 | 16,716 | 17,993 | 17,380 | 17,958 | 18,179 |
| 건설업 | 10,161 | 9,306 | 9,379 | 9,084 | 9,190 |
| 도매 및 소매업 | 15,249 | 14,189 | 13,993 | 12,736 | 12,783 |
| 출판·영상·방송통신 및 정보 서비스업 | 713 | 2,512 | 2,842 | 2,983 | 3,081 |
| 보험 및 연금업 | 1,015 | 1,143 | 1,114 | 1,084 | 1,114 |
| 전문·과학 및 기술 서비스업 | 7,274 | 6,752 | 7,356 | 8,100 | 8,066 |
| 사업시설관리 및 사업지원 서비스업 | 2,180 | 1,788 | 1,902 | 2,022 | 2,518 |

※ 출처: KOSIS(환경부, 환경산업통계조사)

① 2014~2018년 동안 건설업의 사업체 수는 전문·과학 및 기술 서비스업과 사업시설관리 및 사업지원 서비스업 사업체 수의 합보다 매년 많다.

② 제시된 기간 동안 보험 및 연금업 사업체 수의 평균은 1,094개소이다.

③ 2018년 사업체 수의 4년 전 대비 변화량은 도매 및 소매업이 출판·영상·방송통신 및 정보 서비스업보다 작다.

④ 2016년 사업체 수는 제조업이 건설업의 2배 이상이다.

⑤ 2015~2018년 동안 전산업과 제조업 사업체 수의 전년 대비 증감 추이는 같다.

**21** 다음은 업체별 수분크림 만족도에 대한 조사 자료이다. 다음 중 자료에 대한 설명으로 옳지 않은 것을 고르시오.

**[업체별 수분크림 만족도]**

(단위: 점)

| 평가 항목(배점) | A | B | C | D | E |
|---|---|---|---|---|---|
| 수분 지속력(200) | 181 | 173 | 150 | 180 | 166 |
| 수분감(80) | 72 | 74 | 63 | 76 | 72 |
| 발림성(70) | 57 | 54 | 63 | 49 | 57 |
| 향(50) | 45 | 38 | 30 | 34 | 40 |

※ 업체별 만족도는 각 평가 항목별 점수를 모두 합산하여 산출함

① B 업체와 D 업체의 수분크림 만족도는 같다.

② 수분 지속력 점수가 가장 높은 업체와 가장 낮은 업체의 수분 지속력 점수 차이는 31점이다.

③ 평가 항목에서 수분감을 제외하면 E 업체의 수분크림 만족도는 B 업체보다 2점이 더 높다.

④ 발림성 항목의 배점이 2배로 증가하여 각 업체별 발림성 점수가 2배로 증가한다면, E 업체의 수분크림 만족도는 D 업체보다 높아진다.

⑤ C 업체는 발림성 항목을 제외한 다른 모든 평가 항목에서 5개 업체 중 가장 낮은 점수를 받았다.

1
의사소통능력

2
수리능력

3
추리능력

4
공간지각능력

5
상황판단검사

해커스 20대기업 인적성 통합 기본서 최신기출유형+실전문제

[22-23] 다음은 국가기술 자격증 취득자에 대한 자료이다. 각 물음에 답하시오.

### [국가기술 자격증 취득자 수]

(단위: 명)

| 구분 | 2016년 | 2017년 | 2018년 | 2019년 | 2020년 | 2021년 |
|---|---|---|---|---|---|---|
| A 자격증 | 2,096 | 1,929 | 1,668 | 1,407 | 1,358 | 1,084 |
| B 자격증 | 1,977 | 2,342 | 3,061 | 3,556 | 3,837 | 3,654 |
| C 자격증 | 68,329 | 53,814 | 55,326 | 51,292 | 57,331 | 54,060 |
| D 자격증 | 64,821 | 49,310 | 43,553 | 40,815 | 41,660 | 46,634 |
| E 자격증 | 387,335 | 365,392 | 345,434 | 308,427 | 356,127 | 339,564 |
| F 자격증 | 73,249 | 63,298 | 58,333 | 56,522 | 57,056 | 58,685 |
| G 자격증 | 125,728 | 107,870 | 86,113 | 61,498 | 69,937 | 73,901 |
| H 자격증 | 132,594 | 105,708 | 39,895 | 6,521 | 8,215 | 11,406 |
| I 자격증 | 570 | 558 | 383 | 162 | 204 | 162 |
| 합계 | 856,699 | 750,221 | 633,766 | 530,200 | 595,725 | 589,150 |

### [성별 전체 국가기술 자격증 취득자 수]

(단위: 명)

| 구분 | 2016년 | 2017년 | 2018년 | 2019년 | 2020년 | 2021년 |
|---|---|---|---|---|---|---|
| 남성 | 467,497 | 416,347 | 371,718 | 325,493 | 360,521 | 363,141 |
| 여성 | 389,202 | 333,874 | 262,048 | 204,707 | 235,204 | 226,009 |

22 2019년 D 자격증 취득자 수의 남녀 비율이 같은 해 전체 국가기술 자격증 취득자 수의 남녀 비율과 동일할 때, 같은 해 여성 D 자격증 취득자 수는 약 몇 명인가? (단, 소수점 첫째 자리에서 반올림하여 계산한다.)

① 13,542명  ② 15,758명  ③ 19,672명  ④ 21,216명  ⑤ 24,489명

23 다음 중 자료에 대한 설명으로 옳지 않은 것을 고르시오.

① 2020년 국가기술 자격증 취득자 수가 전년 대비 가장 적게 증가한 자격증은 I 자격증이다.

② 전체 국가기술 자격증 취득자 수가 가장 적은 해에 여성 국가기술 자격증 취득자 수도 가장 적다.

③ 2017년 전체 국가기술 자격증 취득자 수에서 E 자격증 취득자 수가 차지하는 비중은 50% 이상이다.

④ 2021년 A 자격증 취득자 수는 3년 전 대비 30% 이상 감소하였다.

⑤ 2019년부터 2021년까지 F, G, H 자격증 취득자 수의 합은 매년 12만 명 이상이다.

**24** 다음은 주택 유형별 멸실 주택 수에 대한 자료이다. 자료를 보고 빈칸 ㉠, ㉡에 해당하는 값을 예측했을 때 가장 타당한 값을 고르시오.

[주택 유형별 수도권의 멸실 주택 수]

(단위: 호)

| 구분 | 2010년 | 2011년 | 2012년 | 2013년 | 2014년 | 2015년 |
|---|---|---|---|---|---|---|
| 단독 | 15,214 | 16,062 | 15,878 | 14,924 | ( ㉠ ) | 17,452 |
| 다가구 | 5,018 | 9,993 | 10,397 | 10,221 | 12,089 | 16,866 |
| 연립 | 1,421 | 2,324 | ( ) | 1,951 | 3,073 | 4,458 |
| 다세대 | 985 | 3,434 | 5,171 | 7,824 | 4,376 | 3,267 |
| 아파트 | 1,126 | 5,688 | 2,881 | 5,310 | ( ) | 5,930 |
| 합계 | 23,762 | 37,501 | ( ) | 40,230 | 40,710 | 47,973 |

[주택 유형별 지방의 멸실 주택 수]

(단위: 호)

| 구분 | 2010년 | 2011년 | 2012년 | 2013년 | 2014년 | 2015년 |
|---|---|---|---|---|---|---|
| 단독 | 29,767 | 32,823 | 31,420 | 34,926 | 33,871 | 37,856 |
| 다가구 | 2,311 | 3,889 | 3,910 | 3,719 | 5,509 | ( ) |
| 연립 | 283 | 336 | 188 | ( ) | 860 | 5,629 |
| 다세대 | 364 | ( ㉡ ) | 642 | ( ) | 582 | ( ) |
| 아파트 | 5,998 | 1,611 | 4,440 | 3,813 | 2,444 | 1,617 |
| 합계 | 38,723 | ( ) | 40,600 | 43,508 | 43,266 | 51,348 |

※ 멸실 주택은 건축법상 주택의 용도에 해당하는 건축물이 철거 또는 멸실되어 더 이상 존재하지 않게 되는 경우로 건축물대장 말소가 이루어진 주택을 의미함

• 수도권의 멸실 단독주택 수와 연립주택 수는 매년 같은 증감 추이를 보인다.

• 수도권의 멸실 연립주택 수가 세 번째로 적은 해에 지방의 멸실 다세대주택 수는 전년 대비 140호 증가했다.

※ 출처: KOSIS(국토교통부, 주택보급률)

|   | ㉠ | ㉡ |
|---|---|---|
| ① | 14,018 | 502 |
| ② | 14,018 | 504 |
| ③ | 15,797 | 504 |
| ④ | 16,063 | 502 |
| ⑤ | 17,502 | 504 |

**25** 다음은 2018년과 2019년 상반기 의료급여 청구 현황을 나타낸 자료이다. 다음 중 자료에 대한 설명으로 옳지 않은 것을 고르시오.

**[2018년 상반기 의료급여 건수 및 금액]**

(단위: 건, 천 원)

| 구분 | 1월 | 2월 | 3월 | 4월 | 5월 | 6월 |
|------|------|------|------|------|------|------|
| 건수 | 930 | 874 | 860 | 870 | 945 | 848 |
| 청구액 | 323,184 | 284,657 | 296,316 | 257,062 | 277,293 | 265,830 |
| 실지급액 | 323,156 | 284,408 | 296,262 | 256,945 | 277,202 | 265,806 |

**[2019년 상반기 의료급여 건수 및 금액]**

(단위: 건, 천 원)

| 구분 | 1월 | 2월 | 3월 | 4월 | 5월 | 6월 |
|------|------|------|------|------|------|------|
| 건수 | 936 | 770 | 852 | 907 | 925 | 869 |
| 청구액 | 284,147 | 242,198 | 283,359 | 289,115 | 298,210 | 299,738 |
| 실지급액 | 284,063 | 242,142 | 283,358 | 289,037 | 298,208 | 299,701 |

① 2018년 상반기에 의료급여 청구액과 실지급액의 차이가 가장 작은 달은 6월이다.

② 2019년 상반기에 의료급여 청구액은 3월부터 전월 대비 꾸준히 증가하였다.

③ 2019년 5월 의료급여 실지급액은 전년 동월 대비 2천만 원 미만으로 증가하였다.

④ 2018년과 2019년 상반기에 의료급여 건수가 가장 적은 달은 서로 다르다.

⑤ 2019년 상반기에 의료급여 건수가 전년 동월 대비 감소한 달은 총 3개이다.

1 언어능력

2 수리능력

3 추리능력

4 공간지각력

5 실전모의고사

해커스 20대기업 인적성 통합 기본서 최신기출유형+실전문제

**26** 다음은 산업통상자원부에서 제공하는 바이오산업의 사업장 규모별 연구직 인력에 대한 자료이다. 이를 바탕으로 만든 자료로 옳은 것을 고르시오.

[사업장 규모별 연구직 인력]

(단위 : 명)

| 구분 | 2011년 | | | | 2012년 | | | |
|---|---|---|---|---|---|---|---|---|
| | 1~49명 | 50~299명 | 300~999명 | 1,000명 이상 | 1~49명 | 50~299명 | 300~999명 | 1,000명 이상 |
| 의약산업 | 302 | 275 | 230 | 297 | 274 | 234 | 264 | 0 |
| 화학산업 | 84 | 89 | 12 | 87 | 85 | 234 | 13 | 75 |
| 식품산업 | 127 | 152 | 154 | 227 | 87 | 117 | 154 | 228 |
| 환경산업 | 45 | 81 | 0 | 0 | 53 | 33 | 0 | 0 |

① [2011년 의약산업 인력]

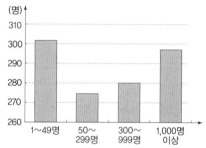

② [2011년 전체 인력]

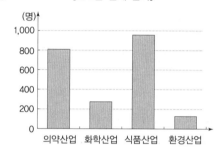

③ [2012년 1~49명 규모 사업장 인력]

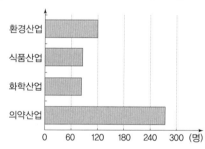

④ [2011년 식품산업 인력]

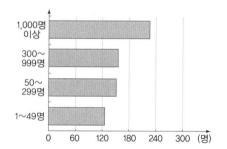

⑤ [2012년 300~999명 규모 사업장 인력]

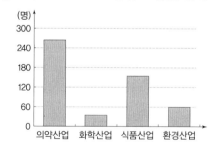

1
언어능력

2
수리능력

3
추리능력

4
공간지각능력

5
실전모의고사

해커스 20대기업 인적성 통합 기본서 최신기출유형+실전문제

**[27-28]** 다음은 20XX년 프로스포츠 경기·관중 수 및 수용규모에 대한 자료이다. 각 물음에 답하시오.

[프로스포츠 경기·관중 수 및 수용규모]

| 구분 | 야구 | 축구 | 농구 | 배구 |
|---|---|---|---|---|
| 경기 수(경기) | 736 | 228 | 403 | 227 |
| 관중 수(명) | 7,622,752 | 1,760,160 | 1,318,616 | 524,597 |
| 수용규모(명) | 18,667 | 35,090 | 9,312 | 4,047 |

※ 1) 경기당 평균 관중 수 = 관중 수 / 경기 수
   2) 좌석 점유율(%) = (경기당 평균 관중 수 / 수용규모) × 100
   3) 좌석 점유율이 높을수록 인기가 많은 종목임

**27** 20XX년 프로스포츠 종목 중 경기당 평균 관중 수가 가장 많은 종목과 가장 적은 종목의 경기당 평균 관중 수 차이는 얼마인가?

① 5,409명        ② 6,247명        ③ 7,085명        ④ 7,566명        ⑤ 8,046명

**28** 20XX년 프로스포츠 종목들을 인기가 많은 순서대로 나열한 것을 고르시오.

① 농구 - 야구 - 배구 - 축구
② 야구 - 축구 - 배구 - 농구
③ 배구 - 야구 - 농구 - 축구
④ 농구 - 축구 - 배구 - 야구
⑤ 야구 - 배구 - 축구 - 농구

[29-30] 다음은 연령대별 시민 천 명을 대상으로 올 한 해 국내여행 횟수를 조사한 자료이다. 각 물음에 답하시오.

[연령대별 국내여행 횟수]

(단위: 명)

| 구분 | 30대 | 40대 | 50대 | 60대 이상 |
|---|---|---|---|---|
| 0회 | 337 | 420 | 534 | 687 |
| 1회 | 149 | 170 | 141 | 110 |
| 2회 | 170 | 156 | 126 | 113 |
| 3회 | 114 | 99 | 63 | 47 |
| 4회 | 154 | 96 | 97 | 30 |
| 5회 | 76 | 59 | 39 | 13 |

29 올해 국내여행을 1회 이상 다녀온 30대의 올 한 해 평균 국내여행 횟수는 약 얼마인가? (단, 소수점 셋째 자리에서 반올림하여 계산한다.)

① 1.57회        ② 2.02회        ③ 2.25회        ④ 2.51회        ⑤ 2.76회

30 다음 중 자료에 대한 설명으로 옳지 않은 것을 고르시오.

① 조사에 참여한 50대는 응답자의 2명 중 1명꼴로 올해 국내여행을 한 번도 다녀오지 않았다.

② 50대의 약 14%, 60대 이상의 11%만이 올해 국내여행을 단 1회 다녀왔다.

③ 올해 국내여행을 1회 이상 다녀온 40대의 약 33%가 단 1회 국내여행을 다녀왔다.

④ 조사에 참여한 전체 응답자 중 올해 국내여행을 2회 다녀온 사람들은 전체 응답자의 약 14%이다.

⑤ 올해 국내여행을 5회 다녀온 사람의 수가 가장 많은 연령대는 30대이다.

약점 보완 해설집 p.26

# 취약 유형 진단 & 약점 극복

## 1 취약 유형 파악하기

출제예상문제를 풀고 난 후 취약 유형 분석표(약점 보완 해설집 p.26)를 작성하고, 각 유형별 기준 정답률 그래프 옆에 자신의 정답률 그래프를 그려보세요. 기준 정답률 그래프와 자신의 정답률 그래프를 비교해보세요.

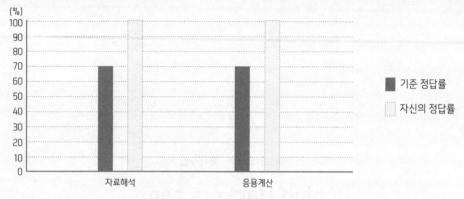

*기준 정답률 : 취약 유형을 판단하는 기준이 되는 정답률

## 2 취약 유형 진단하기

자신의 정답률이 기준 정답률보다 낮은 유형이 무엇인지 확인해보세요.

| 자료해석 | 자료해석 취약형은 제시된 자료를 분석하는 능력이 부족하거나, 자료를 분석하여 이를 문제 풀이에 적용하는 능력이 부족한 경우에 해당합니다. |
|---|---|
| 응용계산 | 응용계산 취약형은 문제 풀이에 사용되는 기본 이론 및 공식에 대한 지식이 부족하거나, 기본 이론 및 공식은 알고 있지만 이를 문제 풀이에 적용하는 능력이 부족한 경우에 해당합니다. |

# 3 학습 전략 확인하기

취약 유형별 학습 전략을 확인한 후, '필수 암기 핸드북'의 관련 이론을 복습하고, 틀린 문제를 다시 풀어보며 취약 유형이 확실히 극복되었는지 꼭 확인하세요.

| 자료해석 | 다양한 형태로 제시되는 자료를 제한 시간 내에 정확히 분석하는 것이 중요합니다. 이에 따라 자료해석의 기본이 되는 자료 해석법을 정확히 숙지하고 자주 출제되는 계산 공식을 복습하여 이를 문제 풀이에 정확히 적용하는 연습을 해야 합니다.<br>▶자료해석 필수 이론 복습하기: 직무적성검사 필수 암기 핸드북 p.30 |
|---|---|
| 응용계산 | 자주 출제되는 이론과 공식을 복습하고, 이론 및 공식을 실제 문제 풀이에 정확히 적용할 수 있도록 다양한 문제를 풀어보아야 합니다.<br>▶응용계산 필수 이론 복습하기: 직무적성검사 필수 암기 핸드북 p.31 |

# 4 취약 유형 극복하기

교재 내의 틀린 문제를 다시 풀고 난 후, 해커스잡 사이트(ejob.Hackers.com)에서 제공하는 대기업 인적성 온라인 모의고사를 풀어보며 취약 유형이 확실히 극복되었는지 꼭 확인하세요.

해커스잡 사이트(ejob.Hackers.com) 접속 후 로그인 ▶ 사이트 메인 우측 상단 [나의 정보] 클릭
▶ [나의 쿠폰 - 쿠폰/수강권 등록]에 위 쿠폰번호 입력 ▶ [마이클래스 - 모의고사] 탭에서 응시

1 언어능력
2 수리능력
3 추리능력
4 공간지각능력
5 실전모의고사
해커스 20대기업 인적성 통합 기본서 최신기출유형+실전문제

해커스 20대기업 인적성 통합 기본서

# PART 3 추리능력

1 제시된 조건을 토대로 올바른 전제 또는 결론을 도출하거나 결론의 옳고 그름을 판단하는 유형의 문제이다.

2 언어추리 유형은 ① 명제추리, ② 조건추리 총 2가지 세부 유형으로 출제된다.

대표 기출 질문

| 세부 유형 | 대표 질문 |
| --- | --- |
| 명제추리 | • 다음 명제가 모두 참일 때, 항상 참인 문장을 고르시오.<br>• 다음 전제를 모두 고려하였을 때, 결론이 반드시 참이 되기 위해 필요한 전제를 고르시오.<br>• 다음 결론이 반드시 참이 되게 하는 전제를 고르시오. |
| 조건추리 | • A, B, C, D, E 다섯 사람이 앉을 좌석을 결정하려고 한다. 다음 조건을 모두 고려하였을 때, 항상 참인 것을 고르시오.<br>• 가영, 나영, 다영 3명이 달리기 시합을 하여 먼저 들어온 사람부터 각각 금메달, 은메달, 동메달을 획득하였다.<br>• 갑, 을, 병, 정, 무 5명 중 진실 마을에 4명이 거주하고, 거짓 마을에 1명이 거주한다. 진실 마을에 거주하는 사람은 진실만 말하고, 거짓 마을에 사는 사람은 거짓만 말할 때, 거짓 마을에 거주하는 사람을 고르시오. |

1 언어능력

2 수리능력

3 추리능력

4 공간지각능력

5 실전모의고사

해커스 20대기업 인적성 통합 기본서 최신기출유형+실전문제

## 최근 출제 경향

1 언어추리 유형에서는 조건추리 문제와 명제추리 문제가 모두 출제되고 있으며, 대체로 조건추리 문제가 명제추리 문제보다 더 높은 비중으로 출제되고 있다.

2 명제추리 문제는 명제의 '역, 이, 대우'를 이용하여 옳고 그름을 판단하는 문제, 집합의 포함 관계를 이용하는 문제, 결론이 항상 옳은 설명이 되기 위해 필요한 전제를 고르는 문제가 골고루 출제되고 있다.

3 조건추리 문제는 최근 거짓 진술을 판별하는 문제의 출제 비중이 높아지고 있으며, 모든 경우의 수를 찾아야 옳고 그름을 판단할 수 있거나 선택지에 조건이 추가로 제시되는 문제가 출제되어 난도는 약간 높은 편이다.

## 학습 방법

1 명제추리 문제는 명제와 삼단논법에 대한 기초적인 논리 이론을 반드시 학습한다. (직무적성검사 필수 암기 핸드북 p.41)

2 조건추리 문제는 문장으로 주어진 조건을 단어나 표로 간단히 정리한 후 고려해야 하는 조건이나 경우의 수를 빠짐없이 확인하여 빠르고 정확하게 문제를 푸는 연습을 한다.

# 01 | 명제추리

제시된 명제를 토대로 올바른 결론을 도출하거나 결론을 도출하기 위해 추가로 필요한 명제를 고르는 유형의 문제이다.

## 문제 풀이 전략

| 1단계 | 제시된 명제를 간결하게 정리한다. |
| --- | --- |

제시된 명제를 보다 간결한 문장이나 단어로 정리하여 명제 사이의 관계가 잘 드러나게 나타낸다.

| 제시된 명제 | 정리한 명제 |
| --- | --- |
| 하늘은 푸르르다. | 하늘 → 푸르름 |
| 구름이 끼면 비가 온다. | 구름 낌 → 비가 옴 |

| 2단계 | 정리한 명제 간의 연결 관계와 선택지를 비교하여 문제를 푼다. |
| --- | --- |

정리한 명제와 선택지를 비교하여 문제를 풀면 선택지의 참/거짓 여부를 바로 확인하거나 정리한 명제에 선택지를 대입하여 특정한 경우만 빠르게 확인할 수 있다.

✔ 명제

| 정의 | 가정과 결론으로 구성되어 참과 거짓을 명확히 판별할 수 있는 문장이다.<br>예) P이면 Q이다.<br>　　가정　결론 |
| --- | --- |
| 명제의<br>'역', '이', '대우' | • 명제: P이면 Q이다.<br>• 명제의 '역': Q이면 P이다.<br>• 명제의 '이': P가 아니면 Q가 아니다.<br>• 명제의 '대우': Q가 아니면 P가 아니다. |
| 명제 사이의 관계 | • 주어진 명제가 참일 때 그 명제의 '대우'만이 참인 것을 알 수 있고, 주어진 명제가 거짓일 때 그 명제의 '대우'만이 거짓인 것을 알 수 있다.<br>• 주어진 명제의 참/거짓을 판별할 수 있더라도 그 명제의 '역'과 '이'의 참/거짓은 판별할 수 없다. |

**다음 명제가 모두 참일 때, 항상 참인 문장을 고르시오.**

> • 언덕 위에 위치한 학교는 지정된 교복이 있다.
> • 두발자유화가 되어있지 않은 학교는 체육관이 있으며 남녀공학이다.
> • 지정된 교복이 있는 학교는 가을마다 축제를 열거나 체육관이 있다.
> • 지정된 교복이 있는 학교는 남녀공학이 아니다.

① 가을마다 축제를 여는 학교는 두발자유화가 되어있다.
② 체육관이 없는 학교는 지정된 교복이 없다.
③ 남녀공학이 아닌 학교는 가을마다 축제를 연다.
④ 두발자유화가 되어있지 않은 학교는 지정된 교복이 있다.
⑤ 남녀공학인 학교는 언덕 위에 위치하지 않는다.

[정답] ⑤

1단계    제시된 명제를 아래와 같이 간결하게 정리한다.
> • 언덕 위 학교 → 지정 교복 O
> • 두발자유화 X → 체육관 O and 남녀공학 O
> • 지정 교복 O → 가을 축제 or 체육관 O
> • 지정 교복 O → 남녀공학 X

2단계    정리한 명제 사이의 연결 관계와 선택지를 비교한다.
주어진 명제가 참일 때 그 명제의 '대우'만이 참인 것을 알 수 있으므로 네 번째 명제의 '대우'와 첫 번째 명제의 '대우'를 연결하면 ⑤가 참인 것을 알 수 있다.
> • 네 번째 명제(대우): 남녀공학인 학교는 지정된 교복이 없다.
> • 첫 번째 명제(대우): 지정된 교복이 없는 학교는 언덕 위에 위치하지 않는다.
> • 결론: 남녀공학인 학교는 언덕 위에 위치하지 않는다.

제시된 조건을 토대로 특정 대상을 도출하거나 주어진 내용의 옳고 그름을 판단하는 유형의 문제이다.

### 문제 풀이 전략

| 1단계 | 제시된 조건 중 고정 조건을 찾아 기준으로 정한다. |
|---|---|

고정 조건은 어떤 경우에도 변하지 않는 사실이므로 제시된 조건에서 고정 조건을 찾아 기준으로 정한다. 이때 순서니 위치의 기준이 될 수 있는 조건을 먼저 확인하거나 같은 단어가 쓰인 조건을 서로 연결지어 확인하면 제시된 조건들을 빠르게 정리할 수 있다.

☑ 고정 조건과 변동 조건

| 고정 조건 | • A는 B이다.<br>예 우빈이는 학생이다.<br>• A는 B가 아니다.<br>예 우빈이는 학생이 아니다. |
|---|---|
| 변동 조건 | • A는 B이거나 C이다.<br>예 우빈이는 도서관에 가거나 서점에 간다. |

| 2단계 | 제시된 조건을 보기 쉽게 정리하여 문제를 푼다. |
|---|---|

문장으로 제시된 조건을 단어나 표로 정리하면 조건들 사이의 관계를 파악하기 쉬우므로 제시된 조건을 보기 쉽게 정리한 후 빠진 조건이 없는지 확인하여 문제를 푼다.

## 문제 풀이 전략 적용

지애, 윤경, 지수, 민기, 윤기, 현기가 일정한 간격으로 자리가 배치되어 있는 원형 테이블에 빈자리 없이 채워 앉으려고 한다. 아래에 제시된 조건을 모두 고려하였을 때, 윤기의 왼쪽 첫 번째 자리에 앉는 사람을 고르시오.

• 지수와 현기는 마주보고 앉는다.
• 지애는 윤경이와 마주보고 앉지 않으며, 윤경이는 민기 바로 옆에 앉는다.
• 현기의 왼쪽 두 번째 자리에는 지애가 앉는다.

① 지애  ② 윤경  ③ 지수  ④ 민기  ⑤ 현기

[정답] ①

1 언어능력
2 수리능력
3 추리능력
4 공간지각능력
5 실전모의고사
해커스 20대기업 인적성 통합 기본서 최신기출유형+실전문제

1단계   제시된 조건은 모두 고정 조건이므로 이 중 자리의 기준점이 될 수 있는 첫 번째 조건을 기준으로 정한다.

2단계   제시된 조건을 보기 쉽게 정리한다.
지수와 현기는 마주보고 앉으며, 현기의 왼쪽 두 번째 자리에는 지애가 앉으므로 지수의 오른쪽 첫 번째 자리에는 지애가 앉는다. 이때 지애는 윤경이와 마주보고 앉지 않으며, 윤경이는 민기 바로 옆에 앉으므로 지애와 마주보고 앉는 사람은 민기이며, 민기의 오른쪽 첫 번째 자리에 윤경이가 앉는다.

따라서 윤기는 현기의 왼쪽 첫 번째 자리에 앉으며, 윤기의 왼쪽 첫 번째 자리에 앉는 사람은 지애이므로 정답은 ①이 된다.

유형: 명제추리　난이도: ★☆☆

**01** 다음 명제가 모두 참일 때, 항상 참인 문장을 고르시오.

> - 소고기를 좋아하는 모든 사람은 돼지고기를 좋아하지 않는다.
> - 닭고기를 좋아하는 모든 사람은 돼지고기를 좋아한다.
> - 오리고기를 좋아하는 모든 사람은 돼지고기를 좋아한다.
> - 양고기를 좋아하지 않는 모든 사람은 소고기를 좋아한다.

① 오리고기를 좋아하는 모든 사람은 양고기를 좋아하지 않는다.
② 돼지고기를 좋아하는 모든 사람은 닭고기를 좋아한다.
③ 소고기를 좋아하는 모든 사람은 오리고기를 좋아하지 않는다.
④ 돼지고기를 좋아하는 모든 사람은 양고기를 좋아하지 않는다.
⑤ 닭고기를 좋아하는 모든 사람은 소고기를 좋아한다.

유형: 명제추리　난이도: ★★☆

**02** 다음 명제가 모두 참일 때, 항상 참인 문장을 고르시오.

> - 적응 능력을 갖추지 않은 모든 사람은 부정적인 사람이다.
> - 성실한 모든 사람은 자기 성찰을 하는 사람이다.
> - 적응 능력을 갖춘 모든 사람은 소극적인 사람이 아니다.
> - 부정적인 모든 사람은 인내심이 강하지 않은 사람이다.
> - 자기 성찰을 하는 모든 사람은 인내심이 강한 사람이다.

① 성실한 모든 사람은 적응 능력을 갖추지 않은 사람이다.
② 적응 능력을 갖추지 않은 모든 사람은 성실한 사람이다.
③ 소극적인 모든 사람은 자기 성찰을 하지 않는 사람이다.
④ 인내심이 강한 모든 사람은 소극적인 사람이다.
⑤ 부정적인 모든 사람은 자기 성찰을 하는 사람이다.

1 언어능력

2 수리능력

3 추리능력

4 공간지각능력

5 실전모의고사

해커스 20대기업 인적성 통합 기본서 최신기출유형+실전문제

유형: 명제추리    난이도: ★☆☆

**03** 다음 명제가 모두 참일 때, 항상 참인 문장을 고르시오.

> • 여행을 좋아하는 모든 사람은 바다를 좋아한다.
>
> • 바다를 좋아하는 모든 사람은 산을 좋아하지 않는다.
>
> • 여름을 좋아하는 모든 사람은 바다를 좋아하지 않는다.
>
> • 겨울을 좋아하지 않는 모든 사람은 여름을 좋아한다.
>
> • 드라이브를 좋아하는 모든 사람은 여행을 좋아한다.

① 산을 좋아하는 사람은 여름을 좋아한다.

② 여행을 좋아하는 모든 사람은 산을 좋아한다.

③ 바다를 좋아하는 모든 사람은 겨울을 좋아하지 않는다.

④ 여름을 좋아하지 않는 모든 사람은 바다를 좋아한다.

⑤ 겨울을 좋아하지 않는 모든 사람은 여행을 좋아하지 않는다.

유형: 명제추리    난이도: ★★☆

**04** 다음 명제가 모두 참일 때, 항상 참인 문장을 고르시오.

> • 유연성보다 근력을 키우고 싶어 하는 사람은 헬스를 좋아한다.
>
> • 자세 교정을 원하는 사람은 헬스를 좋아하지 않고 요가를 좋아하지 않는다.
>
> • 근력보다 유연성을 키우고 싶어 하는 사람은 요가를 좋아한다.
>
> • 필라테스를 즐기는 사람은 자세 교정을 원한다.

① 유연성보다 근력을 키우고 싶어 하는 사람은 필라테스를 즐긴다.

② 헬스를 좋아하지 않는 사람은 요가도 좋아하지 않는다.

③ 필라테스를 즐기는 사람은 헬스를 좋아하거나 요가를 좋아한다.

④ 근력보다 유연성을 키우고 싶어 하는 사람은 필라테스를 즐기지 않는다.

⑤ 요가를 좋아하는 사람은 자세 교정을 원한다.

유형: 명제추리   난이도: ★☆☆

**05** 다음 밑줄 친 부분에 들어갈 알맞은 것을 고르시오.

> 반짝이는 모는 것은 아름납나.
>
> _____
>
> 그러므로 하늘에 있는 어떤 별은 아름답다.

① 아름답지 않은 어떤 것은 반짝이지 않는다.

② 모든 별은 아름답지 않다.

③ 하늘에 있는 어떤 별도 반짝이지 않는다.

④ 하늘에 있는 어떤 별은 반짝인다.

⑤ 반싹이시 않는 모든 것은 하늘에 있는 별이다.

유형: 명제추리   난이도: ★★★

**06** 다음 결론이 반드시 참이 되게 하는 전제를 고르시오.

| 전제 | 만화를 좋아하는 모든 사람은 웹툰 애플리케이션을 이용한다. |
|---|---|
|  |  |
| 결론 | 웹툰 애플리케이션을 이용하는 어떤 사람은 소설을 좋아한다. |

① 만화를 좋아하는 모든 사람은 소설을 좋아하지 않는다.

② 만화를 좋아하는 어떤 사람은 소설을 좋아한다.

③ 소설을 좋아하지 않는 어떤 사람은 만화를 좋아한다.

④ 소설을 좋아하는 어떤 사람은 만화를 좋아하지 않는다.

⑤ 소설을 좋아하지 않는 어떤 사람은 만화를 좋아하지 않는다.

**07** 다음 결론이 반드시 참이 되게 하는 전제를 고르시오.

| 전제 | 애완동물을 좋아하는 사람은 모두 낙천적이다. |
| --- | --- |
| | |
| 결론 | 봉사활동을 하는 어떤 사람은 낙천적이다. |

① 봉사활동을 하는 모든 사람은 애완동물을 좋아하지 않는다.

② 애완동물을 좋아하는 사람은 모두 봉사활동을 한다.

③ 봉사활동을 하는 어떤 사람은 애완동물을 좋아하지 않는다.

④ 애완동물을 좋아하는 어떤 사람은 봉사활동을 하지 않는다.

⑤ 낙천적이지 않은 어떤 사람은 봉사활동을 한다.

**08** 다음 전제를 읽고 반드시 참인 결론을 고르시오.

| 전제 | 물리학을 전공한 어떤 연구원도 생물학을 전공하지 않았다. |
| --- | --- |
| | 화학을 전공하지 않은 모든 연구원은 생물학을 전공하지 않았다. |
| 결론 | |

① 화학을 전공한 어떤 연구원은 물리학을 전공하였다.

② 생물학을 전공하지 않은 모든 연구원은 화학을 전공하지 않았다.

③ 물리학, 생물학, 화학을 모두 전공한 연구원은 없다.

④ 생물학을 전공한 어떤 연구원은 물리학을 전공하였다.

⑤ 물리학을 전공하지 않은 모든 연구원은 화학을 전공하였다.

**09** 한 떡집에서는 다섯 개의 떡을 진열대 위에 한 줄로 올려놓으려고 한다. 다음 조건을 모두 고려하였을 때, 항상 참인 것을 고르시오.

> - 진열대 위에 인절미, 콩떡, 시루떡, 술떡, 오메기떡만 올려놓고, 한 자리에 1개의 떡만 올려놓는다.
> - 술떡과 오메기떡은 모두 가장자리에 올려놓지 않는다.
> - 콩떡과 술떡 사이에는 최소 1개 이상의 떡을 올려놓는다.
> - 인절미는 가장 가운데 자리에 올려놓는다.
>
> [진열대]
>
> | 1번 자리 | 2번 자리 | 3번 자리 | 4번 자리 | 5번 자리 |
> |---|---|---|---|---|

① 콩떡은 1번 자리에 올려놓는다.

② 인절미 바로 오른쪽 옆자리에 술떡을 올려놓는다.

③ 시루떡을 술떡보다 더 왼쪽 자리에 올려놓는다.

④ 인절미와 콩떡 사이에 오메기떡을 올려놓는다.

⑤ 시루떡 바로 옆자리에 콩떡을 올려놓는다.

**10** A, B, C, D, E, F 6명은 원탁에 앉아 찬반 토론을 한다. 다음 조건을 모두 고려하였을 때, 항상 참인 것을 고르시오.

> - 사회자는 1명, 찬성팀은 2명, 반대팀은 3명이다.
> - 같은 팀원끼리 이웃하여 앉을 수 없다.
> - A는 찬성팀이며, D와 정면으로 마주 보고 앉는다.
> - B와 F는 서로 정면으로 마주 보고 앉는다.
> - F와 D 사이에 한 사람이 앉는다.

① C는 B와 이웃하여 앉는다.

② E는 사회자이다.

③ 찬성팀인 사람은 B이다.

④ 사회자와 찬성팀은 이웃해서 앉을 수 없다.

⑤ 사회자가 될 수 있는 사람은 두 사람뿐이다.

**11** 지안이는 6개의 화분이 있는 화단에 개나리, 무궁화, 진달래, 튤립 네 종류의 꽃을 심었다. 화분 1개에 한 가지 종류의 꽃을 심었다고 할 때, 항상 거짓인 것을 고르시오.

- 지안이가 두 번 심은 꽃은 없다.
- 4번 화분에 개나리를 심었다.
- 개나리를 심은 화분의 바로 앞쪽에 있는 화분에 무궁화를 심었다.
- 진달래를 심은 화분의 바로 오른쪽에 있는 화분에 튤립을 심었다.
- 무궁화를 심은 화분과 진달래를 심은 화분은 양옆으로 이웃하지 않는다.

| 앞 | | |
|---|---|---|
| 1번 화분 | 2번 화분 | 3번 화분 |
| 4번 화분 | 5번 화분 | 6번 화분 |
| 뒤 | | |

① 무궁화는 홀수 번호 화분에 심었다.
② 튤립을 심은 화분의 바로 앞에 있는 화분은 비어 있다.
③ 2번 화분에 진달래를 심었다.
④ 3번 또는 6번 화분에 튤립을 심었다.
⑤ 개나리를 심은 화분과 진달래를 심은 화분은 양옆으로 이웃한다.

**12** 경아, 다희, 민수, 주영 4명은 벤치에 일렬로 나란히 앉아 있다. 다음 조건을 모두 고려하였을 때, 항상 거짓인 것을 고르시오.

- 4명은 모두 같은 방향을 보고 있다.
- 주영이의 바로 오른쪽 옆자리에 다희가 앉는다.
- 가장 오른쪽 자리에 앉는 사람은 경아가 아니다.
- 경아와 주영이는 서로 이웃한 자리에 앉지 않는다.

① 주영이는 첫 번째 자리에 앉는다.
② 다희의 바로 오른쪽 옆자리에 경아가 앉는다.
③ 민수는 가장자리에 앉는다.
④ 경아와 다희 사이에 2명이 앉는다.
⑤ 다희와 민수는 서로 이웃한 자리에 앉는다.

**13** A, B, C, D, E, F 여섯 사람이 설 명절을 맞아 고향에 가기 위해 고속버스를 탔다. 고속버스는 나주행, 대구행, 부산행, 경주행으로 총 4대이며, A, B, C, D, E, F가 타지 않은 고속버스는 없었다고 할 때, 나주행 고속버스에 확실히 탄 사람을 모두 고르시오.

- 고속버스는 나주행, 대구행, 부산행, 경주행 순으로 1대씩 출발하였다.
- 부산행 고속버스에는 두 사람이 탔다.
- C와 E는 A보다 늦게 출발하였다.
- A, C, E, F는 각각 다른 고속버스에 탔다.
- F는 세 사람이 출발한 후 바로 출발하였다.
- B는 D와 F보다 먼저 출발하였다.

① A                ② A, B                ③ A, D                ④ B, D                ⑤ C, F

**14** 2단으로 구성된 신발 정리함에 8켤레의 신발을 정리하였다. 다음 조건을 모두 고려하였을 때, 항상 참인 것을 고르시오.

- 모든 신발의 색깔은 검은색, 흰색, 노란색, 파란색 중 하나이고, 종류는 운동화, 구두, 슬리퍼 중 하나이다.
- 구두는 총 3켤레로 같은 열에 인접하지 않으며, 같은 단의 양옆으로도 인접하지 않는다.
- 같은 단에 정리된 신발의 색깔은 모두 다르며, 같은 색의 신발은 같은 열에 인접하지 않는다.
- 흰색 신발은 그 종류가 모두 동일하며, 흰색 신발을 제외하고 같은 종류의 신발은 색깔이 모두 다르다.
- 1단에 있는 노란색 운동화의 양옆에는 검은색 신발과 흰색 신발이 위치한다.
- 2단에 있는 구두의 바로 아래에 인접한 신발은 검은색이다.
- 2단에 있는 파란색 슬리퍼는 노란색 운동화의 바로 위에 인접하고, 파란색 슬리퍼의 왼쪽에는 흰색 신발이 위치한다.
- 모든 운동화의 오른쪽에는 흰색 신발이 위치하고, 흰색 신발은 1열에 위치하지 않는다.

|      | 1열 | 2열 | 3열 | 4열 |
|------|-----|-----|-----|-----|
| 2단  |     |     |     |     |
| 1단  |     |     |     |     |

① 슬리퍼의 옆에는 항상 다른 종류의 신발이 위치한다.
② 2단의 1열에는 구두가 위치한다.
③ 노란색 신발과 흰색 신발은 바로 옆에 인접할 수 없다.
④ 운동화는 총 2켤레이다.
⑤ 운동화는 항상 검은색 신발 바로 옆에 인접한다.

**15** A, B, C, D, E, F, G 7명이 대학 입학식에 도착한 순서에 대한 내용이다. 다음 조건을 모두 고려하였을 때, 항상 참인 것을 고르시오.

- 7명이 도착한 시간은 모두 다르다.
- G보다 늦게 도착한 사람이 적어도 한 사람 있었다.
- E는 F보다 늦게 도착하였다.
- A는 B에 이어서 도착하였고, C는 E보다 늦게 도착하였다.
- D가 가장 늦게 도착한 것은 아니었다.
- C와 D 사이에 한 사람이, B와 C 사이에 세 사람이 도착하였다.

① B는 네 번째로 도착했다.

② E는 두 번째로 도착하지 않았다.

③ C와 D는 모두 B보다 늦게 도착했다.

④ F보다 먼저 도착했을 가능성이 있는 사람은 두 사람이다.

⑤ F가 첫 번째로 도착했을 때, A와 G 사이에 두 사람이 도착했다.

**16** 같은 회사에 근무하는 A, B, C, D, E 5명은 서로 다른 순서로 사무실에 출근하였다. 다음 조건을 모두 고려하였을 때, 항상 거짓인 것을 고르시오.

- A는 B보다 먼저 출근하였다.
- C는 D보다 먼저 출근하였다.
- E는 B보다 먼저 출근하였고, D보다는 늦게 출근하였다.

① A보다 먼저 출근한 사람은 1명 이상이다.

② C는 첫 번째 순서로 출근하였다.

③ B와 E 사이에 출근한 사람은 없다.

④ D보다 늦게 출근한 사람은 최대 4명이다.

⑤ 가장 마지막 순서로 출근한 사람은 B이다.

**17** A, B, C, D, E 5명이 한 명씩 차례로 면접을 보려고 한다. 다음 조건을 모두 고려하였을 때, D 바로 다음에 면접을 보게 되는 사람을 고르시오.

> • E는 C보다 늦게 면접을 본다.
> • B는 A보다는 늦게, D보다는 빨리 면접을 본다.
> • C는 A보다 늦게 면접을 본다.
> • B와 D 사이에 면접을 보는 사람은 없다.
> • B는 C보다 먼저 면접을 본다.

① A       ② B       ③ C       ④ E       ⑤ 알 수 없다.

**18** 국내 대표 예능인 A, B, C, D, E, F, G 7명을 대상으로 브랜드 평판 순위를 조사하였다. 다음 조건을 모두 고려하였을 때, 항상 참인 것을 고르시오.

> • 7명의 순위는 모두 다르다.
> • C의 순위는 E보다 높고, E보다 순위가 낮은 사람은 적어도 2명 이상이다.
> • G보다 낮은 순위에 오른 사람은 없다.
> • C와 F의 순위 사이에 있는 사람은 1명이고, F의 순위는 C보다 높다.
> • A의 순위는 B와 D의 순위보다는 높고, F의 순위보다는 낮다.

① E보다 낮은 순위에 오를 수 있는 사람은 총 2명이다.
② C의 순위는 B와 D의 순위보다 높다.
③ D의 순위는 E의 순위보다 높다.
④ B의 순위는 6위이다.
⑤ D의 순위는 E의 순위보다 낮다.

**19** 갑, 을, 병, 정, 무 5명 중 1명은 숙제를 하였고, 나머지 4명은 숙제를 하지 않았다. 숙제를 한 사람만 진실을 말할 때, 숙제를 한 사람을 고르시오.

- 갑: 을은 숙제를 하지 않았어.
- 을: 병과 정은 숙제를 하지 않았어.
- 병: 나는 숙제를 한 사람이야.
- 정: 갑과 을은 모두 숙제를 한 사람이거나 숙제를 하지 않은 사람이야.
- 무: 숙제를 한 사람은 정이야.

① 갑            ② 을            ③ 병            ④ 정            ⑤ 무

**20** '가', '나', '다', '라', '마' 다섯 명이 요일을 나누어 월요일부터 금요일까지 하루에 한 명씩 화분에 물을 주었다. 다섯 명 중 한 명만 거짓을 말했을 때, 수요일에 물을 준 사람을 고르시오.

- 가: '나'와 '마'는 모두 화요일과 수요일에 물을 주지 않았어.
- 나: '다'는 수요일에 물을 주지 않았고, '라'는 화요일에 물을 주었어.
- 다: '가'는 월요일과 목요일에는 물을 주지 않았어.
- 라: '나'는 화요일에 물을 주었어.
- 마: '다' 또는 '마'는 목요일에 물을 주었어.

① 가            ② 나            ③ 다            ④ 라            ⑤ 마

약점 보완 해설집 p.32

1 일렬로 제시되거나 도형 안에 제시된 숫자 또는 문자의 배열 규칙을 찾아 빈칸에 들어갈 숫자 또는 문자를 고르는 유형의 문제이다.

2 수/문자추리 유형은 ① 알맞은 숫자 찾기, ② 알맞은 문자 찾기 총 2가지 세부 유형으로 출제된다.

## 대표 기출 질문

| 세부 유형 | 대표 질문 |
|---|---|
| 알맞은 숫자 찾기 | • 일정한 규칙으로 나열된 수를 통해 빈칸에 들어갈 알맞은 숫자를 고르시오.<br>• 다음 도형에서 일정한 규칙을 찾아 빈칸에 들어갈 알맞은 숫자를 고르시오. |
| 알맞은 문자 찾기 | • 일정한 규칙으로 나열된 문자를 통해 빈칸에 들어갈 알맞은 숫자를 고르시오.<br>• 다음 도형에서 일정한 규칙을 찾아 빈칸에 들어갈 알맞은 문자를 고르시오. |

1 언어능력

2 수리능력

3 추리능력

4 공간지각능력

5 실전모의고사

해커스 20대기업 인적성 통합 기본서 최신기출유형+실전문제

## 최근 출제 경향

1 수/문자추리 유형은 알맞은 숫자 찾기 유형의 문제가 출제되는 경우가 많다.

2 일부 기업의 경우 알맞은 문자 찾기 유형의 문제가 함께 출제되며, 도형 안에 숫자나 문자가 제시되는 형태로 출제되기도 한다.

## 학습 방법

1 자주 출제되는 등비수열, 계차수열, 반복수열, 피보나치수열을 미리 학습한다. (직무적성검사 필수 암기 핸드북 p.45)

2 알맞은 문자 찾기 문제에는 문자로 알파벳과 한글 자음, 모음이 제시되므로 알파벳/한글 순서를 충분히 학습하여 알파벳/한글을 숫자로 빠르게 변경하는 연습을 한다. (직무적성검사 필수 암기 핸드북 p.46)

3 제시된 3~5개의 숫자에서 각 숫자 간의 규칙을 찾을 수 없을 경우에는 홀수항과 짝수항에 제시된 숫자를 각각 비교하거나 제시된 숫자를 2~3개씩 나누어 규칙을 찾는다.

## 01 | 알맞은 숫자 찾기

제시된 숫자의 배열 규칙을 찾아 빈칸에 들어갈 숫자를 고르는 유형의 문제이다.

###  문제 풀이 전략

| 1단계 | 제시된 숫자에 연산기호를 사용하여 숫자 간의 차이를 찾는다. |
| --- | --- |

제시된 숫자에 연산기호 +, −, ×, ÷를 사용하여 숫자 간의 차이를 찾는다. 이때 가능한 경우를 모두 적어야 하며, 규칙이 반복되는 것을 확인할 수 있도록 3~5개 정도의 숫자 간의 차이를 찾는다.

▼

| 2단계 | 공통적으로 나타나는 규칙을 찾아 문제를 푼다. |
| --- | --- |

앞뒤 숫자 간의 차이를 보고 공통적으로 나타나는 규칙을 찾아 빈칸에 들어갈 숫자를 계산하여 문제를 푼다.

## 문제 풀이 전략 적용

**일정한 규칙으로 나열된 수를 통해 빈칸에 들어갈 알맞은 숫자를 고르시오.**

$$4 \quad 12 \quad 36 \quad 108 \quad 324 \quad ( \quad )$$

① 648      ② 712      ③ 972      ④ 1,064      ⑤ 1,296

[정답] ③

---

**1단계**  연산기호를 사용하여 나열된 숫자 간의 차이를 찾는다. 이때, 빈칸이 뒤에 제시되어 있으므로 첫 번째 항부터 나열된 각 숫자 간의 차이를 확인한다.

4     12     36     108     324     (    )
└ ×3 ┘└ ×3 ┘└ ×3 ┘└ ×3 ┘└ (    ) ┘

**2단계**  n+1번째 항의 숫자는 n번째 항의 숫자 ×3이라는 규칙이 적용되는 것을 알 수 있다.
이에 따라 6번째 항인 빈칸에 들어갈 숫자는 5번째 항의 숫자인 324에 3을 곱한 값이므로 972이다.
따라서 정답은 ③이 된다.

제시된 문자의 배열 규칙을 찾아 빈칸에 들어갈 문자를 고르는 유형의 문제이다.

##  문제 풀이 전략

| 1단계 | 제시된 문자를 숫자로 변경하여 숫자 간의 차이를 찾는다. |
|---|---|

문자 순서에 따라 제시된 문자를 숫자로 변경하여 숫자 간의 차이를 찾는다.

☑ 문자 순서

<br>

• 알파벳

| ··· | X | Y | Z | A | B | C | D | E | F | G | H |
|---|---|---|---|---|---|---|---|---|---|---|---|
| ··· | −2 | −1 | 0 | 1 | 2 | 3 | 4 | 5 | 6 | 7 | 8 |
| I | J | K | L | M | N | O | P | Q | R | S | T |
| 9 | 10 | 11 | 12 | 13 | 14 | 15 | 16 | 17 | 18 | 19 | 20 |
| U | V | W | X | Y | Z | A | B | C | ··· | | |
| 21 | 22 | 23 | 24 | 25 | 26 | 27 | 28 | 29 | ··· | | |

• 한글 자음

| ··· | ㅌ | ㅍ | ㅎ | ㄱ | ㄴ | ㄷ | ㄹ | ㅁ | ㅂ | ㅅ |
|---|---|---|---|---|---|---|---|---|---|---|
| ··· | −2 | −1 | 0 | 1 | 2 | 3 | 4 | 5 | 6 | 7 |
| ㅇ | ㅈ | ㅊ | ㅋ | ㅌ | ㅍ | ㅎ | ㄱ | ㄴ | ㄷ | ··· |
| 8 | 9 | 10 | 11 | 12 | 13 | 14 | 15 | 16 | 17 | ··· |

• 한글 모음

| ··· | ㅠ | ㅡ | ㅣ | ㅏ | ㅑ | ㅓ | ㅕ | ㅗ |
|---|---|---|---|---|---|---|---|---|
| ··· | −2 | −1 | 0 | 1 | 2 | 3 | 4 | 5 |
| ㅛ | ㅜ | ㅠ | ㅡ | ㅣ | ㅏ | ㅑ | ㅓ | ··· |
| 6 | 7 | 8 | 9 | 10 | 11 | 12 | 13 | ··· |

| 2단계 | 공통적으로 나타나는 규칙을 찾아 문제를 푼다. |
|---|---|

문자를 변경한 숫자 간의 차이를 보고 공통적으로 나타나는 규칙을 찾아 숫자에 해당하는 빈칸에 들어갈 문자를 찾는다.

## 🔷 문제 풀이 전략 적용

**일정한 규칙으로 나열된 문자를 통해 빈칸에 들어갈 알맞은 문자를 고르시오.**

| H   L   P   T   X   (   )   F |
|---|

① A          ② B          ③ D          ④ E          ⑤ Z

[정답] ②

**1단계**     제시된 각 문자를 알파벳 순서에 따라 숫자로 변경한다.

H     L     P     T     X
8     12     16     20     24
└+4┘└+4┘└+4┘└+4┘

**2단계**     n+1번째 항의 숫자는 n번째 항의 숫자 +4라는 규칙이 적용되는 것을 알 수 있다.
이에 따라 6번째 항인 빈칸에 들어갈 문자는 5번째 항의 숫자인 24에 4을 더한 숫자 28에 해당하는 'B'이다.
따라서 정답은 ②가 된다.

1 언어능력

2 수리능력

3 추리능력

4 공간지각능력

5 실전모의고사

해커스 20대기업 인적성 통합 기본서 최신기출유형+실전문제

유형: 알맞은 숫자 찾기    난이도: ★☆☆

**01** 일정한 규칙으로 나열된 수를 통해 빈칸에 들어갈 알맞은 숫자를 고르시오.

| 13　20　60　67　201　208　(　　)　631 |
|---|

① 215　　　　② 217　　　　③ 342　　　　④ 614　　　　⑤ 624

유형: 알맞은 숫자 찾기    난이도: ★☆☆

**02** 일정한 규칙으로 나열된 수를 통해 빈칸에 들어갈 알맞은 숫자를 고르시오.

| −10　(　　)　2　8　14　20　26　32 |
|---|

① −8　　　　② −6　　　　③ −4　　　　④ −2　　　　⑤ 0

유형: 알맞은 숫자 찾기    난이도: ★☆☆

**03** 일정한 규칙으로 나열된 수를 통해 빈칸에 들어갈 알맞은 숫자를 고르시오.

| 118　107　96　85　74　(　　)　52　41 |
|---|

① 52　　　　② 53　　　　③ 62　　　　④ 63　　　　⑤ 64

유형: 알맞은 숫자 찾기    난이도: ★☆☆

**04** 일정한 규칙으로 나열된 수를 통해 빈칸에 들어갈 알맞은 숫자를 고르시오.

| 11　(　　)　32　53　85　138　223 |
|---|

① 21　　　　② 22　　　　③ 23　　　　④ 24　　　　⑤ 25

1 언어능력
2 수리능력
3 추리능력
4 공간지각력
5 실전모의고사

해커스 20대기업 인적성 통합 기본서 최신기출유형+실전문제

유형: 알맞은 숫자 찾기    난이도: ★★☆

**05** 일정한 규칙으로 나열된 수를 통해 빈칸에 들어갈 알맞은 숫자를 고르시오.

| 317 303 288 ( ) 255 237 218 |

① 264          ② 267          ③ 270          ④ 272          ⑤ 275

유형: 알맞은 숫자 찾기    난이도: ★☆☆

**06** 일정한 규칙으로 나열된 수를 통해 빈칸에 들어갈 알맞은 숫자를 고르시오.

| 13  15  21  39  ( )  255 |

① 86           ② 93           ③ 97           ④ 110          ⑤ 117

유형: 알맞은 숫자 찾기    난이도: ★★★

**07** 일정한 규칙으로 나열된 수를 통해 빈칸에 들어갈 알맞은 숫자를 고르시오.

| 5  3  16  38  108  292  ( ) |

① 624          ② 660          ③ 800          ④ 876          ⑤ 952

유형: 알맞은 숫자 찾기    난이도: ★★☆

**08** 일정한 규칙으로 나열된 수를 통해 빈칸에 들어갈 알맞은 숫자를 고르시오.

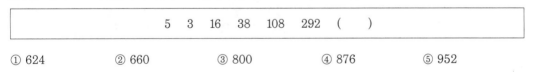

| 63  126  128  384  ( )  1,548  1,552 |

① 386          ② 387          ③ 513          ④ 516          ⑤ 774

유형: 알맞은 숫자 찾기    난이도: ★★☆

**09** 일정한 규칙으로 나열된 수를 통해 빈칸에 들어갈 알맞은 숫자를 고르시오.

| | | | | | | | |
|---|---|---|---|---|---|---|---|
| −46 | ( ) | 42 | 74 | 98 | 114 | 122 | 122 |

① −26          ② −18          ③ −12          ④ −8          ⑤ 2

유형: 알맞은 문자 찾기    난이도: ★☆☆

**10** 일정한 규칙으로 나열된 문자를 통해 빈칸에 들어갈 알맞은 문자를 고르시오.

| | | | | | | | |
|---|---|---|---|---|---|---|---|
| E | B | G | D | I | H | K | ( ) |

① I          ② M          ③ N          ④ P          ⑤ Q

유형: 알맞은 문자 찾기    난이도: ★☆☆

**11** 일정한 규칙으로 나열된 문자를 통해 빈칸에 들어갈 알맞은 문자를 고르시오.

| | | | | | | | | |
|---|---|---|---|---|---|---|---|---|
| ㅊ | ㅈ | ㅋ | ㅈ | ㅋ | ㅇ | ㅊ | ㅂ | ( ) |

① ㅅ          ② ㅈ          ③ ㅋ          ④ ㅇ          ⑤ ㅊ

유형: 알맞은 문자 찾기    난이도: ★★☆

**12** 일정한 규칙으로 나열된 문자를 통해 빈칸에 들어갈 알맞은 문자를 고르시오.

| | | | | | | |
|---|---|---|---|---|---|---|
| ㄱ | ㄴ | ㄹ | ㅁ | ( ) | ㅋ | ㅇ |

① ㅂ          ② ㅇ          ③ ㅈ          ④ ㅊ          ⑤ ㅌ

**13** 다음 도형의 바깥쪽 원과 안쪽 원에 포함된 각 숫자에는 시계 방향으로 서로 다른 규칙이 적용되고, 사분원 안의 세 숫자 사이에도 일정한 규칙이 있다. 각각의 규칙을 찾아 A+B+C+D의 값을 고르시오. (단, 바깥쪽 원과 안쪽 원에 적용되는 규칙의 경우 규칙이 끝나는 숫자와 규칙이 시작되는 숫자 사이에는 성립하지 않는다.)

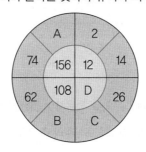

① 150          ② 166          ③ 174          ④ 186          ⑤ 234

**14** 다음 도형의 바깥쪽 원과 안쪽 원에 포함된 각 숫자에는 시계 방향으로 서로 다른 규칙이 적용되고, 사분원 안의 세 숫자 사이에도 일정한 규칙이 있다. 각각의 규칙을 찾아 A+3B−C+2D의 값을 고르시오. (단, 바깥쪽 원과 안쪽 원에 적용되는 규칙의 경우 규칙이 끝나는 숫자와 규칙이 시작되는 숫자 사이에는 성립하지 않는다.)

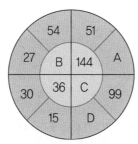

① 228          ② 354          ③ 426          ④ 516          ⑤ 642

**15** 다음 도형에서 일정한 규칙을 찾아 빈칸에 들어갈 알맞은 숫자를 고르시오.

| 4 | 8 | 15 | (    ) |
|---|---|----|--------|
| 2 | 9 | 14 | 3 |
| 5 | 4 | 10 | 1 |
| 3 | 3 | 9 | 3 |

① 9          ② 7          ③ 5          ④ 3          ⑤ 1

약점 보완 해설집 p.36

## 유형 특징

**1** 제시된 도식에 따라 문자나 도형에 규칙을 적용하여 결론을 도출하는 유형의 문제이다.

**2** 도식추리 유형은 ① 문자도식추리, ② 그림도식추리 총 2가지 세부 유형으로 출제된다.

## 대표 기출 질문

| 세부 유형 | 대표 질문 |
| --- | --- |
| 문자도식추리 | • 다음은 각 기호가 문자, 숫자의 배열을 바꾸는 규칙을 나타낸다고 할 때, 각 문제의 '?'에 해당하는 것을 고르시오. |
| 그림도식추리 | • 다음의 변환 규칙과 비교 규칙을 적용하여 각 문제의 정답을 고르시오.<br>• 다음을 주어진 규칙에 따라 변환시킬 때, '?'에 해당하는 것을 고르시오.<br>• 주어진 규칙에 따라 문자를 변환시킬 때, '?'에 해당하는 문자를 고르시오. |

1 언어능력

2 수리능력

3 추리능력

4 공간지각능력

5 실전모의고사

해커스 20대기업 인적성 통합 기본서 최신기출유형+실전문제

## 최근 출제 경향

1 문자도식추리 문제는 출제되는 형태와 규칙이 한정되어 있어 난도가 높지 않은 편이나, 규칙이 역방향으로 적용되는 다소 까다로운 문제도 일부 출제되고 있다.

2 그림도식추리 문제는 규칙을 이해하는 데 시간이 오래 걸리거나 주어진 요소를 모두 확인해야 정답을 찾을 수 있도록 출제되고 있어 난도가 높은 편이다.

## 학습 방법

1 문자도식추리 문제는 문자 순서를 빠르게 파악해야 하므로 기출 문자 순서를 충분히 익힌다. 또한, 변환 규칙의 범위는 문자나 숫자의 변환/증감, 자리 변환으로 한정되어 있으므로 최대한 많은 문제를 풀어보면서 제시된 암호 기호에 적용된 변환 규칙을 빠르게 파악하는 연습을 한다. (직무적성검사 필수 암기 핸드북 p.46)

2 그림도식추리 문제는 풀이 과정을 단축할 수 있는 방법을 찾아 최대한 많은 문제를 풀어보면서 문제에 적용된 규칙을 빠르게 파악하는 연습을 한다.

## 01 | 문자도식추리

기호에 적용된 문자나 숫사의 변환 규칙을 찾은 후 문제에 적용하여 결론을 도출하는 유형의 문제이다.

### 📑 문제 풀이 전략

| 1단계 | 기호에 적용된 규칙을 찾기 쉬운 순서대로 찾는다. |
|---|---|

문자나 숫자 사이에 하나의 규칙만 적용되거나 같은 규칙이 두 번 적용된 부분부터 확인하여 규칙을 찾는다. 이때 문지니 숫지 시이에 중복되는 기호 없이 서로 다른 여러 개외 규칙만 적용될 경우에는 같은 기호가 있는 부분을 동시에 확인하여 규칙을 찾는다. 규칙을 찾은 다음 이를 다른 문자나 숫자에 적용하여 나머지 규칙도 찾는다.

| 2단계 | 찾은 규칙을 문제에 적용하여 푼다. |
|---|---|

찾은 규칙을 문제에 순서대로 적용하여 푼다. 이때 각 선택지에 제시된 문자나 숫자가 알파벳, 한글, 숫자와 같이 다양할 경우에는 자리가 이동되는 규칙만 먼저 적용하여 선택지와 비교하고, 특정 자리의 문자나 숫자가 모두 다를 경우에는 특정 자리의 문자나 숫자만 찾을 수 있도록 규칙을 적용하여 문제를 푼다.

## 문제 풀이 전략 적용

[01-03] 다음 각 기호가 문자의 배열을 바꾸는 규칙을 나타낸다고 할 때, 각 문제의 '?'에 해당하는 것을 고르시오.

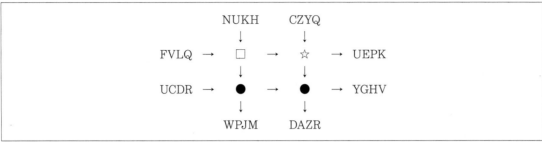

**01**

X ㅅ R ㄹ → ● → ☆ → ?

① R ㅊ U ㄷ　　② Y ○ S ㅁ　　③ ㅂ T ㅈ P　　④ YS ㅁ ○　　⑤ S ○ Y ㅁ

**02**

K ㅡ ㄴ U → ● → □ → ☆ → ?

① W ㄹ ㅏ M　　② ㅣ L ㄷ V　　③ ㅏ LV ㄷ　　④ ㅏ M ㄹ W　　⑤ ㅣ LV ㄷ

**03**

? → ☆ → □ → ● → CKMZ

① JBYL　　② IAXA　　③ HZWJ　　④ AIKX　　⑤ KCZM

[정답] 01. ②　02. ⑤　03. ①

## 01

1단계 문자 사이에 같은 기호가 두 번 제시된 ● 규칙을 먼저 찾는다.

UCDR → ● → ● → YGHV

이에 따라 ● 기호는 알파벳 순서에 따라 각 문자를 다음 두 번째 순서에 오는 문자로 변경함을 알 수 있다.

예 abcd → cdef(a+2, b+2, c+2, d+2)

그 다음, ● 규칙을 통해 ☆ 규칙을 찾는다.

CZYQ → ☆ → ● → DAZR

● 규칙을 적용하면 'CZYQ → ☆ → BYXP' 이므로
☆ 기호는 알파벳 순서에 따라 각 문자를 바로 이전 순서에 오는 문자로 변경함을 알 수 있다.

예 abcd → zabc(a−1, b−1, c−1, d−1)

2단계 문제에 ●, ☆ 규칙을 순서대로 적용한다.
이때, 선택지에서 세 번째 자리의 문자가 모두 다르므로 세 번째 자리의 문자에만 규칙을 적용하여 문제를 푼다.
따라서 'ㅈㅅRㄹ → ● → ㅇㅇTㅇ → ☆ → ㅇㅇSㅇ'가 되므로 정답은 ②가 된다.

**보충설명** 모든 문자에 제시된 규칙을 순서대로 적용하면 아래와 같다.
ㅈㅅRㄹ → ● → ZㅈTㅂ → ☆ → YㅇSㅁ

## 02

**1단계** ● 규칙을 통해 □ 규칙을 찾는다.

> NUKH → □ → ● → WPJM

'NUKH → □ → UNHK'에서 □ 기호는 첫 번째, 두 번째 문자의 자리를 서로 바꾸고, 세 번째, 네 번째 문자의 자리를 서로 바꾸는 것임을 알 수 있다.

**2단계** 문제에 ●, □, ☆ 규칙을 순서대로 적용한다.

이때, 선택지에 제시된 문자의 종류가 다양하므로 자리가 이동되는 □ 규칙만 먼저 적용하여 문제를 풀면, 'K─ㄴU → □ → 한글모음 – 알파벳 – 알파벳 – 한글자음'이 되므로 문자의 종류가 일치하지 않는 ①, ②, ④를 소거한다.

그 다음 ③, ⑤에서 첫 번째 자리의 문자가 서로 다르므로 첫 번째 자리의 문자만 찾을 수 있도록 규칙을 적용하여 문제를 푼다.

따라서 'K─ㄴU → ● → ㅇㅏ○○ → □ → ㅏ○○○ → ☆ → ㅣ○○○'가 되므로 정답은 ⑤가 된다.

**보충설명** 모든 문자에 제시된 규칙을 순서대로 적용하면 아래와 같다.

K─ㄴU → ● → MㅏㄹW → □ → ㅏMWㄹ → ☆ → ㅣLVㄷ

## 03

**1단계** 문제에 ● 규칙을 역순으로 적용한다.

● 규칙을 역순으로 적용하면 알파벳 순서에 따라 각 문자를 이전 두 번째 순서에 오는 문자로 변경하므로

'CKMZ → ● → AIKX'이다.

**2단계** 도출된 값에 □, ☆ 규칙을 역순으로 적용한다.

'AIKX → □ → IAXK → ☆ → JBYL'

따라서 정답은 ①이 된다.

**보충설명** 모든 문자에 제시된 규칙을 순서대로 적용하면 아래와 같다.

JBYL → ☆ → IAXK → □ → AIKX → ● → CKMZ

1 언어능력
2 수리능력
3 추리능력
4 공간지각능력
5 실전모의고사

해커스 20대기업 인적성 통합 기본서 최신기출유형+실전문제

# 02 | 그림도식추리

제시된 도식에 따라 도형에 규칙을 적용하여 최종적으로 도출되는 것을 고르는 유형의 문제이다.

## 문제 풀이 전략

| 1단계 | 제시된 규칙의 형태에 따라 적절한 풀이법을 적용한다. |
|---|---|

제시된 규칙의 형태를 확인하고 이에 따른 풀이법을 적용한다.
- 규칙을 유추하지 않아도 되는 유형은 규칙을 바로 문제에 적용한다.
- 규칙을 유추해야 하는 유형은 규칙이 적용되기 전과 적용된 후의 모양을 비교하여 규칙을 찾은 후, 문제에 적용한다.

이때 제시된 규칙을 문제를 풀기 쉽게 분류하거나 기억하기 쉬운 형태로 변형하여 풀이 시간을 단축한다.

| 2단계 | 관련 있는 규칙들만 적용하여 빠르게 문제를 푼다. |
|---|---|

문제 풀이에 이용할 규칙(색, 모양, 위치)을 확인한 후 이를 적용하여 문제를 푼다. 이때 제시된 도형을 간단한 형태로 변경하거나 특정 위치만 확인하면 문제를 빠르게 풀 수 있다.

제시된 도형을 주어진 규칙에 따라 변환시킬 때, 다음 규칙을 참고하여 문제의 정답을 고르시오.

1 1열과 3열 교환(단, 세로로 연결된 연결선도 같이 이동한다.)

2 연결선을 시계 방향으로 90도 회전(단, 도형은 이동하지 않는다.)

3 색반전

4 연결선 반전

변환된 도형과 비교했을 때, 일치하면 Yes, 일치하지 않으면 No로 이동

○ ○ ◉
○ ○ ○    표시된 위치의 내부 도형과 색이 일치하는지
○ ○ ○

연결선이 일치하는지

1 언어능력
2 수리능력
3 추리능력
4 공간지각능력
5 실전모의고사

해커스 20대기업 인적성 통합 기본서 최신기출유형+실전문제

주어진 규칙에 따라 도형을 변환시킬 때 '?'에 해당하는 도형을 고르시오.

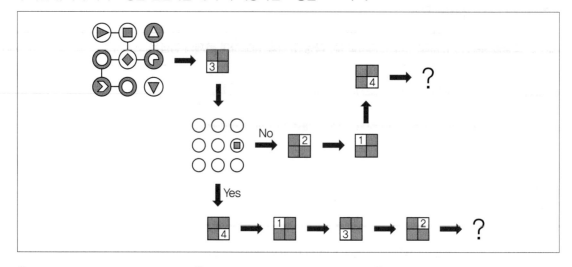

①

②

③

④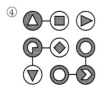

⑤

[정답] ④

**1단계**  제시된 규칙을 문제에 그대로 적용할 수 있는 유형이므로, 규칙을 바로 문제에 적용한다.
이때, 제시된 규칙을 연결선 관련 규칙과 색 관련 규칙으로 분류할 수 있다.

**2단계**  문제에 제시된 비교 규칙을 확인하면, 색 비교 규칙인  만 제시되어 있으므로 도형에 색과 관련된 규칙을 적용하

적용하여 문제를 푼다. 이때 내부 도형의 색을 비교해야 하므로 내부 도형의 색만 나타내어 간단한 형태로 변경한 모양은 아래
와 같다.

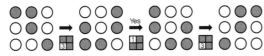

간단한 형태로 변경한 모양에 색 관련 규칙 ①, ③만 순서대로 적용한다.

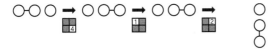

이에 따라 색이 일치하지 않는 ①, ②를 소거한 후, 연결선 관련 규칙 ①, ②, ④를 제시된 도형의 1행에만 적용시켜 ③,
④, ⑤와 비교한다.

따라서 정답은 ④가 된다.

보충설명

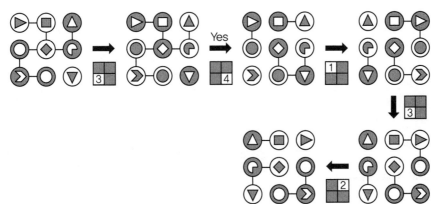

1 언어능력
2 수리능력
3 추리능력
4 공간지각능력
5 실전모의고사

해커스 20대기업 인적성 통합 기본서 최신기출유형+실전문제

[01-02] 다음 각 기호가 문자, 숫자의 배열을 바꾸는 규칙을 나타낸다고 할 때, 각 문제의 '?'에 해당하는 것을 고르시오.

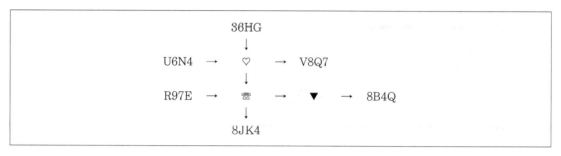

유형: 문자도식추리　난이도: ★★☆

**01**

$$O8N4 \ \rightarrow \ \heartsuit \ \rightarrow \ \blacktriangledown \ \rightarrow \ ?$$

① ON67　　② ON76　　③ O76N　　④ O6N7　　⑤ O7N6

유형: 문자도식추리　난이도: ★★☆

**02**

$$? \ \rightarrow \ \blacktriangledown \ \rightarrow \ \text{☎} \ \rightarrow \ Z23A$$

① BC36　　② BC63　　③ BC65　　④ ZW01　　⑤ ZW21

**[03-05]** 다음 각 기호가 문자, 숫자의 배열을 바꾸는 규칙을 나타낸다고 할 때, 각 문제의 '?'에 해당하는 것을 고르시오.

```
        K1B4
         ↓
         ⊙              GF83
         ↓               ↓
         ◆    39WH  →   ♧   →  ♫  →  Y25K
         ↓               ↓
        1DI2  →   ◆  →  8FG3
```

유형: 문자도식추리    난이도: ★☆☆

**03**

$$7TN8 \;\rightarrow\; \blacklozenge \;\rightarrow\; \spadesuit \;\rightarrow\; ?$$

① LV47　　　② LV49　　　③ LV94　　　④ L47V　　　⑤ V94L

유형: 문자도식추리    난이도: ★☆☆

**04**

$$XG55 \;\rightarrow\; ♫ \;\rightarrow\; ⊙ \;\rightarrow\; ?$$

① ZI78　　　② ZJ87　　　③ 87JZ　　　④ 87ZI　　　⑤ 87ZJ

유형: 문자도식추리    난이도: ★☆☆

**05**

$$? \;\rightarrow\; \spadesuit \;\rightarrow\; ⊙ \;\rightarrow\; ♫ \;\rightarrow\; NS16$$

① P39L　　　② P49L　　　③ P93L　　　④ V49P　　　⑤ V94P

**[06-08]** 다음 각 기호가 문자, 숫자의 배열을 바꾸는 규칙을 나타낸다고 할 때, 각 문제의 '?'에 해당하는 것을 고르시오.

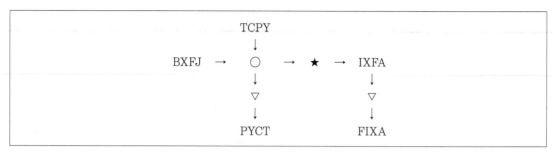

유형: 문자도식추리   난이도: ★★☆

**06**

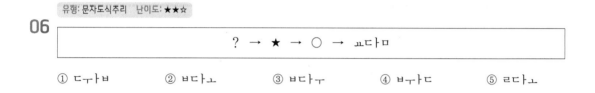

? → ★ → ○ → ㅛㄷㅏㅁ

① ㄷㅜㅏㅂ      ② ㅂㄷㅏㅛ      ③ ㅂㄷㅏㅜ      ④ ㅂㅜㅏㄷ      ⑤ ㄹㄷㅏㅛ

유형: 문자도식추리   난이도: ★☆☆

**07**

6EM2 → ▽ → ○ → ?

① M2E6      ② 26EM      ③ 1EM5      ④ M5E1      ⑤ M6E2

유형: 문자도식추리   난이도: ★☆☆

**08**

N3R9 → ▽ → ★ → ○ → ?

① QN38      ② 9N3R      ③ R93N      ④ 8N3Q      ⑤ 8M3R

**[09-10]** 다음의 변환 규칙과 비교 규칙을 적용하여 각 문제의 정답을 고르시오.

---

## [구성]

• 하나의 타일은 3가지 속성으로 구성된다.

모양     ☀ ☾ ☆

도형색   ○ ◐ ●

배경색   ▢ ▨ ▮

---

## [변환 규칙]

◈ 왼쪽 타일과 모양이 같은 모든 타일의 도형색을 오른쪽 타일의 도형색으로 변경한다.

ex. ☀ ◈ ☀ → 왼쪽 타일처럼 모양이 해 모양인 모든 타일의 도형색을 오른쪽 타일의 도형색인 회색으로 변경한다.

◆ 왼쪽 타일과 도형색이 같은 모든 타일의 배경색을 오른쪽 타일의 배경색으로 변경한다.

ex. ☀ ◆ ☀ → 왼쪽 타일처럼 도형색이 검정색인 모든 타일의 배경색을 오른쪽 타일의 배경색인 회색으로 변경한다.

◇ 왼쪽 타일과 배경색이 같은 모든 타일의 모양을 오른쪽 타일의 모양으로 변경한다.

ex. ☀ ◇ ☀ → 왼쪽 타일처럼 배경색이 회색인 모든 타일의 모양을 오른쪽 타일의 모양인 해 모양으로 변경한다.

▢ 왼쪽 타일에 제시된 모양과 오른쪽 타일에 제시된 모양을 서로 바꾼다.

ex. ☀ ▢ ☾ → 모든 해 모양 타일은 달 모양으로, 모든 달 모양 타일은 해 모양으로 바꾼다.

---

## [비교 규칙]

[N>a]

지정된 3개 타일을 비교했을 때,

3가지 속성(모양, 도형색, 배경색)이 각각 모두 같거나 모두 다른 경우 각 속성별로 n = 1, 그렇지 않은 경우 각 속성별로 n = 0으로 계산하여 모두 더한 값(N)이 조건을 만족하는지 비교 조건을 만족하면 Yes, 그렇지 않으면 No로 이동한다.

**09** 다음을 주어진 규칙에 따라 변환시킬 때, '?'에 해당하는 것을 고르시오.

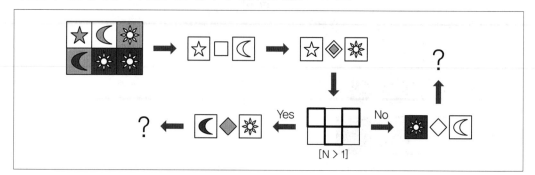

①

②

③

④

⑤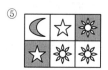

**10**  다음을 주어진 규칙에 따라 변환시킬 때, '?'에 해당하는 것을 고르시오.

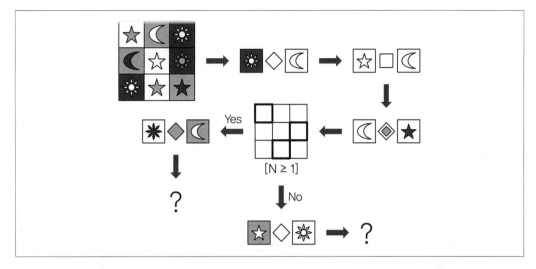

①

②

③

④

⑤

**11** 제시된 도형을 주어진 규칙에 따라 변환시킬 때, 다음 규칙을 참고하여 문제의 정답을 고르시오.

1  1열과 3열 교환(단, 세로로 연결된 연결선도 같이 이동한다.)

2  연결선을 시계 방향으로 90도 회전(단, 도형은 이동하지 않는다.)

3  색반전

4  연결선 반전

변환된 도형과 비교했을 때, 일치하면 Yes, 일치하지 않으면 No로 이동

표시된 위치의 내부 도형과 색이 일치하는지

연결선이 일치하는지

주어진 규칙에 따라 도형을 변환시킬 때 '?'에 해당하는 도형을 고르시오.

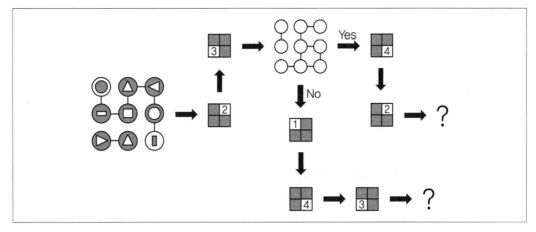

①

②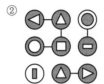

③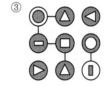

④

⑤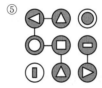

1 언어능력
2 수리능력
3 추리능력
4 공간지각능력
5 실전모의고사

해커스 20대기업 인적성 통합 기본서 최신기출유형+실전문제

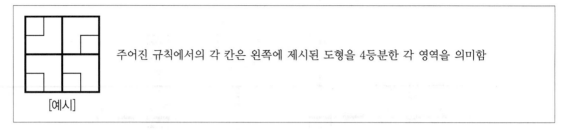

주어진 규칙에서의 각 칸은 왼쪽에 제시된 도형을 4등분한 각 영역을 의미함

[예시]

각 칸에 제시된 작은 사각형의 내부 숫자를 모두 더한 값에서 일의 자리 수만큼 작은 사각형의 내부 숫자를 반시계 방향으로 이동 (단, 작은 사각형의 외부 숫자는 이동하지 않는다.)

각 칸에 제시된 작은 사각형의 내부 숫자와 외부 숫자를 곱한 값에서 일의 자리 숫자를 작은 사각형의 내부 숫자로, 십의 자리 숫자를 작은 사각형의 외부 숫자로 변경

각 칸을 시계 방향으로 한 칸씩 이동

각 칸에 제시된 작은 사각형의 내부 숫자에서 테두리를 삭제하고 외부 숫자에 테두리를 추가

각 칸에 제시된 작은 사각형의 내부 숫자를 모두 더한 값(▫)과 각 칸에 제시된 작은 사각형의 외부 숫자를 모두 더한 값(□)의 대소 비교 두 숫자를 비교하여 조건을 만족하면 Yes, 그렇지 않으면 No로 이동

각 칸에서 작은 사각형이 위쪽에 위치한 칸의 개수 x와 대소 비교 x가 조건을 만족하면 Yes, 그렇지 않으면 No로 이동

★ 표시한 위치의 숫자가 작은 사각형의 내부에 있으면 ▫과 비교, 작은 사각형의 외부에 있으면 □과 비교 두 조건을 모두 만족하면 Yes, 그렇지 않으면 No로 이동

**12** 주어진 규칙에 따라 도형을 변환시킬 때, '?'에 해당하는 도형을 고르시오.

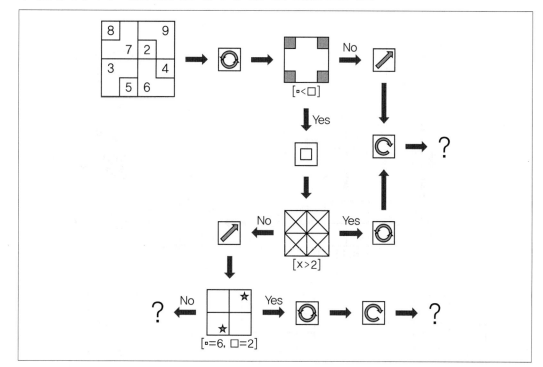

①
| 1 | | 6 |
|---|---|---|
| | 4 | 3 |
| 4 | | 3 |
| | 2 | 0 |

②
| 5 | | 5 |
|---|---|---|
| | 1 | 6 |
| | 2 | 8 |
| 4 | | 1 |

③
| 2 | | 4 |
|---|---|---|
| | 4 | 1 |
| | 0 | 3 |
| 3 | | 6 |

④
| 4 | | 1 |
|---|---|---|
| | 2 | 4 |
| | 3 | 6 |
| 0 | | 3 |

⑤
| 3 | | 2 |
|---|---|---|
| | 5 | 7 |
| 2 | | 1 |
| | 1 | 2 |

**13** 주어진 규칙에 따라 도형을 변환시킬 때, '?'에 해당하는 도형을 고르시오.

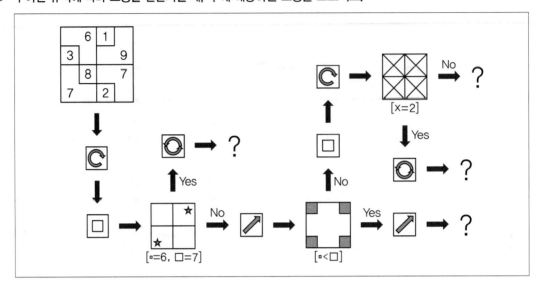

① 
| | 4 | | 6 |
| 0 | | 1 | |
| 1 | | 8 | |
| | 9 | | 5 |

② 
| | 8 | | 6 |
| 7 | | 3 | |
| | 2 | 1 | |
| 7 | | | 9 |

③ 
| | 3 | | 8 |
| 0 | | 0 | |
| | 4 | 0 | |
| 0 | | | 0 |

④ 
| | 0 | | 6 |
| 0 | | 0 | |
| 9 | | | 4 |
| | 0 | 0 | |

⑤ 
| | 4 | | 1 |
| 0 | | 6 | |
| 1 | | | 8 |
| | 9 | 5 | |

**[14-15]** 제시된 음표를 주어진 규칙에 따라 변환시킬 때, 다음 규칙을 참고하여 문제의 정답을 고르시오.

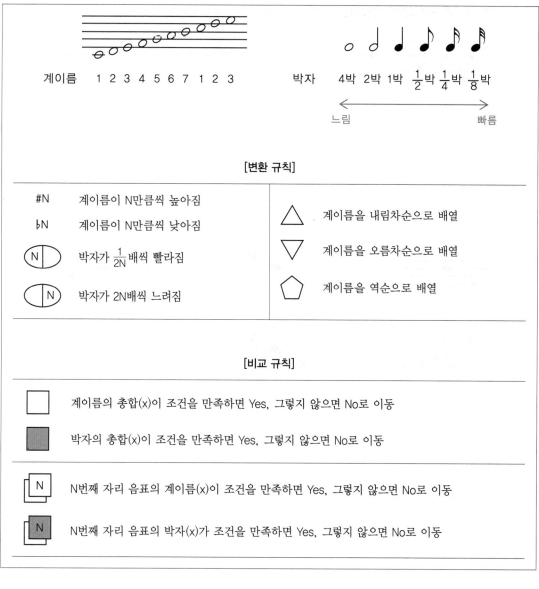

**14** 주어진 규칙에 따라 음표를 변환시킬 때, '?'에 해당하는 음표를 고르시오.

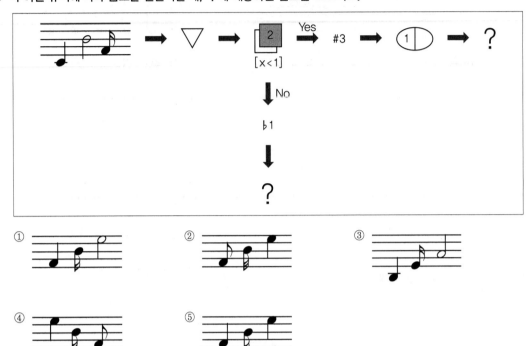

① ② ③

④ ⑤

**15** 주어진 규칙에 따라 음표를 변환시킬 때, '?'에 해당하는 음표를 고르시오.

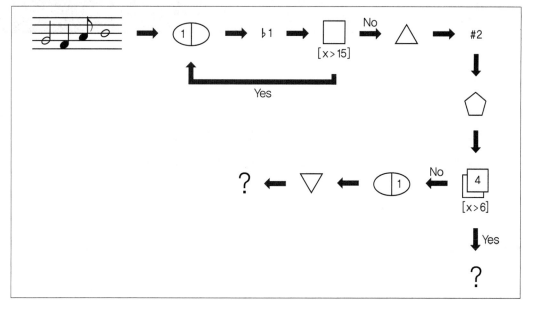

①

②

③

④

⑤

약점 보완 해설집 p.38

유형 특징

## 유형 특징

1 도형의 변환 규칙을 찾은 후 문제에 적용하여 도출되는 도형을 고르는 유형의 문제이다.

2 도형추리 유형은 ① 박스형, ② 일렬나열형 총 2가지 세부 유형으로 출제된다.

## 대표 기출 질문

| 세부 유형 | 대표 질문 |
|---|---|
| 박스형 | • 다음 도형에 적용된 규칙을 찾아 '?'에 해당하는 도형을 고르시오.<br>• 제시된 도형 가~라 중 결합 형태에 표시된 1개의 도형만 회전이 가능할 때, 결합 형태에 따라 결합하여 만들 수 없는 형태를 고르시오. |
| 일렬나열형 | • 다음 조건을 고려하여 문제의 정답을 고르시오.<br>• 각 기호에 적용된 규칙을 찾아 제시된 도형을 변환시킬 때, '?'에 해당하는 도형을 고르시오.<br>• 다음 각 그룹 내의 도형에 적용된 일정한 규칙을 찾아 A와 B에 해당하는 도형을 순서대로 고르시오. |

## 최근 출제 경향

1 도형추리 유형은 출제되는 규칙이 한정되어 있지만 도형의 형태나 규칙 파악에 소요되는 시간에 따라 기업마다 다양한 난이도로 문제가 출제되고 있다.

2 테트리스 형태나 원 분할 형태의 도형이 제시되는 경우가 많으며, 회전, 칸 이동, 색반전, 결합 등 다양한 규칙이 출제되고 있다.

## 학습 방법

1 다양한 변환 규칙이 출제되므로 기출 도형 변환 규칙을 학습하여 문제 풀이의 기초를 다진다. (직무 적성검사 필수 암기 핸드북 p.47)

2 박스형 문제는 규칙이 적용되는 방향을 파악하는 것이 문제 풀이의 핵심이 되므로 다양한 문제를 풀어보면서 제시된 도형 간의 규칙이 열과 열 사이에 적용되는지, 행과 행 사이에 적용되는지 정확히 파악하는 연습을 한다.

3 일렬나열형 문제는 적용되는 규칙의 수가 많거나 복잡한 형태로 출제되므로 최대한 다양한 문제를 풀어보면서 여러 가지 규칙을 빠르게 파악하여 문제에 적용하는 연습을 한다.

1 언어능력
2 수리능력
3 추리능력
4 공간지각력
5 실전모의고사
해커스 20대기업 인적성 통합 기본서 최신기출유형+실전문제

# 01 | 박스형

박스 안에 제시된 도형 간의 규칙을 찾아 빈칸에 해당하는 도형을 고르는 유형의 문제이다.

##  문제 풀이 전략

| 1단계 | 규칙이 적용된 방향을 파악한다. |
|---|---|

제시된 도형의 모양이나 음영을 비교하면서 같은 것이 있는지 확인하여 규칙이 열과 열 사이에 적용되는지, 행과 행 사이에 직용되는지 또는 행과 열 구분 없이 박스 전체에 적용되는지를 파악한디.

▼

| 2단계 | 도형에 적용된 규칙을 찾아 문제를 푼다. |
|---|---|

규칙이 적용된 방향에 따라 변하는 도형의 모양이나 음영, 위치 등을 확인하여 도형에 적용된 규칙을 찾아 문제를 푼다. 만약 적용된 규칙이 여러 가지일 경우에는 쉽게 파악할 수 있는 규칙을 먼저 적용하여 오답을 소거하며 문제를 푼다.

## 🔷 문제 풀이 전략 적용

다음 도형에 적용된 규칙을 찾아 '?'에 해당하는 도형을 고르시오.

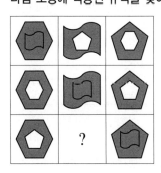

①    ②    ③

④    ⑤

[정답] ①

1단계　도형의 모양을 비교하여 규칙이 적용된 방향을 파악한다.
　　　박스의 바깥 도형은 열마다 같은 모양의 도형이 제시되어 있으므로 규칙이 행과 행 사이에 적용되었음을 알 수 있고, 내부 도형은 행마다 같은 도형이 제시되어 있으므로 규칙이 열과 열 사이에 적용되었음을 알 수 있다.

2단계　각 행에 제시된 도형은 다음 행에서 바깥 도형은 유지되고 내부 도형은 오른쪽으로 한 칸씩 이동한 형태임을 알 수 있다.
　　　따라서 정답은 ①이 된다.

# 02 | 일렬나열형

제시된 도형에서 규칙을 찾아 도형이 제시된 순서에 따라 문제에 적용했을 때 도출되는 도형을 고르는 유형의 문제이다.

## 문제 풀이 전략

| 1단계 | 제시된 도형을 확인하여 문제에 적용되는 규칙을 찾는다. |
|---|---|

제시된 도형을 확인하여 규칙이 적용되는 방향이나 범위를 파악한 후, 문제에 적용되는 규칙을 찾는다. 이때 도형의 모양이니 음영이 다르게 나타나는 한 부분을 기준으로 두 개의 도형을 비교하면 적용된 규칙을 빠르게 찾을 수 있다.

▼

| 2단계 | 찾은 규칙을 적용하여 문제를 푼다. |
|---|---|

찾은 규칙을 도형 전체에 적용하기보다는 도형의 왼쪽 윗부분과 같이 특정 부분에만 적용하여 빠르게 문제를 푼다. 이때 대칭 규칙과 회전 규칙이 연달아 적용되는 경우에는 풀이 단계를 줄이는 방법을 미리 학습하여 풀이 시간을 단축할 수 있다.

✔ 풀이 단계를 줄이는 방법

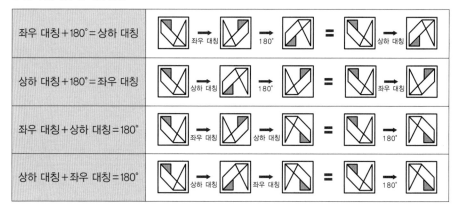

## 문제 풀이 전략 적용

다음 제시된 2×2 분할 도형의 내부 도형은 각 위치에 대응하는 기호의 규칙에 따라 변환되며, 빈칸에 대응하는 기호의 규칙은 제시된 도형 전체에 가장 마지막에 적용된다. [조건]의 각 기호에 적용된 규칙에 따라 [문제]에 제시된 도형을 변환시킬 때, '?'에 해당하는 도형을 고르시오. (단, 각 기호별로 1개의 규칙이 적용된다.)

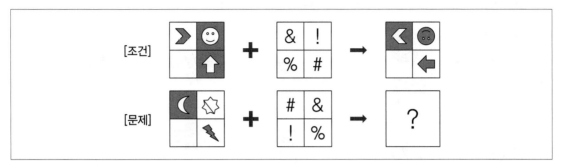

① 　② 　③ 　④ 　⑤

[정답] ④

1단계 제시된 [조건]의 첫 번째 도형과 세 번째 도형을 비교하여 각 기호에 대응하는 규칙을 유추한다.
빈칸에 대응하는 '%' 기호의 규칙만 제시된 도형 전체에 가장 마지막에 적용되고, 세 번째 도형의 모든 도형이 외부 도형과 내부 도형이 색반전된 형태이며 빈칸 위치가 변하지 않았으므로 '%' 기호의 규칙은 '외부 도형과 내부 도형의 색반전'임을 알 수 있다. 이때 각 기호별로 1개의 규칙이 적용되므로 첫 번째 도형과 세 번째 도형을 서로 비교하여 '&' 기호의 규칙은 '좌우 반전', '!' 기호의 규칙은 '상하 반전', '#' 기호의 규칙은 '반시계 방향으로 90도 회전'임을 알 수 있다.

2단계 [문제]에 제시된 첫 번째 도형에서 빈칸에 대응하는 '!' 기호의 규칙인 '상하 반전'을 전체 도형에 적용했을 때 빈칸 위치가 일치하지 않는 ③, ⑤를 소거하고, '%' 기호의 규칙인 '외부 도형과 내부 도형의 색반전'을 적용했을 때 색반전되지 않은 ②를 소거한다.
그다음, 남은 선택지에서 서로 다른 달 모양 도형만 확인하면 '#' 기호의 규칙인 '반시계 방향으로 90도 회전' 후 '상하 반전'이 적용됨을 알 수 있다.
따라서 정답은 ④가 된다.

보충설명　 **+**  **→**

유형: 박스형    난이도: ★★☆

**01** 다음 도형에 적용된 규칙을 찾아 '?'에 해당하는 도형을 고르시오.

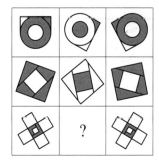

①     ②     ③

④     ⑤

유형: 박스형    난이도: ★★☆

**02** 다음 도형에 적용된 규칙을 찾아 '?'에 해당하는 도형을 고르시오.

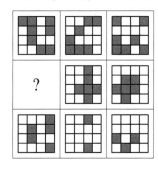

①     ②     ③

④     ⑤

유형: 박스형    난이도: ★★☆

**03** 다음 도형에 적용된 규칙을 찾아 '?'에 해당하는 도형을 고르시오.

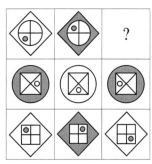

①     ②     ③

④     ⑤

**[04-05]** 다음 조건을 고려하여 문제의 정답을 고르시오.

---

**[조건]**

1. 2×2 분할 도형의 내부 도형은 각 위치에 대응하는 기호 'V', 'X', '=', '+'의 규칙에 따라 변환됨

2. 기호별로 규칙은 모두 다르고, 다음의 규칙 중 1개의 규칙이 적용됨

   • 시계 방향으로 90도 회전

   • 반시계 방향으로 90도 회전

   • 상하 반전

   • 좌우 반전

   • 밝게 색 변환(검정색 → 회색, 회색 → 흰색, 흰색 → 검정색)

   • 어둡게 색 변환(흰색 → 회색, 회색 → 검정색, 검정색 → 흰색)

3. 빈칸 외 각 위치에 대응하는 기호의 규칙은 해당 위치에 개별 적용되고, 빈칸에 대응하는 기호의 규칙은 제시된 도형 전체에 적용되는 규칙으로 가장 마지막에 적용됨

4. 개별 적용되는 회전/반전 규칙은 내부 도형의 위치 변화 없이 모양만 변환되고, 도형 전체에 적용되는 회전/반전 규칙은 내부 도형의 모양 변화 없이 위치만 변환됨

ex. 'V' 좌우 반전, 'X' 어둡게 색 변환 , '=' 반시계 방향으로 90도 회전, '+' 상하 반전인 경우

 +  →

---

제4장 도형추리 유형공략문제 **285**

**04** 각 기호에 적용된 규칙을 찾아 제시된 도형을 변환시킬 때, '?'에 해당하는 도형을 고르시오.

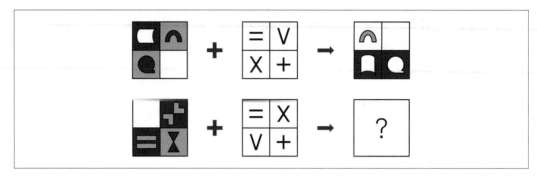

①     ②     ③

④     ⑤

**05** 각 기호에 적용된 규칙을 찾아 제시된 도형을 변환시킬 때, '?'에 해당하는 도형을 고르시오.

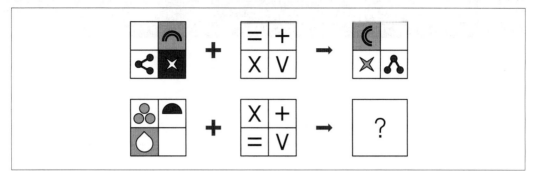

① 　② 　③

④ 　⑤

약점 보완 해설집 p.42

**01** 다음 결론이 반드시 참이 되게 하는 전제를 고르시오.

| 전제 | 집중력을 높이는 어떤 것은 졸음 방지에 도움이 된다. |
|---|---|
| 결론 | 어떤 껌은 졸음 방지에 도움이 된다. |

① 집중력을 높이는 것은 모두 껌이 아니다.

② 모든 껌은 집중력을 높인다.

③ 집중력을 높이는 어떤 것은 껌이 아니다.

④ 집중력을 높이는 것은 모두 껌이다.

⑤ 졸음 방지에 도움이 되지 않는 것은 모두 껌이다.

**02** 다음 전제를 읽고 반드시 참인 결론을 고르시오.

| 전제 | 방향 감각이 뛰어난 모든 사람은 길눈이 밝다. |
|---|---|
|  | 운전을 잘하지 않는 모든 사람은 방향 감각이 뛰어나지 않다. |
| 결론 |  |

① 길눈이 밝지 않은 모든 사람은 운전을 잘하지 않는다.

② 길눈이 밝은 사람 중에 운전을 잘하는 사람이 있다.

③ 운전을 잘하는 모든 사람은 길눈이 밝지 않다.

④ 길눈이 밝은 모든 사람은 운전을 잘한다.

⑤ 운전을 잘하지 않는 모든 사람은 길눈이 밝다.

1
언어능력

2
수리능력

3
추리능력

4
공간지각능력

5
실전모의고사

해커스 20대기업 인적성 통합 기본서 최신기출유형+실전문제

**03** 다음 명제가 모두 참일 때, 항상 참인 문장을 고르시오.

- 일기를 쓰는 사람은 약속을 중요하게 생각한다.
- 도전적인 사람은 일기를 쓰지 않는다.
- 감정적이지 않은 사람은 일기를 쓴다.
- 일기를 쓰지 않는 사람은 TV 시청을 좋아한다.
- 감정적인 사람은 우유부단하지 않다.

① 감정적이지 않은 사람은 약속을 중요하게 생각하지 않는다.
② 도전적인 사람은 TV 시청을 좋아하지 않는다.
③ 우유부단한 사람은 도전적이지 않다.
④ TV 시청을 좋아하는 사람은 약속을 중요하게 생각한다.
⑤ 일기를 쓰는 사람은 감정적이다.

**04** 제시된 문장을 읽고 옳은 결론을 고르시오.

- 사회보장제도가 발달한 국가는 경제적으로 평등하다.
- 국민의 인권을 보장하지 못하는 국가는 경제적으로 평등하지 못하다.
- 사회보장제도가 발달한 국가는 민주주의의 가치를 존중한다.

A: 사회보장제도가 발달한 국가가 반드시 국민의 인권을 보장하는 것은 아니다.
B: 민주주의의 가치를 존중하지 못하는 국가는 사회보장제도가 발달한 국가가 아니다.

① A만 옳다.
② B만 옳다.
③ A와 B 모두 옳다.
④ A와 B 모두 그르다.
⑤ A와 B 모두 옳은지 그른지 파악할 수 없다.

**05** 제시된 문장을 읽고 옳은 결론을 고르시오.

> • 사과를 먹은 사람 중에는 포도를 먹은 사람도 있다.
> • 배를 먹은 사람은 사과를 먹었지만, 포도는 먹지 않았다.

> A: 사과를 먹은 사람 모두가 배를 먹은 사람일 수 있다.
> B: 포도를 먹은 사람 모두가 사과를 먹은 사람일 수 있다.

① A만 옳다.
② B만 옳다.
③ A와 B 모두 옳다.
④ A와 B 모두 그르다.
⑤ A와 B 모두 옳은지 그른지 파악할 수 없다.

**06** 요리사, 치과의사, 선생님, 만화가가 카페에서 서로 다른 테이블에 앉아 동시에 인터뷰를 진행하였다. 다음 조건을 모두 고려하였을 때, 항상 참인 것을 고르시오.

> • 테이블은 각각 2인용, 3인용, 4인용, 6인용이 있으며, 동시에 도착한 사람은 없었다.
> • 두 번째 순서로 도착한 치과의사는 2인용 또는 4인용 테이블에 앉았다.
> • 6인용 테이블에 앉은 사람보다 먼저 도착한 요리사는 3인용 테이블에 앉았다.
> • 가장 늦게 도착한 선생님은 2인용 테이블 또는 6인용 테이블에 앉았다.
> • 2인용 테이블에 앉은 사람은 만화가가 아니다.

① 만화가는 2인용 테이블에 앉은 사람보다 늦게 도착했다.
② 요리사가 세 번째 순서로 도착했다면 치과의사는 2인용 테이블에 앉았다.
③ 만화가가 요리사보다 늦게 도착했다면 만화가는 6인용 테이블에 앉았다.
④ 치과의사가 4인용 테이블에 앉았다면 선생님은 6인용 테이블에 앉았다.
⑤ 요리사는 4인용 테이블에 앉은 사람보다 먼저 도착했다.

**07** 한 영화관에서 멜로, 액션, 애니메이션, 스릴러, 공포 다섯 가지 장르 중 일부를 선택하여 영화를 상영하려고 한다. 다음 조건을 모두 고려하였을 때, 항상 거짓인 것을 고르시오.

- 스릴러 영화와 공포 영화가 함께 상영되지는 않는다.
- 멜로 영화를 상영하면, 애니메이션 영화도 상영한다.
- 스릴러 영화를 상영하지 않으면, 액션 영화도 상영하지 않는다.
- 공포 영화를 상영하면, 멜로 영화도 상영한다.
- 액션 영화를 상영하면, 애니메이션 영화는 상영하지 않는다.
- 스릴러 영화를 상영하면, 액션 영화도 상영한다.
- 영화를 아예 상영하지 않는 경우는 없다.

① 액션 영화의 상영 여부는 확실하지 않다.
② 항상 두 종류의 영화가 상영된다.
③ 반드시 상영되는 영화 장르는 없다.
④ 멜로 영화가 상영될 때, 액션 영화는 상영되지 않는다.
⑤ 스릴러 영화는 상영될 수 있다.

**08** 경호, 미주, 소라, 재우, 혜주 5명은 축제에서 음료수를 병 단위로 판매하였다. 다음 조건을 모두 고려하였을 때, 항상 거짓인 것을 고르시오.

- 5명 중 2명의 판매량만 서로 동일하다.
- 경호는 미주보다 판매량이 많다.
- 소라는 재우보다 판매량이 많다.
- 혜주보다 판매량이 적은 사람은 2명이다.
- 미주, 혜주와 판매량이 동일한 사람은 없다.

① 경호와 판매량이 동일한 사람이 있다.
② 미주는 혜주보다 판매량이 적다.
③ 소라보다 판매량이 많은 사람은 없다.
④ 재우는 혜주보다 판매량이 많다.
⑤ 혜주는 소라보다 판매량이 적다.

1 언어능력

2 수리능력

3 추리능력

4 공간지각능력

5 실전모의고사

해커스 20대기업 인적성 통합 기본서 최신기출유형+실전문제

**09** 나래는 상의 A, B, C, D와 하의 E, F, G를 조합하여 월요일부터 금요일까지 5일 동안 입을 옷을 매칭하려고 한다. 다음 조건을 모두 고려하였을 때, 항상 거짓인 것을 고르시오.

> - 한 번 입은 옷은 연속하여 입지 않으며, 월요일에는 하의 F를 입는다.
> - 상의 B는 화요일 하루만 입으며, 하의 G와는 입지 않는다.
> - 금요일에는 상의 C를 입으며, 상의 C는 하의 E 또는 F와 입는다.
> - 상의 D는 수요일 하루만 입는다.
> - 목요일에는 월요일에 입은 옷 조합과 동일하게 입는다.

① 상의 D는 하의 G와 입는다.
② 금요일에 하의 F를 입을 수 있다.
③ 하의 E는 3일 간격으로 입는다.
④ 하의 F는 상의 D와 입을 수 없다.
⑤ 하의 G는 화요일이나 수요일 중 하루 입는다.

**10** 민호, 철민, 철호, 민수는 축구선수, 야구선수, 농구선수, 배구선수 중 서로 다른 한 가지의 직업을 가졌다. 다음 조건을 모두 고려하였을 때, 항상 거짓인 것을 고르시오.

> - 민호는 축구선수, 배구선수와 함께 외국여행을 다녀왔다.
> - 민수는 외국을 다녀온 적이 없다.

① 민수는 배구선수가 아니다.
② 민호는 야구선수이다.
③ 철호는 축구선수이다.
④ 철민이가 축구선수라면 철호는 배구선수이다.
⑤ 민호가 농구선수라면 철민이는 야구선수이다.

**11** 민수는 낚시터에서 잡은 서로 다른 크기의 광어, 우럭, 도미, 숭어, 방어를 세로 5단으로 이루어진 낚시통에 한 마리씩 보관하려고 한다. 다음 조건을 모두 고려하였을 때, 항상 참인 것을 고르시오.

- 낚시통의 1단은 맨 하단에, 5단은 맨 상단에 위치한다.
- 1단에 보관되는 물고기의 크기가 가장 크며, 상단으로 갈수록 보관되는 물고기의 크기는 작아진다.
- 광어와 숭어가 보관되는 단 사이에 한 단이 존재한다.
- 민수가 잡은 물고기 중 도미의 크기가 가장 크다.
- 숭어와 방어가 보관되는 단은 서로 이웃한다.
- 우럭의 크기는 민수가 잡은 물고기 중 두 번째 또는 세 번째로 작다.

① 크기가 네 번째로 큰 물고기는 숭어이다.

② 우럭은 3단에 보관된다.

③ 도미가 보관되는 단과 이웃하여 보관되는 물고기는 광어이다.

④ 방어가 2단에 보관될 때, 광어는 5단에 보관된다.

⑤ 물고기를 보관하는 경우의 수는 총 3가지이다.

**12** A, B, C, D, E 5명 중 1학년은 3명이고, 2학년과 3학년은 각각 1명씩이다. 1학년은 진실만 말하고, 3학년은 거짓만 말할 때, 2학년을 고르시오.

- A: B는 나보다 학년이 높다.
- B: 나는 C보다 학년이 낮다.
- C: 나는 D와 학년이 같다.
- D: 나보다 E의 학년이 높다.
- E: 나는 B보다 학년이 높다.

① A      ② B      ③ C      ④ D      ⑤ E

1 언어능력
2 수리능력
3 추리능력
4 공간지각능력
5 실전모의고사
해커스 20대기업 인적성 통합 기본서 최신기출유형+실전문제

**13** 수철, 민기, 수경, 정현이의 부서는 각각 총무부, 관리부, 인사부, 기획부 중 하나이며 직급은 각각 대리, 과장, 차장, 부장 중 하나이다. 다음 조건을 모두 고려하였을 때, 항상 거짓인 것을 고르시오.

---

- 수철, 민기, 수경, 정현이의 부서와 직급은 각각 서로 다르다.
- 수경이는 기획부 소속이지만 과장은 아니다.
- 민기는 인사부 소속도 아니고 대리도 아니다.
- 수철이는 관리부 소속이 아니지만 직급은 차장이다.
- 정현이는 총무부 소속도 아니고 과장도 아니다.

---

① 수철이가 인사부 소속이면 정현이는 관리부 소속이다.
② 민기는 관리부 과장이다.
③ 정현이는 대리이다.
④ 수경이는 기획부 부장이다.
⑤ 정현이가 인사부 소속이면 민기는 총무부 소속이다.

**14** 동윤, 민아, 주영, 영민, 은주는 각자 등산, 독서, 발레 중 하나의 취미를 가지고 있다. 등산, 독서, 발레가 취미인 사람이 각각 최소 1명일 때, 항상 독서가 취미인 사람을 고르시오.

---

- 영민이의 취미는 등산 또는 발레이다.
- 주영이와 은주의 취미는 서로 다르다.
- 민아와 영민이의 취미는 서로 같다.
- 발레가 취미인 사람은 2명이며, 그중 한 명은 은주이다.

---

① 동윤          ② 민아          ③ 주영          ④ 영민          ⑤ 은주

**15** 일정한 규칙으로 나열된 수를 통해 빈칸에 들어갈 알맞은 숫자를 고르시오.

$$\frac{9}{4} \quad \frac{3}{2} \quad 1 \quad \frac{2}{3} \quad \frac{4}{9} \quad \frac{8}{27} \quad (\quad)$$

① $\frac{16}{81}$　　　② $\frac{16}{54}$　　　③ $\frac{8}{9}$　　　④ 2　　　⑤ $\frac{27}{8}$

1 언어능력
2 수리능력
3 추리능력
4 공간지각능력
5 실전모의고사

해커스 20대기업 인적성 통합 기본서 최신기출유형+실전문제

**16** 일정한 규칙으로 나열된 수를 통해 빈칸에 들어갈 알맞은 숫자를 고르시오.

12　15　11　14　17　13　16　(　　)

① 14　　　② 15　　　③ 19　　　④ 20　　　⑤ 23

**17** 일정한 규칙으로 나열된 수를 통해 빈칸에 들어갈 알맞은 숫자를 고르시오.

95　96　98　93　102　89　(　　)

① 107　　　② 102　　　③ 93　　　④ 88　　　⑤ 83

**18** 다음 도형의 바깥쪽 원과 안쪽 원에 포함된 각 숫자에는 시계 방향으로 서로 다른 규칙이 적용되고, 사분원 안의 세 숫자 사이에도 일정한 규칙이 있다. 각각의 규칙을 찾아 A+B+C+D의 값을 고르시오. (단, 바깥쪽 원과 안쪽 원에 적용되는 규칙의 경우 규칙이 끝나는 숫자와 규칙이 시작되는 숫자 사이에는 성립하지 않는다.)

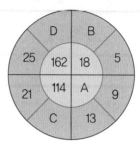

① 85　　　　② 113　　　　③ 145　　　　④ 213　　　　⑤ 265

**19** 다음 도형에서 일정한 규칙을 찾아 빈칸에 들어갈 알맞은 문자를 고르시오.

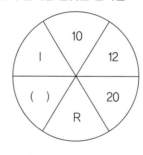

① K　　　　② L　　　　③ O　　　　④ P　　　　⑤ S

1 언어능력

2 수리능력

3 추리능력

4 공간지각능력

5 실전모의고사

해커스 20대기업 인적성 통합 기본서 최신기출유형+실전문제

[20~21] 다음 각 기호가 문자, 숫자의 배열을 바꾸는 규칙을 나타낸다고 할 때, 각 문제의 '?'에 해당하는 것을 고르시오.

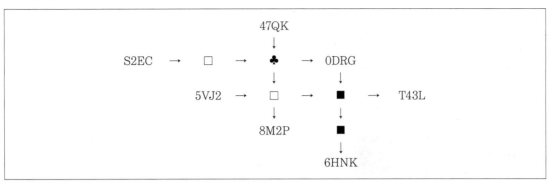

47QK
↓
S2EC  →  □  →  ♣  →  0DRG
↓
5VJ2  →  □  →  ■  →  T43L
↓
8M2P        ■
↓
6HNK

**20**

N1W6  →  ♣  →  □  →  ?

① 8ZO2    ② 28PX    ③ 40LV    ④ 28LV    ⑤ 40PX

**21**

?  →  ♣  →  ■  →  □  →  B4T6

① XY90    ② XY72    ③ 90YX    ④ 72XE    ⑤ XE69

**[22-23]** 다음의 변환 규칙과 비교 규칙을 적용하여 각 문제의 정답을 고르시오.

## [구성]

- 하나의 타일은 3가지 속성으로 구성된다.

모양    ☀   ☾   ☆

도형 색   ☆   ★   ★

배경색   ⬜ ⬜ ⬛

## [변환 규칙]

◈    왼쪽 타일과 모양이 같은 모든 타일의 도형 색을 오른쪽 타일의 도형 색으로 변경한다.

ex. ☀ ◈ ☀ → 왼쪽에 제시된 타일과 같이 모양이 해 모양인 모든 타일의 도형 색을 회색으로 변경한다.

◆    왼쪽 타일과 도형 색이 같은 모든 타일의 배경색을 오른쪽 타일의 배경색으로 변경한다.

ex. ☀ ◆ ☀ → 왼쪽에 제시된 타일과 같이 도형 색이 검정색인 모든 타일의 배경색을 회색으로 변경한다.

◇    왼쪽 타일과 배경색이 같은 모든 타일의 모양을 오른쪽 타일의 모양으로 변경한다.

ex. ☀ ◇ ☀ → 왼쪽에 제시된 타일과 같이 배경색이 회색인 모든 타일의 모양을 해 모양으로 변경한다.

☐    왼쪽 타일에 제시된 모양과 오른쪽 타일에 제시된 모양을 서로 바꾼다.

ex. ☀ ☐ ☾ → 왼쪽에 제시된 해 모양의 모든 타일은 오른쪽에 제시된 달 모양으로, 오른쪽에 제시된 달 모양의 모든 타일은 왼쪽에 제시된 해 모양으로 바꾼다.

## [비교 규칙]

지정된 3개 타일을 비교했을 때,

3가지 속성(모양, 도형 색, 배경색)별로 모두 같거나 모두 다른 경우 각 속성별로 n = 1, 그렇지 않은 경우 각 속성별로 n = 0으로 계산하여 모두 더한 값(N)이 조건을 만족하는지 비교조건을 만족하면 Yes, 그렇지 않으면 No로 이동

[N > a]

**22** 다음을 주어진 규칙에 따라 변환시킬 때, '?'에 해당하는 것을 고르시오.

1 언어능력
2 수리능력
3 추리능력
4 공간지각능력
5 실전모의고사
해커스 20대기업 인적성 통합 기본서 최신기출유형+실전문제

①

②

③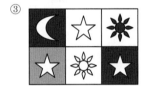

④

⑤

**23** 다음을 주어진 규칙에 따라 변환시킬 때, '?'에 해당하는 것을 고르시오.

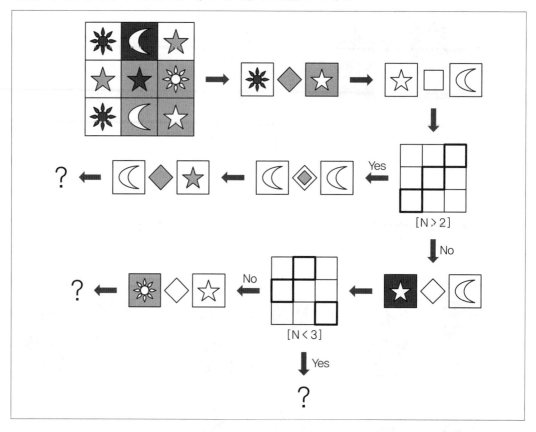

①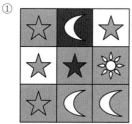

②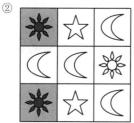

③

④

⑤

**[24-25]** 제시된 도형을 주어진 규칙에 따라 변환시킬 때, 다음 규칙을 참고하여 문제의 정답을 고르시오.

---

### [변환 규칙]

Ⓘ 음영을 포함한 도형 전체를 시계 방향으로 90도 회전

◇Ⅰ 음영을 제외한 도형 전체를 시계 방향으로 90도 회전

Ⓘ 음영을 포함한 도형 전체를 시계 방향으로 180도 회전

◇Ⅱ 음영을 제외한 도형 전체를 시계 방향으로 180도 회전

Ⓘ 음영을 포함한 도형 전체를 시계 방향으로 270도 회전

◇Ⅲ 음영을 제외한 도형 전체를 시계 방향으로 270도 회전

ex.

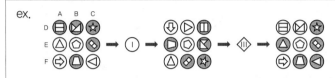

X↑n X열을 위로 n칸씩 이동

Y←n Y행을 왼쪽으로 n칸씩 이동

X↓n X열을 아래로 n칸씩 이동

Y→n Y행을 오른쪽으로 n칸씩 이동

ex.

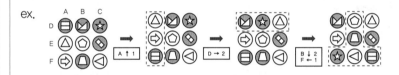

○②① 
○①② 같은 숫자가 적힌 위치의 도형과 음영을 서로 교환
○○○

ex.

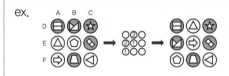

---

### [비교 규칙]

○○● 
○○● 변환된 도형과 음영이 일치하면 Yes, 그렇지 않으면 No로 이동
●○○

○○☆ 
○◎○ 변환된 도형과 표시된 위치의 도형 모양 및 방향이 일치하면 Yes, 그렇지 않으면 No로 이동
△○○

**24** 주어진 규칙에 따라 도형을 변환시킬 때, '?'에 해당하는 도형을 고르시오.

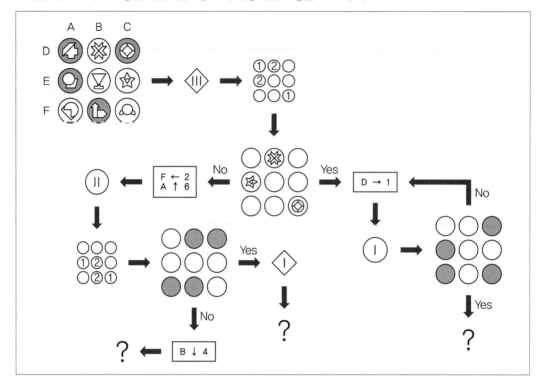

**25** 주어진 규칙에 따라 도형을 변환시킬 때, '?'에 해당하는 도형을 고르시오.

1 언어능력
2 수리능력
3 추리능력
4 공간지각능력
5 실전모의고사

해커스 20대기업 인적성 통합 기본서 최신기출유형＋실전문제

①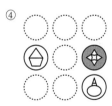

②

③

④

⑤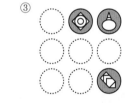

제시된 도형을 주어진 규칙에 따라 변환시킬 때, '?'에 해당하는 도형을 고르시오.

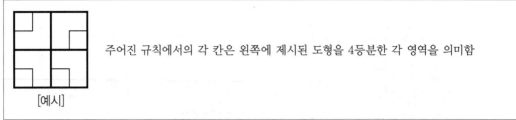

주어진 규칙에서의 각 칸은 왼쪽에 제시된 도형을 4등분한 각 영역을 의미함

[예시]

각 칸에 제시된 작은 사각형의 내부 숫자를 모두 더한 값에서 일의 자리 수만큼
작은 사각형의 내부 숫자를 반시계 방향으로 이동
(단, 작은 사각형의 외부 숫자는 이동하지 않는다.)

각 칸에 제시된 작은 사각형의 내부 숫자와 외부 숫자를 곱한 값에서
일의 자리 숫자를 작은 사각형의 내부 숫자로, 십의 자리 숫자를 작은 사각형의 외부
숫자로 변경

각 칸을 시계 방향으로 한 칸씩 이동

각 칸에 제시된 작은 사각형의 내부 숫자에서 테두리를 삭제하고 외부 숫자에 테두리
를 추가

각 칸에 제시된 작은 사각형의 내부 숫자를 모두 더한 값(ㅁ)과 각 칸에 제시된 작은 사
각형의 외부 숫자를 모두 더한 값(□)의 대소 비교
두 숫자를 비교하여 조건을 만족하면 Yes, 그렇지 않으면 No로 이동

각 칸에서 작은 사각형이 위쪽에 위치한 칸의 개수 x와 대소 비교
x가 조건을 만족하면 Yes, 그렇지 않으면 No로 이동

★ 표시한 위치의 숫자가 작은 사각형의 내부에 있으면 ㅁ과 비교,
작은 사각형의 외부에 있으면 □과 비교
두 조건을 모두 만족하면 Yes, 그렇지 않으면 No로 이동

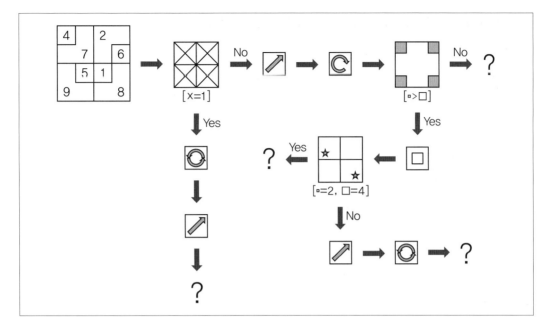

1 언어능력

2 수리능력

3 추리능력

4 공간지각능력

5 실전모의고사

해커스 20대기업 인적성 통합 기본서 최신기출유형+실전문제

① 
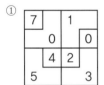

| 7 | | 1 | |
|---|---|---|---|
| | 0 | | 0 |
| | 4 | 2 | |
| 5 | | | 3 |

② 

| | 5 | 8 | |
|---|---|---|---|
| 4 | | | 2 |
| 8 | | 1 | |
| | 0 | | 2 |

③

| | 2 | 1 | |
|---|---|---|---|
| 0 | | | 6 |
| 0 | | 2 | |
| | 0 | | 0 |

④

| | 2 | 1 | |
|---|---|---|---|
| 2 | | | 8 |
| 0 | | 0 | |
| | 6 | | 0 |

⑤

| 0 | | | 2 |
|---|---|---|---|
| | 0 | 0 | |
| 2 | | 1 | |
| | 0 | | 6 |

다음 도형에 적용된 규칙을 찾아 '?'에 해당하는 도형을 고르시오.

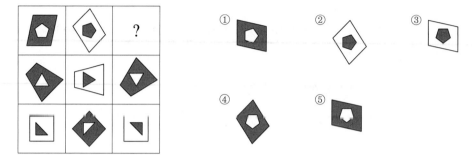

**28** 다음 각 기호가 나타내는 변환 규칙을 찾아 아래에 제시된 도형을 변환시킬 때, A와 B에 해당하는 도형을 순서대로 고르시오.

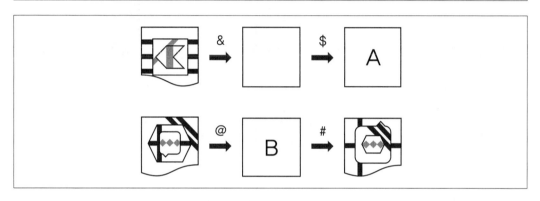

 &  $

 @  #

①

②

③

④

⑤

1 언어능력

2 수리능력

3 추리능력

4 공간지각능력

5 실전모의고사

해커스 20대기업 인적성 통합 기본서 최신기출유형+실전문제

**29** 다음 제시된 2×2 분할 도형의 내부 도형은 각 위치에 대응하는 기호의 규칙에 따라 변환되며, 빈칸에 대응하는 기호의 규칙은 제시된 도형 전체에 가장 마지막에 적용된다. [조건]의 각 기호에 적용된 규칙에 따라 [문제]에 제시된 도형을 변환시킬 때, '?'에 해당하는 도형을 고르시오. (단, 각 기호별로 1개의 규칙이 적용된다.)

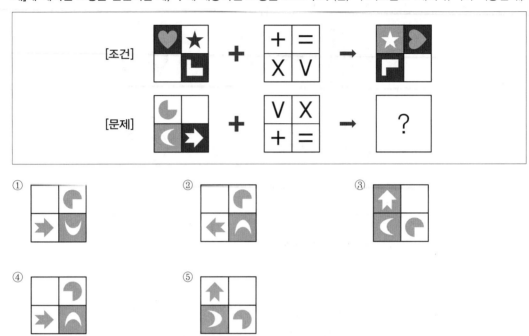

**30** 다음 제시된 2 × 2 분할 도형의 내부 도형은 각 위치에 대응하는 기호의 규칙에 따라 변환되며, 빈칸에 대응하는 기호의 규칙은 제시된 도형 전체에 가장 마지막에 적용된다. [조건]의 각 기호에 적용된 규칙에 따라 [문제]에 제시된 도형을 변환시킬 때, '?'에 해당하는 도형을 고르시오. (단, 각 기호별로 1개의 규칙이 적용된다.)

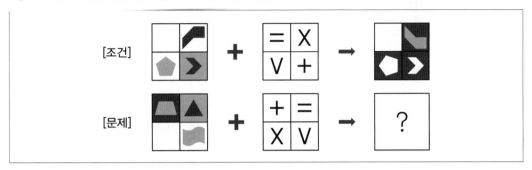

①

②

③

④

⑤

약점 보완 해설집 p.44

## 1 취약 유형 파악하기

출제예상문제를 풀고 난 후 취약 유형 분석표(약점 보완 해설집 p.44)를 작성하고, 각 유형별 기준 정답률 그래프 옆에 자신의 정답률 그래프를 그려보세요. 기준 정답률 그래프와 자신의 정답률 그래프를 비교해보세요.

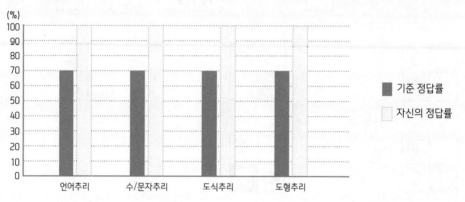

*기준 정답률: 취약 유형을 판단하는 기준이 되는 정답률

## 2 취약 유형 진단하기

자신의 정답률이 기준 정답률보다 낮은 유형이 무엇인지 확인해보세요.

| | |
|---|---|
| 언어추리 | 언어추리 취약형은 기본적인 명제 이론에 대한 지식이 부족하거나 주어진 명제와 조건을 종합하여 문제를 해결하는 능력이 부족한 경우에 해당합니다. |
| 수/문자추리 | 수/문자추리 취약형은 수/문자추리 기본 규칙에 대한 지식이 부족하거나 제시된 숫자나 문자 간의 관계를 파악하는 능력이 다소 부족한 경우에 해당합니다. |
| 도식추리 | 도식추리 취약형은 규칙을 찾는 능력이 부족하거나 제시된 규칙을 문제에 적용할 때 정확성이 부족한 경우에 해당합니다. |
| 도형추리 | 도형추리 취약형은 규칙을 찾는 능력이 부족하거나 자신이 찾은 규칙을 문제에 적용할 때 정확성이 부족한 경우에 해당합니다. |

# 3 학습 전략 확인하기

취약 유형별 학습 전략을 확인한 후, '필수 암기 핸드북'의 관련 이론을 복습하고, 틀린 문제를 다시 풀어보며 취약 유형이 확실히 극복되었는지 꼭 확인하세요.

| | |
|---|---|
| 언어추리 | 제시된 명제와 조건을 간결하게 정리하거나 보기 쉽게 표로 정리하여, 고려해야 하는 조건이나 경우의 수를 빠트리지 않고 문제를 정확하게 푸는 연습을 해야 합니다. 또한, 명제추리 문제는 명제에 대한 이론을 복습하는 것이 좋습니다.<br>▶언어추리 필수 이론 복습하기: 직무적성검사 필수 암기 핸드북 p.41 |
| 수/문자추리 | 자주 출제되는 수/문자추리의 기본 규칙에 대한 이론을 복습해야 합니다. 또한, 다양한 문제를 풀어보며 자주 출제되는 규칙을 익히고, 문제를 빠르게 푸는 연습을 하는 것이 좋습니다. 이때 알맞은 문자 찾기 문제는 도식추리의 기출 문자 순서를 함께 학습하는 것이 좋습니다.<br>▶수/문자추리 필수 이론 복습하기: 직무적성검사 필수 암기 핸드북 p.45<br>▶도식추리 필수 이론 복습하기: 직무적성검사 필수 암기 핸드북 p.46 |
| 도식추리 | 도식추리는 크게 두 가지 유형으로 출제되므로, 문제 유형별 풀이 전략을 숙지하여 정확히 적용하는 연습을 해야 합니다. 문자도식추리 문제는 규칙이 가장 적게 적용된 부분을 이용하여 규칙을 찾는 연습을 해야 하며, 그림도식추리 문제는 제시된 그림을 보고 적용된 규칙을 정확하게 이해하여 문제에 적용하는 연습을 해야 합니다.<br>▶도식추리 필수 이론 복습하기: 직무적성검사 필수 암기 핸드북 p.46 |
| 도형추리 | 제시된 그림을 보고 적용된 규칙을 빠르게 찾아 문제에 적용할 수 있어야 합니다. 이에 따라 다양한 유형의 문제를 풀어보며 문제에 적용되는 규칙을 도출하는 연습을 하고, 생략 가능한 풀이 과정을 생략하여 문제를 빠르게 해결하는 능력을 키우도록 합니다.<br>▶도형추리 필수 이론 복습하기: 직무적성검사 필수 암기 핸드북 p.47 |

# 4 취약 유형 극복하기

교재 내의 틀린 문제를 다시 풀고 난 후, 해커스잡 사이트(ejob.Hackers.com)에서 제공하는 대기업 인적성 온라인 모의고사를 풀어보며 취약 유형이 확실히 극복되었는지 꼭 확인하세요.

해커스잡 사이트(ejob.Hackers.com) 접속 후 로그인 ▶ 사이트 메인 우측 상단 [나의 정보] 클릭
▶ [나의 쿠폰 - 쿠폰/수강권 등록]에 위 쿠폰번호 입력 ▶ [마이클래스 - 모의고사] 탭에서 응시

1 언어능력

2 수리능력

3 추리능력

4 공간지각력

5 실전모의고사

해커스 20대기업 인적성 통합 기본서 최신기출유형+실전문제

해커스 20대기업 인적성 통합 기본서

# PART 4 공간지각능력

유형 특싱

1 입체도형과 전개도 간의 관계를 파악하는 유형의 문제이다.

2 전개도 유형은 ① 전개도의 입체도형, ② 전개도의 비교, ③ 전개도의 응용 총 3가지 세부 유형으로 출제된다.

## 대표 기출 질문

| 세부 유형 | 대표 질문 |
|---|---|
| 전개도의 입체도형 | • 다음 중 전개도를 접었을 때 완성되는 입체도형이 아닌 것을 고르시오.<br>• 다음 중 전개도를 접었을 때 완성되는 입체도형을 고르시오. |
| 전개도의 비교 | • 다음 중 전개도를 접었을 때 완성되는 입체도형이 나머지와 다른 하나를 고르시오. |
| 전개도의 응용 | • 다음 그림을 보고 제시된 공간에서 정육면체가 이동한 방향을 순서대로 고르시오.<br>• 다음 전개도 A, B, C를 기준면이 정면을 향하도록 접은 다음, 각각의 회전 규칙에 따라 회전시킨 후 결합 형태에 따라 결합했을 때의 모양으로 알맞은 것을 고르시오. |

1 언어능력

2 수리능력

3 추리능력

4 공간지각력

5 실전모의고사

해커스 20대기업 인적성 통합 기본서 최신기출유형+실전문제

## 최근 출제 경향

1 전개도 유형은 주로 정육면체 형태가 많이 출제되지만 뿔이나 기둥이 결합된 복잡한 형태의 입체도형으로 출제되기도 한다.

2 전개도를 접었을 때 완성되는 입체도형을 찾는 문제가 주로 출제되므로 완성되었을 때의 형태를 파악하는 연습을 해야 한다.

## 학습 방법

1 자주 출제되는 정육면체 전개도의 다양한 모양을 익히고, 전개도를 접었을 때 인접하는 면을 찾는 방법도 반드시 학습한다. (직무적성검사 필수 암기 핸드북 p.49)

2 전개도의 입체도형, 전개도의 비교, 전개도의 응용 등 다양한 형태의 문제가 출제되고 있지만 문제를 푸는 방식은 유사하므로 유형별 문제 풀이 전략을 학습하고 문제에 적용하는 연습을 한다.

## 01 | 전개도의 입체도형

제시된 전개도를 접었을 때 완성되는 입체도형과 일치하는 것 또는 일치하지 않는 것을 고르는 유형의 문제이다.

### 🔷 문제 풀이 전략

| 1단계 | 문제 유형에 따라 적절한 풀이법을 적용하여 오답을 소거한다. |
|---|---|

제시된 전개도와 입체도형을 확인하고 문제 유형에 따라 풀이법을 적용하여 오답을 소거한다.

- 제시된 전개도와 일치하지 않는 입체도형을 고르는 유형은 같은 면이 누 개 이상 사용된 신택지끼리 비교하여 문제를 푼다. 같은 면이 사용된 2개의 선택지에서 도형의 방향이나 위치가 다르다면 2개 중 1개는 반드시 정답이 되므로 나머지 3개의 선택지는 오답으로 소거된다.
- 제시된 전개도와 일치하는 입체도형을 고르는 유형은 같은 면이 두 개 이상 사용된 선택지부터 전개도와 비교하여 오답을 소거한다.

| 2단계 | 제시된 전개도와 남은 선택지를 비교하여 문제를 푼다. |
|---|---|

정답 가능성이 없는 모든 선택지를 소거한 후 남은 선택지를 차례대로 전개도와 비교하여 문제를 빠르게 푼다.

문제 풀이 전략 적용

다음 중 전개도를 접었을 때 완성되는 입체도형이 아닌 것을 고르시오.

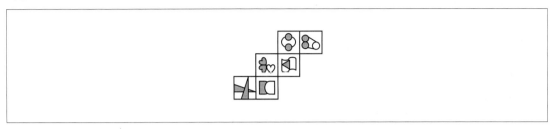

 ①

② ③

④ ⑤

[정답] ⑤

1단계   같은 면이 두 개 이상 사용된 선택지끼리 비교하여 오답을 소거한다.

①, ⑤를 비교했을 때 면의 방향이 각각 , 로 달라 둘 중 하나가 정답이 되므로 나머지 ②, ③, ④를 소거한다.

2단계   ①, ⑤ 중 하나를 선택하여 방향이 다른 두 면을 전개도와 비교한다.

전개도는 두 면이  방향으로 위치하고, ①은 이와 일치하므로 정답은 ⑤가 된다.

보충설명   전개도를 접었을 때 완성되는 입체도형은 아래와 같다.

## 02 | 전개도의 비교

제시된 전개도를 접었을 때 완성되는 입체도형이 나머지와 다른 것을 고르는 유형의 문제이다.

### 문제 풀이 전략

| 1단계 | 선택지에서 도형의 모양을 확인하여 한 면을 기준면으로 선정한다. |
| --- | --- |

제시된 전개도에서 ■, ◆와 같이 회전 각도에 따라 방향이 바뀌지 않는 도형보다는 ♣, ▶, ♥와 같이 90도 회전, 180도 회전함에 따라 방향이 바뀌는 도형이 포함된 면을 기준면으로 선정한다. 이때 회전 각도에 따라 방향이 바뀌는 도형이 포함된 면이 많을 경우 그 중 방향을 파악하기 가장 쉬운 도형이 포함된 면을 기준면으로 선정한다.

| 2단계 | 기준면과 인접하는 면을 확인하여 문제를 푼다. |
| --- | --- |

선택한 기준면과 인접하는 면에 같은 도형이 같은 방향으로 위치하는지를 비교하여 문제를 풀면 입체도형을 생각하지 않고도 쉽게 정답을 찾을 수 있다.

☑ [인접하는 면]을 찾는 방법

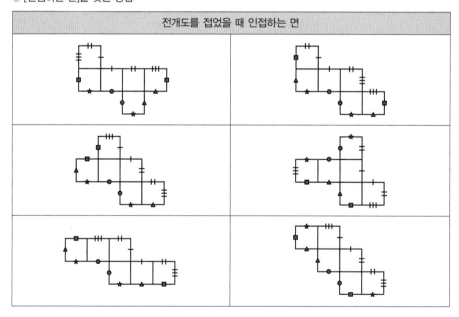

## 🔹 문제 풀이 전략 적용

다음 중 전개도를 접었을 때 완성되는 입체도형이 나머지와 다른 하나를 고르시오.

①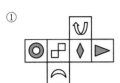

②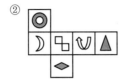

③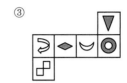

④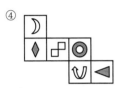

⑤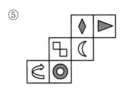

[정답] ④

1단계　선택지의 전개도 중 회전 각도에 따라 방향이 달라지는 도형이 있는지 확인한다.

ꀍ, ▲, ꌚ가 회전 각도에 따라 방향이 모두 달라지므로 세 개의 도형 중 나머지 두 개의 도형과 마주 닿는 ▲을 기준면으로 선택한다.

2단계　▲ 도형이 포함된 기준면의 상/하/좌/우에 마주 닿는 면을 확인하며 문제를 푼다.

선택지 ①, ②, ③, ⑤는 ▲ 도형이 포함된 기준면의 상/하/좌/우 면에 각각 ◎, ◆, ꀍ, ☽ 도형이 위치하지만 선택지 ④는 각각 ꂆ, ꌚ, ◆, ◎ 도형이 위치하여 도형의 위치와 방향이 나머지 선택지와 일치하지 않으므로 정답은 ④가 된다.

## 03 | 전개도의 응용

제시된 전개도를 접어 회전시킨 후, 입체도형의 이동 방향을 유추하거나 보이는 면을 유추하는 유형의 문제이다.

 문제 풀이 전략

| 1단계 | 문제 유형에 따라 적절한 풀이법을 적용하여 문제를 푼다. |
|---|---|

전개도의 응용문제는 다양한 형태로 출제되므로 제시된 전개도 또는 입체도형을 확인하고 문제 유형에 따라 풀이 시간을 난축할 수 있는 풀이법을 적용하여 문제를 푼다.

- 입체도형의 이동 방향을 유추하는 유형은 도형의 이동 전과 후의 위치를 통해 입체도형이 이동한 방향의 조합을 확인하여 오답을 소거한다.
- 회전시킨 입체도형에서 보이는 면을 유추하는 유형은 회전 방향과 횟수가 적은 입체도형부터 확인하여 문제를 푼다.

| 2단계 | 선택지에 제시된 일부만 확인하여 문제를 푼다. |
|---|---|

선택지에 제시된 모든 부분을 확인하면 문제를 정확히 풀 수 있지만, 풀이 시간이 길어지므로 선택지의 일부만 확인하여 문제를 푼다.

- 입체도형의 이동 방향을 유추하는 유형은 오답을 소거한 후 나머지 선택지를 입체도형에 대입하여 문제를 푼다. 이때 이동 후 정육면체의 세 면 중 정면이 윗면이나 옆면보다 도형의 모양과 방향을 파악하기 쉬우므로 정육면체의 정면만 확인하여 문제를 푼다.
- 회전시킨 입체도형에서 보이는 면을 유추하는 유형은 회전 방향에 따라 회전시킨 후 정육면체의 정면 또는 윗면 또는 옆면 중 한 면만 확인하여 문제를 푼다. 이때 도형의 모양으로 정답을 찾을 수 없다면 도형의 방향까지 고려해야 한다.

## 🔷 문제 풀이 전략 적용

다음 그림을 보고 제시된 공간에서 정육면체가 이동한 방향을 순서대로 고르시오. (단, 두 개의 정육면체 중 좌측 정육면체가 이동한다.)

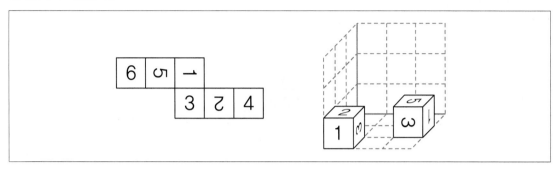

① 후, 후, 우                    ② 우, 우, 후                    ③ 후, 우, 후

④ 우, 후, 우                    ⑤ 우, 후, 후

[정답] ④

| 1 언어능력 |
| 2 수리능력 |
| 3 추리능력 |
| 4 공간지각능력 |
| 5 실전모의고사 |

해커스 20대기업 인적성 통합 기본서 최신기출유형+실전문제

| 1단계 | 제시된 두 개의 정육면체는 이동 전과 후의 위치를 보여주고 있으므로 이를 이용하여 문제를 푼다.<br>이동 전 정육면체를 기준으로 이동 후 정육면체의 방향을 확인하면, 이동 전 정육면체를 순서에 상관없이 뒤(후)로 1번, 오른쪽(우)으로 2번 이동시켜야 이동 후 정육면체의 위치와 일치함을 알 수 있다. 이에 따라 '후' 1개, '우' 2개의 조합이 아닌 선택지 ①, ③, ⑤를 소거한다. |
|---|---|
| 2단계 | 오답을 소거한 후 남은 선택지는 ②, ④ 두 가지이므로 이 중 하나를 선택한 뒤 이동 전 정육면체에 대입하여 앞면을 확인한다.<br>선택지 ②에 따라 정육면체가 이동하면 정육면체의 앞면에는 '3'이 아니라 '2'가 나타난다.<br>따라서 정답은 ④가 된다. |

유형: 전개도의 입체도형   난이도: ★☆☆

01 다음 중 전개도를 접었을 때 완성되는 입체도형이 아닌 것을 고르시오.

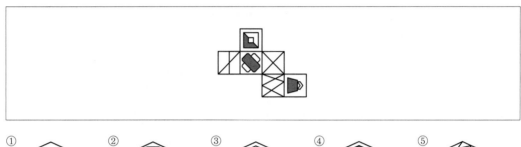

①    ②    ③    ④    ⑤

유형: 전개도의 입체도형   난이도: ★★★

02 다음 중 전개도를 접었을 때 완성되는 입체도형을 고르시오.

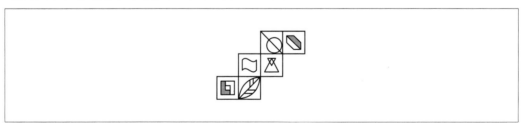

①    ②    ③    ④    ⑤

03 다음 중 전개도를 접었을 때 완성되는 입체도형이 나머지와 다른 하나를 고르시오.

①

②

③

④

⑤

04 다음 그림을 보고 제시된 공간에서 정육면체가 이동한 방향을 순서대로 고르시오. (단, 두 개의 정육면체 중 좌측 정육면체가 이동한다.)

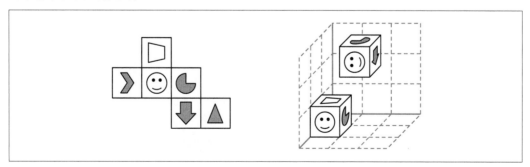

① 좌, 우, 좌                ② 좌, 좌, 우                ③ 좌, 좌, 후

④ 우, 후, 좌                ⑤ 우, 좌, 좌

05 다음 그림을 보고 제시된 공간에서 정육면체가 이동한 방향을 순서대로 고르시오. (단, 두 개의 정육면체 중
좌측 정육면체가 이동한다.)

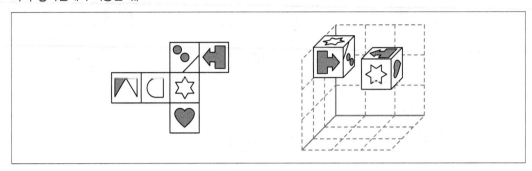

① 전, 우, 후              ② 우, 전, 우              ③ 우, 후, 우

④ 우, 우, 전              ⑤ 전, 우, 우

**06** 다음 전개도 A, B, C를 기준면이 정면을 향하도록 접은 다음, 각각의 회전 규칙에 따라 회전시킨 후 결합 형태에 따라 결합했을 때의 모양으로 알맞은 것을 고르시오.

A        B        C

[기준면]

[회전 규칙]

A: 위로 3칸
B: 오른쪽으로 1칸
C: 왼쪽으로 2칸

[결합 형태]

A
B
C

①

②

③

④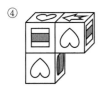

⑤

**07** 다음 전개도 A, B, C를 기준면이 정면을 향하도록 접은 다음, 각각의 회전 규칙에 따라 회전시킨 후 결합 형태에 따라 결합했을 때의 모양으로 알맞은 것을 고르시오.

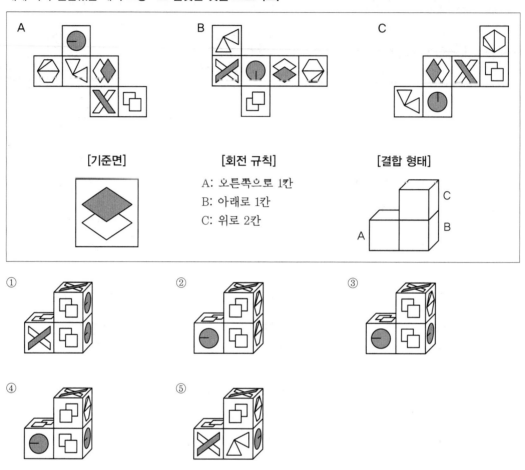

**08** 다음 전개도 A, B, C를 기준면이 정면을 향하도록 접은 다음, 각각의 회전 규칙에 따라 회전시킨 후 결합 형태에 따라 결합했을 때의 모양으로 알맞은 것을 고르시오.

[기준면]

[회전 규칙]

A: 위로 3칸
B: 아래로 1칸
C: 오른쪽으로 2칸

[결합 형태]

C

A

B

①

②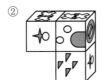

③

④

⑤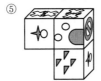

09 다음 전개도를 기준면이 정면을 향하도록 접은 후, 제시된 회전 방향에 따라 순서대로 회전시킨 다음 화살표
방향에서 바라본 모양으로 알맞은 것을 고르시오.

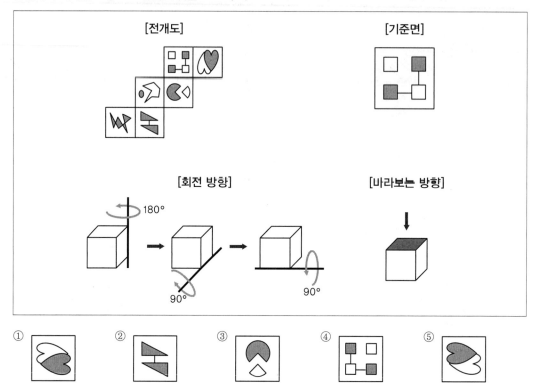

① ② ③ ④ ⑤

**10** 다음 전개도를 기준면이 정면을 향하도록 접은 후, 제시된 회전 방향에 따라 순서대로 회전시킨 다음 화살표 방향에서 바라본 모양으로 알맞은 것을 고르시오.

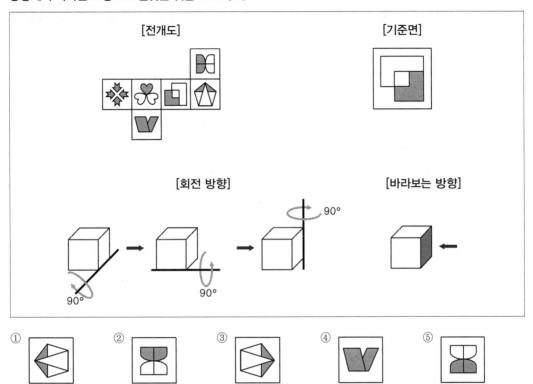

① ② ③ ④ ⑤

약점 보완 해설집 p.55

## 유형 특징

1 다양한 방향으로 접은 종이를 펀칭 또는 자른 후 펼쳤을 때의 모양이나 접은 종이의 뒷면 모양을 고르는 유형의 문제이다.

2 종이접기 유형은 ① 펀칭, ② 자르기, ③ 뒷면 유추 총 3가지 세부 유형으로 출제된다.

## 대표 기출 질문

| 세부 유형 | 대표 질문 |
| --- | --- |
| 펀칭 | • 다음과 같이 화살표 방향으로 종이를 접은 다음 펀치로 구멍을 뚫은 후 다시 펼쳤을 때의 그림으로 알맞은 것을 고르시오. |
| 자르기 | • 다음과 같이 화살표 방향으로 종이를 접은 다음 가위로 자른 후 다시 펼쳤을 때의 그림으로 알맞은 것을 고르시오. |
| 뒷면 유추 | • 다음과 같이 종이를 접었을 때, 마지막 종이의 뒷면으로 알맞은 것을 고르시오. |

1 언어능력
2 수리능력
3 추리능력
4 공간지각능력
5 실전모의고사

해커스 20대기업 인적성 통합 기본서 최신기출유형+실전문제

## 최근 출제 경향

1 펀칭 문제와 자르기 문제는 종이를 앞으로 접는 문제뿐만 아니라 뒤로 접는 문제도 출제되고 있다.

2 출제 비중이 높지는 않으나, 꾸준히 출제되고 있는 유형이므로 해당 유형을 확실히 학습해두는 것이 좋다.

## 학습 방법

1 펀칭 문제와 자르기 문제는 펀치 구멍이나 잘린 부분이 접는 선을 기준으로 대칭되어 나타나므로 이 점에 유의하여 문제를 푸는 연습을 한다.

2 뒷면 유추 문제는 평소 문제를 풀 때 종이를 직접 접어보며 접는 선을 기준으로 접히는 면의 모서리가 대칭 이동되는 원리를 시각적으로 익힌다.

3 실제 시험장에서는 시험지에 펜이나 연필로 표시할 수 없을 수도 있으므로 눈으로만 문제를 푸는 연습도 함께 하여 실전에 대비한다.

# 01 | 펀칭

다양한 방향으로 접은 종이를 펀칭한 후 펼쳤을 때 나오는 모양을 고르는 유형의 문제이다.

## 🔷 문제 풀이 전략

| 1단계 | 마지막 종이와 각 선택지의 펀치 구멍 위치를 비교하여 오답을 소거한다. |
|---|---|

마지막 종이의 펀치 구멍은 첫 번째 종이에서 같은 위치에 그대로 나타나므로 펀치 구멍의 위치가 마지막 종이와 일치하지 않는 선택지를 소거한다. 단, 접는 방향에 따라 첫 번째 종이에서의 펀칭 유무가 달라질 수 있는 점을 유의해야 한다. 이때 첫 번째 종이의 접는 선을 기준으로 마지막 종이의 펀치 구멍을 대칭 이동시키면 더 많은 펀치 구멍을 확인할 수 있어 추가로 오답을 소거할 수 있다.

☑ 펀치 구멍의 대칭

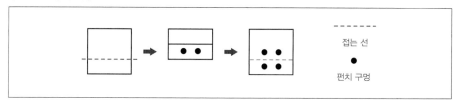

| 2단계 | 종이를 접은 역순으로 펀치 구멍을 확인하여 문제를 푼다. |
|---|---|

종이를 펼치는 순서는 종이를 접은 역순이므로 종이를 접은 역순으로 펀치 구멍을 확인하여 문제를 푼다. 이때 각 단계마다 선택지의 펀치 구멍이 접는 선을 기준으로 대칭되는지를 우선적으로 확인하여 오답을 소거한다.

## 📎 문제 풀이 전략 적용

다음과 같이 화살표 방향으로 종이를 접은 다음 펀치로 구멍을 뚫은 후 다시 펼쳤을 때의 그림으로 알맞은 것을 고르시오.

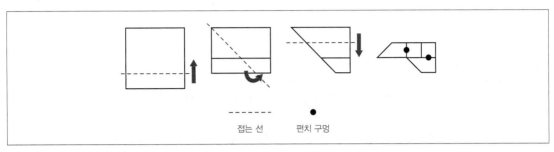

------ 접는 선    ● 펀치 구멍

①

②

③

④

⑤

[정답] ⑤

1
언어능력

2
수리능력

3
추리능력

4
공간지각능력

5
실전모의고사

해커스 20대기업 인적성 통합 기본서 최신기출유형+실전문제

1단계  펀치 구멍의 위치가 마지막 종이와 일치하지 않는 선택지가 있는지 확인한 후 첫 번째 종이의 접는 선 @를 기준으로 대칭을 이루는 펀치 구멍을 아래와 같이 표시한다.

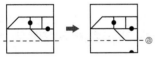

펀치 구멍의 모양과 위치가 마지막 종이와 일치하지 않는 ①, ③을 소거한다.

2단계  마지막 종이부터 아래와 같이 종이를 접은 역순으로 펀치 구멍을 표시하며 선택지를 비교하면 순차적으로 ④, ②가 소거된다.

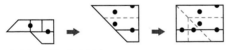

따라서 정답은 ⑤가 된다.

# 02 | 자르기

다양한 방향으로 접은 종이를 자른 후 펼쳤을 때 나오는 모양을 고르는 유형의 문제이다.

## 문제 풀이 전략

| 1단계 | 마지막 종이와 각 선택지의 잘린 부분을 비교하여 오답을 소거한다. |
|---|---|

마지막 종이의 잘린 부분은 첫 번째 종이에서 같은 위치에 그대로 나타나므로 잘린 부분이 마지막 종이와 일치하지 않는 선택지를 소거한다. 이때 첫 번째 종이의 접는 선을 기준으로 마지막 종이의 잘린 부분을 대칭 이동시키면 더 많은 잘린 부분을 확인할 수 있어 추가로 오답을 소거할 수 있다.

✔ 잘린 모양의 대칭

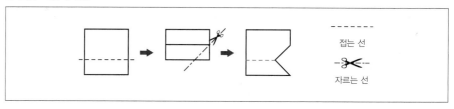

접는 선

자르는 선

▼

| 2단계 | 종이를 접은 역순으로 잘린 부분을 확인하여 문제를 푼다. |
|---|---|

종이를 펼치는 순서는 종이를 접은 역순이므로 종이를 접은 역순으로 잘린 부분을 확인하여 문제를 푼다. 이때 각 단계마다 선택지의 잘린 부분이 접는 선을 기준으로 대칭되는지를 우선적으로 확인하여 오답을 소거한다.

## 🔷 문제 풀이 전략 적용

**다음과 같이 화살표 방향으로 종이를 접은 다음 가위로 자른 후 다시 펼쳤을 때의 그림으로 알맞은 것을 고르시오.**

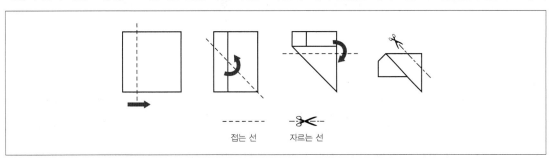

접는 선          자르는 선

①

②

③

④

⑤

[정답] ⑤

**1단계** 잘린 부분이 마지막 종이와 일치하지 않는 선택지가 있는지 확인한다.

표시된 위치의 잘린 부분이 마지막 종이와 일치하지 않는 ③을 소거한다.

**2단계** 마지막 종이부터 종이를 접은 역순으로 잘린 부분을 확인하면 순차적으로 ④, ①, ②가 소거된다.

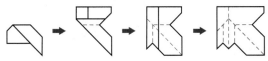

따라서 정답은 ⑤가 된다.

1 언어능력

2 수리능력

3 추리능력

4 공간지각능력

5 실전모의고사

해커스 20대기업 인적성 통합 기본서 최신기출유형+실전문제

# 03 | 뒷면 유추

다양한 방향으로 종이를 접었을 때 나오는 마지막 종이의 뒷면 모양을 고르는 유형의 문제이다.

## 문제 풀이 전략

**1단계**  마지막 종이를 접는 방향에 따라 적절한 풀이법을 적용하여 오답을 소거한다.

뒷면 유추 문제는 접는 방향이 두 가지로 출제되므로 마지막 종이의 접는 방향에 따라 풀이법을 적용하여 오답을 소거한다.

- 마지막 종이를 앞으로 접는 경우, 마지막 종이의 바로 이전 종이의 뒷면을 유추한 후 선택지와 비교하여 오답을 소거한다.
- 마지막 종이를 뒤로 접는 경우, 뒷면의 일부는 접기 전 앞면의 일부가 접는 선을 기준으로 대칭 이동되므로 그 모양을 선택지와 비교하여 오답을 소거한다.

✅ 면의 대칭 이동

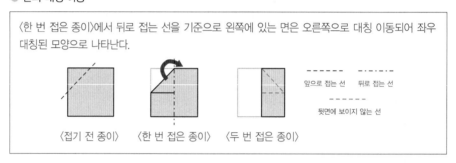

〈한 번 접은 종이〉에서 뒤로 접는 선을 기준으로 왼쪽에 있는 면은 오른쪽으로 대칭 이동되어 좌우 대칭된 모양으로 나타난다.

〈접기 전 종이〉  〈한 번 접은 종이〉  〈두 번 접은 종이〉

앞으로 접는 선  뒤로 접는 선

뒷면에 보이지 않는 선

**2단계**  제시된 나머지 종이 중 뒤로 접는 종이를 우선순위로 두고 확인하여 문제를 푼다.

뒤로 접는 종이는 앞면의 일부가 뒷면으로 이동하게 되므로 해당 종이를 먼저 확인하여 이를 접었을 때의 뒷면의 일부를 유추하며 문제를 푼다.

## 문제 풀이 전략 적용

다음과 같이 종이를 접었을 때, 마지막 종이의 뒷면으로 알맞은 것을 고르시오.

앞으로 접는 선          뒤로 접는 선

①

②

③

④

⑤

[정답] ④

**1단계** 마지막 종이를 앞으로 접었으므로 마지막 종이에서 오답을 소거할 수 있는 특징이 있는지 먼저 확인한다. 마지막 종이를 점선에 따라 접으면 점선을 기준으로 윗부분의 종이가 아랫부분의 종이를 덮으면서 마지막 종이의 왼쪽 아래에 ○ 표시한 빈 공간이 사라지게 된다.

이때, ○ 표시된 부분에는 작은 직각삼각형이 생기며 선택지에는 좌우 대칭된 모양으로 나타나므로 종이의 오른쪽 아래에 직각삼각형이 나타나지 않는 선택지 ①, ②, ③을 소거한다.

**2단계** 제시된 그림 중 뒤로 접히는 두 번째 종이의 뒷면 일부분을 유추하여 오답을 소거한다.

두 번째 종이는 뒤로 접힐 때 점선 ⓑ 아래의 삼각형 모양이 점선을 기준으로 위로 대칭 이동하게 되고 마지막 종이가 앞으로 접힐 때 이 중 일부가 잘리게 되면서 종이의 중앙에 작은 직각삼각형이 하나 더 생기게 되므로 정답은 ④가 된다.

1 언어능력
2 수리능력
3 추리능력
4 공간지각능력
5 실전모의고사
해커스 20대기업 인적성 통합 기본서 최신기출유형+실전문제

유형: 펀칭　난이도: ★☆☆

**01** 다음과 같이 화살표 방향으로 종이를 접은 다음 펀치로 구멍을 뚫은 후 다시 펼쳤을 때의 그림으로 알맞은 것을 고르시오.

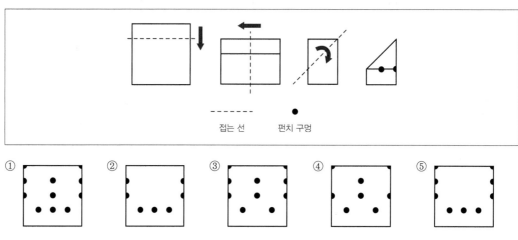

유형: 펀칭　난이도: ★★☆

**02** 다음과 같이 화살표 방향으로 종이를 접은 다음 펀치로 구멍을 뚫은 후 다시 펼쳤을 때의 그림으로 알맞은 것을 고르시오.

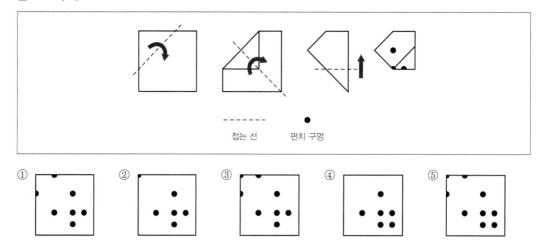

## 03 다음과 같이 화살표 방향으로 종이를 접은 다음 펀치로 구멍을 뚫은 후 다시 펼쳤을 때의 그림으로 알맞은 것을 고르시오.

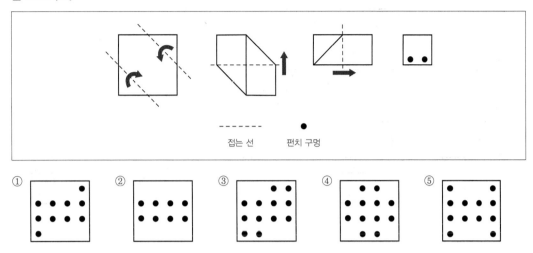

## 04 다음과 같이 화살표 방향으로 종이를 접은 다음 가위로 자른 후 다시 펼쳤을 때의 그림으로 알맞은 것을 고르시오.

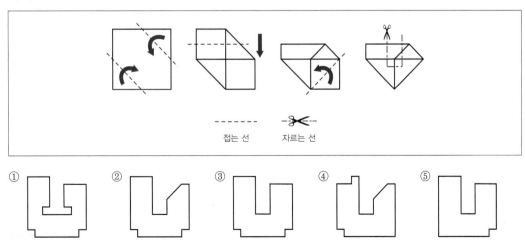

## 05 다음과 같이 종이를 접었을 때, 마지막 종이의 뒷면으로 알맞은 것을 고르시오.

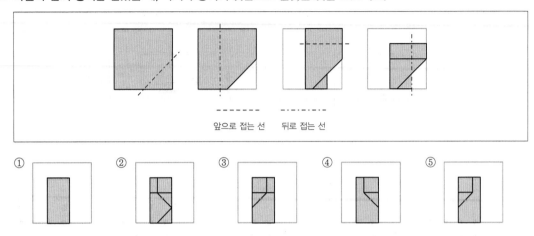

------- 앞으로 접는 선    ·-·-·-·- 뒤로 접는 선

① ② ③ ④ ⑤

약점 보완 해설집 p.58

## 유형 특징

**1** 블록을 결합 또는 분리하거나 회전했을 때의 모양을 유추하는 유형의 문제이다.

**2** 블록 유형은 ① 블록결합, ② 블록분리, ③ 블록회전 총 3가지 세부 유형으로 출제된다.

## 대표 기출 질문

| 세부 유형 | 대표 질문 |
|---|---|
| 블록결합 | • 다음 두 개의 블록을 결합했을 때 만들 수 없는 형태를 고르시오. |
| 블록분리 | • 다음 중 C로 알맞은 것을 고르시오. |
| 블록회전 | • 다음 큐브를 회전 규칙에 따라 색칠된 부분만 순서대로 회전시킨 다음, 점선에 따라 격자무늬 부분을 잘라낸 후 화살표 방향에서 바라본 모양으로 알맞은 것을 고르시오. |

1
언어능력

2
수리능력

3
추리능력

4
공간지각능력

5
실전모의고사

해커스 20대기업 인적성 통합 기본서 최신기출유형+실전문제

## 최근 출제 경향

1 블록결합 문제와 블록분리 문제는 블록 모양을 유추하기 쉽게 출제되는 경우가 많다.

2 복잡한 블록으로 구성된 문제가 출제되는 경우가 있으나 정답이 되는 부분을 명확히 찾을 수 있어 난도는 높지 않은 편이다.

## 학습 방법

1 실제 시험에서 블록 모양을 빠르게 유추할 수 있도록 블록의 결합 규칙이나 회전 규칙을 미리 학습한다. (직무적성검사 필수 암기 핸드북 p.51)

# 01 | 블록결합

두 개의 블록을 결합하여 만들 수 있는 형태 또는 만들 수 없는 형태를 고르는 유형의 문제이다.

## 문제 풀이 전략

| 1단계 | 제시된 두 개의 블록 중 하나를 선정하여 선택지에서 이 블록을 찾아 표시한다. |
|---|---|

제시된 두 개의 블록 중 블록의 개수가 적거나 특징이 있는 하나의 블록을 선정한 후 선택지에서 이 블록을 찾아 형태가 눈에 살 띄노록 선을 긋거나 색칠하여 표시한나.

| 2단계 | 제시된 두 개의 블록 중 나머지 블록과 선택지를 비교하여 문제를 푼다. |
|---|---|

제시된 두 개의 블록 중 나머지 블록과 선택지에서 표시하지 않은 부분의 모양이 서로 일치하는지 비교하여 문제를 푼다.

☑ 두 블록의 다양한 결합 형태

| 좌우 결합 | | |
|---|---|---|
| 상하 결합 | | |
| 전후 결합 | | |

1 언어능력

2 수리능력

3 추리능력

4 공간지각능력

5 실전모의고사

해커스 20대기업 인적성 통합 기본서 최신기출유형+실전문제

## 📎 문제 풀이 전략 적용

**다음 두 개의 블록을 결합했을 때 만들 수 없는 형태를 고르시오.**

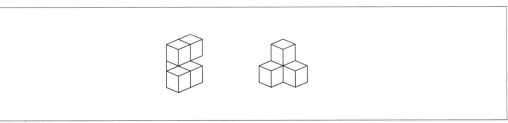

①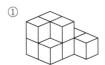

②

③

④

⑤

[정답] ⑤

|1단계| 제시된 두 개의 블록 중 개수가 적은 오른쪽 블록을 각 선택지에서 찾아 색칠한다.

①   ②   ③   ④   ⑤

|2단계| 제시된 왼쪽 블록과 각 선택지에서 색칠하지 않은 부분의 모양이 일치하는지 확인한다.
①, ②, ③, ④는 왼쪽 블록의 모양과 일치하므로 정답은 ⑤가 된다.

# 02 | 블록분리

2개 또는 3개의 블록이 결합된 형태를 보고 특정 블록의 모양을 고르는 유형의 문제이다.

## 문제 풀이 전략

| 1단계 | 제시된 블록의 개수를 비교하여 오답을 소거한다. |
|---|---|

결합된 블록의 개수에서 제시된 블록의 개수를 제외한 나머지 블록의 개수와 선택지의 블록 개수를 비교하여 오답을 소거한다.

| 2단계 | 결합된 블록에서 보이는 블록 모양과 선택지의 블록 모양을 비교하여 문제를 푼다. |
|---|---|

결합된 블록에서 보이는 블록의 모양을 선택지와 비교하여 블록의 방향이나 위치가 일치하는지 확인하며 문제를 푼다.

✔ [블록 형태]를 비교하는 방법

〈결합된 블록〉에서 첫 번째, 두 번째, 세 번째 블록 중 흰 블록이 될 수 있는 것은 무엇인지 확인해 본다.

〈첫 번째 블록〉은 〈결합된 블록〉에서 눈에 보이는 흰 블록의 일부 블록과 방향이 일치하지만, 한 개의 층으로 되어 있으므로 흰 블록이 될 수 없다.
〈두 번째 블록〉은 〈결합된 블록〉에서 눈에 보이는 흰 블록의 일부 블록과 방향이 일치하고, 두 개의 층으로 되어 있으므로 흰 블록이 될 수 있다.
〈세 번째 블록〉은 〈결합된 블록〉에서 눈에 보이는 흰 블록의 일부 블록과 방향이 다르고, 세 개의 층으로 되어 있으므로 흰 블록이 될 수 없다.

## ✪ 문제 풀이 전략 적용

다음 중 C로 알맞은 것을 고르시오.

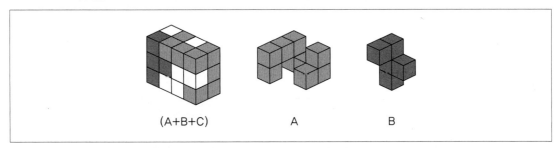

(A+B+C)          A          B

① 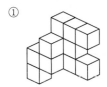     ② 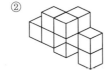     ③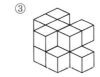

④      ⑤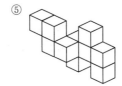

[정답] ②

1단계   A, B, C가 결합된 블록의 개수는 24개이고, A와 B의 블록 개수는 각각 9개, 5개이므로 C의 블록 개수는 10개임을 알 수 있다.
이때, ①은 블록 개수가 적어도 11개이므로 소거한다.

2단계   결합된 블록에서 보이는 C의 일부 모양과 선택지의 블록 모양을 비교한다.

③, ⑤는 결합된 블록에서 보이는 의 위치가 일치하지 않으므로 소거한다. 남은 ②, ④와 B의 결합 모양을 생각했을 때,
④는 아래에 표시된 블록이 B와 겹치게 되므로 결합할 수 없다.

따라서 정답은 ②가 된다.

보충설명

(A+C)          (B+C)          (A+B+C)

제시된 큐브를 회전 규칙에 따라 회전시키고 일부를 잘라낸 후, 특정 방향에서 바라본 모양을 고르는 유형의 문제이다.

## 문제 풀이 전략

| 1단계 | 제시된 회전 규칙을 문제 풀이에 적용하기 쉬운 형태로 변경한다. |
|---|---|

제시된 회전 규칙의 회전 방향과 각도를 확인하여 문제 풀이에 적용하기 쉬운 형태로 변경한다. 이때 시계 반향 270도 회전은 반시계 방향 90도 회전과 동일하고, 반시계 방향 270도 회전은 시계 방향 90도 회전과 동일함을 적용한다.

| 2단계 | 회전 규칙을 순서대로 적용하여 문제를 푼다. |
|---|---|

회전 규칙에 따라 색칠된 부분을 순서대로 회전시키고 점선에 따라 큐브를 잘라낸 후, 특정 방향에서 바라본 모양을 확인하여 문제를 푼다. 이때 다양한 입체도형을 앞, 위, 옆에서 바라보았을 때의 모양을 미리 학습하면 쉽게 정답을 찾을 수 있다.

✔ 입체도형의 투상도

| 입체도형 | 앞에서 본 모양 | 위에서 본 모양 | 옆에서 본 모양 |
|---|---|---|---|
| | | | |
| | | | |
| | | | |
| | | | |

## 문제 풀이 전략 적용

다음 큐브를 회전 규칙에 따라 색칠된 부분만 순서대로 회전시킨 다음, 점선에 따라 격자무늬 부분을 잘라낸 후 화살표 방향에서 바라본 모양으로 알맞은 것을 고르시오. (단, 보이지 않는 부분은 모두 블록으로 채워져 있다.)

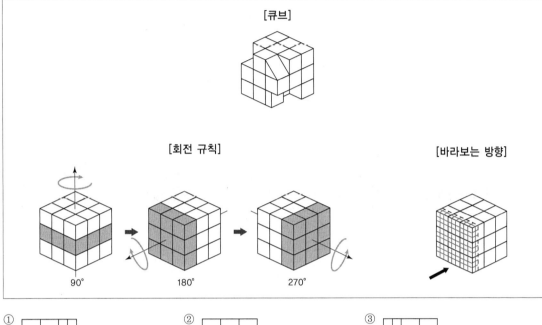

①      ②      ③

④      ⑤

[정답] ③

1단계   제시된 세 가지 회전 규칙의 회전 방향과 각도를 확인하여 문제 풀이에 적용하기 쉬운 형태로 변경한다. 세 번째 회전 규칙은 축을 기준으로 반시계 방향 270도 회전이므로 시계 방향 90도 회전으로 변경할 수 있다.

2단계   제시된 큐브를 회전 규칙에 따라 색칠된 부분만 순서대로 회전시킨 후 자르는 부분은 아래와 같다.

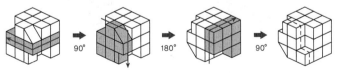

따라서 점선에 따라 잘라낸 후 화살표 방향에서 바라본 모양은 ③이다.

유형: 블록결합  난이도: ★★☆

**01** 다음 두 개의 블록을 결합했을 때 만들 수 있는 형태를 고르시오.

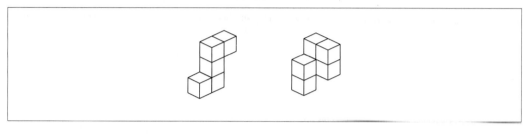

①   ②   ③   ④   ⑤

유형: 블록결합  난이도: ★☆☆

**02** 다음 두 개의 블록을 결합했을 때 만들 수 없는 형태를 고르시오.

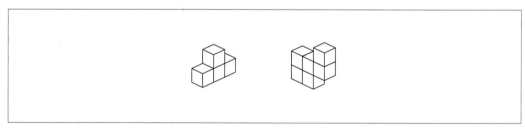

①

②

③

④

⑤

**03** 다음 중 C로 알맞은 것을 고르시오.

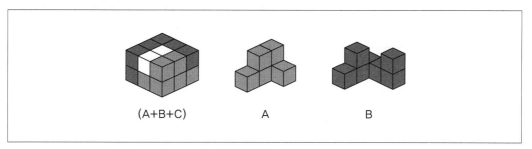

(A+B+C)　A　B

①

②

③

④

⑤

**04** 다음 중 C로 알맞은 것을 고르시오.

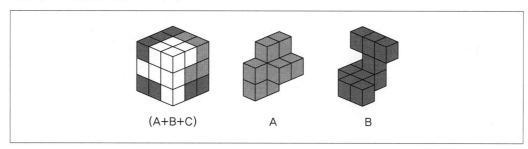

(A+B+C)　A　B

①

②

③

④

⑤

**05** 다음 큐브를 회전 규칙에 따라 색칠된 부분만 순서대로 회전시킨 다음, 점선에 따라 격자무늬 부분을 잘라낸 후 화살표 방향에서 바라본 모양으로 알맞은 것을 고르시오. (단, 보이지 않는 부분은 모두 블록으로 채워져 있다.)

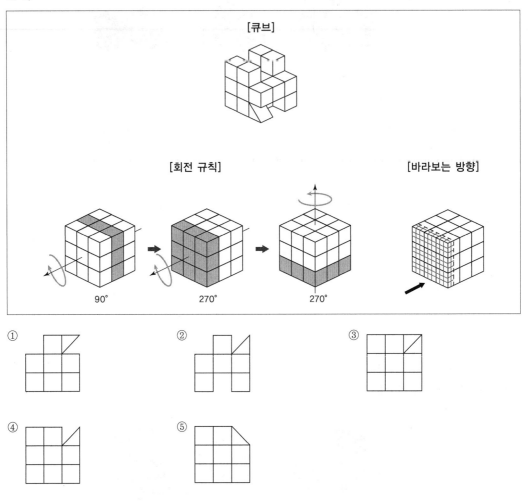

## 유형 특징

1 제시된 도형을 다양한 방향으로 회전시켰을 때의 모양을 유추하거나 비교하는 유형의 문제이다.

2 도형회전 유형은 ① 평면도형회전, ② 입체도형회전 총 2가지 세부 유형으로 출제된다.

## 대표 기출 질문

| 세부 유형 | 대표 질문 |
|---|---|
| 평면도형회전 | • 다음 2개의 정팔각형은 각 중점을 기준으로 시계 방향 또는 반시계 방향으로 회전하는 투명한 회전판으로, 뒷면이 서로 겹쳐진 상태에서 제시된 각도만큼 각각 회전된다. 중점이 색칠된 회전판의 앞에서 회전된 회전판을 바라볼 때, '?'의 위치에 나타나는 그림을 고르시오. |
| 입체도형회전 | • 다음 중 나머지 네 개의 입체도형과 모양이 다른 하나를 고르시오. |

1
언어능력

2
수리능력

3
추리능력

4
공간지각능력

5
실전모의고사

해커스 20대기업 인적성 통합 기본서 최신기출유형+실전문제

## 최근 출제 경향

1 평면도형회전 문제는 출제될 때마다 어렵게 변형하여 출제되고 있어 응시자의 체감 난도가 높은 편이다.

2 입체도형회전 문제는 복잡한 입체도형으로 구성된 문제가 출제되지만 정답이 되는 부분을 명확하게 찾을 수 있어 난도는 낮은 편이다.

## 학습 방법

1 입체도형회전 문제는 가려지는 부분이 적어 많은 세부 도형을 확인할 수 있는 입체도형을 기준으로 나머지 입체도형과 비교하여 문제를 푼다. 이때 전체적인 모양을 고려하기보다는 특징이 있는 일부를 비교하고, 이를 통해 오답을 소거하여 문제를 푸는 연습을 한다.

제시된 두 개의 평면도형을 주어진 조건대로 각각 회전시킨 후, 특성 위치에 해당하는 그림을 고르는 유형의 문제이다.

## 🔹 문제 풀이 전략

**1단계**    평면도형에서 '?'의 위치에 나타나는 그림을 찾아 선택지와 비교하여 오답을 소거한다.

평면도형의 회전판을 회전 방향과 각도에 따라 회전시켰을 때 '?'의 위치에 나타나는 그림의 번호를
확인한 다음 선택지의 그림과 비교하여 오답을 소거한다.

이때 회전판의 분할된 한 칸이 회전하는 각도는 평면도형의 모양에 따라 모두 다르므로 도형별 회전
각도를 미리 암기하여 문제 풀이 시간을 단축한다. 시계 방향으로 $x°$ 회전하는 것은 반시계 방향으
로 $(360 - x)°$ 회전하는 것과 같음을 활용하면 문제 풀이 시간을 더욱 단축할 수 있다.

또한, 뒷면이 서로 겹쳐진 두 개의 회전판을 앞에서 바라볼 때 뒤쪽에 놓인 회전판은 좌우가 뒤집
어진 형태로 보이기 때문에 '?'의 위치에는 세로축을 기준으로 대칭이동된 위치의 그림이 나타나
는 것에 주의해야 한다.

✔ N각형별 회전 각도(한 칸 기준)

| 도형 | 정오각형 | 정육각형 | 정팔각형 | 정십이각형 |
|---|---|---|---|---|
| 한 칸의 회전 각도 | 72° | 60° | 45° | 30° |

**2단계**    선택지에 제시된 그림의 방향을 확인하여 문제를 푼다.

선택지에 제시된 기준선에 맞춰 두 개의 그림을 회전시켰을 때 각 그림의 방향이 선택지와 같은지
확인하여 문제를 푼다. 이때 두 개의 회전판 중 뒤쪽에 놓인 회전판의 그림은 좌우 대칭된 형태로
나타나는 것에 주의해야 한다.

## 문제 풀이 전략 적용

다음 2개의 정육각형은 각 중점을 기준으로 시계 방향 또는 반시계 방향으로 회전하는 투명한 회전판으로, 뒷면이 서로 겹쳐진 상태에서 제시된 방향과 각도만큼 각각 회전된다. 중점이 색칠된 회전판의 앞에서 회전된 회전판을 바라볼 때, '?'의 위치에 나타나는 그림을 고르시오. (단, 회전판이 회전할 때 그림은 회전하지 않고 위치만 이동되며, 분할된 판에는 두 그림이 기준선을 맞춰 합쳐진 형태로 나타난다.)

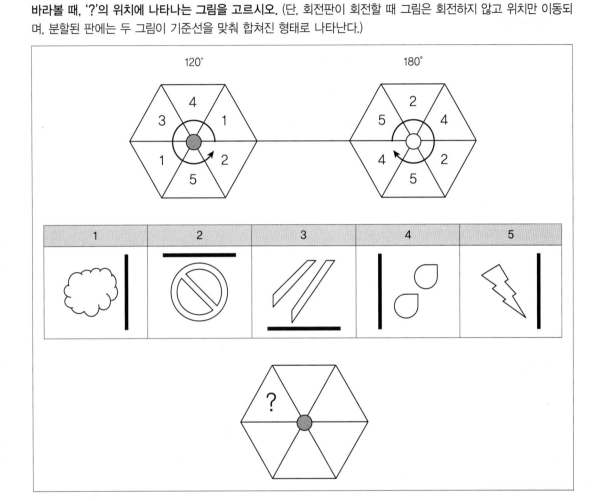

1 언어능력

2 수리능력

3 추리능력

4 공간지각능력

5 실전모의고사

해커스 20대기업 인적성 통합 기본서 최신기출유형+실전문제

①

②

③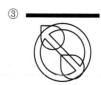

④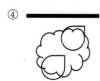

⑤

[정답] ②

1
언어능력

2
수리능력

3
추리능력

4
공간지각능력

5
실전모의고사

해커스 20대기업 인적성 통합 기본서 최신기출유형+실전문제

| 1단계 | 제시된 두 개의 회전판 중 중점이 색칠된 왼쪽 판이 앞쪽에 놓이는 회전판이고, 오른쪽 판이 뒤쪽에 놓이는 회전판이다. 이에 따라 왼쪽 판에는 '?'가 주어진 위치와 같은 곳에 '?'를 표시하고, 오른쪽 판에는 세로축을 기준으로 대칭이동된 위치에 '?'를 표시한다. |

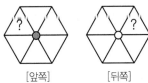

[앞쪽]　　　　　[뒤쪽]

| 2단계 | 제시된 회전판은 육각형이므로 한 칸이 회전할 때의 각도는 60°이다. 이때 왼쪽 판은 반시계 방향으로 120° 회전하므로 반시계 방향으로 2칸 이동하고, 오른쪽 판은 시계 방향으로 3칸 이동함을 알 수 있다. |

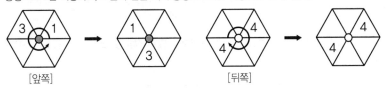

[앞쪽]　　　　　　　　　　　　[뒤쪽]

이에 따라 왼쪽 판의 '?'에는 그림 1이 위치하고, 오른쪽 판의 '?'에는 그림 4가 위치한다.

그림 1은 ⬚, 그림 4는 ⬚이므로 두 그림이 모두 포함되지 않은 선택지 ①, ③, ⑤를 소거한다.

| 3단계 | 왼쪽 판의 '?'에 위치한 그림 1을 선택지의 기준선에 맞춰 회전시킨다. |

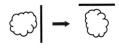

위 모양과 일치하는 선택지는 하나밖에 없으므로 정답은 ②가 된다.

## 02 | 입체도형회전

제시된 입체도형을 다양한 방향으로 회전시켰을 때의 모양을 비교하여 나머지와 다른 것을 고르는 유형의 문제이다.

### 문제 풀이 전략

| 1단계 | 제시된 선택지 중 가려지는 부분이 적은 선택지를 기준으로 선정한다. |
|---|---|

5개의 선택지에서 가려지는 부분이 적어 상대적으로 많은 부분을 확인할 수 있는 선택지를 기준으로 선정한다.

| 2단계 | 기준으로 선정한 선택지와 나머지 선택지를 하나씩 비교하여 문제를 푼다. |
|---|---|

기준으로 선정한 선택지에서 높낮이 또는 크기가 다르거나 꺾인 위치와 같이 눈에 띄는 부분을 나머지 선택지와 하나씩 비교하여 오답을 소거하며 문제를 푼다.

## 문제 풀이 전략 적용

**다음 중 나머지 네 개의 입체도형과 모양이 다른 하나를 고르시오.**

①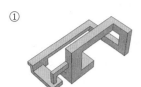

②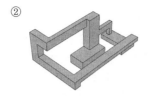

③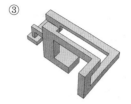

④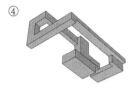

⑤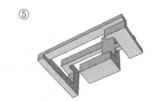

[정답] ①

1 언어능력

2 수리능력

3 추리능력

4 공간지각능력

5 실전모의고사

해커스 20대기업 인적성 통합 기본서 최신기출유형+실전문제

1단계    제시된 선택지에서 가려지는 부분이 적어 상대적으로 많은 부분을 확인할 수 있는 ②를 기준으로 선정한다.

2단계    ②와 나머지 선택지를 순차적으로 하나씩 비교한다.
먼저 ②를 ①과 비교해보면 아래에 표시된 부분의 모양이 서로 달라 둘 중 하나의 선택지가 정답이 되므로 ③, ④, ⑤를 소거한다.

①

②

그다음, ②와 ③을 비교해보면 표시된 부분이 서로 같으므로 정답은 ①이 된다.

유형: 평면도형회전  난이도: ★★☆

01 다음 2개의 정팔각형은 각 중점을 기준으로 시계 방향 또는 반시계 방향으로 회전하는 투명한 회전판으로, 뒷면이 서로 겹쳐진 상태에서 제시된 방향과 각도만큼 각각 회전된다. 중점이 색칠된 회전판의 앞에서 회전된 회전판을 바라볼 때, '?'의 위치에 나타나는 그림을 고르시오. (단, 회전판이 회전할 때 그림은 회전하지 않고 위치만 이동되며, 분할된 판에는 두 그림이 기준선을 맞춰 합쳐진 형태로 나타난다.)

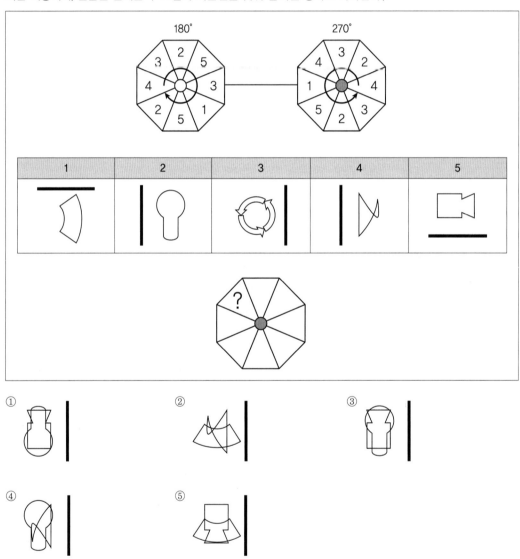

**02** 다음 2개의 정십이각형은 각 중점을 기준으로 시계 방향 또는 반시계 방향으로 회전하는 투명한 회전판으로, 뒷면이 서로 겹쳐진 상태에서 제시된 방향과 각도만큼 각각 회전된다. 중점이 색칠된 회전판의 앞에서 회전된 회전판을 바라볼 때, '?'의 위치에 나타나는 그림을 고르시오. (단, 회전판이 회전할 때 그림은 회전하지 않고 위치만 이동되며, 분할된 판에는 두 그림이 기준선을 맞춰 합쳐진 형태로 나타난다.)

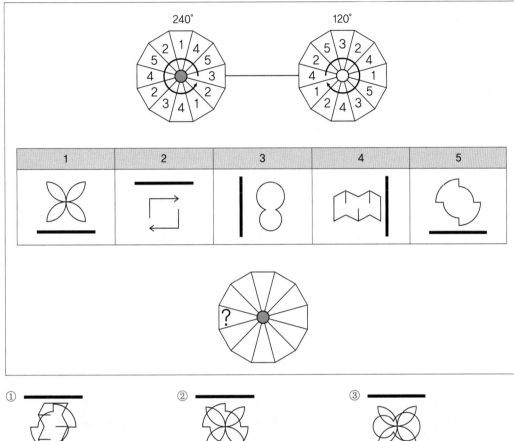

**03** 다음 2개의 정육각형은 각 중점을 기준으로 시계 방향 또는 반시계 방향으로 회전하는 투명한 회전판으로, 뒷면이 서로 겹쳐진 상태에서 제시된 방향과 각도만큼 각각 회전된다. 중점이 색칠된 회전판의 앞에서 회전된 회전판을 바라볼 때, '?'의 위치에 나타나는 그림을 고르시오. (단, 회전판이 회전할 때 그림은 회전하지 않고 위치만 이동되며, 분할된 판에는 두 그림이 기준선을 맞춰 합쳐진 형태로 나타난다.)

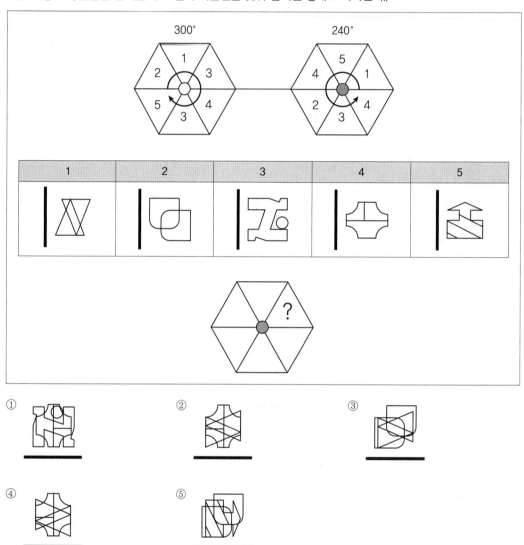

**04** 다음 중 나머지 네 개의 입체도형과 모양이 다른 하나를 고르시오.

①
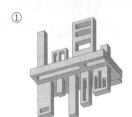

②
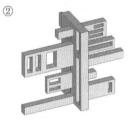

③
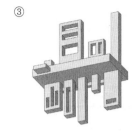

④
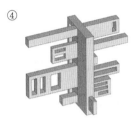

⑤
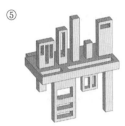

**05** 다음 중 나머지 네 개의 입체도형과 모양이 다른 하나를 고르시오.

①

②
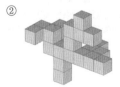

③
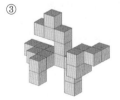

④
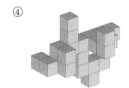

⑤
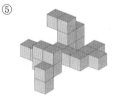

약점 보완 해설집 p.60

# 제5장 투상도

## 유형 특징

1 세 가지 방향에서 바라본 투상도를 통해 입체도형의 모양을 유추하는 유형의 문제이다.

2 투상도 유형은 ① 투상도의 입체도형 총 1가지 세부 유형으로 출제된다.

## 대표 기출 질문

| 세부 유형 | 대표 질문 |
| --- | --- |
| 투상도의 입체도형 | • 다음은 어떤 입체도형을 여러 방향에서 바라본 투상도를 나타낸 것이다. 아래에 제시된 투상도의 입체도형을 고르시오.<br>• 다음은 어떤 입체블록을 정면, 윗면, 측면에서 바라보았을 때의 투상도를 나타낸 것이다. 이에 해당하는 입체 블록으로 알맞은 것을 고르시오. |

## 최근 출제 경향

1 여러 방향으로 회전된 입체도형이 선택지로 구성되어 각 선택지끼리 비교하는 것만으로는 오답을 소거
할 수 없도록 출제되는 문제가 일부 출제된다.

2 선택지에 회전되지 않은 같은 방향의 입체도형이 제시되어 있어 체감 난도는 높지 않은 편이다.

## 학습 방법

1 돌출되거나 움푹 파인 부분 또는 빗면을 포함한 입체도형은 보는 방향에 따라 투상도의 모양이 달라지
므로 입체도형의 투상도를 통해 앞, 위, 옆에서 바라본 투상도의 모양을 반드시 학습한다. (직무적성검
사 필수 암기 핸드북 p.53)

2 여러 가지 도형으로 구성된 입체도형이나 블록으로만 구성된 입체도형 등 다양한 형태의 문제를 풀어
보면서 어느 방향에서 바라본 투상도인지를 정확히 파악하는 연습을 한다.

3 삼성과 현대자동차에서 출제되는 문제의 형태는 다르지만 문제를 푸는 방식은 동일하므로 다양한 문
제 풀이를 통해 문제 풀이 전략을 익힌다.

# 01 | 투상도의 입체도형

제시된 3개의 투상도 모양과 모두 일치하는 입체도형을 고르는 유형의 문제이다.

## 🔷 문제 풀이 전략

| 1단계 | 제시된 투상도 중 하나를 선정하여 각 선택지와 비교하며 오답을 소거한다. |
|---|---|

제시된 3개의 투상도 중 1개를 선정하여 각 선택지의 입체도형과 하나씩 비교하며 오답을 소거한다. 이때 모양이 단순한 투상도보다는 모양이 복잡하거나 특징이 있는 투상도를 선정하여 입체도형과 비교하면 오답을 더 빨리 소거할 수 있다. 특히, 입체블록의 경우 도형 개수가 많은 투상도를 기준으로 선정하면 선택지와 비교하기 쉽다.

| 2단계 | 나머지 투상도와 남은 선택지를 비교하여 문제를 푼다. |
|---|---|

나머지 2개의 투상도와 남은 선택지를 비교하여 모양이 모두 일치하는 입체도형을 찾는다.

# 🔷 문제 풀이 전략 적용

다음은 어떤 입체도형을 여러 방향에서 바라본 투상도를 나타낸 것이다. 아래에 제시된 투상도의 입체도형을 고르시오.

①

②

③

④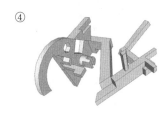

⑤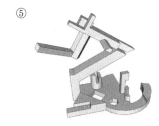

[정답] ①

1단계 | 제시된 3개의 투상도 중 모양이 가장 복잡한 두 번째 투상도를 각 선택지와 비교한다. 이때 ③, ④, ⑤의 투상도는 아래와 같으며 표시된 부분이 두 번째 투상도와 다르므로 소거한다.

③    ④    ⑤

2단계 | 첫 번째, 세 번째 투상도를 ①, ②와 비교했을 때 ①과 모양이 모두 일치하므로 정답은 ①이 된다.

보충설명 | 제시된 투상도는 ①을 [1], [2], [3] 방향에서 바라본 모습이다.

②는 세 번째 투상도가  모양으로 나타나므로 정답이 될 수 없다.

언어능력 1
수리능력 2
추리능력 3
공간지각력 4
실전모의고사 5

해커스 20대기업 인적성 통합 기본서 최신기출유형+실전문제

유형: 투상도의 입체도형    난이도: ★☆☆

01 다음은 어떤 입체도형을 여러 방향에서 바라본 투상도를 나타낸 것이다. 아래에 제시된 투상도의 입체도형을 고르시오.

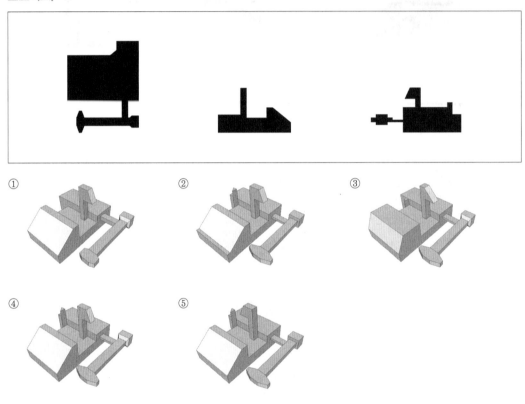

① ② ③

④ ⑤

02 다음은 어떤 입체도형을 여러 방향에서 바라본 투상도를 나타낸 것이다. 아래에 제시된 투상도의 입체도형을
고르시오.

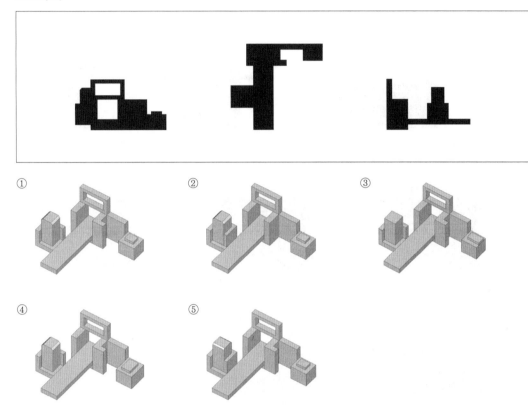

03 다음은 어떤 입체도형을 여러 방향에서 바라본 투상도를 나타낸 것이다. 아래에 제시된 투상도의 입체도형을 고르시오.

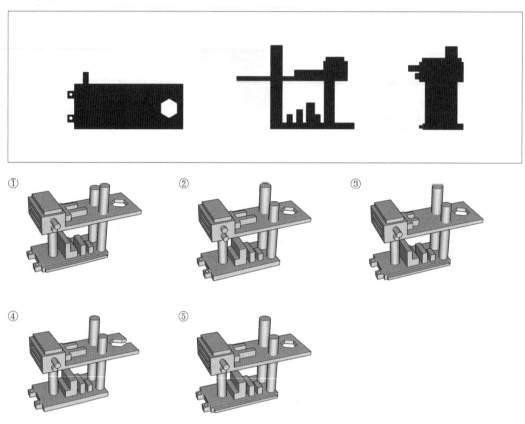

**04** 다음은 어떤 입체블록을 정면, 윗면, 측면에서 바라보았을 때의 투상도를 나타낸 것이다. 이에 해당하는 입체
블록으로 알맞은 것을 고르시오. (단, 입체블록은 회전되어 제시될 수 있다.)

**05** 다음은 어떤 입체블록을 정면, 윗면, 측면에서 바라보았을 때의 투상도를 나타낸 것이다. 이에 해당하는 입체
블록으로 알맞은 것을 고르시오. (단, 입체블록은 회전되어 제시될 수 있다.)

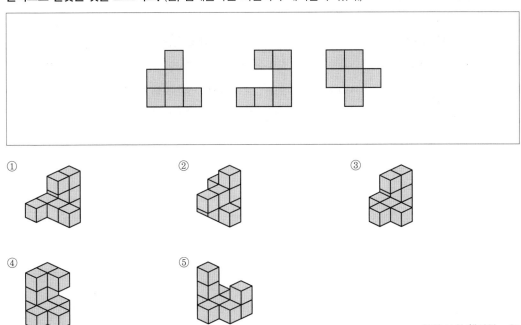

약점 보완 해설집 p.61

# 제6장 조각모음



## 유형 특징

1 분할된 하나의 도형과 그에 속하는 도형 조각의 형태를 서로 비교하거나 여러 개의 도형 조각과 그 조각을 조합한 도형의 형태를 서로 비교하는 유형의 문제이다.

2 조각모음 유형은 ① 도형분할, ② 도형조합 총 2가지 세부 유형으로 출제된다.

## 대표 기출 질문

| 세부 유형 | 대표 질문 |
|---|---|
| 도형분할 | • 다음 그림에서 찾을 수 없는 도형을 고르시오. |
| 도형조합 | • 다음 중 아래 도형을 만들 때 사용되지 않는 도형 조각을 고르시오.<br>• 다음 중 아래 도형 조각을 모두 사용하여 만들 수 없는 것을 고르시오. |

1
언어능력

2
수리능력

3
추리능력

4
공간지각능력

5
실전모의고사

해커스 20대기업 인적성 통합 기본서 최신기출유형+실전문제

## 최근 출제 경향

1 도형분할 문제는 분할된 도형 조각의 개수가 많고 제시된 도형에 정답과 비슷한 도형 조각이 있어 약간 난도가 높은 편이다.

2 도형조합 문제는 선택지에서 삼각형, 사각형뿐만 아니라 다양한 형태의 도형이 출제되어 체감 난도가 약간 높은 편이다.

## 학습 방법

1 제시된 도형과 선택지의 도형 조각을 서로 비교할 때, 일부 모양은 같지만 한쪽 선의 길이나 기울기가 달라 정답이 될 수 있음을 유의하여 문제를 푸는 연습을 한다.

# 01 | 도형분할

직선 또는 곡선으로 분할된 그림에서 찾을 수 없는 도형을 고르는 유형의 문제이다.

 문제 풀이 전략

| 1단계 | 선택지를 먼저 확인하여 각 도형의 특징적인 부분을 파악한다. |
|---|---|

제시된 그림은 20개 이상의 작은 조각으로 분할되어 있기 때문에 각 선택지에서 직선의 기울기나 곡선의 형태 또는 움푹 들어가기나 뾰족한 부분 등 특징 있는 부분을 찾아 제시된 그림과 비교하면 선택지에 제시된 도형을 찾기가 쉽다.

| 2단계 | 선택지의 특징적인 부분을 제시된 그림과 비교하여 문제를 푼다. |
|---|---|

선택지의 특징적인 부분을 제시된 그림에서 찾아 도형이 포함하고 있는 선의 기울기나 길이, 모양이 모두 일치하는지 비교하여 문제를 푼다.

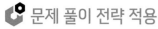 문제 풀이 전략 적용

다음 그림에서 찾을 수 없는 도형을 고르시오.

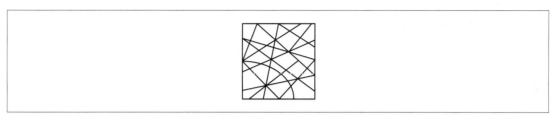

① 　　　② 　　　③

④ 　　　⑤

[정답] ④

1단계　각 선택지에서 직선의 기울기나 곡선의 형태 또는 움푹 들어가거나 뾰족한 부분과 같이 특징적인 부분을 파악한다.

① 　　② 　　③ 　　④ 　　⑤

2단계　선택지의 특징적인 부분이 제시된 그림과 비교하여 비슷한 부분을 찾는다. 이때 선택지에 포함된 선의 기울기나 길이, 모양이 모두 일치하는지 확인해야 한다.

① 　② 　③ 　④ 　⑤

④는 제시된 그림에서 찾을 수 없으므로 정답은 ④가 된다.

제6장 조각모음　01 도형분할　**377**

## 02 | 도형조합

여러 개의 도형 조각을 조합하여 제시된 도형을 만들 때 사용되지 않는 도형 조각을 고르거나 제시된 도형 조각을 모두 사용하여 만들 수 없는 도형을 고르는 유형의 문제이다.

###  문제 풀이 전략

| 1단계 | 선택지 중 하나를 기준으로 선정하여 제시된 도형에 표시한다. |
|---|---|

선택지에서 크기가 가장 크거나 제시된 도형의 한 부분과 크기와 모양이 일치하는 도형 조각을 기준으로 선정하여 제시된 도형에 선을 긋거나 색칠하여 표시한다.

▼

| 2단계 | 제시된 도형의 남은 부분에 나머지 선택지도 표시하여 문제를 푼다. |
|---|---|

표시한 도형 조각을 기준으로 나머지 선택지를 제시된 도형의 남은 부분에 표시하여 문제를 푼다. 이때 각 선택지를 제시된 순서대로 표시하여 문제를 풀기보다, 제시된 도형의 남은 부분과 모양이 일치하는 선택지를 우선적으로 표시하여 문제를 풀면 빠르게 정답을 찾을 수 있다.

## 문제 풀이 전략 적용

다음 중 아래 도형을 만들 때 사용되지 않는 도형 조각을 고르시오.

  ① 

② ③

④ ⑤

1 언어능력
2 수리능력
3 추리능력
4 공간지각능력
5 실전모의고사

해커스 20대기업 인적성 통합 기본서 최신기출유형+실전문제

[정답] ⑤

1단계  크기가 가장 큰 ②를 기준으로 선정하고 제시된 도형에 선을 그어 표시한다.

2단계  제시된 도형의 남은 부분에 나머지 선택지도 선을 그어 순차적으로 표시한다.
제시된 도형에 ①을 표시하면, 남은 도형에서 ③, ④를 찾을 수 있으므로 정답은 ⑤가 된다.

# 유형공략문제

유형: 도형분할    난이도: ★★☆

01 다음 그림에서 찾을 수 없는 도형을 고르시오.

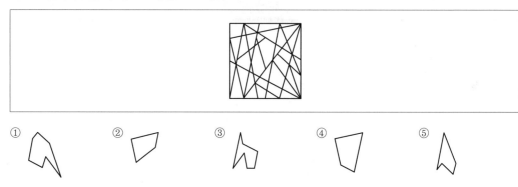

유형: 도형분할    난이도: ★☆☆

02 다음 그림에서 찾을 수 없는 도형을 고르시오.

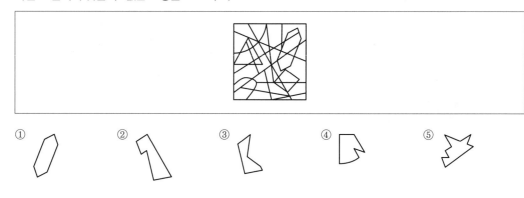

유형: 도형분할    난이도: ★★☆

03 다음 그림에서 찾을 수 없는 도형을 고르시오.

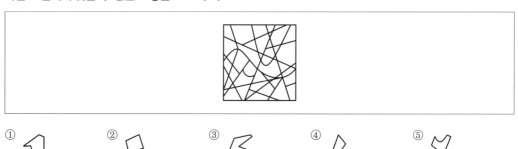

04 다음 중 아래 도형 조각을 모두 사용하여 만들 수 없는 것을 고르시오.

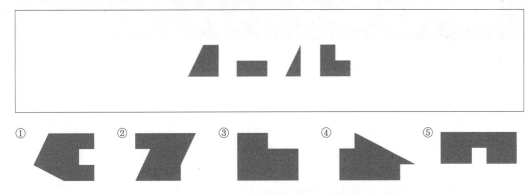

05 다음 중 아래 도형을 만들 때 사용되지 않는 도형 조각을 고르시오.

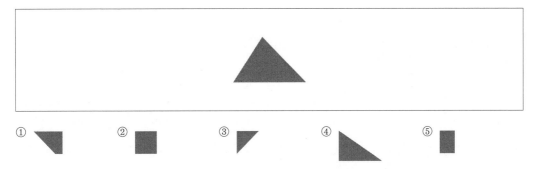

약점 보완 해설집 p.63

문제 풀이 시작과 종료 시각을 정한 후, 실제 시험처럼 출제예상문제를 풀어보세요.
• 공간지각능력 ___시___분 ~ ___시___분 (총 30문제/30분)

**01** 다음 중 전개도를 접었을 때 완성되는 입체도형이 아닌 것을 고르시오.

①

②

③

④

⑤

**02** 다음 중 전개도를 접었을 때 완성되는 입체도형을 고르시오.

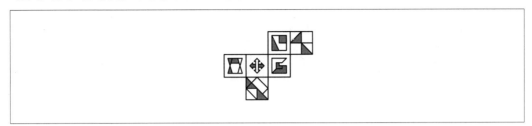

①

②

③

④

⑤

**03** 다음 중 전개도를 접었을 때 완성되는 입체도형을 고르시오.

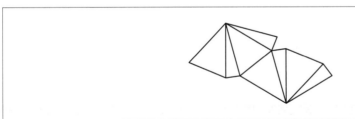

①

②

③

④

⑤

1 언어능력
2 수리능력
3 추리능력
4 공간지각능력
5 실전모의고사

해커스 20대기업 인적성 통합 기본서 최신기출유형+실전문제

**04** 다음 중 전개도를 접었을 때 완성되는 입체도형이 나머지와 다른 하나를 고르시오.

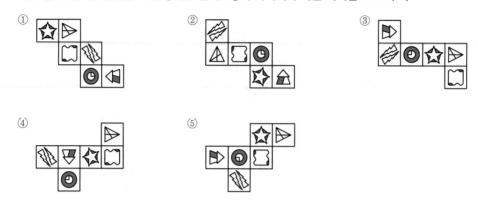

**05** 다음 그림을 보고 제시된 공간에서 정육면체가 이동한 방향을 순서대로 고르시오. (단, 두 개의 정육면체 중 좌측 정육면체가 이동한다.)

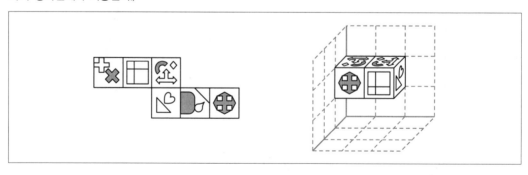

① 전, 우, 후        ② 우, 좌, 우        ③ 후, 우, 전

④ 우, 전, 후        ⑤ 좌, 우, 우

**06** 다음 그림을 보고 제시된 공간에서 정육면체가 이동한 방향을 순서대로 고르시오. (단, 두 개의 정육면체 중 좌측 정육면체가 이동한다.)

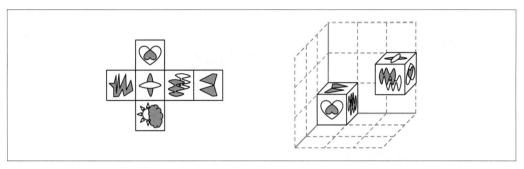

① 후, 우, 우

② 좌, 우, 우

③ 후, 우, 후

④ 후, 후, 우

⑤ 우, 후, 우

**07** 다음 그림을 보고 제시된 공간에서 정육면체가 이동한 방향을 순서대로 고르시오. (단, 두 개의 정육면체 중 좌측 정육면체가 이동한다.)

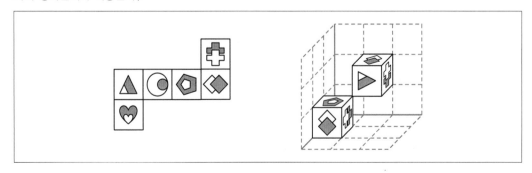

① 후, 우, 후

② 우, 후, 우

③ 전, 우, 후

④ 후, 좌, 우

⑤ 좌, 후, 우

1 언어능력

2 수리능력

3 추리능력

4 공간지각능력

5 실전모의고사

해커스 20대기업 인적성 통합 기본서 최신기출유형＋실전문제

다음 전개도 A, B, C를 기준면이 정면을 향하도록 접은 다음, 각각의 회전 규칙에 따라 회전시킨 후 결합 형태에 따라 결합했을 때의 모양으로 알맞은 것을 고르시오.

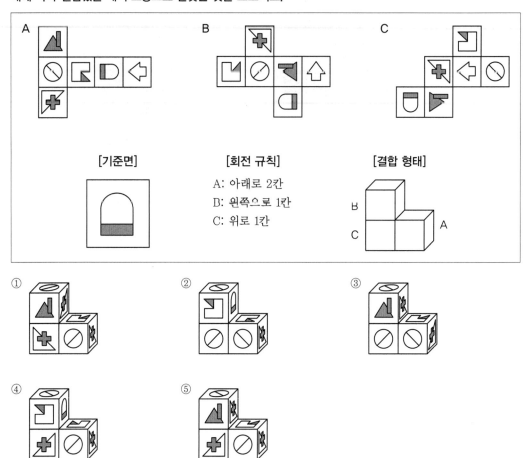

**09** 다음 전개도 A, B, C를 기준면이 정면을 향하도록 접은 다음, 각각의 회전 규칙에 따라 회전시킨 후 결합 형태에 따라 결합했을 때의 모양으로 알맞은 것을 고르시오.

A

B

C

[기준면]

[회전 규칙]

A: 오른쪽으로 2칸
B: 위로 1칸, 왼쪽으로 1칸
C: 아래로 3칸

[결합 형태]

A  B  C

①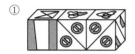

②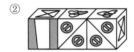

③

④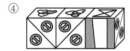

⑤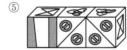

1 언어능력
2 수리능력
3 추리능력
4 공간지각능력
5 실전모의고사

해커스 20대기업 인적성 통합 기본서 최신기출유형+실전문제

10 다음과 같이 화살표 방향으로 종이를 접은 다음 펀치로 구멍을 뚫은 후 다시 펼쳤을 때의 그림으로 알맞은 것을 고르시오.

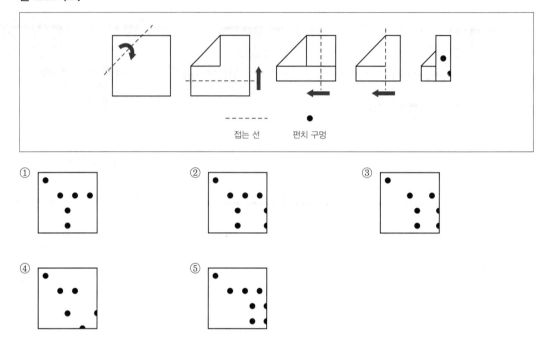

11 다음과 같이 화살표 방향으로 종이를 접은 다음 펀치로 구멍을 뚫은 후 다시 펼쳤을 때의 그림으로 알맞은 것을 고르시오.

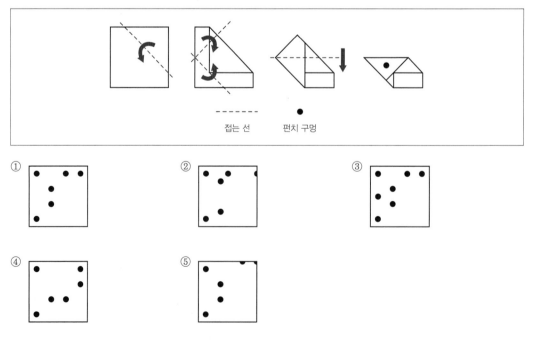

**12** 다음과 같이 화살표 방향으로 종이를 접은 다음 펀치로 구멍을 뚫은 후 다시 펼쳤을 때의 그림으로 알맞은 것을 고르시오.

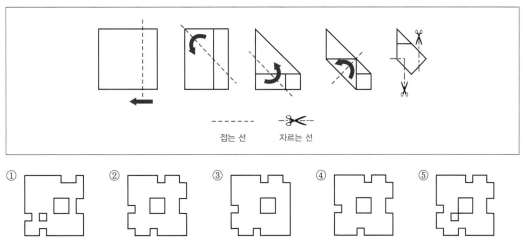

**13** 다음과 같이 화살표 방향으로 종이를 접은 다음 가위로 자른 후 다시 펼쳤을 때의 그림으로 알맞은 것을 고르시오.

1 20대능력
2 수리능력
3 추리능력
4 공간지각능력
5 실전모의고사

해커스 20대기업 인적성 통합 기본서 최신기출유형+실전문제

**14** 다음과 같이 종이를 접었을 때, 마지막 종이의 뒷면으로 알맞은 것을 고르시오.

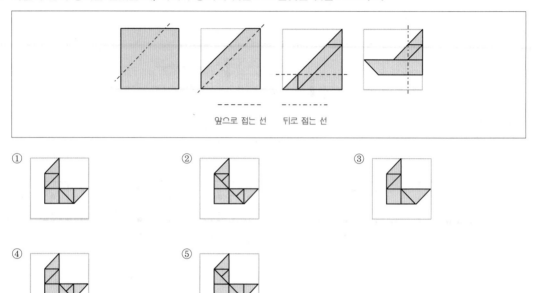

① ② ③

④ ⑤

**15** 다음 두 개의 블록을 결합했을 때 만들 수 없는 형태를 고르시오.

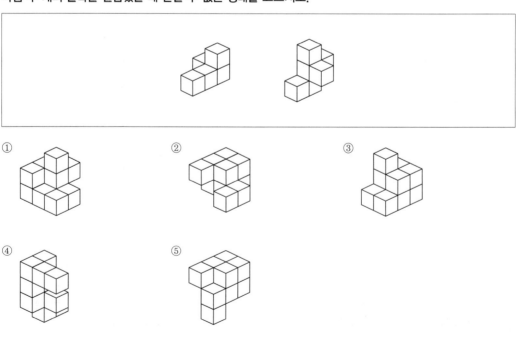

① ② ③

④ ⑤

**16** 다음 두 개의 블록을 결합했을 때 만들 수 없는 형태를 고르시오.

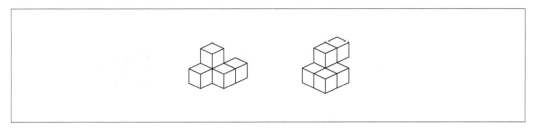

① 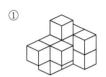　　② 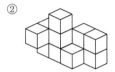　　③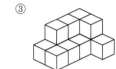

④ 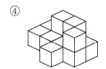　　⑤

**17** 다음 두 개의 블록을 결합했을 때 만들 수 있는 형태를 고르시오.

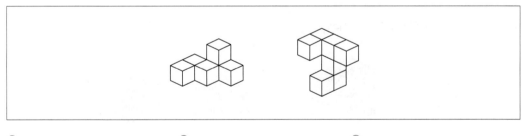

① 　　② 　　③

④ 　　⑤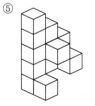

1 언어능력
2 수리능력
3 추리능력
4 공간지각능력
5 실전모의고사

해커스 20대기업 인적성 통합 기본서 최신기출유형+실전문제

## 18 다음 중 C로 알맞은 것을 고르시오.

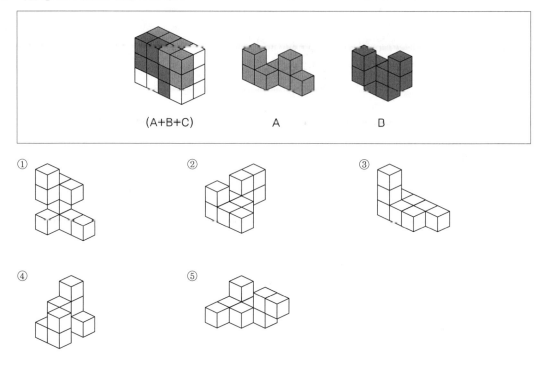

## 19 다음 중 C로 알맞은 것을 고르시오.

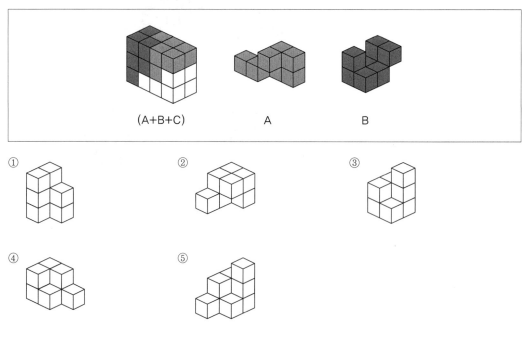

**20** 다음 중 B로 알맞은 것을 고르시오.

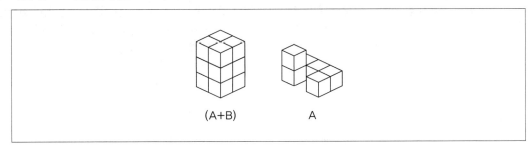

(A+B)　　　　A

1 언어능력

2 수리능력

3 추리능력

4 공간지각능력

5 실전모의고사

해커스 20대기업 인적성 통합 기본서 최신기출유형+실전문제

**21** 다음 2개의 정육각형은 각 중점을 기준으로 시계 방향 또는 반시계 방향으로 회전하는 투명한 회전판으로, 뒷면이 서로 겹쳐진 상태에서 제시된 방향과 각도만큼 각각 회전된다. 중점이 색칠된 회전판의 앞에서 회전된 회전판을 바라볼 때, '?'의 위치에 나타나는 그림을 고르시오. (단, 회전판이 회전할 때 그림은 회전하지 않고 위치만 이동되며, 분할된 판에는 두 그림이 기준선을 맞춰 합쳐진 형태로 나타난다.)

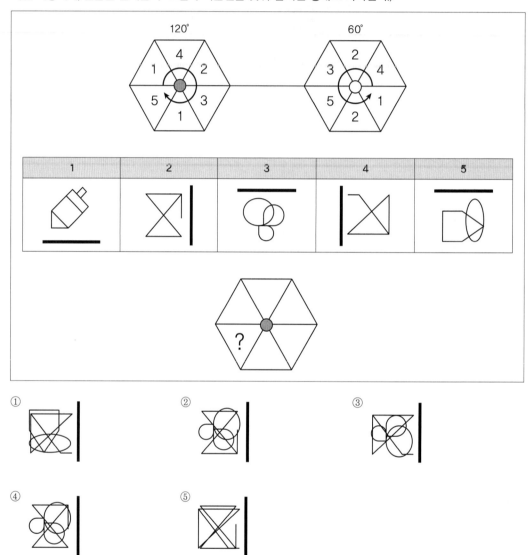

**22** 다음 2개의 정십이각형은 각 중점을 기준으로 시계 방향 또는 반시계 방향으로 회전하는 투명한 회전판으로, 뒷면이 서로 겹쳐진 상태에서 제시된 방향과 각도만큼 각각 회전된다. 중점이 색칠된 회전판의 앞에서 회전된 회전판을 바라볼 때, '?'의 위치에 나타나는 그림을 고르시오. (단, 회전판이 회전할 때 그림은 회전하지 않고 위치만 이동되며, 분할된 판에는 두 그림이 기준선을 맞춰 합쳐진 형태로 나타난다.)

| 1 | 2 | 3 | 4 | 5 |
|---|---|---|---|---|
|  | | | | |

① 
② 
③ 
④ 
⑤ 

1 언어능력
2 수리능력
3 추리능력
4 공간지각능력
5 실전모의고사
해커스 20대기업 인적성 통합 기본서 최신기출유형+실전문제

**23** 다음 중 나머지 네 개의 입체도형과 모양이 다른 하나를 고르시오.

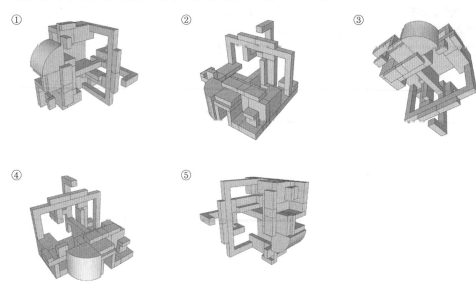

① ② ③
④ ⑤

**24** 다음 중 나머지 네 개의 입체도형과 모양이 다른 하나를 고르시오.

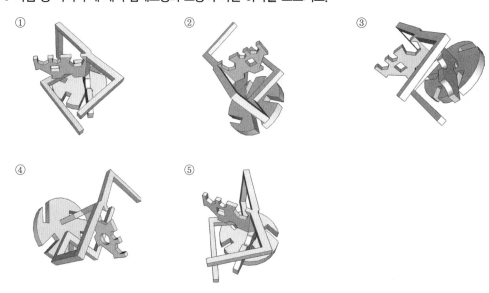

① ② ③
④ ⑤

**25** 다음은 어떤 입체도형을 여러 방향에서 바라본 투상도를 나타낸 것이다. 아래에 제시된 투상도의 입체도형을 고르시오.

①

②

③

④

⑤

1 언어능력
2 수리능력
3 추리능력
4 공간지각능력
5 실전모의고사
해커스 20대기업 인적성 통합 기본서 최신기출유형+실전문제

**26** 다음은 어떤 입체도형을 여러 방향에서 바라본 투상도를 나타낸 것이다. 아래에 제시된 투상도의 입체도형을 고르시오.

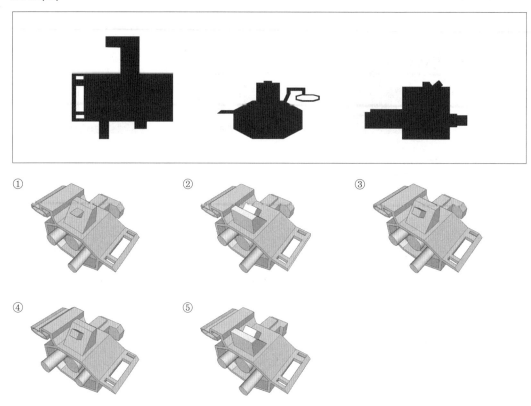

**27** 다음은 어떤 입체블록을 정면, 윗면, 측면에서 바라보았을 때의 투상도를 나타낸 것이다. 이에 해당하는 입체블록으로 알맞은 것을 고르시오. (단, 입체블록은 회전되어 제시될 수 있다.)

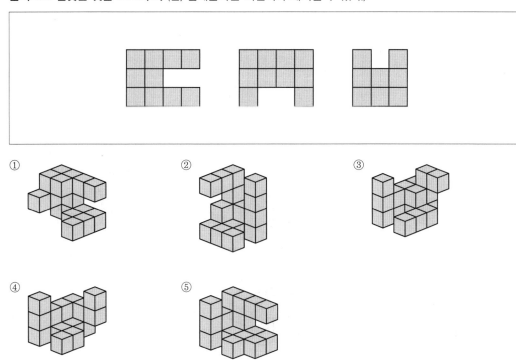

1 언어능력

2 수리능력

3 추리능력

4 공간지각능력

5 실전모의고사

해커스 20대기업 인적성 통합 기본서 최신기출유형+실전문제

**28** 다음은 어떤 입체블록을 정면, 윗면, 측면에서 바라보았을 때의 투상도를 나타낸 것이다. 이에 해당하는 입체 블록으로 알맞은 것을 고르시오. (단, 입체블록은 회전되어 제시될 수 있다.)

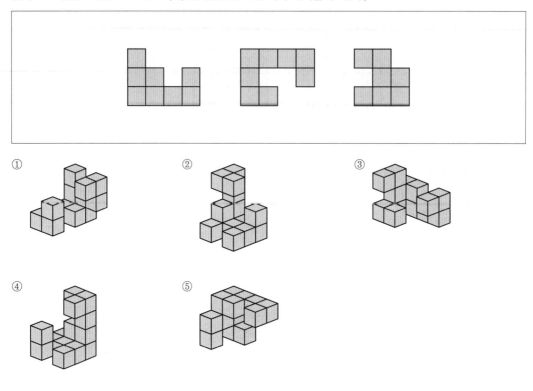

**29** 다음 그림에서 찾을 수 없는 도형을 고르시오.

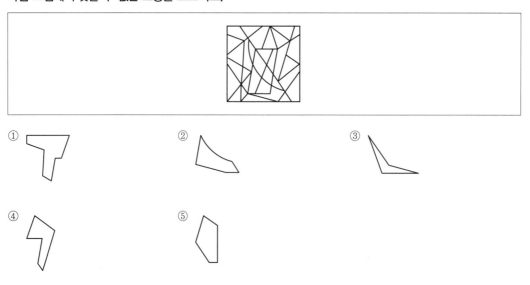

**30** 다음 중 아래 도형을 만들 때 사용되지 않는 도형 조각을 고르시오.

①

②

③

④

⑤

약점 보완 해설집 p.64

1 언어능력
2 수리능력
3 추리능력
4 공간지각능력
5 실전모의고사

해커스 20대기업 인적성 통합 기본서 최신기출유형+실전문제

# 취약 유형 진단 & 약점 극복

해커스 20대기업 인적성 통합 기본서

## 1 취약 유형 파악하기

출제예상문제를 풀고 난 후 취약 유형 분석표(약점 보완 해설집 p.64)를 작성하고, 각 유형별 기준 정답률 그래프 옆에 자신의 정답률 그래프를 그려보세요. 기준 정답률 그래프와 자신의 정답률 그래프를 비교해보세요.

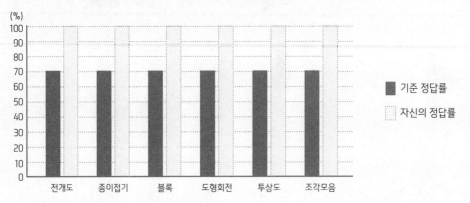

*기준 정답률: 취약 유형을 판단하는 기준이 되는 정답률

## 2 취약 유형 진단하기

자신의 정답률이 기준 정답률보다 낮은 유형이 무엇인지 확인해보세요.

| 전개도 | 전개도 취약형은 입체도형의 전개도에서 인접하는 면에 대한 기본 지식이 다소 부족한 경우에 해당합니다. |
|---|---|
| 종이접기 | 종이접기 취약형은 접은 종이를 다시 펼쳤을 때 접은 선을 기준으로 나타나는 모양의 대칭 관계에 대한 기본 지식이 다소 부족한 경우에 해당합니다. |
| 블록 | 블록 취약형은 회전 방향에 따라 변화하는 블록의 형태 또는 결합했을 때의 블록 형태를 파악하는 능력이 다소 부족한 경우에 해당합니다. |
| 도형회전 | 도형회전 취약형은 회전 방향에 따라 변화하는 도형의 형태를 파악하는 능력이 다소 부족한 경우에 해당합니다. |
| 투상도 | 투상도 취약형은 입체도형의 형태와 방향에 따라 나타나는 투상도의 모양을 파악하는 능력이 다소 부족한 경우에 해당합니다. |
| 조각모음 | 조각모음 취약형은 분할된 도형이 결합되었을 때 또는 분리되었을 때 나타나는 형태를 파악하는 능력이 다소 부족한 경우에 해당합니다. |

# 3 학습 전략 확인하기

취약 유형별 학습 전략을 확인한 후, '필수 암기 핸드북'의 관련 이론을 복습하고, 틀린 문제를 다시 풀어보며 취약 유형이 확실히 극복되었는지 꼭 확인하세요.

| | |
|---|---|
| 전개도 | 전개도를 접었을 때 인접하는 면의 위치 관계를 학습해야 합니다. 또한, 인접하는 면을 파악하기 쉽도록 전개도를 변형하는 연습을 하는 것이 좋습니다.<br>▶전개도 필수 이론 복습하기: 직무적성검사 필수 암기 핸드북 p.49 |
| 종이접기 | 접은 종이를 다시 펼쳤을 때 접은 선을 기준으로 나타나는 모양의 대칭 관계를 복습해야 합니다. 종이를 접었을 때 나타나는 모양이 쉽게 이해가 가지 않는다면 종이를 직접 접어보며 연습을 하는 것이 좋습니다. |
| 블록 | 회전 방향에 따라 변화하는 블록의 형태를 파악하고, 다양한 방향으로 결합하는 블록의 형태를 학습하는 것이 좋습니다.<br>▶블록 필수 이론 복습하기: 직무적성검사 필수 암기 핸드북 p.51 |
| 도형회전 | 다양한 방향으로 회전시킨 도형에서 특징이 있는 부분을 파악하여 비교하는 연습을 해야 합니다. 이때, 평면도형회전 문제는 도형추리의 '대칭/회전 공식'을 함께 학습하는 것이 좋습니다.<br>▶도형추리 필수 이론 복습하기: 직무적성검사 필수 암기 핸드북 p.48 |
| 투상도 | 다면체, 뿔 등 다양한 형태의 입체도형을 여러 방향에서 바라보았을 때 나타나는 투상도의 모양을 학습하고, 다양한 입체도형의 투상도를 파악하는 연습을 하는 것이 좋습니다.<br>▶투상도 필수 이론 복습하기: 직무적성검사 필수 암기 핸드북 p.53 |
| 조각모음 | 분할된 도형의 특징을 파악하고, 선의 길이나 기울기가 비슷하거나 모양 일부가 일치하는 도형을 서로 연결 지어 문제를 푸는 연습을 하는 것이 좋습니다. |

# 4 취약 유형 극복하기

교재 내의 틀린 문제를 다시 풀고 난 후, 해커스잡 사이트(ejob.Hackers.com)에서 제공하는 대기업 인적성 온라인 모의고사를 풀어보며 취약 유형이 확실히 극복되었는지 꼭 확인하세요.

해커스잡 사이트(ejob.Hackers.com) 접속 후 로그인 ▶ 사이트 메인 우측 상단 [나의 정보] 클릭
▶ [나의 쿠폰 – 쿠폰/수강권 등록]에 위 쿠폰번호 입력 ▶ [마이클래스 – 모의고사] 탭에서 응시

1 언어능력
2 수리능력
3 추리능력
4 공간지각능력
5 실전모의고사
해커스 20대기업 인적성 통합 기본서 최신기출유형+실전문제

# PART 5 실전모의고사

본 모의고사는 대기업 인적성 시험의 출제 경향을 반영한 문제로 구성되어 있습니다. 본 교재에 수록된 OMR 카드를 이용하여 시간을 정하고 실전처럼 문제를 풀어본 후, 약점 보완 해설집에 있는 취약 유형 분석표를 이용하여 취약한 유형을 파악하고 취약한 유형은 유형별 문제 풀이 전략을 다시 한 번 확인하며 복습해 보세요.

# 실전모의고사 1회

* 모의고사의 시작과 종료 시각을 정하세요.

| | | |
|---|---|---|
| 언어능력 (11분) | 시 분 ~ | 시 분 |
| 수리논리 (15분) | 시 분 ~ | 시 분 |
| 추리능력 (15분) | 시 분 ~ | 시 분 |
| 공간지각능력 (15분) | 시 분 ~ | 시 분 |

## 언어능력

총 15문항 / 11분

**01.** 다음 두 단어 쌍이 같은 관계가 되도록 빈칸에 들어갈 단어를 고르시오.

오비이락 : 까마귀 = 수구초심 : (      )

① 토끼　　　　② 사마귀　　　　③ 거북이　　　　④ 여우　　　　⑤ 개

**02.** 다음 중 어느 빈칸에도 들어갈 수 없는 것을 고르시오.

가) 시즌 우승을 노린다는 감독의 씩씩한 (      )과 달리 그 팀은 8강 진출에 실패했다.
나) 귀농의 성공과 실패는 철저한 사전 조사에 달려 있다고 해도 (      )이 아니다.
다) 1776년 미국의 13개 식민지는 영국으로부터의 독립을 공식 (      )하였다.
라) 중국의 당 태종은 현명한 신하의 (      )을 수용하여 자신의 잘못을 바로잡곤 했다.
마) 그 후보는 자신이 당선될 경우 이 모든 공약이 실현될 것이라고 (      )장담하였다.
바) 춘계 국제 학술회를 시작하기에 앞서 학회장의 개회 (      )이 있을 예정이다.

① 식언　　　　② 선언　　　　③ 호언　　　　④ 간언　　　　⑤ 과언

**03.** 다음 빈칸에 들어갈 말을 〈보기〉에서 골라 순서대로 바르게 나열한 것을 고르시오.

> 카로티노이드계 화합물인 베타카로틴은 주로 청록색 빛의 파장 범위에 해당하는 빛을 흡수하므로 붉은빛을 띤다. 이 때문에 특정 식품에서 베타카로틴만 따로 ( ㉠ )하여 식용 색소로 쓰는 경우도 있다. 베타카로틴은 대사과정을 거치면서 비타민 A로 변환된다. 비타민 A가 부족하면 야맹증, 안구건조증 같은 안구질환이 발생하기 쉽고, 어린이의 경우 성장 ( ㉡ )을/를 겪을 수 있기 때문에 당근, 호박 등과 같은 베타카로틴이 풍부한 음식을 먹는 것이 중요하다. 이때, 베타카로틴은 기름에 잘 녹는 지용성 비타민이므로 베타카로틴을 ( ㉢ )할 목적으로 채소를 먹을 때는 기름에 볶는 것이 좋다. 반대로 식초는 베타카로틴을 ( ㉣ )하므로 이 둘을 함께 먹지 않도록 유의해야 한다.

〈보기〉
가) 섭취      나) 파괴      다) 추출      라) 와해      마) 장애      바) 섭렵      사) 축출

|   | ㉠ | ㉡ | ㉢ | ㉣ |
|---|---|---|---|---|
| ① | 다) | 라) | 바) | 사) |
| ② | 다) | 마) | 가) | 나) |
| ③ | 다) | 마) | 바) | 사) |
| ④ | 사) | 라) | 바) | 나) |
| ⑤ | 사) | 마) | 가) | 라) |

**04.** 다음 두 단어 쌍이 같은 관계가 되도록 빈칸에 들어갈 단어를 밑줄 친 부분 중에서 고르시오.

> 응고하다 : 굳어지다 = 방자하다 : (      )

① 진우는 회사 대표임에도 불구하고 항상 <u>공손해서</u> 칭찬이 자자하다.
② 보민이는 자신의 비밀을 아무에게도 <u>누설하지</u> 말라는 주의를 주었다.
③ 창민이는 자신보다 힘이 약한 사람에게 <u>교만하게</u> 구는 경향이 있다.
④ 진정으로 아름다운 사람이 되려면 행동과 마음을 <u>겸양해야</u> 한다.
⑤ 웃어른께 인사할 때는 <u>정중한</u> 태도로 임해야 한다.

1 언어능력
2 수리능력
3 추리능력
4 공간지각력
5 실전모의고사
해커스 20대기업 인적성 통합 기본서 최신기출유형+실전문제

**05.** 다음 밑줄 친 단어와 의미가 유사한 것을 고르시오.

동일한 자극이 반복되면 점차 감각이 <u>무신경한</u> 상태로 변화된다.

① 예민한          ② 민감한          ③ 허탈한
④ 영민한          ⑤ 둔감한

**06.** 다음 중 외래어 표기법에 맞지 않는 것을 고르시오.

① rouge - 루주
② teamwork - 팀워크
③ original - 오리지널
④ knockdown - 녹다운
⑤ conte - 꽁트

**07.** 다음 ㈀~㈁을 바르게 고쳐 쓴다고 할 때 가장 적절한 것을 고르시오.

자외선은 태양의 스펙트럼에서 사람의 눈으로 지각되는 파장 범위를 가진 가시광선보다 파장이 짧은 빛을 가리킨다. 파장의 길이에 따라 자외선은 다시 파장 400~320nm의 UVA, 320~280nm의 UVB, 280~200nm의 UVC로 나뉜다. 파장이 가장 짧고 에너지가 큰 UVC는 염색체를 변이시키고 각막에 손상을 입히는 등 생명체에 큰 피해를 주지만, 다행히 지구 대기를 통과할 때 성층권의 오존층에서 완전히 흡수된다. UVB도 오존층에서 거의 흡수되지만, 일부는 지표면에 도달한다. 사람이 UVB에 노출되면 피부가 금세 붉어지거나 검게 ㈀그을리게 된다. UVB는 동물의 피부를 태울 뿐만 아니라, 피부 조직까지 침투하며 피부암의 원인이 되기도 한다. ( ㈁ ) 비타민D 는 뼈 건강을 위한 중요한 영양소이자 우울증의 예방 및 치료에도 도움이 되는 영양소로, 햇볕이 잘 들지 않는 지역이나 해가 짧아지는 가을, 겨울에 우울증 발병률이 높아지는 것은 일조량이 감소함에 따라 체내에서 생성되는 비타민D의 양이 줄어들기 때문이다. 파장이 가장 긴 UVA는 UVB나 UVC보다는 에너지가 작지만, 오랜 시간에 걸쳐 지속적으로 기미, 검버섯, 잔주름 등이 생기게 해 피부 노화를 ㈂유발하는 주된 원인이다. 특히 ( ㈃ )는 유리창을 통과하지 못하므로 실외에서 활동할 때만 주의하면 되지만, UVA는 실내까지 들어오기 때문에 실내에 있다고 해서 안심할 수 없다. 한편 자외선이 피부 ㈄깊숙이 침투하는 것을 막기 위해 인체는 자체적으로 멜라닌이라는 보호막을 만든다. 자외선이 피부에 닿았을 때 멜라닌이라는 검은 색소를 생성하여 자외선을 흡수하고 이를 통해 피부 건강을 지키는데, 앞서 언급한 기미나 검버섯은 피부가 자외선에 과도하게 노출되어 멜라닌 생성이 활발해져 생기는 것이다.

① ㈀은 문맥상 의미가 적절하지 않으므로 '그슬리게'로 고친다.
② ㈁에 '그러나 한편으로 UVB는 비타민D를 생성하는 긍정적인 역할도 한다.'를 넣는다.
③ 문장 성분 간의 호응이 어색하므로 ㈂을 사동 표현인 '유발시키는'으로 수정한다.
④ 앞뒤의 내용을 고려하여 ㈃에는 'UVC'를 넣는다.
⑤ ㈄은 맞춤법에 맞지 않는 표기이므로 '깊숙히'로 수정한다.

**08.** 다음 중 띄어쓰기가 옳지 않은 것을 고르시오.

① 이 회사는 그전에 아버지와 어머니께서 근무하시던 곳이다.
② 가게가 10시까지 운영하니 그 전에 식사를 마쳐야 한다.
③ 오랜만에 고등학교 동창들을 만나서 이야기하니 그전 같지 않았다.
④ 사회에서 성공하는 것도 중요하지만, 그 전에 사람이 되어야 한다.
⑤ 다음 달부터 새로운 프로젝트가 시작되니 그전에 벌여 놓은 일을 정리해야 한다.

1 언어능력
2 수리능력
3 추리능력
4 공간지각능력
5 실전모의고사
해커스 20대기업 인적성 통합 기본서 최신기출유형+실전문제

**09.** 다음 글의 중심 내용과 가장 일치하는 주장을 고르시오.

> 대기업과 중소기업의 동반성장을 위해 성과공유제를 도입하는 기업들이 늘어나고 있다. 성과공유제란 대기업과 협력사가 공정 개선이나 기술 개발을 협의하고 이를 통해 발생하는 성과를 공유함으로써 일자리를 창출하고 기업의 지속 가능한 성장을 도모하는 제도이다. 대기업의 초과 이익을 중소기업에게 나눠주는 제도인 이익공유제가 대기업의 일방적인 지원이라는 점에서 한계가 있었다면, 성과공유제는 여기에서 한발 더 나아가 대기업과 중소기업이 함께 성장할 수 있는 방안이기 때문에 오늘날 주목받고 있는 *상생경영*을 강화하기에 가장 적합한 제도라고 할 수 있다.

① 산업 분야 간의 양극화 완화와 내수 활성화를 위한 최선의 방안인 상생경영에 주목해야 한다.

② 현재의 대기업 지배 구조에서 탈피하여 중소기업이 중심이 되는 국가 경제 구조를 만들어야 한다.

③ 대기업이 목표했던 것 이상의 이익을 창출했을 때 이러한 이익을 협력사와 나눈다면 동반성장을 실현할 수 있다.

④ 중소기업의 경쟁력 제고를 위해 정부는 연구개발 지원 예산 중 중소기업 지원 비중을 확대하는 방향으로 정책을 수립해야 한다.

⑤ 중소기업을 위한 대기업의 일방적인 희생을 강요하기보다 협력을 통해 대기업과 중소기업이 함께 성장할 수 있는 제도의 정착이 필요하다.

**10.** 다음 빈칸에 들어갈 문장으로 가장 적절한 것을 고르시오.

> 끊임없이 변화하고 한 치 앞도 예상할 수 없는 산업 환경에서 대다수 기업의 CEO들은 위기를 돌파하고 시장에서 안정적인 위치를 유지하기 위해 자신들의 주력사업에 집중해야 한다고 생각한다. 하지만 경영컨설팅업체 BCG는 성공적인 사업 다각화가 경제위기를 극복하는 데 더 효과적이라고 조언한다. BCG가 최소 3개 이상의 사업영역을 가지고 있으며 이들 사업영역이 전체 매출에서 10% 이상을 차지하는 기업을 다각화 기업으로 정의하고 110여 개의 기업을 대상으로 분석한 결과, 다각화 기업들의 신용등급이 집중화 기업들보다 평균적으로 높은 것으로 나타났기 때문이다. 이에 대해 BCG는 다각화 기업이 경제위기 시에 다양한 사업 부문을 통해 리스크를 분산시켜 경쟁사에 비해 낮은 비용으로 자금 조달이 가능하다는 점을 꼽았다. 물론 이러한 재정적 이점을 이용하여 위기를 극복하기 위해서는 다각화 기업 역시 상황에 맞는 적절한 전략을 취해야 한다. 일례로 2008년 세계 금융위기 이후에도 높은 수익률을 달성했던 다각화 기업들의 경우 금융위기가 절정에 달했을 때도 (                    ) 이는 불황기일수록 비용과 지출을 줄여야 한다는 기존의 인식에서 벗어난 것으로, 대신에 이들 기업은 경기가 호황일 때 재무구조를 개선하는 전략을 취함으로써 위기에 대비하는 모습을 보였다.

① 경제위기를 극복하기 위해 수익률이 낮은 사업을 철수하고 주력사업에 집중하는 전략을 취했다.

② 투자를 최소화하고 불필요한 지출 요소를 제거함으로써 재정구조의 안정성을 확보하였다.

③ 분산된 사업 부문을 통합하여 경쟁사보다 상대적으로 높았던 자금 조달 비용을 낮출 수 있었다.

④ 대규모의 구조조정이나 연구개발 비용 감축과 같은 전략을 사용하지 않은 것으로 나타났다.

⑤ 조직 체제의 유연한 변화를 통해 금융위기로 인한 경제적 타격에서 벗어날 수 있었다.

**11.** 다음 글의 내용과 일치하지 않는 것을 고르시오.

Z세대는 태어난 순간부터 디지털 문화를 접하고 소비한 세대로, 보통 1995~2005년 사이에 태어난 이들을 지칭한다. Z세대는 아날로그에 대한 경험이 극히 적고 태어난 순간부터 일상에서 디지털 문화와 기기를 접했기 때문에 인터넷과 IT 기기 사용에 익숙하다. 특히 미디어 매체 중 TV나 컴퓨터 사용 비중이 작고, 모바일 기기의 사용 비중이 이전 세대보다 월등히 크며, 소셜 네트워크 서비스(SNS)를 통한 인간관계에 능하다. Z세대는 나이에 비해 성숙한 판단력을 갖고 있다는 평가를 받으며, 젠더, 환경, 사회, 정의 등 다양한 사안에 두루 관심을 보인다. 또한, 이들은 자신의 행복을 실현하는 데에도 관심이 많다. Z세대 중에는 현재의 삶을 중시하는 태도인 '욜로(YOLO)', 일과 삶의 균형을 의미하는 '워라밸' 등을 삶의 신조로 삼는 사람이 많다. 이처럼 Z세대는 주변의 시선이나 사회적 제한에서 벗어나고자 하며, 개인과 현재, 가치 중심적인 의사결정을 중시한다. 앞서 언급한 Z세대의 성향에는 경제적 배경이 작용한 것으로 보인다. 이들은 물질적으로 풍요로운 생활을 했다는 점에서 직전 세대인 Y세대와 비슷하게 소비 지향적인 생활패턴을 보이지만, 글로벌 금융위기 이후 장기화된 경기 침체, 취업난 등을 겪었기 때문에 불확실한 미래보다 현재의 삶에 집중하는 정도가 특히 높다. Z세대가 본격적으로 사회 진출을 하게됨에 따라 사회·경제계에 새로운 변화가 시작될 것으로 보인다. Z세대는 인터넷을 통해 얻은 풍부한 정보를 기반으로 가구 내 소비 의사결정에서도 가장 핵심적인 역할을 하고 있기 때문에 그 파급력이 더욱 클 전망이다. 따라서 각 기업을 비롯한 경제주체들은 이들의 생활 및 소비패턴, 정보 획득 경로 등을 파악하여 적절한 전략을 준비해야 한다.

① Z세대는 가구 내 소비 의사결정에 있어서 구성원들 중 가장 중심적인 역할을 맡고 있다.
② 소비 지향적이라는 점은 Z세대와 직전 세대인 Y세대의 공통점이라고 할 수 있다.
③ Z세대는 다른 세대와 달리 TV, 컴퓨터, 모바일 기기 등 여러 미디어 매체를 골고루 사용한다.
④ 다양한 사회적 현안에 대해 관심이 많다는 점은 Z세대가 지닌 특징 중 하나이다.
⑤ 장기적인 경제 불황은 Z세대가 불확실한 미래보다는 현재에 집중하도록 만들었다.

1 20논력
2 수리논력
3 추리논력
4 공간지각논력
5 실전모의고사
해커스 20대기업 인적성 통합 기본서 최신기출유형+실전문제

**12.** 다음 글의 제목으로 가장 적절한 것을 고르시오.

---

　　1970년대 일본의 로봇 공학자 모리 마사히로는 로봇에 대해 인간이 가지는 심리를 '불쾌한 골짜기 (Uncanny valley)'라는 가설로 설명했다. 이 가설에 따르면 로봇이 발전하여 인간과 비슷해질수록 인간이 로봇에 대해 갖는 호감도는 커진다. 하지만 발전 과정 중 어중간한 수준에 이르는 로봇, 즉 외형은 인간과 비슷하나 행동이 인간의 수준에 미치지 못하는 로봇을 마주할 경우 인간은 전혀 호감을 느끼지 못하며 심지어 불쾌감까지 느낀다는 것이 그의 주장이다. 그리고 로봇이 계속해서 발전하여 외모나 행동이 인간과 구별되지 않을 정도로 비슷해지면 인간은 다시 친밀감을 느끼게 된다. 다시 말해 불쾌한 골짜기란 인간을 닮은 로봇인 휴머노이드의 발전 과정에서 인간이 느끼는 호감도가 계속 상승하지 않고 중간에 골짜기가 생긴다는 이론이다. 2011년 캘리포니아대학 연구팀은 이 가설에 힘을 실어주는 연구 결과를 제시했다. 그들은 실제 사람, 어색하게 움직이는 인간형 로봇, 내부 구조가 훤히 드러나는 로봇으로 하여금 차례대로 실험 참가자를 향해 손을 흔들게 하였고, 이때 실험 참가자의 뇌를 MRI로 촬영하여 반응을 살폈다. 그 결과 첫 번째와 세 번째 경우 평온한 반응이었던 뇌가 유독 두 번째 경우에서만 격렬한 반응을 보인 것이 포착됐다. 연구팀은 특히 시각 중추의 연결부에서 반응이 있었다고 밝혔는데, 인간형 로봇의 경우 외형은 인간과 흡사하지만, 행동은 인간과 다르게 기계적으로 움직이기 때문에 인간의 뇌가 로봇의 외형과 행동을 적절하게 연결하지 못하고 혼동한 것이라 설명했다. 즉, 실험에 참여한 사람들은 인간형 로봇과 감정을 교류하는 데에 실패하고 그것이 거부감으로 나타난 것이다. 로봇 상품을 준비하는 기업에 있어 이 연구 결과의 의미는 크다. 어설픈 인간형 로봇을 내놓았다가는 소비자에게 외면받을 수 있다는 것을 방증하기 때문이다. 이에 따라 최근 기업들은 불쾌한 골짜기를 극복하기 위해 로봇의 용도에 맞는 기능 구현에 더욱 집중하는 한편, 디자인은 인간보다 열등해 보이도록 설계하고 있다. 이미 많은 가정에 보급된 로봇 청소기가 대표적인 사례라고 할 수 있다.

---

① 불쾌한 골짜기의 장단점 연구
② 불쾌한 골짜기의 사례 비교 분석
③ 불쾌한 골짜기에 대한 반론과 그 근거
④ 불쾌한 골짜기의 한계와 극복방안
⑤ 불쾌한 골짜기의 개념 및 시사점

**13.** 다음 주장에 대한 반박으로 가장 타당한 것을 고르시오.

> 우리나라의 반려동물 사육 인구수가 천만 명을 넘어섬에 따라 반려동물의 수는 물론 반려동물의 사체 역시 급격하게 증가하였다. 하지만 반려동물을 키우는 많은 사람들이 반려동물의 사체를 처리할 곳이 마땅치 않아 곤란을 겪고 있다. 선진국에서는 이미 공공기관이 개입하여 체계적이고 위생적인 반려동물 장묘 시스템을 구축해 놓고 있다. 우리나라도 공공기관에서 앞장서서 반려동물 장묘시설 설립을 추진해 환경과 위생문제뿐 아니라 동물의 생명윤리에 대한 인식을 제고할 필요성이 있다.

① 반려동물을 가족으로 여기는 국민 정서를 고려해 일반 장묘시설의 일부를 반려동물 장묘시설로 사용하는 방안을 검토해야 한다.

② 인간을 위한 복지예산도 부족한 상황에서 공공기관의 예산을 동원하여 동물 장묘시설을 설립하는 것은 시기상조이다.

③ 가정에서 죽은 동물의 사체 처리에 관한 적절한 법안이 없는 상황이므로 관련 법안을 마련해야 한다.

④ 죽은 반려동물을 불법매립하거나 무단으로 투기하는 등 무분별한 사체 처리로 인해 환경오염이 발생할 가능성이 매우 크다.

⑤ 사설 반려동물 장묘시설은 사용료가 비싸므로 공공 반려동불 장묘시설을 설립하여 반려동물 사체 처리 비용을 낮출 필요가 있다.

**14.** 다음 글의 내용과 일치하지 않는 것을 고르시오.

원소기호로는 At이고, 원자번호 85번에 해당하는 아스타틴(Astatine)은 지구상에서 천연으로 존재하는 원소 중 가장 희귀한 원소이다. 이 원소는 우라늄과 토륨의 동위원소가 붕괴되는 과정에서 생성되며, 지구 전체로 볼 때 약 28~30g이 존재하는 것으로 추정된다. 아스타틴은 강한 방사선을 내면서 비스무트(Bi), 폴로늄(Po), 라돈(Rn) 등으로 붕괴된다. 원자번호 101번 중에서는 아스타틴이 프랑슘(Fr) 다음으로 반감기가 짧은데, 반감기가 짧고 방사성 붕괴 시 많은 에너지가 방출되기 때문에 밀도, 녹는점과 같은 물리저 성질, 반응성과 같은 화학적 성질이 실험적으로 명확히 측정되지 않았다. 다만, 상온에서 검은색 또는 금색 광택이 나는 고체이며 아이오딘보다 금속성이 큰 것으로 여겨진다. 아스타틴이라는 이름은 1974년 코슨, 매켄지, 세그레가 〈네이처(Nature)〉에 논문 발표 당시 반감기가 짧고 불안정한 물질이라는 점에 주목하여 '불안정한'이라는 의미의 그리스어 아스타토스(Astatos)에 할로겐 접미어 'ine'를 붙여 명명하게 되었다. 아스타틴의 동위원소에는 알파선을 방출하는 핵종이 많다. 예컨대 $^{211}$At의 경우 높은 에너지의 알파선을 방출하고 공격하는 특성이 있다. 특히 $^{211}$At은 아이오딘과 마찬가지로 갑상샘에 우선적으로 농축되는 성질이 있는데, 농축되는 정도가 아이오딘보다는 적다. 하지만 비정상 갑상샘 조직 파괴에 $^{131}$I보다 효과적이며, 갑상샘과 이웃하는 부갑상샘에는 거의 영향을 주지 않는다는 장점이 있다. 그뿐만 아니라 $^{211}$At을 암세포까지 옮길 수 있는 운반자가 있다면 다른 암세포의 치료에도 활용할 수 있다. 최근에는 $^{211}$At을 생산한 뒤 수 시간 이내에 이를 분리하고 운반자에 결합시키는 방법이 개발되며 암세포 치료와 관련하여 크게 주목받았으나, 아직까지 생성할 수 있는 양이 매우 적고 불안정한 특성으로 인해 실제 치료에 적용하기까지는 상당한 시간이 소요될 것으로 예측된다.

① 아스타틴의 동위원소 중 알파선을 방출하는 핵종이 많은 원소는 고에너지의 알파선을 공격하는 경향이 있다.
② 원자번호 85번인 아스타틴은 지구에 존재하는 원자 중 반감기가 가장 짧은 원자이다.
③ 아스타틴의 반응성과 같은 화학적 성질이나 밀도, 녹는점과 같은 물리적 성질은 정확히 파악된 바가 없다.
④ $^{211}$At은 농축되는 정도는 상이하나 갑상샘에 먼저 농축된다는 점에서 아이오딘과 유사하다.
⑤ 우라늄과 토륨의 동위원소가 붕괴 과정을 거치기 전에 아스타틴은 지구상에 존재할 수 없는 물질이다.

**15.** 다음 〈보기〉에 이어질 내용을 논리적 순서대로 알맞게 배열한 것을 고르시오.

> ─〈보기〉─
> 복어는 기름기가 거의 없어 담백하고 비린내가 나지 않으며, 콜라겐이 풍부하여 쫄깃하고 감칠맛이 난다. 영양적으로도 저칼로리, 고단백질에 각종 무기질과 비타민이 풍부하여 신진대사를 활성화시키며, 면역력을 보강하는 데 도움이 되어 보양식으로도 안성맞춤이다. 하지만 복어를 먹을 때는 주의해야 할 점이 있다.

> 가) 따라서 복어는 독성이 있는 부위를 완전히 제거하고 다량의 물로 충분히 씻어내어 만일에라도 있을지 모를 독을 완전히 없앤 상태로 섭취해야 한다. 또한, 복어 독 제거는 전문적인 기술을 필요로 하므로 반드시 복요리 자격증이 있는 전문가가 조리한 것을 먹어야 한다.
> 나) 테트로도톡신을 섭취하면 두통과 복통, 구토 증세가 일어나며, 전신이 경직되다가 호흡 기관과 심장이 정지되어 끝내 사망에 이른다. 이러한 증상은 복어 독을 섭취한 뒤 30분 안에 시작되며 빠르게 조치를 취하지 않으면 한 시간 반에서 여덟 시간 안에 죽는다.
> 다) 복어에는 청산가리 위력의 10배가 넘는 테트로도톡신이라는 독성이 포함되어 있다. 독은 피, 눈, 난소, 알, 내장, 껍질 등 대부분의 기관에 퍼져 있다. 복어 독은 무색, 무취에 맛도 나지 않아 확인이 어렵고 300℃가 넘는 열에 조리해도 독성은 파괴되지 않는다.
> 라) 그렇다면 이처럼 위험한 독은 어떻게 만들어지는 것일까? 복어가 독을 만들어 내는 방식은 오래전부터 연구 대상이었다. 한때 복어가 자체적으로 만들어 내는 것이라는 의견도 있었지만, 지금까지의 연구 결과에 따르면 복어 독은 독성이 있는 불가사리와 갑각류를 먹는 복어의 식습관에 의한 것으로 보인다.
> 마) 이에 착안하여 실제로 일본의 한 연구진이 복어가 무독성 먹이만 섭취할 수 있는 환경을 조성해 3년간 복어를 양식하였다. 그 결과 5,000마리에 가까운 복어 중 단 한 마리도 독성을 지닌 복어가 없는 것으로 나타났다.

① 다) - 가) - 나) - 마) - 라)
② 다) - 나) - 가) - 라) - 마)
③ 다) - 라) - 마) - 나) - 가)
④ 라) - 나) - 가) - 다) - 마)
⑤ 라) - 마) - 다) - 나) - 가)

약점 보완 해설집 p.76

**01.** 지하철역에서 면접 장소까지 시속 5km로 걸어가면 면접 시간보다 15분 늦게 도착하고, 시속 15km로 가는 택시를 타면 면접 시간보다 18분 일찍 도착한다. 지하철역에서 면접 장소까지의 거리는 얼마인가?

① 3,750m　　　　② 3,875m　　　　③ 4,000m　　　　④ 4,125m　　　　⑤ 4,250m

**02.** 농도가 15%인 소금물 400g에서 소금물 일부를 덜어내고, 덜어낸 만큼 물을 넣어 희석하였다. 희석한 소금물과 농도가 7%인 소금물을 섞어 농도가 11%인 소금물 500g을 만들었다면 농도가 15%인 소금물 400g에서 덜어낸 소금물에 들어있던 소금의 양은 얼마인가?

① 6g　　　　② 12g　　　　③ 24g　　　　④ 36g　　　　⑤ 48g

**03.** 대형 어항에 물을 가득 채우는 데 검은색 호스로는 5시간, 노란색 호스로는 4시간이 걸리며, 가득 찬 물을 빼는 데 흰색 호스로는 6시간, 파란색 호스로는 7시간이 걸린다고 한다. 어항 높이의 $\frac{1}{4}$ 만큼 물이 차 있는 상태에서 검은색, 노란색 두 호스로 물을 채우는 동시에 흰색, 파란색 두 호스로 물을 뺄 때 어항에 물을 가득 채우는 데 걸리는 시간은 얼마인가?

① $2\frac{23}{41}$ 시간　　② $3\frac{23}{41}$ 시간　　③ $3\frac{33}{51}$ 시간　　④ $5\frac{20}{59}$ 시간　　⑤ $6\frac{20}{59}$ 시간

**04.** 한 휴대폰 매장에 두 제품 A, B가 있다. 각각의 제품은 용량에 따라 30g, 60g 타입으로 나뉜다. 두 제품 30g 타입의 재고 비는 2:3이고, B 제품 30g, 60g 타입의 재고 비는 3:5이다. A 제품의 전체 재고가 40개이고 두 제품 60g 타입의 재고 합이 70개일 때, A 제품 30g 타입의 재고는 몇 개인가?

① 20개　　　　② 30개　　　　③ 40개　　　　④ 50개　　　　⑤ 60개

**05.** 어떤 매장의 공책과 연필의 재고의 비가 3:5였다. 재고를 정리하기 위해 할인행사로 공책 1권과 연필 2자루를 묶어 10묶음을 판매한 후 재고의 비가 2:3이 되었다. 할인행사 후 연필은 몇 자루 남아있는가?

① 10자루      ② 20자루      ③ 30자루      ④ 40자루      ⑤ 50자루

**06.** 서로 다른 양수가 적혀 있는 11장의 카드 중 한 장의 카드를 선택할 때, 선택한 카드에 적혀 있는 숫자가 8 이상이면 이기는 게임이 있다. 첫 번째 게임에서 이기고, 두 번째 게임에서 질 확률이 $\frac{3}{11}$ 일 때, 처음 11장의 카드 중 8 이상의 숫자가 적혀 있는 카드로 가능한 장수의 합은? (단, 한 번 선택한 카드는 다음 게임에서 사용하지 않는다.)

① 5장      ② 6장      ③ 8장      ④ 11장      ⑤ 15장

**07.** 팀원 수가 10명인 X 팀의 팀원들이 청소 당번 3명을 뽑으려고 한다. X 팀에서 청소 당번 3명을 뽑는 방법은 몇 가지인가?

① 120가지      ② 160가지      ③ 360가지      ④ 520가지      ⑤ 720가지

**08.** 다음은 세계 화학 산업의 시장 규모에 대한 자료이다. 다음 중 자료에 대한 설명으로 옳지 않은 것을 고르시오.

[세계 화학 산업 품목별 시장 규모]

(단위: 십억 불)

| 품목 | 2013년 | 2014년 | 2015년 | 2016년 | 2017년 | 2018년 | 2019년 |
|---|---|---|---|---|---|---|---|
| 의약품 | 1,141 | 1,156 | 1,205 | 1,265 | 1,330 | 1,383 | 1,439 |
| 화학제품 | 4,436 | 4,484 | 4,637 | 4,846 | 5,059 | 5,241 | 5,430 |
| 소비재 | 435 | 454 | 467 | 484 | 505 | 525 | 545 |
| 기초화학품 | 2,182 | 2,196 | 2,268 | 2,370 | 2,474 | 2,553 | 2,635 |
| 합성수지 | 633 | 637 | 659 | 691 | 725 | 752 | 780 |

[세계 화학 산업 지역별 시장 규모]

(단위: 십억 불)

| 지역 | 2013년 | 2014년 | 2015년 | 2016년 | 2017년 | 2018년 | 2019년 |
|---|---|---|---|---|---|---|---|
| 북미 | 894 | 920 | 951 | 983 | 1,015 | 1,046 | 1,077 |
| 서유럽 | 1,028 | 1,053 | 1,080 | 1,107 | 1,134 | 1,159 | 1,185 |
| MENA | 192 | 203 | 214 | 226 | 237 | 250 | 263 |
| 아시아 | 2,626 | 2,838 | 3,052 | 3,226 | 3,488 | 3,743 | 4,016 |

※ MENA는 중동과 북아프리카 지역을 의미함

① 제시된 4개 지역의 화학 산업 시장 규모는 2014년부터 2019년까지 매년 전년 대비 증가하였다.

② 2016년 화학 산업 품목별 시장 규모의 전년 대비 증가율은 합성수지가 소비재보다 높다.

③ 2018년에 제시된 5개 품목의 시장 규모는 모두 전년 대비 증가하였다.

④ 기초화학품의 시장 규모가 전년 대비 가장 적게 증가한 해는 2016년이다.

⑤ 화학 산업의 시장 규모는 매년 아시아가 서유럽의 2배 이상이다.

**09.** 다음은 국세청에서 제공하는 업태별 신용카드 가맹점 가입 지정 대상자 및 가입 지정 여부에 따른 가입자 수에 대한 자료이다. 이를 바탕으로 만든 자료로 옳은 것을 고르시오.

(단위 : 명)

| 구분 | 2011년 | | | | 2012년 | | | |
|---|---|---|---|---|---|---|---|---|
| | 전체 가입자 | 가입 지정 대상자 | 지정 가입자 | 비지정 가입자 | 전체 가입자 | 가입 지정 대상자 | 지정 가입자 | 비지정 가입자 |
| 숙박업 | 27,001 | 13,331 | 12,582 | 14,419 | 28,162 | 14,635 | 13,722 | 14,440 |
| 병의원 | 58,713 | 59,938 | 58,713 | – | 59,712 | 62,513 | 59,712 | – |
| 학원 | 91,236 | 51,912 | 47,359 | 43,877 | 94,616 | 52,295 | 47,770 | 46,846 |
| 전문직 | 22,289 | 38,000 | 22,289 | – | 22,266 | 37,283 | 22,266 | – |

※ 전체 가입자 = 지정 가입자 + 비지정 가입자

① [2011년 전체 가입자]

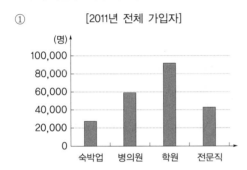

② [2011년 학원의 가입 지정 대상자 및 가입 지정 여부에 따른 가입자]

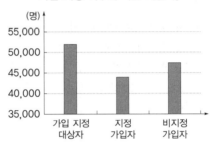

③ [2012년 지정 가입자]

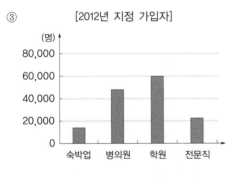

④ [2012년 가입 지정 대상자]

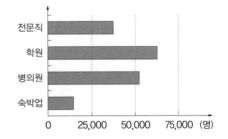

⑤ [2012년 숙박업의 가입 지정 대상자 및 가입 지정 여부에 따른 가입자]

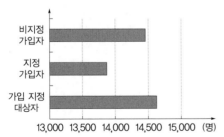

1 언어능력
2 수리능력
3 추리능력
4 공간지각능력
5 실전모의고사
해커스 20대기업 인적성 통합 기본서 최신기출유형+실전문제

**10.** 다음은 통계청에서 제공하는 유럽 6개국의 고령화지수를 나타낸 자료이다. 다음 중 자료에 대한 설명으로 옳지 않은 것을 고르시오.

[유럽 6개국의 고령화지수]

(단위 : %)

| 구분 | 2000년 | 2005년 | 2010년 | 2015년 |
|------|--------|--------|--------|--------|
| 영국 | 83.7 | 88.9 | 94.9 | 102.8 |
| 프랑스 | 85.1 | 89.7 | 91.3 | 103.3 |
| 스페인 | 112.8 | 116.8 | 117.8 | 126.8 |
| 그리스 | 106.5 | 117.9 | 123.5 | 137.2 |
| 이탈리아 | 126.6 | 138.3 | 146.4 | 163.5 |
| 독일 | 105.1 | 131.3 | 150.7 | 161.1 |

※ 고령화지수(%) = (65세 이상 인구 / 15세 미만 인구)×100

① 유럽 6개국 중 2015년 고령화지수의 5년 전 대비 증가량이 가장 큰 나라는 이탈리아이다.

② 2015년 그리스 고령화지수의 5년 전 대비 증가율은 10% 이상이다.

③ 2000년 독일의 고령화지수는 같은 해 영국의 고령화지수의 1.1배 이상이다.

④ 2005년 스페인은 65세 이상 인구가 15세 미만 인구보다 많다.

⑤ 유럽 6개국을 고령화지수가 높은 순서대로 순위를 매기면 2000년과 2015년의 고령화지수 순위가 동일한 나라는 2개국이다.

**11.** 다음은 석유 제품의 수급량과 원유 수입량에 대한 자료이다. 원유 수입량이 전년 대비 가장 많이 증가한 해에 제품 공급량의 전년 대비 증가율은 약 얼마인가? (단, 소수점 둘째 자리에서 반올림하여 계산한다.)

[연도별 석유 제품 수급량 및 원유 수입량]

(단위: 백만 배럴)

| 구분 | 2019년 | 2020년 | 2021년 | 2022년 |
|---|---|---|---|---|
| 제품 공급량 | 1,357 | 1,425 | 1,492 | 1,537 |
| 제품 수요량 | 1,324 | 1,391 | 1,474 | 1,506 |
| 원유 수입량 | 928 | 1,026 | 1,078 | 1,118 |

① 3.0%  ② 4.6%  ③ 4.8%  ④ 5.0%  ⑤ 5.4%

1 언어능력
2 수리능력
3 추리능력
4 공간지각능력
5 실전모의고사
해커스 20대기업 인적성 통합 기본서 최신기출유형+실전문제

**12.** 다음은 운영 주체가 대표자 단독인 농업법인 수를 나타낸 자료이다. 농업회사법인 수가 전년 대비 가장 많이 증가한 해의 영농조합법인 수는 얼마인가?

[연도별 농업법인 수]

(단위: 개)

| 구분 | 2015년 | 2016년 | 2017년 | 2018년 | 2019년 | 2020년 | 2021년 | 2022년 |
|---|---|---|---|---|---|---|---|---|
| 영농조합법인 | 699 | 822 | 2,949 | 3,206 | 3,441 | 4,234 | 4,295 | 3,475 |
| 농업회사법인 | 223 | 259 | 938 | 1,323 | 1,824 | 2,501 | 3,101 | 3,343 |
| 합계 | 922 | 1,081 | 3,887 | 4,529 | 5,265 | 6,735 | 7,396 | 6,818 |

① 2,949개  ② 3,206개  ③ 3,441개  ④ 4,234개  ⑤ 4,295개

**13.** 다음은 계절별 재산범죄피해 발생 비율과 연도별 재산범죄피해 발생 건수에 대한 자료이다. 다음 중 자료에 대한 설명으로 옳지 않은 것을 고르시오.

[계절별 재산범죄피해 발생 비율]

(단위: %)

| 구분 | 2012년 | 2014년 | 2016년 | 2018년 |
|---|---|---|---|---|
| 합계 | 100.0 | 100.0 | 100.0 | 100.0 |
| 봄(3~5월) | 22.6 | 21.1 | 23.1 | 21.1 |
| 여름(6~8월) | 34.5 | 32.2 | 29.6 | 36.6 |
| 가을(9~11월) | 24.2 | 35.0 | 32.9 | 25.2 |
| 겨울(12~2월) | 18.7 | 11.7 | 14.4 | 17.1 |

[연도별 재신범죄피해 발생 건수]

(단위: 건)

| 구분 | 2012년 | 2014년 | 2016년 | 2018년 |
|---|---|---|---|---|
| 전체 | 1,645,336 | 1,449,005 | 1,479,474 | 1,417,708 |

※ 출처: KOSIS(한국형사정책연구원, 국민생활안전실태조사)

① 2018년 가을의 재산범죄피해 발생 비율은 6년 전 대비 1% 증가하였다.

② 2014년부터 2018년까지 재산범죄피해 발생 비율의 2년 전 대비 증감 추이가 재산범죄피해 발생 건수의 2년 전 대비 증감 추이와 동일한 계절은 1개이다.

③ 2016년 재산범죄피해 발생 비율은 여름이 겨울의 약 2.1배이다.

④ 제시된 모든 해에 재산범죄피해 발생 건수는 3~8월이 9~2월보다 많다.

⑤ 봄의 재산범죄피해 발생 건수는 2012년이 2016년보다 많다.

14. 다음은 20XX년 인공지능 사업체의 종사자 규모에 따른 직무별 현재 인력과 부족 인력을 조사한 자료이다. 전체 인공지능 직무의 현재 인력이 가장 많은 종사자 규모에서 직무별 부족 인력만큼 충원하면, 현재 인력 대비 충원 후 인력의 증가율이 세 번째로 큰 직무의 증가율은 약 얼마인가? (단, 소수점 둘째 자리에서 반올림하여 계산한다.)

[인공지능 직무별 현재 인력]

(단위: 명)

| 구분 | 프로젝트 관리자 | 컨설턴트 | 개발자 | 시스템 운영관리자 | 데이터 가공 처리 담당자 | 데이터 분석가 |
|---|---|---|---|---|---|---|
| 전체 | 472 | 337 | 3,270 | 561 | 686 | 498 |
| 10인 미만 | 37 | 18 | 368 | 99 | 74 | 61 |
| 10~100인 미만 | 187 | 113 | 920 | 214 | 168 | 156 |
| 100~1,000인 미만 | 149 | 98 | 706 | 112 | 254 | 159 |
| 1,000인 이상 | 99 | 108 | 1,276 | 136 | 190 | 122 |

[인공지능 직무별 부족 인력]

(단위: 명)

| 구분 | 프로젝트 관리자 | 컨설턴트 | 개발자 | 시스템 운영관리자 | 데이터 가공 처리 담당자 | 데이터 분석가 |
|---|---|---|---|---|---|---|
| 전체 | 71 | 42 | 712 | 56 | 146 | 83 |
| 10인 미만 | 1 | 2 | 116 | 7 | 5 | 2 |
| 10~100인 미만 | 26 | 6 | 191 | 25 | 17 | 17 |
| 100~1,000인 미만 | 11 | 11 | 127 | 5 | 67 | 25 |
| 1,000인 이상 | 33 | 23 | 278 | 19 | 57 | 39 |

① 14.0%    ② 21.8%    ③ 28.1%    ④ 30.0%    ⑤ 33.3%

1 언어능력
2 수리능력
3 추리능력
4 공간지각능력
5 실전모의고사

해커스 20대기업 인적성 통합 기본서 최신기출유형+실전문제

15. 다음은 보건복지부에서 조사한 노인주거복지시설 수에 대한 자료이다. 이를 바탕으로 연도별 노인주거복지시설 수의 추이를 바르게 나타낸 것을 고르시오.

[연도별 노인주거복지시설 수]

(단위: 개소)

| 구분 | 2013 | 2014 | 2015 | 2016 |
|---|---|---|---|---|
| 양로시설 | 285 | 272 | 265 | 265 |
| 노인 공동생활가정 | 125 | 142 | 131 | 128 |
| 노인복지주택 | 25 | 29 | 31 | 32 |

※ 노인주거복지시설은 양로시설, 노인 공동생활가정, 노인복지주택으로 분류됨
※ 출처: KOSIS(보건복지부, 노인복지시설현황)

①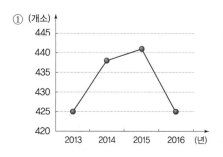

②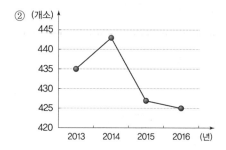

③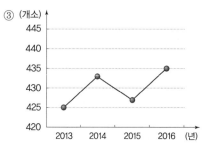

④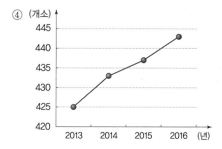

⑤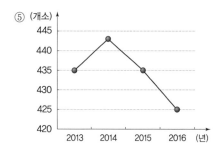

약점 보완 해설집 p.79

**01.** 다음 결론이 반드시 참이 되게 하는 전제를 고르시오.

| 전제 | 뼈대가 굵은 어떤 사람은 키가 크다. |
|------|--------------------------------|
| 결론 | 뼈대가 굵은 어떤 사람은 몸집이 크다. |

① 몸집이 큰 모든 사람은 키가 크다.

② 키가 크면서 몸집이 큰 사람이 있다.

③ 키가 큰 모든 사람은 몸집이 크지 않다.

④ 몸집이 크지 않은 모든 사람은 키가 크지 않다.

⑤ 몸집이 큰 어떤 사람은 키가 크지 않다.

**02.** 다음 명제가 모두 참일 때, 항상 참인 문장을 고르시오.

- 비 오는 날을 좋아하는 사람은 클래식 음악을 좋아한다.
- 비 오는 날을 좋아하지 않는 사람은 가을을 좋아한다.
- 가을을 좋아하거나 겨울을 좋아하는 사람은 클래식 음악을 좋아하지 않는다.
- 겨울을 좋아하지 않는 사람은 봄을 좋아한다.

① 가을을 좋아하는 사람은 비 오는 날을 좋아한다.

② 클래식 음악을 좋아하는 사람은 봄을 좋아하지 않는다.

③ 비 오는 날을 좋아하지 않는 사람은 겨울을 좋아한다.

④ 봄을 좋아하지 않는 사람은 비 오는 날을 좋아하지 않는다.

⑤ 겨울을 좋아하는 사람은 가을을 좋아하지 않는다.

03. △△마을의 주민 1, 주민 2, 주민 3, 주민 4, 주민 5는 모두 용의자로 지목을 받아 조사에 임했으며, 다섯 명 중 범인은 한 명이다. 다섯 명의 진술 중 한 명의 진술만이 거짓일 때, 범인을 고르시오.

> • 주민 1: 주민 4가 범인이다.
> • 주민 2: 주민 5는 범인이 아니다.
> • 주민 3: 주민 1 또는 주민 2가 범인이다.
> • 주민 4: 나는 범인이 아니다.
> • 주민 5: 주민 2는 범인이 아니다.

① 주민 1      ② 주민 2      ③ 주민 3      ④ 주민 4      ⑤ 주민 5

04. 역사학과 학생회 임원인 진형, 준영, 미진, 선주, 승아 5명 모두 문화유적답사지를 결정하기 위해 각각 양평, 대전, 강릉, 울산 중 한 곳으로 사전 답사를 떠나려고 한다. 다음 조건을 모두 고려하였을 때, 항상 참인 것을 고르시오.

> • 양평, 대전, 강릉, 울산 중 아무도 사전 답사를 가지 않는 곳은 없다.
> • 선주는 양평 또는 강릉 중 한 곳으로 사전 답사를 간다.
> • 대전으로 사전 답사를 가는 사람은 준영이가 아니다.
> • 울산으로 사전 답사를 가는 사람은 1명이며, 진형 또는 승아이다.
> • 미진이는 강릉으로 사전 답사를 간다.

① 양평으로 사전 답사를 가는 사람은 총 2명이다.
② 미진이와 동일한 곳으로 사전 답사를 갈 수 있는 사람은 총 1명이다.
③ 승아가 갈 수 있는 사전 답사지는 총 두 곳이다.
④ 진형이가 사전 답사를 가는 곳은 울산이다.
⑤ 준영이는 선주와 함께 사전 답사를 간다.

**05.** 서로 다른 날 헬스장을 처음 방문한 상철, 유선, 윤재, 준우, 현식 5명은 각자 3, 6, 9, 12개월 중 하나를 선택하여 신규로 회원 등록을 하였다. 다음 조건을 모두 고려하였을 때, 항상 거짓인 것을 고르시오.

- 5명은 모두 처음 방문한 날 헬스장을 바로 등록하였다.
- 2명만이 같은 개월 수를 등록하였고, 그중 한 명은 현식이었다.
- 5명 중 마지막으로 방문한 사람은 9개월을 등록하였으며, 그 사람이 윤재는 아니었다.
- 유선이는 3개월을 등록하였고, 현식이와 윤재보다 먼저 등록하였다.
- 현식이와 유선이가 등록한 개월 수의 합은 준우가 등록한 개월 수와 같았다.
- 상철이는 윤재보다 먼저 등록하였고, 준우보다는 늦게 등록하였다.

① 유선이는 두 번째 순서로 등록했다.
② 상철이가 등록한 개월 수로 가능한 경우는 2가지이다.
③ 유선이와 준우 중 누가 먼저 등록했는지는 알 수 없다.
④ 상철이와 현식이가 같은 개월 수를 등록했다면 윤재는 9개월을 등록했다.
⑤ 준우가 등록한 개월 수는 12개월이다.

**06.** 일정한 규칙으로 나열된 수를 통해 빈칸에 들어갈 알맞은 숫자를 고르시오.

$$\frac{1}{6} \quad \frac{1}{2} \quad \frac{5}{6} \quad \frac{7}{6} \quad \frac{3}{2} \quad (\quad)$$

① $2$  ② $\frac{5}{2}$  ③ $\frac{7}{3}$  ④ $\frac{11}{6}$  ⑤ $\frac{13}{6}$

1 언어능력
2 수리능력
3 추리능력
4 공간지각능력
5 실전모의고사
해커스 20대기업 인적성 통합 기본서 최신기출유형 + 실전문제

**07.** 일정한 규칙으로 나열된 수를 통해 빈칸에 들어갈 알맞은 숫자를 고르시오.

| | 138 | 276 | 274 | 137 | 411 | 408 | ( ) |
|---|---|---|---|---|---|---|---|

① 102          ② 136          ③ 203          ④ 404          ⑤ 405

**08.** 일정한 규칙으로 나열된 수를 통해 빈칸에 들어갈 알맞은 숫자를 고르시오.

| | 2 | 16 | 10 | 4 | 50 | 1 | 250 | 0.25 | 1,250 | ( ) | 6,250 |
|---|---|---|---|---|---|---|---|---|---|---|---|

① 0.2          ② 0.125          ③ 0.075          ④ 0.0625          ⑤ 0.055

**09.** 다음 도형의 바깥쪽 원과 안쪽 원에 포함된 각 숫자에는 시계 방향으로 서로 다른 규칙이 적용되고, 사분원 안의 세 숫자 사이에도 일정한 규칙이 있다. 각각의 규칙을 찾아 A+B−C−D의 값을 고르시오. (단, 바깥쪽 원과 안쪽 원에 적용되는 규칙의 경우 규칙이 끝나는 숫자와 규칙이 시작되는 숫자 사이에는 성립하지 않는다.)

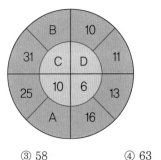

① 35          ② 42          ③ 58          ④ 63          ⑤ 74

**[10-11]** 다음 각 기호가 문자, 숫자의 배열을 바꾸는 규칙을 나타낸다고 할 때, 각 문제의 '?'에 해당하는 것을 고르시오.

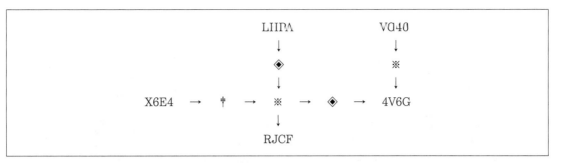

**10.**

$$? \;\rightarrow\; ※ \;\rightarrow\; ◆ \;\rightarrow\; † \;\rightarrow\; 6Q3X$$

① 1Z4S      ② 5V8O      ③ 85OV      ④ S4Z1      ⑤ SV81

**11.**

$$DGJS \;\rightarrow\; † \;\rightarrow\; ◆ \;\rightarrow\; ?$$

① GDSJ      ② DJGS      ③ BHIU      ④ BLEU      ⑤ EUBL

**[12 - 13]** 다음의 변환 규칙과 비교 규칙을 적용하여 문제의 정답을 고르시오.

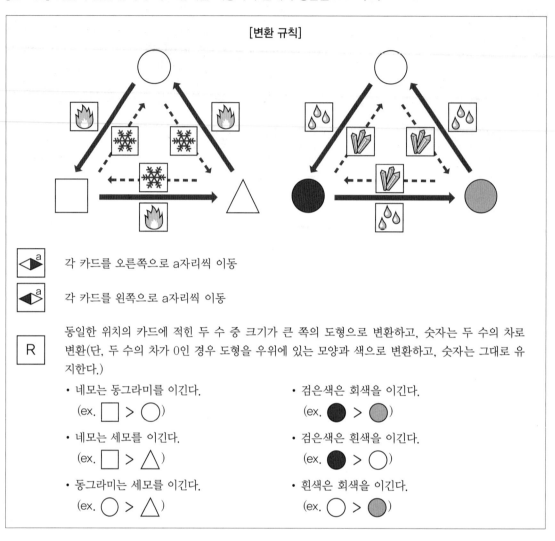

[변환 규칙]

| | |
|---|---|
| <◆a> | 각 카드를 오른쪽으로 a자리씩 이동 |
| <◆a> | 각 카드를 왼쪽으로 a자리씩 이동 |

| | |
|---|---|
| R | 동일한 위치의 카드에 적힌 두 수 중 크기가 큰 쪽의 도형으로 변환하고, 숫자는 두 수의 차로 변환(단, 두 수의 차가 0인 경우 도형을 우위에 있는 모양과 색으로 변환하고, 숫자는 그대로 유지한다.) |

- 네모는 동그라미를 이긴다.
  (ex. ☐ > ◯ )
- 네모는 세모를 이긴다.
  (ex. ☐ > △ )
- 동그라미는 세모를 이긴다.
  (ex. ◯ > △ )

- 검은색은 회색을 이긴다.
  (ex. ● > ● )
- 검은색은 흰색을 이긴다.
  (ex. ● > ◯ )
- 흰색은 회색을 이긴다.
  (ex. ◯ > ● )

[비교 규칙]

| | |
|---|---|
| N | 각 카드에 적힌 수를 모두 더한 값(n)이 조건을 만족하는지 비교<br>조건을 만족하면 Yes, 그렇지 않으면 No로 이동 |

**12.** 주어진 규칙에 따라 카드를 변환시킬 때, '?'에 해당하는 카드를 고르시오.

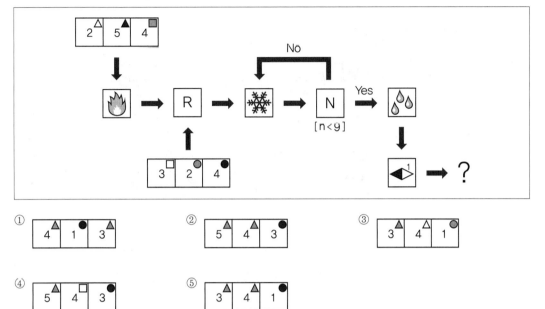

① 
| 4△ | 1● | 3△ |

② 
| 5△ | 4△ | 3● |

③ 
| 3△ | 4△ | 1● |

④ 
| 5△ | 4□ | 3● |

⑤ 
| 3△ | 4△ | 1● |

**13.** 주어진 규칙에 따라 카드를 변환시킬 때, '?'에 해당하는 카드를 고르시오.

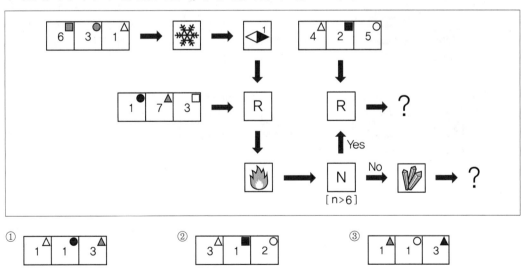

① 
| 1△ | 1● | 3△ |

② 
| 3△ | 1■ | 2○ |

③ 
| 1△ | 1○ | 3▲ |

④ 
| 3△ | 1▲ | 2● |

⑤ 
| 2△ | 4● | 2○ |

**14.** 다음 각 기호가 나타내는 변환 규칙을 찾아 아래에 제시된 도형을 변환시킬 때, A와 B에 해당하는 도형을 순서대로 고르시오.

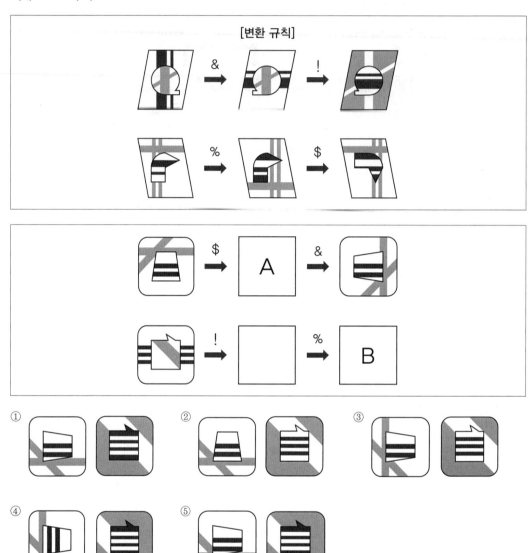

**15.** 다음 도형에 제시된 내부 도형은 1초가 지날 때마다 아래로 한 칸씩 이동하며, 가장 아래 칸에 위치하면 더는 이동하지 않는다. 주어진 규칙에 따라 도형을 변환시킬 때, '?'에 해당하는 도형을 고르시오. (단, 내부 도형은 겹쳐질 수 있다.)

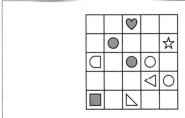

①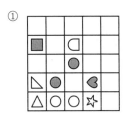

②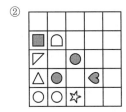

③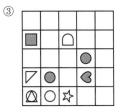

④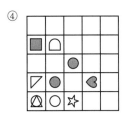

⑤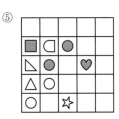

**01.** 다음 그림을 보고 제시된 공간에서 정육면체가 이동한 방향을 순서대로 고르시오. (단, 두 개의 정육면체 중 좌측 정육면체가 이동한다.)

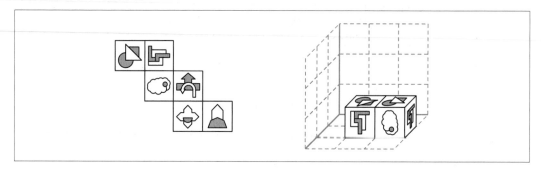

① 전, 우, 후          ② 우, 좌, 우          ③ 우, 후, 전
④ 우, 후, 좌          ⑤ 후, 우, 전

**02.** 다음 그림을 보고 제시된 공간에서 정육면체가 이동한 방향을 순서대로 고르시오. (단, 두 개의 정육면체 중 좌측 정육면체가 이동한다.)

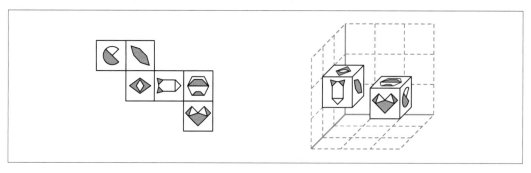

① 전, 우, 우          ② 좌, 전, 우          ③ 우, 전, 우
④ 좌, 우, 우          ⑤ 우, 우, 전

**03.** 다음 전개도 A, B, C를 기준면이 정면을 향하도록 접은 다음, 각각의 회전 규칙에 따라 회전시킨 후 결합 형태에 따라 결합했을 때의 모양으로 알맞은 것을 고르시오.

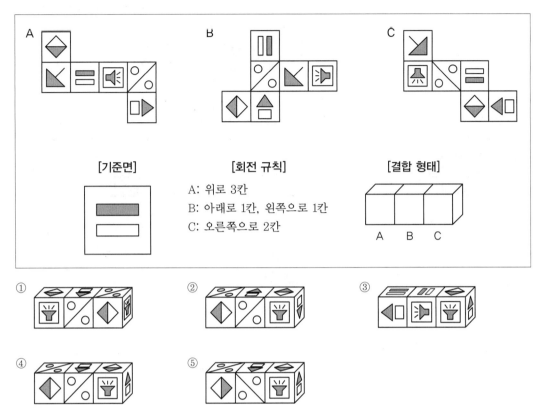

[기준면]

[회전 규칙]
A: 위로 3칸
B: 아래로 1칸, 왼쪽으로 1칸
C: 오른쪽으로 2칸

[결합 형태]
A  B  C

1 언어능력

2 수리능력

3 추리능력

4 공간지각능력

5 실전모의고사

해커스 20대기업 인적성 통합 기본서 최신기출유형+실전문제

① ② ③

④ ⑤

**04.** 다음과 같이 화살표 방향으로 종이를 접은 다음 가위로 자른 후 다시 펼쳤을 때의 그림으로 알맞은 것을 고르시오.

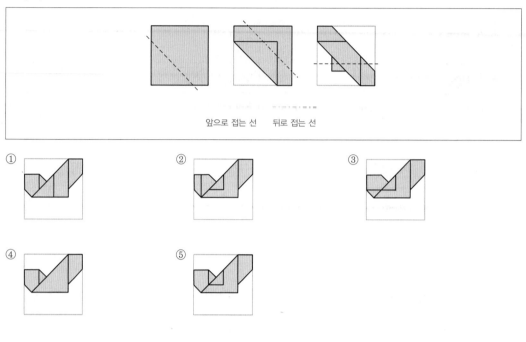

**05.** 다음과 같이 화살표 방향으로 종이를 접은 다음 펀치로 구멍을 뚫은 후 다시 펼쳤을 때의 그림으로 알맞은 것을 고르시오.

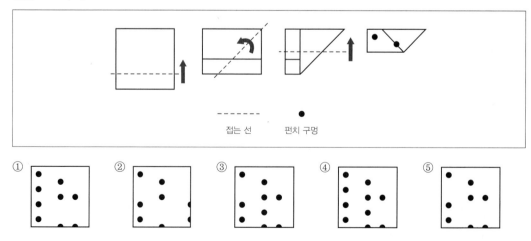

**06.** 다음과 같이 종이를 접었을 때, 마지막 종이의 뒷면으로 알맞은 것을 고르시오.

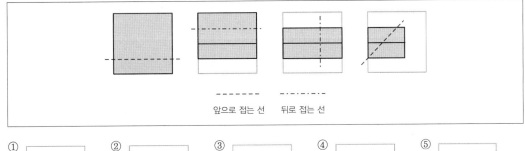

앞으로 접는 선    뒤로 접는 선

①    ②    ③    ④    ⑤

1
언어능력

2
수리능력

3
추리능력

4
공간지각능력

5
실전모의고사

해커스 20대기업 인적성 통합 기본서 최신기출유형+실전문제

**07.** 다음 두 개의 블록을 결합했을 때 만들 수 없는 형태를 고르시오.

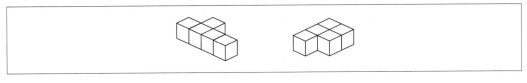

①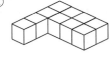

②

③

④

⑤

**08.** 다음 두 개의 블록을 결합했을 때 만들 수 없는 형태를 고르시오.

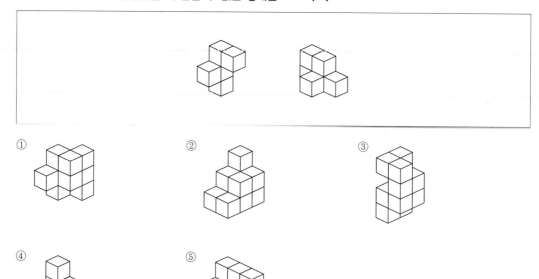

**09.** 다음 중 B로 알맞은 것을 고르시오.

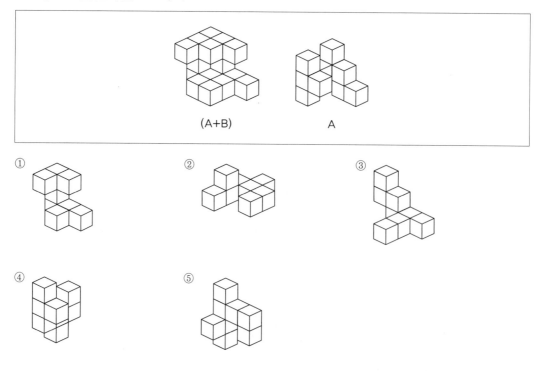

**10.** 다음 중 C로 알맞은 것을 고르시오.

(A+B+C)

A

B

①

② 

③

④ 

⑤ 

1 언어능력

2 수리능력

3 추리능력

4 공간지각능력

5 실전모의고사

해커스 20대기업 인적성 통합 기본서 최신기출유형+실전문제

**11.** 다음 2개의 정십이각형은 각 중점을 기준으로 시계 방향 또는 반시계 방향으로 회전하는 투명한 회전판으로, 뒷면이 서로 겹쳐진 상태에서 제시된 방향과 각도만큼 각각 회전된다. 중점이 색칠된 회전판의 앞에서 회전된 회전판을 바라볼 때, '?'의 위치에 나타나는 그림을 고르시오. (단, 회전판이 회전할 때 그림은 회전하지 않고 위치만 이동되며, 분할된 판에는 두 그림이 기준선을 맞춰 합쳐진 형태로 나타난다.)

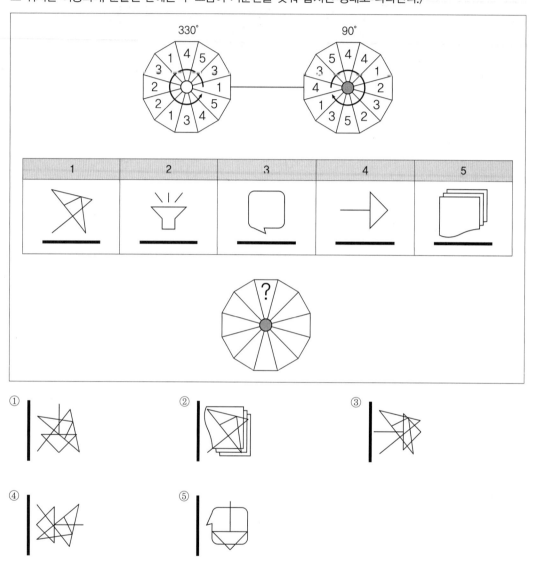

**12.** 다음 중 나머지 네 개의 입체도형과 모양이 다른 하나를 고르시오.

①

②

③

④

⑤

1 언어능력

2 수리능력

3 추리능력

4 공간지각능력

5 실전모의고사

해커스 20대기업 인적성 통합 기본서 최신기출유형+실전문제

**13.** 다음은 어떤 입체도형을 여러 방향에서 바라본 투상도를 나타낸 것이다. 아래에 제시된 투상도의 입체도형을 고르시오.

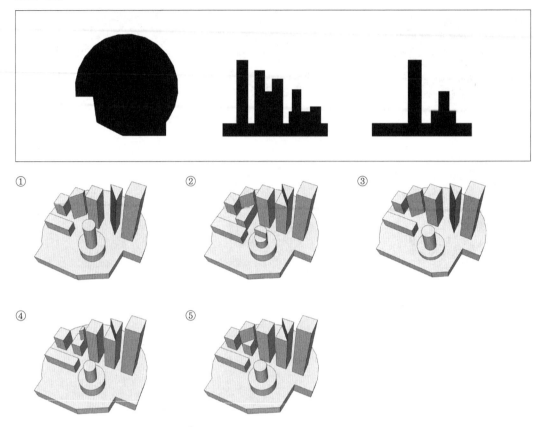

**14.** 다음은 어떤 입체도형을 여러 방향에서 바라본 투상도를 나타낸 것이다. 아래에 제시된 투상도의 입체도형을 고르시오.

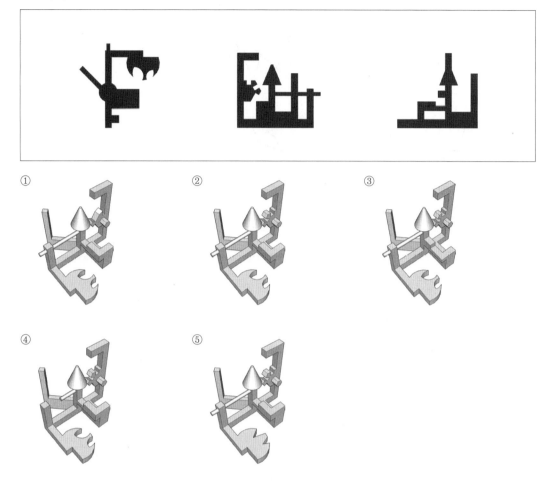

**15.** 다음 그림에서 찾을 수 없는 도형을 고르시오.

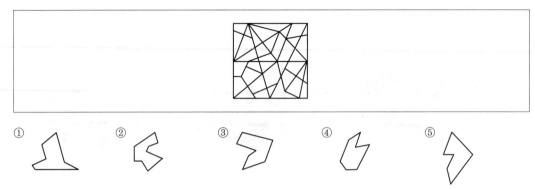

①     ②     ③     ④     ⑤

약점 보완 해설집 p.87

# 실전모의고사 2회

* 모의고사의 시작과 종료 시각을 정하세요.

| | | |
|---|---|---|
| 언어능력 (11분) | 시 분 ~ | 시 분 |
| 수리논리 (15분) | 시 분 ~ | 시 분 |
| 추리능력 (15분) | 시 분 ~ | 시 분 |
| 공간지각능력 (15분) | 시 분 ~ | 시 분 |

## 언어능력

총 15문항 / 11분

**01.** 다음 두 단어 쌍이 같은 관계가 되도록 각 빈칸에 들어갈 단어를 고르시오.

가해 : (　　) = (　　) : 별도

① 범죄자, 분할      ② 피해, 별첨      ③ 방관, 옵션
④ 위해, 추가      ⑤ 진압, 기본

**02.** 다음 중 단어 간의 관계가 나머지와 다른 것을 고르시오.

① 오징어 – 축
② 바늘 – 쌈
③ 조기 – 두름
④ 꿩 – 장끼
⑤ 김 – 톳

**03.** 다음 빈칸에 들어갈 말을 〈보기〉에서 골라 순서대로 바르게 나열한 것을 고르시오.

최근 들어 애그플레이션(Agflation)에 대한 우려가 일파만파로 번지고 있다. 애그플레이션은 '농업(Agriculture)'과 '인플레이션(Inflation)'의 합성어로, 곡물 가격이 상승함에 따라 일반 물가도 상승하는 현상을 의미한다. 이러한 애그플레이션이 발생하는 이유는 곡물의 수요와 ( ㉠ )의 불균형 때문이다. 가뭄, 고온 현상과 같은 이상기후로 곡물 생산량이 줄어드는 상황에서 세계 인구 증가로 곡물의 수요가 증가하면서 옥수수, 콩, 밀 등의 가격이 상승하게 된 것이다. 게다가 옥수수가 대체 에너지의 일종인 바이오 에탄올의 생산 원료로 사용되면서 곡물 가격이 더욱 ( ㉡ )하게 되었다. 이러한 곡물 가격 상승세는 앞으로도 지속될 것으로 전망된다. 문제가 되는 것은 한국의 경우 밀, 옥수수 등 곡물에 대한 수입 의존도가 높은 만큼 애그플레이션이 발생했을 때 큰 타격을 입게 된다는 것이다. 따라서 한국은 곡물의 자급률을 ( ㉢ )하는 방안을 마련하는 한편, 해외 생산 곡물을 안정적으로 확보할 수 있는 대책을 ( ㉣ )하는 데에도 힘써야 할 것이다.

─〈보기〉─
가) 급등      나) 재고      다) 강구      라) 공급      마) 급증      바) 지출      사) 제고

|  | ㉠ | ㉡ | ㉢ | ㉣ |
|---|---|---|---|---|
| ① | 바) | 가) | 나) | 라) |
| ② | 바) | 마) | 나) | 다) |
| ③ | 라) | 마) | 사) | 나) |
| ④ | 라) | 가) | 사) | 다) |
| ⑤ | 라) | 사) | 나) | 다) |

**04.** 다음 두 단어 쌍이 같은 관계가 되도록 빈칸에 들어갈 단어를 밑줄 친 부분 중에서 고르시오.

> 분위기 : 파악 = 소송 : (    )

① 우현이는 열심히 노력한 끝에 금메달을 쟁취하였다.
② 의사가 수술을 진행하는 동안 모든 가족은 마음을 졸이며 기다렸다.
③ 회사는 김 대리의 노고를 치하하기 위해 공로상을 수여하였다.
④ 기업을 인수할 자금이 부족해서 합병을 포기하였다.
⑤ 건물 주인으로부터 점포 계약을 해지하겠다는 내용의 통고서가 왔다.

**05.** 다음 중 어느 빈칸에도 들어갈 수 없는 것을 고르시오.

> 가) 가수가 되겠다는 누나의 꿈을 부모님이 반대하자 누나는 (    )을 감행하였다.
> 나) 감독의 훌륭한 (    )로 인해 이번에 개봉한 영화의 마지막 장면이 너무 아름다웠다.
> 다) 백두산의 지표 아래에는 마그마가 살아있어 언제든지 용암이 (    )될 수 있다.
> 라) 경기 침체의 장기화로 은행으로부터 (    )을 받는 사람들이 증가하고 있다.
> 마) 국군장병의 외출이나 휴가를 제한하면 불만이 (    )될 수밖에 없다.
> 바) 우리 동네의 도서관에서는 권수와 관계없이 도서를 (    )해주고 있다.

① 연출                    ② 분출                    ③ 대출
④ 가출                    ⑤ 차출

**06.** 다음 중 띄어쓰기가 옳지 않은 것을 고르시오.
① 제2 과학실에서는 학부모 참관수업이 진행되고 있었다.
② 대학생들은 보통 삼학년 때부터 본격적으로 취업을 준비한다.
③ 주머니를 뒤져봤지만, 나오는 것은 백 원짜리 동전 몇 개뿐이었다.
④ 신입 사원 이예진 씨의 근무 태도는 인사고과에 반영될 예정이다.
⑤ 인간대 기계의 대결이라는 말은 사람들의 호기심을 자극했다.

**07.** 다음 ㉠~㉤을 바르게 고쳐 쓴다고 할 때 가장 적절하지 않은 것을 고르시오.

병든 장기를 건강한 장기로 대체한다는 발상은 아주 오래전부터 있었다. 기록에 따르면 기원전 700년 인도에서 자기 조직 이식으ㅁ로 ㄱ 성형수술을 한 사례가 있으며, 11세기에는 치아이식, 15세기에는 피부 이식이 시도되었다. 물론 이때까지는 자기 조직을 이식하는 경우를 제외하고 대부분 실패로 끝났다. 의학이 비약적으로 발전한 18세기부터 의사들이 동물실험으로 이식수술에 관한 지식을 ( ㉠ )함에 따라 19세기에는 각막이식의 성공 사례가 나오기도 했다. 하지만 피부나 각막 같은 조직이 아닌 장기를 이식하는 것은 20세기에 들어서야 가능해졌다. ( ㉡ ) 1910년대에 의학자 알렉시 카렐이 양측 혈관 단면을 삼각형처럼 만들어 봉합하는 '삼각 봉합법'을 고안하고, 수술 중 잘라낸 동맥의 혈관 조직에 상처를 내지 않으면서 일시적으로 피가 흐르지 않게 집어주는 수술 도구인 동맥 겸자가 등장하면서 봉합 기술 문제가 해결되었다. 거부반응의 경우 그 원인이 면역과 관련 있음이 밝혀진 이후 여러 면역억제제의 개발이 이루어졌고, 마침내 1972년에 사이클 로스포린이라는 획기적인 면역억제제가 탄생했다. 이 덕분에 간장이식수술의 ㉢성공율은 기존 18%에서 68%까지 오르기도 했다. 이로써 장기이식의 기술적 문제는 어느 정도 해소되었지만, 윤리적 문제가 아직 남아 있다. 특히 뇌사자의 장기를 이식할 경우 장기가 손상되기 전, 즉 심장이 뛰고 있을 때 뇌사자의 ㉣몸으로부터 장기를 적출해야 한다. 우리나라는 ㉤법률상 장기이식 목적에 한해 뇌사가 죽음으로 인정되나, 이러한 판정에 관한 논란은 끊이지 않고 있다.

① ㉠에 '축적'을 써서 앞에 나오는 목적어와 자연스럽게 호응하도록 한다.
② 뒤의 내용을 고려해 ㉡에 '봉합 기술과 거부반응이라는 난관 때문이었다.'를 넣는다.
③ 받침이 있는 말 다음에는 '률'로 적으므로 ㉢을 '성공률'로 표기한다.
④ ㉣은 조사의 쓰임이 자연스럽지 않으므로 '몸에서'로 고친다.
⑤ 띄어쓰기 규정에 따라 ㉤을 '법률 상'으로 수정한다.

**08.** 다음 글을 통해 추론한 내용으로 옳지 않은 것을 고르시오.

통계청이 발표한 자료에 따르면 우리나라의 대졸 이상 고학력 비경제활동인구는 300만 명이 넘는다. 이는 높은 수준의 교육을 이수하고도 취업을 하지 못하는 이들이 많아 사회적·경제적 손실이 크다는 것을 암시한다. 이에 대해 고령화 사회의 문제를 해결하기 위한 방편으로 정년을 연장한 것이 고학력 백수를 양산했다는 지적이 있다. 장년층의 정년이 연장되면서 신규 인력 채용에 부담을 느낀 기업이 자연히 신입사원 채용을 줄였다는 것이다. 일자리 미스매치 현상도 고학력 청년 실업 문제의 원인으로 지목된다. 대학 진학률이 70%가 넘을 만큼 우리나라는 학력 인플레이션 현상이 심각한 수준이지만, 고학력 구직자 수에 비해 고학력을 요하는 일자리는 턱없이 부족하다. 이에 반해 중소기업은 오히려 인력 부족으로 고민하고 있는 상황이다. 즉, 취업자들이 상대적으로 처우가 좋지 않은 중소기업을 기피하고 대기업으로만 몰리고 있는 것이다. 이처럼 고학력 청년 실업 문제는 인구 고령화나 대학 진학률과 같은 전반적인 사회적 문제들이 복합적으로 작용하고 있다. 따라서 이 문제에 대해서는 다각도로 접근해 근본적인 해결책을 마련하려는 노력이 필요하다.

① 고학력 비경제활동인구 증가 현상은 여러 가지 사회 문제가 복합적으로 작용한 결과이다.
② 정년 연장은 고령화 사회 문제와 고학력 백수 문제를 해결하는 데 긍정적으로 작용하였다.
③ 일자리 미스매치 현상으로 인해 대기업과 달리 중소기업은 구인에 어려움을 겪고 있다.
④ 근무조건이 좋은 일자리를 차지하기 위한 청년 구직자들의 경쟁이 치열해지고 있다.
⑤ 우리나라의 고학력 구직자 수와 고학력 구직자를 필요로 하는 일자리의 수 사이에는 큰 차이가 있다.

**09.** 다음 글의 중심 내용과 가장 일치하는 주장을 고르시오.

1963년 미국에서 어네스토 미란다가 어린 소녀를 납치해 감금하고 성폭행하는 사건이 발생한다. 사건 후 용의자로 지목된 미란다는 경찰의 신문 끝에 자신의 범행을 자백했지만 재판이 시작되자 자신의 진술을 번복하였다. 하지만 번복에도 불구하고 1심과 2심에서 유죄판결을 받자 미란다는 자신이 경찰로부터 묵비권을 행사하거나 변호사의 조력을 얻을 수 있다는 점 등을 듣지 못했다며 대법원에 상고했다. 결국 1966년 대법원은 경찰이 묵비권과 변호사 조력권을 알려 주지 않은 상태에서 미란다가 한 자백은 유죄 증거로 채택할 수 없다며 무죄를 선고했다. 이 사건은 경찰이 범죄 용의자를 연행할 때 연행의 이유, 변호인의 조력을 받을 수 있는 권리, 진술을 거부할 수 있는 권리 등을 미리 알려주어야 한다는 '미란다 원칙'이 확립되는 계기가 되었다. 어떻게 보면 미란다 원칙은 범인에게 씌워진 모든 혐의가 무효화될 수 있다는 점에서 과도한 인권보호 장치로 보이기도 한다. 하지만 미란다 원칙은 궁극적으로 국민의 기본권을 보장하기 위해 반드시 지켜져야 하는 원칙이다. 범죄를 저질렀다고 의심받는 사람이라도 법률에 의거하지 않고서는 함부로 신체의 자유를 박탈해서는 안 될 것이다. 또한, 수사 과정과 재판 절차에서의 공정성이 재판 결과의 공정성과 직결된다는 점에서도 미란다 원칙은 중요하다. 재판이 누군가의 권리를 제한한 상태에서 진행되었다면 그 결과가 공정하다고 단언할 수 없다. 더욱이 아주 작은 확률일지라도 실제로 죄가 없음에도 묵비권이나 변호사 조력권에 대해 알지 못해 불리한 증언으로 유죄 판결을 받는 이가 생기지 않도록 해야 한다는 점에서도 미란다 원칙은 반드시 지켜져야 한다.

① 미란다 원칙은 범죄 피해자보다는 범죄 용의자를 보호하는 제도이다.
② 절차상 미란다 원칙이 지켜지지 않았다면 재판 결과는 무효가 되어야 한다.
③ 미란다 원칙은 시민의 권리를 보호하고 공정한 재판이 이루어지게 하는 장치다.
④ 범인에게 씌워진 모든 혐의가 무효로 돌아갈 정도로 미란다 원칙은 강력한 것이다.
⑤ 모든 증거가 완벽히 확보되었다면 범죄 용의자의 신체의 자유를 박탈할 수 있다.

**10.** 다음 글의 내용과 일치하지 않는 것을 고르시오.

19세기 초 산업혁명이 이루어지면서 영국 중북부 직물공업 지대에는 기계가 보급되었다. 당시 나폴레옹 전쟁의 영향으로 영국은 불황기를 맞이하고 있었으며, 실업자 증가와 임금 체불 등이 성행하는 상태였다. 게다가 물가까지 상승하면서 노동자는 심각한 생활고에 시달리게 되었다. 결국 이 지역의 노동자는 직장을 잃거나 저임금 노동자로 전락하게 된 원인이 기계화라며 기계파괴운동을 전개하였는데 이것이 바로 러다이트 운동이다.

러다이트 운동은 '네드 러드(Ned Ludd)'라고 불리던 지도자의 이름에서 유래되었다고 알려져 있으나, 이 네드 러드가 가상 인물인지 실존 인물인지, 개인인지 집단인지 알려진 바는 없다. 러다이트 운동이 진행된 당시 영국 정부는 자본가와 결탁하여 단결금지법을 제정했기 때문에 노동자는 노동조합, 단체교섭, 파업 등과 같은 방법으로 요구를 내세우기 어려웠다. 이 때문에 노동자는 얼굴에 복면을 쓰고 기계를 파괴하거나 벽에 대자보를 붙이는 등의 다소 과격한 움직임을 보였다. 영국 노팅엄의 직물공장에서 시작된 러다이트 운동은 랭커셔, 체셔, 요크셔 등 북부의 여러 곳으로 확대되어 갔다. 이에 대해 영국 정부는 법적으로 러다이트 운동을 금지하는 것은 물론 징역형과 교수형 등으로 관련자를 엄하게 다스렸고 이렇게 러다이트 운동은 끝이 났다.

이후에도 영국 노동자의 삶은 결코 나아지지 않았다. 기계화와 산업화의 심화로 잉여 노동력이 증가하였으며, 잉여 노동력이 도시로 몰려 당시 기업가는 노동력을 저렴한 가격에 이용할 수 있게 되었다. 더불어 도시로의 인구 집중은 노동 환경은 물론 주거 환경이 열악해지는 데까지 영향을 주었다. 20세기에 이르러서도 비슷한 유형의 기계반대운동이 노동자를 중심으로 전개되었으나, 기계를 거부하는 수준까지는 진행되지 못했다.

시간이 흘러 20세기 후반에 접어들면서 세계적으로 컴퓨터로 대표되는 IT 기기가 빠르게 보급되고, 첨단 과학기술의 눈부신 발전이 이루어졌다. 이와 함께 네오 러다이트 운동이라고 불리는 새로운 형태의 움직임이 발생하게 되었다. 뉴 러다이트 운동이라고도 불리는 이 운동은 새롭다는 뜻의 '네오(Neo)'와 '러다이트 운동'을 합성한 것으로, 기계화에 대항한 러다이트 운동처럼 디지털 혁명에 대항하는 것을 가리킨다. 네오 러다이트 운동에 참가하는 사람들은 인공지능과 로봇 등으로 대표되는 다양한 첨단 과학기술 문명이 우리의 직장을 뺏고 소득 양극화를 심화시키는 것은 물론 인류를 파멸로 이끌 수 있음을 우려하며, 인간성 회복을 강조 및 주장한다.

아직까지 세계적으로 조직화되거나 구체적인 실체가 존재하고 있는 것은 아니지만, 네오 러다이트 운동은 기술 문명을 거부하는 정도나 방식에 따라 소극적 네오 러다이트 운동과 적극적 네오 러다이트 운동으로 구분할 수 있다. 소극적 네오 러다이트 운동의 경우 기술 문명에 반대는 하나 전면적으로 거부하지 않는 것으로, 텔레비전, 휴대폰 등과 같은 현대 생활용품을 사용하지 않거나 외진 곳에 은둔하여 사는 등의 형태로 전개된다. 반면 적극적 네오 러다이트 운동은 다소 폭력적인 방법을 사용해 기술 문명을 타파하고자 하는데, 대표적 인물로 미국의 시어도어 카진스키(Theodore Kaczynski)가 있다. 그는 모든 공장은 파괴되어야 하고 모든 기술서적은 불태워져야 한다고 주장하며 약 18년 동안 컴퓨터, 유전공학 등 첨단 과학 분야 연구자들이 많은 대학, 항공사 등을 중심으로 폭탄테러를 자행하였다.

① 러다이트 운동 발생 당시 영국 정부는 노동자보다는 자본가 편에 서 있었다.
② 러다이트 운동과 네오 러다이트 운동 모두 폭력적으로 전개된 측면이 있다.
③ 러다이트 운동의 성공적인 마무리는 영국의 노동 환경이 개선되는 데 영향을 주었다.
④ 러다이트 운동과 네오 러다이트 운동은 새로운 문명을 거부한다는 점에서 유사하다.
⑤ 러다이트 운동이 발생한 배경에는 산업혁명으로 인한 기계화가 존재한다.

**11.** 다음 글의 주제로 가장 적절한 것을 고르시오.

일반적으로 사람들은 대형 마트에서 식료품이나 생필품을 살 때, 낱개 상품보다는 여러 개를 묶어서 파는 상품을 선호한다. 어차피 상품 자체는 같으므로 개당 가격이 좀 더 저렴한 묶음 상품을 선택하는 것이 합리적인 소비라고 생각하기 때문이다. 이렇게 동일한 상품을 두 가지 이상의 다른 가격으로 판매하는 것을 가격차별이라고 한다. 가격차별은 차별의 강도와 형태에 따라 세 유형으로 구분할 수 있는데, 첫 번째는 개별 소비자가 얼마나 지불할 용의가 있는지에 따라 각 소비자에게 다른 가격을 책정하는 1차 가격차별이다. 1차 가격차별은 기업이 모든 소비자의 지불 용의 가격을 정확히 파악할 수 있어야 가능한 전략이므로 실생활에서 찾아보기 어려운 반면에, 2차와 3차 가격차별은 비교적 우리에게 익숙한 전략이다. 2차 가격차별은 앞서 살펴본 묶음 상품과 같이 소비자의 구매량에 따른 가격차별을 일컫는다. 이는 기업이 개별 소비자를 구분하기 어려울 때 사용하는 전략으로, 기업은 수량에 따른 차등 가격을 제시하여 소비자 스스로 최적의 가격과 개수를 선택하도록 유도한다. 개별 소비자에게 상이한 가격이 부과되는 1차 가격차별과 달리, 구입하려는 수량이 같은 소비자들은 모두 같은 가격을 부여받게 된다. 3차 가격차별은 소비자 집단의 특성에 따라 시장을 분할하여 각 시장에 서로 다른 가격을 책정하는 것으로, 2차 가격차별이 상품에 따른 것이라면 3차 가격차별은 소비자에 따른 것이라는 점에서 구별된다. 영화관의 조조할인, 수능 직후의 수험생 할인, 항공료나 숙박료의 성수기 할증과 비수기 할인 등이 여기에 해당한다. 이러한 종류와 관계없이, 가격차별의 가장 큰 목적은 단연 이윤의 극대화라고 할 수 있다. 모든 소비자에게 동일한 가격을 적용할 때보다 가격에 둔감한 소비자에게는 높은 가격을 책정하고 가격에 민감한 소비자에게는 낮은 가격을 책정할 때, 기업은 더 많은 소비자를 확보할 수 있기 때문이다.

① 가격차별에 대한 오해와 진실
② 다양한 가격차별의 활용 분야
③ 각 종류별 가격차별의 성공 요건
④ 가격차별의 형태에 따른 기대 효과
⑤ 유형별 가격차별 비교 및 대조

**[12-13]** 다음 지문을 읽고 각 물음에 답하시오.

17세기 유럽에서는 국왕의 권리가 신에게서 받은 절대적인 것이므로 인민이나 의회에 의하여 제한되지 않는다는 왕권신수설이 지배적이었다. 그러나 시민 사회가 성장함에 따라 자연법사상에 바탕을 둔 사회 계약설이 ㉠출연하였다. 사회 계약설의 기본 논리는 모든 인간이 태어날 때부터 보편타당한 권리인 자연권을 갖고 있지만, 자연 상태에서는 자유와 권리가 확실히 보장되지 않으므로 인간은 자신의 자유와 권리를 보호받기 위해 계약을 맺어 국가를 구성한다는 것이다. 사회 계약설을 주장한 대표적인 사상가 홉스는 그의 저서 〈리바이어던〉을 통해 자연 상태의 인간을 '만인이 만인에 대한 투쟁'으로 보고 사회 계약이 발생하는 원인을 설명했다. 그의 주장에 따르면 인간은 투쟁뿐인 자연 상태를 벗어나기 위해 모든 권리를 군주에게 양도하는 계약을 맺어 국가를 형성했다. ( ㉡ ) 주권을 가진 군주는 질서 유지를 위해 무제한의 절대적인 권력을 행사할 수 있다. 로크는 홉스와는 조금 다른 의견을 가지고 있었는데, 자연 상태는 자연법이 지배하는 평등한 상태로 이때의 인간은 생명과 재산, 자유라는 자연권을 누리고 있다고 주장했다. 자연 상태의 인간이 이미 자연권을 누리고 있음에도 자연권을 더 완전히 누리기 위해 사회 계약을 통해 국가나 정부와 같은 정치 공동체를 형성했다는 것이다. 따라서 정부가 개인의 자연권을 지켜주지 못할 경우 개인은 이에 대해 저항하고 정부를 ㉢교환할 권리가 있다고 주장했다. 이는 영국의 명예혁명을 정당화하는 것이었으며, 미국의 독립혁명과 프랑스 혁명에도 영향을 끼쳤다. 한편 루소는 ㉣세사람 중 가장 철저하게 주권이 시민에게 있다고 주장하였다. 로크나 홉스가 지배자와 피지배자 간의 계약으로 국가가 성립한다고 여긴 것과 달리, 루소는 국가가 사회 구성원 전체의 개별적인 의지의 집약인 동시에 그것을 넘어서는 일반 의지에 따를 것을 ㉤약속함으로서 성립한다고 주장했다. 그는 인간의 선의지를 바탕으로 하는 공공의 일반 의지와 인민 주권 개념을 제시하며 대의 민주주의를 거부하고, 만장일치를 지향하는 직접 민주주의를 추구하였다. 이러한 루소의 정치사상은 프랑스 혁명의 이론적 토대를 제공하기도 했다.

**12.** 윗글의 내용과 일치하지 않는 것을 고르시오.

① 로크는 국가와 정부에 대한 저항권을 인정함으로써 명예혁명을 옹호했다.

② 홉스는 사회 계약설을 주장했음에도 군주의 절대적인 권력을 인정한 사상가이다.

③ 로크와 루소의 사상은 근대 시민 혁명의 사상적 기반으로 작용했다는 공통점이 있다.

④ 홉스와 달리 로크는 자연 상태의 인간이 서로 투쟁하는 전쟁 상태에 있다고 보았다.

⑤ 루소는 주권이 국민에게 있다고 여겼지만, 홉스는 군주가 주권을 가져야 한다고 생각했다.

**13.** 윗글의 ㉠~㉤을 바르게 고쳐 쓴다고 할 때 가장 적절하지 않은 것을 고르시오.

① 앞에 나오는 '계약설'과의 호응을 고려하여 ㉠을 '등장하였다'로 고친다.

② ㉡에 앞의 내용과 뒤의 내용이 반대되는 내용일 때 사용하는 접속어인 '그렇지만'을 넣는다.

③ 단어의 쓰임이 바르지 않으므로 ㉢을 '교체할'로 수정한다.

④ 단위를 나타내는 명사는 띄어 쓰므로 ㉣을 '세 사람'으로 띄어 쓴다.

⑤ 약속은 국가 성립의 수단으로 제시하고 있으므로 ㉤을 '약속함으로써'로 고친다.

1
언어능력

2
수리능력

3
추리능력

4
공간지각능력

5
실전모의고사

해커스 20대기업 인적성 통합 기본서 최신기출유형+실전문제

**14.** 다음 글의 내용과 일치하지 않는 것을 고르시오.

> 민주주의는 다수가 권력을 가지고 그 권력을 스스로 행사하는 정치 제도로, 고대 아테네의 정치 체제에서 유래하였다. 아테네의 정치를 민주주의의 원형으로 보는 까닭은 모든 시민이 동등한 발언 기회를 가지며 국가의 주요 안건을 직접 결정하는 직접 민주 정치가 이루어졌기 때문이다. 아테네가 직접 민주 정치를 실현할 수 있었던 배경에는 시민 대부분이 사유 토지를 가지고 있는 자영농이었으며, 노동의 대부분을 노예와 외국인이 담당했다는 것에 있다. 정치에 참여할 시간적·경제적 여유가 충분한 아테네의 시민들은 넓은 광장인 아고라에 모여 정치, 외교 등에 대해 토론과 논의를 즐길 수 있었던 것이다. 한편 아테네의 정치적 의사 결정은 모두 민회에서 이루어졌다. 민회는 아테네의 최고 의결 기관으로서 모든 시민이 참여하여 국가의 중요한 일에 대해 충분한 논의를 한 뒤 다수결 등을 통해 의사를 결정할 수 있었다. 이때 논의할 안건은 각 지역에서 추첨으로 선발된 500명의 시민으로 구성된 평의회에서 결정하였다. 또한, 매년 국가 또는 시민의 자유를 위협하는 사람의 이름을 도자기 조각에 적어 투표한 후, 최다 득표자를 10년간 국외로 추방하는 도편 추방제를 시행하여 독재 정치를 견제하였다. 이 외에도 아테네의 민주주의는 사법·입법·행정 전 분야에서 추첨제와 윤번제를 통해 누구나 공직자가 될 수 있었으며, 재판에도 추첨제를 적용하여 추첨으로 선발된 배심원들의 다수결을 통해 판결을 내렸다는 특징을 지닌다. 하지만 아테네의 민주 정치에도 한계는 존재한다. 그 당시 시민은 만 18세 이상의 성인 남성만을 의미하며, 그 외 여성·노예·외국인 등은 정치에 참여할 수 없는 제한적 민주 정치 체제였기 때문이다. 그럼에도 불구하고 아테네의 직접 민주 정치는 그 당시 왕 또는 소수의 지배 세력에 의해 정치가 이루어졌던 다른 도시 국가와 달리 시민이 주체적으로 국정을 이끌어갔다는 점에서 그 의의가 있다.

① 고대 아테네에서는 추첨제를 통해 공직자와 배심원을 선발했다는 특징이 있다.

② 민회에서 채택된 안건은 평의회에서 시민들의 활발한 논의를 거쳐 다수결에 따라 결정되었다.

③ 고대 아테네에서 정치에 참여할 수 있는 시민은 만 18세 이상의 성인 남성만을 의미하였다.

④ 오늘날 민주주의는 모든 시민이 발언권을 가지고 직접 정치에 참여했던 고대 아테네에서 기원하였다.

⑤ 고대 아테네에서는 노예와 외국인이 노동 활동을 도맡았기 때문에 시민의 정치 참여가 활발할 수 있었다.

**15.** 다음 글을 통해 추론한 내용으로 옳지 않은 것을 고르시오.

치사량의 사전적 의미는 '생체를 죽음에 이르게 할 정도로 많은 약물의 양'이다. 하지만 약물뿐 아니라 어떤 물질이든 독이 될 수 있다 2007년 미국 캘리포니아에서는 '화장실에 가지 않고 물 많이 마시기 대회'가 열렸고, 이 대회에서 7.5L가량의 물을 마신 여성이 심각한 물 중독으로 사망한 사고가 일어났다. 이처럼 생존에 꼭 필요한 물질이라도 지나치게 많이 마실 경우 되려 생명에 지장을 줄 수 있다. 그래서 학자들은 동물 실험을 통해 다양한 물질의 치사량을 측정한다. 치사량은 '반수(半數) 치사량'을 의미하는 $LD_{50}$으로 표기하는데, 해당 물질을 투여했을 때 실험 대상의 50%를 사망에 이르게 하는 양을 나타내는 것이다. 이때 실험 대상의 종류나 물질의 투여 방법에 따라 치사량 값이 달라질 수 있어 구체적인 조건을 함께 표기하기도 하며, 일반적으로 실험동물의 체중 1kg에 대한 물질의 양으로 표기한다. 예를 들어 과산화수소의 치사량은 '$LD_{50}$ = 약 700mg/kg(쥐, 피하주사)'으로 표기하는데, 이는 실험 대상 쥐의 체중 1kg당 700mg에 해당하는 과산화수소를 피하주사로 투여하면 실험 대상의 절반 정도가 죽는다는 의미다. 우리에게 친숙한 물질의 $LD_{50}$값을 살펴보자면, 물은 약 90mL/kg, 카페인은 150~200mg/kg, 니코틴은 0.5~1.0mg/kg, 소금은 3g/kg, 설탕은 30g/kg이다. 한편 $LD_{50}$과 유사한 개념으로 $LC_{50}$이 있다. 이는 균일하다고 생각되는 모집단 동물의 반수를 사망에 이르게 하는 공기 중의 가스 농도 및 액체 중의 물질의 농도를 의미한다.

① 물의 치사량에 따르면 한꺼번에 6.3L 이상의 물을 마신 체중 70kg 성인 중 절반 정도가 사망할 것이다.

② 체중 2kg인 쥐 100마리에게 각각 과산화수소 1.4g을 피하주사로 투여할 경우 약 50마리가 죽을 수 있다.

③ $LD_{50}$값만을 고려한다면 카페인이 니코틴보다 독성이 큰 물질이라고 할 수 있다.

④ $LD_{50}$은 독성 물질의 용량, $LC_{50}$은 독성 물질의 농도와 관련 있다.

⑤ 우리가 일반적으로 먹는 음식물도 섭취 방법이나 섭취량에 따라 생명에 지장을 줄 수도 있다.

약점 보완 해설집 p.92

**01.** A는 집으로부터 36km 떨어진 곳에 있는 회사로 출퇴근한다. 출근 시에는 평균 10m/s, 퇴근 시에는 출근 시 속력의 $\frac{2}{3}$ 배의 속력으로 이동할 때, A가 하루 동안 출퇴근하는 데 소비하는 시간은 얼마인가?

① 2시간 30분    ② 2시간 36분    ③ 2시간 42분    ④ 2시간 50분    ⑤ 3시간 10분

**02.** 갑과 을이 함께 차량 1대를 세차하는 데 소요되는 시간은 40분이고, 갑이 혼자 차량 1대를 세차하는 데 소요되는 시간은 2시간이다. 을이 오전 9시부터 한 시간 동안 혼자 세차하다가 오전 10시부터는 갑과 함께 세차할 예정이라면 오전 9시부터 오후 2시까지 휴식 없이 세차 가능한 차량은 총 몇 대인가?

① 5대    ② 6대    ③ 7대    ④ 8대    ⑤ 9대

**03.** 유통마트에서 근무하는 박 사원은 대전과 대구 매장의 닭가슴살 재고량을 조사하고 있다. 어제 영업 종료 후 대전 매장의 닭가슴살 재고량은 대구 매장보다 64개 더 많았으나, 오늘 대전 매장의 닭가슴살 판매량은 대구 매장의 2배이며 대전 매장의 닭가슴살 재고량이 대구 매장보다 32개 더 적었을 때, 오늘 대전 매장의 닭가슴살 판매량은 얼마인가?

① 186개    ② 188개    ③ 190개    ④ 192개    ⑤ 194개

**04.** 서울에 사는 이민국 씨는 추석을 맞이하여 부산에 계신 부모님을 뵙기 위해 소형차를 운전하여 이동 중이다. 톨게이트에서 통행료를 지불하려고 지갑을 열어보니 10,000원짜리 지폐 3장, 5,000원짜리 지폐 2장, 1,000원짜리 지폐 5장, 500원짜리 동전 4개, 100원짜리 동전 8개가 있었다. 이민국 씨가 거스름돈을 받지 않고 고속도로 통행료를 지불할 수 있는 방법은 몇 가지인가?

| 서울~부산 고속도로 통행료 | | | | | |
| --- | --- | --- | --- | --- | --- |
| 경차 | 소형차 | 중형차 | 대형차 | 대형화물차 | 특수차 |
| 13,400원 | 26,800원 | 27,400원 | 28,300원 | 36,900원 | 43,100원 |

① 6가지　　　② 8가지　　　③ 9가지　　　④ 10가지　　　⑤ 12가지

**05.** 농도가 14%인 소금물 200g에 물 100g과 소금을 추가로 넣었더니 농도가 20%인 소금물이 되었다. 추가로 넣은 소금의 양은 얼마인가?

① 28g　　　② 32g　　　③ 40g　　　④ 48g　　　⑤ 53g

**06.** A, B, C 세 명이 볼링장에서 볼링 게임 점수 내기를 하였다. 점수가 가장 높은 순서대로 1등은 음료 비용, 2등은 볼링 신발 대여 비용, 3등은 볼링 게임 비용을 지불하기로 하였다. 볼링 게임 비용의 반값은 볼링 신발 대여 비용과 같았고, 음료 비용은 볼링 게임 비용의 40%보다 300원이 적었고, 볼링 신발 대여 비용은 음료 비용보다 1,500원이 많았다. 게임 결과 B가 3등을 했을 때, B가 지불할 비용은 얼마인가?

① 6,000원　　　② 9,000원　　　③ 12,000원　　　④ 13,500원　　　⑤ 15,000원

**07.** 인사부 4개의 팀과 기획부 6개의 팀으로 멘토 24명과 멘티 78명을 남는 사람 없이 나누었으며, 각 부서별로 팀당 멘토, 멘티 수는 같다. 각 팀당 멘토 수는 인사부가 기획부보다 1명 더 많고 각 팀당 멘티 수는 인사부가 기획부보다 3명 더 적을 때, 인사부와 기획부의 인원수 차이는 얼마인가?

① 9명　　　② 24명　　　③ 30명　　　④ 32명　　　⑤ 36명

1 언어능력
2 수리능력
3 추리능력
4 공간지각능력
5 실전모의고사

해커스 20대기업 인적성 통합 기본서 최신기출유형+실전문제

**08.** 다음은 미분양 주택 수에 대한 자료이다. 다음 중 자료에 대한 설명으로 옳지 않은 것을 고르시오.

[전국 미분양 주택 수]

(단위 : 호)

| 구분 | 2007년 | 2008년 | 2009년 | 2010년 | 2011년 | 2012년 | 2013년 | 2014년 | 2015년 |
|------|--------|--------|--------|--------|--------|--------|--------|--------|--------|
| 민간부문 | 110,715 | 164,293 | 122,962 | 88,706 | 69,807 | 74,835 | 61,091 | 40,379 | 61,512 |
| 공공부문 | 1,539 | 1,306 | 335 | 0 | 0 | 0 | 0 | 0 | 0 |
| 합계 | 112,254 | 165,599 | 123,297 | 88,706 | 69,807 | 74,835 | 61,091 | 40,379 | 61,512 |

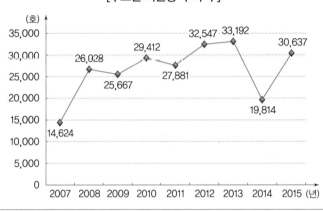

[수도권 미분양 주택 수]

① 전국 미분양 주택에서 공공부문이 차지하는 비중은 2007년에 가장 높다.

② 수도권 미분양 주택 수가 가장 많은 해의 민간부문 미분양 주택 수는 61,091호이다.

③ 수도권과 비수도권의 미분양 주택 수의 전년 대비 증감 추이는 항상 동일하다.

④ 2011년 이후 전국 미분양 주택 수의 평균은 약 61,525호이다.

⑤ 수도권 미분양 주택 수의 전년 대비 증가율이 50% 이상인 해의 수도권 미분양 주택 수의 합은 57,565호이다.

**09.** 다음은 2005년부터 2020년까지 5년 주기로 조사한 가구원 수별 가구 구성비에 대한 자료이다. 자료를 보고 빈칸 ㉠, ㉡에 해당하는 값을 예측했을 때 가장 타당한 값을 고르시오.

**[가구원 수별 가구 구성비]**

(단위 : %)

| 구분 | 1인 가구 | 2인 가구 | 3인 가구 | 4인 가구 | 5인 가구 | 6인 이상 가구 |
|---|---|---|---|---|---|---|
| 2005년 | 15.5 | 19.1 | ( ) | 31.1 | 10.1 | 3.3 |
| 2010년 | ( ) | 22.2 | ( ) | 27.0 | 7.7 | ( ㉠ ) |
| 2015년 | ( ) | 24.3 | 21.3 | ( ) | 6.2 | 1.8 |
| 2020년 | ( ) | 26.1 | ( ) | ( ㉡ ) | 4.9 | 1.5 |

- 2005년 3인 가구 구성비와 2010년 3인 가구 구성비는 같다.
- 2020년 4인 가구 구성비는 같은 해 1인 가구 구성비보다 8.4%p 낮다.
- 2010년 1인 가구 구성비는 5년 전 대비 4.5%p 증가하였고, 2020년 1인 가구 구성비는 10년 전 대비 7.2%p 증가하였다.

|  | ㉠ | ㉡ |
|---|---|---|
| ① | 1.7 | 18.8 |
| ② | 1.7 | 21.3 |
| ③ | 2.0 | 21.3 |
| ④ | 2.2 | 21.5 |
| ⑤ | 2.2 | 18.8 |

**10.** 다음은 수도권 지역의 종합건설업 등록 업체 수 및 면허 수에 대한 자료이다. 다음 중 자료에 대한 설명으로 옳지 않은 것을 고르시오.

**[지역별 종합건설업 등록 업체 수 및 면허 수]**

(단위: 개, 건)

| 구분 | | 2014년 | 2015년 | 2016년 | 2017년 | 2018년 |
|---|---|---|---|---|---|---|
| 업체 수 | 서울 | 1,412 | 1,442 | 1,499 | 1,596 | 1,789 |
| | 인천 | 379 | 388 | 421 | 441 | 509 |
| | 경기 | 1,843 | 1,925 | 2,065 | 2,253 | 2,449 |
| 면허 수 | 서울 | 1,598 | 1,624 | 1,677 | 1,773 | 1,964 |
| | 인천 | 439 | 447 | 479 | 499 | 567 |
| | 경기 | 2,098 | 2,188 | 2,335 | 2,534 | 2,742 |

**[종합건설업 공사 종류별 등록 면허 수]**

(단위: 건)

| 구분 | 2017년 | | | 2018년 | | |
|---|---|---|---|---|---|---|
| | 서울 | 인천 | 경기 | 서울 | 인천 | 경기 |
| 토건 | 245 | 80 | 483 | 251 | 79 | 480 |
| 토목 | 79 | 26 | 193 | 81 | 33 | 196 |
| 건축 | 1,206 | 331 | 1,517 | 1,391 | 393 | 1,721 |
| 산업설비 | 75 | 14 | 79 | 75 | 13 | 86 |
| 조경 | 168 | 48 | 262 | 166 | 49 | 259 |

※ 종합건설업은 토건, 토목, 건축, 산업설비, 조경 공사로 분류됨
※ 출처: KOSIS(대한건설협회, 종합건설업조사)

① 경기의 건축 공사 등록 면허 수 대비 토목 공사 등록 면허 수의 비율은 2017년이 2018년보다 높다.
② 2018년 수도권 지역의 전체 건축 공사 등록 면허 수는 전년 대비 451건 증가하였다.
③ 2015~2018년 동안 인천의 종합건설업 등록 업체 수가 전년 대비 가장 많이 증가한 해는 2018년이다.
④ 경기의 종합건설업 등록 업체 수가 처음으로 2,000개를 넘은 해에 경기의 종합건설업 등록 면허 수는 같은 해 인천의 종합건설업 등록 면허 수의 5배 이상이다.
⑤ 2017년 서울의 전체 종합건설업 등록 면허 수에서 조경 공사 등록 면허 수가 차지하는 비중은 9% 이상이다.

**11.** 다음은 주당 평균 노동시간별 취업자 수에 대한 자료이다. 다음 중 자료에 대한 설명으로 옳지 않은 것을 고르시오.

**[주당 평균 노동시간별 취업자 수]**

(단위: 천 명)

| 구분 | | 2011년 | 2012년 | 2013년 | 2014년 | 2015년 | 2016년 | 2017년 | 2018년 |
|---|---|---|---|---|---|---|---|---|---|
| 36시간 미만 | 계 | 4,576 | 3,651 | 4,730 | 3,984 | 4,006 | 4,487 | 4,413 | 5,210 |
| | 남자 | 2,055 | 1,478 | 2,073 | 1,576 | 1,564 | 1,760 | 1,714 | 2,105 |
| | 여자 | 2,521 | 2,173 | 2,657 | 2,408 | 2,442 | 2,727 | 2,699 | 3,105 |
| 36시간 이상 | 계 | 19,528 | 20,892 | 20,156 | 21,501 | 21,767 | 21,509 | 21,930 | 21,209 |
| | 남자 | 12,098 | 12,923 | 12,510 | 13,314 | 13,434 | 13,327 | 13,519 | 13,108 |
| | 여자 | 7,430 | 7,969 | 7,646 | 8,187 | 8,333 | 8,182 | 8,411 | 8,101 |

※ 출처: KOSIS(통계청, 경제활동인구조사)

① 주당 평균 노동시간이 36시간 이상인 취업자 중 여자 취업자 수는 매년 남자 취업자 수의 60%를 넘는다.

② 2015년 남자 취업자 수는 총 15,000천 명 미만이다.

③ 2012년 이후 주당 평균 노동시간이 36시간 이상인 남자 취업자 수와 여자 취업자 수의 전년 대비 증감 추이는 동일하다.

④ 2014년 주당 평균 노동시간이 36시간 미만인 전체 취업자 수에서 남자 취업자 수가 차지하는 비중은 40% 이상이다.

⑤ 남녀 모두 주당 평균 노동시간이 36시간 이상인 취업자 수가 매년 36시간 미만인 취업자 수보다 많다.

[12-13] 다음은 2019년 상반기 품목별 수출액 및 수입액에 대한 자료이다. 각 물음에 답하시오.

### [품목별 수출액 및 수입액]

(단위: 백만 달러)

| 구분 | | 식품·산동물 | 음료·담배 | 동식물성 유지·왁스 | 화학물·관련제품 | 기계·운수장비 |
|---|---|---|---|---|---|---|
| 2019년 1월 | 수출액 | 509 | 131 | 5 | 6,536 | 25,530 |
| | 수입액 | 2,800 | 132 | 94 | 4,932 | 13,964 |
| 2019년 2월 | 수출액 | 408 | 126 | 4 | 5,801 | 21,583 |
| | 수입액 | 1,844 | 84 | 72 | 3,774 | 10,617 |
| 2019년 3월 | 수출액 | 479 | 161 | 5 | 6,387 | 27,405 |
| | 수입액 | 2,252 | 134 | 85 | 4,565 | 14,300 |
| 2019년 4월 | 수출액 | 534 | 183 | 6 | 6,615 | 27,910 |
| | 수입액 | 2,638 | 116 | 116 | 4,664 | 14,730 |
| 2019년 5월 | 수출액 | 485 | 178 | 6 | 6,247 | 25,280 |
| | 수입액 | 2,457 | 124 | 100 | 4,318 | 14,529 |
| 2019년 6월 | 수출액 | 464 | 157 | 5 | 5,555 | 25,464 |
| | 수입액 | 2,030 | 113 | 96 | 4,084 | 13,014 |

※ 출처: KOSIS(한국무역협회, SITC에의한무역통계)

12. 다음 중 자료에 대한 설명으로 옳은 것을 고르시오.

① 2019년 상반기에 각 품목별로 수입액이 가장 큰 달은 모두 같다.
② 2019년 5월 화학물·관련제품 수출액의 전월 대비 감소율은 약 5.6%이다.
③ 2019년 상반기에 음료·담배의 수입액이 수출액보다 큰 달은 총 2개이다.
④ 식품·산동물과 기계·운수장비 수출액의 전월 대비 증감 추이는 서로 같다.
⑤ 2019년 상반기 동식물성 유지·왁스의 수입액은 매달 수출액의 18배 이상이다.

**13.** 제시된 자료를 바탕으로 만든 자료로 옳지 않은 것을 고르시오.

① [2019년 상반기 화학물·관련제품 수입액]

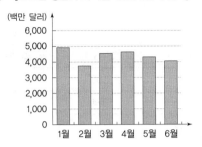

② [2019년 상반기 음료·담배 수출액]

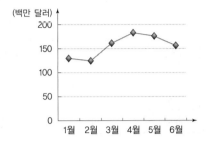

③ [2019년 상반기 기계·운수장비 수입액]

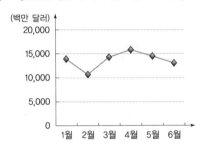

④ [2019년 상반기 식품·산동물 수출액]

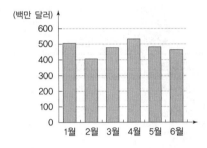

⑤ [2019년 3월 동식물성 유지·왁스 수출입액 비중]

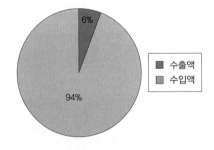

**14.** 다음은 국외 입양의 감소를 유도하고 국내 입양을 활성화하기 위한 아동복지 정책의 기초 자료로 활용되는 입양 아동 수에 대한 자료이다. 이를 바탕으로 연도별 입양 아동 비중을 바르게 나타낸 것을 고르시오.

[국내외 입양 아동 수]

(단위: 명)

| 구분 | 2012년 | 2013년 | 2014년 | 2015년 | 2016년 |
|------|--------|--------|--------|--------|--------|
| 국내 | 1,125 | 686 | 637 | 683 | 546 |
| 국외 | 755 | 236 | 535 | 374 | 334 |
| 합계 | 1,880 | 922 | 1,172 | 1,057 | 880 |

[성별 입양 아동 수]

(단위: 명)

| 구분 | 국내 | | 국외 | |
|------|------|------|------|------|
| | 남자 | 여자 | 남자 | 여자 |
| 2012년 | 410 | 715 | 590 | 165 |
| 2013년 | 203 | 483 | 194 | 42 |
| 2014년 | 223 | 414 | 438 | 97 |
| 2015년 | 222 | 461 | 287 | 87 |
| 2016년 | 191 | 355 | 269 | 65 |

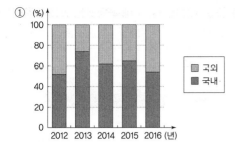

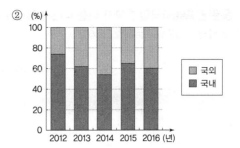

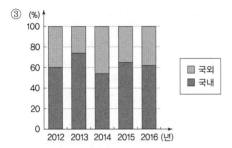

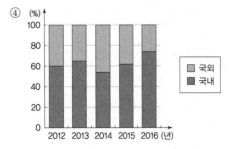

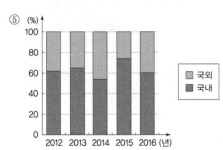

**15.** 다음은 연도별 내국인 출국자 수를 나타낸 자료이다. 자료를 보고 빈칸 ㉠, ㉡에 해당하는 값을 예측했을 때 가장 타당한 값을 고르시오.

**[연도별 내국인 출국자 수]**

(단위: 천 명)

| 구분 | 2014 | 2015 | 2016 | 2017 | 2018 |
|---|---|---|---|---|---|
| 0~20세 | 1,701 | 2,197 | 2,706 | 3,391 | 3,630 |
| 21~30세 | 2,490 | 3,149 | 3,825 | 4,622 | 4,929 |
| 31~40세 | 3,386 | ( ㉠ ) | 4,409 | 5,174 | 5,419 |
| 41~50세 | 3,078 | 3,639 | 4,157 | 4,895 | 5,306 |
| 51~60세 | 2,632 | 3,188 | 3,633 | 4,214 | 4,658 |
| 61세 이상 | 1,438 | 1,803 | 2,115 | 2,540 | ( ㉡ ) |

- 내국인 출국자 수는 모든 연령대에서 매년 전년 대비 증가하였다.
- 2015년 31~40세 내국인 출국자 수는 2014년과 2016년의 31~40세 내국인 출국자 수의 평균보다 많다.
- 2018년 61세 이상 내국인 출국자 수는 전년 대비 약 18% 변화하였다.

※ 출처: KOSIS(한국관광공사, 한국관광통계)

| | ㉠ | ㉡ |
|---|---|---|
| ① | 3,844 | 2,096 |
| ② | 3,844 | 2,997 |
| ③ | 3,910 | 2,997 |
| ④ | 3,910 | 3,010 |
| ⑤ | 3,976 | 3,251 |

약점 보완 해설집 p.95

**01.** 다음 전제를 읽고 반드시 참인 결론을 고르시오.

| 전제 | 경기를 관람하는 어떤 심판은 정직한 사람이 아니다. |
| --- | --- |
| | 모든 심판은 확고한 신념을 가진다. |
| 결론 | |

① 정직한 모든 사람은 확고한 신념을 가진다.

② 정직한 어떤 사람은 확고한 신념을 가지지 않는다.

③ 확고한 신념을 가진 어떤 사람도 정직한 사람이 아니다.

④ 확고한 신념을 가진 어떤 사람은 정직한 사람이 아니다.

⑤ 경기를 관람하는 모든 심판이 확고한 신념을 가진 것은 아니다.

**02.** 제시된 문장을 읽고 옳은 결론을 고르시오.

- 사슴을 기르지 않으면 소도 기르지 않는다.
- 소를 기르지 않으면 닭도 기르지 않는다.
- 사슴 또는 학을 기르면 기린을 기른다.
- 돼지를 기르면 소는 기르지 않는다.

A: 기린을 기르면 소를 기른다.
B: 닭을 기르지 않으면 돼지를 기른다.

① A만 옳다.

② B만 옳다.

③ A와 B 모두 옳다.

④ A와 B 모두 그르다.

⑤ A와 B 모두 옳은지 그른지 파악할 수 없다.

**03.** A~F 6명은 각각 오피스텔의 한 호실에 거주한다. 다음 조건을 모두 고려하였을 때, 항상 참인 것을 고르시오.

- 6명이 거주하는 호실을 제외한 나머지 호실은 모두 비어 있다.
- E는 302호에 거주한다.
- B와 D가 거주하는 호실의 번호만 홀수이다.
- 4층에는 비어 있는 호실이 없다.
- 짝수 층에 거주하는 사람은 2명뿐이다.
- D는 맨 위층에 거주한다.
- A는 E 바로 위층 호실에 거주한다.

| 501호 | 502호 |
|---|---|
| 401호 | 402호 |
| 301호 | 302호 |
| 201호 | 202호 |
| 101호 | 102호 |

① C는 502호에 거주한다.
② B와 D가 거주하는 호실 사이에 1개의 층이 있다.
③ E가 거주하는 호실의 바로 아래층 호실에 거주하는 사람이 있다.
④ B보다 아래층에 거주하는 사람은 2명이다.
⑤ F가 거주하는 호실의 옆 호실에 D가 거주한다.

**04.** A, B, C 3명은 각각 경매권 6개를 가지고 3번의 경품 경매에 참여하였다. 다음 조건을 모두 고려하였을 때, 항상 참인 것을 고르시오.

- 각 경매에는 A, B, C 3명만 참여하였다.
- 각 경매에서 경매권을 가장 많이 제시한 사람이 경품을 획득한다.
- 경매 한 번에 경매권 1개 이상을 제시해야 하며, 제시한 경매권은 경매가 끝나면 소진된다.
- B는 2회차 경매에서 경매권 3개를 제시하였다.
- 경매 결과 A가 1회차와 3회차, B가 2회차 경매의 경품을 획득하였다.
- 경매가 끝난 후 C는 경매권 1권이 남았고, A와 B는 남은 경매권이 없다.

① A는 1회차 경매에서 경매권 2개를 제시하였다.
② B는 3회차 경매에서 경매권 1개를 제시하였다.
③ C는 3회차 경매에서 경매권 2개를 제시하였다.
④ A는 2회차 경매에서 경매권 1개를 제시하였다.
⑤ B는 1회차 경매에서 경매권 1개를 제시하였다.

**05.** 진영 정경, 해숙, 수호 4명은 각자 농구, 배구, 축구 중 한 종목을 선택하여 취재하려 한다. 다음 조건을 모두 고려하였을 때, 항상 거짓인 것을 고르시오.

> - 해숙이는 농구나 배구 중 하나를 선택한다.
> - 진영이는 배구나 축구 중 하나를 선택한다.
> - 수호 외에도 농구를 취재하는 사람이 있다.
> - 정경이는 농구를 선택하지 않는다.

① 아무도 선택하지 않는 종목은 있을 수 없다.
② 해숙이는 농구를 선택한다.
③ 진영이는 축구를 선택한다.
④ 정경이는 배구를 선택하지 않는다.
⑤ 진영이와 정경이가 선택하는 종목은 다를 수 있다.

**06.** 일정한 규칙으로 나열된 문자를 통해 빈칸에 들어갈 알맞은 문자를 고르시오.

| | | 202 | 315 | 517 | 832 | ( ) | 2,181 |
|---|---|---|---|---|---|---|---|

① 1,349    ② 1,351    ③ 1,353    ④ 1,355    ⑤ 1,359

**07.** 일정한 규칙으로 나열된 문자를 통해 빈칸에 들어갈 알맞은 문자를 고르시오.

| 도 레 파 시 파 ( ) |
|---|

① 도    ② 레    ③ 미    ④ 솔    ⑤ 라

**08.** 일정한 규칙으로 나열된 문자를 통해 빈칸에 들어갈 알맞은 문자를 고르시오.

| H   D   L   F   R   (   )   A |
|---|

① F                ② C                ③ L                ④ O                ⑤ I

**09.** 다음 도형의 바깥쪽 원과 안쪽 원에 포함된 각 숫자에는 시계 방향으로 서로 다른 규칙이 적용되고, 사분원 안의 세 숫자 사이에도 일정한 규칙이 있다. 각각의 규칙을 찾아 A−B+2C−3D의 값을 고르시오. (단, 바깥쪽 원과 안쪽 원에 적용되는 규칙의 경우 규칙이 끝나는 숫자와 규칙이 시작되는 숫자 사이에는 성립하지 않는다.)

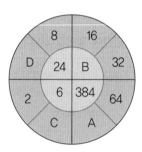

① 18                ② 22                ③ 24                ④ 27                ⑤ 32

**[10-11]** 다음 각 기호가 문자, 숫자의 배열을 바꾸는 규칙을 나타낸다고 할 때, 각 문제의 '?'에 해당하는 것을 고르시오.

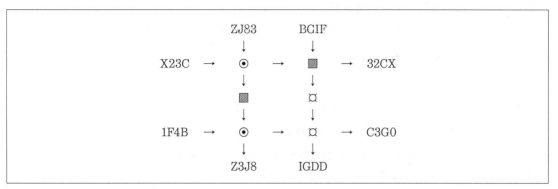

**10.**

N76Y → 🔲 → ⊙ → ?

① YN67          ② 85OX          ③ 67YN          ④ P58W          ⑤ 67OX

**11.**

? → ¤ → ⊙ → TQFV

① WERS          ② PGSW          ③ UPGV          ④ QVFT          ⑤ UGPU

1 언어능력

2 수리능력

3 추리능력

4 공간지각능력

5 실전모의고사

해커스 20대기업 인적성 통합 기본서 최신기출유형+실전문제

⬆️ 알파벳을 위로 한 칸씩 이동
(단, 1행의 알파벳은 3행으로 이동하고, 한글은 이동하지 않는다.)

➡️ 한글을 오른쪽으로 한 칸씩 이동
(단, 3열의 한글은 1열로 이동하고, 알파벳은 이동하지 않는다.)

⤷ 한글이 일파벳 위에 배치되어 있는 칸의 수만큼 각 칸의 문자를 시계 빙향으로 이동
(단, 2행 2열의 문자는 이동하지 않는다.)

↕(m, n) m행과 n열에 있는 각 칸의 한글과 알파벳의 상하 위치 교환
(단, m행 n열의 문자 위치는 교환하지 않는다.)

x가 조건을 만족하면 Yes, 그렇지 않으면 No로 이동

ㄱ, ㄱ 한글이 알파벳 위에 배치되어 있는 칸의 수 x와 대소 비교

A, A 알파벳이 한글 위에 배치되어 있는 칸의 수 x와 대소 비교

변환 문자를 최초 문자와 비교했을 때, x가 조건을 만족하면 Yes, 그렇지 않으면 No로 이동

ㄱ, A 한글과 알파벳의 상하 위치가 최초와 동일한 칸의 수 x와 대소 비교
(단, 문자 일치 여부는 고려하지 않는다.)

1 언어능력

2 수리능력

3 추리능력

4 공간지각능력

5 실전모의고사

해커스 20대기업 인적성 통합 기본서 최신기출유형+실전문제

**12.** 주어진 규칙에 따라 문자를 변환시킬 때, '?'에 해당하는 문자를 고르시오.

| ㄱ | P | ㅍ |
|---|---|---|
| S | ㄹ | Q |
| Z | ㅅ | ㅎ |
| ㅂ | F | ㄴ |
| ㅊ | E | J |
| ㅅ | ㅇ | ㅋ |

→ ⇨ → A, A [x<6] →(No)→ ↱ → ↑

↓ Yes

↑ ——→ ↱

↓

ㄱ, A [x>4] →(Yes)→ ⇨ → ?

↓ No

↑ → ↕ (2, 2)

↓

?

① 

| ㅅ | Q | P |
|---|---|---|
| J | ㅇ | ㅊ |
| ㄹ | ㅂ | S |
| ㄴ | ㅍ | S |
| F | ㅍ | A |
| ㄱ | Z | ㅎ |

② 

| J | ㅅ | P |
|---|---|---|
| ㅊ | Q | ㅇ |
| ㅋ | ㅋ | S |
| ㄴ | E | ㅂ |
| F | ㄱ | ㅍ |
| ㅎ | Z | A |

③ 

| P | ㅅ | Q |
|---|---|---|
| ㅊ | J | ㅇ |
| ㅋ | ㄹ | ㅂ |
| S | ㄴ | E |
| A | F | ㅍ |
| ㅎ | ㄱ | Z |

④ 

| ㅊ | Q | P |
|---|---|---|
| J | ㅅ | ㅇ |
| ㅋ | ㄹ | ㅂ |
| ㄴ | E | S |
| F | ㄱ | A |
| ㅎ | Z | ㅍ |

⑤ 

| J | ㅅ | ㅇ |
|---|---|---|
| ㅊ | Q | P |
| ㄴ | E | S |
| ㅋ | ㄹ | ㅂ |
| ㅎ | Z | ㅍ |
| F | ㄱ | A |

**13.** 주어진 규칙에 따라 문자를 변환시킬 때, '?'에 해당하는 문자를 고르시오.

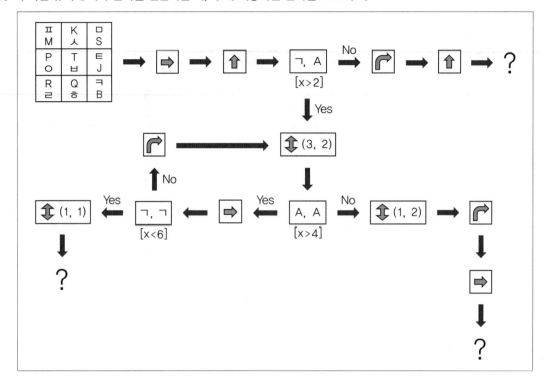

① 
| ㅅ | ㅜ | ㅍ |
|---|---|---|
| P | ㅁ | J |
| ㅂ | ㅌ | O |
| R | Q | B |
| M | K | S |
| ㅎ | ㅋ | ㄹ |

② 
| S | ㅎ | ㄹ |
|---|---|---|
| ㅋ | K | M |
| ㅌ | Q | R |
| B | ㅂ | O |
| J | ㅅ | P |
| ㅁ | ㅜ | ㅍ |

③ 
| ㅌ | ㅍ | P |
|---|---|---|
| K | B | O |
| Q | S | R |
| ㅎ | ㅁ | ㅋ |
| ㄹ | J | ㅅ |
| M | ㅂ | ㅜ |

④ 
| K | ㄹ | R |
|---|---|---|
| ㅌ | M | ㅋ |
| S | Q | P |
| ㅁ | ㅎ | O |
| ㅍ | J | ㅜ |
| B | ㅂ | ㅅ |

⑤ 
| P | ㅜ | ㅍ |
|---|---|---|
| ㅅ | ㅁ | J |
| ㅂ | ㅌ | O |
| R | Q | B |
| M | K | S |
| ㅎ | ㅋ | ㄹ |

**14.** 다음 각 그룹 내의 도형에 적용된 일정한 규칙을 찾아 A와 B에 해당하는 도형을 순서대로 고르시오.

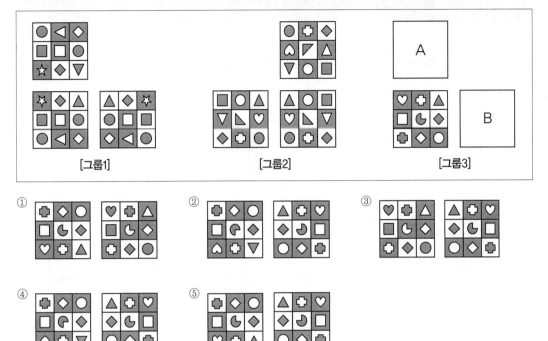

① ② ③ ④ ⑤

**15.** 다음 도형에 적용된 규칙을 찾아 '?'에 해당하는 도형을 고르시오.

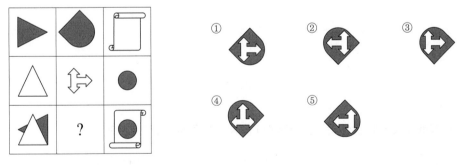

① ② ③ ④ ⑤

약점 보완 해설집 p.98

1 언어능력

2 수리능력

3 추리능력

4 공간지각능력

5 실전모의고사

해커스 20대기업 인적성 통합 기본서 최신기출유형+실전문제

**01.** 다음 중 전개도를 접었을 때 완성되는 입체도형이 아닌 것을 고르시오.

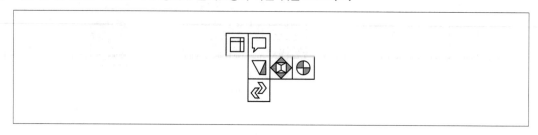

①    ②    ③    ④    ⑤

**02.** 다음 중 전개도를 접었을 때 완성되는 입체도형이 나머지와 다른 하나를 고르시오.

①    ② 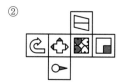   ③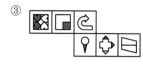

④    ⑤

**03.** 다음 중 전개도를 접었을 때 완성되는 입체도형이 아닌 것을 고르시오.

① 　　② 　　③ 　　④ 　　⑤

**04.** 다음과 같이 화살표 방향으로 종이를 접은 다음 펀치로 구멍을 뚫은 후 다시 펼쳤을 때의 그림으로 알맞은 것을 고르시오.

------- 접는 선　　● 펀치 구멍

① 　② 　③ 　④ 　⑤

1 언어능력

2 수리능력

3 추리능력

4 공간지각능력

5 실전모의고사

해커스 20대기업 인적성 통합 기본서 최신기출유형+실전문제

**05.** 다음과 같이 화살표 방향으로 종이를 접은 다음 가위로 자른 후 다시 펼쳤을 때의 그림으로 알맞은 것을 고르시오.

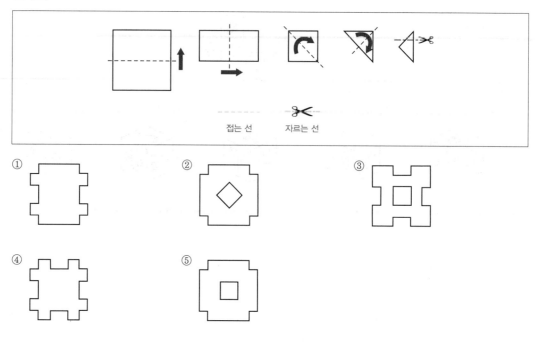

**06.** 다음과 같이 화살표 방향으로 종이를 접은 다음 펀치로 구멍을 뚫은 후 다시 펼쳤을 때의 그림으로 알맞은 것을 고르시오.

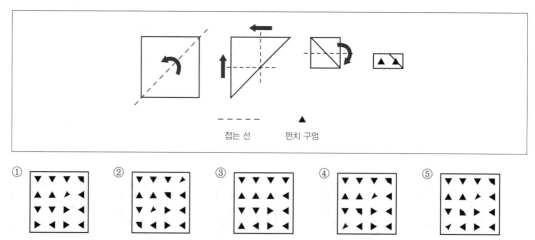

**07.** 다음 두 개의 블록을 결합했을 때 만들 수 없는 형태를 고르시오.

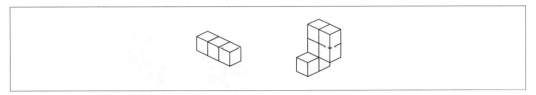

①

② 

③

④

⑤

1 언어능력

2 수리능력

3 추리능력

4 공간지각력

5 실전모의고사

해커스 20대기업 인적성 통합 기본서 최신기출유형+실전문제

**08.** 다음 두 개의 블록을 결합했을 때 만들 수 있는 형태를 고르시오.

①  ②  ③  ④  ⑤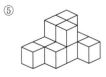

**09.** 다음 중 C로 알맞은 것을 고르시오.

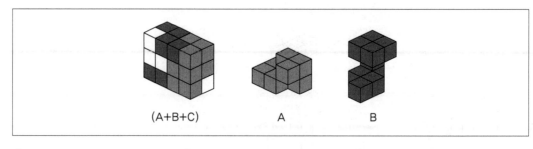

(A+B+C)          A          B

①

②

③

④

⑤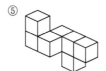

**10.** 다음 큐브를 회전 규칙에 따라 색칠된 부분만 순서대로 회전시킨 다음, 점선에 따라 격자무늬 부분을 잘라낸 후 화살표 방향에서 바라본 모양으로 알맞은 것을 고르시오. (단, 보이지 않는 부분은 모두 블록으로 채워져 있다.)

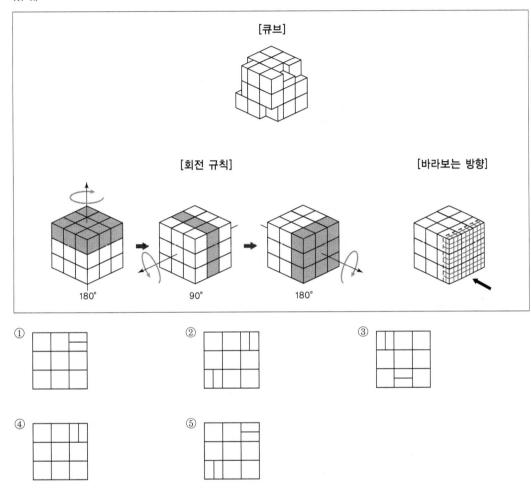

1 언어능력

2 수리능력

3 추리능력

4 공간지각능력

5 실전모의고사

해커스 20대기업 인적성 통합 기본서 최신기출유형+실전문제

① 
② 
③ 
④ 
⑤

**11.** 다음 2개의 정오각형은 각 중점을 기준으로 시계 방향 또는 반시계 방향으로 회전하는 투명한 회전판으로, 뒷면이 서로 겹쳐진 상태에서 제시된 방향과 각도만큼 각각 회전된다. 중점이 색칠된 회전판의 앞에서 회전된 회전판을 바라볼 때, '?'의 위치에 나타나는 그림을 고르시오. (단, 회전판이 회전할 때 그림은 회전하지 않고 위치만 이동되며, 분할된 판에는 두 그림이 기준선을 맞춰 합쳐진 형태로 나타난다.)

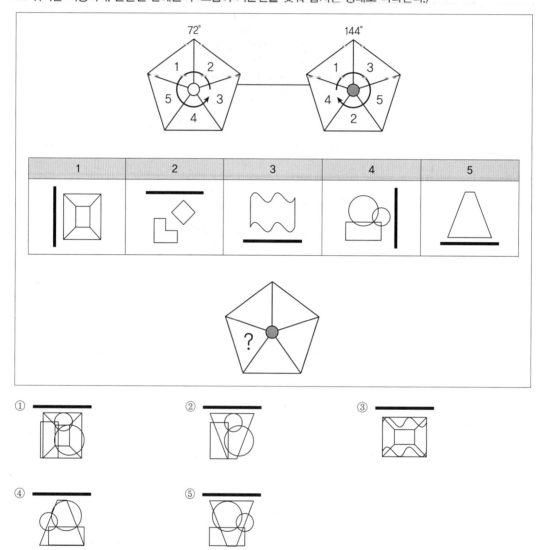

**12.** 다음 중 나머지 네 개의 입체도형과 모양이 다른 하나를 고르시오.

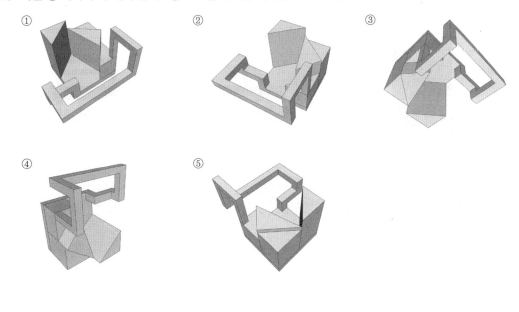

**13.** 다음은 어떤 입체도형을 여러 방향에서 바라본 투상도를 나타낸 것이다. 아래에 제시된 투상도의 입체도형을 고르시오.

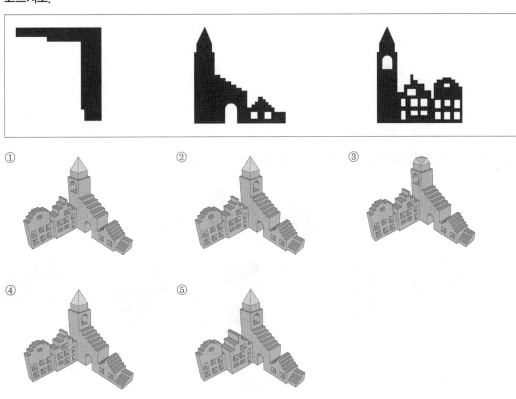

1 언어능력

2 수리능력

3 추리능력

4 공간지각능력

5 실전모의고사

해커스 20대기업 인적성 통합 기본서 최신기출유형+실전문제

**14.** 다음은 어떤 입체도형을 여러 방향에서 바라본 투상도를 나타낸 것이다. 아래에 제시된 투상도의 입체도형을 고르시오.

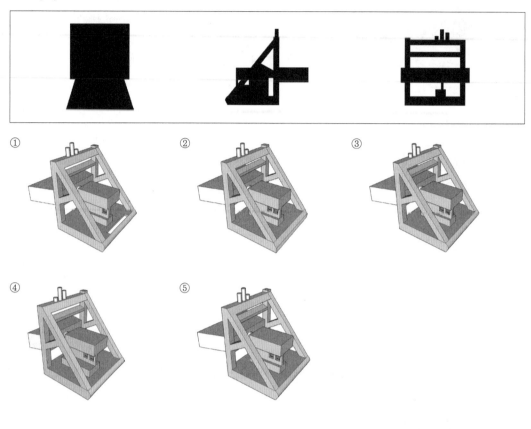

**15.** 다음 중 아래 도형 조각을 모두 사용하여 만들 수 없는 것을 고르시오.

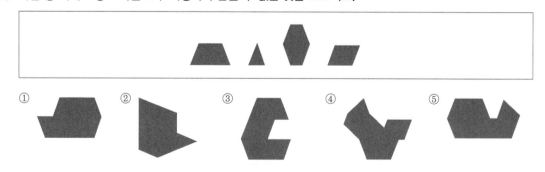

약점 보완 해설집 p.101

* 모의고사의 시작과 종료 시각을 정하세요.

| | | |
|---|---|---|
| 언어능력 (11분) | 시 분~ | 시 분 |
| 수리논리 (15분) | 시 분~ | 시 분 |
| 추리능력 (15분) | 시 분~ | 시 분 |
| 공간지각능력 (15분) | 시 분~ | 시 분 |

## 언어능력

총 15문항 / 11분

**01.** 다음 중 단어 간의 관계가 나머지와 다른 것을 고르시오.

① 숙고 – 심려

② 속박 – 구속

③ 채근 – 독촉

④ 추위 – 동상

⑤ 보호 – 보전

**02.** 다음 밑줄 친 단어와 같은 의미로 사용된 것을 고르시오.

> 교통사고는 운전자의 부주의에서 <u>오는</u> 경우가 많다.

① 그녀는 사람들에게서 따가운 시선이 <u>오자</u> 고개를 돌려버렸다.

② 독감은 인플루엔자 바이러스 A형 또는 B형으로부터 <u>온다</u>.

③ 몸에 무리가 <u>오지</u> 않을 정도의 가벼운 운동을 하는 것이 좋다.

④ 새로 <u>올</u> 신입사원 교육을 위해 관련 자료를 정리하는 중이다.

⑤ 우리 팀에 경기 출전 기회가 <u>오게</u> 된다면 승리를 거둘 자신이 있다.

**03.** 다음 빈칸에 들어갈 말을 〈보기〉에서 골라 순서대로 바르게 나열한 것을 고르시오.

불쾌지수는 기상용어의 일종으로 기온과 습도를 고려하여 날씨에 따라서 사람이 불쾌감을 느끼는 정도를 수치화한 것이다. 1960년대 미국의 경제학자 아서 오쿤은 이러한 불쾌지수에 착안하여 경제고통지수를 최초로 ( ㉠ )하였다. 기온, 습도 등 각 기상요소를 투입하여 불쾌지수를 계산하는 것처럼 아서 오쿤은 소비자물가 상승률에 실업률을 더한 후 소득증가율을 감하여 경제고통지수를 ( ㉡ )하였다. 이후 미국 경제연구기관 와튼계량경제연구소에 의해 경제고통지수는 소비자물가 상승률에 실업률을 더한 형태로 단순화되었다. 다양한 지수 중 소비자물가 상승률과 실업률이 경제고통지수의 기초 자료로 사용되는 것은 국민의 ( ㉢ ) 경기에 직접적인 영향을 미치기 때문이다. 경제고통지수의 경우 국가마다 소비자물가를 산정하는 기준이 다르며, 실업률을 측정하는 데 모태가 되는 고용률도 각기 달라 사실상 국가끼리 비교하는 것은 큰 의미가 없다. 그러나 경제고통지수는 한 국가에 거주하는 국민의 경제적 고통을 계량화한 유일한 지표라는 의의를 가지고 있으며, 경제 여건이 유사한 국가끼리 경제적 상황을 비교할 때 유용하게 사용되는 경우가 종종 있다. 그럼에도 불구하고 경제고통지수는 일부 지표를 단순히 더한 것에 불과하다는 비판을 받기도 한다. 이러한 점을 ( ㉣ )하기 위해 각 경제연구소는 소비자물가 상승률과 실업률뿐만 아니라 어음부도율, 산업생산 증가율 등 다양한 지수를 자체적으로 포함하여 경제고통지수를 작성 및 발표하고 있다.

─〈보기〉─

가) 생산      나) 체득      다) 고안      라) 산출      마) 감안      바) 보완      사) 체감

|     | ㉠    | ㉡   | ㉢   | ㉣   |
|-----|------|------|------|------|
| ①   | 다)  | 가)  | 나)  | 마)  |
| ②   | 다)  | 라)  | 사)  | 바)  |
| ③   | 마)  | 가)  | 사)  | 바)  |
| ④   | 마)  | 바)  | 나)  | 가)  |
| ⑤   | 바)  | 라)  | 나)  | 마)  |

**04.** 다음 밑줄 친 단어와 같은 의미로 사용된 것을 고르시오.

옆집 사람은 매일 저녁 강아지와 산책을 <u>나간다</u>.

① 박 기자는 기사를 쓰기 위해 취재를 <u>나가고</u> 없다.
② 이 물건은 값이 많이 <u>나가</u> 형이 애지중지한다.
③ 학교 졸업 후 사회에 <u>나가면</u> 다양한 사람을 만나게 된다.
④ 출근길 지하철에서 스타킹이 <u>나가는</u> 바람에 당황스러웠다.
⑤ 지난달 회사를 <u>나간</u> 허 대리가 창업했다는 얘기를 들었다.

1 언어능력

2 수리능력

3 추리능력

4 공간지각능력

5 실전모의고사

해커스 20대기업 인적성 통합 기본서 최신기출유형+실전문제

**05.** 다음 빈칸에 들어갈 말을 〈보기〉에서 골라 순서대로 바르게 나열한 것을 고르시오.

太陽계에 존재하는 모든 위성은 모행성을 바라보는 방향의 면이 항상 동일하다. 즉, 위성은 모행성을 한 번 공전할 때마다 자전을 한 번씩 하게 되는데, 이처럼 모행성과 위성으로 묶인 두 천체의 자전주기와 공전주기가 같은 현상을 일컬어 동주기자전이라 한다. 동주기자전이 ( ㉠ )하게 된 이유는 조석 현상에서 찾아볼 수 있다. 위성과 모행성의 자전주기와 공전주기가 일치하지 않을 경우, 조석력에 의해 부풀어 오른 부분과 두 천체를 연결하는 방향이 어긋나게 된다. 하지만 중력은 어긋남을 ( ㉡ )하는 방향으로 작용하기 때문에 중력의 작용이 오랜 기간 누적되면 결국 위성의 장축이 모행성 및 위성의 선과 일치하게 되어 동주기자전이 나타나게 된다. 달이 항상 지구를 바라보며 도는 것도 같은 원리이다. 지구의 위성인 달도 동주기자전을 하므로 지구를 한 바퀴 공전함과 동시에 스스로도 한 바퀴 ( ㉢ )하고 있다. 지구에서 달을 ( ㉣ )할 때, 항상 같은 면만 보게 되는 원인이 바로 여기에 있다.

〈보기〉
가) 증대        나) 회전        다) 순회        라) 발생        마) 관측        바) 축소        사) 관찰

|   | ㉠ | ㉡ | ㉢ | ㉣ |
|---|---|---|---|---|
| ① | 가) | 바) | 나) | 마) |
| ② | 가) | 바) | 다) | 사) |
| ③ | 라) | 가) | 다) | 마) |
| ④ | 라) | 바) | 나) | 마) |
| ⑤ | 라) | 바) | 다) | 사) |

**06.** 다음 중 띄어쓰기가 옳지 않은 것을 고르시오.

① 삼촌은 노력한 만큼 대가를 얻는다며 나를 위로했다.

② 내가 아는 박 씨는 그런 짓을 할만큼 나쁜 사람은 아니었다.

③ 선주만큼은 아니더라도 나 역시 운동 신경이 좋은 편이다.

④ 다른 사람을 위해 필요한 만큼만 가져다 써야 한다.

⑤ 그는 단춧구멍만큼 작은 눈을 가진 아이였다.

**07.** 다음 중 띄어쓰기가 옳지 않은 것을 고르시오.

① 운전 시에는 안전벨트를 꼭 착용해야 한다.

② 운동을 하더라도 학교 공부를 등한시해서는 안 된다.

③ 규칙을 어겼을시에는 처벌받을 수 있다.

④ 난기류의 영향으로 비행 시 심한 흔들림이 발생하였다.

⑤ 철수는 모르는 사람을 적대시하는 경향이 있다.

1 언어능력

2 수리능력

3 추리능력

4 공간지각능력

5 실전모의고사

해커스 20대기업 인적성 통합 기본서 최신기출유형+실전문제

**08.** 다음 ㉠~㉤을 바르게 고쳐 쓴다고 할 때 가장 적절하지 않은 것을 고르시오.

임진왜란 발발 초기에 경상좌병사 박진은 왜군이 함락한 경주성 탈환을 시도했다 실패한 후 화포장 이장손이 만든 신무기를 이용해 반격을 준비하게 된다. 쇳조각과 화약을 섞어 속을 채우고 표면에 쇠를 입혀 둥글게 만든 ㉠ 이 신무기는 장착해 발사하면 바로 터지는 게 아니라 시간을 두고 폭발한다는 특징이 있었다. 이 무기가 바로 '하늘에서 날아와 천지를 울리며 터지는 폭탄'이라는 의미의 비격진천뢰(飛擊震天雷)였다. 1592년 9월 8일 박진이 이끄는 군사가 경주성에 접근해 비격진천뢰를 발사했다. 류성룡의 〈징비록〉에 따르면 당시 ㉡ 성 안에 있던 왜군들은 비격진천뢰를 불발탄으로 오인해 가까이 다가가서 구경했는데, 그때 비격진천뢰가 폭발하여 30여 명이 즉사하고 상당수가 기절했다고 한다. 이렇게 비격진천뢰가 시차를 두고 폭발할 수 있었던 것은 지연신관(遲延信管) 장치가 있었기 때문이다. 이는 폭발형 발사체를 ㉢ 발사 직후에 폭발하도록 제어하는 장치로, 비격진천뢰의 지연신관은 바로 대나무 통이었다. 대나무 통에 화약 선을 감아 심어둠으로써 화약 선이 타들어가는 동안 화약이 폭발하지 않게한 것이다. 게다가 대나무 통에 화약 선을 감을 때 얼마나 감느냐에 따라 폭발 시간도 조절할 수 있었다. 임진왜란 동안 비격진천뢰는 지상전뿐만 아니라 해전에서도 널리 사용되어 큰 역할을 했으며, 왜군은 비격진천뢰를 두려워해 함부로 움직이지 못했다고 한다. 비격진천뢰가 발명되기 전까지 조선의 포탄은 그저 쇳덩어리였다. 단순히 충격만 줄 수 있었기 때문에 인명을 살상하는 용도보다는 성이나 선박과 같은 구조물을 부수는 데에 이용되었다. ( ㉣ ) 비격진천뢰는 적 근처까지 접근한 후에야 섬광, 굉음과 함께 ㉤ 작렬하며 수많은 파편을 쏟아냈기 때문에 살상 효과가 뛰어났다. 이러한 점에서 오늘날 비격진천뢰는 조선의 독자적인 기술로 만들어진 선진적인 무기로 평가받고 있다.

① ㉠에서 '장착해' 앞에 부사어 '화포에'를 추가한다.
② 합성어는 붙여 써야 하므로 ㉡을 '성안에'로 수정한다.
③ ㉢을 '발사 직후'가 아니라 '일정 시간이 지난 후'로 수정한다.
④ 앞뒤 문맥을 고려하여 ㉣에 '반면'을 넣는다.
⑤ 어휘의 쓰임이 부적절한 ㉤을 '작열'로 고친다.

**09.** 다음은 국민참여재판 제도에 관한 글을 쓰기 위해 작성한 개요이다. 글의 내용 전개상 개요를 일부 수정하고자 할 때 가장 적절한 것을 고르시오.

주제: 우리나라의 국민참여재판 제도에 대한 고찰
서론: 국민참여재판 제도의 이해
  1. 국민참여재판 제도의 의미
  2. 국민참여재판의 진행 절차
본론:
  1. 우리나라의 국민참여재판 제도 운용 현황
    가. 국민참여재판 제도의 도입 배경
    나. 국민참여재판 시행 사례
  2. 우리나라의 국민참여재판 제도에 대한 평가
    가. 조서 중심의 재판 관행 개혁 및 공판중심주의 실현
    나. 국민참여재판의 낮은 신청률과 높은 항소율
    다. 허술한 배심원 선정 과정 및 절차
    라. 배심원으로 참여하는 일반 시민의 법적 전문성 부족
    마. 비교적 양호한 배심원 평결과 재판부 판결의 일치율
  3. 우리나라의 국민참여재판 제도 개선안
    가. 국민참여재판의 신청 및 철회, 항소 등에 관한 제도적 보완책 마련
    나. 공정한 배심원단 구성 방식 모색
    다. 배심원을 대상으로 하는 재판 및 법률 용어 교육 실시
결론: 우리나라의 국민참여재판 제도를 수정 및 보완함으로써 도입 취지에 맞는 제도의 시행이 이루어
    질 수 있도록 함

① '서론'에 국민참여재판 제도가 도입되기 이전에 우리나라에서 시행되었던 형사사법 제도에 대한 내용을 추가한다.
② '본론1'에 우리나라의 국민참여재판 운용 현황을 객관적으로 보여줄 수 있는 '국민참여재판 시행 건수 및 관련 통계'를 추가한다.
③ '본론2'에 긍정적인 평가와 부정적인 평가가 섞여 있으므로 '본론2 – 가'와 '본론2 – 나'는 '국민참여재판 제도의 성과'로, 나머지는 '국민참여재판 제도의 문제점'으로 분류한다.
④ '본론2'와 '본론3'이 자연스럽게 이어지도록, 내용상으로 관련이 없는 '본론3 – 다'는 삭제한다.
⑤ '서론' 및 '본론'의 내용을 고려하여 '결론'을 '외국의 선례에 대한 연구를 통해 우리나라의 국민참여재판 제도를 수정 및 보완함'으로 수정한다.

**10.** 다음 글의 제목으로 가장 적절한 것을 고르시오.

초창기의 세그웨이, 온라인 슈퍼마켓 웹벤 등 많은 기업이 혁신을 시도하였다가 실패를 맛보았다. 실패를 겪은 기업들은 실패의 원인을 분석하고 그 원인이 기술적 열등함이나 경쟁 열위 등에 있다고 해석하는 경우가 많다. 하지만 의외로 실패의 원인은 혁신 그 자체가 아니라 소비자의 마음에서 찾을 수 있다. 인간은 보통 정신적으로나 육체적으로나 현재의 편안한 상태를 변함없이 유지하기를 원한다. 따라서 필연적으로 변화를 수반하는 혁신에 대해 거부감을 느낄 수밖에 없다. 이렇게 혁신을 거부하는 소비자의 태도를 '혁신 저항'이라고 한다. 혁신 저항은 혁신이 소비자에게 더 큰 효용을 제공한다고 하더라도 나타날 수 있으며, 소비자가 현재 제품을 사용하고 있는 방식이나 습관을 많이 바꿔야 할수록, 혁신이 주는 가치가 크지 않을수록, 그리고 잠재적 리스크가 클수록 강하게 나타난다. 기술이 점차 고도화되고 있는 오늘날 소비자가 어떠한 기술을 효과적으로 활용하기 위해서는 과거보다 더 높은 수준의 학습이 필요하다. 이는 곧 소비자들이 새로운 기술을 채택할 때 느껴야 할 심리적 부담감이 커진다는 것을 의미한다. 따라서 기업들은 이러한 소비자의 심리를 이해하고, 저항을 최소화하는 방안을 모색해야 한다. 혁신의 가치는 소비자의 인정에 달려 있으며, 소비자에게 신뢰되어 널리 수용되었을 때 비로소 빛을 발할 수 있다는 점을 염두에 두어야 한다.

① 고도화된 기술 수준과 소비자 학습 수준의 연관성
② 혁신 저항이 지니는 긍정적인 측면
③ 소비자의 혁신 저항 수준을 강화하는 요인
④ 혁신 성공을 위해 고려해야 할 소비자의 심리
⑤ 실제 사례를 통한 혁신 저항의 원인 분석

**11.** 다음 글의 내용과 일치하지 않는 것을 고르시오.

스포츠 경기를 보다 보면 시상식에서 은메달을 딴 선수보다 동메달을 딴 선수의 표정이 더 밝은 것을 종종 볼 수 있다. 심리학에서는 이러한 표정 차이의 원인이 '사후 가정 사고'에 있다고 해석한다. 사후 가정 사고란 일어날 수도 있었지만 결국 일어나지 않은 가상의 상황을 상상하는 것을 의미한다. 사후 가정 사고는 크게 더 나은 결과를 가정하는 상향적 사후 가정 사고와 더 나쁜 결과를 가정하는 하향적 사후 가정 사고 두 가지로 나뉜다. 앞선 사례에 대입해 보자면 은메달리스트는 '조금만 더 잘했더라면 금메달을 딸 수 있었는데'라는 상향적 사후 가정 사고를 했고, 동메달리스트는 '하마터면 메달을 못 딸 뻔했네' 라는 하향적 사후 가정 사고를 했을 가능성이 높다. 상향적 사후 가정 사고는 더 나은 결과를 만들기 위해 노력하게 만드는 동기가 될 수 있지만 일반적으로 후회와 같은 부정적인 감정을 동반한다. 반대로 하향적 사후 가정 사고는 부정적인 감정을 완화하며 안도, 기쁨 등 긍정적인 감정을 유발하고 이로 하여금 현재 상태를 유지하고자 하는 예방적 동기가 작용하게 만든다. 인간은 보통 하향적 사후 가정 사고보다는 상향적 사후 가정 사고를 하는 경우가 많기 때문에 해도 후회, 안 해도 후회하는 상황에 빈번히 놓이게 된다. 그렇다면 이 둘 중에는 어떤 후회가 더 클까? 길로비치와 메드벡의 연구에 따르면 단기적으로는 이미 한 행동에 대한 후회가 컸지만, 장기적으로는 하지 않은 행동에 대한 후회가 컸다. 이는 곧 할까 말까 고민이 들 때 일단 해보는 것도 나쁘지 않음을 의미한다. 당장은 후회할 수 있어도 나중에 되돌아보면 행동하지 않아서 생기는 후회가 더 큰 후유증을 남기기 때문이다.

① 어떤 행동을 한 것에 대한 후회의 크기는 기간을 어떻게 설정하는지에 따라 달라질 수 있다.
② 기본적으로 사후 가정 사고는 실제 결과와 가정된 상황에서의 결과를 비교하는 것이다.
③ 일반적인 사람들은 하향적 사후 가정 사고보다는 상향적 사후 가정 사고를 하는 경향이 있다.
④ 상향적 사후 가정 사고는 후회를 동반하기는 하지만 긍정적인 기능도 한다.
⑤ 스포츠 경기에서 동메달리스트의 표정이 밝았던 것은 실제보다 더 나은 결과를 상상했기 때문이다.

**[12-13]** 다음 지문을 읽고 각 물음에 답하시오.

---

의사하면 떠오르는 대표적인 이미지는 아마 흰색 가운을 입고 진찰하는 모습일 것이다. 의사들이 흰색 가운을 입는 이유는 오염 물질이 묻었을 때 바로 발견하여 청결함을 유지하기 위한 것으로 알려져 있다. 그러나 수술복만큼은 흰색이 아닌 초록색이나 파란색인 것을 볼 수 있는데, 여기에는 매우 과학적인 원리가 숨어있다.

수술복의 색깔에 숨겨진 과학적 원리는 바로 우리 눈에 나타나는 잔상과 관련 있다. 잔상이란 빛의 자극이 사라진 후에도 감각 경험이 지속되어 나타나는 상(像)으로, 대표적으로 태양을 본 뒤 고개를 돌리거나 눈을 감으면 아른거리는 형상이 있다. 잔상이 나타나는 이유는 우리 눈의 망막에 있는 시각 세포 때문이다. 시각 세포는 명암을 인지하는 간상 세포와 명암과 색채를 인식하는 원추 세포가 있는데, 만약 특정 빛에 지속적으로 노출될 경우 해당 빛을 인지하는 원추 세포가 크게 피로해져 잔상이 나타난다.

잔상이 유지되는 시간은 자극광(光)의 밝기와 채도, 노출 시간 등에 따라 다르며, 크게 양성잔상과 음성잔상으로 나뉜다. 양성잔상은 단시간에 강한 자극을 받았을 때 자극광과 동일한 밝기와 채도의 잔상이 남는 현상이나, 반면 음성잔상은 장시간 평범한 강도의 자극을 받았을 때 자극광과 명암이 반대되어 보색의 잔상이 나타나는 현상이다.

보색은 두 가지 빛깔이 섞여 무채색을 이루는 서로 반대되는 색으로, 수술복의 색깔이 항상 초록색 또는 파란색으로 제작되는 이유도 바로 이 음성잔상 때문이다. 장시간 붉은 피를 바라보다 흰 수술복을 볼 경우 보색 잔상이 의료진의 시야를 혼동시킬 수 있으므로, 잔상이 발생하지 않도록 빨간색의 보색인 초록색 또는 주황색의 보색인 파란색 계열로 수술복을 제작하는 것이다.

잔상을 방지하고자 하는 목적 외에도 수술복이 초록색 계열로 제작되는 것에는 또 다른 이유가 있다. 바로 (                              ) 초록색은 빨간색과 파란색보다 명도와 채도가 낮아 명암을 인식하는 간상 세포를 자극하지 않으면서 원추 세포에 잘 인식될 뿐만 아니라, 시야각이 좁아 눈의 피로를 감소시키는 효과가 있다. 또한, 심리학적으로도 붉은색은 정열과 흥분을 일으키는 반면, 녹색은 안정적인 느낌을 주므로 환자를 심리적으로 안심시키는 효과가 있다.

**12.** 윗글의 내용과 일치하는 것을 고르시오.

① 빨간색은 초록색보다 심리적으로 안정감을 느끼게 하는 효과가 높은 편이다.

② 잔상은 빨간색이나 녹색 등 특정 색을 오랫동안 감지한 간상 세포가 피로를 느껴 발생한다.

③ 의료진은 항상 청결한 상태를 유지하기 위해 푸른색으로 제작된 수술복을 입는다.

④ 짧은 시간 동안 강도 높은 자극에 노출되면 자극광과 명도와 채도가 같은 양성잔상이 나타난다.

⑤ 장시간 수술에 임하는 의사가 흰색 수술복을 입을 경우 보색 잔상을 방지할 수 있다.

**13.** 윗글의 빈칸에 들어갈 문장으로 가장 적절한 것을 고르시오.

① 초록색이 다른 색보다 상대적으로 시세포에 가하는 자극 강도가 강하기 때문이다.

② 시야 범위가 넓어 수술실 전반의 상황을 살펴보아야 하는 병원에 최적화되어 있기 때문이다.

③ 빨간색, 초록색, 파란색 중 보색 잔상이 가장 적게 나타나는 색이기 때문이다.

④ 어두운 곳에서도 눈에 잘 인식되는 초록색이 가장 효과적이기 때문이다.

⑤ 초록색이 의료진과 환자들에게 시각적 또는 심리적으로 편안함을 제공하기 때문이다.

1 언어능력
2 수리능력
3 추리능력
4 공간지각능력
5 실전모의고사

해커스 20대기업 인적성 통합 기본서 최신기출유형+실전문제

**14.** 다음 글을 통해 추론한 내용으로 옳지 않은 것을 고르시오.

기단이란 온도와 습도 등의 대기 상태가 거의 같은 성질을 가진 공기 덩어리로, 기단에 의해 날씨가 결정된다고 해도 과언이 아니다. 기단은 대양과 대평원같이 넓은 범위에 걸쳐 지표의 성질이 균일하고, 바람이 약해 공기가 오래 머물러 있을 수 있는 지역에 잘 형성된다. 기단은 어느 지역에서 발원하는지에 따라 대륙성기단과 해양성기단으로 분류되며, 다시 기단의 온랭 정도나 위도 등에 따라 세분화된다. 대륙에서 발생한 기단은 크게 극기단, 대륙성한대기단, 대륙성열대기단으로 구분되고, 해양에서 발생한 기단은 크게 해양성한대기단, 해양성열대기단, 적도기단으로 구분된다. 기단은 성질이 빠르게 변하지 않으므로 형성 초기 기단의 영향을 받는 지역의 날씨는 기단 발생 지역의 성질과 비슷하다. 하지만 기단은 발생 지역을 떠나 이동하면서 점차 변질되는데, 주로 온도와 수증기 함량이 변한다. 대표적으로 습한 기단이 큰 산맥을 넘는 동안 비를 내려 습기가 줄고 가열되는 경우가 여기에 해당한다. 한편 우리나라에 영향을 주는 기단은 시베리아기단, 오호츠크해기단, 북태평양기단, 적도기단, 북극기단 등이 있다. 여름철에는 전반적으로 고온다습한 북태평양기단이 지배적이고, 장마가 시작되기 전에는 한랭다습한 오호츠크해기단의 영향력이 상하다. 상마철에는 습윤한 오호츠크해기단과 북태평양기단이 힘겨루기를 하며 많은 비를 내리고, 두 기단 외에도 변질된 시베리아기단이 영향을 미치는 등 여러 기단이 번갈아 가면서 날씨에 영향을 준다. 적도기단도 주로 여름에 영향을 주는 고온다습한 기단으로, 적도 인근에서 만들어진 태풍이 북상하면서 우리나라에 영향을 준다. 겨울철에는 한랭건조한 시베리아기단이 우세하고 종종 극한랭건조한 북극기단이 영향을 주는데, 북극 빙하의 영향을 받은 북극기단은 최근 우리나라 겨울철 혹한의 주범으로 지목되고 있다.

① 우리나라의 여름철에는 적어도 세 가지 이상의 기단이 날씨에 영향을 미친다.
② 기단의 성격은 한 지역에 오랜 시간 머물며 형성된 것이기 때문에 절대 변하지 않는다.
③ 바람이 강하고 지표의 성질이 균일하지 않은 지역에서는 기단이 형성되기 어렵다.
④ 올해 겨울에 북극기단의 영향력이 작년보다 더 커지면 혹한은 작년보다 심할 것이다.
⑤ 적도 인근에서 형성된 적도기단은 해양성기단의 일종으로 분류된다.

**15.** 다음 〈보기〉에 이어질 내용을 논리적 순서대로 알맞게 배열한 것을 고르시오.

〈보기〉

　　뉴턴은 질량이 있는 물체 사이에 서로를 끌어당기는 힘인 중력의 존재를 실험을 통해 입증했다. 하지만 뉴턴의 이론은 그 힘이 어떤 방식으로 각 물체에 작용하는지를 설명하지는 못했다. 이에 대해 아인슈타인은 중력을 '시공간을 움직이는 힘'이라고 해석했다. 중력이 영향을 미치는 공간인 중력장이 해당 물체가 움직이거나 생성될 때, 또는 파괴될 때 에너지를 방출하며 파동을 일으켜 시공간을 움직인다는 것이다. 그리고 이것이 1916년 발표된 일반상대성이론이다.

가) 중력파의 발견은 과학계에 시사하는 바가 크다. 그간 천문학계에서는 가시광선, 엑스선, 감마선 등 전자기파로만 우주를 관측해왔다. 쉽게 말해 이전에는 빛을 토대로만 우주를 엿볼 수 있었던 것이다. 이 때문에 빛을 거의 내뿜지 않는 중성자별이나 블랙홀의 경우 관측이 어려웠다.

나) 하지만 중력파가 발견됨에 따라 앞으로는 그간 엿볼 수 없었던 천체나 별의 내부까지 관측 가능해질 전망이다. 미 국립과학재단은 중력파 발견 성과에 대해 "인류에게 새로운 창문이 열렸다."라고 언급하였으며, 전문가들 역시 중력파의 발견으로 우주를 보다 심도 있게 연구할 새로운 길이 열렸다고 입을 모으고 있다.

다) 데이비드 라이츠 교수가 이끄는 국제공동연구팀이 2015년 9월 중력파 검출기인 '라이고'로 0.15초의 신호를 확인하였고, 해당 신호에 대해 6개월간 검증 과정을 거친 결과 이는 지구에서 13억 광년 떨어진 우주에서 두 개의 블랙홀이 충돌하는 동안 발생한 중력파가 검출된 것이라고 밝힌 것이다.

라) 아인슈타인은 이 이론을 토대로 지구보다 훨씬 커다란 별처럼 어마어마한 질량의 물체가 탄생·충돌·소멸할 때 발생하는 중력파를 인간이 관측할 수 있을 것이라고 예언했다. 그리고 그로부터 꼭 100년이 지난 2016년 2월, 아인슈타인의 이론 속에서나 존재하던 중력파의 실체가 대중에게 드러났다.

① 가)-나)-다)-라)
② 가)-나)-라)-다)
③ 다)-라)-가)-나)
④ 라)-나)-가)-다)
⑤ 라)-다)-가)-나)

약점 보완 해설집 p.106

1 언어능력

2 수리능력

3 추리능력

4 공간지각능력

5 실전모의고사

해커스 20대기업 인적성 통합 기본서 최신기출유형+실전문제

**01.** 원가가 2,100원인 보호 필름을 생산하는 D 공장의 합격 제품은 2,400원에 팔리고, 불량 제품은 폐기 처분된다. 제품의 불량률이 12%인 D 공장이 보호 필름을 16,000개 생산했을 때, 기대되는 이익은 얼마인가?

① 177,000원      ② 182,000원      ③ 187,000원      ④ 192,000원      ⑤ 198,000원

**02.** 두 대의 컴퓨터 A, B는 모두 9월 4일에 자동 업데이트되었고, 두 대의 컴퓨터의 자동 업데이트 주기는 A 컴퓨터가 15일, B 컴퓨터가 25일이다. 바로 다음 해 처음으로 두 대의 컴퓨터가 동시에 자동 업데이트되는 날은 언제인가?

① 1월 30일      ② 1월 31일      ③ 2월 1일      ④ 2월 2일      ⑤ 2월 3일

**03.** 길이가 12cm 차이나는 두 막대를 욕조에 수직으로 넣었다. 그 결과 짧은 막대의 $\frac{6}{7}$이 물에 잠겼고, 긴 막대의 $\frac{3}{4}$이 물에 잠겼다면 긴 막대의 길이는 얼마인가? (단, 두 막대의 밑면 넓이는 같다.)

① 72cm      ② 78cm      ③ 84cm      ④ 90cm      ⑤ 96cm

**04.** 손 세정액을 제조하기 위해 농도가 96%인 알코올 용액 6L를 구매하여, 용액 일부를 덜어내고 같은 양의 순수한 물을 넣어 알코올 용액을 희석하였다. 희석한 용액의 농도가 생각보다 낮아 희석한 용액의 0.5L를 덜어내고 처음에 덜어냈던 농도가 96%인 알코올 용액을 다시 넣어 최종적으로 농도가 68.5%인 알코올 용액을 얻었다. 처음에 덜어냈던 농두가 96%인 알코올 용액의 양은 얼마인가?

① 2.5L      ② 2.75L      ③ 3.0L      ④ 3.25L      ⑤ 3.5L

**05.** 어느 인쇄소에서 신문 4,030부를 두 대의 기계를 이용하여 10시간에 걸쳐 모두 인쇄하였다. A 기계는 20분 동안 신문 56부를 인쇄할 수 있을 때, B 기계가 1시간 동안 인쇄할 수 있는 신문은 몇 부인가?

① 225부      ② 235부      ③ 240부      ④ 246부      ⑤ 250부

**06.** 김 팀장이 집에서 본사로 갈 때 80km/h, 본사에서 공장으로 갈 때 70km/h의 속력으로 이동하면 총 4시간이 걸린다. 집에서 출발하여 본사를 거친 후 공장으로 이동했을 때의 이동 거리가 총 300km일 때, 집에서 본사까지의 거리는 얼마인가?

① 140km      ② 145km      ③ 150km      ④ 155km      ⑤ 160km

**07.** 어떤 서점에서 소설책 한 권을 정가의 15% 할인된 가격으로 팔면 800원의 이익이 남고, 25% 할인된 가격으로 팔면 400원의 손해를 본다고 할 때, 소설책의 원가는 얼마인가?

① 9,200원      ② 9,400원      ③ 10,200원      ④ 11,000원      ⑤ 12,000원

1 언어능력

2 수리능력

3 추리능력

4 공간지각능력

5 실전모의고사

해커스 20대기업 인적성 통합 기본서 최신기출유형+실전문제

**08.** 다음은 2021년 4분기 지역별 전통시장 실적의 체감 및 전망 BSI 지수에 대한 자료이다. 이를 바탕으로 만든 그래프로 옳지 않은 것을 고르시오.

### [지역별 전통시장 실적의 체감 및 전망 BSI 지수]

(단위: BSI)

| 구분 | | 10월 | | 11월 | | 12월 | |
|---|---|---|---|---|---|---|---|
| | | 체감 | 전망 | 체감 | 전망 | 체감 | 전망 |
| 수도권 | 서울 | 61.1 | 76.0 | 67.4 | 89.9 | 44.8 | 86.5 |
| | 경기 | 68.1 | 77.4 | 68.1 | 81.9 | 37.2 | 82.7 |
| | 인천 | 54.9 | 75.4 | 64.8 | 88.7 | 42.3 | 83.1 |
| 5개 광역시 | 부산 | 48.6 | 70.9 | 60.5 | 91.8 | 39.5 | 84.1 |
| | 대구 | 51.1 | 62.1 | 59.8 | 82.8 | 36.8 | 78.7 |
| | 광주 | 52.0 | 72.5 | 60.8 | 92.2 | 48.0 | 88.2 |
| | 대전 | 64.5 | 75.0 | 89.5 | 85.5 | 36.8 | 81.6 |
| | 울산 | 62.7 | 77.3 | 53.6 | 88.2 | 40.9 | 81.8 |
| 기타 지방 | 강원 | 60.6 | 77.5 | 70.4 | 85.9 | 35.9 | 85.2 |
| | 충북 | 59.7 | 77.6 | 69.4 | 86.6 | 35.1 | 78.4 |
| | 충남 | 65.6 | 83.1 | 73.4 | 90.9 | 45.5 | 80.5 |
| | 전북 | 58.9 | 62.9 | 74.2 | 100.0 | 37.9 | 86.3 |
| | 전남 | 57.7 | 68.1 | 68.1 | 90.1 | 47.8 | 85.7 |
| | 경북 | 57.1 | 67.3 | 64.3 | 90.3 | 45.4 | 85.2 |
| | 경남 | 48.4 | 68.2 | 65.6 | 86.5 | 31.8 | 83.3 |
| | 제주 | 62.8 | 80.9 | 74.5 | 87.2 | 61.7 | 101.1 |

※ 출처: KOSIS(중소벤처기업부, 소상공인시장경기동향조사)

① [5개 광역시의 12월 체감 및 전망 BSI 지수 차이]

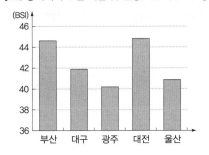

② [강원의 월별 체감 및 전망 BSI 지수]

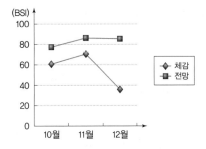

③ [수도권의 4분기 월평균 체감 BSI 지수]

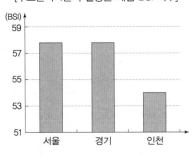

④ [기타 지방의 12월 전망 BSI 지수]

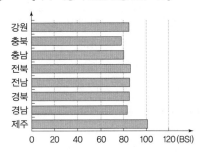

⑤ [수도권의 4분기 월평균 전망 BSI 지수]

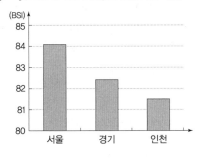

1
20능력

2
수리능력

3
추리능력

4
공간지각능력

5
실전모의고사

해커스 20대기업 인적성 통합 기본서 최신기출유형+실전문제

**09.** 다음은 일부 시도별 주택 수 및 주택보급률을 나타낸 자료이다. 자료를 보고 빈칸 ㉠, ㉡, ㉢에 해당하는 값을 예측했을 때 가장 타당한 값을 고르시오. (단, 소수점 첫째 자리에서 반올림하여 계산한다.)

[시도별 주택 수 및 주택보급률]

(단위: 천 호, %)

| 구분 | 2018년 | | 2019년 | | 2020년 | |
|---|---|---|---|---|---|---|
| | 주택 수 | 주택보급률 | 주택 수 | 주택보급률 | 주택 수 | 주택보급률 |
| 서울 | 3,682 | 95.9 | 3,739 | 96.0 | ( ㉢ ) | 94.9 |
| 부산 | 1,413 | 103.6 | 1,439 | 104.5 | 1,460 | 103.9 |
| 대구 | 996 | 104.0 | 1,001 | 103.3 | 1,006 | 102.0 |
| 인천 | 1,108 | 101.2 | 1,123 | 100.2 | 1,135 | 98.9 |
| 광주 | 617 | 106.6 | 628 | 107.0 | 640 | 106.8 |
| 대전 | 612 | 101.6 | 618 | 101.4 | 620 | ( ㉠ ) |
| 경기 | 4,798 | 101.0 | 4,979 | 101.5 | 5,114 | 100.3 |
| 충북 | 730 | 113.8 | 749 | 114.5 | 766 | 112.8 |
| 충남 | 960 | 112.7 | 979 | 113.3 | 995 | 111.5 |
| 전북 | 802 | 109.4 | 816 | 110.5 | 834 | 110.4 |
| 전남 | 830 | 112.5 | 842 | 113.6 | 858 | 112.6 |
| 경북 | 1,271 | 116.1 | 1,293 | 117.3 | 1,306 | 115.4 |
| 경남 | 1,439 | 110.1 | 1,481 | 112.1 | 1,510 | 111.8 |
| 전국 | ( ㉡ ) | 104.2 | 21,311 | 104.8 | ( ) | 103.6 |

※ 주택보급률(%) = (주택 수 / 일반 가구 수) × 100

- 제시된 기간 동안 대전의 주택 수가 대전의 일반 가구 수보다 적은 해는 2020년뿐이다.
- 2018년 전국의 일반 가구 수는 19,980천 호이다.
- 2019년 주택보급률이 가장 낮은 지역의 2020년 주택 수는 전년 대비 증가하였다.

※ 출처: KOSIS(국토교통부, 주택보급률)

| | ㉠ | ㉡ | ㉢ |
|---|---|---|---|
| ① | 98.3 | 20,429 | 3,728 |
| ② | 98.3 | 20,819 | 3,728 |
| ③ | 98.3 | 20,819 | 3,778 |
| ④ | 101.2 | 28,451 | 3,728 |
| ⑤ | 101.2 | 28,451 | 3,778 |

**10.** 다음은 디자인교육기관 학생을 대상으로 취업 후 희망 근무 지역에 대해 조사한 자료이다. 다음 중 자료에 대한 설명으로 옳은 것을 고르시오.

**[거주 지역별 희망 근무 지역 학생 수]**

(단위: 명)

| 구분 | 서울 | 인천·경기 | 대전·충남·충북 | 광주·전남·전북 | 대구·경북 | 부산·울산·경남 |
|---|---|---|---|---|---|---|
| 전체 응답자 수 | 84 | 16 | 24 | 28 | 25 | 25 |
| 서울 | 78 | 16 | 13 | 18 | 16 | 16 |
| 경상권 | 0 | 0 | 0 | 0 | 8 | 6 |
| 충청권 | 0 | 0 | 11 | 0 | 0 | 0 |
| 경기권 | 2 | 0 | 0 | 4 | 1 | 0 |
| 전라권 | 0 | 0 | 0 | 6 | 0 | 0 |
| 해외 | 3 | 0 | 0 | 0 | 0 | 2 |
| 상관 없음 | 1 | 0 | 0 | 0 | 0 | 1 |

**[전공별 희망 근무 지역 학생 수]**

(단위: 명)

| 구분 | 제품디자인 | 시각디자인 | 환경디자인 | 멀티미디어 | 섬유 |
|---|---|---|---|---|---|
| 전체 응답자 수 | 41 | 40 | 41 | 40 | 40 |
| 서울 | 36 | 29 | 34 | 28 | 30 |
| 경상권 | 0 | 3 | 2 | 4 | 5 |
| 충청권 | 0 | 4 | 1 | 4 | 2 |
| 경기권 | 3 | 1 | 2 | 1 | 0 |
| 전라권 | 0 | 2 | 1 | 1 | 2 |
| 해외 | 1 | 1 | 1 | 1 | 1 |
| 상관 없음 | 1 | 0 | 0 | 1 | 0 |

※ 출처: KOSIS(산업통상자원부, 디자인산업통계조사)

① 전체 응답자 수에서 희망 근무 지역이 서울인 학생이 차지하는 비중은 75% 미만이다.

② 희망 근무 지역이 서울인 학생 중 제품디자인 전공 학생 수 대비 시각디자인 전공 학생 수의 비율은 환경디자인 전공 학생 수 대비 멀티미디어 전공 학생 수의 비율보다 낮다.

③ 희망 근무 지역이 해외인 학생 중 환경디자인 전공 학생이 부산·울산·경남에 거주하지 않으면 광주·전남·전북에 거주한다.

④ 광주·전남·전북에 거주하는 학생 중 경기권에서 근무하기를 희망하는 학생의 절반은 시각디자인 전공이다.

⑤ 희망 근무 지역이 서울인 학생 수는 희망 근무 지역이 경상권인 학생 수보다 133명 더 많다.

1 언어능력

2 수리능력

3 추리능력

4 공간지각능력

5 실전모의고사

해커스 20대기업 인적성 통합 기본서 최신기출유형+실전문제

**[11–12]** 다음은 2021년 하반기 관제탑 관제량에 대한 자료이다. 각 물음에 답하시오.

**[관제탑 관제량]**

(단위: 대)

| 구분 | 7월 | 8월 | 9월 | 10월 | 11월 | 12월 |
|------|------|------|------|------|------|------|
| 인천 | 12,729 | 12,341 | 12,946 | 13,950 | 14,017 | 13,993 |
| 김포 | 13,893 | 12,924 | 12,908 | 14,567 | 13,795 | 13,672 |
| 양양 | 3,089 | 2,472 | 3,017 | 3,048 | 2,053 | 1,825 |
| 제주 | 15,359 | 14,273 | 12,973 | 15,556 | 15,027 | 15,247 |
| 여수 | 1,637 | 1,508 | 1,436 | 2,176 | 1,873 | 1,768 |
| 울산 | 1,302 | 1,211 | 1,085 | 1,414 | 1,157 | 1,140 |
| 무안 | 3,069 | 3,520 | 2,749 | 3,610 | 2,756 | 2,874 |
| 울진 | 7,433 | 7,566 | 7,868 | 8,016 | 7,108 | 7,022 |

**[일평균 관제탑 관제량]**

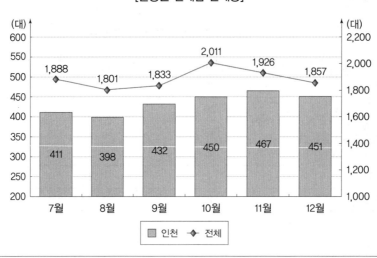

※ 출처: KOSIS(국토교통부, 항공교통관제업무통계)

**11.** 다음 중 자료에 대한 설명으로 옳지 않은 것을 고르시오.

① 8월부터 12월까지 관제탑 관제량의 전월 대비 증감 추이는 여수와 울산이 동일하다.

② 12월 관제탑 관제량이 10,000대 미만인 지역의 관제탑 관제량의 평균은 3,000대 미만이다.

③ 제시된 기간 동안 인천의 일평균 관제탑 관제량이 처음으로 전월 대비 감소한 월에 인천의 일평균 관제탑 관제량은 전월 대비 3% 이상 감소하였다.

④ 3분기 동안 관제탑 관제량이 가장 많은 상위 3개 지역의 순위는 매월 동일하다.

⑤ 10월 무안의 관제탑 관제량은 3개월 전 대비 541대 증가하였다.

**12.** 제시된 기간 동안 전체 일평균 관제탑 관제량과 인천의 일평균 관제탑 관제량의 차이가 가장 큰 달에 전체 일평균 관제탑 관제량에서 인천 관제탑 관제량이 차지하는 비중은 약 얼마인가? (단, 소수점 둘째 자리에서 반올림하여 계산한다.)

① 21.8%        ② 22.4%        ③ 22.9%        ④ 23.2%        ⑤ 23.6%

**13.** 다음은 2019년 및 2020년 건설업 현황에 대한 자료이다. 다음 중 자료에 대한 설명으로 옳은 것을 고르시오.

[2019년 건설업 현황]

| 구분 | | 기업체 수(개) | 종사자 수(천 명) | 급여액(십억 원) | 매출액(조 원) |
|---|---|---|---|---|---|
| 종합 건설업 | | 11,367 | 553 | 26,862 | 248.4 |
| | 회사법인 | 11,341 | 552 | 26,835 | 248.3 |
| | 개인 | 26 | 1 | 27 | 0.1 |
| 전문직별 공사업 | | 67,303 | 1,175 | 43,437 | 155.9 |
| | 회사법인 | 63,248 | 1,151 | 42,826 | 153.6 |
| | 개인 | 4,055 | 24 | 611 | 2.3 |
| 전체 | | 78,670 | 1,727 | 70,299 | 404.3 |
| | 회사법인 | 74,589 | 1,703 | 69,661 | 401.9 |
| | 개인 | 4,081 | 25 | 638 | 2.4 |

[2020년 건설업 현황]

| 구분 | | 기업체 수(개) | 종사자 수(천 명) | 급여액(십억 원) | 매출액(조 원) |
|---|---|---|---|---|---|
| 종합 건설업 | | 11,890 | 540 | 26,515 | 243 |
| | 회사법인 | 11,867 | 539 | 26,498 | 242.9 |
| | 개인 | 23 | 1 | 17 | 0.1 |
| 전문직별 공사업 | | 70,483 | 1,130 | 43,145 | 153.3 |
| | 회사법인 | 66,358 | 1,105 | 42,485 | 151.0 |
| | 개인 | 4,125 | 25 | 660 | 2.3 |
| 전체 | | 82,373 | 1,670 | 69,660 | 396.3 |
| | 회사법인 | 78,225 | 1,644 | 68,983 | 393.9 |
| | 개인 | 4,148 | 26 | 677 | 2.4 |

※ 출처: KOSIS(통계청, 건설업조사)

① 2020년 전체 기업체 수, 종사자 수, 급여액, 매출액은 모두 전년 대비 증가하였다.
② 2020년 종합 건설업의 회사법인 종사자 1명당 평균 급여액은 6천만 원 이상이다.
③ 2019년 전체 개인 매출액에서 전체 개인 급여액이 차지하는 비중은 30% 이상이다.
④ 2020년 전체 회사법인 기업체 수는 전년 대비 7% 이상 증가하였다.
⑤ 2019년 전문직별 공사업의 급여액은 회사법인이 개인의 70배 이상이다.

1 언어능력
2 수리능력
3 추리능력
4 공간지각능력
5 실전모의고사
해커스 20대기업 인적성 통합 기본서 최신기출유형+실전문제

**14.** 다음은 행정정보 공개 청구 및 공개 여부에 대한 자료이다. 이를 바탕으로 만든 자료로 옳지 않은 것을 고르시오.

### [행정정보 공개 청구 건수와 공개 유형별 건수 및 공개율]
(단위: 건, %)

| 구분 | | 2011년 | 2012년 | 2013년 | 2014년 | 2015년 | 2016년 |
|---|---|---|---|---|---|---|---|
| 공개 청구 건수 | | 335,706 | 333,006 | 364,806 | 381,496 | 458,059 | 504,147 |
| 공개 유형 | 전부공개 건수 | 272,770 | 286,669 | 316,367 | 326,086 | 392,330 | 427,721 |
| | 부분공개 건수 | 31,791 | 30,777 | 33,149 | 38,575 | 47,686 | 54,091 |
| | 비공개 건수 | 31,136 | 16,560 | 15,290 | 16,835 | 18,043 | 22,335 |
| 공개율 | | 90.7 | 95.0 | 95.8 | 95.6 | 96.1 | 95.6 |

※ 행정정보 공개율은 행정정보 공개 청구 건수 중 전부공개 및 부분공개로 결정된 건수의 비율을 나타냄

### [행정정보 공개 여부 결정 기간별 건수]
(단위: 건)

| 구분 | 2011년 | 2012년 | 2013년 | 2014년 | 2015년 | 2016년 |
|---|---|---|---|---|---|---|
| 청구 당일 | 31,178 | 30,851 | 34,648 | 34,959 | 39,147 | 42,117 |
| 1일 초과 10일 이내 | 293,689 | 291,343 | 316,446 | 331,823 | 385,184 | 440,948 |
| 10일 초과 20일 이내 | 9,692 | 9,760 | 12,057 | 13,452 | 20,382 | 18,944 |
| 20일 초과 | 1,147 | 1,052 | 1,655 | 1,262 | 3,346 | 2,138 |

① [행정정보 공개 청구 건수]

② [2012년 행정정보 공개 여부 결정 기간별 건수]

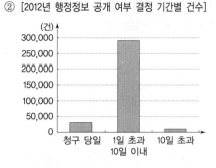

③ [행정정보 공개 유형별 건수]

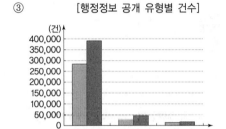

④ [청구 당일 행정정보 공개 여부 결정 건수]

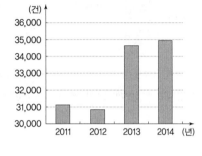

⑤ [행정정보 공개율]

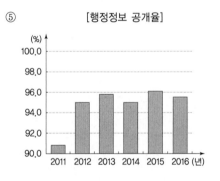

1 언어능력

2 수리능력

3 추리능력

4 공간지각능력

5 실전모의고사

해커스 20대기업 인적성 통합 기본서 최신기출유형+실전문제

15. 다음은 연도별 고등학교 졸업자 수 및 대학 진학률을 나타낸 자료이다. 2018년 대학 진학자 수는 4년 전 대비 약 몇 명 감소하였는가?

[고등학교 졸업자 수 및 대학 진학률]

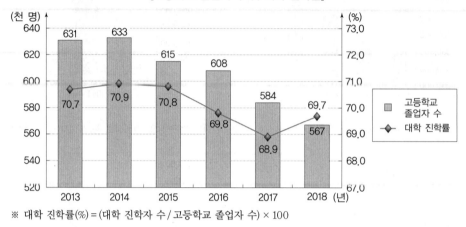

※ 대학 진학률(%) = (대학 진학자 수 / 고등학교 졸업자 수) × 100

① 34천 명　　　② 44천 명　　　③ 54천 명　　　④ 64천 명　　　⑤ 74천 명

약점 보완 해설집 p.109

**01.** 다음 전제를 읽고 반드시 참인 결론을 고르시오.

| 전제 | 어떤 평화로움도 아름답지 않은 것은 없다. |
|------|---------------------------------------------|
|      | 모든 고요함은 아름답지 않다. |
| 결론 | |

① 모든 고요함은 평화롭다.

② 어떤 고요함은 평화롭다.

③ 모든 평화로움은 고요하다.

④ 모든 고요함은 평화롭지 않다.

⑤ 평화롭지 않은 것은 모두 고요하지 않다.

**02.** 다음 명제가 모두 참일 때, 항상 참인 문장을 고르시오.

> • 미래를 생각하지 않는 사람은 공부를 하지 않는다.
> • 미래를 생각하지 않는 사람은 자유로운 사람이 아니다.
> • 현재를 생각하는 사람은 취미생활을 즐긴다.
> • 취미생활을 즐기는 사람은 자유로운 사람이다.

① 자유로운 어떤 사람은 현재를 생각하지 않는다.

② 미래를 생각하는 사람은 현재를 생각하지 않는다.

③ 현재를 생각하는 어떤 사람은 자유로운 사람이 아니다.

④ 취미생활을 즐기는 사람은 미래를 생각한다.

⑤ 공부를 하지 않는 사람은 자유로운 사람이 아니다.

**03.** 탐사대원 갑, 을, 병, 정, 무 5명은 동굴 탐사 시 한 줄로 이동하려고 한다. 다음 조건을 모두 고려하였을 때, 항상 거짓인 것을 고르시오.

- 갑, 을, 병은 남성이고, 정, 무는 여성이다.
- 갑은 대장, 정은 부대장이고, 나머지 3명은 일반 대원이다.
- 남성 대원 3명이 연달아 줄을 서는 경우는 없다.
- 세 번째 줄에는 남성 대원이 줄을 선다.
- 일반 대원은 맨 앞 또는 맨 뒤에 줄을 서지 않는다.

① 을과 병 사이에 1명이 줄을 선다.
② 을은 세 번째 줄에 줄을 선다.
③ 여성 일반 대원은 두 번째 줄에 줄을 선다.
④ 부대장은 맨 앞에 줄을 선다.
⑤ 여성 대원 사이에 2명이 줄을 선다.

**04.** 주민 1~5 중 탐정은 1명, 시민과 범인은 각각 2명씩이다. 시민과 탐정은 진실만 말하고, 범인은 거짓을 말하며, 주민 1은 항상 진실을 말한다. 시민을 제외한 범인과 탐정만 어젯밤에 집에 있지 않았을 때, 탐정을 고르시오.

- 주민 1: 주민 4가 범인입니다.
- 주민 2: 주민 3은 어젯밤에 집에 있지 않았습니다.
- 주민 3: 주민 1과 주민 2 중 최소 1명은 시민입니다.
- 주민 4: 주민 1과 주민 2 중 1명만 어젯밤에 집에 있지 않았습니다.
- 주민 5: 저는 시민입니다.

① 주민 1          ② 주민 2          ③ 주민 3          ④ 주민 4          ⑤ 주민 5

**05.** 다음 조건을 모두 고려하였을 때, 항상 참인 것을 고르시오.

그림과 같이 1, 2층과 1, 2, 3, 4호로 이루어진 주택에 8가구가 살고 있다. 각 가구는 1인 가구, 2인 가구, 3인 가구 중 하나이다.

|  | 1호 | 2호 | 3호 | 4호 |
|---|---|---|---|---|
| 2층 |  |  |  |  |
| 1층 |  |  |  |  |

- 2인 가구는 4가구이며, 1인 가구 중 한 가구는 이웃한 양 옆이 모두 2인 가구이다.
- 현관문이 초록색인 가구의 바로 위층은 3인 가구이며, 현관문이 초록색인 이 가구의 오른쪽에 이웃한 가구의 현관문 색은 노란색이다.
- 현관문이 빨간색인 가구의 오른쪽에 이웃한 가구는 2인 가구이며, 현관문이 빨간색인 이 가구의 바로 아래층인 2호 가구의 현관문 색은 초록색이다.
- 각 가구의 현관문 색은 빨간색, 노란색, 초록색, 파란색 중 하나이고, 같은 층에 위치한 가구의 현관문 색은 서로 다르다.
- 2인 가구는 같은 호수를 사용하지도 않고, 같은 층에서 바로 옆에 이웃하지도 않는다.
- 같은 호수를 사용하는 가구의 현관문 색은 서로 다르며, 현관문이 노란색인 가구의 바로 위층의 현관문 색은 파란색이다.

① 1인 가구는 최대 3가구이다.
② 1층 1호는 3인 가구이다.
③ 2인 가구의 현관문 색은 각각 다르다.
④ 3인 가구는 1층에 없다.
⑤ 2층 4호는 노란색 현관문이다.

**06.** 일정한 규칙으로 나열된 수를 통해 빈칸에 들어갈 알맞은 숫자를 고르시오.

71   49   27   5   −17   −39   (      )   −83   −105

① −42          ② −52          ③ −61          ④ −71          ⑤ −79

**07.** 일정한 규칙으로 나열된 수를 통해 빈칸에 들어갈 알맞은 숫자를 고르시오.

| 710 720 −90 −80 ( ) 20 −2.5 7.5 |
| --- |

① −70      ② 50      ③ −30      ④ 10      ⑤ 5

**08.** 다음 도형에서 일정한 규칙을 찾아 빈칸에 들어갈 알맞은 문자를 고르시오.

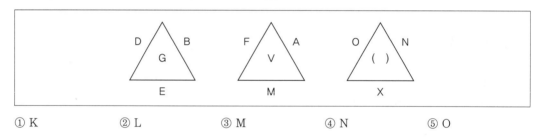

① K      ② L      ③ M      ④ N      ⑤ O

**09.** 다음 도형에서 일정한 규칙을 찾아 빈칸에 들어갈 알맞은 문자를 고르시오.

| ㅎ | ㅈ | ㄹ | ㅋ | ㄴ | ㅊ |
| --- | --- | --- | --- | --- | --- |
| w | n | e | t | ( ) | t |

① a      ② b      ③ c      ④ d      ⑤ e

**[10 – 11]** 다음 각 기호가 문자, 숫자의 배열을 바꾸는 규칙을 나타낸다고 할 때, 각 문제의 '?'에 해당하는 것을 고르시오.

ㄱ58ㄹ
↓
ㅑㅠ16 → ○ → ★ → 9ㅠㅓ3
↓
W3ㅏㄱ → ○ → ▲ → 3ㄱㅏW
↓
▲
↓
58ㄷㄹ

**10.**

1NU5 → ★ → ○ → ?

① 3U8O      ② 7NV4      ③ 3UO8      ④ N47M      ⑤ 7N4V

**11.**

? → ★ → ▲ → K69T

① 9SK1      ② 3KS7      ③ 6SK0      ④ 3KU7      ⑤ 9KS1

**[12 - 13]** 제시된 도형을 주어진 규칙에 따라 변환시킬 때, 다음 규칙을 참고하여 문제의 정답을 고르시오.

[변환 규칙]

Ⅰ 음영을 포함한 도형 전체를 시계 방향으로 90도 회전

Ⅰ(◇) 음영을 제외한 도형 전체를 시계 방향으로 90도 회전

Ⅱ 음영을 포함한 도형 전체를 시계 방향으로 180도 회전

Ⅱ(◇) 음영을 제외한 도형 전체를 시계 방향으로 180도 회전

Ⅲ 음영을 포함한 도형 전체를 시계 방향으로 270도 회전

Ⅲ(◇) 음영을 제외한 도형 전체를 시계 방향으로 270도 회전

ex.

X↑n  X열을 위로 n칸씩 이동

Y←n  Y행을 왼쪽으로 n칸씩 이동

X↓n  X열을 아래로 n칸씩 이동

Y→n  Y행을 오른쪽으로 n칸씩 이동

ex.

○②①
○①②   같은 숫자가 적힌 위치의 도형과 음영을 서로 교환
○○○

ex.

[비교 규칙]

○○●
○○●   변환된 도형과 음영이 일치하면 Yes, 그렇지 않으면 No로 이동
●○○

○○☆
○○◎   변환된 도형과 표시된 위치의 도형 모양 및 방향이 일치하면 Yes, 그렇지 않으면 No로 이동
△○○

**12.** 주어진 규칙에 따라 도형을 변환시킬 때, '?'에 해당하는 도형을 고르시오.

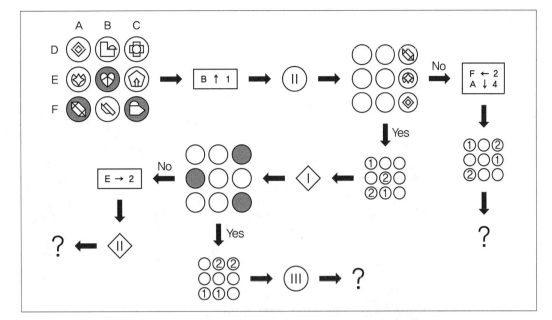

①

②

③

④

⑤

**13.** 주어진 규칙에 따라 도형을 변환시킬 때, '?'에 해당하는 도형을 고르시오.

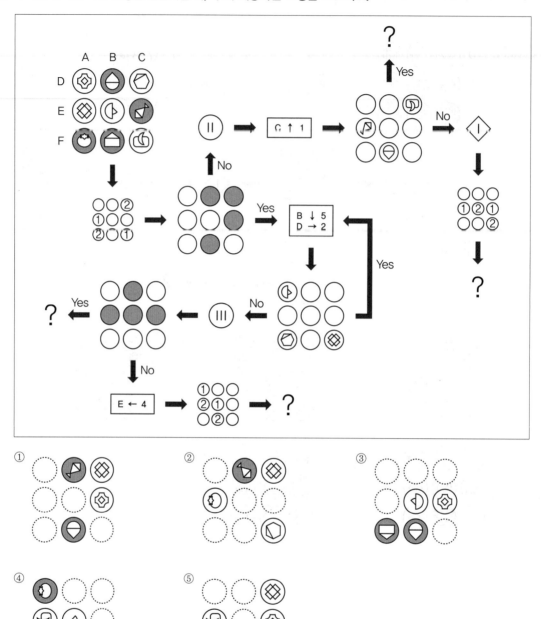

**14.** 주어진 규칙에 따라 도형을 변환시킬 때, '?'에 해당하는 도형을 고르시오.

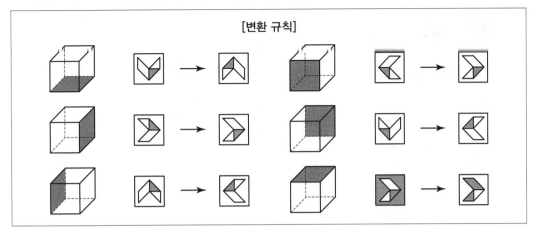

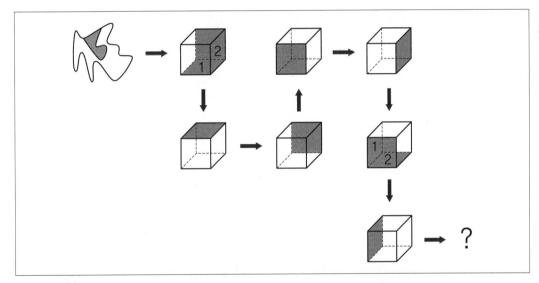

①

②

③

④

⑤

1 언어능력

2 수리능력

3 추리능력

4 공간지각능력

5 실전모의고사

해커스 20대기업 인적성 통합 기본서 최신기출유형+실전문제

**15.** 다음 도형에 적용된 규칙을 찾아 '?'에 해당하는 도형을 고르시오.

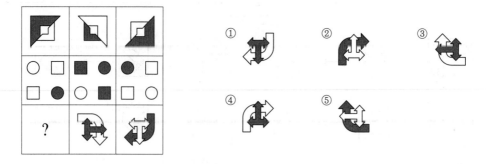

약점 보완 해설집 p.112

**01.** 다음 중 전개도를 접었을 때 완성되는 입체도형을 고르시오.

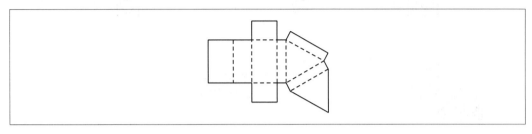

①

②

③

④

⑤

**02.** 다음 중 전개도를 접었을 때 완성되는 입체도형이 나머지와 다른 하나를 고르시오.

①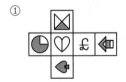

②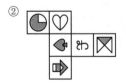

③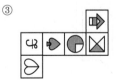

④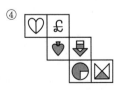

⑤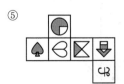

**03.** 다음 중 전개도를 접었을 때 완성되는 입체도형이 나머지와 다른 하나를 고르시오.

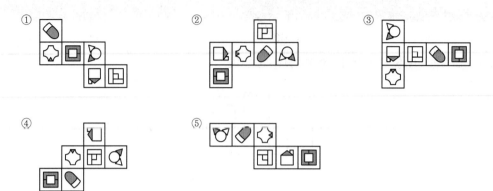

**04.** 다음 중 전개도를 접었을 때 완성되는 입체도형을 고르시오.

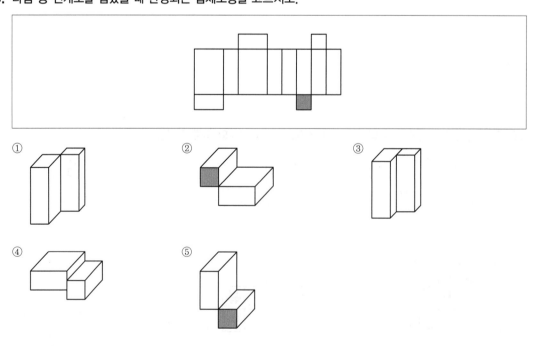

**05.** 다음과 같이 화살표 방향으로 종이를 접은 다음 뒤집어서 가위로 자른 후 다시 그대로 펼쳤을 때의 그림으로 알맞은 것을 고르시오.

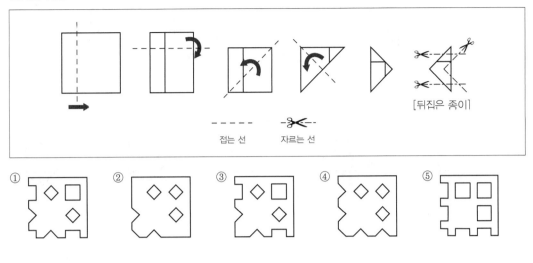

1 언어능력
2 수리능력
3 추리능력
4 공간지각능력
5 실전모의고사
해커스 20대기업 인적성 통합 기본서 최신기출유형+실전문제

**06.** 다음과 같이 화살표 방향으로 종이를 접은 다음 펀치로 구멍을 뚫은 후 다시 펼쳤을 때의 그림으로 알맞은 것을 고르시오.

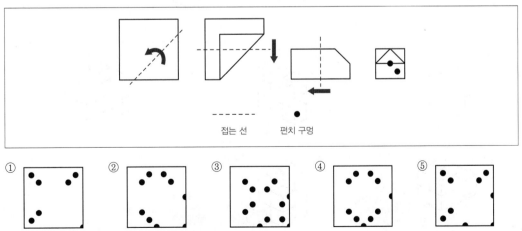

**07.** 다음과 같이 종이를 접었을 때, 마지막 종이의 뒷면으로 알맞은 것을 고르시오.

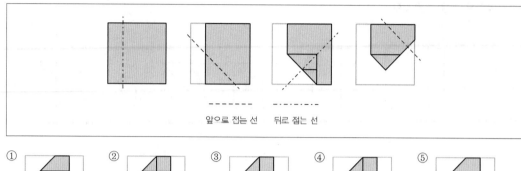

앞으로 접는 선    뒤로 접는 선

①   ②   ③   ④   ⑤

**08.** 다음 두 개의 블록을 결합했을 때 만들 수 없는 형태를 고르시오.

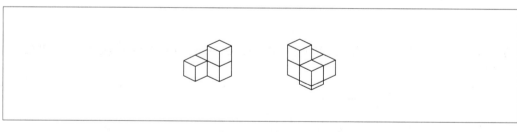

①   ②   ③

④   ⑤

**09.** 다음 중 C로 알맞은 것을 고르시오.

(A+B+C)　　　　A　　　　B

①

②

③

④

⑤

**10.** 다음 중 C로 알맞은 것을 고르시오.

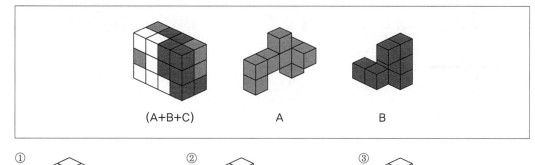

(A+B+C)　　　　A　　　　B

①

②

③

④

⑤

1 언어능력
2 수리능력
3 추리능력
4 공간지각능력
5 실전모의고사
해커스 20대기업 인적성 통합 기본서 최신기출유형+실전문제

**11.** 다음 2개의 정팔각형은 각 중점을 기준으로 시계 방향 또는 반시계 방향으로 회전하는 투명한 회전판으로, 뒷면이 서로 겹쳐진 상태에서 제시된 방향과 각도만큼 각각 회전된다. 중점이 색칠된 회전판의 앞에서 회전된 회전판을 바라볼 때, '?'의 위치에 나타나는 그림을 고르시오. (단, 회전판이 회전할 때 그림은 회전하지 않고 위치만 이동되며, 분할된 판에는 두 그림이 기준선을 맞춰 합쳐진 형태로 나타난다.)

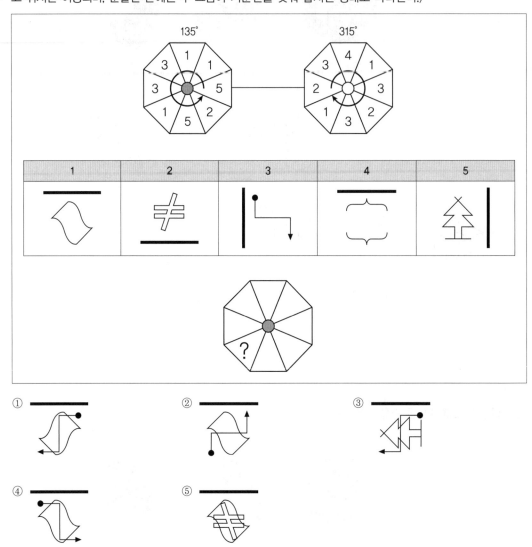

**12.** 다음 중 나머지 네 개의 입체도형과 모양이 다른 하나를 고르시오.

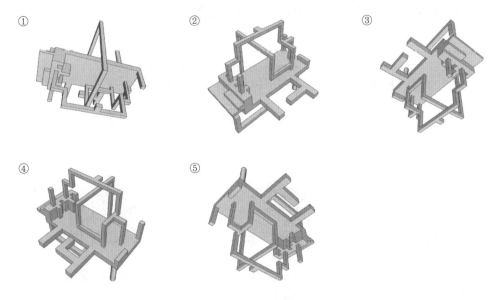

**13.** 다음은 어떤 입체도형을 여러 방향에서 바라본 투상도를 나타낸 것이다. 아래에 제시된 투상도의 입체도형을 고르시오.

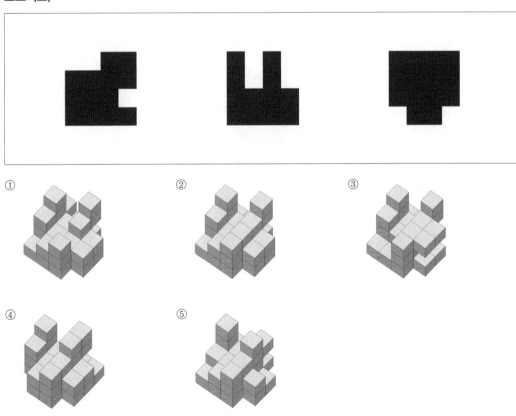

1 언어능력

2 수리능력

3 추리능력

4 공간지각능력

5 실전모의고사

해커스 20대기업 인적성 통합 기본서 최신기출유형+실전문제

**14.** 다음은 어떤 입체블록을 정면, 윗면, 측면에서 바라보았을 때의 투상도를 나타낸 것이다. 이에 해당하는 입체블록으로 알맞은 것을 고르시오. (단, 입체블록은 회전되어 제시될 수 있다.)

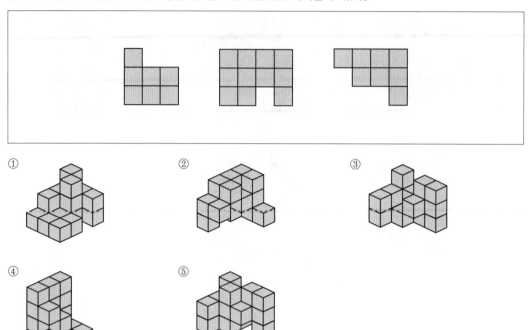

**15.** 다음 중 아래 도형을 만들 때 사용되지 않는 도형 조각을 고르시오.

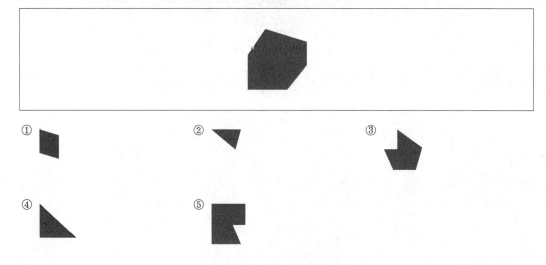

1
언어능력

2
수리능력

3
추리능력

4
공간지각능력

5
실전모의고사

해커스 20대기업 인적성 통합 기본서 최신기출유형+실전문제

약점 보완 해설집 p.116

[부록]

# 인성검사
# 합격 가이드

# 인성검사 합격 가이드

## 1 인성검사란?

인성검사는 기업에서 응시자의 기본적인 인간성과 사회생활에 필요한 사교성, 대인관계능력, 사회규범에 대한 적응력 등과 같은 사회성을 파악하고, 기업의 인재상에 부합하는 인재인지를 알아보기 위한 검사이다.

## 2 인성검사 합격 전략

### ① 일관성 있게 답변한다.
인성검사에서는 유사한 내용의 문항들에 대한 응답이 상반될 경우 거짓으로 답변한 것으로 간주할 가능성이 있다. 이로 인해 지원자의 검사 결과에 대한 신뢰도가 낮다고 판단하여 탈락 요인이 될 수 있으므로, 자신의 성향에 따라 솔직하고 일관성 있게 답변하는 것이 좋다.

### ② 오래 고민하지 않는다.
인성검사는 많은 문항이 제시되지만, 모든 문항에 대해 빠짐없이 응답하는 것이 좋다. 따라서 주어진 시간 내에 모든 문항에 응답할 수 있도록 오래 고민하지 말고 바로 답변을 선택하도록 한다.

### ③ 지원한 기업의 경영철학 및 인재상을 파악해둔다.
인성검사는 지원자가 기업의 인재상에 부합하는 인물인지를 객관적으로 검증하기 위한 목적도 존재한다. 따라서 시험 전에 지원하는 기업의 경영철학 및 인재상을 숙지해두는 것이 좋다.

## ③ 인성검사 출제 유형

20대기업에서는 기업의 비전과 인재상에 부합하는 인재를 선발하고자 인성검사를 실시하고 있으며, 인성검사의 출제 유형은 크게 5가지로 구분된다.

### 유형 ① 예/아니요 선택형

예/아니요 선택형은 제시된 문장을 읽고 자신의 성향에 따라 '예(Yes)' 또는 '아니요(No)'를 선택하는 유형이다.

[예제]

**다음 문항을 읽고 '예(Yes)'라고 생각되면 ①에, '아니요(No)'라고 생각되면 ②에 표기하시오.**

| | 문항 | 예 | 아니요 |
|---|---|---|---|
| 1 | 주변 사람들에게 성격이 꼼꼼한 편이라는 소리를 자주 듣는다. | ① | ② |
| 2 | 사소한 일도 최선을 다해 수행한다. | ① | ② |
| 3 | 즉흥 여행에 대한 환상이 있다. | ① | ② |
| 4 | 누가 시키지도 않은 일도 찾아서 하는 편이다. | ① | ② |
| 5 | 어떤 유형의 사람을 만나도 쉽게 친해질 자신이 있다. | ① | ② |
| 6 | 내가 받는 자료보다 남에게 주는 자료가 더 많다. | ① | ② |
| 7 | 한번 시작한 일은 끝을 봐야 직성이 풀리는 성격이다. | ① | ② |
| 8 | 여러 명이 함께 일하는 것보다 힘들더라도 혼자 하는 것이 좋다. | ① | ② |
| 9 | 사람이 많아 시끌벅적한 곳보다는 한적한 곳이 좋다. | ① | ② |
| 10 | 오랫동안 고민하는 것을 좋아하지 않는다. | ① | ② |
| 11 | 좋고 싫은 것이 확실한 편이다. | ① | ② |
| 12 | 나는 무엇이든 꼼꼼하게 계획하여 처리하는 것을 좋아한다. | ① | ② |
| 13 | 주도적으로 일하는 것보다 남이 시키는 일을 하는 것이 편하다. | ① | ② |
| 14 | 나는 인간관계에 있어서 나에게 도움이 될 것 같은 사람하고만 사귀고 싶다. | ① | ② |
| 15 | 직선적이고 단순한 편이다. | ① | ② |
| 16 | 나는 내가 성공할 것이라고 믿는다. | ① | ② |
| 17 | 다른 사람이 내 일에 간섭하는 것을 극도로 싫어한다. | ① | ② |
| 18 | 손해를 감수하고 질서나 규칙을 지키는 것을 보면 한심하다는 생각이 든다. | ① | ② |
| 19 | 다른 사람의 의견에 귀 기울이는 것이 익숙하지 않다. | ① | ② |
| 20 | 나를 화나게 한 사람에게는 무슨 일이 있어도 보복을 한다. | ① | ② |

## 유형 ② 점수 척도형

점수 척도형은 제시된 문장을 읽고 자신의 성향을 '전혀 아니다~매우 그렇다'의 척도로 나타내는 유형으로, 기업에 따라 척도의 범위는 4점 척도부터 6점 척도까지 다양하다.

[예제]

**다음 문항을 읽고 ① 전혀 아니다, ② 그렇지 않다, ③ 보통이다, ④ 약간 그렇다, ⑤ 그렇다, ⑥ 매우 그렇다 중에서 본인에게 해당된다고 생각하는 것을 선택하여 표기하시오.**

| | 문항 | 전혀 아니다 ◀ 보통이다 ▶ 매우 그렇다 | | | | | |
|---|---|---|---|---|---|---|---|
| 1 | 변칙을 쓰더라도 이기면 상관없다고 생각한다. | ① | ② | ③ | ④ | ⑤ | ⑥ |
| 2 | 아무리 어려운 일이 있어도 맡은 일은 포기하지 않는다. | ① | ② | ③ | ④ | ⑤ | ⑥ |
| 3 | 나는 주변의 유혹에 쉽게 현혹되는 편이다. | ① | ② | ③ | ④ | ⑤ | ⑥ |
| 4 | 논리적인 것보다 직관적으로 생각하는 것이 더 좋다. | ① | ② | ③ | ④ | ⑤ | ⑥ |
| 5 | 조직의 비리를 알게 되면 당장 고발할 것이다. | ① | ② | ③ | ④ | ⑤ | ⑥ |
| 6 | 융통성이 부족하다는 소리를 많이 듣는다. | ① | ② | ③ | ④ | ⑤ | ⑥ |
| 7 | 불의를 보면 참지 못하는 성격이다. | ① | ② | ③ | ④ | ⑤ | ⑥ |
| 8 | 상대방이 약속 시간에 늦으면 기다리지 않고 가 버린다. | ① | ② | ③ | ④ | ⑤ | ⑥ |
| 9 | 새롭고 창의적인 방식으로 문제를 해결하는 것을 좋아한다. | ① | ② | ③ | ④ | ⑤ | ⑥ |
| 10 | 낯을 가리는 편이다. | ① | ② | ③ | ④ | ⑤ | ⑥ |
| 11 | 능동적이고 자발적인 행동이 부족하다. | ① | ② | ③ | ④ | ⑤ | ⑥ |
| 12 | 실내 활동보다는 야외 활동을 더 선호한다. | ① | ② | ③ | ④ | ⑤ | ⑥ |
| 13 | 부당한 명령일지라도 윗사람의 말이라면 따른다. | ① | ② | ③ | ④ | ⑤ | ⑥ |
| 14 | 나는 예지몽을 꾼다. | ① | ② | ③ | ④ | ⑤ | ⑥ |
| 15 | 주변 사람들에게 재치 있는 사람이라는 소리를 많이 듣는다. | ① | ② | ③ | ④ | ⑤ | ⑥ |
| 16 | 일정한 것보다는 변화가 있는 것이 더 좋다. | ① | ② | ③ | ④ | ⑤ | ⑥ |
| 17 | 길에서 돈을 줍는다면 경찰서에 가져다줄 것이다. | ① | ② | ③ | ④ | ⑤ | ⑥ |
| 18 | 새로운 환경에 쉽게 적응하는 편이다. | ① | ② | ③ | ④ | ⑤ | ⑥ |
| 19 | 나에게 불만이 있는 사람이 있어도 신경 쓰지 않는다. | ① | ② | ③ | ④ | ⑤ | ⑥ |
| 20 | 사소한 일에도 걱정이 많다. | ① | ② | ③ | ④ | ⑤ | ⑥ |

## 유형 ③ 문장 선택형

문장 선택형은 제시된 2~4개의 문장 중 자신의 성향과 가장 먼 것 또는 가장 가까운 것을 선택하는 유형이다.

[예제]

**다음 문항을 읽고 A~C 중 자신의 성향과 가장 먼 것(Least) 1개와 가장 가까운 것(Most) 1개를 선택하여 표기하시오.**

| | | 문항 | 멀다 | 가깝다 |
|---|---|---|---|---|
| 1 | A | 거액을 탕진하는 일이 있어도 하고 싶은 일은 해야 한다. | ○ | ○ |
| | B | 오래 고민하는 것을 좋아하지 않는다. | ○ | ○ |
| | C | 가끔 모든 사람들과의 관계를 끊고 싶을 때가 있다. | ○ | ○ |
| 2 | A | 실수는 가급적 하지 않는 게 좋다고 생각한다. | ○ | ○ |
| | B | 솔직하게 대하면 주변 사람들이 모두 나를 떠날 것 같다는 불안감이 든다. | ○ | ○ |
| | C | 기한을 맞추는 것보다는 완성도가 높은 것이 중요하다고 생각한다. | ○ | ○ |
| 3 | A | 남들에게 없는 특별한 장점이 있다. | ○ | ○ |
| | B | 기존과 다른 새로운 방식을 적용해 보는 것을 좋아한다. | ○ | ○ |
| | C | 다급하게 일을 처리하는 것보다 여유 있게 일하는 것이 좋다. | ○ | ○ |
| 4 | A | 성공에 대한 집착이 강한 편이다. | ○ | ○ |
| | B | 다른 사람이 내 성과를 가로채는 것을 두고 보지 않는다. | ○ | ○ |
| | C | 보수에 따라 사람들의 업무 성과도 다르게 창출된다고 생각한다. | ○ | ○ |
| 5 | A | 무작정 일을 시작하기보다는 철저히 계획을 세우는 편이다. | ○ | ○ |
| | B | 하던 일을 마무리 짓지 못하면 계속 생각이 나서 다른 일을 하지 못한다. | ○ | ○ |
| | C | 감당하기 어려운 것은 일단 피하고 본다. | ○ | ○ |
| 6 | A | 나는 거짓말을 자주 한다. | ○ | ○ |
| | B | 냉소적이고 비판적인 생각을 많이 하는 편이다. | ○ | ○ |
| | C | 도전을 싫어한다. | ○ | ○ |
| 7 | A | 시끄러운 곳보다 조용한 곳을 선호한다. | ○ | ○ |
| | B | 남들 앞에서 허세 부리기를 좋아한다. | ○ | ○ |
| | C | 다른 사람의 결정에 따르는 것에 큰 불만이 없다. | ○ | ○ |

## 유형 ④ 문항군형

문항군형은 점수 척도형과 문장 선택형이 일종의 문항군(群)으로 제시되는 것으로, 한 문항군에 제시된 3~4개의 문장을 읽고 각각에 대해 자신의 성향을 '전혀 아니다~매우 그렇다'의 척도로 나타낸 후 그중 자신의 성향과 가장 먼 것 또는 가장 가까운 것을 선택하는 유형이다.

[예제]

[응답 I] A~C 각각에 대해 ① 전혀 아니다, ② 그렇지 않다, ③ 보통이다, ④ 그렇다, ⑤ 매우 그렇다 중에서 본인에게 해당된다고 생각하는 것을 선택하여 표기하시오.

[응답 II] A~C 중 자신의 성향과 가장 먼 것(Least) 1개와 가장 가까운 것(Most) 1개를 선택하여 표기하시오.

| | | 문항 | 응답 I | | | | | 응답 II | |
|---|---|---|---|---|---|---|---|---|---|
| | | | 전혀 아니다 ◀ 보통이다 ▶ 매우 그렇다 | | | | | 멀다 | 가깝다 |
| 1 | A | 재치 있는 표현을 자주 쓰는 편이다. | ① | ② | ③ | ④ | ⑤ | ○ | ○ |
| | B | 의사소통이 원활하다. | ① | ② | ③ | ④ | ⑤ | ○ | ○ |
| | C | 모임에 잘 참석하는 편이다. | ① | ② | ③ | ④ | ⑤ | ○ | ○ |
| 2 | A | 오지랖이 넓다는 소리를 자주 듣는다. | ① | ② | ③ | ④ | ⑤ | ○ | ○ |
| | B | 칭찬을 받아도 그냥 그렇다. | ① | ② | ③ | ④ | ⑤ | ○ | ○ |
| | C | 경쟁에서 앞서고 싶다는 생각을 자주 한다. | ① | ② | ③ | ④ | ⑤ | ○ | ○ |
| 3 | A | 미래를 잘 예측하지 못한다. | ① | ② | ③ | ④ | ⑤ | ○ | ○ |
| | B | 냉철하고 차가운 편이다. | ① | ② | ③ | ④ | ⑤ | ○ | ○ |
| | C | 우울감을 쉽게 떨쳐내지 못한다. | ① | ② | ③ | ④ | ⑤ | ○ | ○ |
| 4 | A | 나와 비슷한 가치관을 지닌 친구가 많다. | ① | ② | ③ | ④ | ⑤ | ○ | ○ |
| | B | 이야기를 할 때 과장을 많이 한다. | ① | ② | ③ | ④ | ⑤ | ○ | ○ |
| | C | 새로운 사람을 만나는 것을 즐긴다. | ① | ② | ③ | ④ | ⑤ | ○ | ○ |
| 5 | A | 여행보다 집에서 TV 보는 것을 좋아한다. | ① | ② | ③ | ④ | ⑤ | ○ | ○ |
| | B | 다른 사람들이 나를 신뢰하지 않는 것 같다. | ① | ② | ③ | ④ | ⑤ | ○ | ○ |
| | C | 업무에서 완성도를 가장 중시한다. | ① | ② | ③ | ④ | ⑤ | ○ | ○ |
| 6 | A | 책임감이 강하다. | ① | ② | ③ | ④ | ⑤ | ○ | ○ |
| | B | 재미없는 일은 하고 싶지 않다. | ① | ② | ③ | ④ | ⑤ | ○ | ○ |
| | C | 말보다 행동이 앞서는 편이다. | ① | ② | ③ | ④ | ⑤ | ○ | ○ |
| 7 | A | 독창적인 아이디어로 주목을 받는다. | ① | ② | ③ | ④ | ⑤ | ○ | ○ |
| | B | 스스로 결정한 일은 끝까지 해내는 편이다. | ① | ② | ③ | ④ | ⑤ | ○ | ○ |
| | C | 계획에 변화가 생기면 적응하지 못한다. | ① | ② | ③ | ④ | ⑤ | ○ | ○ |

## 유형 ⑤ 상황 제시형

상황 제시형은 조직생활을 하면서 겪을 수 있는 문제/갈등 상황과 이에 대한 두 가지 대응 방안을 제시하고, 각 대응 방안에 대해 자신이 동의하는 정도를 선택하는 유형이다.

[예제]

**다음 상황에서 취할 수 있는 두 가지 대응 방안에 대해 자신이 동의하는 정도를 선택하여 표기하시오.**

> 당신은 그동안 잦은 야근과 주말 근무로 피로가 쌓여 오늘만은 집에 일찍 가서 휴식을 취할 계획이었다. 그런데 오랫동안 만나지 못했던 친구에게 함께 저녁을 하자는 연락이 온 상황이다.

| | 문항 | 0% | 20% | 40% | 60% | 80% | 100% |
|---|---|---|---|---|---|---|---|
| 1 | 친구에게 야근한다고 거짓말하고 집에 가서 쉰다. | ① | ② | ③ | ④ | ⑤ | ⑥ |
| 2 | 친구에게 오늘은 힘들다고 말하고 다른 날로 약속을 잡는다. | ① | ② | ③ | ④ | ⑤ | ⑥ |

> 당신은 입사 동기인 A와 함께 프로젝트 업무를 진행하게 되었다. 평소에 A와 부서는 다르지만, 회사 밖에서 따로 만날 정도로 친밀한 사이였기 때문에 이번 프로젝트를 매우 기대하였다. 그런데 막상 프로젝트가 시작된 후 당신은 A가 당신의 의견을 무시하고 있다는 느낌을 받게 되었다.

| | 문항 | 0% | 20% | 40% | 60% | 80% | 100% |
|---|---|---|---|---|---|---|---|
| 3 | A에게 자신의 기분을 솔직히 말한다. | ① | ② | ③ | ④ | ⑤ | ⑥ |
| 4 | 진행 중인 프로젝트만 마무리하고 A와 거리를 둔다. | ① | ② | ③ | ④ | ⑤ | ⑥ |

> 신입사원인 당신은 상사가 시킨 일 중에 몇 가지를 실수하였다. 그런데 며칠 뒤 팀원들이 모두 모이는 주간 회의에서 상사가 공개적으로 당신의 실수를 이야기하며 일을 잘 못한다고 핀잔을 주었다.

| | 문항 | 0% | 20% | 40% | 60% | 80% | 100% |
|---|---|---|---|---|---|---|---|
| 5 | 그 자리에서 바로 죄송하다고 말한다. | ① | ② | ③ | ④ | ⑤ | ⑥ |
| 6 | 회의가 끝난 뒤 상사에게 다른 직원들 앞에서 망신 준 것을 사과해 달라고 요청한다. | ① | ② | ③ | ④ | ⑤ | ⑥ |

> 당신은 회사에서 추진하는 신사업의 팀장으로서 새로운 프로젝트를 맡게 되었다. 당신은 팀을 구축하기에 앞서 팀원을 어떻게 구성하고 이끌어나갈지 결정해야 한다.

| | 문항 | 0% | 20% | 40% | 60% | 80% | 100% |
|---|---|---|---|---|---|---|---|
| 7 | 리더십을 발휘할 기회로 여겨 신입들과 업무를 수행한다. | ① | ② | ③ | ④ | ⑤ | ⑥ |
| 8 | 업무 역량이 뛰어난 상사 및 동료와 함께 업무를 수행한다. | ① | ② | ③ | ④ | ⑤ | ⑥ |

# 해커스잡

## 실전모의고사 1회

성명

| 언어 | | | | | | 수리 | | | | | | 추리 | | | | | | 공간지각능력 | | | | | |
|---|---|---|---|---|---|---|---|---|---|---|---|---|---|---|---|---|---|---|---|---|---|---|---|
| 1 | ① | ② | ③ | ④ | ⑤ | 1 | ① | ② | ③ | ④ | ⑤ | 1 | ① | ② | ③ | ④ | ⑤ | 1 | ① | ② | ③ | ④ | ⑤ |
| 2 | ① | ② | ③ | ④ | ⑤ | 2 | ① | ② | ③ | ④ | ⑤ | 2 | ① | ② | ③ | ④ | ⑤ | 2 | ① | ② | ③ | ④ | ⑤ |
| 3 | ① | ② | ③ | ④ | ⑤ | 3 | ① | ② | ③ | ④ | ⑤ | 3 | ① | ② | ③ | ④ | ⑤ | 3 | ① | ② | ③ | ④ | ⑤ |
| 4 | ① | ② | ③ | ④ | ⑤ | 4 | ① | ② | ③ | ④ | ⑤ | 4 | ① | ② | ③ | ④ | ⑤ | 4 | ① | ② | ③ | ④ | ⑤ |
| 5 | ① | ② | ③ | ④ | ⑤ | 5 | ① | ② | ③ | ④ | ⑤ | 5 | ① | ② | ③ | ④ | ⑤ | 5 | ① | ② | ③ | ④ | ⑤ |
| 6 | ① | ② | ③ | ④ | ⑤ | 6 | ① | ② | ③ | ④ | ⑤ | 6 | ① | ② | ③ | ④ | ⑤ | 6 | ① | ② | ③ | ④ | ⑤ |
| 7 | ① | ② | ③ | ④ | ⑤ | 7 | ① | ② | ③ | ④ | ⑤ | 7 | ① | ② | ③ | ④ | ⑤ | 7 | ① | ② | ③ | ④ | ⑤ |
| 8 | ① | ② | ③ | ④ | ⑤ | 8 | ① | ② | ③ | ④ | ⑤ | 8 | ① | ② | ③ | ④ | ⑤ | 8 | ① | ② | ③ | ④ | ⑤ |
| 9 | ① | ② | ③ | ④ | ⑤ | 9 | ① | ② | ③ | ④ | ⑤ | 9 | ① | ② | ③ | ④ | ⑤ | 9 | ① | ② | ③ | ④ | ⑤ |
| 10 | ① | ② | ③ | ④ | ⑤ | 10 | ① | ② | ③ | ④ | ⑤ | 10 | ① | ② | ③ | ④ | ⑤ | 10 | ① | ② | ③ | ④ | ⑤ |
| 11 | ① | ② | ③ | ④ | ⑤ | 11 | ① | ② | ③ | ④ | ⑤ | 11 | ① | ② | ③ | ④ | ⑤ | 11 | ① | ② | ③ | ④ | ⑤ |
| 12 | ① | ② | ③ | ④ | ⑤ | 12 | ① | ② | ③ | ④ | ⑤ | 12 | ① | ② | ③ | ④ | ⑤ | 12 | ① | ② | ③ | ④ | ⑤ |
| 13 | ① | ② | ③ | ④ | ⑤ | 13 | ① | ② | ③ | ④ | ⑤ | 13 | ① | ② | ③ | ④ | ⑤ | 13 | ① | ② | ③ | ④ | ⑤ |
| 14 | ① | ② | ③ | ④ | ⑤ | 14 | ① | ② | ③ | ④ | ⑤ | 14 | ① | ② | ③ | ④ | ⑤ | 14 | ① | ② | ③ | ④ | ⑤ |
| 15 | ① | ② | ③ | ④ | ⑤ | 15 | ① | ② | ③ | ④ | ⑤ | 15 | ① | ② | ③ | ④ | ⑤ | 15 | ① | ② | ③ | ④ | ⑤ |

자르는 선

# 해커스잡

## 실전모의고사 2회

성명

| 언 | 어 | | | | | 수 | 리 | | | | | 추 | 리 | | | | | 공 | 간 | 지 | 각 | 능 | 력 |
|---|---|---|---|---|---|---|---|---|---|---|---|---|---|---|---|---|---|---|---|---|---|---|---|
| 1 | ① | ② | ③ | ④ | ⑤ | 1 | ① | ② | ③ | ④ | ⑤ | 1 | ① | ② | ③ | ④ | ⑤ | 1 | ① | ② | ③ | ④ | ⑤ |
| 2 | ① | ② | ③ | ④ | ⑤ | 2 | ① | ② | ③ | ④ | ⑤ | 2 | ① | ② | ③ | ④ | ⑤ | 2 | ① | ② | ③ | ④ | ⑤ |
| 3 | ① | ② | ③ | ④ | ⑤ | 3 | ① | ② | ③ | ④ | ⑤ | 3 | ① | ② | ③ | ④ | ⑤ | 3 | ① | ② | ③ | ④ | ⑤ |
| 4 | ① | ② | ③ | ④ | ⑤ | 4 | ① | ② | ③ | ④ | ⑤ | 4 | ① | ② | ③ | ④ | ⑤ | 4 | ① | ② | ③ | ④ | ⑤ |
| 5 | ① | ② | ③ | ④ | ⑤ | 5 | ① | ② | ③ | ④ | ⑤ | 5 | ① | ② | ③ | ④ | ⑤ | 5 | ① | ② | ③ | ④ | ⑤ |
| 6 | ① | ② | ③ | ④ | ⑤ | 6 | ① | ② | ③ | ④ | ⑤ | 6 | ① | ② | ③ | ④ | ⑤ | 6 | ① | ② | ③ | ④ | ⑤ |
| 7 | ① | ② | ③ | ④ | ⑤ | 7 | ① | ② | ③ | ④ | ⑤ | 7 | ① | ② | ③ | ④ | ⑤ | 7 | ① | ② | ③ | ④ | ⑤ |
| 8 | ① | ② | ③ | ④ | ⑤ | 8 | ① | ② | ③ | ④ | ⑤ | 8 | ① | ② | ③ | ④ | ⑤ | 8 | ① | ② | ③ | ④ | ⑤ |
| 9 | ① | ② | ③ | ④ | ⑤ | 9 | ① | ② | ③ | ④ | ⑤ | 9 | ① | ② | ③ | ④ | ⑤ | 9 | ① | ② | ③ | ④ | ⑤ |
| 10 | ① | ② | ③ | ④ | ⑤ | 10 | ① | ② | ③ | ④ | ⑤ | 10 | ① | ② | ③ | ④ | ⑤ | 10 | ① | ② | ③ | ④ | ⑤ |
| 11 | ① | ② | ③ | ④ | ⑤ | 11 | ① | ② | ③ | ④ | ⑤ | 11 | ① | ② | ③ | ④ | ⑤ | 11 | ① | ② | ③ | ④ | ⑤ |
| 12 | ① | ② | ③ | ④ | ⑤ | 12 | ① | ② | ③ | ④ | ⑤ | 12 | ① | ② | ③ | ④ | ⑤ | 12 | ① | ② | ③ | ④ | ⑤ |
| 13 | ① | ② | ③ | ④ | ⑤ | 13 | ① | ② | ③ | ④ | ⑤ | 13 | ① | ② | ③ | ④ | ⑤ | 13 | ① | ② | ③ | ④ | ⑤ |
| 14 | ① | ② | ③ | ④ | ⑤ | 14 | ① | ② | ③ | ④ | ⑤ | 14 | ① | ② | ③ | ④ | ⑤ | 14 | ① | ② | ③ | ④ | ⑤ |
| 15 | ① | ② | ③ | ④ | ⑤ | 15 | ① | ② | ③ | ④ | ⑤ | 15 | ① | ② | ③ | ④ | ⑤ | 15 | ① | ② | ③ | ④ | ⑤ |

자르는 선

# ▥ 해커스잡

## 실전모의고사 3회

성명

| 언 | 어 | | 능 | | 력 | 수 | 리 | | 능 | | 력 | 추 | 리 | | 능 | | 력 | 공 | 간 | 지 | 각 | 능 | 력 |
|---|---|---|---|---|---|---|---|---|---|---|---|---|---|---|---|---|---|---|---|---|---|---|---|
| 1 | ① | ② | ③ | ④ | ⑤ | 1 | ① | ② | ③ | ④ | ⑤ | 1 | ① | ② | ③ | ④ | ⑤ | 1 | ① | ② | ③ | ④ | ⑤ |
| 2 | ① | ② | ③ | ④ | ⑤ | 2 | ① | ② | ③ | ④ | ⑤ | 2 | ① | ② | ③ | ④ | ⑤ | 2 | ① | ② | ③ | ④ | ⑤ |
| 3 | ① | ② | ③ | ④ | ⑤ | 3 | ① | ② | ③ | ④ | ⑤ | 3 | ① | ② | ③ | ④ | ⑤ | 3 | ① | ② | ③ | ④ | ⑤ |
| 4 | ① | ② | ③ | ④ | ⑤ | 4 | ① | ② | ③ | ④ | ⑤ | 4 | ① | ② | ③ | ④ | ⑤ | 4 | ① | ② | ③ | ④ | ⑤ |
| 5 | ① | ② | ③ | ④ | ⑤ | 5 | ① | ② | ③ | ④ | ⑤ | 5 | ① | ② | ③ | ④ | ⑤ | 5 | ① | ② | ③ | ④ | ⑤ |
| 6 | ① | ② | ③ | ④ | ⑤ | 6 | ① | ② | ③ | ④ | ⑤ | 6 | ① | ② | ③ | ④ | ⑤ | 6 | ① | ② | ③ | ④ | ⑤ |
| 7 | ① | ② | ③ | ④ | ⑤ | 7 | ① | ② | ③ | ④ | ⑤ | 7 | ① | ② | ③ | ④ | ⑤ | 7 | ① | ② | ③ | ④ | ⑤ |
| 8 | ① | ② | ③ | ④ | ⑤ | 8 | ① | ② | ③ | ④ | ⑤ | 8 | ① | ② | ③ | ④ | ⑤ | 8 | ① | ② | ③ | ④ | ⑤ |
| 9 | ① | ② | ③ | ④ | ⑤ | 9 | ① | ② | ③ | ④ | ⑤ | 9 | ① | ② | ③ | ④ | ⑤ | 9 | ① | ② | ③ | ④ | ⑤ |
| 10 | ① | ② | ③ | ④ | ⑤ | 10 | ① | ② | ③ | ④ | ⑤ | 10 | ① | ② | ③ | ④ | ⑤ | 10 | ① | ② | ③ | ④ | ⑤ |
| 11 | ① | ② | ③ | ④ | ⑤ | 11 | ① | ② | ③ | ④ | ⑤ | 11 | ① | ② | ③ | ④ | ⑤ | 11 | ① | ② | ③ | ④ | ⑤ |
| 12 | ① | ② | ③ | ④ | ⑤ | 12 | ① | ② | ③ | ④ | ⑤ | 12 | ① | ② | ③ | ④ | ⑤ | 12 | ① | ② | ③ | ④ | ⑤ |
| 13 | ① | ② | ③ | ④ | ⑤ | 13 | ① | ② | ③ | ④ | ⑤ | 13 | ① | ② | ③ | ④ | ⑤ | 13 | ① | ② | ③ | ④ | ⑤ |
| 14 | ① | ② | ③ | ④ | ⑤ | 14 | ① | ② | ③ | ④ | ⑤ | 14 | ① | ② | ③ | ④ | ⑤ | 14 | ① | ② | ③ | ④ | ⑤ |
| 15 | ① | ② | ③ | ④ | ⑤ | 15 | ① | ② | ③ | ④ | ⑤ | 15 | ① | ② | ③ | ④ | ⑤ | 15 | ① | ② | ③ | ④ | ⑤ |

# 해커스
# 20대기업
# 인적성 통합 기본서

## 최신기출유형+실전문제

**개정 10판 3쇄 발행 2024년 11월 25일**

개정 10판 1쇄 발행 2024년 1월 2일

| | |
|---|---|
| **지은이** | 해커스 취업교육연구소 |
| **펴낸곳** | (주)챔프스터디 |
| **펴낸이** | 챔프스터디 출판팀 |

| | |
|---|---|
| **주소** | 서울특별시 서초구 강남대로61길 23 (주)챔프스터디 |
| **고객센터** | 02-537-5000 |
| **교재 관련 문의** | publishing@hackers.com |
| | 해커스잡 사이트(ejob.Hackers.com) 교재 Q&A 게시판 |
| **학원 강의 및 동영상강의** | ejob.Hackers.com |

| | |
|---|---|
| **ISBN** | 978-89-6965-445-8 (13320) |
| **Serial Number** | 10-03-01 |

취업강의 1위,
해커스잡(ejob.Hackers.com)

**해커스잡**

· 대기업 인적성 온라인 모의고사(교재 내 응시권 및 할인쿠폰 수록)

· **교재 수록 모의고사 전 회차 온라인 응시 서비스**(교재 내 응시권 수록)

· 영역별 전문 스타강사의 **본 교재 인강**(교재 내 할인쿠폰 수록)

· 시험장에서 통하는 **김소원의 수리능력 3초 풀이법 강의**(교재 내 수강권 수록)

· 합격을 위해 반드시 알아야 할 **상식&사무지각능력 핵심 공략집**

# 19년 연속 베스트셀러 1위*
# 대한민국 영어강자 해커스!

"1분 레벨테스트"로
바로 확인하는 내 토익 레벨! ▶

## 토익 교재 시리즈

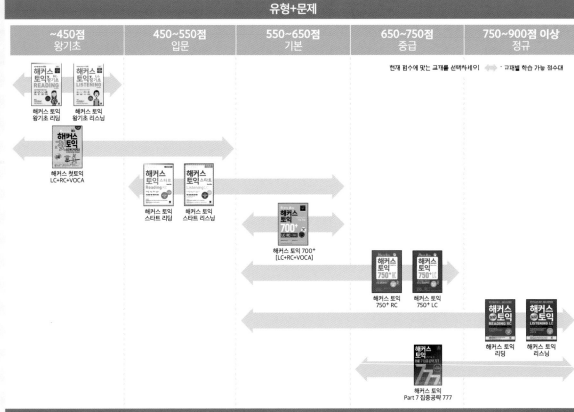

| 유형+문제 | | | | |
|---|---|---|---|---|
| ~450점 왕기초 | 450~550점 입문 | 550~650점 기본 | 650~750점 중급 | 750~900점 이상 정규 |

현재 점수에 맞는 교재를 선택하세요 ⟶ 교재별 학습 가능 점수대

해커스 토익 왕기초 리딩 · 해커스 토익 왕기초 리스닝

해커스 첫토익 LC+RC+VOCA

해커스 토익 스타트 리딩 · 해커스 토익 스타트 리스닝

해커스 토익 700+ [LC·RC·VOCA]

해커스 토익 750+ RC · 해커스 토익 750+ LC

해커스 토익 리딩 · 해커스 토익 리스닝

해커스 토익 Part 7 집중공략 777

## 실전모의고사

해커스 토익 실전 LC+RC 1 · 해커스 토익 실전 LC+RC 2 · 해커스 토익 실전 1200제 리딩 · 해커스 토익 실전 1200제 리스닝 · 해커스 토익 실전 1000제 1 리딩/리스닝 (문제집 + 해설집) · 해커스 토익 실전 1000제 2 리딩/리스닝 (문제집 + 해설집) · 해커스 토익 실전 1000제 3 리딩/리스닝 (문제집 + 해설집)

## 보카 · 문법 · 독해

해커스 토익 기출 보카

그래머 게이트웨이 베이직 · 그래머 게이트웨이 베이직 Light Version · 그래머 게이트웨이 인터미디엇 · 해커스 그래머 스타트 · 해커스 구문독해 100

## 토익스피킹 교재 시리즈

해커스 토익스피킹 스타트 · 만능 템플릿과 위기탈출 표현으로 해커스 토익스피킹 5일 완성 · 해커스 토익스피킹 · 해커스 토익스피킹 실전모의고사 15회

## 오픽 교재 시리즈

해커스 오픽 스타트 [Intermediate 공략] · 서베이부터 실전까지 해커스 오픽 매뉴얼 · 해커스 오픽 [Advanced 공략]

* [해커스 어학연구소] 교보문고 종합 베스트셀러 토익/토플 분야 1위
(2005~2023 연간 베스트셀러 기준, 해커스 토익 보카 11회/해커스 토익 리딩 8회)

해커스
20대기업
인적성 통합 기본서
최신기출유형+실전문제

최신판

# 약점 보완 해설집

# 해커스
# 20대기업
# 인적성 통합 기본서
## 최신기출유형+실전문제

# 약점 보완 해설집

## 해커스잡

# PART 1 | 언어능력

## 제1장 독해

### 유형공략문제

p.56

| 01 | 02 | 03 | 04 | 05 | 06 | 07 | 08 | 09 | 10 |
|---|---|---|---|---|---|---|---|---|---|
| ④ | ③ | ④ | ③ | ③ | ② | ⑤ | ⑤ | ③ | ④ |
| 11 | 12 | 13 | 14 | 15 | 16 | 17 | 18 | 19 | 20 |
| ④ | ④ | ③ | ④ | ⑤ | ⑤ | ③ | ④ | ② | ③ |
| 21 | 22 | 23 | 24 | 25 | 26 | 27 | 28 | 29 | 30 |
| ⑤ | ③ | ③ | ② | ④ | ⑤ | ④ | ② | ② | ③ |
| 31 | 32 | 33 | 34 | 35 | | | | | |
| ② | ② | ④ | ③ | ⑤ | | | | | |

## 01
정답 ④

이 글은 소비자 집단소송제를 시행할 경우 소비자 보호와 기업의 불공정 행위 감시가 가능하다는 이점이 있지만, 악용될 경우 기업에 금전적 피해가 발생하고 담합에 대한 자진신고가 급감하는 역효과가 생길 수도 있다는 내용이므로 이 글의 주제로 가장 적절한 것은 ④이다.

## 02
정답 ③

이 글은 히포크라테스가 남긴 의학 이론의 한계에도 불구하고 그의 의학적 지식은 현대 의학의 본질과 의사의 자질에 대한 지표로서의 역할을 한다는 내용이므로 이 글의 중심 내용과 가장 일치하는 주장은 ③이다.

오답 체크
① 꾸준한 지식 습득의 필요성에 대해서는 다루고 있지 않으므로 적절하지 않은 내용이다.
② 히포크라테스는 실력을 배제한 채 극적인 치료법으로 대중의 환심을 사는 일부 의사들에 대해 비판했다는 내용에 대해서는 서술하고 있지만, 글 전체를 포괄할 수 없으므로 적절하지 않은 내용이다.
④ 히포크라테스를 이은 학파가 동물 해부에 근거하여 의학 지식을 터득했다는 내용에 대해서는 서술하고 있지만, 글 전체를 포괄할 수 없으므로 적절하지 않은 내용이다.
⑤ 히포크라테스는 관찰에 입각한 진단 또는 처방에 초점을 두는 합리주의를 표방한다는 내용에 대해서는 서술하고 있지만, 글 전체를 포괄할 수 없으므로 적절하지 않은 내용이다.

## 03
정답 ④

새로운 형태의 노동 시장이 나타난 배경에 대해서는 다루고 있지 않으므로 본문에 없는 내용은 ④이다.

오답 체크
①은 3문단, ②는 1문단, ③은 4문단, ⑤는 2문단을 요약한 내용이다.

## 04
정답 ③

다) 문단에서 새로운 저장매체와 재생장치가 등장할 때마다 기존 정보를 다시 기록해야 하는 일반적인 저장매체와 달리 생물 DNA를 활용한 저장매체는 염기서열 분석기가 계속해서 변해도 예전에 기록된 정보를 읽는 데 문제가 없다고 하였으므로 다) 문단의 내용을 요약하면 '새 저장 기술이 등장해도 정보 재기록의 번거로움이 없는 생물 DNA'가 된다.

## 05
정답 ③

이 글은 류머티즘 관절염은 연령과 관계없이 발병할 수 있는 만성 염증성 질환으로, 당뇨병 또는 고혈압과 같은 만성 질환에 속하여 완치되는 경우가 드물기 때문에 평상시 관절이 망가지는 것을 예방하거나 꾸준한 치료로 관절염의 진행 속도를 더디게 하는 것이 가장 중요하다는 내용이므로 이 글의 주제문으로 가장 적절한 것은 ③이다.

## 06          정답 ②

이 글의 마지막 부분에서 외부에서 힘이 작용할 경우 관성의 법칙이 완벽하게 적용되지 않을 수 있다고 하였으므로 이 글에 이어질 내용으로 가장 적절한 것은 ②이다.

## 07          정답 ⑤

이 글의 마지막 부분에서 우리나라 또한 태풍의 영향력이 미치는 곳에 해당하고 태풍은 주로 북위 5~25°, 동경 120~170° 부근에서 생성된다고 하였으며, 생성 위치는 태풍이 발생하는 시기에 따라 상이한 모습을 보인다고 하였으므로 이 글에 이어질 내용으로 가장 적절한 것은 ⑤이다.

## 08          정답 ⑤

스트레스가 축적되면 자율신경의 균형이 무너져 교감신경이 부교감신경에 비해 과도하게 흥분된 상태가 지속되어 사소한 일에도 쉽게 불안해진다고 하였으므로 정상적인 상태에서는 부교감신경보다 교감신경이 더 강한 자극을 받는 상태인 것은 아님을 알 수 있다.

## 09          정답 ③

상승 기류가 강할 때는 적운형 구름이, 상승 기류가 약할 때는 층운형 구름이 발달한다고 하였으므로 상승 기류의 강약이 구름의 모양에 영향을 주는 요소임을 알 수 있나.

## 10          정답 ④

쥐를 통한 실험에서 신경세포의 활동이 기록된 지점을 이어보니 정삼각형으로 구성된 정육각형의 격자무늬가 나타났으며, 이러한 격자무늬는 장소세포에서는 발견되지 않았던 것이라고 하였으므로 장소세포와 달리 격자세포의 활동에서는 규칙적인 배열이 나타났음을 알 수 있다.

## 11          정답 ④

탁자식 고인돌은 한반도 중부 이북 지방에서 주로 발견되어 북방식이라 하고, 바둑판식이라고도 하는 기반식 고인돌은 중부 이남 지방에서 다수 발견되어 남방식이라고 한다고 하였으므로 남방식이 탁자 모양의 고인돌, 북방식이 바둑판 모양의 고인돌을 가리키는 것은 아님을 알 수 있다.

⑤ 고인돌 제작 시대는 계급 사회였을 것으로 추측되며, 주검이 땅 위에 놓여 대형 굄돌을 세우고 그 위에 거대한 돌을 얹고자 할 경우 굄돌이 작거나 없는 형태의 고인돌을 만드는 것보다 더 많은 노동력이 필요해 탁자식 고인돌을 세운 집단이 사회적으로 더 우세했을 것으로 판단된다고 하였으므로 적절한 내용이다.

## 12
정답 ④

협력이익공유제는 초과이윤을 공유하여 신기술 개발, 마케팅, 서비스 등 다양한 분야의 사업에 적용할 수 있다고 하였으므로 성과공유제가 판매이윤에 기인하여 협력이익공유제보다 적용 사업이 다양한 것은 아님을 알 수 있다.

오답 체크
① 성과공유제는 원가 정보가 공개되어 협력업체의 경우 단가 인하 압박에 노출될 수 있다고 하였으므로 적절한 내용이다.
② 협력이익공유제는 기업 간의 수평적 협력관계와 숭소기업의 질적 성장을 이루고 양극화 현상을 완화하여 다양한 구조적 문제를 해결할 수 있다고 하였으므로 적절한 내용이다.
③ 국세청의 조사에 따르면 상위 10% 기업의 이익이 국내 기업 총소득금액의 90% 이상이며, 상위 0.1% 기업의 이익이 전체 소득금액의 절반 이상이라고 하였으므로 적절한 내용이다.
⑤ 협력이익공유제는 협력업체의 기여도를 객관적으로 측정하는 것이 어렵다는 우려가 있다고 하였으므로 적절한 내용이다.

## 13
정답 ③

LDWS는 차선을 이탈했을 때에만 경고음이 울리는 장치이며, AEB는 1단계로 카메라와 레이더 센서를 통해 서행 중인 앞차를 파악하여 알려주고, 2단계로 위험한 상황이 발생하면 경고음이 울린다고 하였으므로 국내 차량에 도입된 자동긴급제동장치의 작동 단계 중 1~2단계는 LDWS와 동일한 기능은 아님을 알 수 있다.

오답 체크
① AEB는 시속 15~100KM 이내로 주행 시 3단계로 작동한다고 하였으므로 적절한 내용이다.
② 〈여객자동차 운수사업법〉의 개정으로 고속버스의 운전자는 퇴근 전 마지막 운행 종료 시점으로부터 최소 8시간이 지나야 다시 버스를 운전할 수 있다고 하였으므로 적절한 내용이다.
④ 3단계에서 자동 브레이크가 작동하면 0.8초만에 20km/h로 속도가 떨어지는데, 이는 운전자가 힘껏 브레이크를 밟았을 때보다 훨씬 빠른 감속이라고 하였으므로 적절한 내용이다.
⑤ 국토교통부는 LDWS라는 장치를 의무적으로 장착하도록 했다고 하였으므로 적절한 내용이다.

## 14
정답 ④

〈가〉는 1973년에 있었던 인질극 사건에서 인질이 인질범에게 동조하는 현상이 관찰되었으며 이를 스톡홀름 증후군이라고 한다는 내용이고, 〈나〉는 1996년에 있었던 인질극 사건에서 인질범이 인질에게 동조하는 현상이 관찰되었으며 이를 리마 증후군이라고 한다는 내용이다.

따라서 〈나〉는 〈가〉의 스톡홀름 증후군과 동조하는 주체 및 대상이 반대되는 심리 현상인 리마 증후군에 대해 서술하고 있으므로 두 글의 관계에 대한 설명으로 가장 적절한 것은 ④이다.

## 15
정답 ⑤

라이트코인이 비트코인에 비해 시장 규모는 작으나 통화량 증가 속도는 빠르다고 하였으므로 라이트코인의 시장 규모가 비트코인보다 더 큰 것은 아님을 알 수 있다.

오답 체크
① 비트코인은 정체가 불분명한 프로그래머에 의해 개발되었지만, 라이트코인은 구글 직원인 찰리 리가 개발한 것이라고 하였으므로 적절한 내용이다.
② 가상화폐를 채굴하여 경제적 가치를 얻을 수 있다는 점에서 투자 대상이 될 수 있음을 추론할 수 있고, 가상화폐와 현금을 교환할 수 있는 거래소가 늘고 있다고 하였으므로 적절한 내용이다.
③ 가상화폐가 지리적 제한이 없는 온라인상에서 거래되는 전자화폐라는 점과 세계적으로 비트코인이 인기를 얻어 활발하게 사용되고 있다는 점에서 가상화폐는 개발된 국가와 상관없이 전 세계에서 채굴이 이루어질 수 있다는 것을 추론할 수 있으므로 적절한 내용이다.
④ 라이트코인은 총량이 약 8,500만 개, 비트코인은 2,100만 개로 한정되어 있다고 하였으므로 적절한 내용이다.

## 16
정답 ⑤

이 글은 인류가 각종 질병에서 벗어나기 위한 노력의 산물인 예방접종, 항생제, 페니실린의 등장 과정과 오늘날에도 인류가 더 살아남기 위해 질병 치료 방법을 모색하고 있음을 설명하는 글이다.
따라서 '나) 질병의 원인을 최초로 파악한 파스퇴르와 질병에서 벗어나기 위한 인류의 노력 → 라) 예방접종보다 직접적으로 치료할 수 있는 항생제의 발견과 이로 인한 문제점 → 다) 인체에 비교적 해롭지 않은 페니실린의 발견과 역할 → 가) 질병 치료와 인류 발전의 상관관계' 순으로 연결되어야 한다.

## 17
정답 ③

이 글은 과학자 프리츠 하버가 암모니아 합성법을 개발해 인류의 식량 부족 문제를 해결했다는 점에서 긍정적인 평가를 받지만, 한편으로는 하버의 암모니아 합성법이 폭탄 제조에 이용되었고 하버 자신도 살상용 화학무기 개발에 참여했다는 점 때문에 부정적인 평가를 받기도 한다는 내용의 글이다.

따라서 인공 질소 비료의 필요성이 부상하게 된 배경을 설명한 〈보기〉에 이어질 내용은 '다) 식량 생산량 증대를 위한 질소 비료 개발 연구와 프리츠 하버의 도전 → 가) 하버의 암모니아 합성법 개발과 하버에 대한 긍정적인 평가 → 리) 히비에 대한 부정적인 평가와 그 이유(1): 전쟁 총 폭탄 제조에 이용된 하버 공정 → 나) 하버에 대한 부정적인 평가와 그 이유(2): 막대한 인명 피해를 낸 염소 독가스를 개발한 하버' 순으로 연결되어야 한다.

## 18                     정답 ④

이 글은 목성의 위성 중 하나인 유로파에 대해 설명하고, 수증기 기둥의 발견으로 그동안 어려웠던 유로파 연구가 한결 수월해질 것이라는 전망을 제시하는 글이다.
따라서 목성의 위성에 대해 언급한 〈보기〉에 이어질 내용은 '다) 목성의 위성 중 가장 잘 알려진 4개의 갈릴레이 위성 → 나) 갈릴레이 위성 중 최근 주목받고 있는 유로파 → 가) 그동안 유로파 연구의 어려움으로 작용하였던 유로파의 표면 → 라) 수증기 기둥의 발견으로 새로운 가능성이 열린 유로파 연구' 순으로 연결되어야 한다.

## 19                     정답 ②

이 글은 과거에 라지푸트들이 살았던 라자스탄을 소개하고, 오늘날 라자스탄의 도시 조드푸르가 블루시티로 불리는 이유와 라자스탄의 주요 관광지인 메헤랑가르 성의 특징에 대해 설명하는 글이다.
따라서 라자스탄이라는 명칭의 유래와 라자스탄의 지리적 특징에 대해 설명한 〈보기〉에 이어질 내용은 '나) 잦은 전쟁에 대비하기 위해 용맹한 전사들이 많이 등용되었던 라자스탄 → 다) 오늘날 유명세를 얻고 있는 라자스탄의 조드푸르가 블루시티로 불리는 이유 → 마) 신분을 과시하고자 한 브라만 계급과 신분 상승을 갈망했던 사람들로 인해 파랗게 변한 조드푸르 → 라) 조드푸르의 일반적인 집들과 달리 붉은 빛을 띠는 메헤랑가르 성 → 가) 과거의 목적과 달리 오늘날 관광지로 활용되고 있는 메헤랑가르 성' 순으로 연결되어야 한다.

## 20                     정답 ③

이 글은 휴리스틱의 종류와 이를 활용한 마케팅 전략에 대해 설명하는 글이다.
따라서 고급 커피와 일반 커피 중 고급 커피를 고른다는 내용을 언급한 〈보기〉에 이어질 내용은 '다) 이 경험과 직관에 의존하여 사람이 판단하는 휴리스틱의 의미 → 가) 휴리스틱의 종류와 감정 휴리스틱의 정의 → 나) 휴리스틱을 자극하는 마케팅 전략인 뉴, 프리미엄 등 제품의 수식어 → 라) 감정 휴리스틱을 자극하는 마케팅 전략인 브랜드

## 21                     정답 ⑤

⊙ 빈칸 앞에서는 코페르니쿠스가 당시의 통념을 뒤집는 지동설을 주장했다는 내용을 말하고 있고, 빈칸 뒤에서는 지동설이 단순한 과학적 사실이 아니라 지구에 대한 사람들의 인식을 변화시켰다는 내용을 말하고 있다. 따라서 지구가 아닌 태양이 우주의 중심이라는 지동설에 관한 내용의 다)가 적절하다.

ⓒ 빈칸 앞에서는 당시 성직자들은 글을 읽고 쓸 줄 아는 지식인이었다는 내용을 말하고 있고, 빈칸 뒤에서는 성직자들이 브라헤의 우주관을 지지했었다는 내용을 말하고 있다. 따라서 성직자들이 천동설과 지동설 사이에서 갈등했었다는 내용의 나)가 적절하다.

ⓒ 빈칸 앞에서는 브라헤가 천동설과 지동설을 혼합하여 천문학 체계를 세웠다는 내용을 말하고 있고, 빈칸 뒤에서는 브라헤의 우주관이 천동설을 믿고 싶었던 지식인들에게 매력적이었다는 내용을 말하고 있다. 따라서 브라헤의 이론은 지구가 우주의 중심이라는 천동설과 다른 행성들이 태양 주위를 돈다는 지동설을 혼합한 것이라는 내용의 가)가 적설하다.

## 22                     정답 ③

이 글은 멘델이 완두콩을 통해 발견한 세 가지 유전 법칙과 멘델의 연구에 대한 의의를 설명하는 글로, 각 문단의 내용을 요약하면 아래와 같다.

| 가) | 진화론이 틀렸음을 증명하고자 완두콩을 대상으로 유전 원리를 연구한 멘델 |
|---|---|
| 나), 다), 라) | 멘델이 도출한 세 가지 유전 법칙: 우열의 법칙, 분리의 법칙, 독립의 법칙 |
| 마) | 유전 형질의 기본적인 원리를 다진 멘델의 유전 법칙 |

따라서 글의 논리적 구조를 고려하여 나타낸 각 문단의 관계로 가장 적절한 것은 ③이다.

## 23                     정답 ③

이 글은 '보이지 않는 고릴라' 실험의 내용을 언급하고 실험을 통해 입증된 무주의 맹시에 대한 특징과 사례를 설명하는 글로, 순서대로 배열한 각 문단의 내용을 요약하면 아래와 같다.

| 나), 마) | 사이먼스와 차브리스의 '보이지 않는 고릴라' 실험 |
|---|---|
| 다) | 일종의 인지적 착각 현상인 무주의 맹시 특징 |
| 가), 라) | 무주의 맹시에서 비롯한 사고 사례 : 교통사고, 그린발호 사고 |

따라서 글의 논리적 흐름을 고려하여 나타낸 각 문단의 관계로 가장 적절한 것은 ③이다.

## 24 _____ 정답 ②

이 글은 문화의 속성 중 하나인 공유성의 의미와 공유된 문화의 사회적 기능을 설명하는 글이다.

따라서 '나) 문화의 공유성 → 라) 문화의 공유성에 따른 긍정적 기능 → 가) 사회 구성원 간의 상호 이해를 돕는 문화 → 마) 문화의 공유성에 따른 부정적 기능 → 다) 사회 구성원의 사고와 행동에 구속력을 행사하는 문화' 순으로 연결되어야 한다.

## 25 _____ 정답 ④

이 글은 엣지 컴퓨팅의 등장 배경을 설명하고 엣지 컴퓨팅의 작동 원리 및 장점, 적용 사례 등을 소개하는 글로, 각 문단의 내용을 요약하면 아래와 같다.

| 가) | 클라우드 컴퓨팅의 한계를 보완하는 엣지 컴퓨팅의 등장 |
|---|---|
| 나), 다) | 엣지 컴퓨팅의 장점: 데이터 처리 속도 향상, 보안성 강화 |
| 라), 마) | 엣지 컴퓨팅의 적용 사례: 자율주행자동차, 스마트 팩토리 |

따라서 글의 논리적 구조를 고려하여 나타낸 각 문단의 관계로 가장 적절한 것은 ④이다.

## 26 _____ 정답 ⑤

글의 중반부에서 퍼스널 컬러와 관련하여 요하네스 이텐, 로버트 도어, 캐럴 잭슨 등이 제안한 이론을 나열하여 설명하고 있지만, 해당 이론들의 절충안을 제시하고 있지 않다.

## 27 _____ 정답 ④

글 전체에서 아리스토텔레스가 제시한 모순율에 대한 라이프니츠, 볼프와 바움가르텐, 칸트의 의견을 설명하고 있다.

## 28 _____ 정답 ②

빈칸 뒤에서 채식은 개인의 건강에 도움이 될 뿐만 아니라 환경오염과 생태계 파괴를 방지하는 효과도 있다는 내용을 말하고 있다.

따라서 한 가지 일을 하여 두 가지 이상의 이익을 보게 된다는 의미의 속담인 '꿩 먹고 알 먹기'가 들어가야 한다.

## 29 _____ 정답 ②

빈칸 앞에서는 실재론자들이 인간의 감각을 초월하는 보편적인 관념이 존재하며 개별 사물은 이러한 관념의 사례라고 여겼다는 내용을 말하고 있고, 빈칸 뒤에서는 유명론자들은 보편적인 관념을 그저 사람들이 만들어 낸 명칭으로 간주했다는 내용을 말하고 있다.

따라서 빈칸에는 실재론자들과 반대되는 입장인 유명론자는 실재하는 것은 개별적 사물이며 보편적인 관념은 실재하지 않는다고 주장했다는 내용이 들어가야 한다.

## 30 _____ 정답 ③

ⓒ이 있는 문장에서 미리내 운동은 가게에 미리 지불한 비용으로 다른 사람에게 해당 상품이나 서비스를 기부하는 서스펜디드 커피와 유사하다고 하였으므로 적절하지 않다.

오답 체크

① ㉠이 있는 문장에서 서스펜디드 커피는 자신의 커피값과 다른 사람의 커피값을 함께 지불하여 나중에 서스펜디드 커피를 이용하는 이웃에게 커피를 기부하는 운동이라고 하였으므로 적절하다.

② ㉡이 있는 문장 앞에서 서스펜디드 커피는 제2차 세계대전 당시 이탈리아의 나폴리 주민을 위로하던 카페 소스페소에서 유래하였다고 하였으며, ⓒ이 있는 문장에서 카페 소스페소는 2010년에 이탈리아에서 개최된 '서스펜디드 커피 네트워크' 페스티벌을 통해 다시 활발해졌다고 하였으므로 적절하다.

④ ㉣이 있는 문장에서 서스펜디드 커피와 달리 미리내 운동은 기부할 수 있는 항목이나 방법이 다양하다고 하였으므로 적절하다.

⑤ ㉤이 있는 문장에서 미리내 운동은 기부 당시 수혜자가 누구인지 알 수 없고 불특정 다수에게 커피를 기부하는 서프펜디드 커피의 기부 형태와 다르다고 하였으므로 적절하다.

## 31 _____ 정답 ②

빈칸 앞에서는 소득 하위 20% 계층의 엥겔지수가 높은 수준을 기록했다는 내용을 말하고 있고, 빈칸 뒤에서는 자연적 악재로 발생할 수 있는 식료품 가격 폭등을 예방하고 취약 계층의 생활고를 해결할 방안을 마련해야 한다는 내용을 말하고 있다.

따라서 이상 기후, 가축 전염병 등과 같은 자연적 악재의 발생으로 농·축산물과 신선식품의 가격이 오르면서 저소득층의 엥겔지수가 높아지게 되었다는 내용이 들어가야 한다.

## 32 _____ 정답 ②

이 기획안에는 마케팅 전략을 추진했을 때 얻을 것으로 예상되는 기대효과에 대한 정보가 없으므로 보충해야 할 내용으로 가장 적절한 것은 ②이다.

오답 체크

①은 '기존 마케팅 분석' 항목, ③은 '세부 계획' 항목, ④는 '타깃 분석' 항목, ⑤는 '대응책' 항목과 '실행자' 항목을 통해 확인할 수 있다.

## 33               정답 ④

라는 참신한 아이디어의 준비 없이 사업을 시작하려고 하거나 자신이 구상한 사업 아이템에 대한 시장성 검토 없이 창업에 뛰어드는 청년들이 많아 청년창업의 실패율이 높아질 수밖에 없다는 내용이므로 '본론2'가 아니라 '본론1'에 들어가는 것이 적절하다.

## 34               정답 ③

이 글의 필자는 미세 플라스틱 사용이 해양 오염을 부추기고, 이로 인해 미세 플라스틱이 인체에 쌓이게 되므로 미세 플라스틱이 들어가는 제품의 생산을 일절 금지해야 한다고 주장하고 있으며, 이에 대한 근거로 현재의 하수처리 시설로 미세 입자 구분이 불가하여 미세 플라스틱이 배출되고, 바다에 배출되는 미세 플라스틱은 중금속 등의 유해물질을 흡수하게 되어 이를 섭취한 동물성 플랑크톤을 먹은 해양 생물이 우리 식탁에 오르게 된다고 하였다. 필자는 플라스틱의 올바른 폐기와 재활용이 궁극적인 문제의 해결점이라는 점을 고려하지 않고 있다. 이에 따라 플라스틱 제품의 재질 및 용도에 따른 재활용 기술과 공정을 마련하는 것이 우선이라는 반론을 제기해야 한다.
따라서 정답은 ③이 된다.

## 35               정답 ⑤

이 글은 출근길에 신호에 걸린 날 온종일 재수가 없었던 시간의 선후관계를 신호에 걸리는 횟수가 그날의 운수를 좌우한다는 인과관계로 혼동하고 있으므로 시간적 선후관계를 인과관계로 혼동하는 '거짓 원인의 오류'를 범하고 있다.
⑤ 머리를 감은 날 시험을 망쳤던 시간의 선후관계를 머리를 감는지 여부가 시험 결과를 좌우한다는 인과관계로 혼동하고 있으므로 '거짓 원인의 오류'를 범하고 있다.

[오답 체크]
① 김치찌개가 맛있다는 것만으로 모든 메뉴가 맛있을 것으로 판단하고 있으므로 대표성이 결여된 한정적인 정보만으로 성급하게 일반적인 원칙을 도출하는 '성급한 일반화의 오류'를 범하고 있다.
② 영화화될 만큼 인기 있는 소설이기 때문에 재미있을 것이라고 하였으므로 군중 심리를 이용하거나 대중적 인기를 내세워 자신의 주장을 받아들이게 하는 '대중에 호소하는 오류'를 범하고 있다.
③ 자신의 제안을 거절한다면 사리 분별을 못 하는 사람이라고 단정하고 있으므로 자신의 주장에 대한 반박을 비판함으로써 반론 제기 자체를 불가능하게 하는 '원천봉쇄의 오류'를 범하고 있다.
④ 야식을 먹는다는 결과만 보고 비만이 되기를 의도하고 한 행동이라고 판단하고 있으므로 의도하지 않은 행위의 결과에 대해 의도가 있었다고 확대 해석하는 '의도 확대의 오류'를 범하고 있다.

# 제2장 어휘

## 유형공략문제               p.98

| 01 | 02 | 03 | 04 | 05 | 06 | 07 | 08 | 09 | 10 |
|----|----|----|----|----|----|----|----|----|----|
| ② | ① | ② | ③ | ③ | ③ | ② | ① | ④ | ④ |

## 01               정답 ②

가맹과 탈퇴는 각각 동맹이나 연맹, 단체에 가입함과 관계하고 있던 조직이나 단체 따위에서 관계를 끊고 물러남을 뜻하므로 반대관계이다.

[오답 체크]
①, ③, ④, ⑤는 모두 유의관계이다.
• 송달: 편지, 서류, 물품 따위를 보내어 줌

## 02               정답 ①

노른자는 달걀의 부분이므로 전체-부분 관계이다.

[오답 체크]
②, ③, ④, ⑤는 모두 재료-완제품 관계이다.

## 03
정답 ②

제시된 단어 구매하다와 무르다는 각각 물건 따위를 사들임과 사거나 바꾼 물건을 원래 임자에게 도로 주고 돈이나 물건을 되찾음을 뜻하므로 반대관계이다.
따라서 출발하여 나아간다는 의미의 '발진하다'와 반대관계인 단어는 기계나 자동차 따위의 운동을 멈추게 한다는 의미의 '제동하다'가 적절하다.

[오답 체크]
① 나다: 신체 표면이나 땅 위에 솟아나다
③ 추진하다: 물체를 밀어 앞으로 내보내다
④ 출발하다: 목적지를 향하여 나아가다
⑤ 발동하다: 움직이거나 작용하기 시작하다

## 04
정답 ③

제시된 단어 공감대와 형성은 '공감대를 형성하다'로 쓸 수 있으므로 목적어와 서술어의 관계이다.
따라서 '화석'을 목적어로 쓸 수 있는 '발굴'이 적절하다.

## 05
정답 ③

제시된 단어 서운하다와 아쉽다는 모두 마음에 모자라 아쉽거나 섭섭한 느낌이 있음을 뜻하므로 유의관계이다.
따라서 하던 일을 그치고 안 한다는 의미의 '그만두다'와 유의관계인 단어는 하던 일을 멈추거나 끝낸다는 의미의 '거두다'가 적절하다.

[오답 체크]
① 손대다: 일을 시작하다
② 그르다: 어떤 일이나 형편이 잘못되다
④ 가만두다: 건드리거나 상관하지 않고 그대로 두다
⑤ 개시하다: 행동이나 일 따위를 시작하다

## 06
정답 ③

제시된 단어 관계와 형성은 '관계를 형성하다'로 쓸 수 있으므로 목적어와 서술어의 관계이다.
따라서 '체력'을 목적어로 쓸 수 있는 '단련'이 적절하다.

[오답 체크]
① 능가: 능력이나 수준 따위가 비교 대상을 훨씬 넘어섬
② 원기: 마음과 몸의 활동력
④ 근골: 근육과 뼈대를 아울러 이르는 말
⑤ 저하: 정도, 수준, 능률 따위가 떨어져 낮아짐

## 07
정답 ②

제시된 9개의 단어 중 연장, 절단, 스타가 '톱'과 관련 있다.
• 연장은 톱이 연장의 일종이므로 '톱'과 관련 있다.
• 절단은 톱의 용도이므로 '톱'과 관련 있다.
• 스타는 '톱 – 스타'로 쓰일 수 있으므로 '톱'과 관련 있다.

## 08
정답 ①

밑줄 친 단어는 그의 독단적인 행동을 모르는 체하고 넘긴다는 의미로 쓰였으므로 참견하지 아니하고 앉아서 보기만 한다는 의미의 ①이 적절하다.

[오답 체크]
② 주시하다: 어떤 일에 온 정신을 모아 자세히 살피다
③ 간과하다: 큰 관심 없이 대강 보아 넘기다
④ 목도하다: 눈으로 직접 보다
⑤ 상관하다: 남의 일에 간섭하다

## 09
정답 ④

밑줄 친 단어는 계획을 시행해야 한다는 의미로 쓰였으므로 어떠한 일을 다음 단계로 진행시킨다는 의미의 ④가 적절하다.

[오답 체크]
① 관심이나 시선 따위를 하나의 대상에서 다른 대상으로 돌리다
② 어떠한 사실을 표현법을 바꾸어 나타내다
③ 불길이나 소문 따위를 한 곳에서 다른 곳으로 번져 가게 하다
⑤ 병 따위를 다른 이에게 전염시키다

## 10
정답 ④

㉠ 빈칸이 있는 문장에서 유토피아가 이상사회를 가르키는 말로 사용되고 있다고 하였으므로 사물이나 일이 생겨남 또는 그 사물이나 일이 생겨난 바라는 의미의 '유래(由來)'가 들어가야 한다.
㉡ 빈칸이 있는 문장에서 오늘날 인간이 성취한 삶과 사회의 발전은 끊임없는 도전과 노력에 의해 생겨난 것이라고 하였으므로 일정한 곳에서 생산되어 나오는 물건이라는 의미의 '산물(産物)'이 들어가야 한다.
㉢ 빈칸이 있는 문장에서 이상적인 모습의 유토피아는 현실사회의 문제점과 그 해결 방안에 필요한 목표, 변화에 대한 척도를 함께 제시해준다고 하였으므로 사물의 진실을 바로 본다는 의미의 '직시(直視)'가 들어가야 한다.
㉣ 빈칸이 있는 문장에서 유토피아의 모습을 통해 현재 살고 있는 사회의 부조리함과 모순, 한계를 인식할 수 있게 된다고 하였으므로 기본이 되는 표준이라는 의미의 '기준(基準)'이 들어가야 한다.

[오답 체크]
• 초래(招來): 일의 결과로서 어떤 현상을 생겨나게 함
• 물자(物資): 어떤 활동에 필요한 여러 가지 물건이나 재료
• 회피(回避): 몸을 숨기고 만나지 아니함

## 유형공략문제

p.108

| 01 | 02 | 03 | 04 | 05 | | | | | |
|----|----|----|----|----|---|---|---|---|---|
| ③ | ④ | ⑤ | ⑤ | ④ | | | | | |

## 01

정답 ③

하루내지 이틀(X) → 하루 내지 이틀(O)
- 한글 맞춤법 제44항에 따라 두 말을 이어 주거나 열거할 적에 쓰이는 말들은 띄어 쓴다.

오답 체크

①, ②, ⑤는 의존 명사로 쓰였으므로 띄어 쓰고, ④는 접속 부사로 쓰였으므로 띄어 쓴다.

## 02

정답 ④

갯수(X) → 개수(O)
- 한글 맞춤법 제30항에 따라 두 음절로 된 한자어는 '곳간(庫間), 셋방(貰房), 숫자(數字), 찻간(車間), 툇간(退間), 횟수(回數)' 6개에 대해서만 사이시옷을 받치어 적는다.

## 03

정답 ⑤

Shrimp: 쉬림프(X) → 슈림프(O)
- 외래어 표기법 제3장 제2절 제4항에 따라 모음 앞의 [ʃ]는 뒤따르는 모음에 따라 '샤, 섀, 셔, 셰, 쇼, 슈, 시'로 적어야 한다.

## 04

정답 ⑤

ⓜ이 있는 문장에서 과학 기술은 인간의 사고와 행동 등 인간에 대한 이해가 선행되어야 사람에게 진정 필요한 기술로 구현될 수 있어 4차 산업과 같이 급변하는 시대에서 갖춰야 할 것에 인문학적 소양이 빠져서는 안 된다고 하였으므로 ⓜ을 '포함'으로 바꿔 쓰는 것은 가장 적절하지 않다.

오답 체크

① ㉠은 같은 의미가 중복되므로 '양성하기'로 고쳐 써야 한다.
② ㉡의 앞에서는 인문학이 발전된 역사를 통해 확립된 오늘날의 개념을 말하고 있고, ㉡의 뒤에서는 과학 기술의 발전으로 인문학의 의미가 퇴색되었다는 내용을 말하고 있으므로 ㉡에는 앞의 내용과 상반될 때 사용하는 접속어 '하지만'을 넣어야 한다.
③ ㉢은 목적어 자리이므로 행위의 목적이 됨을 나타내는 격 조사를 붙여 '인간을'로 수정해야 한다.
④ ㉣은 합성어이므로 '따라잡기'로 붙여 써야 한다.

## 05

정답 ④

'상관없이'는 서로 아무런 관련이 없다는 의미의 부사이므로 ㉣을 '상관 없이'로 띄어 쓰는 것은 가장 적절하지 않다.

해커스 20대기업 인적성 통합 기본서 최신기출유형+실전문제

# 정답

p.112

| 01 | 02 | 03 | 04 | 05 | 06 | 07 | 08 | 09 | 10 |
|----|----|----|----|----|----|----|----|----|----|
| 어휘 | 어휘 | 어휘 | 어휘 | 어휘 | 어휘 | 어휘 | 어휘 | 어법 | 어법 |
| ② | ① | ⑤ | ④ | ④ | ④ | ⑤ | ④ | ② | ④ |
| 11 | 12 | 13 | 14 | 15 | 16 | 17 | 18 | 19 | 20 |
| 어휘 | 어휘 | 어법 | 독해 | 독해 | 독해 | 독해 | 독해 | 독해 | 독해 |
| ④ | ③ | ④ | ④ | ④ | ⑤ | ② | ⑤ | ④ | ⑤ |
| 21 | 22 | 23 | 24 | 25 | 26 | 27 | 28 | 29 | 30 |
| 독해 | 독해 | 독해 | 독해 | 독해 | 독해 | 독해 | 독해 | 독해 | 어법 |
| ② | ③ | ⑤ | ④ | ① | ④ | ③ | ② | ⑤ | ① |

# 취약 유형 분석표

유형별로 맞힌 개수와 정답률, 틀린 문제 번호, 풀지 못한 문제 번호를 적어 보세요. 취약 유형 진단 & 약점 극복(p.136)에서 자신의 정답률 그래프를 그려본 후, 취약 유형을 진단하고 그에 따른 학습 전략을 확인해보세요.

| 유형 | 맞힌 개수 | 정답률 | 틀린 문제 번호 | 풀지 못한 문제 번호 |
|----|----|----|----|----|
| 독해 | /16 | % | | |
| 어휘 | /10 | % | | |
| 어법 | /4 | % | | |
| 총계 | /30 | % | | |

# 해 설

## 01 어휘     정답 ②

제시된 9개의 단어 중 죄, 꿀, 옷이 '벌'과 관련 있다.
- 죄는 잘못하거나 죄를 지은 사람에게 주는 고통이라는 의미의 '벌'과 관련 있다.
- 꿀은 '꿀 – 벌'로 쓰일 수 있으므로 '벌'과 관련 있다.
- 옷은 옷을 세는 단위인 '벌'과 관련 있다.

## 02 어휘     정답 ①

제시된 9개의 단어 중 부처, 고기, 달러가 '불'과 관련 있다.
- 부처는 석가모니라는 의미의 '불'과 관련 있다.
- 고기는 '불 – 고기'로 쓰일 수 있으므로 '불'과 관련 있다.
- 달러는 미국의 화폐 단위인 '불'과 관련 있다.

## 03 어휘     정답 ⑤

제시된 단어 수렴하다와 정리하다는 모두 의견이나 사상 따위가 여럿으로 나뉘어 있는 것을 하나로 모아 정리함을 뜻하므로 유의관계이다.
따라서 어떤 일을 처음 내놓아 주장한다는 의미의 '제창하다'가 적절하다.
- 주시하다: 어떤 목표물에 주의를 집중하여 보다

## 04 어휘     정답 ④

제시된 단어 인재와 배치는 '인재를 배치하다'로 쓸 수 있으므로 목적어와 서술어의 관계이다.
따라서 '중단'을 서술어로 쓸 수 있는 '작업'이 적절하다.

## 05 어휘     정답 ④

한자성어와 한자성어에 포함된 동물의 관계이다. 당구풍월에 포함된 동물은 '개'이고, 학수고대에 포함된 동물은 '학'이다.
- 당구풍월(堂狗風月): 서당에서 기르는 개가 풍월을 읊는다는 뜻으로, 그 분야에 대하여 경험과 지식이 전혀 없는 사람이라도 오래 있으면 얼마간의 경험과 지식을 가짐을 이르는 말
- 학수고대(鶴首苦待): 학의 목처럼 목을 길게 빼고 간절히 기다림

## 06 어휘     정답 ④

밑줄 친 단어는 그가 하는 말은 거짓으로 만들어 낸 것이라는 의미로 쓰였으므로 거짓이나 없는 것을 사실인 것처럼 지어낸다는 의미의 ④가 적절하다.

오답 체크
① 글 따위를 지어서 만들다
② 살림 따위를 차리고 갖추거나 마련하다
③ 모양이 나게 매만져 차리거나 손질하다
⑤ 어떤 일을 짜고 만들다

## 07 어휘     정답 ⑤

'수용(受容)'은 어떠한 것을 받아들인다는 의미이므로 어느 빈칸에도 들어갈 수 없다.

오답 체크
가) 리더는 경쟁자까지도 감싸 줄 수 있는 인품을 지녀야 한다고 하였으므로 남을 너그럽게 감싸 주거나 받아들인다는 의미의 '포용(包容)'이 들어가야 한다.
나) 그 회사의 기술력이 업계에서 가장 우수한 것으로 간주된다고 하였으므로 확실히 그렇다고 여겨진다는 의미의 '인정(認定)'이 들어가야 한다.
다) 후배가 작성한 보고서가 어떤 내용인지 알기 어려웠다고 하였으므로 깨달아 안다는 의미의 '이해(理解)'가 들어가야 한다.
라) 빈칸 앞의 단어인 골과 함께 쓸 수 있으며 주로 각종 경기에서, 막아야 할 것을 막지 못하여 당한다는 의미의 '허용(許容)'이 들어가야 한다.
마) 빈칸 앞의 단어인 죄와 함께 쓸 수 있으며 확실히 그렇다고 여긴다는 의미의 '인정(認定)'이 들어가야 한다.
바) 빈칸 앞의 단어인 처지와 함께 쓸 수 있으며 남의 사정을 잘 헤아려 너그러이 받아들인다는 의미의 '이해(理解)'가 들어가야 한다.

## 08 어휘     정답 ④

'결의(決意)'는 뜻을 정하여 굳게 마음을 먹는다는 의미이므로 어느 빈칸에도 들어갈 수 없다.

오답 체크
가) 농약의 남용으로 인해 생태계 균형이 망가지게 되었다고 하였으므로 어떤 원인으로 결말이 생긴다는 의미의 '결과(結果)'가 들어가야 한다.
나) 노조가 임금 협상에서 의견이 하나로 모아지지 않으면 파업을 강행할 방침이라고 하였으므로 교섭이나 회의 따위에서 의견이 합쳐지지 않아 각각 갈라서게 된다는 의미의 '결렬(決裂)'이 들어가야 한다.
다) 적성을 고려하여 진로를 정하는 것이 가장 중요하다고 하였으므로 행동이나 태도를 분명하게 정한다는 의미의 '결정(決定)'이 들어가야 한다.
라) 용의자는 브로커와 함께 비리 행각을 저질렀다고 하였으므로 주로 나쁜 일을 꾸미려고 서로 한통속이 된다는 의미의 '결탁(結託)'이 들어가야 한다.
마) 4년간 열심히 노력한 끝에 우승컵을 들어 올릴 수 있었다고 하였으므로 어떤 원인으로 결말이 생긴다는 의미의 '결과(結果)'가 들어가야 한다.

해커스 20대기업 인적성 통합 기본서 최신기출유형+실전문제

바) 1차 회담에서 의견이 합쳐지지 않아 2차 회담에서 새로운 방안을 제시했다고 하였으므로 교섭이나 회의 따위에서 의견이 합쳐지지 않아 각각 갈라서게 된다는 의미의 '결렬(決裂)'이 들어가야 한다.

## 09 어법　　　　　　　　　　　　정답 ②

union: 유니온(X) → 유니언(O)
- 외래어 표기법 제3장 제9항에 따라 [n] 다음에 [jə]가 올 때 '니어'로 적는다.

## 10 어법　　　　　　　　　　　　정답 ④

뚜렷히(X) → 뚜렷이(O)
- 한글 맞춤법 제6장 제51항에 따라 부사의 끝음절이 'ㅅ' 받침 뒤에 나오는 경우 '이'로 끝나고, 부사의 끝음절이 분명히 '이'로만 나는 것은 '-이'로 적는다.

## 11 어휘　　　　　　　　　　　　정답 ④

- ㉠ 빈칸이 있는 문장에서 쌍탑식 가람은 사찰 내에 동서 방향으로 두 개의 탑을 세우는 것이라고 하였으므로 일정한 차례나 간격에 따라 벌여 놓는다는 의미의 '배치(排置)'가 적절하다.
- ㉡ 빈칸이 있는 문장에서 쌍탑식 가람의 경우 두 탑을 같은 형태로 만드는 것이 일반적이나 석가탑과 다보탑은 그렇지 않다고 하였으므로 성질이 다르다는 의미의 '이질(異質)'이 적절하다.
- ㉢ 빈칸이 있는 문장에서 석가탑은 더 이상 뺄 것도 더할 것도 없는 형태라고 하였으므로 필요한 것이 모두 갖추어져 모자람이나 흠이 없다는 의미의 '완전(完全)'이 적절하다.
- ㉣ 빈칸이 있는 문장에서 다보탑은 인도의 탑과 비슷하게 만들어졌기 때문에 다른 한국의 석탑에 비해 독특한 형태를 하고 있다고 하였으므로 다른 것을 본뜨거나 본받는다는 의미의 '모방(模倣)'이 적절하다.

오답 체크
- 획일(劃一): 모두가 한결같아서 다름이 없음
- 열거(列擧): 여러 가지 예나 사실을 낱낱이 죽 늘어놓음
- 참작(參酌): 이리저리 비추어 보아서 알맞게 고려함

## 12 어휘　　　　　　　　　　　　정답 ③

- ㉠ 빈칸이 있는 문장에서 양조주가 탁주와 청주로 나뉜다고 하였으므로 종류에 따라서 갈라진다는 의미의 '분류(分類)'가 적절하다.
- ㉡ 빈칸이 있는 문장에서 탁주라는 이름이 술의 특징에서 비롯된 것이라고 하였으므로 사물이나 일이 생겨난다는 의미의 '유래(由來)'가 적절하다.

---

- ㉢ 빈칸이 있는 문장에서 쌀을 쪄 누룩과 물을 더하면 효모균과 술효모가 생긴다고 하였으므로 사물이 생겨난다는 의미의 '생성(生成)'이 적절하다.
- ㉣ 빈칸이 있는 문장에서 고려 시대 때 펴낸 책에 청주에 대한 기록이 존재한다고 하였으므로 책 따위가 인쇄·발행되어 나온다는 의미의 '간행(刊行)'이 적절하다.

오답 체크
- 유례(類例): 같거나 비슷한 예
- 분리(分離): 서로 나뉘어 떨어짐
- 전래(傳來): 예로부터 전하여 내려옴

## 13 어법　　　　　　　　　　　　정답 ④

㉣이 있는 문장에서 거북선이 적선에 최대한 가깝게 접근하여 인징김 있는 조준이 가능해지면서 조선군의 공격력이 높아지게 되었다고 하여 조선군이 주로 사용하던 활과 화학 무기는 장거리 공격에 쓰였음을 알 수 있으므로 ㉣을 '단거리'로 고치는 것은 가장 적절하지 않다.

오답 체크
① ㉠이 있는 문장에서 조선군은 일본군이 배에 오르는 것을 막아야 한다고 하였으므로 배를 탄다는 의미의 '승선'으로 바꾸어 써야 한다.
　- 하선: 배에서 내림
② '거대한'은 엄청나게 큼을 뜻하므로 ㉡은 '거대한'으로 수정해야 한다.
③ 이 글은 판옥선과 거북선의 발명 배경과 특징을 설명하는 글이므로 거북이가 파충류 중 가장 오래전부터 존재한 동물이라는 내용의 ㉢은 생략해야 한다.
⑤ ㉤이 있는 문장에서 거북선은 이후 한산도대첩, 명량대첩 등 여러 전투의 승리에 크게 기여했다고 하였으므로 북돋우어 일으킨다는 의미의 '고취시켰고'로 수정해야 한다.
　- 고착시키다: 굳게 들러붙게 하다

## 14 독해　　　　　　　　　　　　정답 ④

4문단에서 버스 보이콧 운동의 결과로 몽고메리시의 흑백 좌석 분리제가 폐지되어 짐 크로법이 사실상 효력을 잃었으며, 이후 연방 민권법과 투표권법이 마련되어 짐 크로법이 폐지되었다고 하였으므로 짐 크로법이 폐지된 이후에도 그 영향력이 지속되다가 연방 민권법이 제정되고 나서야 법안의 효력이 사라지게 된 것은 아님을 알 수 있다.

오답 체크
① 3문단에서 버스 보이콧 운동에 참여한 흑인 승객들이 버스 대신 다른 교통수단을 이용하여 출퇴근했고, 그중에는 당나귀도 있었다고 하였으므로 적절한 내용이다.
② 1문단에서 짐 크로법이라는 말은 1800년대 초반 미국 코미디 뮤지컬에 등장하는 바보 흑인 캐릭터와 그가 부른 노래에서 유래했다고 하였으므로 적절한 내용이다.
③ 4문단에서 비폭력적으로 버스 보이콧 운동을 전개한 마틴 루터 킹이 흑인 민권 운동의 선구자로 떠올랐다고 하였으므로 적절한 내용이다.

⑤ 2문단에서 1955년 앨라배마주의 몽고메리시에서 흑인 여성인 로사 파크스가 버스의 백인 전용 좌석에 앉았다가 짐 크로법 위반으로 경찰에 체포되었다고 하였으므로 적절한 내용이다.

## 15 독해      정답 ④

이 글은 지식에는 형식지와 암묵지가 존재하며, 암묵지와 형식지가 서로 순환하는 과정에서 지식이 증대된다는 내용이므로 이 글의 제목으로 가장 적절한 것은 ④이다.

오답 체크

① 실험 성공을 위해 꼭 필요한 지식이 암묵지라는 것에 대해서는 서술하고 있지만, 글 전체를 포괄할 수 없으므로 적절하지 않은 내용이다.
② 책이나 강의로 지식을 습득했다고 하더라도 암묵지로 인해 그를 바로 활용할 수 없다는 점은 서술하고 있지만, 글 전체를 포괄할 수 없으므로 적절하지 않은 내용이다.
③ 글 전체에서 암묵지와 형식지가 인간 행동의 기초가 되는 지식 인지에 대해서는 다루고 있지 않으므로 적절하지 않은 내용이다.
⑤ 형식지의 의미를 내면화하고 현실에 활용하는 과정에서 새로운 암묵지가 만들어진다는 것에 대해서는 서술하고 있지만, 글 전체를 포괄할 수 없으므로 적절하지 않은 내용이다.

## 16 독해      정답 ⑤

이 글은 19세기 아일랜드 사람의 감자 소비에서 일반적인 수요의 법칙이 성립하지 않았던 현상을 소개하고, 그러한 현상이 발생하게 된 이유를 설명하는 글이다.
따라서 '라) 아일랜드 사람의 감자 소비 패턴에서 나타난 역설적 현상 → 다) 역설적 현상이 발생하게 된 요인인 당시 아일랜드의 상황 → 가) 감자 가격 하락이 감자 소비 감소로 이어지게 된 과정 → 나) 큰 소득효과를 낸 감자의 재화적 특징과 기펜재라는 이름의 유래' 순으로 연결되어야 한다.

## 17 독해      정답 ②

근대 천문학의 태동과 함께 망원경이 발달하는 과정에서 밝은 별자리의 사이를 채울 작은 별자리를 만들게 되었다고 하였으므로 근대 천문학이 발전함에 따라 지역에 따른 혼란 감소를 위해 작은 별자리를 별자리에서 제외한 것은 아님을 알 수 있다.

오답 체크

① 기원전 2000년경 별자리 표석이 페키니아인에 의해 그리스로 전해지게 된 뒤 별자리에 그리스의 신화 속 신과 영웅 및 동물 이름이 추가되었다고 하였으므로 적절한 내용이다.
③ 프톨레마이오스는 〈알마게스트〉라는 책을 집필하여 북반구의 별자리를 그려냈으며, 황도에 12개, 황도 북쪽에 21개, 황도 남쪽에 15개의 별자리가 있다고 하였으므로 적절한 내용이다.
④ 오늘날 일반적으로 통용되는 서양의 별자리는 기원전 수천 년경 바빌로니아 지역에 거주하던 칼데아인으로부터 유래되었다고 하였으므로 적절한 내용이다.
⑤ 동양의 별자리는 3원 28수로 대표되며, 태미원, 자미원, 천시원으로 황도 안쪽을 나눈다고 하였으므로 적절한 내용이다.

## 18 독해      정답 ⑤

이 글은 기업이 저성장 시대에서 기존의 대규모 R&D 방식을 고수하기보다는 검소한 혁신을 통해 실용적이면서도 합리적인 가격의 제품을 개발할 수 있어야 한다는 내용이므로 필자의 의견으로 가장 적절한 것은 ⑤이다.

## 19 독해      정답 ④

이 글은 개인이 타인과 사회적 협동 관계를 맺기 위한 수단으로 대립하는 입장이 합의를 이룰 때 성립되는 계약을 채택하였지만, 계약을 이행할 수 없는 위험부담 문제가 발생할 때 채무 소멸 문제에 대해 채무자주의적 관점과 채권자주의적 관점으로 나뉘며 우리나라의 민법은 채무자주의를 따른다는 내용의 글이다.
따라서 근대법에서 개인이 사회적 협동 관계를 맺기 위해 계약을 채택하였음을 언급한 〈보기〉에 이어질 내용은 '다) 계약의 정의와 계약 성립 과정 → 나) 계약을 이행할 수 없어 발생하는 위험부담 문제 → 라) 채무자주의와 채권자주의의 관점 → 가) 채무자주의를 따르는 우리나라의 민법' 순으로 연결되어야 한다.

## 20 독해      정답 ⑤

글의 전반부에서 고딕 양식에 대한 특징은 서술하고 있지만, 고딕 양식이라는 개념에 대한 학자의 견해에 대해서는 서술하고 있지 않다.

## 21 독해      정답 ②

빈칸 앞에서는 트롤리 딜레마가 전통 윤리학의 관점에서는 합리적 이성에 따라 두 상황에 대한 도덕적 추론 방식의 차이로 인해 응답 결과의 차이가 나타났다는 내용을 말하고 있고, 빈칸 뒤에서는 이성과 관련된 뇌 영역이 활성화되었던 첫 번째 상황과 반대로 두 번째 상황에서는 정서와 관련된 뇌 영역이 활성화되었다는 내용을 말하고 있다.
따라서 신경윤리학에서는 인간이 윤리적 판단을 할 때 합리적 이성에 따른 철학적인 고찰과는 별개로 감정적인 요인도 작용한다는 내용이 들어가야 한다.

## 22 독해      정답 ③

이 글의 필자는 실생활에 자리 잡은 외래어를 바로 우리말로 순화하는 경우 의사소통에 혼란이 일거나 그 길이가 길어져 사용에 거부감을 느낄 수 있으므로 외래어를 우리말로 순화해야 한다는 움직임은 언어의 의사소통 기능과 대중의 정서를 역행하는 시류임을 주장하고 있다.
따라서 일반적으로 쓰이지 않는 외래어부터 단계적으로 우리말로 순화한다면 순화 과정에서 발생하는 문제점을 해결할 수 있다는 반박이 가장 타당하다.

## 23 독해

정답 ⑤

이 글은 자동차가 무겁기 때문에 자동차를 이루고 있는 부품들도 무거울 것이라고 여기고 있으므로 전체 집합이 가지는 속성을 그 집합의 원소들도 가지고 있다고 여기는 '분할의 오류'를 범하고 있다.

⑤ 명문학교를 졸업했기 때문에 명문학교의 일원이었던 그 역시 공부를 잘할 것이라고 판단하고 있으므로 '분할의 오류'를 범하고 있다.

오답 체크

① 과속이라는 결과만 보고 죽기를 의도하고 한 행동이라고 판단하고 있으므로 의도하지 않은 행위의 결과에 대해 의도가 있었다고 확대 해석하는 '의도 확대의 오류'를 범하고 있다.

② 아이에게 약을 먹이는 특수한 상황에서 한 거짓말 역시 옳지 않은 일로 판단하고 있으므로 일반적인 원칙을 그 원칙이 적용될 수 없는 예외적인 경우에 적용하는 '우연의 오류'를 범하고 있다.

③ 각 야구팀에서 최고의 선수들을 뽑아 한 팀을 만들었기 때문에 그 팀 역시 최고일 것이라고 판단하고 있으므로 집합의 원소가 가지는 속성을 전체 집합도 가지고 있다고 여기는 '합성의 오류'를 범하고 있다.

④ 좋아하지 않으면 증오하는 것으로 가정하고 있으므로 이분법적 시각으로 어떤 집합의 원소가 2개뿐이라고 가정하고 중립적인 것을 간과하는 '흑백논리의 오류'를 범하고 있다.

## 24 독해

정답 ④

이 기획안에는 부서별 오리엔테이션의 경우 사전에 지정한 부서별 오리엔테이션 장소에서 진행된다고 하였으나, 지정된 각 장소에 대한 구체적인 정보가 없으므로 보충해야 할 내용으로 가장 적절한 것은 ④이다.

오답 체크

①, ⑤는 '행사 준비' 항목, ②는 '행사 개요' 항목, ③은 '행사 세부 프로그램' 항목을 통해 확인할 수 있다.

## 25 독해

정답 ①

'본론'에서는 옥외 간판의 문제점에 대해서만 언급하고 있고, '결론'에서도 개선책의 필요성에 대해서만 언급하고 있으므로 '주제'를 올바른 옥외 간판 사용을 통한 도시 환경 개선 방안 제시로 수정하는 것은 가장 적절하지 않다.

## 26 독해

정답 ④

빈칸 앞에서는 이미 노래 제목을 알고 있는 그룹은 손가락으로 두드린 리듬만 듣고도 자신의 짝이 노래 제목을 쉽게 알아맞힐 것이라고 예상했지만 그렇지 않았다는 실험 결과에 대한 내용을 말하고 있으며, 빈칸 뒤에서는 정보가 많은 쪽이 정보가 적은 쪽의 수준을 제대로 이해하지 못해 잘못된 판단을 내리게 되는 지식의 저주에 대한 내용을 말하고 있다.

따라서 자신이 알고 있는 것을 다른 사람도 알고 있을 것이라고 여기는 잘못된 고정관념에 대한 내용이 들어가야 한다.

## [27-28]

## 27 독해

정답 ③

4문단에서 지방자치는 중앙정부의 일방적인 권력행사에서 벗어나 중앙정부의 권력을 견제해야 한다고 하였으므로 지방자치단체들에 대해 정부가 더 많은 영향력을 행사해야 하는 것은 아님을 알 수 있다.

## 28 독해

정답 ②

ⓐ는 지방자치제의 긍정적인 측면을 더욱 강화하기 위해 중앙집권을 견제해야 한다는 내용이고, 제시된 글은 제대로 된 지방자치의 실현을 위해서는 지방자치의 자율성이 보장되어야 한다는 내용이다.

따라서 정치 권력이 중앙정부에 집중되면 지방자치제가 중앙정부의 통치 수단으로 전락할 수 있다는 내용이 들어가야 한다.

## [29-30]

## 29 독해

정답 ⑤

이 글은 유럽의 상류층을 중심으로 설탕 수요가 늘면서 무역상을 매개로 유럽과 아메리카, 아프리카 대륙 간에 교역이 이루어졌으며, 이를 통해 삼각무역이 성립하게 되었다는 내용이므로 이 글의 주제로 가장 적절한 것은 ⑤이다.

## 30 어법

정답 ①

'등지'는 그 밖의 곳들을 줄임을 나타내는 말이므로 ㉠을 '등지의 곳'으로 수정한다는 것은 가장 적절하지 않다.

오답 체크

② ⓛ 앞에서는 사탕수수는 서양에서 큰 인기를 얻었다는 내용을 말하고 있고, ⓛ이 있는 문장에서는 유럽에서 설탕은 매우 귀했기 때문에 부와 권력의 상징이 되었다는 내용을 말하고 있다. 따라서 앞의 내용과 뒤의 내용이 첨가보충 관계일 때 사용하는 접속어인 '특히'로 고쳐 써야 한다.

③ ⓒ이 있는 문장에서 영국의 귀족들은 연회 자리에 설탕 과자를 내놓거나 설탕 공예품을 전시함으로써 재력을 과시했다고 하였으므로 ⓒ을 '상류층'으로 고쳐 써야 한다.

④ ⓔ이 있는 문장에서 사탕수수를 재배하는 농장주가 생겨났다는 내용을 말하고 있고, 어떤 것을 전제로 하고 그것과 같게라는 의미의 '역시'를 사용하고 있으므로 ⓔ을 '증가하였다'로 바꾸어 써야 한다.

⑤ ⓜ이 있는 문장에서 설탕에 섞인 불순물을 없애 그 물질을 더 순수하게 할 때 엄청난 고온으로 끓여야 한다고 하였으므로 ⓜ를 '정제'로 고쳐야 한다.
• 정재: 대궐 안의 잔치 때에 벌이던 춤과 노래

# PART 2 | 수리능력

## 제1장 자료해석

### 유형공략문제
p.150

| 01 | 02 | 03 | 04 | 05 | 06 | 07 | 08 | 09 | 10 |
|----|----|----|----|----|----|----|----|----|----|
| ② | ⑤ | ③ | ④ | ② | ④ | ⑤ | ② | ② | ② |
| 11 | 12 | 13 | 14 | 15 | 16 | 17 | 18 | 19 | 20 |
| ④ | ① | ④ | ④ | ④ | ④ | ⑤ | ③ | ③ | ② |
| 21 | 22 | 23 | 24 | 25 | 26 | 27 | 28 | 29 | 30 |
| ② | ② | ④ | ③ | ① | ② | ① | ③ | ② | ⑤ |

## 01
정답 ②

2019년 전체 차년도 적정 최저임금은 전년 대비 9,235−9,202=33원 하락하였으므로 옳지 않은 설명이다.

오답 체크

① 제시된 기간 동안 남성은 여성보다 매년 차년도 적정 최저임금이 더 높으므로 옳은 설명이다.

③ 2020년에 20세 미만 차년도 적정 최저임금이 9,284원으로 가장 높고, 20대도 9,316원, 30대도 9,369원으로 가장 높으므로 옳은 설명이다.

④ 2017년부터 2020년까지 4개년 차년도 적정 최저임금의 평균은 고졸 이하가 (8,890+9,193+9,308+9,361)/4=9,188원이고, 대졸 이상이 (8,822+9,239+9,196+9,368)/4≒9,156원이므로 옳은 설명이다.

⑤ 2020년 전체 차년도 적정 최저임금은 2017년 대비 {(9,346−8,783)/8,783}×100≒6.4% 상승하였으므로 옳은 설명이다.

## 02
정답 ⑤

2019년에 종사자 수가 5,000명 이상인 업종은 제조업용 로봇, 로봇 부품 및 소프트웨어, 로봇 시스템, 로봇 서비스이고, 4개 업종의 총매출액은 2,944+1,755+1,444+1,960=8,103십억 원이므로 옳지 않은 설명이다.

오답 체크

① 2020년 로봇산업 전체 종사자 수는 전년 대비 50,747−47,849=2,898명 감소하였으나 전체 기업 수는 4,340−4,310=30개 증가하였으므로 옳은 설명이다.

② 2020년 로봇산업 전체 매출액에서 수출액이 차지하는 비중은 (1,325/9,185)×100≒14.4%이므로 옳은 설명이다.

③ 2020년 매출액이 1,000십억 원 이상인 업종 중 기업 1개당 매출액은 제조업용 로봇이 2,866/558≒5.1십억 원, 로봇 부품 및 소프트웨어가 1,750/1,411≒1.2십억 원, 로봇 시스템이 1,557/612≒2.5십억 원, 로봇 서비스가 1,793/1,137≒1.6십억 원으로 기업 1개당 매출액이 가장 큰 업종은 제조업용 로봇이므로 옳은 설명이다.

④ 무역수지=수출액−수입액을 적용하여 구하면 로봇산업 무역수지는 2019년에 1,337−918=419억 원, 2020년에 1,325−969=356억 원으로 2020년 로봇산업 무역수지는 전년 대비 감소하였으므로 옳은 설명이다.

### 빠른 문제 풀이 Tip

⑤ 수치가 더 작은 것으로 계산한다.

2019년에 종사자 수가 5,000명 이상인 업종은 제조업용 로봇, 로봇 부품 및 소프트웨어, 로봇 시스템, 로봇 서비스이므로 이에 해당하지 않는 업종은 전문 서비스용 로봇, 개인 서비스용 로봇, 로봇 임베디드이다. 이에 따라 전체 매출액에서 위 업종의 매출액을 빼면 9,060−(320+316+321)=8,103십억 원임에 따라 2019년에 종사자 수가 5,000명 이상인 업종의 총매출액은 8,200십억 원 미만임을 알 수 있다.

## 03
정답 ③

20대와 30대 전체 다문화 가구원 인원수는 714+1,314+1,825+3,268=7,121명이고, 30대 여성 인원수는 3,268명이다.

따라서 20대와 30대 전체 다문화 가구원 인원 중 30대 여성 인원이 차지하는 비중은 (3,268/7,121)×100≒45.9%이다.

## 04

제시된 자료에 따르면 접수 우편물량 그래프는 2007년부터 2009년까지 일직선으로 연결되므로 2008년의 접수 우편물량은 2007년과 2009년 접수 우편물량의 평균값이 된다.
따라서 2008년 접수 우편물량을 예측했을 때 가장 타당한 값은 (4,942 + 4,832) / 2 = 4,887백만 통이다.

## 05

a. 매 분기 3개월 미만인 닭과 3개월 이상인 닭이 각각 10,000천 마리 이상인 지역은 경기, 충남, 경북 세 곳이므로 옳은 설명이다.

d. 4분기에 3개월 미만 닭 마릿수와 3개월 이상 닭 마릿수의 차이가 가장 큰 지역은 25,916 - 5,879 = 20,037천 마리 차이가 나는 전북이므로 옳은 설명이다.

오답 체크

b. 경기의 1일 평균 식용 계란 생산량이 가장 많은 4분기에 전국 1일 평균 식용 계란 생산량에서 경기가 차지하는 비중은 (11,655 / 44,275) × 100 ≒ 26.3%이므로 옳지 않은 설명이다.

c. 한 분기를 90일로 가정하면 3분기 경기의 식용 계란 생산량은 9,401 × 90 = 846,090천 개이고, 3분기 경기의 전체 닭 마릿수는 13,216 + 15,732 = 28,948천 마리로 3분기 경기의 전체 닭 1마리당 식용 계란 생산량은 846,090 / 28,948 ≒ 29.2개이므로 옳지 않은 설명이다.

## 06

㉠ 6월 여성 외국인 출국자는 지난달 대비 2,544명 더 많으므로 9,342 + 2,544 = 11,886명이다.
㉡ 5월 남성 내국인 출국자의 절반은 6,215 / 2 = 3,107.5명이므로 5월 여성 내국인 출국자는 3,108명 이상이다.
따라서 ㉠은 11,886, ㉡은 4,667인 ④가 정답이다.

## 07

2020년 항생제 판매량이 가장 많은 축종은 돼지이고, 2020년 전체 항생제 판매량 중 돼지 항생제 판매량은 (501 / 895.1) × 100 ≒ 56.0%이므로 옳지 않은 설명이다.

오답 체크

① 2020년 항생제와 항콕시듐제의 총판매량이 4년 전 대비 감소한 축종은 닭과 수산용이고, 감소량은 닭 156.5 - 154.6 = 1.9천kg, 수산용이 235.8 - 158.8 = 77천kg으로 옳은 설명이다.
② 제시된 기간 동안 소와 닭의 항생제 판매량은 모두 2017년부터 2019년까지 전년 대비 증가하였고, 2020년에 전년 대비 감소하였으므로 옳은 설명이다.
③ 2017년 돼지 항생제 판매량은 전년 대비 531.3 - 496.2 = 35.1천kg 증가하였으므로 옳은 설명이다.
④ 전체 항생제 판매량은 2018년부터 매년 전년 대비 감소하므로 옳은 설명이다.

## 08

b. 2013년 보물 석조문화재 수의 전년 대비 증가율은 {(494 - 490) / 490} × 100 ≒ 0.8%로 같은 해 보물 목조문화재 수의 전년 대비증가율인 {(144 - 143) / 143} × 100 ≒ 0.7%보다 크므로 옳은 설명이다.

c. 제시된 기간 동안 전체 건축문화재 수가 전년 대비 가장 많이 증가한 해는 (557 - 552) + (159 - 151) = 13건 증가한 2011년이므로 옳은 설명이다.

오답 체크

a. 2015년 석조문화재 수는 569건으로 목조문화재 수의 3배인 176 × 3 = 528건보다 많으므로 옳지 않은 설명이다.

d. 전체 목조문화재 수에서 국보 목조문화재 수가 차지하는 비중은 2014년과 2015년에 각각 (24 / 175) × 100 ≒ 13.7%, (24 / 176) × 100 ≒ 13.6%이므로 옳지 않은 설명이다.

## 09

15~19세 응답자 수는 500명, 40~49세 응답자 수는 750명이라면, 여가 시간이 늘어날 것이라는 전망에 매우 동의한다고 응답한 인원수는 15~19세가 500 × 0.116 = 58명, 40~49세가 750 × 0.088 = 66명으로 15~19세가 40~49세보다 적으므로 옳지 않은 설명이다.

오답 체크

① 30~39세의 응답 문항별 응답 인원수와 응답 비율은 비례하며, 일자리가 줄어들 것이라는 전망에 대체로 동의한다고 응답한 비율은 매우 동의한다고 응답한 비율의 57.3 / 18.3 ≒ 3.1배이므로 옳은 설명이다.
③ 모든 연령에서 전망별 응답 비율이 가장 높은 응답 문항은 모두 대체로 동의함이므로 옳은 설명이다.
④ 빈부격차가 심해질 것이라는 전망에 별로 동의하지 않는다고 응답한 연령 중 응답 비율이 세 번째로 낮은 연령은 40~49세이므로 옳은 설명이다.
⑤ 30~59세에서 연령대가 높아질수록 응답 비율이 낮아지는 응답 문항은 일자리가 줄어들 것이라는 전망에 1개, 경제 성장에 도움이 될 것이라는 전망에 1개, 빈부격차가 심해질 것이라는 전망에 2개, 여가 시간이 늘어날 것이라는 전망에 1개로 전망별로 적어도 1개씩 있으므로 옳은 설명이다.

## 10

2004년 제1군 법정감염병 전체 발생 건수에서 세균성 이질 발생 건수가 차지하는 비중은 (487 / 834) × 100 ≒ 58.4%이므로 옳지 않은 설명이다.

오답 체크

① A형 간염을 제외한 제1군 법정감염병 발생 건수는 2001~2010년 중 2001년이 1,537건으로 가장 많고 2011~2016년 모두 1,000건을 넘지 않으므로 옳은 설명이다.
③ 장티푸스의 발생 건수가 두 번째로 많은 2014년의 장티푸스 발생 건수는 251건으로 같은 해 파라티푸스 발생 건수인 37건보다 많으므로 옳은 설명이다.

④ 콜레라는 2001년에 162건이 발생하였으나 2002년 이후에는 발생 건수가 20건 미만으로 급격히 감소하였으므로 옳은 설명이다.

⑤ 2006년 대비 2016년 장출혈성대장균감염증의 증가율은 {(104 - 37) / 37} × 100 ≒ 181.1%이므로 옳은 설명이다.

## 11 _____ 정답 ④

4월 국내여행 1회당 지출액이 모두 동일하다면 같은 달 중학교 학력의 국내여행 1천 회당 지출액은 3,285 / 27,897 ≒ 0.12십억 원 ≒ 1.2억 원이므로 옳지 않은 설명이다.

[오답 체크]

① 국내여행 지출액이 가장 적었던 달은 6월이고 국내여행 횟수가 가장 적었던 달은 1월이므로 옳은 설명이다.

② 1~3월 국내여행 지출액의 평균은 (3,368 + 4,363 + 3,528) / 3 = 3,753십억 원이므로 옳은 설명이다.

③ 5월 국내여행 횟수는 대학교 이상 학력이 고등학교 학력보다 15,355 - 10,582 = 4,773천 회 더 많으므로 옳은 설명이다.

⑤ 여자의 국내여행 횟수가 남자의 국내여행 횟수보다 많은 달은 2월뿐이므로 옳은 설명이다.

[12-13]

## 12 _____ 정답 ①

방류량이 유입량보다 적은 댐은 합천댐이며, 합천댐의 유입량은 588.5백만m³, 방류량은 481.2백만m³이다.
따라서 합천댐의 유입량 대비 방류량의 비율은 481.2 / 588.5 ≒ 0.82이다.

## 13 _____ 정답 ④

저수용량 = 평균 저수량 × 100 / 평균 저수율임을 적용하여 구한다.
평균 저수량이 방류량보다 적은 댐은 대청댐, 섬진강댐, 충주댐이고, 각 댐의 저수용량은 대청댐이 1,023.0 × 100 / 68.7 ≒ 1,489백만m³, 섬진강댐이 262.8 × 100 / 56.4 ≒ 466백만m³, 충주댐이 1,504.7 × 100 / 54.7 ≒ 2,751백만 m³이다.
따라서 대청댐, 섬진강댐, 충주댐의 저수용량 합은 1,489 + 466 + 2,751 ≒ 4,706백만m³이다.

## 14 _____ 정답 ④

2020년 6월 연비가 12km/L인 자동차에 무연 보통 휘발유를 30,000원만큼 주유했다면 자동차에 주유한 무연 보통 휘발유량은 30,000(원) / 1,323(원/L) ≒ 22.7로 주행가능 거리는 22.7 × 12 ≒ 272km이므로 옳은 설명이다.

[오답 체크]

① 2020년 2월 이후 무연 보통 휘발유 가격이 전월보다 비싼 2020년 6월에 실내등유 가격도 전월보다 비싸므로 옳지 않은 설명이다.

② 2020년 5월 주유소 제품 가격의 2개월 전 대비 감소율은 무연 보통 휘발유가 {(1,469 - 1,255) / 1,469} × 100 ≒ 14.6%, 자동차용 경유가 {(1,281 - 1,066) / 1,281} × 100 ≒ 16.8%이므로 옳지 않은 설명이다.

③ 2020년 2월 이후 무연 보통 휘발유의 제조지급 평균 가격은 모두 2020년 5월까지 전월 대비 감소하다가 2020년 6월에 전월 대비 증가하였으므로 옳지 않은 설명이다.

⑤ 2020년 2월 실내등유 가격은 전월 대비 1L당 975 - 968 = 7원 감소하였고, 같은 달 자동차용 경유 가격은 전월 대비 1L당 1,398 - 1,370 = 28원 감소하였으므로 옳지 않은 설명이다.

[빠른 문제 풀이 **Tip**]

② 분자와 분모의 크기를 비교한다.
2020년 3월 대비 5월 주유소 제품 가격의 감소율(%) = {(2020년 3월 주유소 제품 가격 - 2020년 5월 주유소 제품 가격) / 2020년 3월 주유소 제품 가격} × 100이며, 분모에 해당하는 2020년 3월 무연 보통 휘발유 가격이 자동차용 경유 가격보다 비싸고 분자에 해당하는 2020년 5월 제품 가격의 2개월 전 대비 감소량은 무연 보통 휘발유가 1,469 - 1,255 = 214원/L, 자동차용 경유가 1,281 - 1,066 = 215원/L로 무연 보통 휘발유가 자동차용 경유보다 작으므로 감소율은 무연 보통 휘발유가 자동차용 경유보다 작음을 알 수 있다.

## 15 _____ 정답 ④

㉠ 1분기 30대 여성 취업자 수는 2,974천 명으로 30대 남성 취업자 수보다 699천 명 많으므로 1분기 30대 취업자 수는 2,974 + 2,974 - 699 = 5,249천 명이다. 고용률 = (취업자 수 / 인구수) × 100임을 적용하여 구하면 1분기 30대 고용률은 (5,249 / 7,035) ≒ 74.6%가 된다.

㉡ 4분기 전체 인구수는 전 분기 대비 73천 명 증가하여 45,106 + 73 = 45,179천 명이므로 4분기 60대 이상 인구수는 45,179 - 2,279 - 6,418 - 6,940 - 8,142 - 8,565 = 12,835명이 된다.

따라서 ㉠은 74.6, ㉡은 12,835인 ④가 정답이다.

## 16 _____ 정답 ④

융자회수 = 중앙정부 총지출 규모(경상지출 + 자본지출 + 융자지출) - 중앙정부 통합재정 규모(경상지출 + 자본지출 + 융자지출 - 융자회수)임을 적용하여 구한다.
중앙정부 총지출 규모가 처음으로 400조 원을 넘은 2017년에 융자회수금액은 400.5 - 379.8 = 20.7조 원이므로 옳은 설명이다.

[오답 체크]

① 2019년 중앙정부 통합재정 규모의 전년 대비 증가율은 {(439.9 - 397.7) / 397.7} × 100 ≒ 10.6%이므로 옳지 않은 설명이다.

② 2018년 공무원 인건비는 전년 대비 35.7 - 33.4 = 2.3조 원 증가하였으므로 옳지 않은 설명이다.

③ 2018년 사회복지비에서 예산이 차지하는 비중은 {51.3 / (51.3 + 98.4)} × 100 ≒ 34.3%이므로 옳지 않은 설명이다.

⑤ 일반예비비는 매년 1.2조 원으로 동일하지만, 목적예비비는 2016년에 전년 대비 증가하였고 2017년에 전년 대비 감소하였으므로 옳지 않은 설명이다.

빠른 문제 풀이 **Tip**

③ 2018년 사회복지비의 50%에 해당하는 값을 찾아 이를 2018년 예산과 비교한다.
2018년 사회복지비인 51.3 + 98.4 = 149.7조 원의 절반에 해당하는 값은 149.7 / 2 = 74.85조 원이며, 이는 2018년 예산인 51.3조 원보다 크므로 2018년 사회복지비에서 예산이 차지하는 비중은 50%를 넘지 않음을 알 수 있다.

## 17

정답 ⑤

2022년 국내 대학의 총 외국인 유학생 수는 64 + 90 = 154천 명이고, 국외 대학(학위)의 한국인 유학생 수는 164천 명이므로 옳지 않은 설명이다.

오답 체크

① 2017년 국내 대학의 총 외국인 유학생 수는 23 + 33 = 56천 명이므로 옳은 설명이다.
② 2018년 국내외 총 유학생 수는 12 + 9 + 6 + 124 + 218 + 32 + 49 = 450천 명이므로 옳은 설명이다.
③ 2020년 국외 초, 중, 고등학교 한국인 유학생 수의 합인 8 + 6 + 4 = 18천 명은 국내 대학(학위 + 연수)과 국내 대학(학위) 외국인 유학생 수의 차인 76 - 51 = 25천 명보다 작으므로 옳은 설명이다.
④ 2021년 국외 초등학교 한국인 유학생인 9천 명은 고등학교 한국인 유학생인 4천 명의 2배 이상이므로 옳은 설명이다.

## 18

정답 ③

도시계획세 징수액이 20억 원을 넘은 해는 2012년이고, 2012년 도시계획세 징수액의 400배는 27 × 400 = 10,800억 원으로 지방교육세 징수액보다 크므로 옳지 않은 설명이다.

오답 체크

① 2017년 재산세 징수액은 2012년 대비 106,621 - 80,492 = 26,129억 원 증가하였고, 2017년 지역자원시설세 징수액은 2012년 대비 12,287 - 7,884 = 4,403억 원 증가하였으므로 옳은 설명이다.
② 전체 보유세 징수액은
2012년에 80,492 + 7,884 + 27 + 10,576 = 98,979억 원,
2013년에 82,651 + 8,212 + 15 + 10,809 = 101,687억 원,
2014년에 87,791 + 9,971 + 10 + 11,411 = 109,183억 원,
2015년에 92,937 + 10,789 + 1 + 12,061 = 115,788억 원,
2016년에 99,299 + 11,629 + 12,906 = 123,834억 원,
2017년에 106,621 + 12,287 + 13,792 = 132,700억 원이므로 옳은 설명이다.
④ 지역자원시설세와 지방교육세의 징수액 차이는 2014년에 11,411 - 9,971 = 1,440억 원, 2012년에 10,576 - 7,884 = 2,692억 원으로 2014년에 2년 전 대비 감소하였으므로 옳은 설명이다.

⑤ 2015년 전체 보유세 징수액은 92,937 + 10,789 + 1 + 12,061 = 115,788억 원으로 전체 보유세 징수액에서 재산세 징수액이 차지하는 비중은 (92,937 / 115,788) × 100 ≒ 80.3%이므로 옳은 설명이다.

빠른 문제 풀이 **Tip**

② 2013년 이후 도시계획세를 제외한 나머지 보유세 항목별 징수액은 매년 전년 대비 증가하였고, 도시계획세는 2016년까지 전년 대비 감소하였지만 도시계획세의 전년 대비 감소량은 나머지 보유세 항목별 징수액의 선년 대비 증가량에 비해 매우 작아 전체 보유세 징수액은 매년 전년 대비 증가하였음을 알 수 있다.

## 19

정답 ③

㉠ 2020년 인천의 주민등록인구 수는 2,943천 명이므로 천 명당 병상 수는 {35,078 / (2,943 × 1,000)} × 1,000 ≒ 11.9개이다.
㉡ 제시된 기간 동안 대전의 천 명당 병상 수가 가장 많은 해는 2020년이고, 2020년 대전의 총 병상 수는 전년 대비 586개 증가하여 23,417 + 586 = 24,003개이다.
㉢ 제시된 기간 동안 전체 총 병상 수가 처음으로 전년 대비 감소한 해는 2019년이고, 같은 해 대전의 총 병상 수의 3배는 23,417 × 3 = 70,251개이므로 70,251개 미만이다.
따라서 ㉠은 11.9, ㉡은 24,003, ㉢은 69,862인 ③이 정답이다.

## 20

정답 ②

기타 유형에 관한 신고 건수는 2017년에 1,168건으로 가장 적은 신고 건수를 기록하였으므로 옳은 설명이다.

오답 체크

① 개인 정보 침해 신고 건수는 2021년에 전년 대비 감소하였으므로 옳지 않은 설명이다.
③ 2016년과 2017년에는 전체 신고 건수 중 절반 이상이 주민번호 등 타인 정보도용에 관한 신고이지만 나머지 연도는 절반 이상이 아니므로 옳지 않은 설명이다.
④ 2022년에 전년 대비 신고 건수의 변화량이 가장 큰 유형은 전년 대비 38,414 - 23,893 = 14,521건 증가한 법 적용 불가 침해사례에 관한 신고 건수이므로 옳지 않은 설명이다.
⑤ 2017년에 신고가 가장 많이 접수된 개인 정보 침해 유형은 9,810건 접수된 주민번호 등 타인 정보도용이고, 신고가 가장 적게 접수된 유형은 771건 접수된 회원탈퇴 또는 정정요구불응이다. 따라서 2017년에 신고가 가장 많이 접수된 개인 정보 침해 유형은 가장 적게 접수된 유형의 9,810 / 771 ≒ 12.7배이므로 옳지 않은 설명이다.

## 21
정답 ②

12월 전체 여객 수는 3,155+3,178=6,333천 명이고, 10월 전체 여객 수는 3,468+3,473=6,941천 명으로 12월 전체 여객 수는 10월 대비 6,941-6,333=608천 명 감소하였으므로 옳은 설명이다.

오답 체크

① 11월 전체 운항편 수는 지난달 대비 감소하였으나, 12월 전체 운항편 수는 지난달 대비 증가하였으므로 옳지 않은 설명이다.
③ 4분기 동안 도착 운항편 수가 가장 많은 상위 3개 항공사는 10월, 11월, 12월 모두 대한항공, 아시아나항공, 제주항공이므로 옳지 않은 설명이다.
④ 에어프레미아의 11월 운항편 수는 0편이므로 옳지 않은 설명이다.
⑤ 4분기 중 출발 여객 수가 가장 적은 12월에 출발 운항편 수가 1,000편 미만인 운항사는 에어인천, 에어서울, 플라이강원, 에어로케이항공, 에어프레미아이고, 5개 사의 12월 출발 운항편 수의 평균은 (174+885+152+51+3)/5=253편이므로 옳지 않은 설명이다.

## 22
정답 ②

도착 여객 수가 가장 많은 11월에 전체 도착 운항편 수는 25,070편이고, 11월 도착 운항편 수에서 가장 높은 비중을 차지하는 대한항공의 운항편 수는 5,263편이다.
따라서 11월 전체 도착 운항편 수에서 대한항공의 운항편 수가 차지하는 비중은 (5,263/25,070)×100≒21.0%이다.

## 23
정답 ④

2015년부터 2017년까지 3년 동안 발생한 세 가지 설비 유형의 전기 고장 건수를 계산하면 다음과 같다.
발전설비 유형의 전기 고장 건수는 (200×0.30)+(220×0.24)+(160×0.27)=156건, 송전설비 유형의 전기 고장 건수는 (200×0.50)+(220×0.46)+(160×0.45)=273.2건, 변전설비 유형의 전기 고장 건수는 (200×0.20)+(220×0.30)+(160×0.28)=150.8건이다.
따라서 3년 동안 가장 많이 발생한 전기 고장 유형은 송전설비, 가장 적게 발생한 전기 고장 유형은 변전설비이다.

## 24
정답 ③

도매업과 기술 서비스업 각각의 전체 종사자 수가 제시되지 않아 60세 이상 종사자 수를 알 수 없으므로 옳지 않은 설명이다.

오답 체크

① 전체 종사자에서 40세 미만 종사자인 30세 미만, 30~39세 종사자가 차지하는 비중은 모두 도매업이 기술 서비스업보다 높으므로 옳은 설명이다.

② 도매업과 기술 서비스업 모두 연령별 종사자의 비중이 30대가 가장 높고, 60대 이상이 가장 낮다. 종사자 수 또한 이와 같으므로 옳은 설명이다.
④ 기술 서비스업의 30세 미만 종사자 비중은 12.7%로, 40대 종사자 비중의 50%인 29.9×0.5=15.0%에 미치지 못하므로 옳은 설명이다.
⑤ 도매업에서 40세 미만 종사자의 비중은 15.3+45.1=60.4%이므로 옳은 설명이다.

## 25
정답 ①

㉠ 2019년 운영 구급차 1대당 구급대원 수는 A가 621/69=9명, B가 548/69≒8명, C가 270/30=9명, D가 213/25≒9명으로 가장 적은 B가 인천이다.
㉣ 2018년 이후 운영 구급차 수가 매년 전년 대비 증가한 지역은 A와 B이고, B는 인천이므로 A가 부산이다.
㉡ 2018년 A의 구급대원 수는 운영 구급차 수의 603/67=9배, B는 486/67≒7.3배, C는 270/30=9배, D는 183/25≒7.3배로 구급대원 수가 운영 구급차 수의 9배인 지역은 A와 C이고, A는 부산이므로 C가 광주이다.
㉢ 2019년 구급대원 수의 2년 전 대비 증가 인원은 A가 621-513=108명, B가 548-465=83명, C가 270-205=65명, D가 213-183=30명이므로 50명 이하인 D가 울산이다.
따라서 A는 부산, B는 인천, C는 광주, D는 울산인 ①이 정답이다.

## 26
정답 ②

제시된 자료에 따르면 2020년 관능검사의 부적합 건수는 2019년 대비 감소하였으므로 69건보다 적다. 또한, 2020년 부적합 건수는 검사 방법 중 서류검사가 가장 적으므로 관능검사의 부적합 건수는 25건보다 많고, 2020년부터 무작위표본검사의 부적합 건수는 관능검사의 부적합 건수보다 많으므로 관능검사의 부적합 건수는 52건보다 적음을 알 수 있다.
따라서 2020년 관능검사의 부적합 건수로 가장 타당한 값은 47건이다.

## 27
정답 ①

㉠ 2018년 개인 소유 주택 수가 세 번째로 적은 대구의 2016년 개인 소유 주택 수와 아파트 수의 차이는 222천 호이며, 2017년 대구의 개인 소유 주택 수는 전년 대비 증가하여 2017년 대구의 개인 소유 아파트 수도 전년 대비 증가하였으므로 2016년 대구의 개인 소유 아파트 수는 2017년보다 적은 685-222=463천 호이다.

해커스 20대기업 인적성 통합 기본서 최신기출유형+실전문제

ⓒ 2017년 소재지별 개인 소유 주택 수와 아파트 수의 전년 대비 증감 추이는 동일하며, 2017년 대전의 개인 소유 아파트 수가 전년 대비 감소하였으므로 2017년 대전의 개인 소유 주택 수도 전년 대비 감소하였다. 이때 모든 소재지의 개인 소유 주택 수는 매년 420천 호보다 많으므로 2017년 대전의 개인 소유 주택 수는 420천 호보다 크고 422천 호보다 작은 421천 호이다.

ⓒ 2018년 광주의 개인 소유 아파트 수의 2016년 대비 증가량은 2018년 대전의 개인 소유 아파트 수의 2016년 대비 증가량인 306−297=9천 호의 2배보다 1천 호 더 적은 9×2−1=17천 호이므로 2018년 광주의 개인 소유 아파트 수는 323+17=340천 호이다.

따라서 ⊙은 463, ⓒ은 421, ⓒ은 340인 ①이 정답이다.

## 28           정답 ③

제시된 자료에 따르면 5월 원자재 품목별 수입 단가는 침엽수류가 819US$/톤, 활엽수류가 650US$/톤, 폐골판지가 250US$/톤, 폐신문지가 208US$/톤, 철스크랩이 460US$/톤이므로 옳은 그래프는 ③이다.

[오답 체크]

① 3월 활엽수류 수입 단가는 501US$/톤이지만, 이 그래프에서는 600US$/톤보다 400US$/톤에 가깝게 나타나므로 옳지 않은 그래프이다.

② 4월 침엽수류 수입 단가는 729US$/톤이지만, 이 그래프에서는 700US$/톤보다 낮게 나타나므로 옳지 않은 그래프이다.

④ 3월 철스크랩 수입 단가는 1월보다 증가하였지만, 이 그래프에서는 1월보다 감소한 것으로 나타나므로 옳지 않은 그래프이다.

⑤ 6월 수입 단가는 폐골판지가 폐신문지보다 높지만, 이 그래프에서는 폐골판지가 폐신문지보다 낮게 나타나므로 옳지 않은 그래프이다.

## 29           정답 ②

중장년층 전체 인구수는 2018년에 7,289+2,660+5,185+4,690=19,824명, 2019년에 7,418+2,612+5,343+4,608=19,981명, 2020년에 7,499+2,584+5,541+4,462=20,086명이지만 그래프에서는 2019년이 2020년보다 많게 나타나므로 옳지 않은 그래프는 ②이다.

## 30           정답 ⑤

제시된 자료에 따르면 2018년 여자 자원봉사자 연간 평균 봉사시간은 서울이 29.8시간, 부산이 32.5시간, 대구가 29.9시간, 인천이 35.5시간, 광주가 27.6시간, 대전이 26.7시간, 울산이 29.7시간으로 인천, 부산, 대구, 서울, 울산, 광주, 대전 순으로 길므로 옳은 그래프는 ⑤이다.

[오답 체크]

① 2018년 남자 고졸 자원봉사자 연간 평균 봉사시간은 24.6시간이지만, 이 그래프에서는 20.0시간보다 낮게 나타나므로 옳지 않은 그래프이다.

② 2008년 주요 도시별 여자 자원봉사자 연간 평균 봉사시간이 가장 짧은 도시는 대전이지만, 이 그래프에서는 울산이 가장 낮게 나타나므로 옳지 않은 그래프이다.

③ 2018년 대졸 이상 자원봉사자 연간 평균 봉사시간은 여자가 남자보다 길지만, 이 그래프에서는 여자가 남자보다 낮게 나타나므로 옳지 않은 그래프이다.

④ 2018년 여자 고졸 자원봉사자 연간 평균 봉사시간은 27.8시간이지만, 이 그래프에서는 28.0시간보다 높게 나타나므로 옳지 않은 그래프이다.

## 유형공략문제

p.198

| 01 | 02 | 03 | 04 | 05 | 06 | 07 | 08 | 09 | 10 |
|----|----|----|----|----|----|----|----|----|----|
| ⑤ | ③ | ③ | ③ | ③ | ④ | ③ | ④ | ④ | ⑤ |
| **11** | **12** | **13** | **14** | **15** | **16** | **17** | **18** | **19** | **20** |
| ④ | ② | ③ | ② | ③ | ③ | ④ | ⑤ | ⑤ | ① |
| **21** | **22** | **23** | **24** | **25** | **26** | **27** | **28** | **29** | **30** |
| ② | ③ | ① | ④ | ④ | ⑤ | ④ | ① | ② | ④ |

### 01
정답 ⑤

거리＝시간×속력임을 적용하여 구한다.
두 사람 중 속력이 더 빠른 사람의 속력을 $x$, 더 느린 사람의 속력을 $y$라고 하면
$45x-45y=90 \rightarrow x-y=2$ ··· ⓐ
$9x+9y=90 \rightarrow x+y=10$ ··· ⓑ
ⓐ+ⓑ에서 $x=6$, $y=4$
따라서 두 사람 중 속력이 더 빠른 사람의 속력은 6m/s이다.

### 02
정답 ③

속력＝$\frac{거리}{시간}$임을 적용하여 구한다.
기차 A는 1분 15초(＝75초)간 터널에 완전히 가려져 보이지 않았으므로 기차 A의 속력은 $\frac{5,000-500}{75}=60$m/s이고, 기차 B는 터널에 진입한 순간부터 완전히 빠져나오기까지 1분 20초(＝80초)가 걸렸으므로 기차 B의 속력은 $\frac{5,000+200}{80}=65$m/s이다.
두 기차가 동시에 터널로 진입 후 서로 마주치기까지 걸린 시간을 $x$라고 하면
(기차 A의 이동 거리)＋(기차 B의 이동 거리)＝(터널 길이)이므로
$60x+65x=5,000 \rightarrow 125x=5,000 \rightarrow x=40$
따라서 기차 A와 B가 동시에 터널로 진입 후 서로 마주치기까지 걸린 시간은 40초이다.

### 03
정답 ③

속력＝$\frac{거리}{시간}$임을 적용하여 구한다.
집과 집으로 되돌아간 지점 사이의 거리를 $x$라고 하면 정민이는 일정한 속력으로 이동함에 따라 집에서 출발하여 다시 집에 도착하는 데까지 걸린 8분 동안의 속력과 처

음 집에서 출발하여 헬스장에 도착하기까지 걸린 28분 동안의 속력은 같으므로
$\frac{2x}{8}=\frac{2x+2}{28} \rightarrow 2x\times28=(2x+2)\times8 \rightarrow x=0.4$
따라서 집과 집으로 되돌아간 지점 사이의 거리는 0.4km＝400m이다.

### 04
정답 ③

소금의 양＝소금물의 양×$\frac{소금물의 농도}{100}$임을 적용하여 구한다.
A 컵의 소금의 양은 200×0.1＝20g, B 컵의 소금의 양은 500×0.03＝15g이고, A 컵과 C 컵의 소금의 양은 총 65g이므로 C 컵의 소금의 양은 65−20＝45g이다. B 컵과 C 컵의 소금물을 섞었을 때의 농도가 7.5%이므로
$(500+y)\times0.075=15+45 \rightarrow y=300$
C 컵의 소금물이 300g이므로 농도는 $\frac{45}{300}\times100=15$%이다.
따라서 $x+y=315$이다.

### 05
정답 ③

소금의 양＝소금물의 양×$\frac{소금물의 농도}{100}$,
소금물의 양＝$\frac{소금의 양}{소금물의 농도}\times100$임을 적용하여 구한다.
마시던 물을 넣기 전 소금물의 소금의 양과 마시던 물을 넣은 후 소금물의 소금의 양은 서로 같다. 이에 따라 20% 농도 소금물 200g의 소금의 양이 $200\times\frac{20}{100}=40$g이므로 8% 농도 소금물의 소금의 양도 40g이다.
따라서 8% 농도의 소금물의 양은 $\frac{40}{8}\times100=500$g이다.

## 06

소금의 양=소금물의 양$\times\dfrac{\text{소금물의 농도}}{100}$임을 적용하여 구한다.

농도가 4%인 소금물에 농도가 13%인 소금물을 넣어 농도가 6%인 소금물 630g을 만들었으므로 농도가 4%인 소금물의 양을 $x$라고 하면 농도가 13%인 소금물의 양은 $630-x$이다. 이때, 소금물을 섞기 전과 후의 소금의 양은 같으므로

$x\times\dfrac{4}{100}+(630-x)\times\dfrac{13}{100}=630\times\dfrac{6}{100} \rightarrow 9x=630\times7$
$\rightarrow x=490$

따라서 농도가 4%인 소금물의 양은 490g이다.

**빠른 문제 풀이 Tip**

섞기 친 두 소금물의 농도와 섞은 후 소금물의 농도를 이용하여 계산한다.
섞기 전 두 소금물의 농도는 각각 4%, 13%이고 섞은 후 소금물의 농도는 6%이므로 농도가 4%인 소금물의 양이 농도가 13%인 소금물의 양보다 많음을 알 수 있다. 이를 이용하면 전체를 $13-4=9$로 보았을 때, 농도가 4%인 소금물이 $13-6=7$만큼, 농도가 13%인 소금물이 $6-4=2$만큼 섞여 있으므로 농도가 4%인 소금물의 양은 $630\times\dfrac{7}{9}=490$g임을 알 수 있다.

## 07

정답 ③

작업량=시간당 작업량 × 시간임을 적용하여 구한다.
전체 일의 양은 1이고, 지선이가 혼자 작업할 때 걸리는 시간을 $x$라고 할 때,
1시간 동안 PPT 작업을 한 일의 양은 윤정이가 $\dfrac{1}{3}$이고, 지선이가 $\dfrac{1}{x}$이다.
이때 윤정이와 지선이가 함께 작업을 하면 각각 능률이 1.5배 상승하여 1시간이 걸리므로

$\{(\dfrac{1}{3}+\dfrac{1}{x})\times1.5\}\times1=1 \rightarrow x=3$

따라서 지선이가 혼자 PPT 작업을 할 때 걸리는 시간은 3시간이다.

## 08

정답 ④

전체 일의 양을 1이라 하면
A가 혼자 작업할 때 걸리는 기간은 51일이므로 A가 하루 동안 할 수 있는 일의 양은 $\dfrac{1}{51}$이고,
B, C가 함께 작업할 때 걸리는 기간은 17일이므로 B, C가 함께 하루 동안 할 수 있는 일의 양은 $\dfrac{1}{17}$이다.
A, B, C가 함께 작업한 기간을 $x$라고 하면
A, B, C가 함께 작업하다가 마지막 5일 동안은 A를 제외하고 B, C만 작업했으므로

$(\dfrac{1}{51}+\dfrac{1}{17})\times x+\dfrac{1}{17}\times5=1 \rightarrow 4x+15=51 \rightarrow x=9$

따라서 전체 일을 끝내는 데 걸린 기간은 $9+5=14$일이다.

## 09

정답 ④

작업량=시간당 작업량×시간임을 적용하여 구한다.
민호가 15분 동안 운반하는 물품의 개수를 $x$라고 하면 현수는 민호보다 15분 동안 6개의 물품을 더 많이 운반하므로 현수가 15분 동안 운반하는 물품의 개수는 $x+6$이다. 이때 민호가 2시간 동안 운반하는 물품의 개수는 15분 동안 운반하는 물품의 개수의 8배이고, 현수가 1시간 30분 동안 운반하는 물품의 개수는 15분 동안 운반하는 물품의 개수의 6배이며, 민호가 2시간 동안 운반하는 물품의 개수와 현수가 1시간 30분 동안 운반하는 물품의 개수가 같으므로
$x\times8=(x+6)\times6 \rightarrow x=18$
따라서 민호와 현수가 1시간 동안 운반할 수 있는 물품은 총 $\{18+(18+6)\}\times4=168$개이다.

## 10

정답 ⑤

원가=정가-이익, 이익률=$\dfrac{\text{이익}}{\text{원가}}\times100$임을 적용하여 구한다.
만년필 250자루의 원가는 $(50{,}000\times250)-2{,}500{,}000=10{,}000{,}000$원이다.
따라서 만년필을 판매하여 얻은 이익률은 $\dfrac{2{,}500{,}000}{10{,}000{,}000}\times100=25.0\%$가 된다.

## 11

정답 ④

이익=판매가-원가(판매가>원가)임을 적용하여 구한다.
필통을 150개 판매하고 총 60,000원의 이익을 얻었으므로 필통 1개를 판매했을 때의 이익은 $\dfrac{60{,}000}{150}=400$원이다.
나래가 판매한 필통 1개의 정가를 $x$라고 하면
판매가는 정가에서 25%를 할인한 가격이므로
$400=x\times(1-0.25)-5{,}000 \rightarrow x=7{,}200$
따라서 나래가 판매한 필통 1개의 정가는 7,200원이다.

## 12

정답 ②

이익=원가×이익률임을 적용하여 구한다.
C가 원가 18,000원인 책을 120권 제작해 10%의 이익을 남겨 판매할 때 얻는 이익과 제작한 80권의 책을 판매하여 얻는 이익이 같아야 하므로
80권의 책에 책정해야 하는 이익률을 $x$라고 하면
$18{,}000\times0.1\times120=18{,}000\times\dfrac{x}{100}\times80 \rightarrow x=15$
따라서 C가 80권의 책을 판매하여 처음과 같은 이익을 남기기 위해 책정해야 하는 이익률은 15%이다.

**22** 온/오프라인 취업강의·무료 취업자료 ejob.Hackers.com

## 13

다영이가 가지고 있는 사탕의 개수를 $x$, 세훈이가 가지고 있는 사탕의 개수를 $y$라고 하면
$3(x-7)=y+7 \to 3x-y=28$ ⋯ ⓐ
$x+7=(y-7)+12 \to x-y=-2$ ⋯ ⓑ
ⓐ-ⓑ에서 $x=15$, $y=17$
따라서 두 사람이 처음에 가지고 있는 사탕은 총 $15+17=$ 32개가 된다.

## 14
정답 ②

게임에서 비기는 경우는 없으며, 게임은 7번 진행되었으므로 가온이가 게임에서 이긴 횟수를 $x$라고 하면 진 횟수는 $7-x$이고, 이에 따라 나온이가 게임에서 이긴 횟수는 $7-x$, 진 횟수는 $x$이다.
이때 게임에서 이기면 사탕 3개를 얻고 지면 사탕 2개를 잃으므로
$12+3(7-x)-2x=23 \to -5x=-10 \to x=2$
따라서 게임이 끝난 후 가온이의 사탕은 $16+(3\times2)-(2\times5)=12$개이다.

## 15
정답 ③

나이가 많은 사람의 나이는 나이가 적은 사람의 3배이므로 나이가 많은 사람의 나이를 $x$라고 하면 나이가 적은 사람의 나이는 $\frac{1}{3}x$이다.
두 사람의 나이 차이는 22살이므로
$x-\frac{1}{3}x=22 \to x=33$
따라서 나이가 많은 사람의 나이는 33살이다.

## 16
정답 ③

하루에 만드는 빵과 과자의 개수를 각각 $x$, $y$라고 하면 하루에 사용할 수 있는 밀가루와 설탕의 양이 각각 10kg, 7kg이므로
$0.4x+0.2y\le10 \to y\le-2x+50$ ⋯ ⓐ
$0.1x+0.2y\le7 \to y\le-\frac{1}{2}x+35$ ⋯ ⓑ
한편, 빵과 과자를 각각 1개씩 팔아서 얻는 이익이 1만 원으로 같으므로 하루에 얻을 수 있는 이익을 $k$라 하면
$k=x+y$이다.
또한, 빵과 과자의 개수는 $x\ge0$, $y\ge0$, $y\le-2x+50$, $y\le-\frac{1}{2}x+35$를 만족하는 그래프의 영역이다.
이때 $y=-x+k$가 $y=-2x+50$, $y=-\frac{1}{2}x+35$ 그래프의 교점을 지날 때 $k$의 값이 최대가 되므로
$y=-2x+50$ ⋯ ⓐ′
$y=-\frac{1}{2}x+35$ ⋯ ⓑ′

ⓐ′-ⓑ′에서 $\frac{3}{2}x=15 \to x=10$, $y=30$이다.
따라서 이 제과점이 하루에 얻을 수 있는 최대 이익은 $10+30=40$만 원이다.

## 17
정답 ④

주은이의 월소득을 $x$, 소은이의 월소득을 $y$라고 하면
$(0.125x+0.1y)\times5=300 \to 0.125x+0.1y=60$ ⋯ ⓐ
$0.125x=0.1y$ ⋯ ⓑ
ⓑ를 ⓐ에 대입하여 풀면
$0.25x=60 \to x=240$, $y=300$
따라서 두 사람의 월소득 차이는 $300-240=60$만 원이다.

**빠른 문제 풀이 Tip**

주은이와 소은이가 한 달 동안 내는 금액은 각각 $0.125x$, $0.1y$로 서로 동일하고, 5개월 동안 모은 여행자금의 누적액이 300만 원이므로 주은이와 소은이가 한 달 동안 내는 금액은 각각 $\frac{300}{5}\times\frac{1}{2}=30$만 원이다.
이에 따라 주은이와 소은이의 월소득은 각각 아래와 같다.
$0.125x=30 \to x=240$, $0.1y=30 \to y=300$

## 18
정답 ⑤

헌혈을 한 사람의 수를 $x$라고 하면
헌혈을 한 여자의 수는 $0.2x$이고,
헌혈을 한 사람 중 혈액형이 B형인 여자의 수는 $\frac{1}{3}\times0.2x$이다.
$\frac{1}{3}\times0.2x=5 \to x=75$
따라서 헌혈을 한 사람은 총 75명이다.

## 19
정답 ⑤

상자의 개수를 $x$라고 하면
상자 하나에 반지를 5개씩 넣으면 반지가 2개 남으므로 반지의 개수는 $5x+2$이다.
반지를 7개씩 넣으면 상자가 1개 남으며 반지를 넣은 마지막 상자에는 반드시 7개의 반지가 들어있지 않을 수도 있으므로 반지가 7개씩 들어있는 상자의 개수는 $x-2$이다.
그러므로 반지의 최소 개수는 $7(x-2)+1$이고, 반지의 최대 개수는 $7(x-2)+7$이다.
$7(x-2)+1\le5x+2 \to 7x-13\le5x+2 \to x\le7.5$ ⋯ ⓐ
$7(x-2)+7\ge5x+2 \to 7x-7\ge5x+2 \to x\ge4.5$ ⋯ ⓑ
ⓐ와 ⓑ의 공통 범위는 $4.5\le x\le7.5$이고 $x$는 양의 정수이므로 $x=5$ 또는 $x=6$ 또는 $x=7$이다.
따라서 상자의 개수로 가능한 수들의 합은 $5+6+7=18$이다.

해커스 20대기업 인적성 통합 기본서 최신기출유형+실전문제

## 20

책 1권의 가격을 $x$라고 하면

$\dfrac{90,000}{6} < x \leq \dfrac{90,000}{5}$

→ $15,000 < x \leq 18,000$ → $45,000 < 3x \leq 54,000$

따라서 45,300원으로 구매할 수 있는 책은 최대 3권이다.

## 21

서로 다른 n개에서 순서를 고려하지 않고 r개를 택하는 경우의 수는 $_nC_r = \dfrac{n!}{r!(n-r)!}$ (단, $0 < r \leq n$)임을 적용하여 구한다.

ID의 맨 앞자리에 입력할 수 있는 문자의 수는 알파벳 a, e, i, o, u 중 1개를 뽑는 경우의 수와 같으므로 $_5C_1 = \dfrac{5!}{1!4!} = 5$가지이다. ID의 나머지 네 자리에 입력할 수 있는 문자와 숫자의 수는 맨 앞자리에 사용된 알파벳 1개를 제외한 나머지 4개와 숫자 10개 중 각각 2개를 무작위로 뽑아 한 줄로 배열하는 경우의 수와 같으므로 $_4C_2 \times _{10}C_2 \times 4! = \dfrac{4!}{2!2!} \times \dfrac{10!}{2!8!} \times 4! = 6,480$가지이다.

따라서 사이트에 회원 가입을 할 수 있는 회원수는 최대 $5 \times 6,480 = 32,400$명이다.

## 22

서로 다른 n개에서 중복을 허락하지 않고 r개를 택하여 한 줄로 배열하는 경우의 수 $_nP_r = n \times (n-1) \times (n-2) \times \cdots \times (n-r+1)$임을 적용하여 구한다.

서로 다른 화분 8개를 사장 사무실, 이사 사무실 2곳에 매일 다른 조합으로 각각 한 개씩 배치해야 하므로 8개의 화분 중 2개를 선택하여 배치하는 방법과 같다.

따라서 배치 가능한 일수는 $_8P_2 = 8 \times 7 = 56$일이다.

## 23

서로 다른 n개에서 순서를 고려하지 않고 r개를 택하는 경우의 수는 $_nC_r = \dfrac{n!}{r!(n-r)!}$임을 적용하여 구한다.

P 팀에서 회의 준비를 하는 팀원 2명을 뽑는 방법은 $_9C_2 = \dfrac{9!}{2!(9-2)!} = \dfrac{9!}{2!7!} = \dfrac{9 \times 8}{2} = 36$가지이다.

## 24

n개 중 같은 것이 각각 p개, q개, r개일 때, n개를 모두 사용하여 한 줄로 배열하는 경우의 수 $\dfrac{n!}{p!q!r!}$ (단, p+q+r=n)임을 적용하여 구한다.

5개의 홍보 부스에 원형 의자 8개를 배치하는 경우는 원형 의자를 지역에 상관없이 '4개, 1개, 1개, 1개, 1개', '3개, 2개, 1개, 1개, 1개', '2개, 2개, 2개, 1개, 1개'로 나눈 후 각 부스에 배치하는 경우로 나뉜다.

'4개, 1개, 1개, 1개, 1개'로 나눈 원형 의자를 5개의 부스에 배치하는 방법은 $\dfrac{5!}{1!4!} = 5$가지,

'3개, 2개, 1개, 1개, 1개'로 나눈 원형 의자를 5개의 부스에 배치하는 방법은 $\dfrac{5!}{1!1!3!} = 20$가지,

'2개, 2개, 2개, 1개, 1개'로 나눈 원형 의자를 5개의 부스에 배치하는 방법은 $\dfrac{5!}{3!2!} = 10$가지이다.

따라서 5개의 홍보 부스에 원형 의자 8개를 배치하는 경우의 수는 $5 + 20 + 10 = 35$가지이다.

## 25

사건 A가 일어날 확률을 p, 사건 B가 일어날 확률을 q라고 하면 두 사건 A, B가 서로 영향을 주지 않을 때, 두 사건 A, B가 동시에 일어날 확률은 p × q임을 적용하여 구한다.

원겸이네 집에서 공원까지 가는 방법은 5가지이고, 공원에서 동물병원까지 가는 방법은 4가지이므로 원겸이가 집에서 출발하여 공원을 산책한 후 동물병원에 가는 서로 다른 방법으로 가능한 경우의 수는 $5 \times 4 = 20$가지이다.

## 26

기계가 제품 A를 생산했을 때 불량품이 발생할 확률은 $0.7 \times 0.04 = 0.028$이고, 기계가 제품 B를 생산했을 때 불량품이 발생할 확률은 $0.3 \times 0.02 = 0.006$이다.

따라서 생산된 불량품 중 하나를 선택했을 때 그것이 제품 A일 확률은 $\dfrac{0.028}{0.028 + 0.006} = \dfrac{14}{17}$이다.

**27** 정답 ④

가위바위보 세 판을 한 후, A가 귤 5개를 가지고 있을 경우는 게임의 결과가 3무일 경우와 1승 1무 1패일 경우이다.

가위바위보에서 이길 확률, 비길 확률, 질 확률은 모두 $\frac{1}{3}$로 같으므로

게임 결과가 3무일 확률은 $\frac{1}{3} \times \frac{1}{3} \times \frac{1}{3} = \frac{1}{27}$이고, 1승 1무 1패일 경우는 (승, 무, 패), (승, 패, 무), (무, 승, 패), (무, 패, 승), (패, 승, 무), (패, 무, 승) 6가지이므로 이때의 확률은 $\frac{1}{3} \times \frac{1}{3} \times \frac{1}{3} \times 6 = \frac{6}{27}$이다.

따라서 A와 B가 가위바위보 세 판을 했을 때, A가 귤 5개를 가지고 있을 확률은 $\frac{1}{27} + \frac{6}{27} = \frac{7}{27}$이다.

**28** 정답 ①

시침은 1시간에 30° 움직이므로 1분에 0.5° 움직이고, 분침은 1시간에 360° 움직이므로 1분에 6° 움직인다.

드라마의 방영 시간이 1시간 14분이므로 드라마가 끝났을 때의 시각은 2시 24분이다. 이때 12시를 기준으로 시침은 30×2+0.5×24=72° 움직인 상태이고 분침은 6×24=144° 움직인 상태이다.

따라서 드라마가 끝났을 때, 시계의 시침과 분침이 이루는 작은 각의 각도는 144−72=72°이다.

**29** 정답 ②

A, B, C가 D에게 각각 같은 수의 소설책을 빌려주었고, B가 빌려준 소설책 수는 총 1권이므로 D가 빌린 소설책 수는 A, B, C 각각으로부터 1권씩, 총 3권이다. 이때 4명이 빌린 소설책 수의 합계와 빌려준 소설책 수의 합계는 같으므로 D가 빌려준 소설책 수는 (2+3+2+3)−(3+1+5)=1권이다.

따라서 D가 빌린 소설책과 빌려준 소설책은 총 3+1=4권이다.

**30** 정답 ④

시침은 12시간에 360°를 움직이고, 분침은 1시간에 360°를 움직이는 것을 적용하여 구한다.

시침은 1시간 동안 360/12=30°를 움직이므로 10분 동안 30×10/60=5°를 움직이고, 분침은 10분 동안 360×10/60=60°를 움직인다.

이때 시계가 가리키는 시각과 실제 시각은 20분 차이가 나므로 실제 시각으로 맞추려면 시침은 5×2=10°를 움직이고, 분침은 60×2=120°를 움직인다.

따라서 시침과 분침이 각각 최소한으로 움직인 각도의 합은 10+120=130°가 된다.

# 정 답

p.206

| 01 | 02 | 03 | 04 | 05 | 06 | 07 | 08 | 09 | 10 |
|---|---|---|---|---|---|---|---|---|---|
| 응용계산 | 응용계산 | 응용계산 | 응용계산 | 응용계산 | 응용계산 | 응용계산 | 응용계산 | 응용계산 | 응용계산 |
| ③ | ② | ① | ⑤ | ③ | ② | ④ | ④ | ② | ④ |
| 11 | 12 | 13 | 14 | 15 | 16 | 17 | 18 | 19 | 20 |
| 응용계산 | 응용계산 | 응용계산 | 응용계산 | 자료해석 | 자료해석 | 자료해석 | 자료해석 | 자료해석 | 자료해석 |
| ② | ⑤ | ⑤ | ② | ② | ③ | ④ | ④ | ② | ② |
| 21 | 22 | 23 | 24 | 25 | 26 | 27 | 28 | 29 | 30 |
| 자료해석 | 자료해석 | 자료해석 | 자료해석 | 자료해석 | 자료해석 | 자료해석 | 자료해석 | 자료해석 | 자료해석 |
| ③ | ② | ③ | ④ | ③ | ④ | ⑤ | ③ | ⑤ | ③ |

# 취약 유형 분석표

유형별로 맞힌 개수와 정답률, 틀린 문제 번호, 풀지 못한 문제 번호를 적어 보세요. 취약 유형 진단 & 약점 극복(p.224)에서 자신의 정답률 그래프를 그려본 후, 취약 유형을 진단하고 그에 따른 학습 전략을 확인해보세요.

| 유형 | 맞힌 개수 | 정답률 | 틀린 문제 번호 | 풀지 못한 문제 번호 |
|---|---|---|---|---|
| 자료해석 | /16 | % | | |
| 응용계산 | /14 | % | | |
| 총계 | /30 | % | | |

# 해설

## 01  응용계산    정답 ③

속력$=\dfrac{거리}{시간}$임을 적용하여 구한다.

산의 정상까지 왕복하는 데 1시간이 걸리고, 내려올 때 걸리는 시간은 올라갈 때 걸리는 시간의 절반이므로 올라갈 때 걸린 시간은 $\dfrac{2}{3}$시간이고 내려올 때 걸린 시간은 $\dfrac{1}{3}$시간이다.

이에 따라 올라갈 때의 속력은 $2\div\dfrac{2}{3}=2\times\dfrac{3}{2}=3$km/h이고 내려올 때의 속력은 $2\div\dfrac{1}{3}=2\times3=6$km/h이다.

따라서 올라갈 때와 내려올 때의 속력 차이는 $6-3=3$km/h이다.

## 02  응용계산    정답 ②

A 비커의 소금의 양을 $x$, B 비커의 소금의 양을 $y$라고 하면

$x+y=60$          … ⓐ

A 비커의 소금물의 절반을 B 비커에 부었으므로 B 비커의 소금물의 양은 $650+\dfrac{200}{2}=750$g이고, 소금의 양은 $(\dfrac{1}{2}x+y)$g이다. 또한, B 비커의 소금물의 $\dfrac{1}{5}$을 다시 A 비커에 부었으므로 A 비커의 소금물의 양은 $100+\dfrac{750}{5}=250$g이고, 소금의 양은 $\dfrac{1}{2}x+\dfrac{1}{5}(\dfrac{1}{2}x+y)=(\dfrac{3}{5}x+\dfrac{1}{5}y)$g이다.

이때 A 비커에 들어있는 소금의 양이 원래 A 비커에 들어있던 소금의 양과 같아졌으므로

$\dfrac{3}{5}x+\dfrac{1}{5}y=x \rightarrow y=2x$          … ⓑ

ⓑ를 ⓐ에 대입하여 풀면 $x=20$, $y=40$이다.

따라서 A 비커의 소금의 양은 20g이다.

## 03  응용계산    정답 ①

시간당 작업량$=\dfrac{작업량}{시간}$임을 적용하여 구한다.

1창구, 2창구, 3창구에서 고객 10명의 업무를 처리하는 데 각각 소요되는 시간은 2시간, 2시간 30분, 1시간이므로 1창구에서 1시간 동안 처리할 수 있는 고객의 수는 $\dfrac{10}{2}=5$명, 2창구에서 1시간 동안 처리할 수 있는 고객의 수는 $\dfrac{10}{2.5}=4$명, 3창구에서 1시간 동안 처리할 수 있는 고객의 수는 10명이다. 이에 따라 세 개의 창구가 모두 열려있을 때, 1시간 동안 처리할 수 있는 고객의 수는 $5+4+10=19$명이다.

따라서 고객 38명의 업무를 처리하는 데 소요되는 시간은 $\dfrac{38}{19}=2$시간이다.

## 04  응용계산    정답 ⑤

판매가$=$원가$\times(1+$이익률$)$임을 적용하여 구한다.

사과 한 개의 원가는 $\dfrac{16,000}{20}=800$원이고, 판매 가능한 사과의 개수는 $(20-2)\times10=180$개이며 A씨가 지불한 총 금액은 $(16,000\times10)+20,000=180,000$원이나.

사과 한 개의 원가에 붙여야 할 이익률을 $x$%라고 하면

$\{800\times(1+\dfrac{x}{100})\}\times180=180,000\times(1+0.16)$

$\rightarrow 8x=360 \rightarrow x=45$

따라서 사과 한 개의 원가에 45% 이익을 붙여서 팔아야 한다.

## 05  응용계산    정답 ③

현재 예진이의 나이를 $x$라고 하면

현재 예진이는 어머니와의 나이 차가 26세이므로 현재 어머니의 나이는 $x+26$이다. 이에 따라 5년 후 예진이의 나이는 $x+5$, 어머니의 나이는 $x+26+5=x+31$이다. 이 때 5년 후에는 어머니의 나이가 예진이 나이의 2배보다 4세 적으므로

$x+31=(x+5)\times2-4 \rightarrow x+31=2x+6 \rightarrow x=25$

현재 예진이의 나이는 25세이므로 현재 어머니의 나이는 $25+26=51$세이다.

따라서 현재로부터 8년 전 어머니의 나이는 $51-8=43$세이다.

## 06  응용계산    정답 ②

비가 올 확률이 $\dfrac{1}{2}$이라면 비가 오지 않을 확률도 $\dfrac{1}{2}$이므로 일주일 중 하루만 비가 오고 나머지 6일은 비가 오지 않을 확률은 $\dfrac{1}{2}\times\dfrac{1}{2}\times\dfrac{1}{2}\times\dfrac{1}{2}\times\dfrac{1}{2}\times\dfrac{1}{2}\times\dfrac{1}{2}=\dfrac{1}{128}$이다. 이때 일주일 중 하루만 비가 오는 경우의 수는 7가지이다.

따라서 일주일 중 하루만 비가 올 확률은 $\dfrac{1}{128}\times7=\dfrac{7}{128}$이다.

해커스 20대기업 인적성 통합 기본서 최신기출유형+실전문제

## 07 응용계산 정답 ④

열차가 춘천까지 운행하는 동안 비어있는 좌석은 없었으므로 서울에서 승차한 탑승객 30명은 모두 좌석을 이용했으며, 운행 도중 승차한 15명 중 5명은 좌석을 이용하고, 10명은 입석을 이용했다. 서울에서 춘천까지 좌석을 이용한 탑승객 25명의 교통비는 $25 \times 20,000 = 500,000$원이고, 서울부터 좌석을 이용하다 도중에 하차한 탑승객 5명의 교통비는 $5 \times 10,000 = 50,000$원이다. 운행 도중에 승차하여 춘천까지 좌석을 이용한 탑승객 5명과 입석을 이용한 탑승객 10명의 교통비는 $5 \times 10,000 + 10 \times 5,000 = 100,000$원이다.
따라서 열차 탑승객의 총교통비는 $500,000 + 50,000 + 100,000 = 650,000$원이다.

## 08 응용계산 정답 ④

시간$= \frac{거리}{속력}$임을 적용하여 구한다.
셔틀버스 운행 구간의 거리를 $x$라고 하면 10분 먼저 출발하는 1호차의 운행 시간이 2호차의 운행 시간보다 10분 더 길기 때문에 $\frac{x}{60} = \frac{x}{80} + \frac{10}{60} \rightarrow 4x = 3x + 40 \rightarrow x = 40$
따라서 셔틀버스가 운행되는 구간의 거리는 40km이다.

## 09 응용계산 정답 ②

소금의 양$=$소금물의 양$\times \frac{소금물의 농도}{100}$임을 적용하여 구한다.
처음 소금물의 농도를 $x$라고 하면 소금물 250g에서 소금물 100g을 덜어낸 후 소금 50g을 넣은 소금물에 들어있는 소금의 양은 $(250-100) \times \frac{x}{100} + 50 = 1.5x + 50$g이고, 소금물의 양은 $250 - 100 + 50 = 200$g이다.
이때의 소금물의 농도가 처음 소금물의 농도의 2배이므로
$\frac{1.5x + 50}{200} \times 100 = 2x \rightarrow 2.5x = 50 \rightarrow x = 20$
따라서 처음 소금물의 농도는 20%이다.

## 10 응용계산 정답 ④

1$cm^3$=1mL, 사각기둥의부피=밑넓이$\times$높이, 작업량=시간당 작업량$\times$시간임을 적용하여 구한다.
사각기둥의 높이를 $x$라고 하면 사각기둥의 부피는 $5 \times 10 \times x = 50x$이다. 이때 사각기둥 모양의 용기 안에 한 변의 길이가 2cm인 정육면체 모양의 물체가 들어 있으므로 빈 공간의 부피는 $50x - (2 \times 2 \times 2) = 50x - 8$이다.
빈 공간의 부피와 부은 물의 부피가 같으므로
$50x - 8 = 12 \times 16 \rightarrow 50x = 200 \rightarrow x = 4$
따라서 용기의 높이는 4cm이다.

## 11 응용계산 정답 ②

현재 비용을 8a, 수익을 2a, 수송 횟수를 $x$라고 하면 수송한 물품이 $10x$만 개일 때,
비용은 $8a(1-0.4)^x = 8a(0.6)^x$이고, 수익은 $2a(1+0.2)^x = 2a(1.2)^x$이다.
$8a(0.6)^x \leq 2a(1.2)^x \rightarrow \frac{8a}{2a} \leq (\frac{1.2}{0.6})^x \rightarrow 2^2 \leq 2^x$
양변의 밑은 서로 같고 1보다 크므로 $2 \leq x$가 성립한다.
따라서 수익이 비용과 같아지거나 비용보다 많아질 때 수송한 물품은 최소 $10 \times 2 = 20$만 개이다.

## 12 응용계산 정답 ⑤

작년 남자 직원 수를 $x$, 여자 직원 수를 $y$라고 하면
$0.1x + 0.15y = 19 \rightarrow 10x + 15y = 1,900$ … ⓐ
$y - x = 10 \rightarrow -15x + 15y = 150$ … ⓑ
ⓐ$-$ⓑ에서 $25x = 1,750 \rightarrow x = 70$
따라서 올해 남자 직원은 $70 \times 1.1 = 77$명이다.

## 13 응용계산 정답 ⑤

서로 다른 n개에서 순서를 고려하지 않고 r개를 택하는 경우의 수는 $_nC_r = \frac{n!}{r!(n-r)!}$임을 적용하여 구한다.
A 팀의 전체 인원인 9명 중 다음 주 재택근무 구성원 4명을 뽑아야 하며, 각 조에 남성 직원과 여성 직원이 적어도 한 명씩 포함되도록 구성하므로 전체 9명 중 4명을 뽑는 경우의 수에서 뽑은 4명이 모두 남성 직원인 경우의 수와 모두 여성 직원인 경우의 수를 제외해야 한다.
전체 9명 중 4명을 뽑는 경우의 수는 $_9C_4 = \frac{9!}{4!(9-4)!} = \frac{9 \times 8 \times 7 \times 6}{4 \times 3 \times 2 \times 1} = 126$가지이고, 뽑은 4명이 모두 남성 직원인 경우의 수는 $_4C_4 = \frac{4!}{4!(4-4)!} = 1$가지, 모두 여성 직원인 경우의 수는 $_5C_4 = \frac{5!}{4!(5-4)!} = 5$가지이다.
따라서 다음 주 재택근무 구성원을 뽑는 경우의 수는 총 $126 - 1 - 5 = 120$가지이다.

## 14 응용계산 정답 ②

어떤 강의를 신청할 확률을 p, 이때의 수강료를 $x$라고 하면 강의를 신청할 때 지불해야 하는 수강료의 기댓값은 p$\times x$임을 적용하여 구한다.
진주가 A, B, C, D 4개의 강의를 신청할 확률은 각각 0.3, 0.15, 0.35, 0.2이고, 이때의 수강료는 각각 80,000원, 100,000원, 60,000원, 120,000원이다.
따라서 진주가 지불해야 하는 수강료의 기댓값은 $(0.3 \times 80,000) + (0.15 \times 100,000) + (0.35 \times 60,000) + (0.2 \times 120,000) = 84,000$원이다.

## [15-16]

### 15 자료해석
정답 ②

모든 소상공인 종사자 수는 모든 중기업 종사자 수의 2015년에 16,037/7,214 ≒ 2.2배, 2016년에 16,491/7,485 ≒ 2.2배, 2017년에 17,072/7,672 ≒ 2.2배, 2018년에 17,939/7,672 ≒ 2.3배, 2019년에 18,439/7,869 ≒ 2.3배이므로 옳은 설명이다.

오답 체크
① 제시된 기간 동안 소기업 법인 종사자 수가 가장 적은 해는 2018년이고, 소기업 개인 종사자 수가 가장 적은 해는 2017년이므로 옳지 않은 설명이다.
③ 2019년 전체 중소기업 1개당 종사자 수는 34,873/13,777 ≒ 2.5명이므로 옳지 않은 설명이다.
④ 2019년에 모든 소상공인 종사자 중 개인 종사자가 차지하는 비중은 (15,919/18,439) × 100 ≒ 86.3%이므로 옳지 않은 설명이다.
⑤ 제시된 기간 중 중기업 개인 종사자 수가 가장 많은 2019년에 중기업 법인 종사자 수도 가장 많으므로 옳지 않은 설명이다.

### 16 자료해석
정답 ③

제시된 기간 동안 전체 중소기업 종사자 수가 가장 많은 2019년의 전체 기업 수는 13,777천 개이고, 전체 종사자 수가 가장 적은 2015년의 전체 기업 수는 11,779천 개이다. 따라서 2019년 전체 기업 수는 2015년 전체 기업 수 대비 {(13,777 − 11,779) / 11,779} × 100 ≒ 17.0% 증가하였다.

## [17-18]

### 17 자료해석
정답 ④

2016년 이후 정보통신방송기기업 전체 종사자 수의 전년 대비 증감 추이는 감소, 증가, 감소, 감소이고, 제시된 정보통신방송기기업 산업 중 이와 전년 대비 증감 추이가 동일한 산업은 전자부품업이다.
따라서 2019년 전자부품업 종사자 수의 전년 대비 변화량은 319,256 − 318,265 = 991명이다.

### 18 자료해석
정답 ④

b. 제시된 기간 동안 컴퓨터 및 주변기기업 종사자 수의 평균은 (9,222 + 9,178 + 9,029 + 8,976 + 8,846) / 5 = 9,050.2명이므로 옳지 않은 설명이다.
d. 정보통신방송기기업 전체 종사자 수에서 전자부품업 종사자 수가 차지하는 비중은 2015년에 (331,493 / 595,960) × 100 ≒ 55.6%, 2019년에 (318,265 / 582,260) × 100 ≒ 54.7%이므로 옳지 않은 설명이다.

오답 체크
a. 정보통신방송기기업 산업을 종사자 수가 많은 순으로 나열하면 매년 전자부품업, 정보통신 응용기반기업, 통신 및 방송기기업, 영상 및 음향기기업, 컴퓨터 및 주변기기업 순이므로 옳은 설명이다.

c. 2018년 종사자 수의 2년 전 대비 감소율은 영상 및 음향기기업이 {(19,554 − 16,947) / 19,554} × 100 ≒ 13.3%, 통신 및 방송기기업이 {(60,367 − 53,788) / 60,367} × 100 ≒ 10.9%이므로 옳은 설명이다.

**빠른 문제 풀이 Tip**
b. 선택지에 제시된 평균과 연도별 수치의 오차를 이용하여 계산한다.
컴퓨터 및 주변기기업의 종사자 수와 9,000명의 오차는 2015년에 9,222 − 9,000 = 222명, 2010년에 9,178 − 9,000 = 178명, 2017년에 9,029 − 9,000 = 29명, 2018년에 8,976 − 9,000 = −24명, 2019년에 8,846 − 9,000 = −154명으로 오차를 모두 더한 값은 양수이므로 제시된 기간 동안 컴퓨터 및 주변기기업 종사자 수의 평균은 9,000명 초과임을 알 수 있다.

### 19 자료해석
정답 ②

제시된 자료에 따르면 월별 전체 m²당 분양가격지수는 1월이 156.4, 2월이 160.1, 3월이 160.8, 4월이 162.3, 5월이 164.7, 6월이 165.2이므로 옳은 그래프는 ②이다.

오답 체크
① 1월 대구의 m²당 분양가격지수는 186.40이지만, 이 그래프에서는 190보다 높게 나타나므로 옳지 않은 그래프이다.
③ 3월 m²당 분양가격지수는 울산이 대전보다 높지만, 이 그래프에서는 대전이 울산보다 높게 나타나므로 옳지 않은 그래프이다.
④ 3월과 4월 광주의 m²당 분양가격지수는 180.0으로 동일하지만, 이 그래프에서는 4월 m²당 분양가격지수가 3월 m²당 분양가격지수보다 감소한 것으로 나타나므로 옳지 않은 그래프이다.
⑤ 6월 세종의 m²당 분양가격지수는 146.70이지만, 이 그래프에서는 150보다 높게 나타나므로 옳지 않은 그래프이다.

### 20 자료해석
정답 ②

제시된 기간 동안 보험 및 연금업 사업체 수의 평균은 (1,015 + 1,143 + 1,114 + 1,084 + 1,114) / 5 = 1,094개소이므로 옳은 설명이다.

오답 체크
① 2017년 건설업의 사업체 수는 9,084개소로 전문·과학 및 기술 서비스업과 사업시설관리 및 사업지원 서비스업 사업체 수의 합인 8,100 + 2,022 = 10,122개소보다 적고, 2018년 건설업의 사업체 수는 9,190개소로 전문·과학 및 기술 서비스업과 사업시설관리 및 사업지원 서비스업 사업체 수의 합인 8,066 + 2,518 = 10,584개소보다 적으므로 옳지 않은 설명이다.
③ 2018년 사업체 수의 4년 전 대비 변화량은 도매 및 소매업이 15,249 − 12,783 = 2,466개소, 출판·영상·방송통신 및 정보 서비스업이 3,081 − 713 = 2,368개소로 도매 및 소매업이 출판·영상·방송통신 및 정보 서비스업보다 크므로 옳지 않은 설명이다.
④ 2016년 사업체 수는 제조업이 건설업의 17,380 / 9,379 ≒ 1.9배이므로 옳지 않은 설명이다.
⑤ 2016년 전산업의 사업체 수는 전년 대비 증가하였지만, 제조업의 사업체 수는 전년 대비 감소하였으므로 옳지 않은 설명이다.

## 21 자료해석   정답 ③

평가 항목에서 수분감을 제외하면 E 업체의 수분크림 만족도는 166+57+40=263점으로 B 업체의 수분크림 만족도인 173+54+38=265점보다 2점이 더 낮으므로 옳지 않은 설명이다.

오답 체크

① B 업체의 수분크림 만족도는 173+74+54+38=339점이고, D 업체의 수분크림 만족도는 180+76+49+34=339점으로 같으므로 옳은 설명이다.
② 수분 지속력 점수가 가장 높은 A 업체와 가장 낮은 C 업체의 수분 지속력 점수 차이는 181-150=31점이므로 옳은 설명이다.
④ 발림성 항목의 배점이 2배로 증가하여 각 업체별 발림성 점수가 2배로 증가한다면 E 업체의 수분크림 만족도는 166+72+(57×2)+40=392점으로, D 업체의 수분크림 만족도인 180+76+(49×2)+34=388점보다 높아지므로 옳은 설명이다.
⑤ C 업체의 발림성 점수는 63점으로 5개 업체 중 가장 높지만, 이를 제외한 다른 모든 평가 항목의 점수는 가장 낮으므로 옳은 설명이다.

[22-23]

## 22 자료해석   정답 ②

2019년 D 자격증 취득자 수의 남녀 비율이 같은 해 전체 국가기술 자격증 취득자 수의 남녀 비율과 동일하므로 D 자격증의 여성 취득자 수는 2019년 전체 국가기술 자격증 취득자 수에서 여성이 차지하는 비중으로 구한다.
따라서 2019년 여성 D 자격증 취득자 수는 40,815 × (204,707/530,200) ≒ 15,758명이다.

## 23 자료해석   정답 ③

2017년 전체 국가기술 자격증 취득자 수에서 E 자격증 취득자 수가 차지하는 비중은 (365,392/750,221) × 100 ≒ 48.7%이므로 옳지 않은 설명이다.

오답 체크

① 2020년 국가기술 자격증 취득자 수가 전년 대비 가장 적게 증가한 자격증은 204-162=42명 증가한 I 자격증이므로 옳은 설명이다.
② 전체 국가기술 자격증 취득자 수가 530,200명으로 가장 적은 2019년에 여성 국가기술 자격증 취득자 수도 204,707명으로 가장 적으므로 옳은 설명이다.
④ 2021년 A 자격증 취득자 수는 2018년 대비 {(1,668-1,084)/1,668} × 100 ≒ 35.0% 감소하였으므로 옳은 설명이다.
⑤ F, G, H 자격증 취득자 수의 합은 2019년에 56,522+61,498+6,521=124,541명, 2020년에 57,056+69,937+8,215=135,208명, 2021년에 58,685+73,901+11,406=143,992명이므로 옳은 설명이다.

## 24 자료해석   정답 ④

㉠ 수도권의 멸실 단독주택 수와 연립주택 수는 매년 같은 증감 추이를 보이므로 2011년부터 전년 대비 증가, 감소, 감소, 증가, 증가하는 추이를 보인다. 이에 따라 2014년 수도권의 멸실 단독주택 수는 14,924호보다 많고 17,452호보다 적다.
㉡ 2012년과 2013년에 수도권의 멸실 연립주택 수는 각각 전년 대비 감소했으므로 2012년 수도권의 멸실 연립주택 수는 1,951호보다 많고 2,324호보다 적다. 이에 따라 수도권의 멸실 연립주택 수가 세 번째로 적은 해는 2012년이고, 그해 지방의 멸실 다세대주택 수는 전년 대비 140호 증가했으므로 2011년 지방의 멸실 다세대주택 수는 642-140=502호이다.
따라서 ㉠은 16,063, ㉡은 502인 ④가 정답이다.

## 25 자료해석   정답 ③

의료급여 실지급액은 2019년 5월에 298,208천 원, 2018년 5월에 277,202천 원으로 2019년 5월에 전년 동월 대비 298,208-277,202=21,006천 원 증가하였으므로 옳지 않은 설명이다.

오답 체크

① 2018년 상반기 의료급여 청구액과 실지급액의 차이는 1월에 323,184-323,156=28천 원, 2월에 284,657-284,408=249천 원, 3월에 296,316-296,262=54천 원, 4월에 257,062-256,945=117천 원, 5월에 277,293-277,202=91천 원, 6월에 265,830-265,806=24천 원으로 차이가 가장 작은 달은 6월이므로 옳은 설명이다.
② 2019년 상반기에 의료급여 청구액은 3월부터 전월 대비 꾸준히 증가하였으므로 옳은 설명이다.
④ 상반기 의료급여 건수가 가장 적은 달은 2018년에 6월, 2019년에 2월로 서로 다르므로 옳은 설명이다.
⑤ 2019년 상반기에 의료급여 건수가 전년 동월 대비 감소한 달은 2월, 3월, 5월이므로 옳은 설명이다.

**빠른 문제 풀이 Tip**

① 2018년 상반기에 의료급여 청구액과 실지급액을 비교하여 차이가 100천 원 미만인 1월, 3월, 5월, 6월만 대략적으로 계산한다.
1월은 xxx,184-xxx,156=28천 원, 3월은 xxx,316-xxx,262=54천 원, 5월은 xxx,293-xxx,202=91천 원, 6월은 xxx,830-xxx,806=24천 원이므로 청구액과 실지급액의 차이가 가장 작은 달은 6월임을 알 수 있다.

## 26 자료해석        정답 ④

제시된 자료에 따르면 2011년 식품산업의 연구직 인력은 사업장 규모가 커질수록 많으므로 옳은 그래프는 ④이다.

오답 체크

① 2011년 의약산업 연구직 인력 중 300 ~ 999명 사업장의 인력은 230명이지만, 이 그래프에서는 280명을 나타내고 있으므로 옳지 않은 그래프이다.

② 2011년 의약산업의 연구직 인력이 모든 사업장 규모에서 가장 많아 2011년 바이오신업 전체 연구직 인력도 의약산업이 가장 많은 것을 알 수 있지만, 이 그래프에서는 식품산업 인력이 가장 많으므로 옳지 않은 그래프이다.

③ 2012년 1~49명 사업장의 연구직 인력은 환경산업이 가장 적은데, 이 그래프에서는 화학산업이 가장 적으므로 옳지 않은 그래프이다.

⑤ 2012년에 300~999명 사업장의 환경산업 연구직 인력은 0명이지만, 이 그래프에서는 화학산업 인력보다 많으므로 옳지 않은 그래프이다.

[27-28]
## 27 자료해석        정답 ⑤

경기당 평균 관중 수=관중 수/경기 수임을 적용하여 구한다.

20XX년 프로스포츠 경기당 평균 관중 수는 야구가 7,622,752/736=10,357명, 축구가 1,760,160/228=7,720명, 농구가 1,318,616/403=3,272명, 배구가 524,597/227=2,311명으로 경기당 평균 관중 수가 가장 많은 종목은 야구이고, 가장 적은 종목은 배구이다.

따라서 야구와 배구의 경기당 평균 관중 수 차이는 10,357-2,311=8,046명이다.

빠른 문제 풀이 Tip

각 프로스포츠 종목의 관중 수를 십의 자리에서 반올림한 값을 이용하여 대략적으로 계산한다.

야구의 경기당 평균 관중 수는 76,228/736≒103.xx백 명, 축구는 17,602/228≒77.xx백 명, 농구는 13,186/403≒32.xx백 명, 배구는 5,246/227≒23.xx백 명이다.

따라서 경기당 평균 관중 수가 가장 많은 종목은 야구, 가장 적은 종목은 배구이고, 그 차이로 가능한 것은 ⑤임을 알 수 있다.

## 28 자료해석        정답 ③

좌석 점유율=(경기당 평균 관중 수/수용규모)×100임을 적용하여 구한다.

20XX년 프로스포츠 좌석 점유율은
야구가 (10,357/18,667)×100 ≒ 55%,
축구가 (7,720/35,090)×100 ≒ 22%,
농구가 (3,272/9,312)×100 ≒ 35%,
배구가 (2,311/4,047)×100 ≒ 57%이다.

따라서 20XX년 프로스포츠 종목들을 인기가 많은 순서대로 나열하면 배구, 야구, 농구, 축구이다.

빠른 문제 풀이 Tip

위 문제에서 대략적으로 구한 각 프로스포츠 종목의 경기당 평균 관중 수와 자료의 수용규모를 통해 좌석 점유율을 비교한다.

각 프로스포츠 종목의 좌석 점유율은
야구가 (10,3xx/18,667)×100 ≒ 5,xx%,
축구가 (7,7xx/35,090)×100 ≒ 2,xx%,
농구가 (3,2xx/9,312)×100 ≒ 3,xx%,
배구가 (2,3xx/4,047)×100 ≒ 5,xx%이다.

따라서 야구와 배구의 좌석 점유율은 축구와 농구의 좌석 점유율보다 높고, 축구의 좌석 점유율이 가장 낮으므로 정답이 ③임을 알 수 있다.

[29-30]
## 29 자료해석        정답 ⑤

평균 국내여행 횟수=(여행 횟수×횟수별 응답자 수)의 합/응답자 수의 합이다.

올해 국내여행을 1회 이상 다녀온 30대의 평균 국내여행 횟수는 {(1×149)+(2×170)+(3×114)+(4×154)+(5×76)}/(1,000-337)=1,827/663≒2.76회이다.

## 30 자료해석        정답 ③

올해 국내여행을 1회 이상 다녀온 40대는 1,000-420=580명이고 국내여행을 1회만 다녀온 40대는 170명으로 (170/580)×100≒29.3%에 해당하므로 옳지 않은 설명이다.

오답 체크

① 조사에 참여한 50대 응답자 1,000명 중 534명이 올해 국내여행을 한 번도 다녀오지 않았으므로 옳은 설명이다.

② 응답자 중 올해 국내여행을 1회만 다녀온 50대는 (141/1,000)×100≒14.1%, 60대 이상은 (110/1,000)×100=11.0%이므로 옳은 설명이다.

④ 조사에 참여한 전체 응답자 4,000명 중 올해 국내여행을 2회 다녀온 사람은 170+156+126+113=565명으로 그 비율은 전체 응답자의 (565/4,000)×100 ≒ 14.1%이므로 옳은 설명이다.

⑤ 올해 국내여행을 5회 다녀온 사람의 수는 30대가 76명, 40대가 59명, 50대가 39명, 60대 이상이 13명으로 30대가 가장 많으므로 옳은 설명이다.

# PART 3 | 추리능력

## 제1장 언어추리

### 유형공략문제

p.234

| 01 | 02 | 03 | 04 | 05 | 06 | 07 | 08 | 09 | 10 |
|----|----|----|----|----|----|----|----|----|----|
| ③ | ③ | ⑤ | ④ | ④ | ② | ② | ③ | ④ | ④ |

| 11 | 12 | 13 | 14 | 15 | 16 | 17 | 18 | 19 | 20 |
|----|----|----|----|----|----|----|----|----|----|
| ③ | ⑤ | ① | ④ | ③ | ④ | ③ | ② | ② | ① |

**01**                                정답 ③

주어진 명제가 참일 때 그 명제의 '대우'만이 참인 것을 알 수 있다.
첫 번째 명제와 세 번째 명제의 '대우'를 차례로 결합한 결론은 아래와 같다.
- 첫 번째 명제: 소고기를 좋아하는 모든 사람은 돼지고기를 좋아하지 않는다.
- 세 번째 명제(대우): 돼지고기를 좋아하지 않는 모든 사람은 오리고기를 좋아하지 않는다.
- 결론: 소고기를 좋아하는 모든 사람은 오리고기를 좋아하지 않는다.

**02**                                정답 ③

주어진 명제가 참일 때 그 명제의 '대우'만이 참인 것을 알 수 있다.
세 번째 명제의 '대우', 첫 번째 명제, 네 번째 명제, 다섯 번째 명제의 '대우'를 차례로 결합한 결론은 아래와 같다.
- 세 번째 명제(대우): 소극적인 모든 사람은 적응 능력을 갖추지 않은 사람이다.
- 첫 번째 명제: 적응 능력을 갖추지 않은 모든 사람은 부정적인 사람이다.
- 네 번째 명제: 부정적인 모든 사람은 인내심이 강하지 않은 사람이다.
- 다섯 번째 명제(대우): 인내심이 강하지 않은 모든 사람은 자기 성찰을 하지 않는 사람이다.
- 결론: 소극적인 모든 사람은 자기 성찰을 하지 않는 사람이다.

**03**                                정답 ⑤

주어진 명제가 참일 때 그 명제의 '대우'만이 참인 것을 알 수 있다.
네 번째 명제, 세 번째 명제, 첫 번째 명제의 '대우'를 차례로 결합한 결론은 아래와 같다.
- 네 번째 명제: 겨울을 좋아하지 않는 모든 사람은 여름을 좋아한다.
- 세 번째 명제: 여름을 좋아하는 모든 사람은 바다를 좋아하지 않는다.
- 첫 번째 명제(대우): 바다를 좋아하지 않는 모든 사람은 여행을 좋아하지 않는다.
- 결론: 겨울을 좋아하지 않는 모든 사람은 여행을 좋아하지 않는다.

**04**                                정답 ④

주어진 명제가 참일 때 그 명제의 '대우'만이 참인 것을 알 수 있다.
세 번째 명제, 두 번째 명제의 '대우', 네 번째 명제의 '대우'를 결합한 결론은 아래와 같다.
- 세 번째 명제: 근력보다 유연성을 키우고 싶어 하는 사람은 요가를 좋아한다.
- 두 번째 명제(대우): 헬스를 좋아하거나 요가를 좋아하는 사람은 자세 교정을 원하지 않는다.
- 네 번째 명제(대우): 자세 교정을 원하지 않는 사람은 필라테스를 즐기지 않는다.
- 결론: 근력보다 유연성을 키우고 싶어 하는 사람은 필라테스를 즐기지 않는다.

## 05

반짝이는 모든 것이 아름답다고 하였으므로, 하늘에 있는 어떤 별이 반짝이면 하늘에 있는 어떤 별은 아름다울 것이다.

따라서 '하늘에 있는 어떤 별은 반짝인다.'가 타당한 전제이다.

## 06

만화를 좋아하는 모든 사람이 웹툰 애플리케이션을 이용하므로 만화를 좋아하는 어떤 사람이 소설을 좋아한다면 웹툰 애플리케이션을 이용하는 사람 중에 소설을 좋아하는 사람이 반드시 존재하게 된다.

따라서 '만화를 좋아하는 어떤 사람은 소설을 좋아한다.'가 타당한 전제이다.

오답 체크

만화를 좋아하는 사람을 A, 웹툰 애플리케이션을 이용하는 사람을 B, 소설을 좋아하는 사람을 C라고 하면

① 만화를 좋아하는 모든 사람이 웹툰 애플리케이션을 이용하고, 만화를 좋아하는 모든 사람이 소설을 좋아하지 않는다면 웹툰 애플리케이션을 이용하는 모든 사람은 소설을 좋아하지 않을 수도 있으므로 결론이 반드시 참이 되게 하는 전제가 아니다.

③ 만화를 좋아하는 모든 사람이 웹툰 애플리케이션을 이용하고, 소설을 좋아하지 않는 어떤 사람이 만화를 좋아한다면 웹툰 애플리케이션을 이용하는 모든 사람은 소설을 좋아하지 않을 수도 있으므로 결론이 반드시 참이 되게 하는 전제가 아니다.

④ 만화를 좋아하는 모든 사람이 웹툰 애플리케이션을 이용하고, 소설을 좋아하는 어떤 사람이 만화를 좋아하지 않는다면 웹툰 애플리케이션을 이용하는 모든 사람은 소설을 좋아하지 않을 수도 있으므로 결론이 반드시 참이 되게 하는 전제가 아니다.

⑤ 만화를 좋아하는 모든 사람이 웹툰 애플리케이션을 이용하고, 소설을 좋아하지 않는 어떤 사람이 만화를 좋아하지 않는다면 웹툰 애플리케이션을 이용하는 모든 사람은 소설을 좋아하지 않을 수도 있으므로 결론이 반드시 참이 되게 하는 전제가 아니다.

## 07

애완동물을 좋아하는 사람이 모두 낙천적이므로 애완동물을 좋아하는 사람이 모두 봉사활동을 한다면 낙천적이면서 봉사활동을 하는 어떤 사람이 반드시 존재하게 된다.

따라서 '애완동물을 좋아하는 사람은 모두 봉사활동을 한다.'가 타당한 전제이다.

## 08

물리학을 전공하지 않은 연구원을 A, 생물학을 전공한 연구원을 B, 화학을 전공한 연구원을 C라고 하면

물리학을 전공한 어떤 연구원도 생물학을 전공하지 않았다는 것은 물리학을 전공한 모든 연구원이 생물학을 전공하지 않았다는 것으로 물리학과 생물학을 모두 전공한 연구원은 없으므로 '물리학, 생물학, 화학을 모두 전공한 연구원은 없다.'가 반드시 참인 결론이다.

오답 체크

① 화학을 전공한 모든 연구원이 물리학을 전공하지 않았을 수도 있으므로 반드시 참인 결론이 아니다.

② 생물학을 전공하지 않은 어떤 연구원은 화학을 전공하였을 수도 있으므로 반드시 참인 결론이 아니다.

④ 생물학을 전공한 모든 연구원이 물리학을 전공하지 않았으므로 반드시 거짓인 결론이다.

⑤ 물리학을 전공하지 않은 어떤 연구원은 화학을 전공하지 않았을 수도 있으므로 반드시 참인 결론이 아니다.

## 09

제시된 조건에 따르면 인절미는 가장 가운데 자리에 올려놓으므로 3번 자리에 올려놓고, 술떡과 오메기떡은 모두 가장자리에 올려놓지 않으므로 각각 2번 또는 4번 자리에 올려놓는다. 이때 콩떡과 술떡 사이에는 최소 1개 이상의 떡을 올려놓으므로 콩떡은 오메기떡 바로 옆자리에 올려놓는다. 이에 따라 가능한 경우는 아래와 같다.

| 구분 | 1번 | 2번 | 3번 | 4번 | 5번 |
|------|------|------|------|------|------|
| 경우 1 | 시루떡 | 술떡 | 인절미 | 오메기떡 | 콩떡 |
| 경우 2 | 콩떡 | 오메기떡 | 인절미 | 술떡 | 시루떡 |

따라서 인절미와 콩떡 사이에 오메기떡을 올려놓으므로 항상 참인 설명이다.

오답 체크

① 콩떡은 1번 또는 5번 자리에 올려놓으므로 항상 참인 설명은 아니다.

② 인절미 바로 오른쪽 옆자리에 술떡 또는 오메기떡을 올려놓으므로 항상 참인 설명은 아니다.

해커스 20대기업 인적성 통합 기본서 최신기출유형+실전문제

③ 시루떡을 1번 자리에 올려놓으면 술떡은 2번 자리에 올려놓고, 시루떡을 5번 자리에 올려놓으면 술떡은 4번 자리에 올려놓으므로 항상 참인 설명은 아니다.
⑤ 시루떡 바로 옆자리에 술떡을 올려놓으므로 항상 거짓인 설명이다.

## 10
정답 ④

제시된 조건에 따르면 D와 정면으로 마주 보고 앉는 A는 찬성팀이고, 같은 팀원끼리 이웃하여 앉을 수 없으므로 반대팀은 1, 3번 자리에 앉는 사람과 D임을 알 수 있다. 또한, F와 D 사이에 한 사람이 앉으므로 F는 1번 또는 3번 자리에 앉으며, B와 F가 서로 정면으로 마주 보고 앉으므로 B는 4번 또는 2번 자리에 앉는다.

따라서 사회자와 찬성팀은 A와 2, 4번 자리에 앉는 사람이므로 항상 참인 설명이다.

오답 체크

① 아래와 같이 C는 B와 이웃하여 앉지 않을 수도 있으므로 항상 참인 설명은 아니다.

② E가 찬성팀이나 반대팀의 팀원일 수도 있으므로 항상 참인 설명은 아니다.
③ B가 사회자일 수도 있으므로 항상 참인 설명은 아니다.
⑤ A는 찬성팀, D와 F는 반대팀으로 사회자가 될 수 있는 사람은 B, C, E 세 사람이므로 항상 거짓인 설명이다.

## 11
정답 ③

4번 화분에 개나리를 심었고, 개나리를 심은 화분의 바로 앞쪽에 있는 화분에 무궁화를 심었으므로 1번 화분에 무궁화를 심었다. 진달래를 심은 화분의 바로 오른쪽에 있는 화분에 튤립을 심었으므로 진달래는 2번 또는 5번 화분에 심을 수 있지만, 무궁화를 심은 화분과 진달래를 심은 화분은 양옆으로 이웃하지 않으므로 5번 화분에 진달래, 6번 화분에 튤립을 심었음을 알 수 있다.

| 1번 화분(무궁화) | 2번 화분(비어 있음) | 3번 화분(비어 있음) |
| --- | --- | --- |
| 4번 화분(개나리) | 5번 화분(진달래) | 6번 화분(튤립) |

따라서 5번 화분에 진달래를 심었으므로 항상 거짓인 설명은 ③이 된다.

오답 체크

① 무궁화는 1번 화분에 심었으므로 항상 참인 설명이다.
② 튤립을 심은 6번 화분의 바로 앞에 있는 3번 화분은 비어 있으므로 항상 참인 설명이다.
④ 6번 화분에 튤립을 심었으므로 항상 참인 설명이다.
⑤ 4번 화분에 개나리, 5번 화분에 진달래를 심었으므로 항상 참인 설명이다.

## 12
정답 ⑤

제시된 조건에 따르면 주영이의 바로 오른쪽 옆자리에 다희가 앉으므로 주영이는 첫 번째 또는 두 번째 또는 세 번째 자리에 앉는다. 이때 경아와 주영이는 서로 이웃한 자리에 앉지 않고, 가장 오른쪽 자리에 앉은 사람은 경아가 아니므로 주영이가 두 번째 자리에 앉는 경우는 조건과 모순되므로 주영이는 첫 번째 또는 세 번째 자리에 앉음을 알 수 있다. 이에 따라 가능한 경우는 아래와 같다.

| 구분 | 첫 번째 | 두 번째 | 세 번째 | 네 번째 |
| --- | --- | --- | --- | --- |
| 경우 1 | 주영 | 다희 | 경아 | 민수 |
| 경우 2 | 경아 | 민수 | 주영 | 다희 |

따라서 다희가 두 번째 자리에 앉으면 민수는 네 번째 자리에 앉고, 민수가 두 번째 자리에 앉으면 다희는 네 번째 자리에 앉으므로 항상 거짓인 설명이다.

오답 체크

① 주영이는 첫 번째 또는 세 번째 자리에 앉으므로 항상 거짓인 설명은 아니다.
② 다희의 바로 오른쪽 옆자리에 경아가 앉거나 다희가 네 번째 자리에 앉으므로 항상 거짓인 설명은 아니다.
③ 민수는 두 번째 또는 네 번째 자리에 앉으므로 항상 거짓인 설명은 아니다.
④ 경아와 다희는 서로 이웃한 자리에 앉거나 경아와 다희 사이에 민수, 주영 2명이 앉으므로 항상 거짓인 설명은 아니다.

## 13
정답 ①

제시된 조건에 따르면 부산행 고속버스에는 두 사람이 탔으며 F는 세 사람이 출발한 후 바로 출발하였으므로 F가 부산행 고속버스에 탔음을 알 수 있다. 이때 A는 C와 E보다, B는 D와 F보다 먼저 출발하였고 A, C, E, F는 각각 다른 고속버스에 탔으므로 A가 나주행 고속버스에 탔고, D는 F와 함께 부산행 고속버스에 탔음을 알 수 있다. 이에 따라 여섯 사람이 탄 고속버스는 아래와 같다.

경우 1. 나주행 고속버스에 A가 혼자 탄 경우

| 나주행 | 대구행 | 부산행(2명) | 경주행(1명) |
| --- | --- | --- | --- |
| A | B, C 또는 E | D, F | C 또는 E |

경우 2. 나주행 고속버스에 A와 B가 함께 탄 경우

| 나주행 | 대구행 | 부산행(2명) | 경주행(1명) |
| --- | --- | --- | --- |
| A, B | C 또는 E | D, F | C 또는 E |

이에 따라 경우 1, 2에 따르면 나주행 고속버스에 확실히 탄 사람은 A임을 알 수 있다.

## 14

제시된 조건에 따르면 1단에 있는 노란색 운동화의 양옆에는 검은색 신발과 흰색 신발이 위치하고, 노란색 운동화의 바로 위에 인접한 파란색 슬리퍼의 왼쪽에는 흰색 신발이 위치한다. 이때 같은 색의 신발은 같은 열에 인접하지 않으므로 흰색 신발의 바로 아래에는 검은색 신발이 위치하고, 2단에 있는 구두의 바로 아래에 인접한 신발은 검은색이므로 2단에 있는 흰색 신발은 구두이다. 또한, 흰색 신발은 그 종류가 모두 동일하므로 1단에 있는 흰색 신발도 구두이며, 흰색 신발은 1열에 위치하지 않고 모든 운동화의 오른쪽에 위치하므로 1단 2열에는 검은색 신발, 1단 3열에는 노란색 운동화, 1단 4열에는 흰색 구두가 위치하며, 2단 1열에는 운동화, 2단 2열에는 흰색 구두, 2단 3열에는 파란색 슬리퍼가 위치한다. 이때 같은 단에 정리된 신발의 색깔은 모두 다르므로 1단 1열에는 파란색 신발이 위치하며, 구두는 총 3컬레로 같은 열, 같은 단의 양옆으로 인접하지 않으므로 1단 1열의 파란색 신발은 구두이다. 또한, 흰색 신발을 제외하고 같은 종류의 신발은 색깔이 모두 다르므로 2단 1열의 운동화는 검은색이고, 2단 4열에는 노란색 슬리퍼가 위치하며, 1단 2열의 검은색 신발은 슬리퍼이다.

| 구분 | 1열 | 2열 | 3열 | 4열 |
|---|---|---|---|---|
| 2단 | 운동화 | 구두 | 슬리퍼 | 슬리퍼 |
| | 검은색 | 흰색 | 파란색 | 노란색 |
| 1단 | 구두 | 슬리퍼 | 운동화 | 구두 |
| | 파란색 | 검은색 | 노란색 | 흰색 |

따라서 운동화는 총 2컬레이므로 항상 참인 설명이다.

오답 체크
① 2단 3열과 2단 4열에 슬리퍼가 나란히 위치하므로 항상 거짓인 설명이다.
② 2단 1열에는 운동화가 위치하므로 항상 거짓인 설명이다.
③ 1단 3열의 노란색 운동화와 1단 4열의 흰색 구두는 서로 인접하므로 항상 거짓인 설명이다.
⑤ 2단 1열의 운동화는 검은색 신발이 아닌 흰색 신발 옆에 인접하므로 항상 거짓인 설명이다.

## 15

정답 ③

제시된 조건에 따르면 E는 F보다 늦게 도착했고, C는 E보다 늦게 도착했으므로 F, E, C 순으로 도착하였다. 만약 C가 B보다 먼저 도착했다면, B와 C 사이에 세 사람이 도착했고 A는 B에 이어서 도착했으므로 'F-E-C-( )-( )-( )-B-A' 순서가 되어야 하지만 이 경우 전체 인원수는 8명이므로 모순이 된다. 이에 따라 B가 C보다 먼저 도착했음을 알 수 있다. 또한, B와 C 사이에 세 사람이 도착하였으므로 'B-A-( )-( )-C' 순서가 되는데, D와 G는 마지막에 도착하지 않았으며 F와 E는 C보다 먼저 도착했으

므로 C가 일곱 번째로 도착했음을 알 수 있다. 마지막으로 C와 D 사이에 한 사람이 도착했으므로 D는 다섯 번째로 도착했음을 알 수 있다. F가 도착한 순서에 따라 가능한 경우는 아래와 같다.

경우 1. F가 첫 번째로 도착한 경우

| 첫 번째 | 두 번째 | 세 번째 | 네 번째 | 다섯 번째 | 여섯 번째 | 일곱 번째 |
|---|---|---|---|---|---|---|
| F | E 또는 G | B | A | D | E 또는 G | C |

경우 2. F가 두 번째로 도착한 경우

| 첫 번째 | 두 번째 | 세 번째 | 네 번째 | 다섯 번째 | 여섯 번째 | 일곱 번째 |
|---|---|---|---|---|---|---|
| G | F | B | A | D | E | C |

따라서 각각 다섯 번째, 일곱 번째로 도착한 D와 C는 모두 세 번째로 도착한 B보다 늦게 도착했음을 알 수 있다.

## 16

정답 ④

제시된 조건에 따르면 E는 B보다 먼저 출근하였고, D보다는 늦게 출근하였으므로 D - E - B 순서로 출근하였다. 이때 C는 D보다 먼저 출근하였으므로 C - D - E - B 순서로 출근하였다. 또한, A는 B보다 먼저 출근하였으므로 A는 첫 번째 또는 두 번째 또는 세 번째 또는 네 번째 순서로 출근하였다. 이에 따라 가능한 경우는 아래와 같다.

| 구분 | 첫 번째 | 두 번째 | 세 번째 | 네 번째 | 다섯 번째 |
|---|---|---|---|---|---|
| 경우 1 | A | C | D | E | B |
| 경우 2 | C | A | D | E | B |
| 경우 3 | C | D | A | E | B |
| 경우 4 | C | D | E | A | B |

따라서 D는 두 번째 또는 세 번째 순서로 출근하여 D보다 늦게 출근한 사람은 최대 3명이므로 항상 거짓인 설명이다.

오답 체크
① A가 가장 먼저 출근하였거나 A보다 먼저 출근한 사람은 1명 또는 2명 또는 3명이므로 항상 거짓인 설명은 아니다.
② C는 첫 번째 또는 두 번째 순서로 출근하였으므로 항상 거짓인 설명은 아니다.
③ B와 E 사이에 A가 출근하였거나 B와 E가 연속한 순서로 출근하였으므로 항상 거짓인 설명은 아니다.
⑤ 다섯 번째 순서로 출근한 사람은 B이므로 항상 참인 설명이다.

## 17

정답 ③

제시된 조건에 따르면 B는 A보다 늦게, D보다는 먼저 면접을 보게 되므로 A-B-D 순서로 면접을 진행하게 된다. 이때, B와 D 사이에는 면접을 보는 사람이 없고, C는 B보다 늦게, E는 C보다 늦게 면접을 보게 되므로 'A-B-D-C-E' 순으로 면접을 진행하게 된다.
따라서 D 바로 다음에 면접을 보게 되는 사람은 C이다.

## 18

제시된 조건에 따르면 C의 순위는 E보다 높고, E보다 순위가 낮은 사람은 적어도 2명 이상이다. 이때 C와 F의 순위 사이에 있는 사람은 1명이고, F의 순위는 C보다 높으므로 E의 순위는 4위 또는 5위임을 알 수 있다. 또한, G보다 낮은 순위를 기록한 사람은 없으므로 G의 순위는 7위이고, A의 순위는 B와 D의 순위보다는 높으며 F의 순위보다는 낮으므로 F의 순위는 1위, A는 2위, C는 3위임을 알 수 있다. F의 순위에 따라 가능한 경우는 아래와 같다.

경우 1. E의 순위가 4위인 경우

| 1위 | 2위 | 3위 | 4위 | 5위 | 6위 | 7위 |
|---|---|---|---|---|---|---|
| F | A | C | E | B 또는 D | B 또는 D | G |

경우 2. E의 순위가 5위인 경우

| 1위 | 2위 | 3위 | 4위 | 5위 | 6위 | 7위 |
|---|---|---|---|---|---|---|
| F | A | C | B 또는 D | E | B 또는 D | G |

따라서 C의 순위는 3위이고, B와 D의 순위는 4위 또는 5위 또는 6위이므로 항상 참인 설명이다.

[오답 체크]
① E보다 낮은 순위에 오를 수 있는 사람은 3명이므로 항상 거짓인 설명이다.
③, ⑤ E의 순위가 4위이면 D의 순위는 5위 또는 6위이고, E의 순위가 5위이면 D의 순위는 4위 또는 6위이므로 항상 참인 설명은 아니다.
④ B의 순위는 4위 또는 5위 또는 6위이므로 항상 참인 설명은 아니다.

## 19

제시된 조건에 따르면 5명 중 숙제를 한 사람 1명만 진실을 말한다. 갑과 을이 모두 숙제를 한 사람이거나 숙제를 하지 않은 사람이라는 정의 말이 진실이면 갑과 을은 모두 숙제를 하지 않은 사람이지만, 거짓을 말하는 갑의 진술에 따라 을은 숙제를 한 사람이 되므로 조건과 모순된다. 이에 따라 정의 말은 거짓이므로 갑과 을 중 1명이 숙제를 한 사람이고, 병, 정, 무는 모두 숙제를 하지 않은 사람이 되어 을이 말한 진실인을 알 수 있다.
따라서 숙제를 한 사람은 을이다.

## 20

제시된 조건에 따르면 다섯 명 중 한 명만 거짓을 말했고, '나'와 '마'는 모두 화요일과 수요일에 물을 주지 않았다는 '가'의 말과 '나'가 화요일에 물을 주었다는 '라'의 말은 서로 모순되어 둘 중 한 명이 거짓을 말했음을 알 수 있다. 이에 따라 '나', '다', '마'는 모두 진실을 말했으며, 하루에 한 명씩 화분에 물을 주었고, '나'의 말에 따라 '라'가 화요일에 물을 주었으므로 '나'가 화요일에 물을 주었다는 '라'의 말이 거짓, '가'의 말이 진실임을 알 수 있다. 이때, '가'의 말에 따라 '나'와 '마'는 수요일에 물을 주지 않았고, '나'의 말에 따라 '다'도 수요일에 물을 주지 않았으므로 '가'와 '라' 둘 중 한 명이 수요일에 물을 주었으며, '라'는 화요일에 물을 주었으므로 수요일에 물을 준 사람은 '가'이다.

---

## 제2장 수/문자추리

### 유형공략문제

| 01 | 02 | 03 | 04 | 05 | 06 | 07 | 08 | 09 | 10 |
|---|---|---|---|---|---|---|---|---|---|
| ⑤ | ③ | ④ | ① | ④ | ② | ③ | ② | ⑤ | ④ |

| 11 | 12 | 13 | 14 | 15 |
|---|---|---|---|---|
| ④ | ④ | ⑤ | ③ | ④ |

## 01

제시된 각 숫자 간의 값이 +7, ×3으로 반복되므로 빈칸에 들어갈 알맞은 숫자는 '624'이다.

## 02

제시된 각 숫자 간의 값이 +6으로 반복되므로 빈칸에 들어갈 알맞은 숫자는 '-4'이다.

**36** 온/오프라인 취업강의·무료 취업자료 ejob.Hackers.com

## 03
정답 ④

제시된 각 숫자 간의 값이 −11로 반복되므로 빈칸에 들어갈 알맞은 숫자는 '63'이다.

## 04
정답 ①

세 번째 항부터 제시된 각 숫자는 앞의 두 숫자의 합이라는 규칙이 적용되므로 빈칸에 들어갈 알맞은 숫자는 '21'이다.

## 05
정답 ④

제시된 각 숫자 간의 값이 −14, −15, −16, …과 같이 −1씩 변화하므로 빈칸에 들어갈 알맞은 숫자는 '272'이다.

## 06
정답 ②

제시된 각 숫자 간의 값이 +2, +6, +18, …과 같이 ×3씩 변화하므로 빈칸에 들어갈 알맞은 숫자는 '93'이다.

## 07
정답 ③

세 번째 항부터 제시된 각 숫자는 앞의 두 숫자의 합×2라는 규칙이 적용되므로 빈칸에 들어갈 알맞은 숫자는 '800'이다.

## 08
정답 ②

제시된 각 숫자 간의 값이 ×2, +2, ×3, +3, ×4, +4로 변화하므로 빈칸에 들어갈 알맞은 숫자는 '387'이다.

## 09
정답 ⑤

제시된 각 숫자 간의 값이 +48, +40, +32, …와 같이 −8씩 변화하므로 빈칸에 들어갈 알맞은 숫자는 '2'이다.

## 10
정답 ④

제시된 각 문자를 한글 자음 순서에 따라 숫자로 변경한다.

| E | B | G | D | I | H | K | (P) |
|---|---|---|---|---|---|---|---|
| 5 | 2 | 7 | 4 | 9 | 8 | 11 | 16 |

홀수항에 제시된 각 숫자 간의 값이 +2로 반복되고, 짝수항에 제시된 각 숫자 간의 값이 ×2로 반복되므로 빈칸에 들어갈 알맞은 문자는 숫자 8에 2를 곱한 16에 해당하는 'P'이다.

## 11
정답 ④

제시된 각 문자를 한글 자음 순서에 따라 숫자로 변경한다.

| ㅊ | ㅈ | ㅋ | ㅈ | ㅋ | ㅇ | ㅊ | ㅂ | (ㅇ) |
|---|---|---|---|---|---|---|---|---|
| 10 | 9 | 11 | 9 | 11 | 8 | 10 | 6 | 8 |

각 숫자 간의 값이 −1, +2, −2, +2, −3, +2, …로 변화하므로 빈칸에 들어갈 알맞은 문자는 숫자 8에 해당하는 'ㅇ'이다.

## 12
정답 ④

제시된 각 문자를 한글 자음 순서에 따라 숫자로 변경한다.

| ㄱ | ㄴ | ㄹ | ㅁ | (ㅊ) | ㅋ | ㅇ |
|---|---|---|---|---|---|---|
| 1 | 2 | 4 | 5 | (10) | 11 | 22 |

각 숫자 간의 값이 +1, ×2로 반복되므로 빈칸에 들어갈 알맞은 문자는 숫자 10에 해당하는 'ㅊ'이다.

## 13
정답 ⑤

제시된 도형에서 바깥쪽 원에 포함된 각 숫자 간의 값은 +12로 반복되므로 C=38, B=50, A=86이다.

또한, 안쪽 원에 포함된 각 숫자 간의 값은 +48로 반복되므로 D=60이다.

A, B, C, D에 각 숫자를 대입하면 사분원의 안쪽 원에 포함된 숫자는 바깥쪽 원에 포함된 두 숫자의 합에서 4를 뺀 수임을 알 수 있다.

따라서 A+B+C+D의 값은 86+50+38+60=234이다.

## 14

제시된 도형에서 바깥쪽 원에 포함된 각 숫자 간의 값은
×2, −3으로 반복되므로 A=102이다.

A에 숫자를 대입하면 사분원의 안쪽 원에 포함된 숫자는
바깥쪽 원에 포함된 두 숫자의 합에서 9를 뺀 수임을 알
수 있으므로 B=(27+54)−9=72이다.

B에 숫자를 대입하면 안쪽 원에 포함된 각 숫자 간의 값
은 ×2로 반복되므로 C는 288 또는 180이고, D는 각 숫자
간의 값이 ×2, −3으로 반복되는 바깥쪽 원의 규칙에 따라
198 또는 180이다. 이에 따라 C=288, D=198일 때, 사분원
규칙인 (99+198)−9=288이 성립한다.

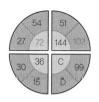

따라서 A+3B−C+2D의 값은 102+3×72−288+2×
198=102+216−288+396=426이다.

## 15
정답 ④

| A | B | C | D |
|---|---|---|---|
| 4 | 8 | 15 | ( ) |
| 2 | 9 | 14 | 3 |
| 5 | 4 | 10 | 1 |
| 3 | 3 | 9 | 3 |

제시된 도형에서 각 행은 A+B=C−D라는 규칙이 적용되
므로 빈칸에 들어갈 알맞은 숫자는 '3'이다.

---

### 유형공략문제
p.264

| 01 | 02 | 03 | 04 | 05 | 06 | 07 | 08 | 09 | 10 |
|----|----|----|----|----|----|----|----|----|----|
| ⑤ | ② | ② | ⑤ | ① | ③ | ② | ④ | ③ | ① |

| 11 | 12 | 13 | 14 | 15 |
|----|----|----|----|----|
| ⑤ | ④ | ⑤ | ② | ⑤ |

[01-02]

♡ : 문자와 숫자 순서에 따라 첫 번째 문자(숫자)는 바로 다음 순서에 오는 문자(숫자)로, 두 번째 문자(숫자)는 다음 두 번째 순서에
오는 문자(숫자)로, 세 번째, 네 번째 문자(숫자)는 다음 세 번째 순서에 오는 문자(숫자)로 변경한다.
  ex. abcd → bdfg(a+1, b+2, c+3, d+3)
☎ : 첫 번째 문자(숫자)를 네 번째 자리로, 두 번째 문자(숫자)를 첫 번째 자리로, 네 번째 문자(숫자)를 두 번째 자리로 이동시킨다.
  ex. abcd → bdca
▼ : 문자와 숫자 순서에 따라 첫 번째, 네 번째 문자(숫자)는 바로 이전 순서에 오는 문자(숫자)로, 두 번째, 세 번째 문자(숫자)는 이
전 세 번째 순서에 오는 문자(숫자)로 변경한다.
  ex. abcd → zyzc(a−1, b−3, c−3, d−1)

**38** 온/오프라인 취업강의·무료 취업자료 ejob.Hackers.com

## 01
정답 ⑤

O8N4 → ♡ → P0Q7 → ▼ → ‏O7N6‎

## 02
정답 ②

BC63 → ▼ → AZ32 → ☎ → Z23A

## [03-05]

◆ : 문자와 숫자 순서에 따라 첫 번째 문자(숫자)를 이전 세 번째 순서에 오는 문자(숫자)로, 두 번째 문자(숫자)를 다음 두 번째 순서에 오는 문자(숫자)로, 세 번째 문자(숫자)를 이전 두 번째 순서에 오는 문자(숫자)로, 네 번째 문자(숫자)를 바로 다음 순서에 오는 문자(숫자)로 변경한다.
  ex. abcd → xdae(a−3, b+2, c−2, d+1)

☽ : 첫 번째 문자(숫자)와 세 번째 문자(숫자)의 자리를 서로 바꾼다.
  ex. abcd → cbad

♫ : 문자와 숫자 순서에 따라 첫 번째, 세 번째 문자(숫자)를 다음 두 번째 순서에 오는 문자(숫자)로, 두 번째, 네 번째 문자(숫자)를 다음 세 번째 순서에 오는 문자(숫자)로 변경한다.
  ex. abcd → ceeg(a+2, b+3, c+2, d+3)

⊙ : 첫 번째 문자(숫자)를 세 번째 자리로, 두 번째 문자(숫자)를 네 번째 자리로, 세 번째 문자(숫자)를 두 번째 자리로, 네번째 문자(숫자)를 첫 번째 자리로 이동시킨다.
  ex. abcd → dcab

## 03
정답 ②

7TN8 → ◆ → 4VL9 → ☽ → ‏LV49‎

## 04
정답 ⑤

XG55 → ♫ → ZJ78 → ⊙ → ‏87ZJ‎

## 05
정답 ①

‏P39L‎ → ☽ → 93PL → ⊙ → LP93 → ♫ → NS16

## [06-08]

▽ : 첫 번째 문자(숫자)를 두 번째 자리로, 두 번째 문자(숫자)를 세 번째 자리로, 세 번째 문자(숫자)를 첫 번째 자리로 이동시킨다.
  ex. abcd → cabd

○ : 첫 번째, 네 번째 문자(숫자)의 자리를 서로 바꾼다.
  ex. abcd → dbca

★ : 알파벳과 숫자 순서에 따라 첫 번째, 네 번째 문자(숫자)를 바로 이전 순서에 오는 문자(숫자)로 변경한다.
  ex. abcd → zbcc (a−1, b, c, d−1)

## 06
정답 ③

‏ㅂㄷㅜ‎ → ★ → ㅁㄷㅛ → ○ → ㅛㄷㅁ

## 07
정답 ②

6EM2 → ▽ → M6E2 → ○ → 26EM

## 08

정답 ④

N3R9 → ▽ → RN39 → ★ → QN38 → ○ → 8N3Q

## 09

정답 ③

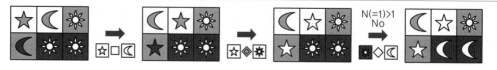

## 10

정답 ①

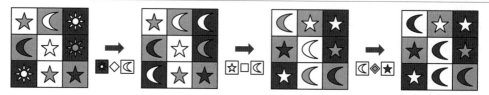

N(=0)≥1
No

## 11

정답 ⑤

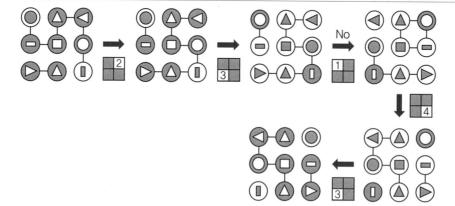

정답 ④

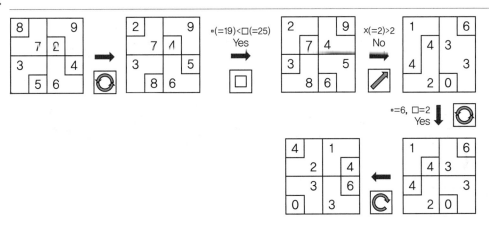

13

정답 ⑤

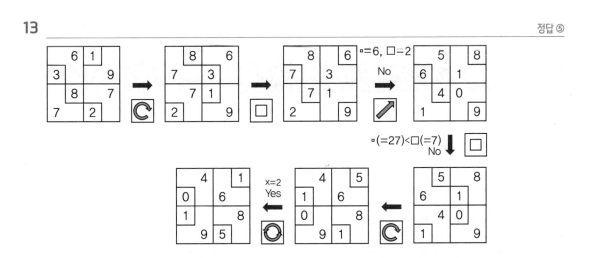

14

정답 ②

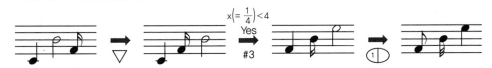

해커스 20대기업 인적성 통합 기본서 최신기출유형+실전문제

## 15

정답 ⑤

## 제4장 도형추리

### 유형공략문제

p.284

| 01 | 02 | 03 | 04 | 05 | | | | | |
|----|----|----|----|----|---|---|---|---|---|
| ⑤ | ③ | ② | ② | ③ | | | | | |

**01**

정답 ⑤

각 열에 제시된 도형은 다음 열에서 시계 방향으로 120도 회전하면서 색반전한 형태이다.

**02**

정답 ③

세 번째 행에 제시된 도형은 첫 번째 행에 제시된 도형과 두 번째 행에 제시된 도형 중 공통으로 색칠된 부분이 색칠된 형태이다.

**03**

정답 ②

각 열에 제시된 도형의 가장 바깥 도형은 다음 열에서 색반전한 형태이고, 내부의 원은 시계 방향으로 한 칸씩 이동한 형태이다.

**04**

정답 ②

빈칸에 대응하는 '+' 기호의 규칙은 반시계 방향으로 90도 회전이며, '=' 기호의 규칙은 시계 방향으로 90도 회전, 'V' 기호의 규칙은 밝게 색 변환(검정색 → 회색, 회색 → 흰색, 흰색 → 검정색), 'X' 기호의 규칙은 어둡게 색 변환(흰색 → 회색, 회색 → 검정색, 검정색 → 흰색)이다.

각 기호에 적용된 규칙을 찾아 제시된 도형을 변환시키면 다음과 같다.

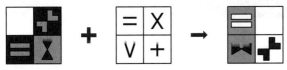

따라서 '?'에 해당하는 도형은 ②이다.

**05** 정답 ③

빈칸에 대응하는 '=' 기호의 규칙은 좌우 반전이며, '+' 기호의 규칙은 반시계 방향으로 90도 회전, 'X' 기호의 규칙은 시계 방향으로 90도 회전, 'V' 기호의 규칙은 어둡게 색 변환(흰색 → 회색, 회색 → 검정색, 검정색 → 흰색)이다.
각 기호에 적용된 규칙을 찾아 제시된 도형을 변환시키면 다음과 같다.

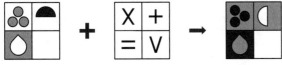

따라서 '?'에 해당하는 도형은 ③이다.

해커스 20대기업 인적성 통합 기본서 최신기출유형+실전문제

# 정 답

p.288

| 01 | 02 | 03 | 04 | 05 | 06 | 07 | 08 | 09 | 10 |
|----|----|----|----|----|----|----|----|----|----|
| 언어추리 | 언어추리 | 언어추리 | 언어추리 | 언어추리 | 언어추리 | 언어추리 | 언어추리 | 언어추리 | 언어추리 |
| ④ | ② | ③ | ② | ② | ② | ② | ④ | ② | ⑤ |
| 11 | 12 | 13 | 14 | 15 | 16 | 17 | 18 | 19 | 20 |
| 언어추리 | 언어추리 | 언어추리 | 언어추리 | 수/문자추리 | 수/문자추리 | 수/문자추리 | 수/문자추리 | 수/문자추리 | 도식추리 |
| ④ | ⑤ | ⑤ | ③ | ① | ③ | ① | ② | ③ | ④ |
| 21 | 22 | 23 | 24 | 25 | 26 | 27 | 28 | 29 | 30 |
| 도식추리 | 도식추리 | 도식추리 | 도식추리 | 도식추리 | 도식추리 | 도형추리 | 도형추리 | 도형추리 | 도형추리 |
| ① | ③ | ④ | ① | ⑤ | ③ | ⑤ | ① | ② | ④ |

# 취약 유형 분석표

유형별로 맞힌 개수와 정답률, 틀린 문제 번호, 풀지 못한 문제 번호를 적어 보세요. 취약 유형 진단 & 약점 극복(p.310)에서 자신의 정답률 그래프를 그려본 후, 취약 유형을 진단하고 그에 따른 학습 전략을 확인해보세요.

| 유형 | 맞힌 개수 | 정답률 | 틀린 문제 번호 | 풀지 못한 문제 번호 |
|------|----------|--------|----------------|---------------------|
| 언어추리 | /14 | % | | |
| 수/문자추리 | /5 | % | | |
| 도식추리 | /7 | % | | |
| 도형추리 | /4 | % | | |
| 총계 | /30 | % | | |

# 해 설

## 01 언어추리

정답 ④

집중력을 높이는 어떤 것이 졸음 방지에 도움이 된다는 것은 집중력을 높이면서 졸음을 방지하는 것이 적어도 한 개 존재한다는 것이므로, 집중력을 높이는 것이 모두 껌이라면 집중력을 높이면서 졸음 방지에 도움이 되는 껌도 존재하게 된다.
따라서 '집중력을 높이는 것은 모두 껌이다.'가 타당한 전제이다.

오답 체크

집중력을 높이는 것을 A, 졸음 방지에 도움이 되는 것을 B, 껌을 C라고 하면

① 집중력을 높이는 어떤 것이 졸음 방지에 도움이 되고, 집중력을 높이는 것이 모두 껌이 아니라면 모든 껌은 졸음 방지에 도움이 되지 않을 수도 있으므로 결론이 반드시 참이 되게 하는 전제가 아니다.

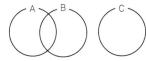

② 모든 껌이 집중력을 높이고, 집중력을 높이는 어떤 것이 졸음 방지에 도움이 된다면 모든 껌은 졸음 방지에 도움이 되지 않을 수도 있으므로 결론이 반드시 참이 되게 하는 전제가 아니다.

③ 집중력을 높이는 어떤 것이 졸음 방지에 도움이 되고, 집중력을 높이는 어떤 것이 껌이 아니라면 모든 껌은 졸음 방지에 도움이 되지 않을 수도 있으므로 결론이 반드시 참이 되게 하는 전제가 아니다.

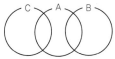

⑤ 집중력을 높이는 어떤 것이 졸음 방지에 도움이 되고, 졸음 방지에 도움이 되지 않는 것이 모두 껌이라면 모든 껌은 졸음 방지에 도움이 되지 않을 수도 있으므로 결론이 반드시 참이 되게 하는 전제가 아니다.

## 02 언어추리

정답 ②

운전을 잘하지 않는 모든 사람이 방향 감각이 뛰어나지 않다는 것은 방향 감각이 뛰어난 모든 사람은 운전을 잘한다는 것이므로, 방향 감각이 뛰어난 모든 사람이 길눈이 밝으면 길눈이 밝은 사람 중에 운전을 잘하는 사람이 반드시 존재하게 된다.
따라서 '길눈이 밝은 사람 중에 운전을 잘하는 사람이 있다.'가 타당한 결론이다.

오답 체크

방향 감각이 뛰어난 사람을 A, 길눈이 밝은 사람을 B, 운전을 잘하는 사람을 C라고 하면

① 길눈이 밝지 않은 사람 중에 운전을 잘하는 사람이 있을 수도 있으므로 반드시 참인 결론이 아니다.

③ 운전을 잘하는 사람 중에 길눈이 밝은 사람이 적어도 한 명 존재하므로 반드시 거짓인 결론이다.

④ 길눈이 밝은 사람 중에 운전을 잘하지 않는 사람이 있을 수도 있으므로 반드시 참인 결론이 아니다.

⑤ 운전을 잘하지 않는 모든 사람은 길눈이 밝지 않을 수도 있으므로 반드시 참인 결론이 아니다.

## 03 언어추리

정답 ③

주어진 명제가 참일 때 그 명제의 '대우'만이 참인 것을 알 수 있다.
다섯 번째 명제의 '대우', 세 번째 명제, 두 번째 명제의 '대우'를 차례로 결합한 결론은 아래와 같다.
• 다섯 번째 명제(대우): 우유부단한 사람은 감정적이지 않다.
• 세 번째 명제: 감정적이지 않은 사람은 일기를 쓴다.
• 두 번째 명제(대우): 일기를 쓰는 사람은 도전적이지 않다.
• 결론: 우유부단한 사람은 도전적이지 않다.

## 04 언어추리

정답 ②

A: 결론 A는 아래와 같이 첫 번째 명제와 두 번째 명제의 '대우'를 차례로 결합한 결론과 일치하지 않으므로 그르다.
• 첫 번째 명제: 사회보장제도가 발달한 국가는 경제적으로 평등하다.
• 두 번째 명제(대우): 경제적으로 평등한 국가는 국민의 인권을 보장한다.
• 결론: 사회보장제도가 발달한 국가는 국민의 인권을 보장한다.
B: 결론 B는 세 번째 명제의 '대우'와 일치하므로 옳다.

## 05 언어추리

정답 ②

A: 첫 번째 명제에서 사과를 먹은 사람 중에는 포도를 먹은 사람도 있다고 했고, 두 번째 명제에서 배를 먹은 사람은 포도를 먹지 않았다고 했다. 따라서 사과와 포도를 먹은 사람은 배를 먹지 않았으므로 결론 A는 그르다.
B: 첫 번째 명제에서 사과를 먹은 사람 중에는 포도를 먹은 사람도 있다고 했고, 포도와 사과만 먹은 사람이 있을 경우 포도를 먹은 사람 모두가 사과를 먹은 사람일 수 있으므로 결론 B는 옳다.

제시된 조건에 따르면 치과의사는 두 번째 순서로 도착했으며, 2인용 또는 4인용 테이블에 앉았다. 선생님은 네 번째 순서로 도착했으며, 2인용 또는 6인용 테이블에 앉았다. 또한, 3인용 테이블에 앉은 요리사는 6인용 테이블에 앉은 사람보다 먼저 도착했으므로 요리사가 도착한 순서에 따라 가능한 경우는 아래와 같다.

경우 1. 요리사가 첫 번째 순서로 도착했을 경우

| 구분 | 첫 번째 | 두 번째 | 세 번째 | 네 번째 |
|---|---|---|---|---|
| 직업 | 요리사 | **치과의사** | 만화가 | **선생님** |
| 테이블 종류 | 3인용 | 2인용 또는 4인용 | 4인용 또는 6인용 | 2인용 또는 6인용 |

경우 2. 요리사가 세 번째 순서로 도착했을 경우

| 구분 | 첫 번째 | 두 번째 | 세 번째 | 네 번째 |
|---|---|---|---|---|
| 직업 | 만화가 | **치과의사** | 요리사 | **선생님** |
| 테이블 종류 | 4인용 | 2인용 | 3인용 | 6인용 |

따라서 요리사가 세 번째 순서로 도착했을 경우 치과의사는 2인용 테이블에 앉았음을 알 수 있다.

제시된 조건에 따르면 멜로 영화와 스릴러 영화의 상영 여부에 따라 상영 가능한 영화 장르는 다음과 같다.

경우 1. 멜로 영화를 상영할 경우

| 영화 종류 | 멜로 | 액션 | 애니메이션 | 스릴러 | 공포 |
|---|---|---|---|---|---|
| 상영 여부 | O | X | O | X | O 또는 X |

경우 2. 멜로 영화를 상영하지 않고, 스릴러 영화는 상영할 경우

| 영화 종류 | 멜로 | 액션 | 애니메이션 | 스릴러 | 공포 |
|---|---|---|---|---|---|
| 상영 여부 | X | O | X | O | X |

경우 3. 멜로 영화를 상영하지 않고, 스릴러 영화도 상영하지 않는 경우

| 영화 종류 | 멜로 | 액션 | 애니메이션 | 스릴러 | 공포 |
|---|---|---|---|---|---|
| 상영 여부 | X | X | O | X | X |

따라서 한 종류 또는 두 종류 또는 세 종류의 영화가 상영되므로 항상 거짓인 설명이다.

오답 체크

① 액션 영화는 상영될 수도, 상영되지 않을 수도 있으므로 항상 참인 설명이다.
③ 반드시 상영되는 영화 장르는 없으므로 항상 참인 설명이다.
④ 멜로 영화가 상영될 경우, 액션 영화는 상영되지 않으므로 항상 참인 설명이다.
⑤ 멜로 영화를 상영하지 않는 경우, 스릴러 영화가 상영될 수 있으므로 항상 참인 설명이다.

## 08 언어추리

제시된 조건에 따르면 혜주와 판매량이 동일한 사람은 없고, 혜주보다 판매량이 적은 사람은 2명이므로 혜주보다 판매량이 많은 사람도 2명이다. 경호는 미주보다 판매량이 많고, 소라는 재우보다 판매량이 많으므로 경호, 미주가 혜주보다 판매량이 많거나 소라, 재우가 혜주보다 판매량이 많으면 5명 중 2명의 판매량이 서로 동일하다는 조건에 모순되어 경호, 소라가 혜주보다 판매량이 많으면서 판매량이 서로 동일하다. 또한, 미주와 판매량이 같은 사람은 없으므로 미주 또는 재우가 판매량이 가장 적음을 알 수 있다.

| 판매량 순위 | 경호 = 소라 | 혜주 | 미주 또는 재우 | 미주 또는 재우 |
|---|---|---|---|---|

따라서 재우는 혜주보다 판매량이 적으므로 항상 거짓인 설명이다.

오답 체크

① 경호와 소라는 판매량이 서로 동일하므로 항상 참인 설명이다.
② 미주는 혜주보다 판매량이 적으므로 항상 참인 설명이다.
③ 소라보다 판매량이 많은 사람은 없으므로 항상 참인 설명이다.
⑤ 혜주는 소라보다 판매량이 적으므로 항상 참인 설명이다.

## 09 언어추리

제시된 조건에 따르면 한 번 입은 옷은 연속하여 입지 않고, 상의 B는 화요일에만, 상의 D는 수요일에만 입으므로 나머지 요일에는 상의 A 또는 C를 입으며, 금요일에는 상의 C를 입으므로 목요일에는 상의 A를 입는다. 이때 월요일에는 하의 F를 입고, 목요일에는 월요일에 입은 옷 조합과 동일하게 입으므로 월요일에는 상의 A를, 목요일에는 하의 F를 입는다. 이에 따라 상의 C는 하의 E 또는 F와 입으므로 금요일에는 하의 E를 입는다. 또한, 화요일에는 하의 G를 입지 않으므로 하의 E를 입고, 수요일에는 화요일과 목요일에 입는 하의 E와 F가 아닌 하의 G를 입는다.

| 구분 | 월 | 화 | 수 | 목 | 금 |
|---|---|---|---|---|---|
| 상의 | A | B | D | A | C |
| 하의 | F | E | G | F | E |

따라서 금요일에는 하의 E를 입으므로 항상 거짓인 설명이다.

오답 체크

① 상의 D는 수요일에 하의 G와 입으므로 항상 참인 설명이다.
③ 하의 E는 화요일과 금요일에 입으므로 항상 참인 설명이다.
④ 하의 F는 상의 A와만 입으므로 항상 참인 설명이다.
⑤ 하의 G는 수요일에 입으므로 항상 참인 설명이다.

## 10 언어추리

제시된 조건에 따르면 민호는 축구선수, 배구선수와 함께 외국여행을 다녀왔으므로 민호는 야구선수 또는 농구선수임을 알 수 있다. 또한, 민수는 외국을 다녀온 적이 없으므로 축구선수 또는 배구선수가 아니며, 야구선수 또는 농구선수임을 알 수 있다.

| 민호 | 야구선수 또는 농구선수 |
|---|---|
| 철민 | 축구선수 또는 배구선수 |
| 철호 | 축구선수 또는 배구선수 |
| 민수 | 야구선수 또는 농구선수 |

따라서 민호가 농구선수라면 민수는 야구선수이고, 철민이와 철호는 각각 축구선수 또는 배구선수 중 서로 다른 하나의 직업을 갖게 됨을 알 수 있다.

## 11 언어추리

정답 ④

제시된 조건에 따르면 1단에 보관되는 물고기의 크기가 가장 크며, 상단으로 갈수록 보관되는 물고기의 크기는 작아진다. 이때, 민수가 잡은 물고기 중 도미의 크기가 가장 크고, 우럭의 크기는 민수가 잡은 물고기 중 두 번째 또는 세 번째로 작으므로 도미는 1단에 보관되고, 우럭은 3단 또는 4단에 보관된다. 또한, 광어와 숭어가 보관되는 단 사이에 한 단이 존재하고, 숭어와 방어가 보관되는 단은 서로 이웃하므로 우럭이 보관되는 단의 위치에 따라 가능한 경우는 아래와 같다.

경우 1. 우럭이 3단에 보관되는 경우

| 5단 | 방어 |
|---|---|
| 4단 | 숭어 |
| 3단 | 우럭 |
| 2단 | 광어 |
| 1단 | 도미 |

경우 2. 우럭이 4단에 보관되는 경우

| 5단 | 광어 |
|---|---|
| 4단 | 우럭 |
| 3단 | 숭어 |
| 2단 | 방어 |
| 1단 | 도미 |

따라서 방어가 2단에 보관될 때, 광어는 5단에 보관되므로 항상 참인 설명이다.

오답 체크

① 크기가 네 번째로 큰 물고기는 숭어 또는 우럭이므로 항상 참인 설명은 아니다.
② 우럭은 3단 또는 4단에 보관되므로 항상 참인 설명은 아니다.
③ 도미가 보관되는 단과 이웃하여 보관되는 물고기는 광어 또는 방어이므로 항상 참인 설명은 아니다.
⑤ 물고기를 보관하는 경우의 수는 총 2가지이므로 항상 거짓인 설명이다.

## 12 언어추리

정답 ⑤

제시된 조건에 따르면 5명 중 1학년은 3명이므로 자신과 D의 학년이 같다는 C의 말이 진실이면 C와 D는 모두 1학년이고, 1학년은 진실만 말하므로 D의 말도 진실이 되어 E는 2학년 또는 3학년이다. 또한, 자신이 C보다 학년이 낮다는 B의 말은 거짓이 되어 B는 2학년 또는 3학년이므로 A는 1학년이 된다. 이때 E가 3학년이면 자신이 B보다 학년이 높다는 말이 진실이지만, 3학년은 거짓만 말하므로 E가 2학년이고, B가 3학년임을 알 수 있다.
따라서 2학년은 E이다.

## 13 언어추리

정답 ⑤

제시된 조건에 따르면 수철, 민기, 수경, 정현이의 부서와 직급은 각각 서로 다르다. 이때 수철이의 직급은 차장이고, 수경이와 정현이는 과장이 아니므로 민기가 과장임을 알 수 있다. 또한, 수경이는 기획부 소속이고 민기는 인사부, 수철이는 관리부, 정현이는 총무부 소속이 아니므로 민기는 총무부 또는 관리부, 수철이는 총무부 또는 인사부, 정현이는 관리부 또는 인사부 소속임을 알 수 있다. 이에 따라 네 사람의 부서와 직급은 아래와 같다.

| 구분 | 수철 | 민기 | 수경 | 정현 |
|---|---|---|---|---|
| 부서 | 총무부 또는 인사부 | 총무부 또는 관리부 | 기획부 | 관리부 또는 인사부 |
| 직급 | 차장 | 과장 | 대리 또는 부장 | 대리 또는 부장 |

따라서 정현이가 인사부 소속이면 민기는 관리부 소속임을 알 수 있다.

## 14 언어추리

정답 ③

제시된 조건에 따르면 발레가 취미인 사람은 2명이고, 그중 한 명은 은주이다. 이때 민아와 영민이의 취미는 서로 같으며, 영민이의 취미는 등산 또는 발레이므로 민아와 영민이의 취미는 등산이다. 또한, 주영이와 은주의 취미는 서로 다르므로 주영이의 취미는 독서, 동윤이의 취미는 발레이다.

| 등산 | 독서 | 발레 |
| --- | --- | --- |
| 영민, 민아 | 주영 | 은주, 동윤 |

따라서 항상 독서가 취미인 사람은 주영이다.

## 15 수/문자추리

정답 ①

제시된 각 숫자 간의 값이 $\times \frac{2}{3}$로 반복되므로 빈칸에 들어갈 알맞은 숫자는 '$\frac{16}{81}$'이다.

## 16 수/문자추리

정답 ③

제시된 각 숫자 간의 값이 +3, −4, +3으로 반복되므로 빈칸에 들어갈 알맞은 숫자는 '19'이다.

## 17 수/문자추리

정답 ①

홀수항에 제시된 각 숫자 간의 값은 +3, +4, +5…와 같이 +1씩 변화하고, 짝수항에 제시된 각 숫자 간의 값은 −3, −4, −5…와 같이 −1씩 변화하므로 빈칸에 들어갈 알맞은 숫자는 '107'이다.

## 18 수/문자추리

정답 ②

제시된 도형에서 바깥쪽 원에 포함된 각 숫자 간의 값은 +4로 반복되므로 C=17이다.

또한, 안쪽 원에 포함된 각 숫자 간의 값은 +48로 반복되므로 A=66이다.

A와 C에 각 숫자를 대입하면 사분원의 안쪽 원에 포함된 숫자는 바깥쪽 원에 포함된 각 숫자의 합의 3배임을 알 수 있다.
이에 따라 (B+5)×3=18 → B=1, (D+25)×3=162 → D=29이다.

따라서 A+B+C+D를 계산한 값은 66+1+17+29=113이다.

## 19 수/문자추리

정답 ③

제시된 각 문자를 알파벳 순서에 따라 숫자로 변경하면, I는 9이고 R은 18이다.
도형에서 마주보는 두 숫자의 곱은 180이라는 규칙이 적용되므로 빈칸에 들어갈 알맞은 문자는 숫자 15에 해당하는 'O'이다.

## [20-21]

> ■ : 문자와 숫자 순서에 따라 첫 번째, 세 번째 문자(숫자)는 이전 두 번째 순서에 오는 문자(숫자)로, 두 번째, 네 번째 문자(숫자)는 다음 두 번째 순서에 오는 문자(숫자)로 변경한다.
>
>    ex. abcd → ydaf (a−2, b+2, c−2, d+2)
>
> □ : 첫 번째 문자(숫자)를 세 번째 자리로, 두 번째 문자(숫자)를 첫 번째 자리로, 세 번째 문자(숫자)를 네 번째 자리로, 네 번째 문자(숫자)를 두 번째 자리로 이동시킨다.
>
>    ex. abcd → bdac
>
> ♣ : 문자와 숫자 순서에 따라 첫 번째 문자(숫자)는 이전 두 번째 순서에 오는 문자(숫자)로, 두 번째 문자(숫자)는 바로 다음 순서에 오는 문자(숫자)로, 세 번째 문자(숫자)는 바로 이전 순서에 오는 문자(숫자)로, 네 번째 문자(숫자)는 다음 두 번째 순서에 오는 문자(숫자)로 변경한다.
>
>    ex. abcd → ycbf (a−2, b+1, c−1, d+2)

## 20 도식추리
정답 ④

N1W6 → ♣ → L2V8 → □ → [28LV]

## 21 도식추리
정답 ①

[XY90] → ♣ → VZ82 → ■ → TB64 → □ → B4T6

## 22 도식추리
정답 ③

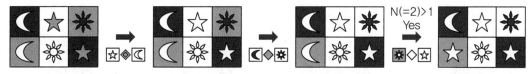

## 23 도식추리
정답 ④

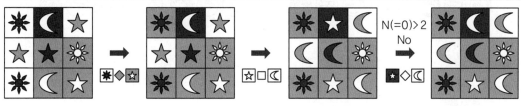

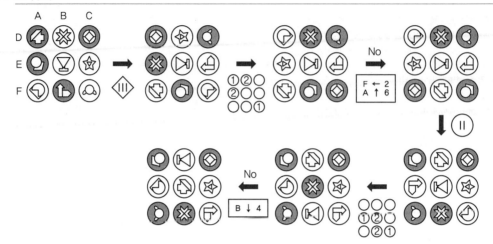

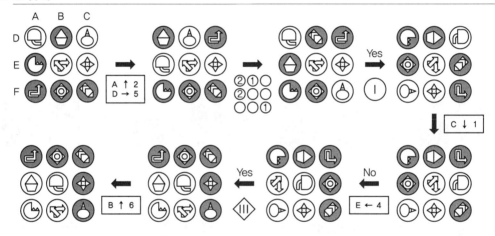

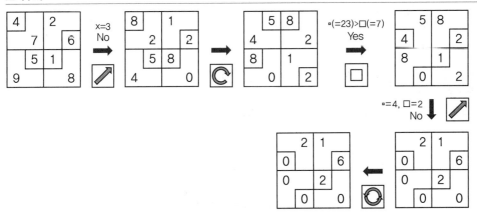

각 열에 제시된 도형의 내부 도형은 다음 열에서 시계 방향으로 90도 회전하면서 색반전한 형태이고, 외부 도형은 반시계 방향으로 45도 회전하면서 색반전한 형태이다.

도형을 가장 바깥쪽부터 순서대로 외부 도형, 중간 도형, 내부 도형이라고 할 때, 각 기호가 나타내는 규칙은 다음과 같다. 이때 규칙은 도형의 테두리 또는 무늬에 각각 적용된다.

| # | 중간 도형의 테두리 상하 대칭 후 중간 도형과 내부 도형의 테두리 교환 | & | 외부 도형의 무늬 시계 방향 90도 회전, 중간 도형의 무늬 상하 대칭 |
|---|---|---|---|
| $ | 외부 도형의 무늬 반시계 방향 90도 회전, 중간 도형과 내부 도형의 무늬 교환 후 내부 도형 색반전 | @ | 외부 도형과 중간 도형의 무늬 교환, 내부 도형의 테두리 180도 회전 |

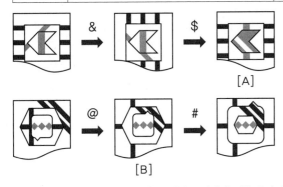

따라서 A와 B에 해당하는 도형을 순서대로 나타낸 것은 ①이다.

빈칸에 대응하는 'X' 기호의 규칙은 좌우 대칭이며, '+' 기호의 규칙은 시계 방향으로 90도 회전, '=' 기호의 규칙은 색 변환(검정색 → 흰색, 흰색 → 회색), 'V' 기호의 규칙은 180도 회전이다.

각 기호에 적용된 규칙에 따라 [문제]에 제시된 도형을 변환시키면 다음과 같다.

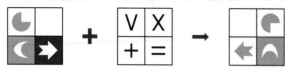

따라서 '?'에 해당하는 도형은 ②이다.

빈칸에 대응하는 '=' 기호의 규칙은 색 변환(흰색 → 검정색, 검정색 → 회색, 회색 → 흰색)이며, 'X' 기호의 규칙은 상하 대칭, 'V' 기호의 규칙은 반시계 방향으로 90도 회전, '+' 기호의 규칙은 색 변환(검정색 → 회색, 회색 → 흰색)이다.

각 기호에 적용된 규칙에 따라 [문제]에 제시된 도형을 변환시키면 다음과 같다.

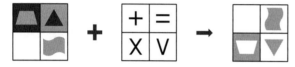

따라서 '?'에 해당하는 도형은 ④이다.

# PART 4 | 공간지각능력

## 제1장 전개도

### 유형공략문제

p.322

| 01 | 02 | 03 | 04 | 05 | 06 | 07 | 08 | 09 | 10 |
|----|----|----|----|----|----|----|----|----|----|
| ① | ③ | ③ | ② | ⑤ | ① | ④ | ③ | ④ | ② |

**01** 정답 ①

선개도를 집었을 때 완성되는 입체도형은 아래와 같다.

**02** 정답 ③

전개도를 접었을 때 완성되는 입체도형은 아래와 같다.

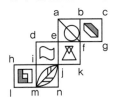 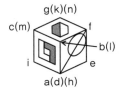

**03** 정답 ③

[③]    [①, ②, ④, ⑤]

**04** 정답 ②

 좌  좌  우

**05**

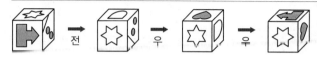

**06**

정육면체는 회전 규칙에 따라 다음과 같이 회전한다.

| 구분 | 위 | 아래 | 오른쪽 | 왼쪽 |
|------|-----|------|--------|------|
| 기준 | | | | |
| 회전 후 | | | | |

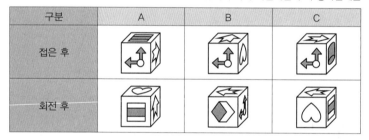

제시된 전개도 A, B, C를 접은 다음 주어진 회전 규칙에 따라 회전시킨 후의 정육면체는 아래와 같다.

| 구분 | A | B | C |
|------|-----|-----|-----|
| 접은 후 | | | |
| 회전 후 | | | |

따라서 회전시킨 후의 정육면체를 제시된 결합 형태에 따라 결합했을 때의 모양은 ①이다.

**07**

제시된 전개도 A, B, C를 접은 다음 주어진 회전 규칙에 따라 회전시킨 후의 정육면체는 아래와 같다.

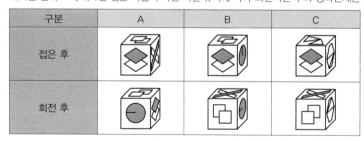

| 구분 | A | B | C |
|------|-----|-----|-----|
| 접은 후 | | | |
| 회전 후 | | | |

따라서 회전시킨 후의 정육면체를 제시된 결합 형태에 따라 결합했을 때의 모양은 ④이다.

제시된 전개도 A, B, C를 접은 다음 주어진 회전 규칙에 따라 회전시킨 후의 정육면체는 아래와 같다.

| 구분 | A | B | C |
|------|---|---|---|
| 접은 후 | | | |
| 회전 후 | | | |

따라서 회전시킨 후의 정육면체를 제시된 결합 형태에 따라 결합했을 때의 모양은 ③이다.

전개도를 기준면이 정면을 향하도록 접은 다음 제시된 회전 방향에 따라 순서대로 회전시킨 정육면체는 아래와 같다.

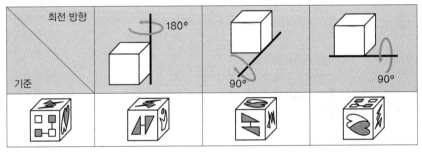

전개도를 기준면이 정면을 향하도록 접은 다음 제시된 회전 방향에 따라 순서대로 회전시킨 정육면체는 아래와 같다.

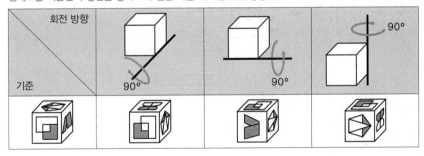

해커스 20대기업 인적성 통합 기본서 최신기출유형+실전문제

## 유형공략문제

p.338

| 01 | 02 | 03 | 04 | 05 | | | | | |
|---|---|---|---|---|---|---|---|---|---|
| ⑤ | ③ | ① | ③ | ⑤ | | | | | |

### 01
정답 ⑤

종이를 접은 역순으로 펀치 구멍을 표시한 종이는 아래와 같다.

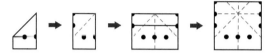

### 02
정답 ③

종이를 접은 역순으로 펀치 구멍을 표시한 종이는 아래와 같다.

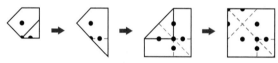

### 03
정답 ①

종이를 접은 역순으로 펀치 구멍을 표시한 종이는 아래와 같다.

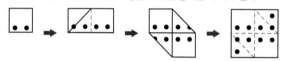

### 04
정답 ③

종이를 접은 역순으로 잘린 모양을 표시한 종이는 아래와 같다.

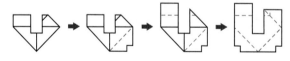

### 05
정답 ⑤

제시된 순서에 따라 종이를 접었을 때, 각 순서에 해당하는 종이의 뒷면은 아래와 같다.

유형공략문제　　　　　　　　　　　　　　　　　　p.350

| 01 | 02 | 03 | 04 | 05 |
|----|----|----|----|----|
| ② | ③ | ④ | ② | ④ |

## 01　　　　　　　　　　　정답 ②

제시된 두 개의 블록을 회전시킨 후 결합한 형태는 아래와 같다.

## 02　　　　　　　　　　　정답 ③

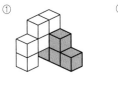

## 03　　　　　　　　　　　정답 ④

(A+C)　　　(B+C)　　　(A+B+C)

## 04　　　　　　　　　　　정답 ②

(A+C)　　　(B+C)　　　(A+B+C)

## 05　　　　　　　　　　　정답 ④

제시된 큐브를 회전 규칙에 따라 색칠된 부분만 순서대로 회전시킨 후 자르는 부분은 아래와 같다.

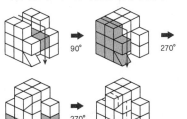

따라서 점선에 따라 잘라낸 후 화살표 방향에서 바라본 모양은 ④이다.

## 유형공략문제

p.362

| 01 | 02 | 03 | 04 | 05 | | | | | |
|---|---|---|---|---|---|---|---|---|---|
| ③ | ④ | ② | ④ | ⑤ | | | | | |

### 01

정답 ③

중점이 색칠된 오른쪽 판의 앞에서 회전판을 바라보면 오른쪽 판의 '?'에는 그림 5가 나타나고 왼쪽 판의 '?'에는 좌우 대칭된 그림 2가 나타난다.

| | 왼쪽 판의 그림 | 오른쪽 판의 그림 |
|---|---|---|
| 전 | | |
| 후 | | |

따라서 '?'의 위치에 나타나는 그림은 ③이다.

### 02

정답 ④

중점이 색칠된 왼쪽 판의 앞에서 회전판을 바라보면 왼쪽 판의 '?'에는 그림 1이 나타나고 오른쪽 판의 '?'에는 좌우 대칭된 그림 5가 나타난다.

| | 왼쪽 판의 그림 | 오른쪽 판의 그림 |
|---|---|---|
| 전 | | |
| 후 | | |

따라서 '?'의 위치에 나타나는 그림은 ④이다.

### 03

정답 ②

중점이 색칠된 오른쪽 판의 앞에서 회전판을 바라보면 오른쪽 판의 '?'에는 그림 4가 나타나고 왼쪽 판의 '?'에는 좌우 대칭된 그림 1이 나타난다.

| | 왼쪽 판의 그림 | 오른쪽 판의 그림 |
|---|---|---|
| 전 | | |
| 후 | | |

따라서 '?'의 위치에 나타나는 그림은 ②이다.

### 04

정답 ④

표시된 부분이 나머지와 달라 네 개의 입체도형과 모양이 다른 입체도형은 ④이다.

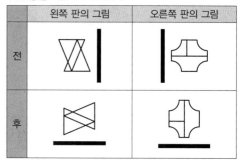

### 05

정답 ⑤

표시된 부분이 나머지와 달라 네 개의 입체도형과 모양이 다른 입체도형은 ⑤이다.

## 유형공략문제

p.370

| 01 | 02 | 03 | 04 | 05 | | | | | |
|----|----|----|----|----|----|----|----|----|----|
| ④ | ① | ⑤ | ① | ③ | | | | | |

### 01

정답 ④

제시된 투상도는 ④를 [1], [2], [3] 방향에서 바라본 모습이다.

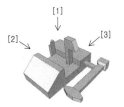

오답 체크

①  ②

③  ⑤

### 02

정답 ①

제시된 투상도는 ①을 [1], [2], [3] 방향에서 바라본 모습이다.

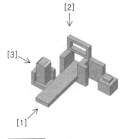

오답 체크

②  ③

④  ⑤

해커스 20대기업 인적성 통합 기본서 최신기출유형+실전문제

## 03

정답 ⑤

제시된 투상도는 ⑤를 [1], [2], [3] 방향에서 바라본 모습이다.

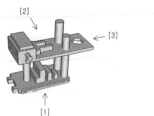

오답 체크

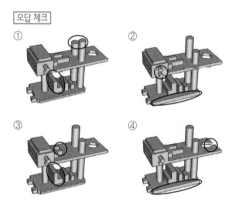

## 04

정답 ①

제시된 투상도를 순서대로 정면도, 평면도, 우측면도라고 할 때, 이에 해당하는 입체블록은 ①이다.

오답 체크

②는 우측면도가 일치하지 않는다.

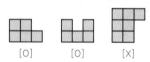

[O]     [O]     [X]

③은 정면도가 일치하지 않는다.

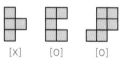

[X]     [O]     [O]

④는 우측면도가 일치하지 않는다.

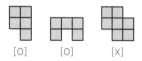

[O]     [O]     [X]

⑤는 정면도, 평면도가 일치하지 않는다.

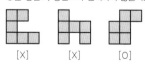

[X]     [X]     [O]

## 05

정답 ③

제시된 투상도를 순서대로 정면도, 평면도, 우측면도라고 할 때, 이에 해당하는 입체블록은 ③이다.

오답 체크

①은 우측면도가 일치하지 않는다.

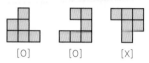

[O]     [O]     [X]

②는 평면도가 일치하지 않는다.

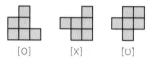

[O]     [X]     [U]

④는 정면도가 일치하지 않는다.

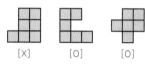

[X]     [O]     [O]

⑤는 우측면도가 일치하지 않는다.

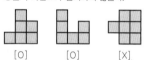

[O]     [O]     [X]

## 유형공략문제

p.380

| 01 | 02 | 03 | 04 | 05 | | | | | |
|---|---|---|---|---|---|---|---|---|---|
| ② | ③ | ⑤ | ③ | ② | | | | | |

**01** 정답 ②

**04** 정답 ③

**02** 정답 ③

**05** 정답 ②

**03** 정답 ⑤

# 출제예상문제

## 정 답

p.382

| 01 | 02 | 03 | 04 | 05 | 06 | 07 | 08 | 09 | 10 |
|---|---|---|---|---|---|---|---|---|---|
| 전개도 | 전개도 | 전개도 | 전개도 | 전개도 | 전개도 | 전개도 | 전개도 | 전개도 | 종이접기 |
| ④ | ④ | ⑤ | ② | ① | ⑤ | ④ | ⑤ | ⑤ | ② |
| 11 | 12 | 13 | 14 | 15 | 16 | 17 | 18 | 19 | 20 |
| 종이접기 | 종이접기 | 종이접기 | 종이접기 | 블록 | 블록 | 블록 | 블록 | 블록 | 블록 |
| ① | ④ | ② | ④ | ④ | ⑤ | ③ | ⑤ | ② | ③ |
| 21 | 22 | 23 | 24 | 25 | 26 | 27 | 28 | 29 | 30 |
| 도형회전 | 도형회전 | 도형회전 | 도형회전 | 투상도 | 투상도 | 투상도 | 투상도 | 조각모음 | 조각모음 |
| ② | ① | ④ | ④ | ④ | ③ | ③ | ③ | ③ | ① |

## 취약 유형 분석표

유형별로 맞힌 개수와 정답률, 틀린 문제 번호, 풀지 못한 문제 번호를 적어 보세요. 취약 유형 진단 & 약점 극복(p.402)에서 자신의 정답률 그래프를 그려본 후, 취약 유형을 진단하고 그에 따른 학습 전략을 확인해보세요.

| 유형 | 맞힌 개수 | 정답률 | 틀린 문제 번호 | 풀지 못한 문제 번호 |
|---|---|---|---|---|
| 전개도 | /9 | % | | |
| 종이접기 | /5 | % | | |
| 블록 | /6 | % | | |
| 도형회전 | /4 | % | | |
| 투상도 | /4 | % | | |
| 조각모음 | /2 | % | | |
| 총계 | /30 | % | | |

# 해 설

## 01 전개도 정답 ④

전개도를 접었을 때 완성되는 입체도형은 아래와 같다.

## 02 전개도 정답 ④

전개도를 접었을 때 완성되는 입체도형은 아래와 같다.

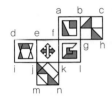 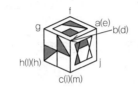

## 03 전개도 정답 ⑤

전개도를 접었을 때 완성되는 입체도형은 아래와 같다.

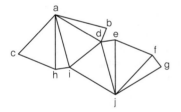 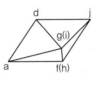

## 04 전개도 정답 ②

[②]　　　[①, ③, ④, ⑤]

## 05 전개도 정답 ①

 전  우  후

## 06 전개도

## 07 전개도

## 08 전개도

제시된 전개노 A, B, C를 접은 다음 주어진 회전 규칙에 따라 회전시킨 후의 정육면체는 아래와 같다.

| 구분 | A | B | C |
|---|---|---|---|
| 접은 후 | | | |
| 회전 후 | | | |

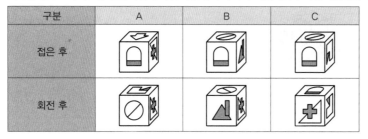

따라서 회전시킨 후의 정육면체를 제시된 결합 형태에 따라 결합했을 때의 모양은 ⑤이다.

## 09 전개도

제시된 전개도 A, B, C를 접은 다음 주어진 회전 규칙에 따라 회전시킨 후의 정육면체는 아래와 같다.

| 구분 | A | B | C |
|---|---|---|---|
| 접은 후 | | | |
| 회전 후 | | | |

따라서 회전시킨 후의 정육면체를 제시된 결합 형태에 따라 결합했을 때의 모양은 ⑤이다.

## 10 종이접기

종이를 접은 역순으로 펀치 구멍을 표시한 종이는 아래와 같다.

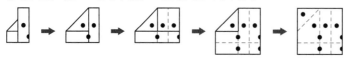

## 11 종이접기
정답 ①

종이를 접은 역순으로 펀치 구멍을 표시한 종이는 아래와 같다.

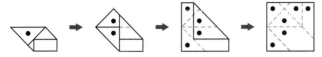

## 12 종이접기
정답 ④

종이를 접은 역순으로 펀치 구멍을 표시한 종이는 아래와 같다.

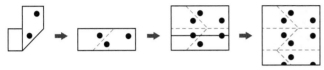

## 13 종이접기
정답 ②

종이를 접은 역순으로 잘린 모양을 표시한 종이는 아래와 같다.

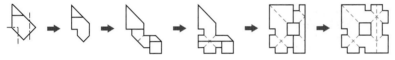

## 14 종이접기
정답 ④

제시된 순서에 따라 종이를 접었을 때, 각 순서에 해당하는 종이의 뒷면은 아래와 같다.

## 15 블록
정답 ④

①    ②    ③    ⑤

## 16 블록
정답 ⑤

①    ②    ③    ④

## 17 블록

제시된 두 개의 블록을 회전시킨 후 결합한 형태는 아래와 같다.

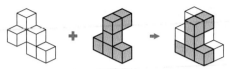

## 18 블록

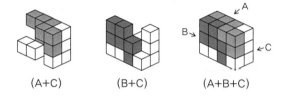

(A+C)  (B+C)  (A+B+C)

## 19 블록

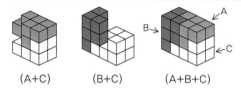

(A+C)  (B+C)  (A+B+C)

## 20 블록

제시된 A를 회전시킨 후 (A+B)에서 제외한 형태 B는 아래와 같다.

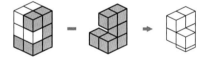

## 21 도형회전

중점이 색칠된 왼쪽 판의 앞에서 회전판을 바라보면 왼쪽 판의 '?'에는 그림 3이 나타나고 오른쪽 판의 '?'에는 좌우 대칭된 그림 2가 나타난다.

|  | 왼쪽 판의 그림 | 오른쪽 판의 그림 |
|---|---|---|
| 전 |  |  |
| 후 |  |  |

따라서 '?'의 위치에 나타나는 그림은 ②이다.

## 22 도형회전

중점이 색칠된 오른쪽 판의 앞에서 회전판을 바라보면 오른쪽 판의 '?'에는 그림 2가 나타나고 왼쪽 판의 '?'에는 좌우 대칭된 그림 4가 나타난다.

| | 왼쪽 판의 그림 | 오른쪽 판의 그림 |
|---|---|---|
| 전 | | |
| 후 | | |

따라서 '?'의 위치에 나타나는 그림은 ①이다.

## 23 도형회전

표시된 부분이 나머지와 달라 네 개의 입체도형과 모양이 다른 입체도형은 ④이다.

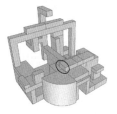

## 24 도형회전

표시된 부분이 나머지와 달라 네 개의 입체도형과 모양이 다른 입체도형은 ④이다.

해커스 20대기업 인적성 통합 기본서 최신기출유형 + 실전문제

## 25 투상도

제시된 투상도는 ④를 [1], [2], [3] 방향에서 바라본 모습이다.

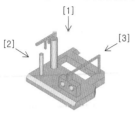

오답 체크

① 　② 　③ 　⑤

## 26 투상도

제시된 투상도는 ③을 [1], [2], [3] 방향에서 바라본 모습이다.

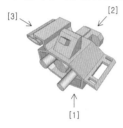

오답 체크

① 　② 　④ 　⑤

제시된 투상도를 순서대로 정면도, 평면도, 우측면도라고 할 때, 이에 해당하는 입체블록은 ③이다.

오답 체크

①은 우측면도가 일치하지 않는다.

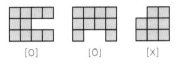

[O]          [O]          [X]

②는 평면도가 일치하지 않는다.

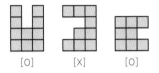

[O]          [X]          [O]

④는 정면도가 일치하지 않는다.

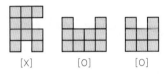

[X]          [O]          [O]

⑤는 평면도가 일치하지 않는다.

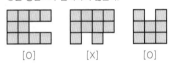

[O]          [X]          [O]

## 28 투상도

제시된 투상도를 순서대로 정면도, 평면도, 우측면도라고 할 때. 이에 해당하는 입체블록은 ③이다.

오답 체크

①은 정면도가 일치하지 않는다.

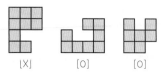

[X]　　　　[O]　　　　[O]

②는 우측면도가 일치하지 않는다.

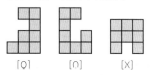

[O]　　　　[∩]　　　　[X]

④는 정면도, 우측면도가 일치하지 않는다.

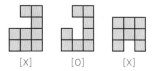

[X]　　　　[O]　　　　[X]

⑤는 평면도가 일치하지 않는다.

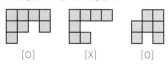

[O]　　　　[X]　　　　[O]

## 29 조각모음

① 　② 　④ 　⑤

## 30 조각모음

② 　③ 　④ 　⑤

# PART 5 | 실전모의고사

## 실전모의고사 1회

# 정답

## 언어능력
p.406

| 01 | ④ | 어휘 | 02 | ① | 어휘 | 03 | ② | 어휘 | 04 | ③ | 어휘 | 05 | ⑤ | 어휘 |
|----|----|----|----|----|----|----|----|----|----|----|----|----|----|----|
| 06 | ⑤ | 어법 | 07 | ② | 어법 | 08 | ⑤ | 어법 | 09 | ⑤ | 독해 | 10 | ④ | 독해 |
| 11 | ③ | 독해 | 12 | ⑤ | 독해 | 13 | ② | 독해 | 14 | ② | 독해 | 15 | ② | 독해 |

## 수리능력
p.416

| 01 | ④ | 응용계산 | 02 | ② | 응용계산 | 03 | ④ | 응용계산 | 04 | ① | 응용계산 | 05 | ③ | 응용계산 |
|----|----|----|----|----|----|----|----|----|----|----|----|----|----|----|
| 06 | ④ | 응용계산 | 07 | ① | 응용계산 | 08 | ④ | 자료해석 | 09 | ⑤ | 자료해석 | 10 | ⑤ | 자료해석 |
| 11 | ④ | 자료해석 | 12 | ① | 자료해석 | 13 | ① | 자료해석 | 14 | ④ | 자료해석 | 15 | ② | 자료해석 |

## 추리능력
p.425

| 01 | ④ | 언어추리 | 02 | ④ | 언어추리 | 03 | ① | 언어추리 | 04 | ③ | 언어추리 | 05 | ④ | 언어추리 |
|----|----|----|----|----|----|----|----|----|----|----|----|----|----|----|
| 06 | ④ | 수/문자추리 | 07 | ② | 수/문자추리 | 08 | ④ | 수/문자추리 | 09 | ② | 수/문자추리 | 10 | ② | 도식추리 |
| 11 | ③ | 도식추리 | 12 | ⑤ | 도식추리 | 13 | ① | 도식추리 | 14 | ⑤ | 도형추리 | 15 | ④ | 도형추리 |

## 공간지각능력
p.434

| 01 | ⑤ | 전개도 | 02 | ③ | 전개도 | 03 | ④ | 전개도 | 04 | ⑤ | 종이접기 | 05 | ⑤ | 종이접기 |
|----|----|----|----|----|----|----|----|----|----|----|----|----|----|----|
| 06 | ③ | 종이접기 | 07 | ⑤ | 블록 | 08 | ③ | 블록 | 09 | ② | 블록 | 10 | ② | 블록 |
| 11 | ① | 도형회전 | 12 | ③ | 도형회전 | 13 | ⑤ | 투상도 | 14 | ② | 투상도 | 15 | ③ | 조각모음 |

# 취약 유형 분석표

유형별로 맞힌 개수와 정답률, 문제 번호, 풀지 못한 문제 번호를 적어 보세요. 취약한 유형은 '유형공략문제'와 '출제예상문제'를 통해 복습하고 틀린 문제와 풀지 못한 문제를 다시 한번 풀어보세요.

| 영역 | 유형 | 맞힌 개수 | 정답률 | 틀린 문제 번호 | 풀지 못한 문제 번호 |
|---|---|---|---|---|---|
| 언어능력 | 독해 | /7 | % | | |
| | 어휘 | /5 | % | | |
| | 어법 | /3 | % | | |
| | 총계 | /15 | % | | |

| 영역 | 유형 | 맞힌 개수 | 정답률 | 틀린 문제 번호 | 풀지 못한 문제 번호 |
|---|---|---|---|---|---|
| 수리능력 | 자료해석 | /8 | % | | |
| | 응용계산 | /7 | % | | |
| | 총계 | /15 | % | | |

| 영역 | 유형 | 맞힌 개수 | 정답률 | 틀린 문제 번호 | 풀지 못한 문제 번호 |
|---|---|---|---|---|---|
| 추리능력 | 언어추리 | /5 | % | | |
| | 수/문자추리 | /4 | % | | |
| | 도식추리 | /4 | % | | |
| | 도형추리 | /2 | % | | |
| | 총계 | /15 | % | | |

| 영역 | 유형 | 맞힌 개수 | 정답률 | 틀린 문제 번호 | 풀지 못한 문제 번호 |
|---|---|---|---|---|---|
| 공간지각 능력 | 전개도 | /3 | % | | |
| | 종이접기 | /3 | % | | |
| | 블록 | /4 | % | | |
| | 도형회전 | /2 | % | | |
| | 투상도 | /2 | % | | |
| | 조각모음 | /1 | % | | |
| | 총계 | /15 | % | | |

# 해설

## 01 어휘      정답 ④

제시된 단어 오비이락과 까마귀는 오비이락(烏飛梨落)이 까마귀 날자 배 떨어진다는 의미의 한자성어이므로 한자성어와 한자성어에 포함된 동물의 관계이다.
따라서 여우가 죽을 때에 머리를 자기가 살던 굴 쪽으로 둔다는 의미의 한자성어 수구초심(首丘初心)에 포함된 동물인 '여우'가 들어가야 한다.

## 02 어휘      정답 ①

'식언(食言)'은 약속한 말대로 지키지 아니한다는 의미이므로 어느 빈칸에도 들어갈 수 없다.

가) 시즌 우승을 노린다고 감독이 씩씩하게 말했다고 하였으므로 의기양양하여 호기롭게 말한다는 의미의 '호언(豪言)'이 적절하다.
나) 빈칸 뒤의 단어인 아니다와 함께 쓸 수 있으며 지나치게 말을 한다는 의미의 '과언(過言)'이 적절하다.
다) 빈칸 앞의 단어인 공식과 함께 쓸 수 있으며 국가나 집단이 자기의 방침, 의견, 주장 따위를 외부에 정식으로 표명한다는 의미의 '선언(宣言)'이 적절하다.
라) 빈칸 앞의 단어인 신하와 함께 쓸 수 있으며 웃어른이나 임금에게 옳지 못하거나 잘못된 일을 고치도록 하는 말이라는 의미의 '간언(諫言)'이 적절하다.
마) 빈칸 뒤의 단어인 장담과 함께 쓸 수 있으며 의기양양하여 호기롭게 말한다는 의미의 '호언(豪言)'이 적절하다.
바) 개회를 알리는 말이 있을 예정이라고 하였으므로 어떤 회의의 진행에 한계를 두기 위하여 말한다는 의미의 '선언(宣言)'이 적절하다.

## 03 어휘      정답 ②

ㄱ) 빈칸이 있는 문장에서 식품에서 베타카로틴 성분만 따로 빼내어 식용 색소를 만든다고 하였으므로 전체 속에서 어떤 물건, 생각, 요소 따위를 뽑아낸다는 의미의 '추출(抽出)'이 적절하다.
ㄴ) 빈칸 앞의 단어인 성장과 함께 쓸 수 있으며 신체 기관이 본래의 제 기능을 하지 못하거나 정신 능력에 결함이 있는 상태라는 의미의 '장애(障礙)'가 적절하다.
ㄷ) 빈칸이 있는 문장에서 지용성 비타민인 베타카로틴을 체내로 흡수하기 위해서는 채소를 기름에 볶아 먹는 것이 좋다고 하였으므로 생물체가 양분 따위를 몸속에 빨아들이는 일을 의미하는 '섭취(攝取)'가 적절하다.

ㄹ) 빈칸이 있는 문장에서 식초가 체내로 흡수될 베타카로틴을 없애기 때문에 식초와 채소를 같이 먹지 않도록 해야 한다고 하였으므로 때려 부수거나 깨뜨려 헐어버린다는 의미의 '파괴(破壞)'가 적절하다.

**오답 체크**
- 와해(瓦解): 조직이나 계획 따위가 산산이 무너지고 흩어짐
- 섭렵(涉獵): 많은 책을 널리 읽거나 여기저기 찾아다니며 경험함
- 축출(逐出): 쫓아내거나 몰아냄

## 04 어휘      정답 ③

제시된 단어 응고하다와 굳어지다는 모두 액체 따위가 엉겨서 뭉쳐 딱딱하게 굳음을 뜻하므로 유의관계이다.
따라서 어려워하거나 조심스러워하는 태도가 없이 무례하고 건방지다는 의미의 '방자하다'와 유의관계인 '교만하다'가 적절하다.

**오답 체크**
① 공손하다: 말이나 행동이 겸손하고 예의 바르다
② 누설하다: 비밀이 새어 나가다
④ 겸양하다: 겸손한 태도로 남에게 양보하거나 사양하다
⑤ 정중하다: 태도나 분위기가 점잖고 엄숙하다

## 05 어휘      정답 ⑤

밑줄 친 단어는 점차 자극을 느끼지 못하게 된다는 의미로 쓰였으므로 감정이나 감각이 무디다는 의미의 ⑤가 적절하다.

**오답 체크**
① 예민하다: 무엇인가를 느끼는 능력이나 분석하고 판단하는 능력이 빠르고 뛰어나다
② 민감하다: 자극에 빠르게 반응을 보이거나 쉽게 영향을 받는 데가 있다
③ 허탈하다: 몸에 기운이 빠지고 정신이 멍하다
④ 영민하다: 매우 영특하고 민첩하다

## 06 어법      정답 ⑤

conte: 꽁트(X) → 콩트(O)
- 외래어 표기법 제1장 제4항에 따라 파열음을 표기할 때는 된소리를 쓰지 않는 것을 원칙으로 한다.

## 07 어법

ⓒ의 앞에서는 UVB가 인체에 부정적인 영향을 미친다는
내용을 말하고 있고, ⓒ의 뒤에서는 자외선 부족으로 비
타민D 생성이 줄어들면 우울증 발병률이 높아진다는 내
용을 말하고 있다.
따라서 자외선의 일종인 UVB는 비타민D 생성이라는 긍정
적인 역할도 한다는 내용을 넣는 것이 적절하다.

오답 체크

① UVB에 노출되면 사람의 피부가 검어진다는 내용이므로 햇볕
이나 불. 연기 따위를 오래 쬐어 검게 된다는 의미의 '그을리다'
가 적절하다.
　• 그슬리다: 불에 겉만 약간 타게 됨
③ '유발(誘發)'은 어떤 것이 다른 일을 일어나게 한다는 의미로 사
동의 뜻을 지니고 있으므로 '-시키는'이 아니라 '-하는'을 쓰는
것이 적절하다.
④ ⓔ 앞에서는 자외선 중 UVA와 UVB만 지표에 도달한다고 하
였으며, ⓔ 뒤에서는 UVA는 실내에도 들어온다고 하였으므로
'UVB'가 적절하다.
⑤ '한글 맞춤법 6장 51항'에 따라 부사의 끝음절이 분명히 '이'로
만 나는 것은 '-이'로 적고, '히'로만 나거나 '이'나 '히'로 나는
것은 '-히'로 적어야 하므로 끝음절의 발음이 '이'로 나는 ⓜ은
'깊숙이'로 적는다.

## 08 어법
정답 ⑤

그전(X) → 그 전(O)
　• 한글 맞춤법 제2항에 따라 문장의 각 단어는 띄어 씀을
　　원칙으로 하여 관형사 '그'와 이전 또는 앞 따위의 시점
　　을 이르는 명사 '전'은 '그 전'으로 띄어 써야 한다.

## 09 독해
정답 ⑤

이 글은 성과공유제가 대기업과 중소기업이 협력함으로
써 양쪽이 함께 성장할 수 있도록 하는 상생경영에 적합하
다는 내용이므로 중소기업을 위한 대기업의 일방적인 희
생을 강요하기보다 협력을 통해 대기업과 중소기업이 함
께 성장할 수 있는 제도의 정착이 필요하다는 주장이 가
장 적절하다.

## 10 독해
정답 ④

빈칸 앞에서는 다각화 기업이 재정적 이점을 기반으로 위
기를 극복하기 위해 적절한 전략을 취해야 한다는 내용을
말하고 있고, 빈칸 뒤에서는 다각화 기업들이 불황기일 때
비용과 지출을 줄여야 한다는 기존의 인식에서 벗어나는
대신 호황기일 때 재무구조 개선을 통해 위기에 대비하였
다는 내용을 말하고 있다.
따라서 다각화 기업은 금융위기가 닥쳐와도 대규모 구조
조정이나 연구개발 비용 감축 등과 같은 전략을 취하지 않
았다는 내용이 들어가야 한다.

## 11 독해
정답 ③

TV와 컴퓨터 사용 비중이 작고 모바일 기기 사용 비중이
다른 세대에 비해 월등히 높다는 점이 Z세대의 특징 중 하
나라고 하였으므로 다른 세대들과 다르게 Z세대가 다양한
미디어 매체를 골고루 사용하는 것은 아님을 알 수 있다.

오답 체크

① Z세대가 인터넷을 통해 얻은 정보를 바탕으로 가구 내 소비 의
사결정에 가장 핵심적인 역할을 하고 있다고 하였으므로 적절
한 내용이다.
② Z세대는 Y세대와 비슷하게 소비 지향적인 생활패턴을 보인다
고 하였으므로 적절한 내용이다.
④ Z세대는 나이에 비해 성숙하며, 젠더, 환경, 사회, 정의 등 다양
한 사회적 문제에 관심이 많다고 하였으므로 적절한 내용이다.
⑤ 장기화된 경기 침체와 취업난 등을 경험한 Z세대는 불확실한
미래보다 현재에 집중하는 경향을 보인다고 하였으므로 적절
한 내용이다.

## 12 독해
정답 ⑤

이 글은 외형은 인간과 비슷하나 행동이 인간의 수준에 미
치지 못하는 로봇에 대해 인간이 부정적인 반응을 보이는
불쾌한 골짜기라는 현상이 있으며, 로봇 관련 상품 개발
시 불쾌한 골짜기가 중요하게 고려되어야 한다는 내용이
므로 이 글의 제목으로 가장 적절한 것은 ⑤이다.

## 13 독해
정답 ②

이 글의 필자는 반려동물 사육 인구수의 증가와 함께 늘어
나고 있는 반려동물 사체를 체계적·위생적으로 처리하기
위해서 공공기관이 나서야 한다고 주장하고 있다.
따라서 인간을 위한 복지예산도 부족한 상황에서 반려동
물 장묘시설 설립을 위해 공공기관의 예산을 동원하는 것
은 섣부른 판단이라는 반박이 타당하다.

해커스 20대기업 인적성 통합 기본서 최신기출유형+실전문제

## 14 독해

아스타틴은 원자번호가 85번에 해당한다고 하였지만, 101번 중에서 아스타틴이 프랑슘(Fr) 다음으로 반감기가 짧다고 하였으므로 원자번호 85번인 아스타틴이 지구상 실재하는 원자 중 반감기가 가장 짧은 원자인 것은 아님을 알 수 있다.

오답 체크

① 아스타틴의 동위원소에는 알파선을 내뿜는 핵종이 많고, $^{211}$At의 경우 에너지가 높은 알파선을 내뿜고 공격하는 특성이 있다고 하였으므로 적절한 내용이다.

③ 아스타틴은 반감기가 짧고 방사성 붕괴 시 많은 에너지가 방출되기 때문에 밀도, 녹는점 등의 물리적 성질과 반응성 등의 화학적 성질이 명확하게 측정되지 않았다고 하였으므로 적절한 내용이다.

④ $^{211}$At은 아이오딘처럼 갑상샘에 우선하여 농축되는 성질이 있으나, 농축 정도는 아이오딘보다 적다고 하였으므로 적절한 내용이다.

⑤ 아스타틴은 우라늄과 토륨의 동위원소가 붕괴되는 과정에서 만들어진다고 하였으므로 적절한 내용이다.

## 15 독해

이 글은 복어가 지닌 독성의 위험성과 복어의 독 생성 방법에 대한 연구 결과를 설명하는 글이다.
따라서 복어가 보양식으로서 몸에 좋지만 복어 섭취 시 주의할 점이 있다고 언급한 〈보기〉에 이어질 내용은 '다) 복어에 포함된 테트로도톡신 독성의 특징 → 나) 테트로도톡신 섭취 시 나타나는 증상 → 가) 전문적인 기술이 필요한 복어의 독 제거 → 라) 복어의 독 생성에 대한 연구(1): 독성 먹이를 먹는 식습관으로 생성된 복어의 독 → 마) 복어의 독 생성에 대한 연구(2): 무독성 먹이 섭취 시 독성이 나타나지 않은 복어' 순으로 연결되어야 한다.

## 01 응용계산 정답 ④

시간=$\dfrac{거리}{속력}$임을 적용하여 구한다.

지하철역에서 면접 장소까지의 거리를 $x$라고 하면

$\dfrac{x}{5}-\dfrac{15}{60}=\dfrac{x}{15}+\dfrac{18}{60} \rightarrow x=\dfrac{33}{8}$

따라서 지하철역에서 면접 장소까지의 거리는

$\dfrac{33}{8}\times 1,000=4,125$m이다.

## 02 응용계산 정답 ②

소금의 양=소금물의 양$\times\dfrac{소금물의 농도}{100}$임을 적용하여 구한다.

덜어낸 소금물만큼 물을 넣어 희석한 소금물 400g과 농도가 7%인 소금물을 섞어 농도가 11%인 소금물 500g을 만들었으므로 농도가 7%인 소금물의 양은 100g이다.

이때 농도가 15%인 소금물 400g에서 덜어낸 소금물의 양을 $x$라고 하면

소금물을 섞기 전과 후의 소금의 양은 같으므로

$(400-x)\times\dfrac{15}{100}+100\times\dfrac{7}{100}=500\times\dfrac{11}{100}$

$\rightarrow 0.15x=12 \rightarrow x=80$

따라서 덜어낸 소금물에 들어있던 소금의 양은 $0.15\times 80$ $=12$g이다.

## 03 응용계산 정답 ④

시간당 작업량=$\dfrac{작업량}{시간}$임을 적용하여 구한다.

어항 전체 물의 양을 1이라고 하면

1시간 동안 어항에 채우는 물의 양은 검은색 호스가 $\dfrac{1}{5}$, 노란색 호스가 $\dfrac{1}{4}$이고, 1시간 동안 어항에서 빼내는 물의 양은 흰색 호스가 $\dfrac{1}{6}$, 파란색 호스가 $\dfrac{1}{7}$이다.

네 종류의 호스로 1시간 동안 어항에 채워지는 물의 양은

$\dfrac{1}{5}+\dfrac{1}{4}-\dfrac{1}{6}-\dfrac{1}{7}=\dfrac{59}{420}$이다.

어항에 물을 가득 채우는 데 걸리는 시간을 $x$라고 하면

$\dfrac{59}{420}\times x=\dfrac{3}{4} \rightarrow x=5\dfrac{20}{59}$

따라서 어항에 물을 가득 채우는 데 걸리는 시간은 $5\dfrac{20}{59}$시간이다.

## 04 응용계산 정답 ①

A 제품 30g 타입의 재고를 $x$, A 제품 60g 타입의 재고를 $y$, B 제품 30g 타입의 재고를 $z$라고 하면

B 제품 60g 타입의 재고는 $70-y$이므로

$x:z=2:3 \rightarrow z=\dfrac{3}{2}x$ $\cdots$ ⓐ

$z:(70-y)=3:5 \rightarrow y=70-\dfrac{5}{3}z$ $\cdots$ ⓑ

$x+y=40$ $\cdots$ ⓒ

ⓐ를 ⓑ에 대입하여 정리하면

$y=70-\dfrac{5}{2}x$ $\cdots$ ⓓ

ⓓ를 ⓒ에 대입하여 풀면

$x+(70-\dfrac{5}{2}x)=40 \rightarrow x=20$

따라서 A 제품 30g 타입의 재고는 20개이다.

## 05 응용계산 정답 ③

할인행사 전 공책과 연필의 개수를 각각 $x$, $y$라고 하면

$x:y=3:5 \rightarrow x=\dfrac{3}{5}y$ $\cdots$ ⓐ

$(x-10):(y-20)=2:3 \rightarrow y=\dfrac{3}{2}x+5$ $\cdots$ ⓑ

ⓐ를 ⓑ에 대입하여 풀면 $y=50$, $x=30$이다.

따라서 할인행사 후 연필 재고량은 $50-20=30$자루이다.

## 06 응용계산 정답 ④

처음 11장의 카드 중 8 이상의 숫자가 적혀 있는 카드의 장 수를 $x$라고 하면

첫 번째 게임에서 이길 확률은 $\dfrac{x}{11}$이고,

두 번째 게임에서 질 확률은 $\dfrac{10-(x-1)}{10}=\dfrac{11-x}{10}$이다.

첫 번째 게임에서 이기고, 두 번째 게임에서 질 확률이 $\dfrac{3}{11}$이므로

$\dfrac{x}{11}\times\dfrac{11-x}{10}=\dfrac{3}{11} \rightarrow x^2-11x+30=0$

$\rightarrow (x-5)(x-6)=0 \rightarrow x=5$ 또는 $x=6$

따라서 8 이상의 숫자가 적혀 있는 카드로 가능한 장수의 합은 $5+6=11$장이다.

## 07 응용계산 정답 ①

서로 다른 n개에서 순서를 고려하지 않고 r개를 택하는 경우의 수는 $_nC_r=\dfrac{n!}{r!(n-r)!}$임을 적용하여 구한다.

팀원 수가 10명인 X 팀에서 청소 당번 3명을 뽑는 방법은

$_{10}C_3=\dfrac{10!}{3!(10-3)!}=\dfrac{10!}{3!7!}=\dfrac{10\times 9\times 8}{3\times 2\times 1}=120$가지이다.

## 08 자료해석  정답 ④

기초화장품 시장 규모의 전년 대비 증가액은 2014년에 2,196 − 2,182 = 14십억 불로 2016년 2,370 − 2,268 = 102십억 불보다 적게 증가하였으므로 옳지 않은 설명이다.

오답 체크

① 북미, 서유럽, MENA, 아시아 4개 지역의 화학 산업 시장 규모는 2014년부터 2019년까지 매년 전년 대비 증가하였으므로 옳은 설명이다.
② 2016년 화학 산업 품목별 시장 규모의 전년 대비 증가율은 합성수지가 {(691 − 659) / 659} × 100 ≒ 4.86으로 {(484 − 467) / 467} × 100 ≒ 3.64인 소비재보다 높으므로 옳은 설명이다.
③ 의약품, 화학제품, 소비재, 기초화학품, 합성수지의 시장 규모는 2018년에 모두 전년 대비 증가하였으므로 옳은 설명이다.
⑤ 아시아의 화학 산업 시장 규모는 서유럽의 화학 산업 시장 규모보다 2013년에 2,626 / 1,028 ≒ 2.6배, 2014년에 2,838 / 1,053 ≒ 2.7배, 2015년에 3,052 / 1,080 ≒ 2.8배, 2016년에 3,226 / 1,107 ≒ 2.9배, 2017년에 3,488 / 1,134 ≒ 3.1배, 2018년에 3,743 / 1,159 ≒ 3.2배, 2019년에 4,016 / 1,185 ≒ 3.4배로 매년 2배 이상이므로 옳은 설명이다.

## 09 자료해석  정답 ⑤

제시된 자료에 따르면 2012년 숙박업의 가입 지정 대상자 수가 14,635명으로 가장 많고, 비지정 가입자 수는 지정 가입자 수보다 많으므로 옳은 그래프는 ⑤이다.

오답 체크

① 2011년 전문직의 전체 가입자 수는 22,289명이지만, 이 그래프에서는 40,000명 이상으로 나타나므로 옳지 않은 그래프이다.
② 2011년 학원의 지정 가입자 수는 비지정 가입자 수보다 많지만, 이 그래프에서는 지정 가입자 수가 비지정 가입자 수보다 적으므로 옳지 않은 그래프이다.
③ 2012년 병의원의 지정 가입자 수는 학원의 지정 가입자 수보다 많지만, 이 그래프에서는 병의원의 지정 가입자 수가 학원의 지정 가입자 수보다 적으므로 옳지 않은 그래프이다.
④ 2012년 병의원의 가입 지정 대상자 수는 학원의 가입 지정 대상자 수보다 많지만, 이 그래프에서는 병의원의 가입 지정 대상자 수가 학원의 가입 지정 대상자 수보다 적으므로 옳지 않은 그래프이다.

## 10 자료해석  정답 ⑤

유럽 6개국을 고령화지수가 높은 순서대로 순위를 매기면 2000년에는 이탈리아, 스페인, 그리스, 독일, 프랑스, 영국 순이고, 2015년에는 이탈리아, 독일, 그리스, 스페인, 프랑스, 영국 순으로 2000년과 2015년의 고령화지수 순위가 동일한 나라는 이탈리아, 그리스, 프랑스, 영국 4개국이므로 옳지 않은 설명이다.

오답 체크

① 2015년 고령화지수의 5년 전 대비 증가량은 영국이 102.8 − 94.9 = 7.9%p, 프랑스가 103.3 − 91.3 = 12.0%p, 스페인이 126.8 − 117.8 = 9.0%p, 그리스가 137.2 − 123.5 = 13.7%p, 이탈리아가 163.5 − 146.4 = 17.1%p, 독일이 161.1 − 150.7 = 10.4%p이므로 옳은 설명이다.
② 2015년 그리스 고령화지수의 5년 전 대비 증가율은 {(137.2 − 123.5) / 123.5} × 100 ≒ 11.1%이므로 옳은 설명이다.
③ 2000년 독일의 고령화지수는 같은 해 영국의 고령화지수의 105.1 / 83.7 ≒ 1.3배이므로 옳은 설명이다.
④ 고령화지수 = (65세이상인구 / 15세미만인구) × 1000이며, 2005년 스페인의 고령화지수는 116.8%로 65세 이상 인구가 15세 미만 인구보다 많으므로 옳은 설명이다.

## 11 자료해석  정답 ④

원유 수입량의 전년 대비 증가량은 2020년에 1,026 − 928 = 98백만 배럴, 2021년에 1,078 − 1,026 = 52백만 배럴, 2022년에 1,118 − 1,078 = 40백만 배럴이므로 원유 수입량이 전년 대비 가장 많이 증가한 해는 2020년이다.
따라서 2020년 제품 공급량의 전년 대비 증가율은 {(1,425 − 1,357) / 1,357} × 100 ≒ 5.0%이다.

빠른 문제 풀이 Tip

일의 자리에서 반올림한 값을 이용하여 대략적으로 계산한다.
원유 수입량의 전년 대비 증가량은 2020년에 1,030 − 930 ≒ 100 백만 배럴, 2021년에 1,080 − 1,030 ≒ 50백만 배럴, 2022년에 1,120 − 1,080 ≒ 40백만 배럴이므로 원유 수입량이 전년 대비 가장 많이 증가한 해는 2020년임을 알 수 있다. 이에 따라 2020년 제품 공급량의 전년 대비 증가율은 {(1,430 − 1,360) / 1,360} × 100 ≒ 5.1%이므로 선택지 중 가장 가까운 ④가 정답이다.

## 12 자료해석  정답 ①

농업회사법인 수의 전년 대비 증가량은
2016년에 259 − 223 = 36개,
2017년에 938 − 259 = 679개,
2018년에 1,323 − 938 = 385개,
2019년에 1,824 − 1,323 = 501개,
2020년에 2,501 − 1,824 = 677개,
2021년에 3,101 − 2,501 = 600개,
2022년에 3,343 − 3,101 = 242개이다.
따라서 농업회사법인 수가 전년 대비 가장 많이 증가한 2017년의 영농조합법인 수는 2,949개이다.

## 13 자료해석  정답 ①

2018년 가을의 재산범죄피해 발생 비율은 2012년 대비 {(25.2 − 24.2) / 24.2} × 100 ≒ 4.1% 증가하였으므로 옳지 않은 설명이다.

② 2014년부터 2018년까지 재산범죄피해 발생 건수의 2년 전 대비 증감 추이는 감소, 증가, 감소이며, 재산범죄피해 발생 비율의 2년 전 대비 증감 추이가 이와 동일한 계절은 봄 1개이므로 옳은 설명이다.

③ 2016년 재산범죄피해 발생 비율은 여름이 겨울의 29.6 / 14.4 ≒ 2.1배이므로 옳은 설명이다.

④ 제시된 모든 해에 3~8월의 재산범죄피해 발생 비율이 50%를 넘어 재산범죄피해 발생 건수는 3~8월이 9~2월보다 많으므로 옳은 설명이다.

⑤ 봄의 재산범죄피해 발생 건수는 2012년이 1,645,336 × 0.226 ≒ 371,846건, 2016년이 1,479,474 × 0.231 ≒ 341,758건이므로 옳은 설명이다.

## 14 자료해석       정답 ④

직무별 현재 인력 대비 충원 후 인력의 증가율 = (직무별 충원 인력 / 직무별 현재 인력) × 100임을 적용하여 구한다.

전체 인공지능 직무의 현재 인력이 가장 많은 종사자 규모는 다른 종사자 규모에 비해 개발자 현재 인력이 월등히 많은 1,000인 이상이다. 종사자 규모가 1,000인 이상인 사업체가 직무별로 부족 인력만큼 충원하면 직무별 현재 인력 대비 충원 후 인력의 증가율은 프로젝트 관리자가 (33 / 99) × 100 ≒ 33.3%, 컨설턴트가 (23 / 108) × 100 ≒ 21.3%, 개발자가 (278 / 1,276) × 100 ≒ 21.8%, 시스템 운영관리자가 (19 / 136) × 100 ≒ 14.0%, 데이터 가공처리 담당자가 (57 / 190) × 100 = 30.0%, 데이터 분석가가 (39 / 122) × 100 ≒ 32.0%이다.

따라서 증가율이 세 번째로 큰 직무인 데이터 가공처리 담당자의 증가율은 30.0%이다.

## 15 자료해석       정답 ②

제시된 자료에 따르면 연도별 노인주거복지시설 수는
2013년이 285 + 125 + 25 = 435개소,
2014년이 272 + 142 + 29 = 443개소,
2015년이 265 + 131 + 31 = 427개소,
2016년이 265 + 128 + 32 = 425개소이다.

따라서 노인주거복지시설 수가 2014년에 전년 대비 증가하고 2015년부터 전년 대비 감소하며, 2015년에 427개소이므로 옳은 그래프는 ②이다.

### 빠른 문제 풀이 Tip

2015년 양로시설과 노인 공동생활가정 수는 각각 전년 대비 감소하고, 그 감소량의 합은 노인복지주택 수의 증가량보다 크므로 2015년 노인주거복지시설 수는 전년 대비 감소함을 알 수 있다. 또한, 2016년 양로시설 수는 전년도와 같고, 노인 공동생활가정 수의 감소량이 노인복지주택 수의 증가량보다 크므로 2016년 노인주거복지시설 수도 전년 대비 감소함을 알 수 있다. 이때 2016년 노인주거복지시설 수의 전년 대비 감소량이 2015년보다 적어 2015년과 2016년 사이의 기울기가 2014년과 2015년 사이의 기울기보다 완만하므로 ②가 정답이다.

## 01 언어추리
정답 ④

몸집이 크지 않은 모든 사람이 키가 크지 않다는 것은 키가 큰 모든 사람은 몸집이 크다는 것이므로, 뼈대가 굵은 어떤 사람이 키가 크면 뼈대가 굵으면서 몸집이 큰 사람이 반드시 존재하게 된다.
따라서 '몸집이 크지 않은 모든 사람은 키가 크지 않다.'가 타당한 전제이다.

오답 체크

뼈대가 굵은 사람을 A, 키가 큰 사람을 B, 몸집이 큰 사람을 C라고 하면

① 뼈대가 굵은 어떤 사람이 키가 크고, 몸집이 큰 모든 사람이 키가 크면 뼈대가 굵은 모든 사람은 몸집이 크지 않을 수도 있으므로 결론이 반드시
참이 되게 하는 전제가 아니다.

②, ⑤ 뼈대가 굵은 어떤 사람이 키가 크고, 키가 크면서 몸집이 큰 사람이 있거나 몸집이 큰 어떤 사람이 키가 크지 않으면 뼈대가 굵은 모든 사람은
몸집이 크지 않을 수도 있으므로 결론이 반드시 참이 되게 하는 전제가 아니다.

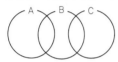

③ 뼈대가 굵은 어떤 사람이 키가 크고, 키가 큰 모든 사람이 몸집이 크지 않으면 뼈대가 굵은 모든 사람은 몸집이 크지 않을 수도 있으므로 결론이
반드시 참이 되게 하는 전제가 아니다.

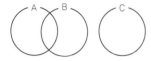

## 02 언어추리
정답 ④

주어진 명제가 참일 때 그 명제의 '대우'만이 참인 것을 알 수 있다.
네 번째 명제의 '대우', 세 번째 명제, 첫 번째 명제의 '대우'를 차례로 결합한 결론은 아래와 같다.
• 네 번째 명제(대우): 봄을 좋아하지 않는 사람은 겨울을 좋아한다.
• 세 번째 명제: 가을을 좋아하거나 겨울을 좋아하는 사람은 클래식 음악을 좋아하지 않는다.
• 첫 번째 명제(대우): 클래식 음악을 좋아하지 않는 사람은 비 오는 날을 좋아하지 않는다.
• 결론: 봄을 좋아하지 않는 사람은 비 오는 날을 좋아하지 않는다.

## 03 언어추리
정답 ①

제시된 조건에 따르면 다섯 명의 진술 중 한 명의 진술만이 거짓이므로 주민 4가 범인이라는 '주민 1'의 진술과 자
신은 범인이 아니라는 '주민 4'의 진술이 모순되어 둘 중 한 명의 진술이 거짓임을 알 수 있다. 이에 따라 '주민 2',
'주민 3', '주민 5'의 진술은 모두 진실이다. 먼저 '주민 1'의 진술이 진실일 경우 주민 4가 범인이지만, 주민 1 또는 주민 2가 범인이
라는 '주민 3'의 진술도 진실이 되어 이는 범인이 한 명이라는 조건에 모순되므로 '주민 1'의 진술이 거짓이다. 이에 따라 주민 1 또
는 주민 2가 범인이라는 '주민 3'의 진술과 주민 2는 범인이 아니라는 '주민 5'의 진술에 따라 범인은 주민 1이다.

## 04 언어추리

제시된 조건에 따르면 대전으로 사전 답사를 가는 사람은 준영이가 아니고, 울산으로 사전 답사를 가는 사람은 1명이며, 진형 또는 승아이므로 순영이는 양평 또는 강릉으로 사전 답사를 가게 된다. 또한, 선주는 양평 또는 강릉 중 한 곳으로, 미진이는 강릉으로 사전 답사를 가고, 네 지역 중 아무도 사전 답사를 가지 않는 곳은 없으므로 양평 또는 강릉으로 최대 2명이 사전 답사를 가는 것을 알 수 있다. 이에 따라 가능한 경우는 아래와 같다.

| 구분 | 진형 | 준영 | 미진 | 선주 | 승아 |
|---|---|---|---|---|---|
| 경우 1 | 대전 또는 울산 | 양평 | **강릉** | 양평 | 대전 또는 울산 |
| 경우 2 | 대전 또는 울산 | 양평 | **강릉** | 강릉 | 대전 또는 울산 |
| 경우 3 | 대전 또는 울산 | 강릉 | **강릉** | 양평 | 대전 또는 울산 |

따라서 승아가 갈 수 있는 사전 답사지는 대전 또는 울산 총 두 곳이므로 항상 참인 설명이다.

오답 체크

① 양평으로 사전 답사를 가는 사람은 1명 또는 2명이므로 항상 참인 설명은 아니다.
② 미진이가 사전 답사를 가는 강릉으로 사전 답사를 갈 수 있는 사람은 준영 또는 선주 총 2명이므로 항상 거짓인 설명이다.
④ 진형이가 사전 답사를 가는 곳은 대전 또는 울산이므로 항상 참인 설명은 아니다.
⑤ 준영이는 혼자 사전 답사를 가거나 미진 또는 선주와 함께 사전 답사를 가므로 항상 참인 설명은 아니다.

## 05 언어추리

정답 ④

제시된 조건에 따르면 준우는 상철이보다 먼저 등록하였고, 상철이는 윤재보다 먼저 등록하였다. 또한, 유선이는 현식이와 윤재보다 먼저 방문하여 3개월을 등록하였고, 윤재는 다섯 번째로 등록하지 않았다. 이에 따라 윤재가 네 번째로 방문하여 등록하였고, 현식이가 다섯 번째로 방문하여 9개월을 등록하였음을 알 수 있다. 이때 현식이와 유선이가 등록한 개월 수의 합은 준우가 등록한 개월 수와 같으므로 준우가 등록한 개월 수는 9+3=12개월이다. 이에 따라 유선이의 등록 순서에 따라 가능한 경우는 아래와 같다.

경우 1. 유선이가 첫 번째로 등록했을 경우

| 구분 | 첫 번째 | 두 번째 | 세 번째 | 네 번째 | 다섯 번째 |
|---|---|---|---|---|---|
| 사람 | 유선 | 준우 | 상철 | 윤재 | 현식 |
| 개월 | 3개월 | 12개월 | 6개월 또는 9개월 | 6개월 또는 9개월 | **9개월** |

경우 2. 유선이가 두 번째로 등록했을 경우

| 구분 | 첫 번째 | 두 번째 | 세 번째 | 네 번째 | 다섯 번째 |
|---|---|---|---|---|---|
| 사람 | 준우 | 유선 | 상철 | 윤재 | 현식 |
| 개월 | 12개월 | 3개월 | 6개월 또는 9개월 | 6개월 또는 9개월 | **9개월** |

경우 3. 유선이가 세 번째로 등록했을 경우

| 구분 | 첫 번째 | 두 번째 | 세 번째 | 네 번째 | 다섯 번째 |
|---|---|---|---|---|---|
| 사람 | 준우 | 상철 | 유선 | 윤재 | 현식 |
| 개월 | 12개월 | 6개월 또는 9개월 | 3개월 | 6개월 또는 9개월 | **9개월** |

따라서 상철이와 현식이가 같은 개월 수를 등록했다면 윤재는 6개월을 등록했음을 알 수 있다.

## 06 수/문자추리

정답 ④

제시된 각 숫자 간의 값이 $+\frac{1}{3}$로 반복되므로 빈칸에 들어갈 알맞은 숫자는 '$\frac{11}{6}$'이다.

## 07 수/문자추리

정답 ②

제시된 각 숫자 간의 값이 ×2, -2, ÷2, ×3, -3, ÷3으로 변화하므로 빈칸에 들어갈 알맞은 숫자는 '136'이다.

해커스 20대기업 인적성 통합 기본서 최신기출유형+실전문제

## 08 수/문자추리

정답 ④

홀수항에 제시된 각 숫자 간의 값이 ×5로 반복되고, 짝수항에 제시된 각 숫자 간의 값이 ÷4로 반복되므로 빈칸에 들어갈 알맞은 숫자는 '0.0625'이다.

## 09 수/문자추리

정답 ②

제시된 도형에서 바깥쪽 원에 포함된 각 숫자 간의 값은 +1, +2, +3, …과 같이 +1씩 변화하므로 A=20이다.

A에 숫자를 대입하면 사분원의 안쪽 원에 포함된 숫자는 바깥쪽 원에 포함된 큰 숫자에서 작은 숫자를 뺀 값에 2를 곱한 수임을 알 수 있으므로 D=(11−10)×2=2이다.

D에 숫자를 대입하면 안쪽 원에 포함된 각 숫자 간의 값은 +4로 반복되므로 C는 −2 또는 14이고, B는 각 숫자 간의 값이 +1, +2, +3, …과 같이 +1씩 변화하는 바깥쪽 원의 규칙에 따라 10 또는 38이다. 이에 따라 C=14, B=38일 때, 사분원 규칙인 (38−31)×2=14가 성립한다.

따라서 A+B−C−D의 값은 20+38−14−2=42이다.

## [10-11]

※: 첫 번째 문자(숫자)를 두 번째 자리로, 두 번째 문자(숫자)를 네 번째 자리로, 세 번째 문자(숫자)를 첫 번째 자리로, 네 번째 문자(숫자)를 세 번째 자리로 이동시킨다.
ex. abcd → cadb
◆: 알파벳과 숫자 순서에 따라 첫 번째, 두 번째 문자(숫자)는 이전 두 번째 순서에 오는 문자(숫자)로 변경하고, 세 번째, 네 번째 문자(숫자)는 다음 두 번째 순서에 오는 문자(숫자)로 변경한다.
ex. abcd → yzef (a−2, b−2, c+2, d+2)
✝: 두 번째, 세 번째 문자(숫자)의 자리를 서로 바꾼다.
ex. abcd → acbd

## 10 도식추리

정답 ②

$\boxed{5V8O}$ → ※ → 85OV → ◆ → 63QX → ✝ → 6Q3X

## 11 도식추리

정답 ③

DGJS → ✝ → DJGS → ◆ → ⎡BHIU⎤

## 12 도식추리

정답 ⑤

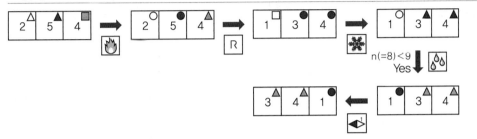

## 13 도식추리

정답 ①

## 14 도형추리

정답 ⑤

도형을 가장 바깥쪽부터 순서대로 외부 도형, 내부 도형이라고 할 때, 각 기호가 나타내는 규칙은 다음과 같다. 이때 규칙은 도형의 테두리 또는 무늬에 각각 적용된다.

| & | 외부 도형의 무늬 반시계 방향 90도 회전, 내부 도형의 테두리 좌우 대칭 | ! | 외부 도형과 내부 도형의 무늬 교환 후 외부 도형 색반전 |
|---|---|---|---|
| % | 외부 도형의 무늬 180도 회전, 내부 도형 색반전 | $ | 외부 도형의 무늬 상하 대칭, 내부 도형의 테두리 시계 방향 90도 회전 |

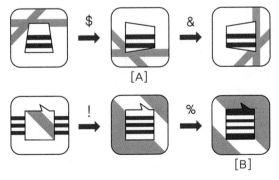

따라서 A와 B에 해당하는 도형을 순서대로 나타낸 것은 ⑤이다.

해커스 20대기업 인적성 통합 기본서 최신기출유형＋실전문제

## 15 도형추리

정답 ④

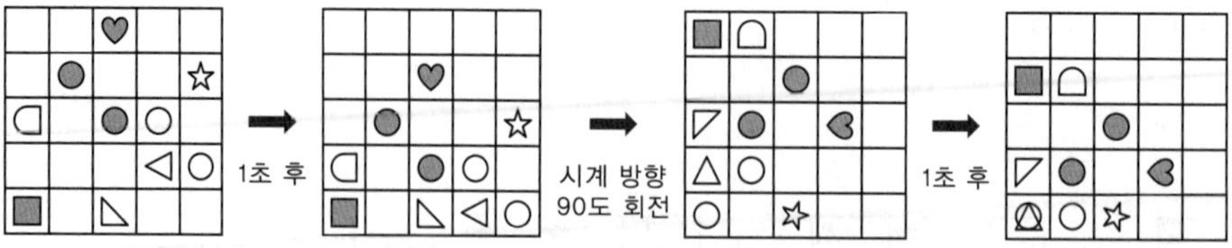

## 01 전개도

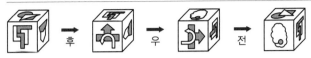

## 02 전개도

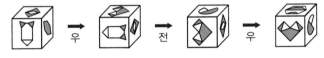

## 03 전개도

제시된 전개도 A, B, C를 접은 다음 주어진 회전 규칙에 따라 회전시킨 후의 정육면체는 아래와 같다.

| 구분 | A | B | C |
|---|---|---|---|
| 접은 후 | | | |
| 회전 후 | | | |

따라서 회전시킨 후의 정육면체를 제시된 결합 형태에 따라 결합했을 때의 모양은 ④이다.

## 04 종이접기

제시된 순서에 따라 종이를 접었을 때, 각 순서에 해당하는 종이의 뒷면은 아래와 같다.

## 05 종이접기

종이를 접은 역순으로 펀치 구멍을 표시한 종이는 아래와 같다.

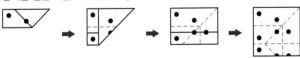

해커스 20대기업 인적성 통합 기본서 최신기출유형+실전문제

## 06 종이접기

정답 ③

제시된 순서에 따라 종이를 접었을 때, 각 순서에 해당하는 종이의 뒷면은 아래와 같다.

## 07 블록

정답 ⑤

①    ②    ③    ④

## 08 블록

정답 ③

①    ②    ④    ⑤

## 09 블록

정답 ②

제시된 A를 회전시킨 후 (A+B)에서 제외한 형태 B는 아래와 같다.

 ―  ➡

## 10 블록

정답 ②

(A+C)          (B+C)          (A+B+C)

## 11 도형회전      정답 ①

중점이 색칠된 오른쪽 판의 앞에서 회전판을 바라보면 오른쪽 판의 '?'에는 그림 4가 나타나고 왼쪽 판이 '?'에는 좌우 대칭된 그림 1이 나타난다.

| | 왼쪽 판의 그림 | 오른쪽 판의 그림 |
|---|---|---|
| 전 |  | |
| 후 | | |

따라서 '?'의 위치에 나타나는 그림은 ①이다.

## 12 도형회전      정답 ③

표시된 부분이 나머지와 달라 네 개의 입체도형과 모양이 다른 입체도형은 ③이다.

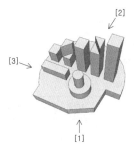

## 13 투상도      정답 ⑤

제시된 투상도는 ⑤를 [1], [2], [3] 방향에서 바라본 모습이다.

오답 체크

①      ②

## 14 투상도      정답 ②

제시된 투상도는 ②를 [1], [2], [3] 방향에서 바라본 모습이다.

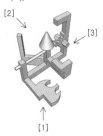

오답 체크

①      ③

④      ⑤

③      ④
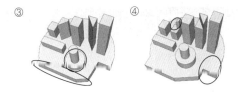

## 15 조각모음      정답 ③

①      ②

④      ⑤

# 정답

## 언어능력

p.446

| | | | | | | | | | | | | | | |
|---|---|---|---|---|---|---|---|---|---|---|---|---|---|---|
| 01 | ④ | 어휘 | 02 | ④ | 어휘 | 03 | ④ | 어휘 | 04 | ② | 어휘 | 05 | ⑤ | 어휘 |
| 06 | ⑤ | 어법 | 07 | ⑤ | 어법 | 08 | ② | 독해 | 09 | ③ | 독해 | 10 | ③ | 독해 |
| 11 | ⑤ | 독해 | 12 | ④ | 독해 | 13 | ② | 어법 | 14 | ② | 독해 | 15 | ③ | 독해 |

## 수리능력

p.458

| | | | | | | | | | | | | | | |
|---|---|---|---|---|---|---|---|---|---|---|---|---|---|---|
| 01 | ① | 응용계산 | 02 | ③ | 응용계산 | 03 | ④ | 응용계산 | 04 | ④ | 응용계산 | 05 | ③ | 응용계산 |
| 06 | ③ | 응용계산 | 07 | ③ | 응용계산 | 08 | ③ | 자료해석 | 09 | ⑤ | 자료해석 | 10 | ④ | 자료해석 |
| 11 | ④ | 자료해석 | 12 | ② | 자료해석 | 13 | ③ | 자료해석 | 14 | ③ | 자료해석 | 15 | ③ | 자료해석 |

## 추리능력

p.469

| | | | | | | | | | | | | | | |
|---|---|---|---|---|---|---|---|---|---|---|---|---|---|---|
| 01 | ④ | 언어추리 | 02 | ⑤ | 언어추리 | 03 | ④ | 언어추리 | 04 | ④ | 언어추리 | 05 | ① | 언어추리 |
| 06 | ① | 수/문자추리 | 07 | ② | 수/문자추리 | 08 | ⑤ | 수/문자추리 | 09 | ② | 수/문자추리 | 10 | ① | 도식추리 |
| 11 | ⑤ | 도식추리 | 12 | ④ | 도식추리 | 13 | ② | 도식추리 | 14 | ④ | 도형추리 | 15 | ③ | 도형추리 |

## 공간지각능력

p.478

| | | | | | | | | | | | | | | |
|---|---|---|---|---|---|---|---|---|---|---|---|---|---|---|
| 01 | ④ | 전개도 | 02 | ⑤ | 전개도 | 03 | ⑤ | 전개도 | 04 | ④ | 종이접기 | 05 | ⑤ | 종이접기 |
| 06 | ④ | 종이접기 | 07 | ③ | 블록 | 08 | ① | 블록 | 09 | ① | 블록 | 10 | ④ | 블록 |
| 11 | ② | 도형회전 | 12 | ③ | 도형회전 | 13 | ② | 투상도 | 14 | ⑤ | 투상도 | 15 | ⑤ | 조각모음 |

# 취약 유형 분석표

유형별로 맞힌 개수와 정답률, 문제 번호, 풀지 못한 문제 번호를 적어 보세요. 취약한 유형은 '유형공략문제'와 '출제예상문제'를 통해 복습하고 틀린 문제와 풀지 못한 문제를 다시 한번 풀어보세요.

| 영역 | 유형 | 맞힌 개수 | 정답률 | 틀린 문제 번호 | 풀지 못한 문제 번호 |
|---|---|---|---|---|---|
| 언어능력 | 독해 | /7 | % | | |
| | 어휘 | /5 | % | | |
| | 어법 | /3 | % | | |
| | 총계 | /15 | % | | |

| 영역 | 유형 | 맞힌 개수 | 정답률 | 틀린 문제 번호 | 풀지 못한 문제 번호 |
|---|---|---|---|---|---|
| 수리능력 | 자료해석 | /8 | % | | |
| | 응용계산 | /7 | % | | |
| | 총계 | /15 | % | | |

| 영역 | 유형 | 맞힌 개수 | 정답률 | 틀린 문제 번호 | 풀지 못한 문제 번호 |
|---|---|---|---|---|---|
| 추리능력 | 언어추리 | /5 | % | | |
| | 수/문자추리 | /4 | % | | |
| | 도식추리 | /4 | % | | |
| | 도형추리 | /2 | % | | |
| | 총계 | /15 | % | | |

| 영역 | 유형 | 맞힌 개수 | 정답률 | 틀린 문제 번호 | 풀지 못한 문제 번호 |
|---|---|---|---|---|---|
| 공간지각 능력 | 전개도 | /3 | % | | |
| | 종이접기 | /3 | % | | |
| | 블록 | /4 | % | | |
| | 도형회전 | /2 | % | | |
| | 투상도 | /2 | % | | |
| | 조각모음 | /1 | % | | |
| | 총계 | /15 | % | | |

# 해설

## 01 어휘 정답 ④

유의관계이다. 다른 사람의 생명이나 신체, 재산, 명예 따위에 해를 끼친다는 의미의 가해와 유의관계인 단어는 '위해'이고, 원래의 것에 덧붙여서 추가한 것이라는 의미의 별도와 유의관계인 단어는 '추가'이다.

## 02 어휘 정답 ④

장끼는 꿩의 수컷이므로 포함관계이다.

오답 체크

① 축은 오징어를 묶어 세는 단위, ② 쌈은 바늘을 묶어 세는 단위, ③ 두름은 조기를 묶어 세는 단위, ⑤ 톳은 김을 묶어 세는 단위이므로 모두 물건과 그 물건을 세는 단위의 관계이다.

## 03 어휘 정답 ④

㉠ 빈칸이 있는 문장 뒤에서 곡물의 생산량이 줄어드는 상황에서 곡물의 수요가 증가해 애그플레이션이 발생했다고 하였으므로 교환하거나 판매하기 위하여 시장에 제공된 상품의 양이라는 의미의 '공급(供給)'이 들어가야 한다.

㉡ 빈칸 앞의 단어인 가격과 함께 쓸 수 있으며 물가나 시세 따위가 갑자기 오른다는 의미의 '급등(急騰)'이 들어가야 한다.

㉢ 빈칸 앞의 단어인 지급률과 함께 쓸 수 있으며 쳐들어 높인다는 의미의 '제고(提高)'가 들어가야 한다.

㉣ 빈칸 앞의 단어인 대책과 함께 쓸 수 있으며 좋은 대책과 방법을 궁리하여 찾아내거나 좋은 대책을 세운다는 의미의 '강구(講究)'가 들어가야 한다.

오답 체크

• 재고(再考): 어떤 일이나 문제 따위에 대하여 다시 생각함
• 급증(急增): 갑작스럽게 늘어남
• 지출(支出): 어떤 목적을 위하여 돈을 지급하는 일

## 04 어휘 정답 ②

제시된 단어 분위기와 파악은 '분위기를 파악하다'로 쓸 수 있으므로 목적어와 서술어의 관계이다.
따라서 '소송'을 목적어로 쓸 수 있는 '진행'이 적절하다.
• 쟁취(爭取): 힘들게 싸워서 바라던 바를 얻음

• 치하(致賀): 남이 한 일에 대하여 고마움이나 칭찬의 뜻을 표시함
• 인수(引受): 물건이나 권리를 건네받음
• 해지(解止): 계약 당사자 한쪽의 의사 표시에 의하여 계약에 기초한 법률관계를 말소하는 것

## 05 어휘 정답 ⑤

'차출(差出)'은 어떤 일을 시키기 위하여 인원을 선발하여 낸다는 의미이므로 어느 빈칸에도 들어갈 수 없다.

오답 체크

가) 빈칸 뒤의 단어인 감행과 함께 쓸 수 있으며 가정을 버리고 집을 나간다는 의미의 '가출(家出)'이 들어가야 한다.
나) 감독이 훌륭하게 지도한 덕택에 개봉한 영화의 마지막 장면이 아름다웠다고 하였으므로 연극이나 방송극 따위에서, 각본을 바탕으로 배우의 연기, 무대 장치, 의상, 조명, 분장 따위의 여러 부분을 종합적으로 지도하여 작품을 완성하는 일이라는 의미의 '연출(演出)'이 들어가야 한다.
다) 빈칸 앞의 단어인 용암과 함께 쓸 수 있으며 액체나 기체 상태의 물질이 솟구쳐서 뿜어져 나온다는 의미의 '분출(噴出)'이 들어가야 한다.
라) 경기 침체가 장기화됨에 따라 은행에서 돈을 빌리는 사람들이 증가하고 있다고 하였으므로 돈이나 물건 따위를 빌려주거나 빌린다는 의미의 '대출(貸出)'이 들어가야 한다.
마) 빈칸 앞의 단어인 불만과 함께 쓸 수 있으며 요구나 욕구 따위가 한꺼번에 터져 나온다는 의미의 '분출(噴出)'이 들어가야 한다.
바) 빈칸 앞의 단어인 도서와 함께 쓸 수 있으며 돈이나 물건 따위를 빌려주거나 빌린다는 의미의 '대출(貸出)'이 들어가야 한다.

## 06 어법 정답 ⑤

인간대 기계의(X) → 인간 대 기계의(O)
• 한글 맞춤법 제45항에 따라 두 말을 이어주거나 열거할 적에 쓰는 말들은 띄어 쓴다.

## 07 어법 정답 ⑤

'그것과 관계된 입장' 또는 '그것에 따름'의 뜻을 더하는 접미사 '-상'은 그 앞말에 붙여 써야 하므로 '법률 상'으로 띄어 쓰는 것은 적절하지 않다.

오답 체크

① ㉠ 앞의 단어인 지식과 함께 쓸 수 있으며 지식, 경험, 자금 따위를 모아서 쌓는다는 의미의 '축적(蓄積)'이 적절하다.

② ⓒ의 앞에서는 장기이식이 20세기에 들어서야 가능해졌다는 내용을 말하고 있고, ⓒ의 뒤에서는 20세기에 봉합 기술과 거부반응에 대한 해결책이 마련되었다는 내용을 말하고 있다. 따라서 봉합 기술과 거부반응 문제가 장기이식의 장애물이었다는 내용이 들어가야 한다.

③ 한글 맞춤법 3장 4절 11항에 따라 모음이나 'ㄴ' 받침 뒤에 이어지는 '렬, 률'은 '열, 율'로 적고, 그 외의 경우에는 본음대로 적어야 하므로 '성공률'로 표기해야 한다.

④ 조사 '으로부터'는 영어에서 출처, 기원, 근원, 유래를 나타내는 전치사 'from'을 직역한 표현이므로 자연스러운 우리말 표현인 '몸에서'로 고쳐야 한다.

## 08 독해        정답 ②

고령화 사회의 문제를 해결하기 위해 장년층의 정년을 연장한 것이 고학력 청년 실업 문제를 악화시켰다고 하였으므로 정년 연장이 고학력 백수 문제 해결에 도움이 된 것은 아님을 알 수 있다.

## 09 독해        정답 ③

이 글은 궁극적으로 시민의 기본권을 보호하고 재판 결과의 공정성을 확보하기 위해서는 절차상 미란다 원칙이 반드시 지켜져야 한다는 내용이므로 이 글의 중심 내용과 가장 일치하는 주장은 ③이다.

## 10 독해        정답 ③

3문단에서 러다이트 운동이 끝난 후에도 영국 노동자의 삶은 나아지지 않았으며, 잉여 노동력의 도시 집중으로 노동 환경과 주거 환경이 열악해졌다고 하였으므로 러다이트 운동이 성공적으로 마무리되었으며 이로 인해 영국의 노동 환경이 개선될 수 있었던 것은 아님을 알 수 있다.

오답 체크

① 2문단에서 러다이트 운동 당시 영국 정부와 자본가가 손을 잡고 노동자의 단체 행동을 제한하는 단결금지법을 제정했다고 하였으므로 적절한 내용이다.

② 2문단에서 러다이트 운동을 전개한 노동자들이 얼굴을 가리고 기계를 부수는 것처럼 과격한 모습을 보인 경우가 있었다고 하였으며, 5문단에서 오늘날 전개되고 있는 네오 러다이트 운동 중 적극적 네오 러다이트 운동은 폭력적인 방법으로 기술 문명을 거부한다고 하였으므로 적절한 내용이다.

④ 4문단에서 러다이트 운동은 기계화에 맞서 싸웠고, 네오 러다이트 운동은 디지털 혁명에 저항한다고 하였으므로 적절한 내용이다.

⑤ 1문단에서 산업혁명으로 일자리를 잃거나 적은 임금을 받게 된 노동자들이 기계를 파괴하는 러다이트 운동을 시작했다고 하였으므로 적절한 내용이다.

## 11 독해        정답 ⑤

이 글은 세 유형의 가격차별이 각각 공통점과 차이점이 있으며, 세 가지 가격차별은 모두 기업의 이윤 극대화를 가장 큰 목적으로 한다는 내용이므로 이 글의 주제로 가장 적절한 것은 ⑤이다.

## [12-13]

## 12 독해        정답 ④

자연 상태의 인간에 대해 홉스는 만인의 만인에 대한 투쟁 상태로 인식했지만, 로크는 자연 상태를 자연법이 지배하는 평등한 상태로 규정했다고 하였으므로 로크가 자연 상태의 인간이 전쟁 상태에 있다고 본 것은 아님을 알 수 있다.

오답 체크

① 로크는 개인이 자신의 자연권을 지켜주지 못하는 정부에 대해 저항할 수 있고, 정부를 바꿀 수도 있다고 하였으므로 적절한 내용이나.

② 사회 계약설을 주장한 사상가 중 한 명인 홉스에 따르면 주권을 위임받은 군주는 질서 유지를 위해 절대적인 권력을 행사할 수 있다고 하였으므로 적절한 내용이다.

③ 로크의 주장은 영국의 명예혁명을 정당화하였으며 미국의 독립 혁명과 프랑스 혁명에 영향을 끼쳤고, 루소의 주장은 프랑스 혁명의 이론적 토대가 되었다고 하였으므로 적절한 내용이다.

⑤ 루소는 인민 주권 개념을 제시하였으며, 홉스는 개인이 모든 권리를 군주에게 양도하는 계약을 맺는다는 주장을 하였으므로 적절한 내용이다.

## 13 어법        정답 ②

ⓒ 앞에서는 인간은 모든 권리를 군주에게 양도하는 계약을 맺어 국가를 형성했다는 내용을 말하고 있고, ⓒ 뒤에서는 주권을 가진 군주는 질서 유지를 위해 무제한의 절대적인 권력을 행사할 수 있다는 내용을 말하고 있다. 따라서 앞의 내용과 뒤의 내용이 원인과 결과로 접속되는 관계일 때 사용하는 접속어인 '따라서'를 넣어야 하므로 ⓒ에 앞의 내용과 뒤의 내용이 반대되는 내용일 때 사용하는 접속어인 '그렇지만'을 넣는 것은 적절하지 않다.

오답 체크

① ㉠이 있는 문장에서 시민 사회가 성장함에 따라 자연법사상에 바탕을 둔 사회 계약설이 세상에 처음으로 나오게 되었다고 하였으므로 ㉠을 '등장하였다'로 고쳐야 한다.

    • 출연하다: 연기, 공연, 연설 따위를 하기 위하여 무대나 연단에 나가다

③ ⓒ이 있는 문장에서 기존의 정부를 다른 정부로 대신한다고 하였으므로 ⓒ을 '교체할'으로 수정해야 한다.

④ 한글 맞춤법 제43항에 따라 단위를 나타내는 명사는 띄어 쓰므로 ⓔ을 '세 사람'으로 띄어 써야 한다.

⑤ '로서'는 지위나 신분 또는 자격을 나타내는 격 조사이고, '로써'는 어떤 일의 수단이나 도구를 나타내거나 어떤 물건의 재료나 원료를 나타내는 격 조사이므로 ⓜ을 '약속함으로써'로 고쳐야 한다.

## 14 독해
정답 ②

아테네의 최고 의결 기관인 민회에서 모든 시민이 참여하여 국가의 중요한 일에 대해 토의한 뒤 다수결 등의 방법으로 의사 결정을 하였으며, 이때 안건은 각 지역에서 추첨으로 선발된 시민으로 구성된 평의회에서 정했다고 하였으므로 민회에서 채택된 안건이 평의회에서 시민들의 활발한 논의를 거쳐 다수결로 결정된 것은 아님을 알 수 있다.

오답 체크

① 아테네의 민주주의는 사법·입법·행정 전 분야에서 추첨제 및 윤번제를 통해 누구라도 공직자가 될 수 있었으며, 재판에도 추첨제를 적용하여 배심원을 추첨으로 선발했다고 하였으므로 적절한 내용이다.

③ 아테네의 민주 정치 체제하에 시민은 만 18세 이상의 성인 남성으로만 한정되었으며, 그 외의 여성, 노예, 외국인 등은 정치에 참여할 수 없었다고 하였으므로 적절한 내용이다.

④ 고대 아테네의 정치 체제를 민주주의의 원형으로 보는 이유는 모든 시민이 동등한 발언 기회를 가지며 국가 주요 안건을 직접 결정하는 직접 민주 정치가 이루어졌기 때문이라고 하였으므로 적절한 내용이다.

⑤ 아테네가 직접 민주 정치를 실현할 수 있었던 배경에는 노동의 대부분을 노예와 외국인이 맡아 아테네 시민들이 정치에 참여할 시간적·경제적 여유가 충분했기 때문이라고 하였으므로 적절한 내용이다.

## 15 독해
정답 ③

카페인의 $LD_{50}$값은 150~200mg/kg, 니코틴의 $LD_{50}$값은 0.5~1.0mg/kg으로, 니코틴이 카페인보다 반수 치사량을 나타내는 $LD_{50}$값이 더 작다고 하였으므로 카페인이 니코틴보다 독성이 큰 물질은 아님을 알 수 있다.

오답 체크

① 물의 $LD_{50}$값은 약 90mL/kg으로 체중 1kg당 90mL의 물을 마시면 물을 마신 사람의 50%가 사망한다는 의미이고, 이러한 반수 치사량 계산 방식에 따라 체중 70kg의 성인은 6.3L의 물을 마시면 50%의 확률로 사망에 이른다는 것을 추론할 수 있으므로 적절한 내용이다.

② 과산화수소의 $LD_{50}$은 약 700mg/kg으로 체중 1kg당 700mg의 과산화수소를 투여하면 약을 투여한 쥐의 50%가 사망한다는 의미이고, 이러한 반수 치사량 계산 방식에 따라 체중 2kg의 쥐에게 1.4g의 과산화수소를 투여하면 50%의 확률로 사망에 이른다는 것을 추론할 수 있으므로 적절한 내용이다.

④ $LD_{50}$은 대상의 50%를 사망에 이르게 하는 물질의 양을, $LC_{50}$은 대상의 50%를 사망에 이르게 하는 공기 중의 가스 농도 및 액체 중의 물질 농도를 의미한다고 하였으므로 적절한 내용이다.

⑤ 물, 카페인, 소금, 설탕 등 익숙한 물질도 $LD_{50}$값을 가지고 있다는 점에서 신체에 투여하는 방식 및 용량에 따라 생명에 위협이 될 수 있다는 것을 추론할 수 있으므로 적절한 내용이다.

## 01 응용계산
정답 ①

시간=$\frac{거리}{속력}$임을 적용하여 구한다.

A는 출근 시에 평균 10m/s의 속력으로 이동하므로 단위를 km/h로 변환하면 출근 시 평균 속력은 $10 \times \frac{3,600}{1,000}=36$ km/h이고, 퇴근 시에는 출근 시 속력의 $\frac{2}{3}$배의 속력으로 이동하므로 퇴근 시 평균 속력은 $36 \times \frac{2}{3}=24$km/h이다.

이에 따라 A가 출근 시 소비하는 시간은 $\frac{36}{36}=1.0$시간, 퇴근 시 소비하는 시간은 $\frac{36}{24}=1.5$시간이므로 하루 동안 출퇴근하는 데 소비하는 시간은 $1.0+1.5=2.5$시간이다. 이때 0.5시간은 $0.5 \times 60=30$분이므로 A가 하루 동안 출퇴근하는 데 소비하는 시간은 2시간 30분이다.

## 02 응용계산
정답 ③

시간당 작업량=$\frac{작업량}{시간}$임을 적용하여 구한다.

갑과 을이 함께 세차하거나 갑이 혼자 세차하는 데 소요되는 시간이 제시되어 있으므로 시간당 작업량=$\frac{작업량}{시간}$임을 적용하면 아래와 같다.

갑과 을이 1분 동안 함께 할 수 있는 작업량은 $\frac{1}{40}$대이고, 갑이 1분 동안 혼자 할 수 있는 작업량은 $\frac{1}{120}$대이므로 을이 혼자 차량 1대를 세차하는 데 소요되는 시간을 $x$라고 하면 $\frac{1}{120}+\frac{1}{x}=\frac{1}{40} \rightarrow x+120=3x \rightarrow x=60$

이에 따라 을이 혼자 차량 1대를 세차하는 데 소요되는 시간은 60분이므로 을이 오전 9시부터 1시간(=60분) 동안 혼자 세차 가능한 차량은 1대이며, 갑과 을이 함께 오전 10시부터 오후 2시까지 4시간(=240분) 동안 세차 가능한 차량은 $\frac{1}{40} \times 240=6$대이다.

따라서 오전 9시부터 오후 2시까지 휴식 없이 세차 가능한 차량은 총 $1+6=7$대이다.

## 03 응용계산
정답 ④

어제 영업 종료 후 대전 매장의 닭가슴살 재고량을 $x$, 대구 매장의 닭가슴살 재고량을 $y$라고 하면
어제 영업 종료 후에 대전 매장의 닭가슴살 재고량은 대구 매장보다 64개 더 많았으므로
$x=y+64 \rightarrow x-y=64$ ⋯ ⓐ
오늘 대전 매장의 닭가슴살 판매량이 대구 매장의 2배여서 대전 매장의 닭가슴살 재고량이 대구 매장보다 32개 더 적다. 이에 따라 오늘 대구 매장의 닭가슴살 판매량을 $z$

라고 히면 오늘 대전 매장의 닭가슴살 판매량은 $2z$이므로
$x-2z=(y-z)-32 \rightarrow x-y-z=-32$ ⋯ ⓑ
ⓐ를 ⓑ에 대입하여 풀면 $64-z=-32 \rightarrow z=96$
따라서 오늘 대전 매장의 닭가슴살 판매량은 $2 \times 96=192$개이다.

## 04 응용계산
정답 ④

이민국 씨는 서울에서 부산까지 소형차로 이동 중이므로 지불해야 하는 통행료는 26,800원이다. 이때 거스름돈을 받지 않고 고속도로 통행료를 지불할 수 있는 지폐와 동전의 개수를 화폐 금액이 큰 순서대로 (A, B, C, D, E)로 나타내면 아래와 같다.
(2, 1, 1, 1, 3), (2, 1, 1, 0, 8), (2, 1, 0, 3, 3), (2, 1, 0, 2, 8), (2, 0, 5, 3, 3), (2, 0, 5, 2, 8), (2, 0, 4, 4, 8), (1, 2, 5, 3, 3), (1, 2, 5, 2, 8), (1, 2, 4, 4, 8)
따라서 이민국 씨가 거스름돈을 받지 않고 고속도로 통행료를 지불할 수 있는 방법은 10가지이다.

## 05 응용계산
정답 ③

소금의 양=소금물의 양$\times\frac{소금물의 농도}{100}$임을 적용하여 구한다.

추가로 넣은 소금의 양을 $x$라고 하면
농도가 14%인 소금물 200g에 들어 있는 소금의 양은 $200 \times \frac{14}{100}=28$g이며, 물 100g과 소금 $x$g을 추가로 넣고 난 후의 소금물의 양은 $200+100+x=(300+x)$g, 소금의 양은 $(28+x)$g이 된다.
이때 농도가 20%인 소금물의 소금의 양은
$(300+x)\times\frac{20}{100}$이므로
$28+x=(300+x)\times\frac{20}{100} \rightarrow 140+5x=300+x$
$\rightarrow 4x=160 \rightarrow x=40$
따라서 추가로 넣은 소금의 양은 40g이다.

## 06 응용계산
정답 ③

B가 지불할 비용을 $x$라고 하면
볼링 신발 대여 비용은 볼링 게임 비용의 반값이므로 $0.5x$이고, 음료 비용은 볼링 게임 비용의 40%보다 300원이 적으므로 $0.4x-300$이다. 또한, 볼링 신발 대여 비용은 음료 비용보다 1,500원이 많으므로
$0.5x=(0.4x-300)+1,500 \rightarrow 0.1x=1,200 \rightarrow x=12,000$
따라서 B가 지불할 비용은 12,000원이다.

## 07 응용계산        정답 ③

인사부의 팀당 멘토 수를 미지수 $x$, 팀당 멘티 수를 미지수 $y$라고 하면

팀당 멘토 수는 인사부가 기획부보다 1명 더 많으므로 기획부의 팀당 멘토 수는 $x-1$이고, 각 팀당 멘티 수는 인사부가 기획부보다 3명 더 적으므로 기획부의 팀당 멘티 수는 $y+3$이다.

또한, 인사부 4개의 팀과 기획부 6개의 팀으로 멘토 24명과 멘티 78명을 남는 사람 없이 나누었으므로

$(x+y)\times4+(x-1+y+3)\times6=24+78=102$
→ $4x+4y+6x+6y+12=102$ → $10x+10y=90$
→ $x+y=9$

이에 따라 인사부의 인원수는 $9\times4=36$명이고, 기획부의 인원수는 $102-36=66$명이다.

따라서 인사부와 기획부의 인원수 차이는 $66-36=30$명이다.

## 08 자료해석        정답 ③

2010년과 2013년의 수도권 미분양 주택 수는 전년 대비 증가했지만, 전국 미분양 주택 수는 전년 대비 감소하여 비수도권 미분양 주택 수도 전년 대비 감소했으므로 옳지 않은 설명이다.

오답 체크

① 2007년, 2008년, 2009년 중 전국 미분양 주택 수는 2007년에 가장 적지만, 공공부문 미분양 주택 수는 2007년에 가장 많아 전국 미분양 주택 수에서 공공부문이 차지하는 비중은 2007년에 가장 높으므로 옳은 설명이다.

② 수도권 미분양 주택 수가 33,192호로 가장 많은 2013년의 민간부문 미분양 주택 수는 61,091호이므로 옳은 설명이다.

④ 2011년 이후 전국 미분양 주택 수의 평균은 $(69,807+74,835+61,091+40,379+61,512)/5≒61,525$호이므로 옳은 설명이다.

⑤ 수도권 미분양 주택 수의 전년 대비 증가율이 50% 이상인 2008년과 2015년의 수도권 미분양 주택 수의 합은 $26,928+30,637=57,565$호이므로 옳은 설명이다.

## 09 자료해석        정답 ⑤

㉠ 2005년 3인 가구 구성비와 2010년 3인 가구 구성비가 같고 2005년 3인 가구 구성비가 $100.0-(15.5+19.1+31.1+10.1+3.3)=20.9\%$이므로 2010년 3인 가구 구성비도 20.9%이다. 또한, 2010년 1인 가구 구성비는 5년 전 대비 4.5%p 증가한 $15.5+4.5=20.0\%$이므로 2010년 6인 이상 가구 구성비는 $100.0-(20.0+22.2+20.9+27.0+7.7)=2.2\%$이다.

㉡ 2020년 1인 가구 구성비는 10년 전 대비 7.2%p 증가한 $20.0+7.2=27.2\%$이고, 2020년 4인 가구 구성비는 같은 해 1인 가구 구성비보다 8.4%p 낮으므로 $27.2-8.4=18.8\%$이다.

따라서 ㉠은 2.2, ㉡은 18.8인 ⑤가 정답이다.

## 10 자료해석        정답 ④

경기의 종합건설업 등록 업체 수가 처음으로 2,000개를 넘은 2016년에 경기의 종합건설업 등록 면허 수는 인천의 종합건설업 등록 면허 수의 $2,335/479≒4.9$배이므로 옳지 않은 설명이다.

오답 체크

① 경기의 건축 공사 등록 면허 수 대비 토목 공시 등록 면허 수의 비율은 2017년에 $193/1,517≒0.13$, 2018년에 $196/1,721≒0.11$로 2017년이 2018년보다 높으므로 옳은 설명이다.

② 2018년 수도권 지역의 전체 건축 공사 등록 면허 수는 $1,391+393+1,721=3,505$건으로 2017년 수도권 지역의 전체 건축 공사 등록 면허 수인 $1,206+331+1,517=3,054$건보다 $3,505-3,054=451$건 증가하였으므로 옳은 설명이다.

③ 2015년 인천의 종합건설업 등록 업체 수는 전년 대비 $388-379=9$개 증가하였으며, 2016년에는 $421-388=33$개, 2017년에는 $441-421=20$개, 2018년에는 $509-441=68$개 증가하여 가장 많이 증가한 해는 2018년이므로 옳은 설명이다.

⑤ 2017년 서울의 전체 종합건설업 등록 면허 수에서 조경 공사 등록 면허 수가 차지하는 비중은 $(168/1,773)\times100≒9.5\%$이므로 옳은 설명이다.

## 11 자료해석        정답 ④

2014년 주당 평균 노동시간이 36시간 미만인 전체 취업자 수에서 남자 취업자 수가 차지하는 비중은 $(1,576/3,984)\times100≒39.6\%$이므로 옳지 않은 설명이다.

오답 체크

① 2011년 주당 평균 노동시간이 36시간 이상인 취업자 중 여자 취업자 수는 남자 취업자 수의 $(7,430/12,098)\times100≒61.4\%$이고, 2012년에 $(7,969/12,923)\times100≒61.7\%$, 2013년에 $(7,646/12,510)\times100≒61.1\%$, 2014년에 $(8,187/13,314)\times100≒61.5\%$, 2015년에 $(8,333/13,434)\times100≒62.0\%$, 2016년에 $(8,182/13,327)\times100≒61.4\%$, 2017년에 $(8,411/13,519)\times100≒62.2\%$, 2018년에 $(8,101/13,108)\times100≒61.8\%$이므로 옳은 설명이다.

② 2015년 주당 평균 노동시간이 36시간 미만인 남자 취업자 수는 1,564천 명이고, 36시간 이상인 남자 취업자 수는 13,434천 명으로 총 $1,564+13,434=14,998$천 명이므로 옳은 설명이다.

③ 2012년 이후 주당 평균 노동시간이 36시간 이상인 남자 취업자 수와 여자 취업자 수의 전년 대비 증감 추이는 모두 증가, 감소, 증가, 증가, 감소, 증가, 감소이므로 옳은 설명이다.

⑤ 주당 평균 노동시간이 36시간 이상인 남자 취업자 수는 매년 36시간 미만인 남자 취업자 수보다 많고, 주당 평균 노동시간이 36시간 이상인 여자 취업자 수는 매년 36시간 미만인 여자 취업자 수보다 많으므로 옳은 설명이다.

① 주당 평균 노동시간이 36시간 이상인 남자 취업자 수의 60%
와 여자 취업자 수를 비교한다.
이때 남자 취업자 수를 올림하여 대략적으로 계산하면
2011년에 12,100 × 0.6 ≒ 7,260천 명 < 7,430천 명,
2012년에 13,000 × 0.6 ≒ 7,800천 명 < 7,969천 명,
2013년에 12,600 × 0.6 ≒ 7,560천 명 < 7,646천 명,
2014년에 13,500 × 0.6 ≒ 8,100천 명 < 8,187천 명,
2015년에 13,500 × 0.6 ≒ 8,100천 명 < 8,333천 명,
2016년에 13,500 × 0.6 ≒ 8,100천 명 < 8,182천 명,
2017년에 14,000 × 0.6 ≒ 8,400천 명 < 8,411천 명,
2018년에 13,500 × 0.6 ≒ 8,100천 명 < 8,101천 명으로
주당 평균 노동시간이 36시간 이상인 취업자 중 여자 취업
자 수는 매년 남자 취업자 수의 60%를 넘음을 알 수 있다.

## [12-13]

## 12 자료해석     정답 ②

2019년 5월 화학물·관련제품 수출액의 전월 대비 감소
율은 {(6,615 − 6,247) / 6,615}×100 ≒ 5.6%이므로 옳은 설
명이다.

오답 체크

① 2019년 상반기에 각 품목별로 수입액이 가장 큰 달은 식품·
산동물과 화학물·관련제품이 1월, 음료·담배가 3월, 동식물성
유지·왁스와 기계·운수장비가 4월로 다르므로 옳지 않은 설명이다.
③ 2019년 상반기에 음료·담배의 수입액이 수출액보다 큰 달은
1월뿐이므로 옳지 않은 설명이다.
④ 2019년 6월 식품·산동물의 수출액은 전월 대비 감소했지만,
기계·운수장비의 수출액은 전월 대비 증가했으므로 옳지 않은
설명이다.
⑤ 2019년 3월 동식물성 유지·왁스의 수입액은 수출액의 85/5
=17.0배, 2019년 5월 동식물성 유지·왁스의 수입액은 수출액의
100/6 ≒ 16.7배이므로 옳지 않은 설명이다.

## 13 자료해석     정답 ③

제시된 자료에 따르면 2019년 4월 기계·운수장비의 수입
액은 14,730백만 달러로 15,000백만 달러보다 작다. 하지
만 [2019년 상반기 기계·운수장비 수입액] 꺾은선그래프
는 2019년 4월에 15,000백만 달러보다 높게 나타나므로
옳지 않은 그래프는 ③이다.

## 14 자료해석     정답 ③

제시된 자료에 따르면 연도별 입양 아동 비중은 아래와
같다.

| 구분 | 국내 | 국외 |
|---|---|---|
| 2012년 | (1,125 / 1,880)×100 ≒ 60% | (755 / 1,880)×100 ≒ 40% |
| 2013년 | (686 / 922)×100 ≒ 74% | (236 / 922)×100 ≒ 26% |
| 2014년 | (637 / 1,172)×100 ≒ 54% | (535 / 1,172)×100 ≒ 46% |
| 2015년 | (683 / 1,057)×100 ≒ 65% | (374 / 1,057)×100 ≒ 35% |
| 2016년 | (546 / 880)×100 ≒ 62% | (334 / 880)×100 ≒ 38% |

따라서 옳은 그래프는 ③이다.

2013년 국내 입양 아동 수는 국외 입양 아동 수의 2배 이상으로
그 차이가 가장 크며, 국내 입양 아동 수와 국외 아동 수의 차이
가 가장 작은 해는 2014년이다. 이에 따라 2013년에 국내 입양
아동 수 비중과 국외 입양 아동 수 비중이 가장 크면서 다른 연
도에 비해 2014년 국내 입양 아동 수 비중과 국외 아동 수 비중
이 비슷한 ③이 정답이다.

## 15 자료해석     정답 ③

㉠ 2015년 31~40세 내국인 출국자 수는 2014년과 2016
년의 31~40세 내국인 출국자 수의 평균보다 많으므로
(3,386 + 4,409) / 2 ≒ 3,898천 명 초과이다.
㉡ 내국인 출국자 수는 모든 연령대에서 매년 전년 대비
증가하였으며, 2018년 61세 이상 내국인 출국자 수는
전년 대비 약 18% 변화하였다. 이에 따라 2018년 61
세 이상 내국인 출국자 수는 전년 대비 약 18% 증가한
2,540 × 1.18 ≒ 2,997천 명이다.
따라서 ㉠은 3,910, ㉡은 2,997인 ③이 정답이다.

## 01 언어추리
정답 ④

모든 심판이 확고한 신념을 가지고, 경기를 관람하는 어떤 심판이 정직한 사람이 아니므로 확고한 신념을 가진 어떤 심판은 정직한 사람이 아니다.
따라서 '확고한 신념을 가진 어떤 사람은 정직한 사람이 아니다.'가 타당한 결론이다.

오답 체크

경기를 관람하는 심판을 A, 정직한 사람을 B, 확고한 신념을 가진 사람을 C라고 하면
① 정직한 모든 사람은 확고한 신념을 가지지 않을 수도 있으므로 반드시 참인 결론이 아니다.

②, ③ 정직한 모든 사람은 확고한 신념을 가지거나 확고한 신념을 가진 어떤 사람은 정직한 사람일 수도 있으므로 반드시 참인 결론이 아니다.

⑤ 경기를 관람하는 모든 심판은 확고한 신념을 가지므로 반드시 거짓인 결론이다.

## 02 언어추리
정답 ⑤

A: 결론 A는 아래와 같이 첫 번째 명제의 '대우'와 세 번째 명제를 차례로 결합한 결론의 '역'과 일치하므로 옳은지 그른지 파악할 수 없다.
- 첫 번째 명제(대우): 소를 기르면 사슴도 기른다.
- 세 번째 명제: 사슴 또는 학을 기르면 기린을 기른다.
- 결론: 소를 기르면 기린을 기른다.
B: 결론 B는 아래와 같이 네 번째 명제와 두 번째 명제를 차례로 결합한 결론의 '역'과 일치하므로 옳은지 그른지 파악할 수 없다.
- 네 번째 명제: 돼지를 기르면 소는 기르지 않는다.
- 두 번째 명제: 소를 기르지 않으면 닭도 기르지 않는다.
- 결론: 돼지를 기르면 닭을 기르지 않는다.

## 03 언어추리
정답 ④

제시된 조건에 따르면 B와 D가 거주하는 호실의 번호만 홀수이므로 A, C, E, F가 거주하는 호실의 번호는 짝수이다. E는 302호에 거주하고, A는 E 바로 위층 호실에 거주하므로 A는 402호에 거주한다. 이때 4층에는 비어 있는 호실이 없고, D는 맨 위층에 거주하므로 D는 501호, B는 401호에 거주한다. 또한, 짝수 층에 거주하는 사람은 2명뿐이므로 C와 F는 각각 102호 또는 502호에 거주함을 알 수 있다.

| 501호(D) | 502호(C 또는 F) |
| --- | --- |
| 401호(B) | 402호(A) |
| 301호(비어 있음) | 302호(E) |
| 201호(비어 있음) | 202호(비어 있음) |
| 101호(비어 있음) | 102호(C 또는 F) |

따라서 4층에 거주하는 B보다 아래층에 거주하는 사람은 C, E 2명 또는 E, F 2명이므로 항상 참인 설명이다.

오답 체크

① C는 102호 또는 502호에 거주하므로 항상 참인 설명은 아니다.
② B는 4층, D는 5층에 거주하므로 항상 거짓인 설명이다.
③ E가 거주하는 호실의 바로 아래층 호실인 202호는 비어 있으므로 항상 거짓인 설명이다.
⑤ F가 102호에 거주하면 101호는 비어 있는 호실이고, F가 502호에 거주하면 501호에 D가 거주하므로 항상 참인 설명은 아니다.

## 04 언어추리
정답 ④

제시된 조건에 따르면 B는 2회차 경매에서 경매권 3개를 제시하였고, 경매 결과 A가 1회차와 3회차, B가 2회차의 경품을 획득하였다. 이때 경매가 끝난 후 A와 B는 남은 경매권이 없어 A와 B는 총 6개의 경매권을 소진하였으므로 B는 1회차와 3회차에 각각 경매권 1개 또는 2개를 제시하였고, B가 경매권 1개를 제시한 회차에 A는 경매권 2개, B가 경매권 2개를 제시한 회차에 A는 경매권 3개를 제시하여 A는 2회차에 경매권 1개를 제시하였다. 이때 경매가 끝난 후 C는 경매권 1권이 남아 총 5개의 경매권을 소진하였으므로 B가 경매권 1개를 제시한 회차에 C는 경매권 1개를 제시하였고, 나머지 회차에 2개를 제시하였음을 알 수 있다.

| 구분 | A | B | C |
| --- | --- | --- | --- |
| 1회 또는 3회 | 2개 | 1개 | 1개 |
| 2회 | 1개 | 3개 | 2개 |
| 1회 또는 3회 | 3개 | 2개 | 2개 |

따라서 A는 2회차 경매에서 경매권 1개를 제시하였으므로 항상 참인 설명이다.

① A는 1회차 경매에서 경매권 2개 또는 3개를 제시하였으므로 항상 참인 설명은 아니다.

② B는 3회차 경매에서 경매권 1개 또는 2개를 제시하였으므로 항상 참인 설명은 아니다.

③ C는 3회차 경매에서 경매권 1개 또는 2개를 제시하였으므로 항상 참인 설명은 아니다.

⑤ B는 1회차 경매에서 경매권 1개 또는 2개를 제시하였으므로 항상 참인 설명은 아니다.

## 05 언어추리      정답 ①

제시된 조건에 따르면 수호 외에도 농구를 취재하는 사람이 있으므로 진영이, 정경이, 해숙이 중에서도 농구를 취재하는 사람이 있다. 이때 진영이는 배구나 축구 중 하나를 선택하므로 농구를 선택할 수 없고, 정경이는 농구를 선택하지 않으므로 농구나 배구 중 하나를 선택하는 해숙이가 농구를 선택함을 알 수 있다. 또한, 진영이와 정경이는 각각 배구나 축구 중 하나를 선택하게 되므로 두 사람이 선택하는 종목은 같을 수도 있고 다를 수도 있다. 만약 진영이와 정경이가 같은 종목을 선택한다면 나머지 한 종목은 아무도 선택하지 않게 된다.

따라서 아무도 선택하지 않는 종목이 있을 수 있으므로 항상 옳지 않은 설명이다.

## 06 수/문자추리      정답 ①

세 번째 항부터 제시된 각 숫자는 앞의 두 숫자의 합이라는 규칙이 적용되므로 빈칸에 들어갈 알맞은 숫자는 '1,349'이다.

## 07 수/문자추리      정답 ②

제시된 각 문자를 계이름 순서에 따라 숫자로 변경한다.

| 도 | 레 | 파 | 시 | 파 | (레) |
|---|---|---|---|---|---|
| 1 | 2 | 4 | 7 | 11 | (16) |

각 숫자 간의 값이 +1, +2, +3, …과 같이 +1씩 변화하므로 빈칸에 들어갈 알맞은 문자는 숫자 16에 해당하는 '레'이다.

## 08 수/문자추리      정답 ⑤

제시된 각 문자를 알파벳 순서에 따라 숫자로 변경한다.

| H | D | L | F | R | ( ) | A |
|---|---|---|---|---|---|---|
| 8 | 4 | 12 | 6 | 18 | ( ) | 27 |

각 숫자 간의 값이 $\times\frac{1}{2}$, $\times3$으로 반복되므로 빈칸에 들어갈 알맞은 문자는 숫자 9에 해당하는 'i'이다.

## 09 수/문자추리      정답 ②

제시된 도형에서 바깥쪽 원에 포함된 각 숫자 간의 값은 ×2로 반복되므로 D=40이다.

또한, 안쪽 원에 포함된 각 숫자 간의 값은 ×4로 반복되므로 B=96이다.

B와 D에 각 숫자를 대입하면 사분원의 안쪽 원에 포함된 숫자는 바깥쪽 원에 포함된 두 숫자의 합에 2를 곱한 수임을 알 수 있으므로 (64+A)×2=384 → A=128, (C+2)×2=6 → C=1이다.

따라서 A-B+2C-3D를 계산한 값은 128-96+(2×1)-(3×4)=22이다.

## [10-11]

⊙ : 첫 번째, 네 번째 문자(숫자)의 자리를 서로 바꾸고, 두 번째, 세 번째 문자(숫자)의 자리를 서로 바꾼다.
    ex. abcd → dcba

▨ : 첫 번째 문자(숫자)를 세 번째 자리로, 두 번째 문자(숫자)를 첫 번째 자리로, 세 번째 문자(숫자)를 두 번째 자리로 이동시킨다.
    ex. abcd → bcad

¤ : 알파벳과 숫자 순서에 따라 첫 번째, 세 번째 문자(숫자)는 바로 다음 순서에 오는 문자(숫자)로 변경하고, 두 번째, 네 번째 문자(숫자)는 바로 이전 순서에 오는 문자(숫자)로 변경한다.
    ex. abcd → badc (a+1, b-1, c+1, d-1)

## 10 도식추리      정답 ①

N76Y → ▨ → 76NY → ⊙ → YN67

## 11 도식추리      정답 ⑤

UGPU → ¤ → VFQT → ⊙ → TQFV

해커스 20대기업 인적성 통합 기본서 최신기출유형+실전문제

정답 ④

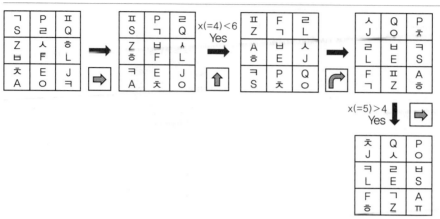

정답 ②

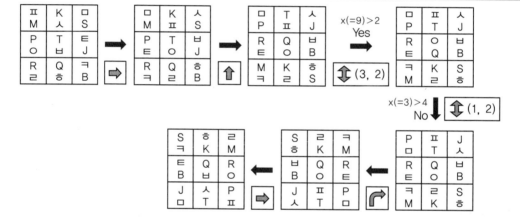

정답 ④

각 그룹 내의 도형에는 세로 방향(위쪽 → 아래쪽)으로 상하 대칭, 가로 방향(왼쪽 → 오른쪽)으로 1열과 3열 교환 규칙이 적용된다.

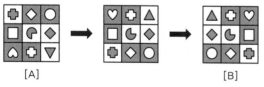

[A]                    [B]

정답 ③

세 번째 행에 제시된 도형은 첫 번째 행에 제시된 도형을 180도 회전시킨 후 두 번째 행에 제시된 도형과 합친 형태이다.

## 01 전개도
정답 ④

전개도를 접었을 때 완성되는 입체도형은 아래와 같다.

## 02 전개도
정답 ⑤

[⑤]　　[①, ②, ③, ④]

## 03 전개도
정답 ⑤

전개도를 접었을 때 완성되는 입체도형은 아래와 같다.

## 04 종이접기
정답 ④

종이를 접은 역순으로 펀치 구멍을 표시한 종이는 아래와 같다.

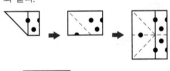

## 05 종이접기
정답 ⑤

종이를 접은 역순으로 잘린 모양을 표시한 종이는 아래와 같다.

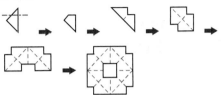

## 06 종이접기
정답 ④

종이를 접은 역순으로 펀치 구멍을 표시한 종이는 아래와 같다.

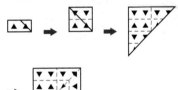

## 07 블록
정답 ③

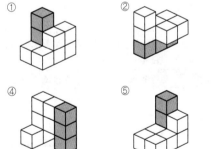

## 08 블록
정답 ①

제시된 두 개의 블록을 회전시킨 후 결합한 형태는 아래와 같다.

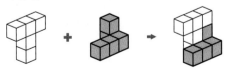

해커스 20대기업 인적성 통합 기본서 최신기출유형+실전문제

## 09 블록　　　　　정답 ①

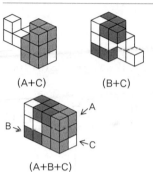

(A+C)　　　　　(B+C)

(A+B+C)

## 10 블록　　　　　정답 ④

제시된 큐브를 회전 규칙에 따라 색칠된 부분만 순서대로 회전시킨 후 자르는 부분은 아래와 같다.

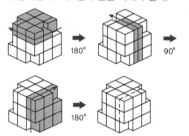

따라서 점선에 따라 잘라낸 후 화살표 방향에서 바라본 모양은 ④이다.

## 11 도형회전　　　　　정답 ②

중점이 색칠된 오른쪽 판의 앞에서 회전판을 바라보면 오른쪽 판의 '?'에는 그림 5가 나타나고 왼쪽 판의 '?'에는 좌우 대칭된 그림 4가 나타난다.

| | 왼쪽 판의 그림 | 오른쪽 판의 그림 |
|---|---|---|
| 전 | | |
| 후 | | |

따라서 '?'의 위치에 나타나는 그림은 ②이다.

## 12 도형회전　　　　　정답 ③

표시된 부분이 나머지와 달라 네 개의 입체도형과 모양이 다른 입체도형은 ③이다.

## 13 투상도　　　　　정답 ②

제시된 투상도는 ②를 [1], [2], [3] 방향에서 바라본 모습이다.

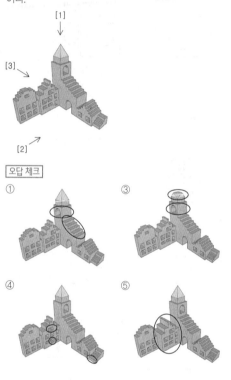

오답 체크

① ③ ④ ⑤

## 14 투상도  정답 ⑤

제시된 투상도는 ⑤를 [1], [2], [3] 방향에서 바라본 모습이다.

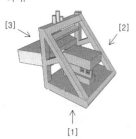

오답 체크

①   ②

③   ④

## 15 조각모음  정답 ⑤

오답 체크

①   ②

③   ④

# 정 답

## 언어능력

p.488

| | | | | | | | | | | | | | | |
|---|---|---|---|---|---|---|---|---|---|---|---|---|---|---|
| 01 | ④ | 어휘 | 02 | ② | 어휘 | 03 | ② | 어휘 | 04 | ① | 어휘 | 05 | ④ | 어휘 |
| 06 | ② | 어법 | 07 | ③ | 어법 | 08 | ⑤ | 어법 | 09 | ② | 독해 | 10 | ④ | 독해 |
| 11 | ⑤ | 독해 | 12 | ④ | 독해 | 13 | ⑤ | 독해 | 14 | ② | 독해 | 15 | ⑤ | 독해 |

## 수리능력

p.500

| | | | | | | | | | | | | | | |
|---|---|---|---|---|---|---|---|---|---|---|---|---|---|---|
| 01 | ④ | 응용계산 | 02 | ③ | 응용계산 | 03 | ⑤ | 응용계산 | 04 | ① | 응용계산 | 05 | ② | 응용계산 |
| 06 | ⑤ | 응용계산 | 07 | ② | 응용계산 | 08 | ⑤ | 자료해석 | 09 | ③ | 자료해석 | 10 | ② | 자료해석 |
| 11 | ④ | 자료해석 | 12 | ② | 자료해석 | 13 | ⑤ | 자료해석 | 14 | ⑤ | 자료해석 | 15 | ③ | 자료해석 |

## 추리능력

p.511

| | | | | | | | | | | | | | | |
|---|---|---|---|---|---|---|---|---|---|---|---|---|---|---|
| 01 | ④ | 언어추리 | 02 | ④ | 언어추리 | 03 | ① | 언어추리 | 04 | ③ | 언어추리 | 05 | ① | 언어추리 |
| 06 | ③ | 수/문자추리 | 07 | ④ | 수/문자추리 | 08 | ② | 수/문자추리 | 09 | ③ | 수/문자추리 | 10 | ⑤ | 도식추리 |
| 11 | ② | 도식추리 | 12 | ③ | 도식추리 | 13 | ④ | 도식추리 | 14 | ① | 도형추리 | 15 | ② | 도형추리 |

## 공간지각능력

p.521

| | | | | | | | | | | | | | | |
|---|---|---|---|---|---|---|---|---|---|---|---|---|---|---|
| 01 | ④ | 전개도 | 02 | ④ | 전개도 | 03 | ④ | 전개도 | 04 | ② | 전개도 | 05 | ① | 종이접기 |
| 06 | ② | 종이접기 | 07 | ② | 종이접기 | 08 | ④ | 블록 | 09 | ④ | 블록 | 10 | ④ | 블록 |
| 11 | ④ | 도형회전 | 12 | ④ | 도형회전 | 13 | ② | 투상도 | 14 | ③ | 투상도 | 15 | ④ | 조각모음 |

# 취약 유형 분석표

유형별로 맞힌 개수와 정답률, 문제 번호, 풀지 못한 문제 번호를 적어 보세요. 취약한 유형은 '유형공략문제'와 '출제예상문제'를 통해 복습하고 틀린 문제와 풀지 못한 문제를 다시 한번 풀어보세요.

| 영역 | 유형 | 맞힌 개수 | 정답률 | 틀린 문제 번호 | 풀지 못한 문제 번호 |
|---|---|---|---|---|---|
| 언어능력 | 독해 | /7 | % | | |
| | 어휘 | /5 | % | | |
| | 어법 | /3 | % | | |
| | 총계 | /15 | % | | |

| 영역 | 유형 | 맞힌 개수 | 정답률 | 틀린 문제 번호 | 풀지 못한 문제 번호 |
|---|---|---|---|---|---|
| 수리능력 | 자료해석 | /8 | % | | |
| | 응용계산 | /7 | % | | |
| | 총계 | /15 | % | | |

| 영역 | 유형 | 맞힌 개수 | 정답률 | 틀린 문제 번호 | 풀지 못한 문제 번호 |
|---|---|---|---|---|---|
| 추리능력 | 언어추리 | /5 | % | | |
| | 수/문자추리 | /4 | % | | |
| | 도식추리 | /4 | % | | |
| | 도형추리 | /2 | % | | |
| | 총계 | /15 | % | | |

| 영역 | 유형 | 맞힌 개수 | 정답률 | 틀린 문제 번호 | 풀지 못한 문제 번호 |
|---|---|---|---|---|---|
| 공간지각 능력 | 전개도 | /4 | % | | |
| | 종이접기 | /3 | % | | |
| | 블록 | /3 | % | | |
| | 도형회전 | /2 | % | | |
| | 투상도 | /2 | % | | |
| | 조각모음 | /1 | % | | |
| | 총계 | /15 | % | | |

## 언어능력

### 01 어휘     정답 ④

추위는 동상의 원인이므로 원인과 결과관계이다.

오답 체크

①, ②, ③, ⑤는 모두 유의관계이다.

### 02 어휘     정답 ②

밑줄 친 단어는 교통사고는 운전자의 부주의가 원인이 되어 발생하는 경우가 많다는 의미로 쓰였으므로 어떤 현상이 어떤 원인에서 비롯하여 생겨난다는 의미의 ②가 적절하다.

오답 체크

① 관심이나 눈길 따위가 말하는 사람에게로 쏠리다
③ 건강에 해가 되다
④ 어떤 사람이 직업이나 학업 따위를 위하여 말하는 사람이 있는 쪽으로 옮기다
⑤ 운수나 보람, 기회 따위가 말하는 사람 쪽에 나타나다

### 03 어휘     정답 ②

㉠ 빈칸이 있는 문장에서 아서 오쿤이 불쾌지수에서 영감을 얻어 경제고통지수를 최초로 제시했다고 하였으므로 연구하여 새로운 안을 생각해 낸다는 의미의 '고안(考案)'이 들어가야 한다.
㉡ 빈칸이 있는 문장에서 경제고통지수는 소비자물가 상승률과 실업률을 합산한 후 소득증가율을 빼서 구할 수 있다고 하였으므로 계산하여 낸다는 의미의 '산출(算出)'이 들어가야 한다.
㉢ 빈칸 뒤의 단어인 경기와 함께 쓸 수 있으며 몸으로 어떤 감각을 느낀다는 의미의 '체감(體感)'이 들어가야 한다.
㉣ 빈칸이 있는 문장에서 경제고통지수의 단점을 극복하기 위해 경제고통지수 산출 시 소비자물가 상승률과 실업률 이외의 또 다른 경제 지표를 반영한다고 하였으므로 모자라거나 부족한 것을 보충하여 완전하게 한다는 의미의 '보완(補完)'이 들어가야 한다.

오답 체크

• 생산(生産): 인간이 생활하는 데 필요한 각종 물건을 만들어 냄
• 체득(體得): 몸소 체험하여 알게 됨
• 감안(勘案): 여러 사정을 참고하여 생각함

### 04 어휘     정답 ①

밑줄 친 단어는 산책을 하러 갔다는 의미로 쓰였으므로 어떤 일을 하러 간다는 의미의 ①이 적절하다.

오답 체크

② 값이나 무게 따위가 어느 정도에 이르다
③ 사회적인 활동을 시작하다
④ 옷이나 신, 양말 따위가 해지거나 찢어지다
⑤ 일정한 지역이나 공간에서 벗어나거나 집이나 직장 따위를 떠나다

### 05 어휘     정답 ④

㉠ 빈칸이 있는 문장에서 동주기자전이 일어나는 이유는 조석 현상에서 찾아볼 수 있다고 하였으므로 어떤 일이나 사물이 생겨난다는 의미의 '발생(發生)'이 들어가야 한다.
㉡ 빈칸이 있는 문장에서 중력은 어긋남을 줄이는 방향으로 작용한다고 하였으므로 모양이나 규모 따위를 줄여서 작게 한다는 의미의 '축소(縮小)'가 들어가야 한다.
㉢ 빈칸이 있는 문장에서 달이 동주기자전을 하기 때문에 지구를 한 바퀴 공전하면서 스스로 한 바퀴 돈다고 하였으므로 어떤 것을 축으로 물체 자체가 빙빙 돈다는 의미의 '회전(回轉)'이 들어가야 한다.
㉣ 빈칸이 있는 문장에서 지구에서 달을 관찰할 때 항상 같은 면만 보게 된다고 하였으므로 육안이나 기계로 자연 현상 특히 천체나 기상의 상태, 추이, 변화 따위를 관찰하여 측정하는 일이라는 의미의 '관측(觀測)'이 들어가야 한다.

오답 체크

• 증대(增大): 양을 늘리거나 규모를 크게 함
• 순회(巡廻): 여러 곳을 돌아다님
• 관철(貫徹): 어려움을 뚫고 나아가 목적을 기어이 이룸

### 06 어법     정답 ②

할만큼(X) → 할 만큼(O)
• 한글 맞춤법 제42항에 따라 의존 명사는 띄어 쓴다.

오답 체크

①, ④의 '만큼'은 의존 명사로 사용되었으므로 띄어 쓰고, ③, ⑤의 '만큼'은 조사로 사용되었으므로 앞말에 붙여 쓴다.

## 07 어법　　　　　　　　　　　　　　　　정답 ③

어겼을시에는(X) → 어겼을 시에는(O)
- 한글 맞춤법 제42항에 따라 의존 명사는 띄어 쓴다.

<u>오답 체크</u>

①, ④는 의존 명사로 사용되었으므로 띄어 쓰고, ②, ⑤는 접미사로 쓰였으므로 앞말에 붙여 쓴다.

## 08 어법　　　　　　　　　　　　　　　　정답 ⑤

비격진천뢰가 섬광, 굉음과 함께 폭발한다고 하였으므로 '작열'이 아니라 포탄 따위가 터져서 쫙 퍼진다는 의미의 '작렬(炸裂)'이 적절하다.
- 작열(灼熱): 불 따위가 이글이글 뜨겁게 타오름

## 09 독해　　　　　　　　　　　　　　　　정답 ②

국민참여재판 시행 건수 및 관련 통계는 우리나라에 국민참여재판 제도가 도입된 후의 시행 경과와 관련 있으므로 수정하고자 하는 내용으로 적절한 것은 ②이다.

<u>오답 체크</u>

① 우리나라에 국민참여재판 제도가 도입되기 이전의 형사사법 제도는 '본론1 – 가'의 우리나라에 국민참여재판 제도가 도입된 배경과 관련 있으므로 '서론'에 추가하는 것은 적절하지 않다.
③ '본론2'의 '가, 마'는 긍정적인 평가에 해당하는 내용이고, '나, 다, 라'는 부정적인 평가에 해당하는 내용이므로 '본론2'의 '가, 나'를 '국민참여재판 제도의 성과'로, '다, 라, 마'를 '국민참여재판 제도의 문제점'으로 분류하는 것은 적절하지 않다.
④ '본론3 – 다'는 '본론2 – 라'의 개선안에 해당하는 내용으로 삭제하는 것은 적절하지 않다.
⑤ '서론' 및 '본론'에서 외국의 선례에 대해 언급하지 않았으므로 '결론'을 우리나라의 국민참여재판 제도를 개선하기 위해 외국의 선례를 참고하여 수정하는 것은 적절하지 않다.

## 10 독해　　　　　　　　　　　　　　　　정답 ④

이 글은 기업의 혁신 실패 원인이 소비자 심리와 관련 있을 수 있으며, 혁신에 대한 소비자의 심리를 잘 파악하여 저항감을 줄여야 혁신을 성공으로 연결시킬 수 있다는 내용이므로 이 글의 제목으로 가장 적절한 것은 ④이다.

## 11 독해　　　　　　　　　　　　　　　　정답 ⑤

상향적 사후 가정 사고는 더 나은 결과를 가정하는 사고이고 하향적 사후 가정 사고는 나쁜 결과를 가정하는 사고로, 은메달리스트와 달리 동메달리스트는 메달을 따지 못할 뻔했다는 하향적 사후 가정 사고를 했을 가능성이 높다고 하였으므로 경기에서 동메달리스트가 표정이 밝았던 이유가 실제 결과보다 더 좋은 결과를 상상했기 때문인 것은 아님을 알 수 있다.

<u>오답 체크</u>

① 길로비치와 메드벡의 연구에 따르면 단기적으로는 이미 한 행동에 대한 후회가 크고 장기적으로는 하지 않은 행동에 대한 후회가 크다고 하였으므로 적절한 내용이다.
② 사후 가정 사고는 일이니지 않은 가상의 상황을 상상히여 실제보다 더 좋은 결과를 가정하는 상향적 사후 가정 사고와 실제보다 더 나쁜 결과를 가정하는 하향적 사후 가정 사고가 있다고 하였으므로 적절한 내용이다.
③ 일반적으로 인간은 하향적 사후 가정 사고보다 상향적 사후 가정 사고를 하는 경우가 많다고 하였으므로 적절한 내용이다.
④ 상향적 사후 가정 사고는 더 나은 결과를 도출하기 위해 노력하게 만드는 동기가 되기도 하지만 후회와 같은 부정적인 감정을 동반한다고 하였으므로 적절한 내용이다.

## [12-13]

## 12 독해　　　　　　　　　　　　　　　　정답 ④

3문단에서 양성잔상은 단시간 강한 자극에 노출될 때 자극광과 동일한 밝기와 채도의 잔상이 남는 현상이라고 하였으므로 짧은 시간 동안 강도 높은 자극을 받을 때 자극광과 동일한 명도와 채도의 양성잔상이 나타남을 알 수 있다.

<u>오답 체크</u>

① 5문단에서 붉은색은 정열과 흥분을 유발하고, 녹색은 안정적인 느낌을 주어 환자를 심리적으로 안심시킨다고 하였으므로 적절하지 않은 내용이다.
② 2문단에서 특정 빛에 지속적으로 노출되었을 때 해당 빛을 인지하는 원추 세포가 피로해져서 잔상이 나타난다고 하였으므로 적절하지 않은 내용이다.
③ 1문단에서 의사들은 가운이 오염되었을 때 바로 발견하여 항상 청결하게 유지하기 위해서 흰색 가운을 입는다고 하였으므로 적절하지 않은 내용이다.
⑤ 4문단에서 장시간 붉은 피를 보는 의료진이 흰색 수술복을 입을 경우 보색 잔상이 나타나 혼동을 야기할 수 있어 파란색 또는 초록색의 수술복을 제작한다고 하였으므로 적절하지 않은 내용이다.

## 13 독해　　　　　　　　　　　　　　　　정답 ⑤

빈칸 앞에서는 수술복이 초록색인 것에는 잔상 방지 목적 외에도 다른 이유가 있다는 내용을 말하고 있고, 빈칸 뒤에서는 초록색이 명도·채도가 낮아 간상 세포에 자극을 가하지 않으면서 잘 인식될 뿐만 아니라 시야각이 좁아 눈의 피로를 감소시키고 환자들의 심신을 안정시키는 효과가 있다는 내용을 말하고 있다.
따라서 초록색이 의료진과 환자들에게 시각적 또는 심리적으로 편안함을 제공하기 때문이라는 내용이 들어가야 한다.

## 14 독해 정답 ②

기단은 발생 지역을 떠나 이동하면서 온도나 수증기 함량이 변해 조금씩 변질된다고 하였으므로 기단이 한 지역에서 장기간 머물면서 형성된 것이기 때문에 그 성질이 변하지 않고 유지되는 것은 아님을 알 수 있다.

오답 체크

① 우리나라의 경우 여름철에 북태평양기단, 오호츠크해기단, 변질된 시베리아기단, 적도기단 등 다양한 기단이 영향을 미친다고 하였으므로 적절한 내용이나.
③ 기단은 지표의 성질이 균일하고 바람이 약한 지역에서 잘 형성된다고 하였으므로 적절한 내용이다.
④ 최근 우리나라의 겨울철 혹한의 주원인이 북극기단이라고 하였으므로 적절한 내용이다.
⑤ 적도기단은 해양에서 발생한 기단의 일종이고, 해양에서 발생한 기단을 해양성기단이라고 한다고 하였으므로 적절한 내용이다.

## 15 독해 정답 ⑤

이 글은 과거 아인슈타인이 예견한 중력파가 실제로 검출되었으며, 이를 계기로 더 깊이 있는 우주 관찰이 가능해졌음을 시사하는 글이다.
따라서 중력이 시공간을 움직이는 힘이라고 해석하여 성립된 아인슈타인의 일반상대성이론을 설명한 〈보기〉에 이어질 내용은 '라) 중력파 관측이 가능하리라 예측한 아인슈타인 → 다) 그로부터 100년 뒤 중력파 검출에 성공한 국제공동연구팀 → 가) 중력파가 발견되기 이전의 우주 관측 방법 → 나) 중력파의 발견으로 심도 있는 연구가 가능해진 과학계' 순으로 연결되어야 한다.

## 01 응용계산      정답 ④

시행 횟수가 n번일 때 기댓값＝시행 횟수가 1번일 때 기댓값×n임을 적용하여 구한다.
D 공장이 생산하는 보호 필름의 원가는 2,100원이고, 합격 제품은 2,400원에 팔리며 불량 제품은 폐기 처분되므로 합격 제품 1개의 이익은 2,400－2,100＝300원, 불량 제품 1개의 이익은 －2,100원이다. 이때 제품의 불량률이 12%이므로 제품의 합격률은 88%이고, 보호 필름 1개를 생산했을 때 기대되는 이익은 0.88×300＋0.12×(－2,100)＝12원이다.
따라서 D 공장이 보호 필름을 16,000개 생산했을 때 기대되는 이익은 12×16,000＝192,000원이다.

## 02 응용계산      정답 ③

두 대의 컴퓨터가 동시에 자동 업데이트되는 주기는 A 컴퓨터와 B 컴퓨터의 자동 업데이트 주기의 최소공배수임을 적용하여 구한다.
자동 업데이트 주기는 A 컴퓨터가 15일, B 컴퓨터가 25일이므로 두 대의 컴퓨터가 동시에 자동 업데이트되는 주기는 15＝3×5와 25＝$5^2$의 최소공배수인 3×$5^2$＝75일이다. 두 대의 컴퓨터 모두 9월 4일에 자동 업데이트되었으므로 그다음에 동시에 자동 업데이트되는 날은 75(＝26＋31＋18)일 후인 11월 18일이다.
따라서 바로 다음 해 처음으로 두 대의 컴퓨터가 동시에 자동 업데이트되는 날은 11월 18일로부터 75(＝12＋31＋31＋1)일 후인 2월 1일이다.

## 03 응용계산      정답 ⑤

짧은 막대의 길이를 $x$라고 하면 긴 막대의 길이는 $x+12$이다. 욕조에 수직으로 넣은 두 막대의 물에 잠긴 길이는 서로 같으므로
$$\frac{6}{7}x=\frac{3}{4}(x+12) \rightarrow \frac{3}{28}x=9 \rightarrow x=84$$
따라서 긴 막대의 길이는 84＋12＝96cm이다.

## 04 응용계산      정답 ①

알코올의 양＝알코올 용액의 양×$\frac{\text{알코올 용액의 농도}}{100}$임을 적용하여 구한다.
처음에 덜어냈던 농도가 96%인 알코올 용액의 양을 $x$라고 하면 순수한 물을 넣어 희석한 알코올 용액 속의 알코올의 양은
0.96($6-x$)L이고, 용액의 농도는 $\frac{0.96(6-x)}{6}$×100%이다.

희석한 알코올 용액에서 0.5L를 덜어낸 용액 속의 알코올의 양과 처음에 덜어냈던 알코올 용액 속의 알코올 양의 합은 농도가 68.5%인 알코올 용액 속의 알코올의 양과 같으므로
$$(6-0.5)\times\frac{0.96(6-x)}{6}+x\times0.96=(6-0.5+x)\times0.685$$
$$\rightarrow 0.88(6-x)+0.96x=0.685(5.5+x) \rightarrow x=2.5$$
따라서 처음에 덜어냈던 농도가 96%인 알코올 용액의 양은 2.5L이다.

## 05 응용계산      정답 ②

작업량＝시간당 작업량×시간임을 적용하여 구한다.
A 기계가 1시간 동안 인쇄할 수 있는 신문은 56×3＝168부이고, B 기계가 1시간 동안 인쇄할 수 있는 신문의 부수를 $x$라고 하면
(168＋$x$)×10＝4,030 → $x$＝235
따라서 B 기계가 1시간 동안 인쇄할 수 있는 신문은 235부이다.

## 06 응용계산      정답 ⑤

시간＝$\frac{\text{거리}}{\text{속력}}$임을 적용하여 구한다.
집에서 본사까지의 거리를 $x$라고 하면, 본사에서 공장까지의 거리는 300－$x$이므로
$$\frac{x}{80}+\frac{300-x}{70}=4 \rightarrow x=160$$
따라서 집에서 본사까지의 거리는 160km이다.

## 07 응용계산      정답 ②

할인가＝정가×(1－할인율), 손익＝할인가－원가임을 적용하여 구한다.
소설책의 정가를 $x$, 원가를 $y$라고 하면
$x$×(1－0.15)－$y$＝800 → 0.85$x$－$y$＝800 ··· ⓐ
$x$×(1－0.25)－$y$＝－400 → 0.75$x$－$y$＝－400 ··· ⓑ
ⓐ－ⓑ에서 0.1$x$＝1,200 → $x$＝12,000, $y$＝9,400
따라서 소설책의 원가는 9,400원이다.

## 08 자료해석      정답 ⑤

수도권의 4분기 월평균 전망 BSI 지수는 서울이 (76.0＋89.9＋86.5)/3≒84.1, 경기가 (77.4＋81.9＋82.7)/3≒80.7, 인천이 (75.4＋88.7＋83.1)/3＝82.4로 인천이 경기보다 높지만, 이 그래프에서는 경기가 인천보다 높게 나타나므로 옳지 않은 그래프이다.

① 5개 광역시의 12월 체감 및 전망 BSI 지수 차이는 부산이 84.1 −39.5=44.6, 대구가 78.7−36.8=41.9, 광주가 88.2−48.0= 40.2, 대전이 81.6−36.8=44.8, 울산이 81.8−40.9=40.9이므로 옳은 그래프이다.

② 강원의 체감 BSI 지수는 10월에 60.6, 11월에 70.4, 12월에 35.9 이고, 전망 BSI 지수는 10월에 77.5, 11월에 85.9, 12월에 85.2이 므로 옳은 그래프이다.

③ 수도권의 4분기 월평균 체감 BSI 지수는 서울이 (61.1+67.4+ 44.8)/3 ≒ 57.8, 경기가 (68.1+68.1+37.2)/3=57.8, 인천이 (54.9+64.8+42.3)/3=54.0이므로 옳은 그래프이다.

④ 기타 지방의 12월 전망 BSI 지수는 강원이 85.2, 충북이 78.4, 충 남이 80.5, 전북이 86.3, 전남이 85.7, 경북이 85.2, 경남이 83.3, 제주가 101.1이므로 옳은 그래프이다.

## 09 자료해석  정답 ③

주택보급률=(주택 수/일반 가구 수)×100임을 적용하 여 구한다.

㉠ 제시된 기간 동안 대전의 주택 수가 대전의 일반 가구 수보다 적은 해가 2020년뿐이라는 것은 2020년 주택 보급률이 100% 미만이라는 의미이므로 100% 미만이다.

㉡ 2018년 전국의 일반 가구 수는 19,980천 호이므로 2018년 전국의 주택 수는 19,980×1,042 ≒ 20,819천 호이다.

㉢ 2019년 주택보급률이 가장 낮은 서울의 주택 수는 3,739천 호이고, 2020년 서울의 주택 수는 전년 대비 증가하였으므로 3,739천 호 초과이다.

따라서 ㉠은 98.3, ㉡은 20,819, ㉢은 3,778인 ③이 정답 이다.

## 10 자료해석  정답 ②

희망 근무 지역이 서울인 학생 중 제품디자인 전공 학생 수 대비 시각디자인 전공 학생 수의 비율은 29/36 ≒ 0.81 로 환경디자인 전공 학생 수 대비 멀티미디어 전공 학생 수의 비율인 28/34 ≒ 0.82보다 낮으므로 옳은 설명이다.

① 전체 응답자 수는 41+40+41+40+40=202명이고, 희망 근 무 지역이 서울인 학생 수는 36+29+34+28+30=157명으로 전체 응답자 수에서 희망 근무 지역이 서울인 학생이 차지하는 비중은 (157/202)×100 ≒ 77.7%이므로 옳지 않은 설명이다.

③ 희망 근무 지역이 해외인 학생의 거주 지역은 서울과 부산·울산·경남이며, 희망 근무 지역이 해외인 학생 중 환경디자인 전공 학생은 1명으로 이 학생이 부산·울산·경남에 거주하지 않 으면 서울에 거주하므로 옳지 않은 설명이다.

④ 광주·전남·전북에 거주하는 학생 중 경기권에서 근무하기를 희망하는 학생의 절반은 4/2=2명이지만, 시각디자인 전공 학 생 중 희망 근무 지역이 경기권인 학생은 1명이므로 옳지 않은 설명이다.

⑤ 희망 근무 지역이 서울인 학생 수는 78+16+13+18+16+16= 157명으로 경상권에서 근무하기를 희망하는 학생 수인 8+6= 14명보다 157−14=143명 더 많으므로 옳지 않은 설명이다.

## [11-12]

## 11 자료해석  정답 ④

관제탑 관제량이 가장 많은 순서대로 순위를 매기면 7월 과 8월에 1위가 제주, 2위가 김포, 3위가 인천이지만, 9월 에는 1위가 제주, 2위가 인천, 3위가 김포이므로 옳지 않 은 설명이다.

① 여수와 울산이 8월부터 12월까지 관제탑 관제량의 전월 대비 증감 추이는 모두 감소, 감소, 증가, 감소, 감소이므로 옳은 설 명이다.

② 12월 관제탑 관제량이 10,000대 미만인 지역은 양양, 여수, 울산, 무안, 울진이고, 5개 지역의 관제탑 관제량의 평균은 (1,825+1,768+1,140+2,874+7,022)/5=2,925.8대이므로 옳 은 설명이다.

③ 제시된 기간 동안 인천의 일평균 관제탑 관제량이 전월 대비 처 음으로 감소한 8월에 인천의 일평균 관제탑 관제량은 전월 대 비 {(411−398)/411}×100 ≒ 3.2% 감소하였으므로 옳은 설명 이다.

⑤ 10월 무안의 관제탑 관제량은 7월 대비 3,610−3,069=541대 증가하였으므로 옳은 설명이다.

## 12 자료해석  정답 ②

전체 일평균 관제탑 관제량과 인천의 일평균 관제탑 관 제량의 차이는 7월에 1,888−411=1,477대, 8월에 1,801− 398=1,403대, 9월에 1,833−432=1,401대, 10월에 2,011− 450=1,561대, 11월에 1,926−467=1,459대, 12월에 1,857− 451=1,406대이므로 차이가 가장 큰 해는 10월이고, 10월 전체 일평균 관제탑 관제량은 2,011대, 인천 관제탑 관제 량은 450대이다.

따라서 10월 전체 일평균 관제탑 관제량에서 인천 관제 탑 관제량이 차지하는 비중은 (450/2,011)×100 ≒ 22.4% 이다.

## 13 자료해석  정답 ⑤

2019년 전문직별 공사업의 급여액은 회사법인이 개인의 42,826/611 ≒ 70.1배이므로 옳은 설명이다.

① 2020년 전체 기업체 수는 전년 대비 증가하였으나, 종사자 수, 급여액, 매출액은 전년 대비 감소하였으므로 옳지 않은 설명이다.

② 2020년 종합 건설업의 회사법인 종사자 1명당 평균 급여액은 (26,498×1,000,000,000)/(539×1,000) ≒ 49,161,410원이므 로 옳지 않은 설명이다.

③ 2019년 전체 개인 매출액에서 전체 개인 급여액이 차지하는 비중은 {(638×1,000,000,000)/(2.4×1,000,000,000,000)}× 100 ≒ 26.6%이므로 옳지 않은 설명이다.

④ 2020년 전체 회사법인 기업체 수는 전년 대비 {(78,225− 74,589)/74,589}×100 ≒ 4.9% 증가하였으므로 옳지 않은 설 명이다.

## 14 자료해석　　　　　　　　　　정답 ⑤

제시된 자료에 따르면 2014년 행정정보 공개율은 95.6%로 2016년 행정정보 공개율과 같다. 하지만 [행정정보 공개율] 막대그래프는 2014년 행정정보 공개율이 2016년 행정정보 공개율보다 낮게 나타나므로 옳지 않은 그래프는 ⑤이다.

## 15 자료해석　　　　　　　　　　정답 ③

대학 진학자 수=(대학 진학률/100) × 고등학교 졸업자 수임을 적용하여 구한다.
2018년 대학 진학자 수는 (69.7/100) × 567 ≒ 395천 명이고, 2014년 대학 진학자 수는 (70.9/100) × 633 ≒ 449천 명이므로 2018년 대학 진학자 수는 4년 전 대비 449−395 ≒ 54천 명 감소하였다.

> **빠른 문제 풀이 Tip**
>
> 대학 진학률을 소수점 첫째 자리에서 반올림한 값으로 계산한다. 2018년 대학 진학자 수는 (70.0/100) × 567 ≒ 397천 명이고, 2014년 대학 진학자 수는 (71.0/100) × 633 ≒ 449천 명이다. 이에 따라 2018년 대학 진학자 수는 4년 전 대비 449−397 ≒ 52천 명 감소했으므로 선택지 중 가장 가까운 ③이 정답이다.

## 01 언어추리

정답 ④

어떤 평화로움도 아름답지 않은 것이 없다는 것은 모든 평화로움은 아름답다는 것이므로, 모든 고요함이 아름답지 않으면 모든 고요함은 평화롭지 않게 된다.
따라서 '모든 고요함은 평화롭지 않다.'가 타당한 결론이다.

오답 체크

평화로움을 A, 아름다움을 B, 고요함을 C라고 하면

①, ② 모든 고요함은 평화롭지 않으므로 반드시 거짓인 결론이다.
③ 모든 평화로움은 고요하지 않으므로 반드시 거짓인 결론이다.
⑤ 평화롭지 않은 어떤 것은 고요하므로 반드시 거짓인 결론이다.

## 02 언어추리

정답 ④

주어진 명제가 참일 때, 그 명제의 '대우'만이 참인 것을 알 수 있다.
네 번째 명제와 두 번째 명제의 '대우'를 차례로 결합한 결론은 아래와 같다.
- 네 번째 명제: 취미생활을 즐기는 사람은 자유로운 사람이다.
- 두 번째 명제(대우): 자유로운 사람은 미래를 생각한다.
- 결론: 취미생활을 즐기는 사람은 미래를 생각한다.

## 03 언어추리

정답 ①

제시된 조건에 따르면 일반 대원은 맨 앞 또는 맨 뒤에 줄을 서지 않으므로 맨 앞 또는 맨 뒤에는 대장 또는 부대장이 줄을 선다. 이때 세 번째 줄에는 남성 대원이 줄을 서고, 남성 대원 3명이 연달아 줄을 서는 경우는 없으므로 남성(대장) - 여성 - 남성 - 남성 - 여성(부대장) 또는 여성(부대장) - 남성 - 남성 - 여성 - 남성(대장) 순서로 줄을 서는 것을 알 수 있다. 이에 따라 가능한 경우는 아래와 같다.

경우 1. 남성이 맨 앞에 줄을 서는 경우

| 갑 | 무 | 을 또는 병 | 을 또는 병 | 정 |
| --- | --- | --- | --- | --- |
| 남성<br>(대장) | 여성<br>(일반 대원) | 남성<br>(일반 대원) | 남성<br>(일반 대원) | 여성<br>(부대장) |

경우 2. 여성이 맨 앞에 줄을 서는 경우

| 정 | 을 또는 병 | 을 또는 병 | 무 | 갑 |
| --- | --- | --- | --- | --- |
| 여성<br>(부대장) | 남성<br>(일반 대원) | 남성<br>(일반 대원) | 여성<br>(일반 대원) | 남성<br>(대장) |

따라서 을과 병은 각각 두 번째 또는 세 번째 줄에 줄을 서거나 세 번째 또는 네 번째 줄에 줄을 서므로 항상 거짓인 설명이다.

오답 체크

② 을은 두 번째 또는 세 번째 또는 네 번째 줄에 줄을 서므로 항상 거짓인 설명은 아니다.
③ 여성 일반 대원인 무는 두 번째 줄 또는 네 번째 줄에 줄을 서므로 항상 거짓인 설명은 아니다.
④ 부대장은 맨 앞 또는 맨 뒤에 줄을 서므로 항상 거짓인 설명은 아니다.
⑤ 여성 대원인 정과 무 사이에 을, 병 2명이 줄을 서므로 항상 참인 설명이다.

## 04 언어추리

정답 ③

제시된 조건에 따르면 주민 1은 항상 진실을 말하여 시민 또는 탐정이므로 가능한 경우는 아래와 같다.

경우 1. 주민 1이 탐정인 경우
주민 1이 탐정이면 주민 4는 범인이므로 주민 4의 말이 거짓이 되어 주민 1과 주민 2는 모두 어젯밤에 집에 있지 않았다. 5명 중 탐정은 1명이므로 주민 2는 범인이 되지만, 주민 1과 주민 2 중 최소 1명은 시민이라는 주민 3의 말도 거짓이 되어 범인이 2명이라는 조건에 모순된다.

경우 2. 주민 1이 시민인 경우
주민 1이 시민이면 주민 4는 범인이므로 주민 4의 말이 거짓이 되어 주민 1과 주민 2는 모두 어젯밤에 집에 있었으므로 주민 2도 시민이다. 이에 따라 주민 1과 주민 2 중 최소 1명이 시민이라는 주민 3의 말은 진실이므로 주민 3은 탐정이고, 5명 중 시민은 2명이므로 자신이 시민이라고 말하는 주민 5의 말은 거짓이 되어 주민 5는 범인이다.
따라서 탐정은 '주민 3'이다.

## 05 언어추리

정답 ①

제시된 조건에 따르면 현관문이 빨간색인 가구의 바로 아래층인 2호 가구의 현관문은 초록색이므로 2층 2호의 현관문은 빨간색이며, 1층 2호의 현관문은 초록색이다. 또한, 현관문이 초록색인 가구의 바로 위층인 2층 2호는 3인 가구이며, 초록색 현관문인 1층 2호의 오른쪽 1층 3호의 현관문은 노란색이고 현관문이 노란색인 가구의 바로 위층인 2층 3호의 현관문은 파란색이다. 이때 2인 가구는 총 4가구이며 같은 호수를 사용하지 않고 같은 층에서 바로 옆에 이웃하지도 않는데 2층 2호는 3인 가구가 살고 있으므로, 2인 가구는 2층 1호, 1층 2호, 2층 3호, 1층 4호에 살고 있다. 1인 가구 중 한 가구는 이웃한 양 옆이 모두 2인 가구이므로 1층 3호에 1인 가구가 살고 있음을 알 수 있다. 이에 따라 각 층, 각 호에 살고 있는 가구는 아래와 같다.

| | 1호 | 2호 | 3호 | 4호 |
|---|---|---|---|---|
| 2층 | | 빨간색 | 파란색 | |
| | 2인 가구 | 3인 가구 | 2인 가구 | |
| 1층 | | 초록색 | 노란색 | |
| | | 2인 가구 | 1인 가구 | 2인 가구 |

따라서 1층 1호와 2층 4호가 모두 1인 가구라면 1인 가구는 최대 3가구임을 알 수 있다.

## 06 수/문자추리
정답 ③

제시된 각 숫자 간의 값이 −22로 반복되므로 빈칸에 들어갈 알맞은 숫자는 '−61'이다.

## 07 수/문자추리
정답 ④

제시된 각 숫자 간의 값이 +10, ÷(−8)로 반복되므로 빈칸에 들어갈 알맞은 숫자는 '10'이다.

## 08 수/문자추리
정답 ②

제시된 각 문자를 알파벳 순서에 따라 숫자로 변경한다.

| A | B | C | D | E | F |
|---|---|---|---|---|---|
| 1 | 2 | 3 | 4 | 5 | 6 |
| G | H | I | J | K | L |
| 7 | 8 | 9 | 10 | 11 | 12 |
| M | N | O | P | Q | R |
| 13 | 14 | 15 | 16 | 17 | 18 |
| S | T | U | V | W | X |
| 19 | 20 | 21 | 22 | 23 | 24 |
| Y | Z | | | | |
| 25 | 26 | | | | |

제시된 도형에서 각 문자는 a+2b−3c=d라는 규칙이 적용되므로 빈칸에 들어갈 알맞은 문자는 숫자 12에 해당하는 'L'이다.

## 09 수/문자추리
정답 ③

제시된 각 문자를 한글 자음과 알파벳 순서에 따라 숫자로 변경한다.

| A | 14 | 9 | 4 | 11 | 2 | 10 |
|---|---|---|---|---|---|---|
| B | 23 | 14 | 5 | 20 | (3) | 20 |

제시된 도형에서 각 열은 2A−5=B, 2A−4=B, 2A−3=B, 2A−2=B, 2A−1=B, 2A−0=B라는 규칙이 적용되므로 빈칸에 들어갈 알맞은 문자는 숫자 3에 해당하는 'c'이다.

## [10-11]

○: 첫 번째 문자(숫자)를 세 번째 자리로, 세 번째 문자(숫자)를 네 번째 자리로, 네 번째 문자(숫자)를 첫 번째 자리로 이동시킨다.
ex. abcd → dbac
▲: 첫 번째, 두 번째 문자(숫자)의 자리를 서로 바꾸고, 세 번째, 네 번째 문자(숫자)의 자리를 서로 바꾼다.
ex. abcd → badc
★: 문자와 숫자 순서에 따라 첫 번째 문자(숫자)는 다음 세 번째 순서에 오는 문자(숫자)로, 세 번째 문자(숫자)는 바로 다음 순서에 오는 문자(숫자)로, 네 번째 문자(숫자)는 다음 두 번째 순서에 오는 문자(숫자)로 변경한다.
ex. abcd → dbdf (a+3, b, c+1, d+2)

## 10 도식추리
정답 ⑤

1NU5 → ★ → 4NV7 → ○ → 7N4V

## 11 도식추리
정답 ②

3KS7 → ★ → 6KT9 → ▲ → K69T

해커스 20대기업 인적성 통합 기본서 최신기출유형+실전문제

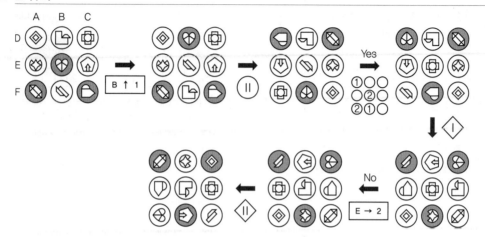

| 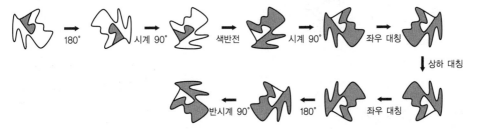 | 180도 회전 | | 좌우 대칭 |
| --- | --- | --- | --- |
| | 상하 대칭 | | 시계 방향 90도 회전 |
| | 반시계 방향 90도 회전 | | 색반전 |

## 15 도형추리

각 열에 제시된 도형은 다음 열에서 시계 방향으로 90도 회전하면서 색반전한 형태이다.

해커스 20대기업 인적성 통합 기본서 최신기출유형+실전문제

## 01 전개도

정답 ④

전개도를 접었을 때 완성되는 입체도형은 아래와 같다.

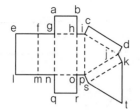 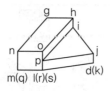

## 02 전개도

정답 ④

[④]    [①, ②, ③, ⑤]

## 03 전개도

정답 ④

[④]    [①, ②, ③, ⑤]

## 04 전개도

정답 ②

전개도를 접었을 때 완성되는 입체도형은 아래와 같다.

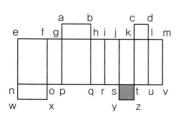 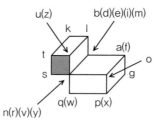

## 05 종이접기
정답 ①

뒤집기 전 단계의 종이에 잘린 모양을 표시하여 종이를 접은 역순으로 잘린 모양을 표시한 종이는 아래와 같다.

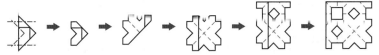

따라서 마지막 종이를 처음 뒤집었던 방향과 동일하게 다시 좌우로 뒤집은 ①이 정답이다.

## 06 종이접기
정답 ②

종이를 접은 역순으로 펀치 구멍을 표시한 종이는 아래와 같다.

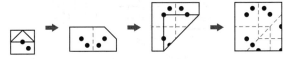

## 07 종이접기
정답 ②

제시된 순서에 따라 종이를 접었을 때, 각 순서에 해당하는 종이의 뒷면은 아래와 같다.

## 08 블록
정답 ④

①    ②    ③    ⑤

## 09 블록
정답 ④

(A+C)

(B+C)

(A+B+C)

## 10 블록
정답 ④

(A+C)

(B+C)

(A+B+C)

## 11 도형회전      정답 ④

중점이 색칠된 왼쪽 판의 앞에서 회전판을 바라보면 왼쪽 판의 '?'에는 그림 1이 나타나고 오른쪽 판의 '?'에는 좌우 대칭된 그림 3이 나타난다.

| | 왼쪽 판의 그림 | 오른쪽 판의 그림 |
|---|---|---|
| 전 |  | |
| 후 | | |

따라서 '?'의 위치에 나타나는 그림은 ④이다.

## 12 도형회전      정답 ④

표시된 부분이 나머지와 달라 네 개의 입체도형과 모양이 다른 입체도형은 ④이다.

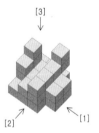

## 13 투상도      정답 ②

제시된 투상도는 ②를 [1], [2], [3] 방향에서 바라본 모습이다.

[3]
↓

(중앙 입체도형)

[2]↗    ↖[1]

오답 체크

①     ③

④     ⑤

## 14 투상도      정답 ③

제시된 투상도를 순서대로 정면도, 평면도, 우측면도라고 할 때, 이에 해당하는 입체블록은 ③이다.

오답 체크

①은 정면도, 우측면도가 일치하지 않는다.

[X]     [O]     [X]

②는 평면도, 우측면도가 일치하지 않는다.

[O]     [X]     [X]

④는 평면도가 일치하지 않는다.

[O]     [X]     [O]

⑤는 정면도가 일치하지 않는다.

[X]     [O]     [O]

## 15 조각모음      정답 ④

①     ②

③     ⑤

# 대기업 최종 합격!
# 선배들의 비결 알고 싶어?

**힘들게 찾아다닐 필요 없어~**
해커스잡 ejob.Hackers.com에서 취업 성공 가능하니까!

# 해커스
# 20대기업
# 인적성 통합 기본서
### 최신기출유형+실전문제

# 직무적성검사
# 필수 암기 핸드북

**대기업 직무적성검사에 나오는 영역별 이론과 개념을 한 권으로 총정리!**

## 목차

## 해커스잡

# 언어능력

언어능력은 20대기업 직무적성검사에 출제된 적이 있는 내용을 중심으로 어휘와 어법을 학습하면 실제 시험에서 문제 풀이 시간을 단축할 수 있다. 어휘 유형은 다양한 어휘관계 및 어휘를 예문과 함께 학습하고, 이를 통해 어휘력을 향상시켜야 한다. 어법 유형은 실생활에서 자주 틀리는 표현 및 관련 어문 규정을 확실히 학습하여 정답률을 높인다.

## 1 어휘관계

| | |
|---|---|
| 유의관계 | • 의미가 서로 비슷한 단어의 관계 **기출**<br>**예** 대담하다 – 용감하다, 상서롭다 – 길하다, 피력하다 – 토로하다, 시류 – 풍조, 비호 – 보호, 숙려 – 숙고, 속박 – 농반, 채근 – 독촉, 만족하다 – 탐탁하다, 오해 – 곡해, 판이하다 – 상이하다 |
| 반대관계 | • 의미가 서로 반대되는 단어의 관계 **기출**<br>**예** 짙다 – 옅다, 발산 – 수렴, 회고 – 전망, 상이하다 – 유사하다, 분석 – 종합, 동의 – 거부, 후대 – 괄시, 겸양하다 – 젠체하다 |
| 포함관계 | • 한 단어가 다른 단어에 포함되는 단어의 관계 **기출**<br>**예** 운동 – 수영, 꽃 – 장미, 문학 – 수필, 포유류 – 박쥐, 생물 – 동물 – 사람 |
| 전체 – 부분관계 | • 한 단어는 전체, 다른 단어는 전체의 한 부분에 해당하는 단어의 관계<br>**예** 독수리 – 날개, 얼굴 – 코, 자동차 – 타이어 |
| 동위관계 | • 두 단어가 동일한 상위개념에 포함되는 단어의 관계 **기출**<br>**예** 옹기 – 자기, 화강암 – 현무암, 질소 – 이산화탄소 |
| 인과관계 | • 한 단어는 원인, 다른 단어는 그로 인한 결과에 해당하는 단어의 관계 **기출**<br>**예** 음주 – 건강악화, 추위 – 동상, 바람 – 파도, 폭우 – 홍수 |
| 재료 – 완제품관계 | • 한 단어는 재료, 다른 단어는 그 재료로 만들어진 완제품에 해당하는 단어의 관계 **기출**<br>**예** 콩 – 두부, 포도 – 와인, 견사 – 비단, 우유 – 버터, 고무 – 바퀴, 플라스틱 – 페트병, 카카오 – 초콜릿 |
| 과거 – 현재관계 | • 용도가 같은 과거 물건과 현재 물건에 해당하는 단어의 관계 **기출**<br>**예** 마차 – 자동차, 흑백 TV – 컬러 TV |
| 도구 – 용도관계 | • 한 단어는 도구, 다른 단어는 그 도구의 용도에 해당하는 단어의 관계<br>**예** 냄비 – 취사, 비누 – 세면, 실 – 바느질 |
| 장치 – 동력원관계 | • 한 단어는 장치, 다른 단어는 그 장치의 동력원에 해당하는 단어의 관계 **기출**<br>**예** 돛단배 – 바람, 전등 – 전기, 증기기관 – 수증기 |

| | |
|---|---|
| 순서관계 | • **위치의 상하관계**: 위지상 위·중간·아래에 해당하는 단어의 관계 `기출`<br>　예 머리 – 가슴 – 배, 하늘 – 산 – 땅, 천장 – 벽 – 바닥<br>• **순서의 전후관계**: 시간의 흐름에 따라 이어지는 단어의 관계 `기출`<br>　예 아침 – 점심 – 저녁, 가을 – 겨울 – 봄, 예약 – 발권 – 탑승 |
| 장소관계 | • **장소 – 스포츠관계**: 한 단어는 장소, 다른 난어는 그 장소에서 하는 스포츠에 해당하는 단어의 관계 `기출`<br>　예 하늘 – 스카이다이빙, 바다 – 윈드서핑, 산 – 암벽등반<br>• **장소 – 취급대상관계**: 한 단어는 장소, 다른 단어는 그 장소에서 취급하는 대상에 해당하는 단어의 관계 `기출`<br>　예 도서관 – 책, 극장 – 영화, 주유소 – 기름 |
| 직업관계 | • **직업 – 직장관계**: 한 단어는 직업, 다른 단어는 그 직업의 근무지에 해당하는 단어의 관계<br>　예 광부 – 광산, 경찰 – 경찰서, 교사 – 학교<br>• **직업 – 업무관계**: 한 단어는 직업, 다른 단어는 그 직업의 업무에 해당하는 단어의 관계<br>　예 검사 – 수사, 파일럿 – 조종, 교사 – 교육<br>• **직입 – 생산물관계**: 한 단어는 직업, 다른 단어는 그 직업의 결과물에 해당하는 단어의 관계 `기출`<br>　예 대장장이 – 망치, 디자이너 – 의상 |
| 서술관계 | • **목적어 – 서술어관계**: 목적어와 서술어로 결합하여 사용되는 단어의 관계 `기출`<br>　예 천자문 – 떼다, 마음 – 가라앉히다, 분노 – 삭이다, 유혹 – 이기다, 타인 – 생각, 인재 – 육성<br>• **주어 – 서술어관계**: 주어와 서술어로 결합하여 사용되는 단어의 관계 `기출`<br>　예 머리 – 자라다 |
| 중심의미 –<br>주변의미관계 | • 한 단어는 중심의미, 다른 단어는 주변의미에 해당하는 단어의 관계 `기출`<br>　예 열쇠 – 실마리, 징검다리 – 매개체 |

## 2 다의어

| | |
|---|---|
| 가다 | • 한 곳에서 다른 곳으로 장소를 이동하다 `기출`<br>　예 아버지는 시장에 가시고 어머니는 집에서 쉬셨다.<br>• 어떤 일을 하는 데 수고가 많이 들다 `기출`<br>　예 보기보다 제법 손이 많이 가는 일이었다.<br>• 지나거나 흐르다 `기출`<br>　예 여름이 가고 가을이 온다.<br>• 금, 줄, 주름살, 흠집 따위가 생기다 `기출`<br>　예 실수로 넘어졌는데 손목뼈에 금이 갔다.<br>• 일정한 시간이 되거나 일정한 곳에 이르다 `기출`<br>　예 우리는 결승전에 가기 위해 고군분투했다.<br>• 어떤 현상이나 상태가 유지되다 `기출`<br>　예 매일 공부하겠다는 다짐은 그리 오래가지 못했다. |

| | |
|---|---|
| **가리다** | • 여럿 가운데서 하나를 구별하여 고르다<br>예 월드컵은 세계 최고의 축구 실력을 가진 국가를 <u>가리기</u> 위한 대회이다.<br>• 낯선 사람을 대하기 싫어하다<br>예 우리 아이는 낯을 많이 <u>가립니다.</u><br>• 잘잘못이나 좋은 것과 나쁜 것 따위를 따져서 분간하다<br>예 시비를 <u>가리기</u> 위해 경찰을 불렀다.<br>• 음식을 골라서 먹다<br>예 음식을 <u>가리지</u> 말고 골고루 먹어야 한다. |
| **갈다** | • 날카롭게 날을 세우거나 표면을 매끄럽게 하기 위하여 다른 물건에 대고 문지르다<br>예 칼날이 무뎌져 숫돌에 칼을 <u>갈았다.</u><br>• 잘게 부수기 위하여 단단한 물건에 대고 문지르거나 단단한 물건 사이에 넣어 으깨다 **기출**<br>예 맷돌에 녹두를 <u>갈아</u> 전을 부쳤다.<br>• 먹을 풀기 위하여 벼루에 대고 문지르다<br>예 붓글씨를 쓰기 위해 벼루에 먹을 <u>갈았다.</u><br>• 윗니와 아랫니를 맞대고 문질러 소리를 내다<br>예 동생이 자면서 이를 <u>가는</u> 바람에 잠을 설쳤다. |
| **걸다** | • 벽이나 못 따위에 어떤 물체를 떨어지지 않도록 매달아 올려놓다<br>예 집에 오자마자 옷걸이에 옷을 <u>걸어</u> 두었다.<br>• 솥이나 냄비 따위를 이용할 수 있도록 준비하여 놓다<br>예 어머니께서는 아침마다 미리 아궁이에 냄비를 <u>걸어</u> 두셨다.<br>• 기계 따위가 작동하도록 준비하여 놓다 **기출**<br>예 지침이 내려오면 바로 인쇄할 수 있도록 원고를 윤전기에 <u>걸었다.</u><br>• 기계 장치가 작동되도록 하다<br>예 갑자기 고양이가 차도로 뛰어드는 바람에 급하게 브레이크를 <u>걸었다.</u> |
| **굳다** | • 무른 물질이 단단하게 되다<br>예 떡을 냉장고에 넣었더니 딱딱하게 <u>굳었다.</u><br>• 근육이나 뼈마디가 뻣뻣하게 되다 **기출**<br>예 운동을 하지 않았더니 뼈마디가 <u>굳는</u> 느낌이 든다.<br>• 표정이나 태도 따위가 부드럽지 못하고 딱딱하여지다<br>예 그의 표정은 돌처럼 <u>굳어</u> 있었다.<br>• 몸에 배어 버릇이 되다<br>예 아무리 노력해도 이미 <u>굳어</u> 버린 말버릇은 쉽게 고쳐지지 않는다. |
| **그리다** | • 연필, 붓 따위로 어떤 사물의 모양을 그와 닮게 선이나 색으로 나타내다<br>예 사생대회에서 그림을 <u>그렸다.</u><br>• 생각, 현상 따위를 말이나 글, 음악 등으로 나타내다 **기출**<br>예 이 작품은 당시의 시대상을 <u>그리고</u> 있다.<br>• 어떤 모양을 일정하게 나타내거나 어떤 표정을 짓다<br>예 타자가 친 공이 포물선을 <u>그리며</u> 날아갔다.<br>• 상상하거나 회상하다<br>예 아버지와의 추억을 머릿속에 <u>그리고</u> 있었다. |

| | |
|---|---|
| **나가다** | • 앞쪽으로 움직이다<br>　예 시동이 꺼진 차를 뒤에서 밀자 천천히 앞으로 <u>나갔다</u>.<br>• 생산되거나 만들어져 사회에 퍼지다 **기출**<br>　예 신제품이 시장에 <u>나가자마자</u> 불티나게 팔렸다.<br>• 말이나 사실, 소문 따위가 널리 알려지다<br>　예 회담에서 오고 간 내용이 밖으로 <u>나가지</u> 않아야 한다.<br>• 사회적인 활동을 시작하다 **기출**<br>　예 졸업 직후 취직이 되어 어린 나이에 사회에 <u>나가게</u> 되었다. |
| **나누다** | • 여러 가지가 섞인 것을 구분하여 분류하다<br>　예 토론을 위해 학생들을 찬성팀과 반대팀으로 <u>나누었다</u>.<br>• 음식 따위를 함께 먹거나 갈라 먹다<br>　예 나는 후배와 술을 한잔 <u>나누면서</u> 많은 이야기를 했다.<br>• 즐거움이나 고통, 고생 따위를 함께하다<br>　예 행복은 주변 사람들과 <u>나누며</u> 살아야 한다.<br>• 같은 핏줄을 타고나다<br>　예 그 둘은 같은 피를 <u>나눈</u> 형제이다. |
| **나다** | • 농산물이나 광물 따위가 산출되다 **기출**<br>　예 우리 지역은 다양한 해산물이 <u>나는</u> 것으로 유명하다.<br>• 인물이 배출되다 **기출**<br>　예 우리 집은 대대로 과학자가 많이 <u>났다</u>.<br>• 이름이나 소문 따위가 알려지다 **기출**<br>　예 합격자 발표가 <u>났다는</u> 소식을 듣고 홈페이지에 접속하였다.<br>• 어떤 작용에 따른 효과, 결과 따위의 현상이 이루어져 나타나다 **기출**<br>　예 그 안건은 조만간 결론이 <u>날</u> 것이다. |
| **날리다** | • 어떤 물체가 바람에 나부끼어 움직이게 하다<br>　예 친구는 머리카락을 <u>날리며</u> 내게로 뛰어왔다.<br>• 명성을 떨치다<br>　예 그는 한때 수학 천재로 이름을 <u>날리던</u> 사람이었다.<br>• 가지고 있던 재산이나 자료 따위를 잘못하여 모두 잃거나 없애다<br>　예 모든 재산을 <u>날린</u> 그는 고향으로 내려갔다.<br>• 정성을 들이지 아니하고 일을 대강대강 아무렇게나 하다<br>　예 그는 일을 <u>날려</u> 하는 편이라 중요한 업무를 맡길 수 없었다. |
| **내리다** | • 타고 있던 물체에서 밖으로 나와 어떤 지점에 이르다<br>　예 우리는 기차역에 <u>내렸다</u>.<br>• 위에 있는 것을 낮은 곳 또는 아래로 끌어당기거나 늘어뜨리다<br>　예 걷어 올린 옷소매를 <u>내리는</u> 게 나을 것 같다.<br>• 판단, 결정을 하거나 결말을 짓다<br>　예 우리는 결론을 <u>내리기</u> 위해 회의실에 모였다.<br>• 값이나 수치, 온도, 성적 따위가 이전보다 떨어지거나 낮아지다<br>　예 업체들은 하나둘 상품 가격을 <u>내리기</u> 시작했다. |

해커스 20대기업 인적성 앱형 통합 기본서 최신기출유형+실전문제

직무적성검사 필수 암기 핸드북 언어능력 | **5**

| | |
|---|---|
| **놓다** | • 걱정이나 근심, 긴장 따위를 잊거나 풀어 없애다 기출<br>예 정신을 놓은 채 허공만 바라보고 있었다.<br>• 잡거나 쥐고 있던 물체를 일정한 곳에 두다<br>예 책상 위에 필기구를 놓고 자리에서 일어섰다.<br>• 일정한 곳에 기계나 상치, **구조물** 따위를 설치하다<br>예 마을을 잇는 다리를 놓는 문제로 이웃 마을과 갈등이 생겼다.<br>• 무늬나 수를 새기다<br>예 할머니께서 직접 자수를 놓은 손수건을 선물해 주셨다. |
| **당기다** | • 좋아하는 마음이 일어나 저절로 끌리다<br>예 그는 나의 호기심이 당길 만한 제안을 했다.<br>• 물건 따위를 힘을 주어 자기 쪽이나 일정한 방향으로 가까이 오게 하다<br>예 자세 교정을 위해 의자를 바싹 당겨 앉았다.<br>• 정한 시간이나 기일을 앞으로 옮기거나 줄이다<br>예 겨울에 올리기로 한 결혼 날짜를 올가을로 당겼다. |
| **돌다** | • 물체가 일정한 축을 중심으로 원을 그리면서 움직이다<br>예 물레방아가 빙글빙글 돌고 있다.<br>• 기능이나 체제가 제대로 작용하다<br>예 이 공장은 무리 없이 잘 돌고 있다.<br>• 돈이나 물자 따위가 유통되다<br>예 불경기로 인해 시장에 돈이 돌지 않아 걱정이 많습니다.<br>• 눈이나 머리 따위가 정신을 차릴 수 없도록 아찔하여지다<br>예 달리는 차 안에서 책을 오래 읽었더니 눈이 핑핑 돌고 어지러웠다. |
| **듣다** | • 사람이나 동물이 소리를 감각 기관을 통해 알아차리다<br>예 밖에서 나는 비명 소리를 들었다.<br>• 다른 사람의 말이나 소리에 스스로 귀 기울이다<br>예 대통령은 국민의 소리를 잘 들어야 한다.<br>• 다른 사람의 말을 받아들여 그렇게 하다<br>예 부모님과 선생님의 말씀을 잘 들어야 착한 어린이야.<br>• 주로 약 따위가 효험을 나타내다<br>예 그 두통약은 나에게 잘 듣는다. |
| **들다** | • 밖에서 속이나 안으로 향해 가거나 오거나 하다 기출<br>예 숲속에 드니 머리가 맑아지고 마음이 편안해졌다.<br>• 수면을 취하기 위한 장소에 가거나 오다 기출<br>예 오늘은 일찍 잠자리에 들었다.<br>• 어떤 일에 돈, 시간, 노력, 물자 따위가 쓰이다 기출<br>예 사업을 하다 보니 여기저기 돈이 많이 든다.<br>• 물감, 색깔, 물기, 소금기가 스미거나 배다 기출<br>예 가을이 되자 산에 단풍이 들었다. |

| | |
|---|---|
| 맑다 | • 잡스럽고 탁한 것이 섞이지 아니하다 기출<br>예 아기의 <u>맑은</u> 눈을 바라보자 그간의 근심이 모두 사라졌다.<br>• 구름이나 안개가 끼지 아니하여 햇빛이 밝다 기출<br>예 하늘이 <u>맑아서</u> 햇빛이 강해지면 오존 농도가 높아진다.<br>• 소리 따위가 가볍고 또랑또랑하여 듣기에 상쾌하다 기출<br>예 바람이 불자 풍경 소리가 <u>맑게</u> 울려 퍼졌다.<br>• 정신이 흐리지 아니하고 또렷하다 기출<br>예 <u>맑은</u> 정신으로 공부하기 위해 커피를 마셨다.<br>• 살림이 넉넉하지 못하고 박하다 기출<br>예 어린 시절 우리 집은 유난히 살림이 <u>맑았다</u>. |
| 맞추다 | • 서로 떨어져 있는 부분을 제자리에 맞게 대어 붙이다<br>예 깨진 조각에 접착제를 발라 잘 <u>맞추어</u> 붙였다.<br>• 서로 어긋남이 없이 조화를 이루다<br>예 워크숍의 가장 중요한 목표는 팀원들이 서로 마음을 <u>맞추는</u> 것이다.<br>• 어떤 기준이나 정도에 어긋나지 아니하게 하다 기출<br>예 선생님은 채점 기준에 <u>맞추어</u> 주관식 답안지를 채점하기 시작했다.<br>• 어떤 기준에 틀리거나 어긋남이 없이 조정하다<br>예 라디오를 듣기 위해 주파수를 <u>맞추었다</u>. |
| 맵다 | • 고추나 겨자와 같이 맛이 알알하다<br>예 점심을 <u>맵게</u> 먹어서 그런지 속이 쓰리다.<br>• 성미가 사납고 독하다<br>예 그의 <u>매운</u> 눈길을 받고 하던 행동을 멈추었다.<br>• 날씨가 몹시 춥다<br>예 오늘처럼 <u>매운</u> 날씨에는 감기에 걸리지 않게 조심해야 한다.<br>• 연기 따위가 눈이나 코를 아리게 하다<br>예 담배 연기가 자욱하여 눈이 <u>맵다</u>.<br>• 결기가 있고 야무지다<br>예 서현이는 일을 <u>맵게</u> 처리한다는 평가를 받는다. |
| 먹다 | • 음식 따위를 입을 통하여 배 속에 들여보내다<br>예 밥을 너무 많이 <u>먹었는지</u> 배가 살살 아프기 시작했다.<br>• 어떤 마음이나 감정을 품다<br>예 나는 마음을 독하게 <u>먹고</u> 공부에만 몰두했다.<br>• 일정한 나이에 이르거나 나이를 더하다<br>예 걔는 나이를 <u>먹어도</u> 좀처럼 철이 들지 않아서 걱정이야. |

해커스 20대기업 인적성 통합 기본서 최신기출유형+실전문제

직무적성검사 필수 암기 핸드북 언어능력 | 7

| 모으다 | • 돈이나 재물을 써 버리지 않고 쌓아 두다 `기출` |
| --- | --- |
| | 예 그녀는 그동안 <u>모은</u> 돈으로 집을 장만하였다. |
| | • 정신, 의견 따위를 한곳에 집중하다 `기출` |
| | 예 여러 사람의 의견을 <u>모아</u> 결론을 도출했다. |
| | • 다른 이들의 관심이나 흥미를 끌다 `기출` |
| | 예 최근 칸 영화제에서 황금종려상을 수상한 영화가 화제를 <u>모았다</u>. |
| | • 여러 사람을 한곳에 오게 하거나 한 단체에 들게 하다 `기출` |
| | 예 그는 프로젝트를 진행할 인재를 <u>모으기</u> 위해 동분서주하고 있다. |
| 밀다 | • 나무 따위의 거친 표면을 반반하고 매끄럽게 깎다 `기출` |
| | 예 대패로 통나무를 <u>밀다</u>. |
| | • 허물어 옮기거나 깎아 없애다 |
| | 예 아파트 단지를 짓기 위해 산을 <u>밀었다</u>. |
| | • 뒤에서 보살피고 도와주다 |
| | 예 아무래도 누군가 영수를 임원으로 밀고 있는 것 같다. |
| | • 바닥이 반반해지도록 연장을 누르면서 문지르다 |
| | 예 구겨진 면바지를 다리미로 밀었다. |
| 바르다 | • 풀칠한 종이나 헝겊 따위를 다른 물건의 표면에 고루 붙이다 `기출` |
| | 예 벽지를 사다가 벽에 <u>발랐다</u>. |
| | • 차지게 이긴 흙 따위를 다른 물체의 표면에 고르게 덧붙이다 |
| | 예 벽에 시멘트를 <u>발랐으니</u> 닿지 않도록 조심하세요. |
| | • 물이나 풀, 약, 화장품 따위를 물체의 표면에 문질러 묻히다 `기출` |
| | 예 상처에 약을 <u>발랐다</u>. |
| 보다 | • 눈으로 대상을 즐기거나 감상하다 |
| | 예 어제 친구와 함께 영화를 <u>봤다</u>. |
| | • 일정한 목적 아래 만나다 |
| | 예 맞선을 <u>보러</u> 나가는 길이다. |
| | • 음식상이나 잠자리 따위를 채비하다 `기출` |
| | 예 어머니는 술상을 <u>보느라</u> 바쁘시다. |
| | • 고려의 대상이나 판단의 기초로 삼다 `기출` |
| | 예 너를 <u>보고</u> 하는 말이 아니다. |
| 사다 | • 안 해도 좋을 일을 일부러 하다 `기출` |
| | 예 구태여 고생을 <u>사서</u> 하는 이유를 모르겠다. |
| | • 다른 사람에게 어떤 감정을 가지게 하다 `기출` |
| | 예 누나의 환심을 <u>사기</u> 위해 치킨을 사 갔다. |

| | |
|---|---|
| 서다 | • 계획, 결심, 자신감 따위가 마음속에 이루어지다<br>**예** 건강검진 결과를 받고 운동을 해야겠다는 결심이 <u>섰다</u>.<br>• 어떤 곳에서 다른 곳으로 가던 대상이 어느 한 곳에서 멈추다 `기출`<br>**예** 기차가 갑작스럽게 <u>서자</u> 승객들이 웅성거리기 시작했다.<br>• 장이나 씨름판 따위가 열리다 `기출`<br>**예** 오일장이 <u>서면</u> 할머니와 나들이를 나가고는 했다. |
| 세다 | • 힘이 많다 `기출`<br>**예** 기운 <u>센</u> 아기를 키우려면 강인한 체력이 필요하다.<br>• 물, 불, 바람 따위의 기세가 크거나 빠르다 `기출`<br>**예** 바람이 <u>세게</u> 불어서 겉옷을 추켜올렸다.<br>• 능력이나 수준 따위의 정도가 높거나 심하다 `기출`<br>**예** 경쟁이 <u>세서</u> 자리 하나 차지하기도 벅차다.<br>• 사물의 감촉이 딱딱하고 뻣뻣하다 `기출`<br>**예** 고작 가시가 <u>센</u> 붕어만 낚았다.<br>• 운수나 터 따위가 나쁘다 `기출`<br>**예** 팔자가 <u>세다</u>는 악담에 불쾌해지고 말았다. |
| 싸다 | • 물건을 안에 넣고 보이지 않게 씌워 가리거나 둘러 말다<br>**예** 직원들이 상품을 포장지에 <u>싸고</u> 있었다.<br>• 어떤 물건을 다른 곳으로 옮기기 좋게 상자나 가방 따위에 넣거나 종이나 천, 끈 따위를 이용해서 꾸리다<br>**예** 서둘러 도시락을 <u>싸서</u> 집을 나섰다. |
| 쌓다 | • 여러 개의 물건을 겹겹이 포개어 얹어 놓다<br>**예** 공장 창고에 재고를 <u>쌓아</u> 놓았다.<br>• 물건을 차곡차곡 포개어 얹어서 구조물을 이루다 `기출`<br>**예** 해변에서 모래성을 <u>쌓다</u>.<br>• 밑바탕을 닦아서 든든하게 마련하다 `기출`<br>**예** 수학을 공부할 때는 기초부터 잘 <u>쌓아야</u> 한다.<br>• 재산, 명예 또는 불명예, 신뢰 또는 불신 따위를 많이 얻거나 가지다<br>**예** 그는 재물을 <u>쌓아만</u> 두고 쓰지를 않는다. |
| 쓰다 | • 어떤 일을 하는 데에 재료나 도구, 수단을 이용하다 `기출`<br>**예** 모든 수단을 다 <u>써</u> 봤지만 해결이 되지 않는다.<br>• 우산이나 양산 따위를 머리 위에 펴 들다 `기출`<br>**예** 비가 와서 얼른 우산을 <u>썼다</u>.<br>• 붓, 펜, 연필과 같이 선을 그을 수 있는 도구로 종이 따위에 획을 그어서 일정한 글자의 모양이 이루어지게 하다<br>**예** 아이가 공책에 글씨를 <u>쓴다</u>. |

| | |
|---|---|
| 열다 | • 닫히거나 잠긴 것을 트거나 벗기다<br>예 창문을 열어 환기를 시키자.<br>• 사업이나 경영 따위의 운영을 시작하다<br>예 그녀는 회사를 그만두고 꽃집을 열었다.<br>• 자기의 마음을 다른 사람에게 터놓거나 다른 사람의 마음을 받아들이나 [기출]<br>예 좀 더 마음을 열고 남을 이해해보렴.<br>• 다른 사람에게 어떤 일에 대하여 터놓거나 이야기를 시작하다 [기출]<br>예 묵묵부답이던 용의자가 마침내 입을 열었다. |
| 울다 | • 기쁨, 슬픔 따위의 감정을 억누르지 못하거나 아픔을 참지 못하여 눈물을 흘리다<br>예 아무 말도 못 하고 주저앉아 울기만 했다.<br>• 짐승, 벌레, 바람 따위가 소리를 내다 [기출]<br>예 새벽에 늑대 우는 소리가 들렸다.<br>• 물체가 바람 따위에 흔들리거나 움직여 소리가 나다 [기출]<br>예 거센 바람에 문풍지가 울기 시작했다.<br>• 종이나 천둥, 벨 따위가 소리를 내다 [기출]<br>예 자명종이 요란스럽게 울렸다. |
| 잡다 | • 권한 따위를 차지하다<br>예 인조반정 이후 서인이 정권을 잡았다.<br>• 일, 기회 따위를 얻다 [기출]<br>예 나는 준비된 사람만이 기회를 잡는다는 말을 신조로 여긴다.<br>• 사람이 어떤 자세를 다른 사람 앞에서 취하다 [기출]<br>예 프로필 사진을 찍기 위해 카메라 앞에서 포즈를 잡았다.<br>• 어림하거나 짐작하여 헤아리다<br>예 이 작품의 가치는 아무리 적게 잡아도 1억 원이 넘을 것이다.<br>• 어떤 수나 가치 따위를 기준으로 세우다<br>예 반 평균을 기준으로 잡고 평균에 미달된 학생들에게 보충 수업을 했다. |
| 지내다 | • 사람이 어떤 장소에서 생활을 하면서 시간이 지나가는 상태가 되게 하다<br>예 그녀는 일을 그만두고 집에서 편하게 지내고 있다.<br>• 서로 사귀어 오다<br>예 우리는 가족처럼 지내는 사이입니다.<br>• 과거에 어떤 직책을 맡아 일하다<br>예 그 사람은 왕년에 도지사를 지낸 사람이다.<br>• 혼인이나 제사 따위의 관혼상제 같은 어떤 의식을 치르다<br>예 차례를 지내러 고향에 내려갑니다. |

| | |
|---|---|
| 지다 | • 묻었거나 붙어 있던 것이 닦이거나 씻겨 없어지다 [기출]<br>예 흰 셔츠에 튄 김칫국이 잘 안 <u>져서</u> 걱정이다.<br>• 내기나 시합, 싸움 따위에서 재주나 힘을 겨루어 상대에게 꺾이다 [기출]<br>예 이번 경기에서 <u>지면</u> 우리 팀은 포스트시즌에 진출할 수 없다.<br>• 어떤 현상이나 상태가 이루어지다 [기출]<br>예 창가에 멍하니 앉아서 노을이 <u>지는</u> 모습을 바라보았다.<br>• 물건을 짊어서 등에 얹다 [기출]<br>예 읍내에 나갔던 형이 며칠 뒤 짐을 잔뜩 <u>지고</u> 돌아왔다.<br>• 무엇을 뒤쪽에 두다 [기출]<br>예 해를 <u>지고</u> 사진을 찍으면 얼굴이 까맣게 나온다. |
| 취하다 | • 자기 것으로 만들어 가지다<br>예 따뜻한 우유를 마시는 것은 숙면을 <u>취하는</u> 데 도움이 된다.<br>• 어떤 일에 대한 방책으로 이떤 행동을 하거나 일징한 태도를 가지나<br>예 명분보다는 실리를 챙기는 대외 정책을 <u>취할</u> 필요가 있다.<br>• 어떤 특정한 자세를 취하다<br>예 사진을 찍기 위해 포즈를 <u>취했다</u>. |
| 켜다 | • 등잔이나 양초 따위에 불을 붙이거나 성냥이나 라이터 따위에 불을 일으키다 [기출]<br>예 그녀는 생일 케이크에 촛불을 <u>켜고</u> 소원을 빌었다.<br>• 전기나 동력이 통하게 하여, 전기 제품 따위를 작동하게 만들다 [기출]<br>예 집에 도착하자마자 거실의 형광등을 <u>켰다</u>.<br>• 팔다리나 네 다리를 쭉 뻗으며 몸을 펴다 [기출]<br>예 아빠는 아침에 일어나면 기지개를 <u>켜는</u> 습관이 있다. |
| 타다 | • 탈것이나 짐승의 등 따위에 몸을 얹다 [기출]<br>예 지하철이 끊겨 할 수 없이 택시를 <u>탔다</u>.<br>• 몫으로 주는 돈이나 물건 따위를 받다 [기출]<br>예 사내 체육대회에서 추첨 번호에 당첨되어 경품을 <u>탔다</u>.<br>• 먼지나 때 따위가 쉽게 달라붙는 성질을 가지다 [기출]<br>예 흰옷은 때가 잘 <u>타서</u> 일할 때는 입지 않는 편이다.<br>• 부끄러움이나 노여움 따위의 감정이나 간지럼 따위의 육체적 느낌을 쉽게 느끼다 [기출]<br>예 내 동생은 간지럼을 잘 <u>탄다</u>. |
| 파다 | • 구멍이나 구덩이를 만들다<br>예 땅에 구덩이를 <u>팠다</u>.<br>• 그림이나 글씨를 새기다 [기출]<br>예 요즘에는 도장을 <u>파는</u> 곳을 찾기 어렵다.<br>• 어떤 것을 알아내거나 밝히기 위하여 몹시 노력하다 [기출]<br>예 그는 한번 어떤 일을 <u>파기</u> 시작하면 끝장을 본다.<br>• 문서나 서류 따위에서 어떤 부분을 삭제하다 [기출]<br>예 호적을 <u>파다</u>. |

| | |
|---|---|
| **펴다** | • 접히거나 개킨 것을 젖히어 벌리다 기출<br>**예** 당장 자리에 앉아서 책을 펴라.<br>• 생각, 감정, 기세 따위를 얽매임 없이 자유롭게 표현하거나 주장하다 기출<br>**예** 더 넓은 곳에서 꿈을 <u>펴고자</u> 해외로 유학을 떠났다. |
| **헐다** | • 몸에 부스럼이나 상처 따위가 나서 짓무르다<br>**예** 요즘 너무 무리했는지 입 안이 <u>헐었다</u>.<br>• 물건이 오래되거나 많이 써서 낡아지다 기출<br>**예** 우산이 너무 <u>헐어서</u> 쓸 수가 없다. |
| **마음** | • 사람이 본래부터 지닌 성격이나 품성<br>**예** 어진 <u>마음</u>을 가진 사람을 만나고 싶다.<br>• 사람의 생각, 감정, 기억 따위가 생기거나 자리 잡는 공간이나 위치 기출<br>**예** <u>마음</u>에 있는 고민을 털어놓을 곳이 없다.<br>• 사람이 어떤 일에 대하여 가지는 관심 기출<br>**예** 너무 피곤해서 친구를 만날 <u>마음</u>이 없다.<br>• 사람이 사물의 옳고 그름이나 좋고 나쁨을 판단하는 심리나 심성의 바탕<br>**예** <u>마음</u>에 비추어 한 치의 부끄러움도 없다. |
| **생각** | • 사물을 헤아리고 판단하는 작용<br>**예** <u>생각</u>과 행동이 일치하도록 노력해야 한다.<br>• 어떤 일을 하고 싶어 하거나 관심을 가짐<br>**예** 남편은 낚시 <u>생각</u>에만 빠져 있다.<br>• 어떤 일을 하려고 마음을 먹음<br>**예** 퇴근하자마자 쇼핑을 할 <u>생각</u>이다.<br>• 사리를 분별함<br>**예** 그는 <u>생각</u>이 깊어 매사에 신중하다. |

# 3 유의어

| | |
|---|---|
| 강등(降等)≒좌천(左遷) | 등급이나 계급 따위가 낮아짐 |
| 개선(改善)≒개량(改良) | 잘못된 것이나 부족한 것, 나쁜 것 따위를 고쳐 더 좋게 만듦 |
| 개업(開業)≒창업(創業) | 영업을 처음 시작함 |
| 격려(激勵)≒고무(鼓舞) | 힘을 내도록 격려하여 용기를 북돋움 |
| 결심(決心)≒결의(決意) | 굳게 마음을 정함 |
| 결점(缺點)≒하자(瑕疵) | 잘못되거나 부족하여 완전하지 못한 점 |
| 결핍(缺乏)≒부족(不足) | 있어야 할 것이 없어지거나 모자람 |
| 고향(故鄉)≒향촌(鄉村) | 자기가 태어나서 자란 곳 |
| 구조(救助)≒구명(救命) | 재난 따위를 당하여 어려운 처지에 빠진 사람을 구하여 줌 |
| 귀감(龜鑑)≒교훈(敎訓) | 거울로 삼아 본받을 만한 모범 |
| 기대(期待)≒촉망(囑望) | 어떤 일이 이루어지기를 바라고 기다림 |
| 기색(氣色)≒동정(動靜) | 일이나 현상이 벌어지고 있는 낌새 |
| 납득(納得)≒수긍(首肯) | 다른 사람의 말이나 행동, 형편 따위를 잘 알아서 긍정하고 이해함 |
| 단안(斷案)≒결정(決定) | 어떤 사항에 대한 생각을 딱 잘라 결정함 또는 그렇게 결정된 생각 |
| 매개(媒介)≒간접(間接) | 둘 사이에서 양편의 관계를 맺어 줌 |
| 명백(明白)≒명료(明瞭) | 의심할 바 없이 아주 뚜렷함 |
| 몰두(沒頭)≒탐닉(耽溺) | 어떤 일에 온 정신을 다 기울여 열중함 |
| 무식(無識)≒과문(寡聞) | 배우지 않은 데다 보고 듣지 못하여 아는 것이 없음 |
| 묵과(默過)≒묵인(默認) | 잘못을 알고도 모르는 체하고 그대로 넘김 |
| 미연(未然)≒사전(事前) | 어떤 일이 아직 그렇게 되지 않은 때 |
| 미행(尾行)≒추적(追跡) | 다른 사람의 행동을 감시하거나 증거를 잡기 위하여 그 사람 몰래 뒤를 밟음 |
| 발명(發明)≒창안(創案) | 아직까지 없던 기술이나 물건을 새로 생각하여 만들어 냄 |
| 복용(服用)≒투약(投藥) | 약을 먹음 |
| 본질(本質)≒실태(實態) | 본디부터 가지고 있는 사물 자체의 성질이나 모습 |
| 불멸(不滅)≒불후(不朽) | 없어지거나 사라지지 아니함 |
| 비운(悲運)≒불운(不運) | 순조롭지 못하거나 슬픈 운수나 운명 |
| 생산(生産)≒제조(製造) | 인간이 생활하는 데 필요한 각종 물건을 만들어 냄 |
| 생성(生成)≒발생(發生) | 사물이 생겨남 또는 사물이 생겨 이루어지게 함 |

| | |
|---|---|
| 서거(逝去)≒작고(作故) | 사람의 죽음을 높여 이르는 말 |
| 선정(選定)≒선발(選拔) | 여럿 가운데서 어떤 것을 뽑아 정함 |
| 세련(洗練)≒숙련(熟練) | 서투르거나 어색한 데가 없이 능숙하고 미끈하게 갈고 닦음 |
| 소모(消耗)≒소비(消費) | 돈이나 물자, 시간, 노력 따위를 들이거나 써서 없앰 |
| 소지(所持)≒소유(所有) | 가지고 있음 또는 그 물건 |
| 실제(實際)≒현실(現實) | 사실의 경우나 형편 |
| 실현(實現)≒성취(成就) | 꿈, 기대 따위를 실제로 이룸 |
| 암시(暗示)≒시사(示唆) | 넌지시 알림 또는 그 내용 |
| 역경(逆境)≒난항(難航) | 일이 순조롭지 않아 매우 어렵게 된 처지나 환경 |
| 역사(歷史)≒연혁(沿革) | 인류 사회의 변천과 흥망의 과정 또는 그 기록 |
| 열중(熱中)≒골몰(汨沒) | 한 가지 일에 정신을 쏟음 |
| 외관(外觀)≒외양(外樣) | 겉으로 드러난 모양 |
| 요구(要求)≒청구(請求) | 받아야 할 것을 필요에 의하여 달라고 청함 또는 그 청 |
| 운명(運命)≒숙명(宿命) | 인간을 포함한 모든 것을 지배하는 초인간적인 힘 또는 그것에 의하여 이미 정하여져 있는 목숨이나 처지 |
| 운용(運用)≒운영(運營) | 무엇을 움직이게 하거나 부리어 씀 |
| 위탁(委託)≒위임(委任) | 남에게 사물이나 사람의 책임을 맡김 |
| 유명(有名)≒저명(著名) | 이름이 널리 알려져 있음 |
| 육성(育成)≒교육(敎育) | 지식과 기술 따위를 가르치며 인격을 길러 줌 |
| 의도(意圖)≒취지(趣旨) | 무엇을 하고자 하는 생각이나 계획 또는 무엇을 하려고 꾀함 |
| 의존(依存)≒의지(依支) | 다른 것에 마음을 기대어 도움을 받음 또는 그렇게 하는 대상 |
| 이완(弛緩)≒해이(解弛) | 바짝 조였던 정신이 풀려 늦추어짐 |
| 이전(移轉)≒양도(讓渡) | 권리 따위를 남에게 넘겨주거나 또는 넘겨받음 |
| 저가(低價)≒염가(廉價) | 시세에 비하여 헐한 값 |
| 전념(專念)≒전심(專心) | 오직 한 가지 일에만 마음을 씀 |
| 전승(傳承)≒계승(繼承) | 조상의 전통이나 문화유산, 업적 따위를 물려받아 이어 나감 |
| 절제(節制)≒제어(制御) | 정도에 넘지 아니하도록 알맞게 조절하여 제한함 |
| 정독(精讀)≒미독(味讀) | 뜻을 새겨 가며 자세히 읽음 |

| | |
|---|---|
| 정세(情勢)≒상황(狀況) | 일이 되어 가는 형편 |
| 제안(提案)≒발의(發議) | 의견을 내놓음 |
| 제압(制壓)≒압도(壓倒) | 위력이나 위엄으로 세력이나 기세 따위를 억눌러서 통제함 |
| 증명(證明)≒입증(立證) | 어떤 사항이나 판단 따위에 대하여 그것이 진실인지 아닌지 증거를 들어서 밝힘 |
| 지시(指示)≒명령(命令) | 일러서 시킴 또는 그 내용 |
| 진력(盡力)≒극력(極力) | 있는 힘을 다함 |
| 착안(着眼)≒착상(着想) | 어떤 문제를 해결하기 위한 실마리를 잡음 |
| 채용(採用)≒기용(起用) | 사람을 골라서 씀 |
| 책망(責望)≒질책(叱責) | 잘못을 꾸짖거나 나무라며 못마땅하게 여김 |
| 청탁(請託)≒부탁(付託) | 어떤 일을 해 달라고 청하거나 맡김 |
| 체제(體制)≒양식(樣式) | 오랜 시간이 지나면서 자연히 정하여진 방식 |
| 추정(推定)≒추측(推測) | 미루어 생각하여 판정함 |
| 친선(親善)≒친밀(親密) | 지내는 사이가 매우 친하고 가까움 |
| 판단(判斷)≒변별(辨別) | 사물을 인식하여 논리나 기준 등에 따라 판정을 내림 |
| 포부(抱負)≒희망(希望) | 앞일에 대하여 어떤 기대를 가지고 바람 |
| 풍조(風潮)≒시류(時流) | 시대에 따라 변하는 세태 |
| 풍파(風波)≒파란(波瀾) | 순탄하지 아니하고 어수선하게 계속되는 여러 가지 어려움이나 시련 |
| 한계(限界)≒범위(範圍) | 사물이나 능력, 책임 따위가 실제 작용할 수 있는 범위 |
| 해탈(解脫)≒열반(涅槃) | 불교에서 모든 번뇌의 얽매임에서 벗어나고, 진리를 깨달아 불생불멸의 법을 체득한 경지를 이르는 말 |
| 핵심(核心)≒요점(要點) | 사물의 가장 중심이 되는 부분 |
| 허공(虛空)≒천공(天空) | 텅 빈 공중 |
| 혼잡(混雜)≒번잡(煩雜) | 여럿이 한데 뒤섞이어 어수선함 |
| 활용(活用)≒변통(變通) | 충분히 잘 이용함 |
| 회복(回復)≒만회(挽回) | 원래의 상태로 돌이키거나 원래의 상태를 되찾음 |
| 회전(回轉)≒선회(旋回) | 한 점이나 축 또는 어떤 물체를 중심으로 하여 그 둘레를 빙빙 돎 |
| 휴양(休養)≒요양(療養) | 편안히 쉬면서 몸과 마음을 보양함 |

# 4 혼동하기 쉬운 어휘

| | |
|---|---|
| **가늠/가름** | • **가늠**: 사물을 어림잡아 헤아림 / 목표나 기준에 맞고 안 맞음을 헤아려 봄<br> 예 신축 건물의 높이가 <u>가늠</u>이 되지 않는다.<br>• **가름**: 쪼개거나 나누어 따로따로 되게 하는 일 / 승부나 등수 따위를 정하는 일<br> 예 오늘 경기는 전반전에 획득한 점수가 승부를 <u>가름</u>하였다. |
| **개발/계발** | • **개발**: 토지나 천연자원 따위를 유용하게 만듦 / 지식이나 재능 따위를 발달하게 함<br> 예 국토 <u>개발</u>에 노력을 기울여야 한다.<br>• **계발**: 슬기나 재능, 사상 따위를 일깨워 줌<br> 예 학생의 창의력과 소질을 <u>계발</u>하는 데 효과적이다. |
| **검정/검증** | • **검정**: 일정한 규정에 따라 자격이나 조건을 검사하여 결정함<br> 예 교과서를 더욱 엄격한 기준으로 <u>검정</u>할 필요가 있다.<br>• **검증**: 검사하여 증명함<br> 예 <u>검증</u>되지 않은 민간요법을 함부로 따르는 것은 위험하다. |
| **게재/기재** | • **게재**: 글이나 그림 따위를 신문이나 잡지 따위에 실음<br> 예 그의 논문이 세계적인 학술지에 <u>게재</u>되었다.<br>• **기재**: 문서 따위에 기록하여 올림<br> 예 이력서에 <u>기재</u>된 내용이 사실과 다를 경우 불합격 처리됩니다. |
| **결재/결제** | • **결재**: 결정할 권한이 있는 상관이 부하가 제출한 안건을 검토하여 허가하거나 승인함<br> 예 이번 주 금요일은 공휴일이므로 반드시 오늘까지 <u>결재</u>를 받아야 한다.<br>• **결제**: 증권 또는 대금을 주고받아 매매 당사자 사이의 거래 관계를 끝맺는 일<br> 예 만 원 이하의 소액도 카드 <u>결제</u>가 가능하다. |
| **고안/착안** | • **고안**: 연구하여 새로운 안을 생각해 냄 `기출`<br> 예 정약용은 도르래의 원리를 응용하여 거중기를 <u>고안</u>해냈다.<br>• **착안**: 어떤 문제를 해결하기 위한 실마리를 잡음<br> 예 이 기계는 작용 반작용의 법칙에 <u>착안</u>하여 제작된 것이다. |
| **곤욕/곤혹** | • **곤욕**: 심한 모욕 또는 참기 힘든 일<br> 예 작은 말실수 때문에 오랫동안 <u>곤욕</u>을 치렀다.<br>• **곤혹**: 곤란한 일을 당하여 어찌할 바를 모름<br> 예 친구의 갑작스러운 울음에 <u>곤혹</u>을 느꼈다. |
| **구분/구별** | • **구분**: 일정한 기준에 따라 전체가 몇 개로 갈라 나눔<br> 예 책장의 책들을 소설책과 시집으로 <u>구분</u>하여 정리해 두었다.<br>• **구별**: 성질이나 종류에 따라 차이가 남 또는 성질이나 종류에 따라 갈라놓음<br> 예 누가 언니고 누가 동생인지 <u>구별</u>할 수 없을 정도로 키가 비슷하다. |
| **근간/근원** | • **근간**: 사물의 바탕이나 중심이 되는 중요한 것<br> 예 전통시장은 서민 경제의 <u>근간</u>이다.<br>• **근원**: 사물이 비롯되는 근본이나 원인<br> 예 스트레스는 모든 병의 <u>근원</u>이라 할 수 있다. |

| | |
|---|---|
| 금일/익일 | • 금일: 지금 지나가고 있는 이날<br>예 오늘까지 처리해야 하므로 금일 안으로 서류를 작성하여 제출해 주세요.<br>• 익일: 어느 날 뒤에 오는 날<br>예 내가 접수한 택배 물품은 익일에 배송될 예정이다. |
| 너비/넓이 | • 너비: 평면이나 넓은 물체의 가로로 건너지른 거리<br>예 양발을 어깨 너비로 벌리고 양 무릎을 살짝 굽혀주세요.<br>• 넓이: 일정한 평면에 걸쳐 있는 공간이나 범위의 크기<br>예 다음 평면도형의 넓이를 구하시오. |
| 단합/담합 | • 단합: 많은 사람이 마음과 힘을 한데 뭉침 (≒단결)<br>예 주민들의 단합을 도모하기 위해 마을 운동회를 개최했다.<br>• 담합: 서로 의논하여 합의함<br>예 일제히 영화 관람료가 오른 것에 대해 일각에서는 극장업계의 담합을 의심하고 있다. |
| 대비/대처 | • 대비: 앞으로 일어날지도 모르는 어떠한 일에 대응하기 위하여 미리 준비함<br>예 동네 사람들은 폭우에 대비하여 모래주머니로 제방을 쌓아놓았다.<br>• 대처: 어떤 정세나 사건에 대하여 알맞은 조치를 취함<br>예 기업은 고객의 불만에 빠르게 대처해야 한다. |
| 도래/초래 | • 도래: 어떤 시기나 기회가 닥쳐옴<br>예 정보화 시대가 도래한 지 오래다.<br>• 초래: 일의 결과로서 어떤 현상을 생겨나게 함<br>예 한순간의 실수가 엄청난 사건을 초래할 수도 있다. |
| 도출/표출 | • 도출: 판단이나 결론 따위를 이끌어 냄<br>예 세 번의 회의를 가졌음에도 불구하고 결국 합의점이 도출되지 않았다.<br>• 표출: 겉으로 나타냄<br>예 입시 제도가 갑작스럽게 변경되자 많은 학부모들이 분노를 표출했다. |
| 독선/독단 | • 독선: 자기 혼자만이 옳다고 믿고 행동하는 일 기출<br>예 독선에 빠져 다른 이들의 의견을 묵살하는 것은 화합을 저해하는 요소이다.<br>• 독단: 남과 상의하지 않고 혼자서 판단하거나 결정함 기출<br>예 그렇게 독단적으로 일을 결정할거면서 왜 나에게 의견을 물었니? |
| 동의/동조 | • 동의: 다른 사람의 행위를 승인하거나 시인함 기출<br>예 국민의 안전을 최우선으로 여기는 그 법안에 대해 야당과 여당 모두 동의하였다.<br>• 동조: 남의 주장에 자기의 의견을 일치시키거나 보조를 맞춤 기출<br>예 나는 그녀의 의견이 옳지 못하다고 생각하였으나 일단 동조하는 척하였다. |
| 막역/막연 | • 막역: 허물이 없이 아주 친함<br>예 그와 나는 10년 전부터 막역하게 지내왔다.<br>• 막연: 갈피를 잡을 수 없게 아득함 / 뚜렷하지 못하고 어렴풋함<br>예 많은 사람이 막연하게 부동산 임대업을 노후 준비의 하나로 여기고 있다. |

| 매매/매입 | • 매매: 물건을 팔고 사는 일<br>**예** 올해 초 집값 상승으로 아파트 매매가 활발히 이루어지지 않았다.<br>• 매입: 물건 따위를 사들임<br>**예** 과거 태국 정부는 시장가격보다 높은 값에 농민들의 쌀을 매입하였다. |
|---|---|
| 명분/명색 | • 명분: 일을 꾀할 때 내세우는 구실이나 이유 따위 `기출`<br>**예** 러시아는 자국민 보호를 명분으로 내세우며 남오세티야 전쟁에 개입하였다.<br>• 명색: 실속 없이 그럴듯하게 불리는 허울만 좋은 이름 `기출`<br>**예** 복지부장은 명색일 뿐 실상 나는 학급 청소를 도맡아 하는 역할이었다. |
| 모사/묘사 | • 모사: 사물을 형체 그대로 그림 / 원본을 베끼어 씀<br>**예** 고흐는 밀레의 그림을 모사하는 것을 즐겼으며, 밀레의 삶까시 닮고사 했다.<br>• 묘사: 어떤 대상이나 사물, 현상 따위를 언어로 서술하거나 그림을 그려서 표현함<br>**예** 어젯밤에 목격한 상황을 자세하게 묘사해 주세요. |
| 반증/방증 | • 반증: 어떤 사실이나 주장이 옳지 아니함을 그에 반대되는 근거를 들어 증명함 `기출`<br>**예** 그 사람의 주장을 반증할 수 있는 자료들을 찾아야만 한다.<br>• 방증: 사실을 직접 증명할 수 있는 증거가 되지는 않지만, 주변의 상황을 밝힘으로써 간접적으로 증명에 도움을 줌 `기출`<br>**예** 최근 인문학 도서가 많이 출간되고 있는 것은 해당 분야에 대한 대중의 관심이 높다는 방증이다. |
| 발달/발전 | • 발달: 신체, 정서, 지능 따위가 성장하거나 성숙함 / 학문, 기술, 문명, 사회 따위의 현상이 보다 높은 수준에 이름<br>**예** 과도한 조기교육은 아이들의 뇌 발달에 악영향을 미칠 수 있다.<br>• 발전: 더 낫고 좋은 상태나 더 높은 단계로 나아감 / 일이 어떤 방향으로 전개됨<br>**예** 백화점이 들어선 이후로 우리 동네가 빠르게 발전하고 있다. |
| 변절/변질 | • 변절: 절개나 지조를 지키지 않고 바꿈<br>**예** 충신으로 소문난 그가 변절했다는 소식은 모든 이를 놀라게 만들었다.<br>• 변질: 성질이 달라지거나 물질의 질이 변함<br>**예** 요구르트, 우유 등과 같은 유제품은 여름철에 쉽게 변질된다. |
| 보상/배상 | • 보상: 어떤 것에 대한 대가로 갚음<br>**예** 올해 직원들의 노고를 보상하기 위하여 작은 행사를 마련하였습니다.<br>• 배상: 남의 권리를 침해한 사람이 그 손해를 물어 줌<br>**예** 애완견이 지나가는 행인을 물 경우 애완견 주인이 피해자의 치료비를 배상해야 한다. |
| 보전/보존 | • 보전: 온전하게 보호하여 유지함<br>**예** 미래 세대를 위해서라도 반드시 생태계를 보전해야 한다.<br>• 보존: 잘 보호하고 간수하여 남김<br>**예** 이 문화재는 보존이 잘 되어 있는 편이다. |
| 복구/복귀 | • 복구: 손실 이전의 상태로 회복함<br>**예** 무너진 다리가 복구될 때까지 이곳에 머무를 예정이다.<br>• 복귀: 본디의 자리나 상태로 되돌아감<br>**예** 군인인 남동생은 휴가를 마치고 부대로 복귀했다. |

| | |
|---|---|
| 부문/부분 | • **부문**: 일정한 기준에 따라 분류하거나 나누어 놓은 낱낱의 범위나 부분<br>예 이 영화는 아카데미 시상식에서 작품상, 미술상 등 두 개 <u>부문</u>을 석권하였다.<br>• **부분**: 전체를 이루는 작은 범위 또는 전체를 몇 개로 나눈 것의 하나<br>예 이 영화는 마지막 <u>부분</u>의 반전이 예술이다. |
| 상연/상영 | • **상연**: 연극 따위를 무대에서 하여 관객에게 보이는 일<br>예 오늘 우리 극장은 연극 〈로미오와 줄리엣〉을 <u>상연</u>할 예정입니다.<br>• **상영**: 극장 따위에서 영화를 영사하여 공개하는 일<br>예 이 영화는 지난달에 개봉하여 현재 극장에서 <u>상영</u> 중이다. |
| 선별/선발 | • **선별**: 가려서 따로 나눔 기출<br>예 뿌리가 굵은 산삼을 <u>선별</u>하여 따로 포장하였다.<br>• **선발**: 많은 가운데서 골라 뽑음 기출<br>예 그는 2회 연속 국가대표에 <u>선발</u>되었다. |
| 수상/시상 | • **수상**: 상을 받음<br>예 그 배우는 여우주연상을 <u>수상</u>했다.<br>• **시상**: 상장이나 상품, 상금 따위를 줌<br>예 노벨 위원회는 노벨상 후보 선정과 <u>시상</u>의 권한을 가지고 있다. |
| 습득/체득 | • **습득**: 학문이나 기술 따위를 배워서 자기 것으로 함 기출<br>예 실제 업무에 필요한 기술을 <u>습득</u>하고자 학원에 등록하였다.<br>• **체득**: 몸소 체험하여 알게 됨 기출<br>예 인턴 과정에서 <u>체득</u>한 지식들이 취업 후 크게 도움이 되었다. |
| 실용성/실효성 | • **실용성**: 실제적인 쓸모가 있는 성질이나 특성 기출<br>예 나는 <u>실용성</u>을 고려해 수납공간이 넉넉한 가구를 구입했다.<br>• **실효성**: 실제로 효과를 나타내는 성질 기출<br>예 이 제도는 <u>실효성</u>이 없다는 비판을 받았다. |
| 실재/실제 | • **실재**: 실제로 존재함<br>예 이 소설은 <u>실재</u>하는 인물과 사건을 바탕으로 만들어졌다.<br>• **실제**: 사실의 경우나 형편<br>예 상상만 했던 분을 <u>실제</u>로 뵙게 되어 가슴이 벅찼다. |
| 여유/여지 | • **여유**: 물질적·공간적·시간적으로 넉넉하여 남음이 있는 상태 / 느긋하고 차분하게 생각하거나 행동하는 마음의 상태 / 대범하고 너그럽게 일을 처리하는 마음의 상태<br>예 급할수록 <u>여유</u>를 가지는 것이 중요하다.<br>• **여지**: 어떤 일을 하거나 어떤 일이 일어날 가능성이나 희망<br>예 그때는 너무 급박했기 때문에 나에게는 선택의 <u>여지</u>가 없었다. |
| 온전/완전 | • **온전**: 본바탕 그대로 고스란함 / 잘못된 것이 없이 바르거나 옳음<br>예 이 지역에는 삼국시대의 유물과 유적이 <u>온전</u>히 남아 있다.<br>• **완전**: 필요한 것이 모두 갖추어져 모자람이나 흠이 없음<br>예 우리나라는 오늘 오후 태풍의 영향권에서 <u>완전</u>히 벗어났다. |

| | |
|---|---|
| 운용/운영 | • **운용**: 무엇을 움직이게 하거나 부리어 씀<br>**예** 소비 심리가 살아날 수 있도록 경제 정책을 과감하게 <u>운용</u>해야 한다.<br>• **운영**: 조직이나 기구, 사업체 따위를 운용하고 경영함<br>**예** 우리 아버지께서는 작은 사업체를 <u>운영</u>하고 계신다. |
| 원료/연료 | • **원료**: 어떤 물건을 만드는 데 들어가는 재료<br>**예** 천연 <u>원료</u>를 사용한 화장품은 특히 임산부에게 인기가 높다.<br>• **연료**: 연소하여 열, 빛, 동력의 에너지를 얻을 수 있는 물질을 통틀어 이르는 말<br>**예** 수소를 <u>연료</u>로 사용하는 자동차는 매연 배출량이 적다. |
| 유래/유례 | • **유래**: 사물이나 일이 생겨남 또는 그 사물이나 일이 생겨난 바<br>**예** 이 행사는 <u>유래</u>가 깊다.<br>• **유례**: 같거나 비슷한 예<br>**예** 이런 사건은 국내뿐만 아니라 외국에서도 <u>유례</u>를 찾기 힘들다. |
| 유추/추리 | • **유추**: 같은 종류의 것 또는 비슷한 것에 기초하여 다른 사물을 미루어 추측하는 일 **기출**<br>**예** 주인공의 대사에 숨은 복선을 통해 다음 장면을 <u>유추</u>할 수 있다.<br>• **추리**: 알고 있는 것을 바탕으로 알지 못하는 것을 미루어서 생각함 **기출**<br>**예** 범행 수법으로 보아 동일범의 소행이라는 것을 <u>추리</u>할 수 있다. |
| 응용/인용 | • **응용**: 어떤 이론이나 이미 얻은 지식을 구체적인 개개의 사례나 다른 분야의 일에 적용하여 이용함<br>**예** 과학 기술을 농업에 <u>응용</u>하는 젊은 농부들이 늘어나고 있다.<br>• **인용**: 남의 말이나 글을 자신의 말이나 글 속에 끌어 씀<br>**예** 그는 학자의 말을 <u>인용</u>하여 자신의 소설 첫머리에 실었다. |
| 의식/인식 | • **의식**: 어떤 것을 두드러지게 느끼거나 특별히 염두에 둠 / 생각이 미치어 어떤 일이나 현상 따위를 깨닫거나 느낌 **기출**<br>**예** 나를 쳐다보는 그의 눈빛을 <u>의식</u>하고 있었으나 애써 태연한 척했다.<br>• **인식**: 사물을 분별하고 판단하여 앎 **기출**<br>**예** 일반적으로 가격이 저렴하면 품질이 좋지 않다는 <u>인식</u>이 있다. |
| 일절/일체 | • **일절**: 아주, 전혀, 절대로의 뜻으로, 흔히 행위를 그치게 하거나 어떤 일을 하지 않을 때에 쓰는 말<br>**예** 당분간 교무실 출입을 <u>일절</u> 금지하도록 하겠습니다.<br>• **일체**: 모든 것 / '전부' 또는 '완전히'의 뜻을 나타내는 말<br>**예** 소송과 관련한 <u>일체</u>의 비용은 패소한 쪽이 물어야 한다. |
| 임대/임차 | • **임대**: 돈을 받고 자기의 물건을 남에게 빌려줌<br>**예** 건물주는 건물 일부를 병원에 <u>임대</u>해 주었다.<br>• **임차**: 돈을 내고 남의 물건을 빌려 씀<br>**예** 병원은 많은 비용을 지불하고 건물 일부를 <u>임차</u>하였다. |
| 자각/지각 | • **자각**: 현실을 판단하여 자기의 입장이나 능력 따위를 스스로 깨달음 **기출**<br>**예** 자신의 잘못을 <u>자각</u>한 학생이 반성문을 작성하여 선생님에게 건넸다.<br>• **지각**: 감각 기관을 통하여 대상을 인식함 **기출**<br>**예** 그는 뛰어난 공간 <u>지각</u> 능력을 가지고 있다. |

| | |
|---|---|
| 작렬/작열 | • **작렬**: 포탄 따위가 터져서 쫙 퍼짐 / 박수 소리나 운동 경기에서의 공격 따위가 포탄이 터지듯 극렬하게 터져 나옴 <kbd>기출</kbd><br>예 적군이 던진 수류탄이 <u>작렬</u>하여 아군 수십 명이 사살되었다.<br>• **작열**: 불 따위가 이글이글 뜨겁게 타오름 <kbd>기출</kbd><br>예 이번 여름휴가는 태양이 <u>작열</u>하는 해변에서 보낼 것이다. |
| 재고/제고 | • **재고**: 어떤 일이나 문제 따위에 대하여 다시 생각함<br>예 섣불리 결정하지 말고 한 번 더 <u>재고</u>해 봅시다.<br>• **제고**: 쳐들어 높임<br>예 국가 경쟁력을 <u>제고</u>하기 위해서는 국민과 정부가 함께 노력해야 한다. |
| 재연/재현 | • **재연**: 한 번 하였던 행위나 일을 다시 되풀이함<br>예 태연히 범행을 <u>재연</u>하는 범인의 모습에 사람들은 경악했다.<br>• **재현**: 다시 나타남 또는 다시 나타냄<br>예 한국 축구선수들이 2002년 월드컵의 영광을 <u>재현</u>했다. |
| 정체/지체 | • **정체**: 사물이 발전하거나 나아가지 못하고 한자리에 머물러 그침<br>예 낮은 풍속으로 대기가 <u>정체</u>될 경우 미세먼지 농도가 더욱 짙어질 수 있다.<br>• **지체**: 때를 늦추거나 질질 끎<br>예 <u>지체</u>할 시간이 없으니 어서 준비해라. |
| 조정/조종 | • **조정**: 어떤 기준이나 실정에 맞게 정돈함<br>예 선거구를 <u>조정</u>하기로 결정했다.<br>• **조종**: 비행기나 선박, 자동차 따위의 기계를 다루어 부림<br>예 그는 10년 넘게 비행기를 <u>조종</u>했다. |
| 증가/증감 | • **증가**: 양이나 수치가 늚<br>예 불볕더위가 기승을 부리면서 에어컨 판매량이 빠르게 <u>증가</u>하고 있다.<br>• **증감**: 많아지거나 적어짐<br>예 변동비는 생산량의 <u>증감</u>에 따라 늘거나 줄어드는 비용이다. |
| 지양/지향 | • **지양**: 더 높은 단계로 오르기 위하여 어떠한 것을 하지 아니함<br>예 학생들의 건강을 해칠 수 있는 지나친 야간 자율 학습은 <u>지양</u>해야 한다.<br>• **지향**: 어떤 목표로 뜻이 쏠리어 향함<br>예 정부는 그 무엇보다도 국민의 안전 보장을 우선으로 <u>지향</u>해야 한다. |
| 진행/실행 | • **진행**: 일 따위를 처리하여 나감 <kbd>기출</kbd><br>예 두 시간에 걸쳐 협상이 <u>진행</u>되었다.<br>• **실행**: 실제로 행함 <kbd>기출</kbd><br>예 대통령은 임기 중에 자신의 선거공약을 <u>실행</u>하였다. |
| 찬성/찬조 | • **찬성**: 어떤 행동이나 견해, 제안 따위가 옳거나 좋다고 판단하여 수긍함 <kbd>기출</kbd><br>예 우리 가족은 8월 중순에 휴가를 보내는 것에 대해 모두 <u>찬성</u>하였다.<br>• **찬조**: 어떤 일의 뜻에 찬동하여 도와줌 <kbd>기출</kbd><br>예 교장선생님의 <u>찬조</u>에 힘입어 우리는 학예회를 무사히 마칠 수 있었다. |

해커스 20대기업 인적성 통합 기본서 최신기출유형+실전문제

| | |
|---|---|
| 참고/참조 | • 참고: 살펴서 생각함 / 살펴서 도움이 될 만한 재료로 삼음<br> 예 교수님께서 쓰신 칼럼을 참고하여 이 논문을 작성하였습니다.<br>• 참조: 참고로 비교하고 대조하여 봄<br> 예 더 자세한 내용은 상기 기사를 참조하시기 바랍니다. |
| 창간/창건 | • 창간: 신문, 잡지 따위의 정기 간행물의 첫 번째 호를 펴냄<br> 예 통신 기술이 발달함에 따라 다양한 온라인 잡지들이 창간되고 있다.<br>• 창건: 건물이나 조직체 따위를 처음으로 세우거나 만듦<br> 예 태조 이성계가 창건한 경복궁은 조선을 대표하는 궁궐이다. |
| 체계/체제 | • 체계: 일정한 원리에 따라서 낱낱의 부분이 짜임새 있게 조직되어 통일된 전체<br> 예 원격진료의 도입은 우리나라 의료 전달 체계에 큰 변화를 가져올 것이다.<br>• 체제: 생기거나 이루어진 틀 / 사회를 하나의 유기체로 볼 때에, 그 조직이나 양식 또는 그 상태<br> 예 1990년에 독일이 통일되면서 국제 관계의 냉전 체제가 종식되기 시작했다. |
| 출연/출현 | • 출연: 연기, 공연, 연설 따위를 하기 위하여 무대나 연단에 나감<br> 예 그 배우는 유명한 영화에 출연하여 인지도를 높일 수 있었다.<br>• 출현: 나타나거나 또는 나타나서 보임<br> 예 갑작스러운 해파리의 출현으로 해수욕장의 피서객들이 모두 대피하였다. |
| 폄하/폄훼 | • 폄하: 가치를 깎아내림<br> 예 작가의 인성이 바르지 못하다는 이유로 그 작가의 작품을 폄하하는 것은 옳지 않다.<br>• 폄훼: 남을 깎아내려 헐뜯음<br> 예 그녀가 주변 인물을 폄훼하기 시작하자 모든 사람의 눈살이 찌푸려졌다. |
| 한계/한도 | • 한계: 사물이나 능력, 책임 따위가 실제 작용할 수 있는 범위 `기출`<br> 예 상대방의 무례한 행동에 인내심의 한계를 느꼈다.<br>• 한도: 일정한 정도 또는 한정된 정도 `기출`<br> 예 이 카드는 거래 한도를 초과하였으므로 사용할 수 없다. |
| 혼돈/혼동 | • 혼돈: 마구 뒤섞여 있어 갈피를 잡을 수 없음<br> 예 아베노믹스의 부작용으로 국채 금리와 물가가 상승할 경우 일본 경제는 혼돈에 빠질 수 있다.<br>• 혼동: 구별하지 못하고 뒤섞어서 생각함<br> 예 색각 이상이 있는 사람들 중에는 적색과 녹색을 혼동하는 사람이 많다. |
| 확정/획정 | • 확정: 일을 확실하게 정함<br> 예 워크숍 장소는 아직 확정되지 않았습니다.<br>• 획정: 경계 따위를 명확히 구별하여 정함<br> 예 선거구 획정을 놓고 말이 많았다. |

# 5 한글 맞춤법

## ❶ 된소리

| 한글 맞춤법<br>제5항 | • 한 단어 안에서 뚜렷한 까닭 없이 나는 된소리는 다음 음절의 첫소리를 된소리로 적는다.<br>예 거꾸로, 담뿍, 딱따구리, 몽땅, 엉뚱하다, 이따금<br>• 다만, 'ㄱ, ㅂ' 받침 뒤에서 나는 된소리는 같은 음절이나 비슷한 음절이 겹쳐 나는 경우가 아니면 된소리로 적지 아니한다.<br>예 갑자기, 깍두기, 몹시, 법석, 싹둑 |
|---|---|

## ❷ 구개음화

| 한글 맞춤법<br>제6항 | • 'ㄷ, ㅌ' 받침 뒤에 종속적 관계를 가진 '-이(-)'나 '-히-'가 올 적에는, 그 'ㄷ, ㅌ'이 'ㅈ, ㅊ'으로 소리 나더라도 'ㄴ, ㅌ'으로 적는다.<br>예 굳이, 걷히다, 맏이, 묻히다, 샅샅이, 해돋이 |
|---|---|

## ❸ 모음

| 한글 맞춤법<br>제8항 | • '계, 례, 메, 폐, 혜'의 'ㅖ'는 'ㅔ'로 소리 나는 경우가 있더라도 'ㅖ'로 적는다.<br>예 계시다, 계집, 폐품, 혜택<br>• 다만, 偈(쉴 게), 揭(높이들 게), 憩(쉴 게)는 본음인 'ㅔ'로 적는다.<br>예 게시판(揭示板), 휴게실(休憩室) |
|---|---|

## ❹ 두음 법칙

| 한글 맞춤법<br>제10항 | • 한자음 '녀, 뇨, 뉴, 니'가 단어 첫머리에 올 적에는, 두음 법칙에 따라 '여, 요, 유, 이'로 적는다.<br>예 여자, 연도, 연세, 요소<br>• 다만, 의존 명사 '냥(兩), 냥쭝(兩-), 년(年)' 등은 두음 법칙을 적용하지 않는다.<br>예 금 한 냥, 은 열 냥쭝, 삼십 년<br>• 단어의 첫머리 이외의 경우에는 본음대로 적는다.<br>예 남녀, 당뇨, 은닉<br>• 접두사처럼 쓰이는 한자가 붙어서 된 말이나 합성어에서, 뒷말의 첫소리가 'ㄴ' 소리로 나더라도 두음 법칙에 따라 적는다.<br>예 신여성, 공염불, 남존여비 |
|---|---|

| | |
|---|---|
| 한글 맞춤법<br>제11항 | • 한자음 '랴, 려, 례, 료, 류, 리'가 단어의 첫머리에 올 적에는, 두음 법칙에 따라 '야, 여, 예, 요, 유,<br>이'로 적는다.<br>**예** 양심, 예의, 유행, 이발<br>• 다만, 의존 명사 '량(輛), 리(理, 里, 厘)' 등은 두음 법칙과 관계없이 본음대로 적는다.<br>**예** 다섯 량의 열차, 백 리, 그럴 리가 없다<br>• 단어의 첫머리 이외의 경우에는 본음대로 적는다.<br>**예** 개량, 도리, 선량, 쌍룡, 하류, 혼례<br>• 다만, 모음이나 'ㄴ' 받침 뒤에 이어지는 '렬, 률'은 '열, 율'로 적는다.<br>**예** 나열, 백분율, 분열, 비율, 실패율 |
| 한글 맞춤법<br>제12항 | • 한자음 '라, 래, 로, 뢰, 루, 르'가 단어의 첫머리에 올 적에는, 두음 법칙에 따라 'ㅏ, ㅐ, ㅜ, ㅚ, ㅜ,<br>느'로 적는다.<br>**예** 낙원, 내일, 노인, 뇌성, 누각<br>• 단어의 첫머리 이외의 경우에는 본음대로 적는다.<br>**예** 가정란, 광한루, 극락, 비고란, 쾌락<br>• 다만, 고유어나 외래어 뒤에 결합하는 경우에는 두음 법칙을 적용하여 적는다.<br>**예** 어린이난, 어머니난, 가십난 |

## ❺ 접미사가 붙어서 된 말

| | |
|---|---|
| 한글 맞춤법<br>제19항 | • 어간에 '-이'나 '-음/-ㅁ'이 붙어서 명사로 된 것과 '-이'나 '-히'가 붙어서 부사로 된 것은 그 어<br>간의 원형을 밝히어 적는다.<br>**예** 깊이, 높이, 미닫이, 쇠붙이, 벼훑이, 묶음, 앎, 얼음, 웃음 / 덧없이, 실없이, 짓궂이, 익히, 작히<br>• 다만, 어간에 '-이'나 '-음'이 붙어서 명사로 바뀐 것이라도 그 어간의 뜻과 멀어진 것은 원형을 밝<br>히어 적지 아니한다.<br>**예** 고름, 너비, 목도리, 빈털터리, 코끼리<br>• 비교적 널리 결합하는 '-이, -음'과는 달리, 불규칙적으로 결합하는, 모음으로 시작된 접미사가 붙<br>어서 다른 품사로 바뀐 것은, 그 원형을 밝히지 않고 소리 나는 대로 적는다.<br>**예** 꾸중, 늘그막, 코뚜레, 바투, 불긋불긋, 주섬주섬 |
| 한글 맞춤법<br>제20항 | • 명사 뒤에 '-이'가 붙어서 된 말은 그 명사의 원형을 밝히어 적는다.<br>**예** 곳곳이, 낱낱이, 샅샅이, 바둑이, 외톨이, 절름발이<br>• '-이' 이외의 모음으로 시작된 접미사가 붙어서 된 말은 그 명사의 원형을 밝히어 적지 아니한다.<br>**예** 끄트머리, 모가지, 이파리, 터럭<br>• 예외적으로 발음이 굳어진 것은 관용에 따라 적는다.<br>**예** 모가치, 값어치, 벼슬아치, 반빗아치 |
| 한글 맞춤법<br>제21항 | • 명사나 혹은 용언의 어간 뒤에 자음으로 시작된 접미사가 붙어서 된 말은 그 명사나 어간의 원형<br>을 밝히어 적는다.<br>**예** 값지다, 넋두리, 부엌데기, 넓죽하다, 높다랗다, 늙다리, 읊조리다<br>• 다만, 겹받침의 끝소리가 드러나지 아니하는 것 또는 어원이 분명하지 아니하거나 본뜻에서 멀어<br>진 것은 소리대로 적는다.<br>**예** 할짝거리다, 널따랗다, 널찍하다, 말쑥하다, 얄팍하다, 납작하다, 넙치 |

## ❻ 합성어 및 접두사가 붙은 말

| 한글 맞춤법<br>제29항 | • 끝소리가 'ㄹ'인 말과 딴 말이 어울릴 적에 'ㄹ' 소리가 'ㄷ' 소리로 나는 것은 'ㄷ'으로 적는다.<br>　例 반짇고리, 사흗날, 섣부르다, 이튿날, 잗다랗다 |
|---|---|
| 한글 맞춤법<br>제30항 | • 사이시옷은 순우리말로 된 합성어로서 앞말이 모음으로 끝난 경우, 뒷말의 첫소리가 된소리로 나는 것, 뒷말의 첫소리 'ㄴ, ㅁ' 앞에서 'ㄴ' 소리가 덧나는 것, 뒷말의 첫소리 모음 앞에서 'ㄴㄴ' 소리가 덧나는 것일 때 받치어 적는다.<br>　例 선짓국, 아랫집, 햇볕 / 뒷머리, 냇물 / 허드렛일, 나뭇잎, 댓잎, 베갯잇<br>• 사이시옷은 순우리말과 한자어로 된 합성어로서 앞말이 모음으로 끝난 경우, 뒷말의 첫소리가 된소리로 나는 것, 뒷말의 첫소리 'ㄴ, ㅁ' 앞에서 'ㄴ' 소리가 덧나는 것, 뒷말의 첫소리 모음 앞에서 'ㄴㄴ' 소리가 덧나는 것일 때 받치어 적는다.<br>　例 귓병, 자릿세, 전셋집, 햇수 / 제삿날, 툇마루, 양칫물 / 예삿일, 훗일<br>• 두 글자(한자어 형태소)로 된 한자어 중, 앞 글자의 모음 뒤에서 뒤 글자의 첫소리가 된소리로 나는 6개 단어에만 사이시옷을 받치어 적는다.<br>　例 곳간(庫間), 셋방(貰房), 숫자(數字), 찻간(車間), 툇간(退間), 횟수(回數) |
| 한글 맞춤법<br>제31항 | • 두 말이 어울릴 적에 'ㅂ' 소리나 'ㅎ' 소리가 덧나는 것은 소리대로 적는다.<br>　例 댑싸리, 부릅뜨다, 햅쌀 / 살코기, 수캐, 암탉 |

## ❼ 준말

| 한글 맞춤법<br>제40항 | • 어간의 끝음절 '하'의 'ㅏ'가 줄고 'ㅎ'이 다음 음절의 첫소리와 어울려 거센소리로 될 적에는 거센소리로 적는다.<br>　例 간편케(간편하게), 다정타(다정하다), 흔타(흔하다)<br>• 'ㅎ'이 어간의 끝소리로 굳어진 것은 받침으로 적는다.<br>　例 않다 - 않고 - 않지 - 않든지, 아무렇다 - 아무렇고 - 아무렇지 - 아무렇든지<br>• 어간의 끝음절 '하'가 아주 줄 적에는 준 대로 적는다.<br>　例 거북지(거북하지), 생각건대(생각하건대), 깨끗지 않다(깨끗하지 않다), 섭섭지 않다(섭섭하지 않다) |
|---|---|

## ❽ 띄어쓰기

| 한글 맞춤법<br>제41항 | • 조사는 그 앞말에 붙여 쓴다.<br>　例 꽃밖에, 나가기는커녕, 나가면서까지도, 어디까지나, 집에서만이라도, 집에서처럼 |
|---|---|
| 한글 맞춤법<br>제42항 | • 의존 명사는 띄어 쓴다.<br>　例 떠난 지가 오래다, 뜻한 바를 알다, 먹을 만큼 먹어라, 아는 이를 만나다, 할 수 있다 |
| 한글 맞춤법<br>제43항 | • 단위를 나타내는 명사는 띄어 쓴다.<br>　例 세 그루, 밥 한 술, 집 한 채, 차 다섯 대, 토끼 두 마리<br>• 다만, 순서를 나타내는 경우나 숫자와 어울리어 쓰는 경우에는 붙여 쓸 수 있다.<br>　例 2미터, 500원, 3층, 사학년 |
| 한글 맞춤법<br>제45항 | • 두 말을 이어주거나 열거할 적에 쓰이는 말들은 띄어 쓴다.<br>　例 국장 겸 과장, 열 내지 스물, 청군 대 백군, 사장 및 이사진 |

| 한글 맞춤법<br>제46항 | · 단음절로 된 단어가 연이어 나타날 적에는 붙여 쓸 수 있다.<br>**예** 그때 그곳, 내것 네것, 좀더 큰 이 새집 |
|---|---|
| 한글 맞춤법<br>제47항 | · 보조 용언은 띄어 씀을 원칙으로 하되, 경우에 따라 붙여 씀도 허용한다.<br>**예** 꺼져 간다 – 꺼져간다, 열어 놓다 – 열어놓다, 뛰어 본다 – 뛰어본다, 모르는 체한다 – 모르는체한다<br>· 다만, 앞말에 조사가 붙거나 앞말이 합성 동사인 경우, 그리고 중간에 조사가 늘어날 적에는 그 뒤<br>에 오는 보조 용언은 띄어 쓴다.<br>**예** 물어만 보고, 밀어내 버렸다. 잘난 체를 한다. 집어넣어 둔다. 잡아매 둔다. 책을 읽어도 보고 |

# 6 표준어 규정

## ❶ 발음 변화에 따른 표준어 규정

| 표준어 규정<br>제3항 | · 다음 단어들은 거센 소리를 가진 형태를 표준어로 삼는다.<br>**예** 끄나풀, 나팔꽃, 녘, 부엌, 살쾡이, 칸, 털어먹다 |
|---|---|
| 표준어 규정<br>제5항 | · 어원에서 멀어진 형태로 굳어져서 널리 쓰이는 것은, 그것을 표준어로 삼는다.<br>**예** 강낭콩, 고삿, 사글세, 울력성당<br>· 다만, 어원적으로 원형에 더 가까운 형태가 아직 쓰이고 있는 경우에는, 그것을 표준어로 삼는다.<br>**예** 갈비, 갓모, 굴젓, 말곁, 물수란, 밀뜨리다, 적이, 휴지 |
| 표준어 규정<br>제6항 | · 다음 단어들은 의미를 구별함이 없이, 한 가지 형태만을 표준어로 삼는다.<br>**예** 돌, 둘째, 셋째, 넷째, 빌리다<br>· 다만, '둘째'는 십 단위 이상의 서수사에 쓰일 때에 '두째'로 한다.<br>**예** 열두째, 스물두째 |
| 표준어 규정<br>제7항 | · 수컷을 이르는 접두사는 '수–'로 통일한다.<br>**예** 수꿩, 수나사, 수놈, 수사돈, 수소, 수은행나무<br>· 다만 1. 다음 단어에서는 접두사 다음에서 나는 거센소리를 인정한다. 접두사 '암–'이 결합되는<br>경우에도 이에 준한다.<br>**예** 수캉아지, 수캐, 수컷, 수키와, 수탉, 수탕나귀, 수톨쩌귀, 수퇘지, 수평아리<br>· 다만 2. 발음상 사이시옷과 비슷한 소리가 있다고 판단되는 다음 단어의 접두사는 '숫–'으로 한다.<br>**예** 숫양, 숫염소, 숫쥐 |
| 표준어 규정<br>제8항 | · 양성 모음이 음성 모음으로 바뀌어 굳어진 다음 단어는 음성 모음 형태를 표준어로 삼는다.<br>**예** 깡충깡충, –둥이, 발가숭이, 보퉁이, 봉죽, 뻗정다리, 아서, 아서라, 오뚝이, 주추<br>· 다만, 어원 의식이 강하게 작용하는 다음 단어에서는 양성 모음 형태를 그대로 표준어로 삼는다.<br>**예** 부조(扶助), 사돈(査頓), 삼촌(三寸) |

| 표준어 규정<br>제9항 | • 'ㅣ' 역행 동화 현상에 의한 발음은 원칙적으로 표준 발음으로 인정하지 아니하되, 다만 다음 단어들은 그러한 동화가 적용된 형태를 표준어로 삼는다.<br>예 - 내기, 냄비, 동댕이치다<br>• 현실 언어에 맞게 다음 단어는 'ㅣ' 역행 동화가 일어나지 아니한 형태를 표준어로 삼는다.<br>예 아지랑이<br>• 기술자에게는 '- 장이', 그 외에는 '- 쟁이'가 붙는 형태를 표준어로 삼는다.<br>예 미장이, 유기장이 / 멋쟁이, 소금쟁이, 담쟁이덩굴, 골목쟁이, 발목쟁이 |
|---|---|
| 표준어 규정<br>제10항 | • 다음 단어는 모음이 단순화한 형태를 표준어로 삼는다.<br>예 괴팍하다, - 구먼, 미루나무, 미륵, 여느, 온달, 으레, 케케묵다, 허우대, 허우적허우적 |
| 표준어 규정<br>제12항 | • '웃-' 및 '윗-'은 명사 '위'에 맞추어 '윗-'으로 통일한다.<br>예 윗넓이, 윗눈썹, 윗니, 윗당줄, 윗덧줄, 윗도리, 윗동아리, 윗막이, 윗머리, 윗목, 윗몸, 윗바람<br>• 다만 1. 된소리나 거센소리 앞에서는 '위-'로 한다.<br>예 위짝, 위쪽, 위채, 위층<br>• 다만 2. '아래, 위'의 대립이 없는 단어는 '웃-'으로 발음되는 형태를 표준어로 삼는다.<br>예 웃국, 웃기, 웃돈, 웃비, 웃어른, 웃옷 |
| 표준어 규정<br>제14항 | • 준말이 널리 쓰이고 본말이 잘 쓰이지 않는 경우에는, 준말만을 표준어로 삼는다.<br>예 귀찮다, 김, 똬리, 무, 미다, 뱀, 뱀장어, 빔, 샘, 생쥐, 솔개, 온갖, 장사치 |
| 표준어 규정<br>제15항 | • 준말이 쓰이고 있더라도, 본말이 널리 쓰이고 있으면 본말을 표준어로 삼는다.<br>예 경황없다, 궁상떨다, 귀이개, 낌새, 낙인찍다, 내왕꾼, 돗자리, 뒤웅박, 뒷물대야, 마구잡이, 맵자하다<br>• 다음과 같이 명사에 조사가 붙은 경우에도 이 원칙을 적용한다.<br>예 아래로 |
| 표준어 규정<br>제16항 | • 준말과 본말이 다 같이 널리 쓰이면서 준말의 효용이 뚜렷이 인정되는 것은, 두 가지를 다 표준어로 삼는다.<br>예 거짓부리 - 거짓불, 노을 - 놀, 막대기 - 막대, 망태기 - 망태, 머무르다 - 머물다, 서두르다 - 서둘다 |
| 표준어 규정<br>제17항 | • 비슷한 발음의 몇 형태가 쓰일 경우, 그 의미에 아무런 차이가 없고, 그중 하나가 더 널리 쓰이면, 그 한 형태만을 표준어로 삼는다.<br>예 구어박다, 귀고리, 귀지, 꼭두각시, 내숭스럽다, 더부룩하다, 봉숭아, 옹골차다, 코맹맹이 |
| 표준어 규정<br>제19항 | • 어감의 차이를 나타내는 단어 또는 발음이 비슷한 단어들이 다 같이 널리 쓰이는 경우에는, 그 모두를 표준어로 삼는다.<br>예 거슴츠레하다 - 게슴츠레하다, 고까 - 꼬까, 고린내 - 코린내, 교기(驕氣) - 갸기, 구린내 - 쿠린내, 꺼림하다 - 께름하다, 나부랭이 - 너부렁이 |

## ❷ 어휘 선택의 변화에 따른 표준어 규정

| 표준어 규정<br>제20항 | • 사어(死語)가 되어 쓰이지 않게 된 단어는 고어로 처리하고, 현재 널리 사용되는 단어를 표준어로 삼는다.<br>**예** 난봉, 낭떠러지, 설거지하다, 애달프다, 오동나무, 자두 |
| --- | --- |
| 표준어 규정<br>제21항 | • 고유어 계열의 단어가 널리 쓰이고 그에 대응되는 한자어 계열의 단어가 용도를 잃게 된 것은, 고유어 계열의 단어만을 표준어로 삼는다.<br>**예** 가루약, 구들장, 길품삯, 까막눈, 꼭지미역, 나뭇갓, 늙다리, 두껍닫이, 떡암죽, 마른갈이, 마른빨래 |
| 표준어 규정<br>제22항 | • 고유어 계열의 단어가 생명력을 잃고 그에 대응되는 한자어 계열의 단어가 널리 쓰이면, 한자어 계열의 단어를 표준어로 삼는다.<br>**예** 겸상, 고봉밥, 단벌, 마방집, 민망스럽다, 면구스럽다, 방고래, 부항난지, 산누에, 송칵무 |
| 표준어 규정<br>제23항 | • 방언이던 단어가 표준어보다 더 널리 쓰이게 된 것은, 그것을 표준어로 삼는다. 이 경우, 원래의 표준어는 그대로 표준어로 남겨 두는 것을 원칙으로 한다.<br>**예** 멍게 – 우렁쉥이, 물방개 – 선두리, 애순 – 어린순 |
| 표준어 규정<br>제25항 | • 의미가 똑같은 형태가 몇 가지 있을 경우, 그 중 어느 하나가 압도적으로 널리 쓰이면, 그 단어만을 표준어로 삼는다.<br>**예** – 게끔, 고구마, 광주리, 까치발, 농지거리, 담배꽁초, 부지깽이, 붉으락푸르락, 샛별, 쌍동밤, 칡범 |
| 표준어 규정<br>제26항 | • 한 가지 의미를 나타내는 형태 몇 가지가 널리 쓰이며 표준어 규정에 맞으면, 그 모두를 표준어로 삼는다.<br>**예** 가는허리 – 잔허리, 가락엿 – 가래엿, 개수통 – 설거지통, 넝쿨 – 덩굴, 땅콩 – 호콩, 말동무 – 말벗, 목화씨 – 면화씨 |

# 틀리기 쉬운 외래어 표기

| | |
|---|---|
| • adapter : 아답터(X) → 어댑터(O) | • mammoth : 맘모스(X) → 매머드(O) |
| • accessory : 악세서리(X) → 액세서리(O) | • message : 메세지(X) → 메시지(O) |
| • alcohol : 알콜(X) → 알코올(O) | • mechanism : 매커니즘(X) → 메커니즘(O) |
| • barbecue : 바베큐(X) → 바비큐(O) | • mystery : 미스테리(X) → 미스터리(O) |
| • battery : 밧데리(X) → 배터리(O) | • milk shake : 밀크쉐이크(X) → 밀크셰이크(O) |
| • buzzer : 부저(X) → 버저(O) | • nonsense : 넌센스(X) → 난센스(O) |
| • bonnet : 본네트(X) → 보닛(O) | • narration : 나레이션(X) → 내레이션(O) |
| • body : 바디(X) → 보디(O) | • outlet : 아울렛(X) → 아웃렛(O) |
| • block : 블럭(X) → 블록(O) | • pamphlet : 팜플렛(X) → 팸플릿(O) |
| • blouse : 브라우스(X) → 블라우스(O) | • propose : 프로포즈(X) → 프러포즈(O) |
| • business : 비지니스(X) → 비즈니스(O) | • running shirt : 런닝셔츠(X) → 러닝셔츠(O) |
| • counselor : 카운셀러(X) → 카운슬러(O) | • rent-a-car : 렌트카(X) → 렌터카(O) |
| • curtain : 커텐(X) → 커튼(O) | • robot : 로보트(X) → 로봇(O) |
| • carpet : 카페트(X) → 카펫(O) | • royalty : 로얄티(X) → 로열티(O) |
| • cunning : 컨닝(X) → 커닝(O) | • remote control : 리모콘(X) → 리모컨(O) |
| • chocolate : 초콜렛(X) → 초콜릿(O) | • report : 레포트(X) → 리포트(O) |
| • dynamic : 다이나믹(X) → 다이내믹(O) | • sandal : 샌달(X) → 샌들(O) |
| • dial : 다이알(X) → 다이얼(O) | • shadow : 섀도우(X) → 섀도(O) |
| • directory : 디렉토리(X) → 디렉터리(O) | • shrimp : 쉬림프(X) → 슈림프(O) |
| • endorphin : 엔돌핀(X) → 엔도르핀(O) | • set : 셋트(X) → 세트(O) |
| • flash : 플래쉬(X) → 플래시(O) | • sausage : 소세지(X) → 소시지(O) |
| • festival : 페스티발(X) → 페스티벌(O) | • sofa : 쇼파(X) → 소파(O) |
| • juice : 쥬스(X) → 주스(O) | • supermarket : 수퍼마켓(X) → 슈퍼마켓(O) |
| • jacket : 자켓(X) → 재킷(O) | • snack : 스넥(X) → 스낵(O) |
| • jazz : 째즈(X) → 재즈(O) | • schedule : 스케쥴(X) → 스케줄(O) |
| • ketchup : 케챱(X) → 케첩(O) | • staff : 스탭(X) → 스태프(O) |
| • license : 라이센스(X) → 라이선스(O) | • sponge : 스폰지(X) → 스펀지(O) |
| • leadership : 리더쉽(X) → 리더십(O) | • symposium : 심포지움(X) → 심포지엄(O) |
| • mania : 매니아(X) → 마니아(O) | • towel : 타올(X) → 타월(O) |
| • massage : 맛사지(X) → 마사지(O) | • Valentine Day : 발렌타인데이(X) → 밸런타인데이(O) |

수리능력은 자주 출제되는 이론 및 공식, 자료 해석법을 먼저 학습하여 기본적인 연산 능력 및 자료해석 능력을 향상시켜야 한다. 자료해석 유형은 자료이해 문제의 출제 비중이 높으므로 자료 해석법을 학습하고 빈출 계산 식을 암기하여 실제 시험에서 문제를 빠르게 풀 수 있도록 한다. 또한, 응용계산 유형은 기본 이론을 학습하고 기출 공식을 암기한 뒤 문제에 적용하면 문제 풀이 시간을 단축시킬 수 있다.

# 1 자료해석

## ❶ 빈출 계산 식

| 변화량 | • 기준연도 A 대비 비교연도 B의 변화량=비교연도 B − 기준연도 A 기출<br>**예** 20X1년 심사 처리 건수가 379,574건이고, 20X2년 심사 처리 건수가 433,562건일 때, 20X1년 대비 20X2년의 심사 처리 건수의 변화량: 433,562 − 379,574=53,988건 |
|---|---|
| 증감률 | • 기준연도 A 대비 비교연도 B의 증감률(%)={(비교연도 B − 기준연도 A)/기준연도 A}×100 기출<br>**예** 20X1년 심사 처리 건수가 379,574건이고, 20X2년 심사 처리 건수가 433,562건일 때, 20X1년 대비 20X2년의 심사 처리 건수의 증감률: {(433,562 − 379,574)/379,574}×100≒14.2% |
| 비중 | • 전체에서 A가 차지하는 비중(%)=(A/전체)×100 기출<br>**예** 20X1년 특허·실용신안의 심사 처리 건수는 193,934건, 전체 심사 처리 건수는 433,562건일 때, 전체에서 특허·실용신안의 심사 처리 건수가 차지하는 비중: (193,934/433,562)×100≒44.7% |
| 평균 | • 산술평균=변량의 총합/변량의 개수 기출<br>**예** 20X1년 특허·실용신안의 심사 처리 건수는 193,934건, 상표의 심사 처리 건수는 172,606건일 때, 두 심사 처리 건수의 평균: (193,934+172,606)/2=183,270건 |

## ❷ 자료 해석법

| 자료 해석법 | 문제를 풀기 전 자료의 소재를 미리 확인한다.<br>• 자료의 소재 및 내용을 먼저 확인하면 문제를 미리 추론할 수 있으므로 풀이 시간을 단축할 수 있다. 단, 추론을 하되 제시된 자료 이외에 자신이 알고 있는 지식을 덧붙여 문제를 풀이해서는 안 된다. |
|---|---|
| | 문제를 풀기 전 자료의 형태를 파악한다.<br>• 시계열 형태의 자료가 제시된 경우 항목별 추세를 파악한다.<br>• 시계열이 아닌 형태의 자료가 제시된 경우 항목 간의 관계를 파악한다. |
| | 자료의 단위가 비율인 경우 문제 풀이에 주의한다.<br>• 제시된 비율을 통해 또 다른 정보를 도출할 수 있음을 명심한다.<br>**예** 여성의 비율과 전체 인원수가 제시된 경우 여성의 인원수를 구할 수 있다. |

| | |
|---|---|
| | • 한정된 정보만으로 문제를 풀이한다는 사실을 명심한다.<br>   **예** 여성의 비율 이외에 추가 정보가 제시되지 않는 경우 구체적인 수치 즉, 여성의 인원수에 대한 정보는 알 수 없다. |
| 자료 해석법 | 선택지를 확인할 때에는 계산이 필요한 선택지를 가장 마지막에 확인한다.<br>• 계산이 필요 없는 선택지가 정답이 될 수도 있으므로 계산이 필요한 선택지를 가장 마지막에 확인하여 문제 풀이 시간을 단축한다. |
| | 계산이 필요한 선택지는 계산 과정을 최소한으로 줄여서 풀이한다.<br>• 선택지에 제시된 숫자의 일의 자리 수가 모두 다를 경우 일의 자릿수만 계산한다.<br>• 선택지에 제시된 숫자 간의 크기 차이가 클 경우 십의 자리 또는 백의 자리에서 반올림하여 근삿값으로 계산한다. |

# 2 방정식과 부등식

## ❶ 방정식

| | |
|---|---|
| 이차방정식의<br>근의 공식 | • 이차방정식 $ax^2+bx+c=0(a\neq0)$의 근은 $x=\dfrac{-b\pm\sqrt{b^2-4ac}}{2a}$ **기출** |
| 이차방정식의<br>근과 계수와의<br>관계 | 이차방정식 $ax^2+bx+c=0(a\neq0)$의 두 근을 α, β라고 하면<br>• $\alpha+\beta=-\dfrac{b}{a}$<br>• $\alpha\beta=\dfrac{c}{a}$<br>   **예** $2x^2+3x+1=0$의 두 근의 합: $-\dfrac{3}{2}$ |

## ❷ 방정식의 활용

| | |
|---|---|
| 거리/속력/시간 | • 거리=속력×시간 **기출**<br>• 속력=$\dfrac{거리}{시간}$ **기출**<br>• 시간=$\dfrac{거리}{속력}$ **기출**<br>   **예** 시속 60km로 달리는 자동차가 20분 동안 이동한 거리: $60\times\dfrac{20}{60}=20$km |
| 소금물의 농도 | • 소금물의 농도(%)=$\dfrac{소금의 양}{소금물의 양}\times100$ **기출**<br>• 소금의 양=소금물의 양×$\dfrac{소금물의 농도}{100}$ **기출**<br>• 소금물의 양=물의 양+소금의 양 **기출**<br>   **예** 물 80g과 소금 20g을 섞어 만든 소금물의 농도: $\dfrac{20}{80+20}\times100=20$% |

| | |
|---|---|
| 작업량 | • 시간당 작업량 = $\dfrac{작업량}{시간}$ 기출<br>• 작업량 = 시간당 작업량 × 시간 기출<br>• 시간 = $\dfrac{작업량}{시간당 작업량}$ 기출<br>예 3시간 동안 꼬막 165개를 손질하는 윤진이의 시간당 작업량: $\dfrac{165}{3}$ = 55개 |
| 원가/정가의 정의 | • 원가: 처음 만든 곳에서 상품을 사올 때의 가격<br>• 정가: 원가에 이익금을 더해서 정한 가격 (= 판매가) |
| 정가/이익/<br>할인율/할인가 | • 정가 = 원가 × (1 + 이익률) 기출<br>• 이익 = 정가 − 원가 (정가 > 원가) = 원가 × 이익률 기출<br>• 할인율(%) = $\left(\dfrac{정가 − 할인가}{정가}\right)$ × 100 기출<br>• 할인가 = 정가 × (1 − 할인율) 기출<br>예 원가가 8만 원인 시계에 35%의 이익을 붙인 정가(판매가): 8 × (1 + 0.35) = 10.8만 원 |
| 시침과 분침의<br>각도 | • 시침이 움직이는 각도: 12시간에 360°, 1시간에 30°, 1분에 0.5°<br>• 분침이 움직이는 각도: 1시간에 360°, 1분에 6°<br>• a시 b분일 때, 시침과 분침이 이루는 각도: \|(30°×a + 0.5°×b) − 6°×b\| = \|30°a − 5.5°b\| 기출<br>• 시침과 분침이 겹쳐질 조건: 30°×a + 0.5°×b = 6°×b<br>예 10시 30분에 시침과 분침이 이루는 각도: \|30°×10 − 5.5°×30\| = 135° |
| 연속한 수 | • 연속한 두 정수: $x$, $x+1$<br>• 연속한 세 정수: $x-1$, $x$, $x+1$<br>• 연속한 두 홀수: $2x-1$, $2x+1$<br>• 연속한 세 홀수(짝수): $x-2$, $x$, $x+2$<br>예 연속한 두 짝수의 곱이 48일 때, 연속한 두 짝수:<br>$x×(x+2) = 48 \rightarrow x = 6$이므로 연속한 두 짝수는 6, 8 |
| 간격 | • a 길이의 일직선 상 도로에 b 간격으로 심을 수 있는 최대 나무의 수: (a÷b) + 1 기출<br>예 1m 길이의 식탁 위에 20cm 간격으로 컵을 놓으려고 할 때, 놓을 수 있는 컵의 최대 개수:<br>(100÷20) + 1 = 6개 |
| 나이 | • 현재 나이가 a일 때, $x$년 후의 나이: a + $x$ 기출<br>• 현재 나이의 십의 자리 수가 a, 일의 자리 수가 b일 때의 나이: 10a + b<br>• 현재 A와 B의 나이가 각각 a, b이고 A의 나이가 B의 2배일 때 관계식: a = 2b<br>• 현재 A와 B의 나이가 각각 a, b이고 A의 나이가 B보다 2살 많을 때 관계식: a = b + 2 |

**❸ 부등식**

| 부등식의 정의 | 부등호를 사용하여 두 수 또는 두 식의 대소관계를 나타낸 식이다. |
|---|---|
| 부등식의 성질 | • a<b일 때, a+c<b+c, a−c<b−c **기출**<br>• a<b, c>0일 때, ac<bc, $\frac{a}{c}<\frac{b}{c}$ **기출**<br>• a<b, c<0일 때, ac>bc, $\frac{a}{c}>\frac{b}{c}$ |
| 부등식의 사칙연산 | a<$x$<b, c<$y$<d일 때,<br>• 덧셈: a+c<$x+y$<b+d<br>• 뺄셈: a−d<$x−y$<b−c<br>• 곱셈: 경계값들의 계산 결과, ac, bc, ad, bd 중 가장 큰 값과 가장 작은 값<br>• 나눗셈: 경계값들의 계산 결과, $\frac{a}{c}, \frac{b}{c}, \frac{a}{d}, \frac{b}{d}$ 중 가장 큰 값과 가장 작은 값 |

# 3 경우의 수/확률

## ❶ 경우의 수

| 두 사건의<br>경우의 수 | 어떤 사건 A가 일어나는 경우의 수를 m, 어떤 사건 B가 일어나는 경우의 수를 n이라고 하면<br>• 두 사건 A, B가 동시에 일어나지 않을 때, 사건 A 또는 B가 일어나는 경우의 수: m+n **기출**<br>• 두 사건 A, B가 서로 영향을 주지 않을 때, 두 사건 A, B가 동시에 일어나는 경우의 수: m×n **기출**<br>**예** 어떤 사건 A가 일어나는 경우의 수는 2가지, 어떤 사건 B가 일어나는 경우의 수는 3가지일 때,<br>두 사건 A, B가 동시에 일어나는 경우의 수: 2×3=6가지 |
|---|---|
| 동전, 주사위를<br>던질 때<br>경우의 수 | • n개의 동전을 던질 때의 경우의 수: $2^n$<br>• n개의 주사위를 던질 때의 경우의 수: $6^n$ |
| 줄 세울 때<br>경우의 수 | • n명을 줄 세우는 경우의 수: n×(n−1)×(n−2)×…×2×1=n! **기출**<br>• n명 중 k명만 줄 세우는 경우의 수: n×(n−1)×(n−2)×…×(n−k+1) **기출**<br>**예** 여자 5명 중 3명을 줄 세우는 경우의 수: 5×4×3=60가지 |
| 대표를<br>선출할 때<br>경우의 수 | • n명 중 자격이 다른 2명의 대표를 선출할 때의 경우의 수: n×(n−1) **기출**<br>• n명 중 자격이 같은 2명의 대표를 선출할 때의 경우의 수: $\frac{n×(n−1)}{2}$ **기출**<br>**예** 5명 중 반장 1명, 부반장 1명을 선출할 때의 경우의 수: 5×4=20가지<br>5명 중 부반장 2명을 선출할 때의 경우의 수: $\frac{5×4}{2}$=10가지 |

## ❷ 순열과 조합

| 순열 | • 정의: 서로 다른 n개에서 중복을 허락하지 않고 r개를 택하여 한 줄로 배열하는 경우의 수 [기출]<br><br>$_nP_r = \underbrace{n \times (n-1) \times (n-2) \times \cdots \times (n-r+1)}_{r개}$ (단, $0 < r \leq n$)<br><br>[예] 6명의 학생 중 3명을 뽑아서 일렬로 세우는 경우의 수: $6 \times 5 \times 4 = 120$가지 |
|---|---|
| 중복순열 | • 정의: 서로 다른 n개에서 중복을 허락하여 r개를 택하는 순열 [기출]<br>• 중복순열의 수: $n^r$<br><br>[예] 1~9까지의 숫자 중 중복을 허락하여 세 자리 숫자를 만드는 경우의 수: $9^3 = 729$가지 |
| 같은 것이<br>있는 순열 | • n개 중 같은 것이 각각 p개, q개, r개일 때, n개를 모두 사용하여 한 줄로 배열하는 경우의 수:<br><br>$\dfrac{n!}{p!q!r!}$ (단, $p+q+r=n$) [기출]<br><br>[예] a, a, b, c, c, c, d를 일렬로 나열하는 경우의 수: $\dfrac{7!}{2!1!3!1!} = 420$가지 |
| 원순열 | • 서로 다른 n개를 원형으로 배열하는 방법의 수: $\dfrac{_nP_n}{n} = \dfrac{n!}{n} = (n-1)!$ [기출]<br>[예] 네 사람이 원형 모양의 식탁에 둘러앉는 경우의 수: $(4-1)! = 3! = 6$가지<br><br>• 서로 다른 n개에서 r개를 택하여 원형으로 배열하는 방법의 수: $\dfrac{_nP_r}{r}$ |
| 조합 | • 정의: 서로 다른 n개에서 순서를 고려하지 않고 r개를 뽑는 경우의 수 [기출]<br><br>$_nC_r = \dfrac{n \times (n-1) \times (n-2) \times \cdots \times (n-r+1)}{r!} = \dfrac{n!}{r!(n-r)!}$ (단, $0 < r \leq n$)<br><br>[예] 동아리 회원 7명 중 2명의 대표를 뽑는 경우의 수: $_7C_2 = \dfrac{7!}{2!5!} = 21$가지 |
| 중복조합 | • 정의: 서로 다른 n개에서 순서를 고려하지 않고 중복을 허용하여 r개를 택하는 조합<br>• 중복조합의 수: $_nH_r = {_{n+r-1}C_r}$<br><br>[예] 검은 공과 흰 공 중 중복을 허용하여 3개를 뽑는 경우의 수: $_2H_3 = {_4C_3} = \dfrac{4!}{3!1!} = 4$가지<br>→ (검, 검, 검), (검, 검, 흰), (검, 흰, 흰), (흰, 흰, 흰) |

## ❸ 확률

| 확률 | 어떤 사건 A가 일어날 확률을 p, 어떤 사건 B가 일어날 확률을 q라고 하면<br><br>• 사건 A가 일어날 확률: $\dfrac{\text{사건 A가 일어날 경우의 수}}{\text{모든 경우의 수}}$ [기출]<br><br>[예] 주사위 한 개를 던졌을 때, 2의 배수가 나올 확률: $\dfrac{3}{6} = \dfrac{1}{2}$<br>• 두 사건 A, B가 동시에 일어나지 않을 때, 사건 A 또는 B가 일어날 확률: $p+q$ [기출]<br>• 두 사건 A, B가 서로 영향을 주지 않을 때, 두 사건 A, B가 동시에 일어날 확률: $p \times q$ [기출]<br>• 사건 A가 일어나지 않을 확률: $1-p$ [기출]<br>• '적어도…'의 확률: $1-($반대 사건의 확률$)$ [기출]<br><br>[예] 3개의 동전을 동시에 던졌을 때, 뒷면이 적어도 한 개 나올 확률:<br><br>$1-($모두 앞면이 나올 확률$) = 1 - \dfrac{1}{8} = \dfrac{7}{8}$ |
|---|---|

| 확률의 기댓값 | 어떤 사건 A가 일어날 확률을 p, 이때의 상금을 a라고 하면<br>• 1번 시행할 때, 상금의 기댓값 : p×a<br>• n번 시행할 때, 상금의 기댓값 : $\underbrace{(p×a)+(p×a)+\cdots+(p×a)}_{(p×a)가\ n개}=(p×a)×n$ 기출<br><br>**예** 주사위 한 개를 던져서 소수가 나오면 300원을 받게 될 때, 주사위를 3번 던졌을 때의 기댓값:<br>$\left(\dfrac{3}{6}×300\right)×3=450원$ |
|---|---|
| 조건부확률 | • 정의: 두 사건 A, B에 대하여 A가 일어났다고 가정하였을 때, B가 일어날 확률 기출<br>• 사건 A가 일어났을 때의 사건 B의 조건부확률: $P(B|A)=\dfrac{P(A\cap B)}{P(A)}$ (단, $P(A)\neq0$) |
| 독립사건 | • 정의: 두 사건 A, B에 대하여 각 사건이 일어날 확률이 다른 사건이 일어날 확률에 영향을 주지 않는 것 기출<br>• 두 사건 A와 B가 서로 독립이기 위한 필요충분조건: $P(A\cap B)=P(A)×P(B)$ |

# 4 기타

## ❶ 약수와 배수

| 약수와 배수의<br>정의 | • 자연수 A가 B로 나누어 떨어질 때, B는 A의 약수, A는 B의 배수이다.<br>$\underset{배수}{A} = \underset{약수}{B} × \underset{약수}{Q}$<br>**예** 18=3×6 → 18의 약수 : 3과 6, 3과 6의 배수 : 18 |
|---|---|
| 소인수분해 | • 자연수 N을 소인수들의 곱으로 나타내는 것이다. 기출<br>$N=a^x×b^y×c^z$ (단, a, b, c는 서로 다른 소인수)<br>**예** $18=2×3×3=2^1×3^2$ |
| 약수의 개수 | • 자연수 N이 $a^x×b^y×c^z$으로 소인수분해될 때, 약수의 개수는 $(x+1)(y+1)(z+1)$개이다.<br>**예** 18의 약수의 개수 : $(1+1)×(2+1)=6$개 |
| 최대공약수와<br>최소공배수 | • 서로소는 1 이외에 다른 공약수를 갖지 않는 둘 이상의 자연수이다.<br>• 최대공약수는 각 자연수를 소인수분해한 후, 공통 인수만을 곱하여 구한다. 기출<br>• 최소공배수는 각 자연수를 소인수분해한 후, 적어도 어느 한 자연수에 포함된 인수를 모두 곱하여 구한다. 기출<br>**예** $18=2×3^2$, $60=2^2×3×5$ → 18과 60의 최대공약수 : $2×3=6$, 최소공배수 : $2^2×3^2×5=180$<br>• 두 자연수 A, B의 최대공약수를 G, 최소공배수를 L이라고 하면,<br>A=aG, B=bG, L=abG (단, a, b는 서로소)<br>**예** $12=\underset{a}{3}×\underset{G}{(2×2)}$, $44=\underset{b}{11}×\underset{G}{(2×2)}$<br>12와 44의 최소공배수 : $\underset{a}{3}×\underset{b}{11}×\underset{G}{(2×2)}=132$ |

## ❷ 집합

| 합집합의<br>원소의 개수 | 원소의 수가 한정되어 있는 유한집합 A, B, C에서<br>• A∪B의 원소의 수 : $n(A \cup B)=n(A)+n(B)-n(A \cap B)$ **기출**<br>• A∪B∪C의 원소의 수 :<br>　$n(A \cup B \cup C)=n(A)+n(B)+n(C)-n(A \cap B)-n(B \cap C)-n(A \cap C)+n(A \cap B \cap C)$ **기출**<br>　**예** $n(A)=3$, $n(B)=5$, $n(A \cup B)=5$일 때, A∩B의 원소의 수 : $5=3+5-n(A \cap B)$이므로 $n(A \cap B)=3$ |
|---|---|
| 부분집합의 개수 | 원소의 수가 n개인 집합 A에서<br>• A의 부분집합의 수 : $2^n$<br>　**예** $A=\{1, 2, 3\}$일 때, A의 부분집합의 수 : $2^3=8$개<br>• 특정한 원소 m개를 반드시 포함하는 부분집합의 개수 : $2^{n-m}$<br>• 특정한 원소 m개를 포함하지 않는 부분집합의 개수 : $2^{n-m}$ |

## ❸ 통계

| 도수분포 | • 변량 : 자료의 특성을 수량으로 나타낸 것<br>• 도수 : 각 계급에 속하는 변량의 수<br>• 계급 : 변량을 일정한 간격으로 나눈 구간<br>• 계급값 : 각 계급의 양 끝값의 합을 2로 나눈 값 |
|---|---|
| 도수분포의 표현 | • 도수분포표 : 통계 자료를 일정한 수의 범위로 나누어 분류하고, 각 계급에 속하는 도수를 조사하여 나타낸 표<br>• 히스토그램 : 도수분포표에서 각 계급의 크기를 가로로, 도수를 세로로 하는 직사각형 형태의 막대 모양으로 나타낸 그래프<br>• 도수분포다각형 : 히스토그램에서 각 계급별 직사각형의 윗변에 중점을 잡고 양 끝에 도수가 0인 계급을 하나씩 추가하여 그 중점들을 선분으로 연결하여 만든 그래프<br>• 히스토그램의 넓이의 합과 도수분포다각형과 가로축으로 둘러싸인 부분의 넓이는 (계급의 크기)×(도수의 총합)으로 같다. |
| 평균 | • 평균 = $\dfrac{\text{변량의 총합}}{\text{변량의 개수}}$<br>• 도수분포표 평균 = $\dfrac{(\text{계급값} \times \text{도수})\text{의 총합}}{\text{도수의 총합}}$<br>　**예** A 반 학생들의 영어 성적이 각각 60점, 70점, 100점, 50점일 때, A 반 영어 성적의 평균 :<br>　$\dfrac{60+70+100+50}{4}=70$점 |
| 표준편차 | • 편차 = 변량 − 평균<br>• 표준편차 = $\sqrt{\text{분산}}=\sqrt{\dfrac{(\text{편차})^2\text{의 총합}}{\text{변량의 개수}}}$<br>• 도수분포표에서 표준편차 = $\sqrt{\text{분산}}=\sqrt{\dfrac{\{(\text{편차})^2 \times \text{도수}\}\text{의 총합}}{\text{도수의 총합}}}$ |

## ❹ 수열

| 등차수열 | • 정의: 어떤 수열 $\{a_n\}$의 연속한 두 항의 차가 일정한 값 d인 수열 **기출** <br> • 공차: 등차수열에서 연속한 두 항의 차, $a_{n+1}-a_n=d$ <br> • 등차수열의 일반항: $a_n=a+(n-1)d$ (단, 첫째항: a, 공차: d) <br> • 등차수열의 합: $S_n=\dfrac{n\{2a+(n-1)d\}}{2}=\dfrac{n(a+\ell)}{2}$ (단, 첫째항: a, 끝항: $\ell$) <br> • 세 수 a, b, c가 차례로 등차수열을 이룰 때, b를 a와 c의 등차중앙이라고 하고 $b=\dfrac{a+c}{2}$가 성립한다. |
|---|---|
| 등비수열 | • 정의: 어떤 수열 $\{a_n\}$의 연속한 두 항 사이의 비가 일정한 값 r인 수열 **기출** <br> • 공비: 등비수열에서 연속한 두 항의 비, $\dfrac{a_{n+1}}{a_n}=r$ <br> • 등비수열의 일반항: $a_n=ar^{n-1}$ (단, 첫째항: a, 공비: r) <br> • 등비수열의 합: $S_n=na$ (r=1), $S_n=\dfrac{a(1-r^n)}{1-r}$ ($r\neq1$) <br> • 세 수 a, b, c가 차례로 등비수열을 이룰 때, b를 a와 c의 등비중앙이라고 하고 $b^2=ac$가 성립한다. |
| 계차수열 | • 정의: 어떤 수열 $\{a_n\}$의 인접하는 두 항의 차로 이루어진 수열 **기출** <br> • 계차수열의 일반항: $b_n=a_{n+1}-a_n$ <br> • $\{a_n\}$의 일반항: $a_n=a+\displaystyle\sum_{k=1}^{n-1}b_k$ (단, 첫째항: a, n≥2) |
| 피보나치 수열 | • 정의: 어떤 수열 $\{a_n\}$의 연속한 두 항의 합이 바로 다음 항으로 나타나는 수열 **기출** <br> • 피보나치 수열의 일반항: $a_n=a_{n+1}-a_{n-2}$ (단, 첫째항: 1, 둘째항: n≥3) |

## ❺ 도형

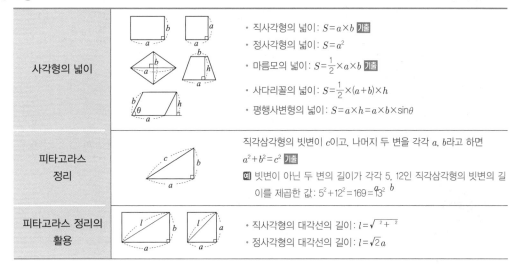

| 사각형의 넓이 | • 직사각형의 넓이: $S=a\times b$ **기출** <br> • 정사각형의 넓이: $S=a^2$ <br> • 마름모의 넓이: $S=\dfrac{1}{2}\times a\times b$ **기출** <br> • 사다리꼴의 넓이: $S=\dfrac{1}{2}\times(a+b)\times h$ <br> • 평행사변형의 넓이: $S=a\times h=a\times b\times \sin\theta$ |
|---|---|
| 피타고라스 정리 | 직각삼각형의 빗변이 $c$이고, 나머지 두 변을 각각 $a$, $b$라고 하면 <br> $a^2+b^2=c^2$ **기출** <br> **예** 빗변이 아닌 두 변의 길이가 각각 5, 12인 직각삼각형의 빗변의 길이를 제곱한 값: $5^2+12^2=169=13^2$ |
| 피타고라스 정리의 활용 | • 직사각형의 대각선의 길이: $l=\sqrt{\phantom{a^2}+\phantom{a^2}}$ <br> • 정사각형의 대각선의 길이: $l=\sqrt{2}a$ |

| | |
|---|---|
| 정삼각형의 높이와 넓이 | 한 변의 길이가 $a$인 정삼각형에서<br><br>• 높이: $h=\dfrac{\sqrt{3}}{2}a$<br><br>• 넓이: $S=\dfrac{\sqrt{3}}{4}a^2$<br><br>**예** 한 변의 길이가 4인 정삼각형의 높이와 넓이:<br>$$h=\dfrac{\sqrt{3}}{2}\times4=2\sqrt{3},\ S=\dfrac{\sqrt{3}}{4}\times4^2=4\sqrt{3}$$ |
| 원의 둘레와 넓이 | 반지름의 길이가 $r$인 원에서<br><br>• 둘레: $l=2\pi r$<br><br>• 넓이: $Sx=\pi r^2$<br><br>**예** 반지름의 길이가 2인 원의 둘레: $2\times\pi\times2=4\pi$ |
| 부채꼴의 호의 길이와 넓이 | 반지름의 길이가 $r$, 중심각의 크기가 $x$인 부채꼴에서<br><br>• 호의 길이: $l=2\pi r\times\dfrac{x}{360°}$ **기출**<br><br>• 넓이: $S=\pi r^2\times\dfrac{x}{360°}=\dfrac{1}{2}rl$ **기출**<br><br>**예** 반지름의 길이가 3, 중심각의 크기가 60°인 부채꼴의 넓이:<br>$$\pi\times3^2\times\dfrac{60°}{360°}=\dfrac{3}{2}\pi$$ |
| 입체도형의 부피 | 밑넓이가 $S$, 높이가 $h$인 뿔에서<br><br>• 부피: $V=\dfrac{1}{3}Sh$<br><br>밑넓이가 $S$, 높이가 $h$인 기둥에서<br><br>• 부피: $V=Sh$ **기출**<br><br>**예** 밑넓이가 6, 높이가 7인 사각뿔의 부피: $V=\dfrac{1}{3}\times6\times7=14$ |
| 정사면체의 높이와 부피 | 모서리의 길이가 $a$인 정사면체에서<br><br>• 높이: $h=\dfrac{\sqrt{6}}{3}a$<br><br>• 부피: $V=\dfrac{\sqrt{2}}{12}a^3$<br><br>**예** 모서리의 길이가 3인 정사면체의 높이: $h=\dfrac{\sqrt{6}}{3}\times3=\sqrt{6}$ |
| 구의 겉넓이와 부피 | 반지름의 길이가 $r$인 구에서<br><br>• 겉넓이: $S=4\pi r^2$<br><br>• 부피: $V=\dfrac{4}{3}\pi r^3$<br><br>**예** 반지름의 길이가 5인 구의 겉넓이: $S=4\times\pi\times5^2=100\pi$ |

**❻** 지수법칙과 제곱근

| | |
|---|---|
| 거듭제곱 | • 같은 수나 문자를 여러 번 곱한 것이다.<br>• a의 n제곱이란 a를 n번 곱하는 것을 말한다.<br>$$a^n = \underbrace{a \times a \times \cdots \times a}_{n \text{개}} \text{ (n은 지수, a는 밑)}$$ |
| 지수법칙 | $a \neq 0$, $b \neq 0$, m, n이 실수일 때,<br>• $a^m \times a^n = a^{m+n}$<br>• $a^m \div a^n = a^{m-n}$<br>• $(a^m)^n = a^{mn}$<br>• $(ab)^n = a^n b^n$<br>**예** $2^3 \times 2^2 \div 2^4 = 2^{3+2-4} = 2^1$ |
| a의 제곱근 | • 어떤 수 $x$를 제곱하여 a가 되었을 때, $x$를 a의 제곱근이라고 한다.<br>$x^2 = a \Leftrightarrow x = \pm \sqrt{a}$ (단, $a \geq 0$)<br>• 양수 a의 $\begin{cases} \text{양의 제곱근 } \sqrt{a} \\ \text{음의 제곱근 } -\sqrt{a} \end{cases}$ |
| 제곱근의 성질 | • 0의 제곱근은 0이다.<br>• $a > 0$일 때, $(\sqrt{a})^2 = a$, $\sqrt{a^2} = a$, $(-\sqrt{a})^2 = a$, $\sqrt{(-a)^2} = a$ |
| 제곱근의 연산 | $a > 0$, $b > 0$이고, m, n이 유리수일 때,<br>• $\sqrt{a} \times \sqrt{b} = \sqrt{ab}$<br>• $\sqrt{a} \div \sqrt{b} = \dfrac{\sqrt{a}}{\sqrt{b}} = \sqrt{\dfrac{a}{b}}$<br>• $\sqrt{a^2 b} = a\sqrt{b}$<br>• $\sqrt{\dfrac{a}{b^2}} = \dfrac{\sqrt{a}}{b}$<br>• $m\sqrt{a} + n\sqrt{a} = (m+n)\sqrt{a}$<br>• $m\sqrt{a} - n\sqrt{a} = (m-n)\sqrt{a}$ |
| 분모의 유리화 | • 정의: 어떤 분수의 분모에 근호가 있을 때, 분모와 분자에 각각 분모와 같은 무리수를 곱하거나, 무리식의 두 항 중 한 항의 부호가 반대인 무리식을 곱하여 분모를 유리수로 고치는 것이다.<br>$a > 0$, $b > 0$일 때,<br>• $\dfrac{b}{\sqrt{a}} = \dfrac{b \times \sqrt{a}}{\sqrt{a} \times \sqrt{a}} = \dfrac{b\sqrt{a}}{a}$<br>• $\dfrac{c}{\sqrt{a} + \sqrt{b}} = \dfrac{c(\sqrt{a} - \sqrt{b})}{(\sqrt{a} + \sqrt{b})(\sqrt{a} - \sqrt{b})} = \dfrac{c(\sqrt{a} - \sqrt{b})}{a - b}$ (단, $a \neq b$) |

**❼ 로그**

| 로그의 정의 | · a>0, a≠1, N>0일 때, $a^x = N \Leftrightarrow x = \log_a N$ (N은 진수, a는 밑) |
|---|---|
| 로그의 성질 | a>0, a≠1, b>0, $x>0$, $y>0$, n은 임의의 실수일 때,<br>· $\log_a a = 1$, $\log_a 1 = 0$<br>· $\log_a xy = \log_a x + \log_a y$<br>· $\log_a \dfrac{x}{y} = \log_a x - \log_a y$<br>· $\log_a x^n = n\log_a x$<br>· $\log_a b = \dfrac{\log_c b}{\log_c a}$ (단, c>0, c≠1)<br> ⓔ $\log_2 3 + \log_2 2^0 + \log_5 2 + \log_5 3 = 1 + 2\log_2 2 + \log_5(2 \times 3) = 3 + \log_5 6$ |

**❽ 다항식의 연산**

| 곱셈공식 | 다항식의 곱을 전개할 때 쓰이는 공식이다.<br>· $(a \pm b)^2 = a^2 \pm 2ab + b^2$<br>· $(a+b)(a-b) = a^2 - b^2$<br>· $(x+a)(x+b) = x^2 + (a+b)x + ab$<br>· $(ax+b)(cx+d) = acx^2 + (ad+bc)x + bd$<br> ⓔ $(3x+5)(4x-3) = 12x^2 + (-9+20)x - 15 = 12x^2 + 11x - 15$ |
|---|---|
| 인수분해 | 다항식을 2개 이상의 인수의 곱으로 나타내는 것이다.<br>· $a^2 \pm 2ab + b^2 = (a \pm b)^2$<br>· $a^2 - b^2 = (a+b)(a-b)$<br>· $x^2 + (a+b)x + ab = (x+a)(x+b)$<br>· $acx^2 + (ad+bc)x + bd = (ax+b)(cx+d)$<br> ⓔ $x^2 - 6x - 16 = (x+2)(x-8)$ |
| 비례식의 계산 | · a : b = c : d, 즉 $\dfrac{a}{b} = \dfrac{c}{d}$일 때 ad=bc 기출<br>· $\dfrac{a}{b} = \dfrac{c}{d} = \dfrac{e}{f} = \dfrac{a+c+e}{b+d+f} = \dfrac{la+mc+ne}{lb+md+nf}$ (단, b≠0, d≠0, f≠0, b+d+f≠0, lb+md+nf≠0) |
| 유리식의 계산 | · 부분분수로의 분해 : $\dfrac{1}{AB} = \dfrac{1}{B-A}\left(\dfrac{1}{A} - \dfrac{1}{B}\right)$ (단, A≠0, B≠0, A≠B)<br>· 번분수식의 계산 : $\dfrac{\frac{A}{B}}{\frac{C}{D}} = \dfrac{A}{B} \div \dfrac{C}{D} = \dfrac{A}{B} \times \dfrac{D}{C} = \dfrac{AD}{BC}$ |

주리능력은 최근 출제 유형을 중심으로 기출 유형을 파악한 후, 관련 이론 및 기출 규칙을 학습하여 문제 해결 능력을 향상시켜야 한다. 언어추리 유형은 모든 선택지의 옳고 그름을 확인하려면 문제 풀이 시간이 길어지므로 제시된 명제나 조건을 보기 쉽게 단어나 표로 정리하는 등 자기만의 풀이 방법을 찾아 충분히 익힌 후, 실제 시험에서 문제를 빠르게 풀 수 있도록 한다. 수/문자추리 유형은 기출 규칙을 포함하여 최대한 다양한 규칙을 학습하여 정답률을 높인다. 마지막으로 도식추리, 도형추리 유형은 출제되는 규칙이 다양하므로 문제의 규칙을 암기하는 것보다는 문제 풀이 원리를 익히는 데 집중하도록 한다.

# 1 언어추리

## ❶ 명제

| | |
|---|---|
| 명제의 정의 | • 가정과 결론으로 구성되어 참과 거짓을 명확히 판별할 수 있는 문장이다.<br>예 <u>독일어를 할 수 있는 사람은</u> / <u>스페인어를 할 수 있다.</u><br>               가정                         결론 |
| 명제의<br>'역', '이', '대우' | • 명제: P이면 Q이다. (P → Q)<br>예 독일어를 할 수 있는 사람은 스페인어를 할 수 있다.<br>• 명제의 '역': Q이면 P이다. (Q → P)<br>예 스페인어를 할 수 있는 사람은 독일어를 할 수 있다.<br>• 명제의 '이': P가 아니면 Q가 아니다. (~P → ~Q)<br>예 독일어를 할 수 없는 사람은 스페인어를 할 수 없다.<br>• 명제의 '대우': Q가 아니면 P가 아니다. (~Q → ~P)<br>예 스페인어를 할 수 없는 사람은 독일어를 할 수 없다. |
| 명제 사이의<br>관계 | • 명제가 참이라면 그 명제의 '대우' 또한 참이다.<br>예 독일어를 할 수 있는 사람은 스페인어를 할 수 있다. (명제 – 참)<br>   스페인어를 할 수 없는 사람은 독일어를 할 수 없다. (명제의 '대우' – 참)<br>• 명제가 거짓이라면 그 명제의 '대우' 또한 거짓이다.<br>예 독일어를 할 수 있는 사람은 스페인어를 할 수 있다. (명제 – 거짓)<br>   스페인어를 할 수 없는 사람은 독일어를 할 수 없다. (명제의 '대우' – 거짓)<br>• 명제의 '역'이 참이라면 그 명제의 '이' 또한 참이다.<br>예 독일어를 할 수 있는 사람은 스페인어를 할 수 있다. (명제)<br>   스페인어를 할 수 있는 사람은 독일어를 할 수 있다. (명제의 '역' – 참)<br>   독일어를 할 수 없는 사람은 스페인어를 할 수 없다. (명제의 '이' – 참)<br>• 명제의 '역'이 거짓이라면 그 명제의 '이' 또한 거짓이다.<br>예 독일어를 할 수 있는 사람은 스페인어를 할 수 있다. (명제)<br>   스페인어를 할 수 있는 사람은 독일어를 할 수 있다. (명제의 '역' – 거짓)<br>   독일어를 할 수 없는 사람은 스페인어를 할 수 없다. (명제의 '이' – 거짓) |

| 명제의 부정 | • 명제에 반대되는 개념이 아니라, 명제를 제외한 나머지 모두를 포함하는 개념이다.<br>예 "2의 배수는 짝수이다."라는 명제의 부정은 "2의 배수는 홀수이다."가 아니라 "2의 배수는 짝수가<br>아닌 (소수, 분수 등을 포함한) 수이다."이다. |
|---|---|
| 연결어,<br>수식어의 부정 | • '그리고(and)'라는 의미를 갖는 연결어의 부정은 '또는(or)'이라는 의미를 갖는 연결어이다.<br>예 독일어를 할 수 있는 사람은 / 이탈리아어와 스페인어를 할 수 있다. (명제)<br>　독일어를 할 수 있는 사람은 / 이탈리아어를 할 수 없거나 스페인어를 할 수 없다. (명제의 '부정')<br>• '또는'이라는 의미를 갖는 연결어의 부정은 '그리고'라는 의미를 갖는 연결어이다.<br>예 독일어를 할 수 있는 사람은 / 이탈리아어를 할 수 있거나 스페인어를 할 수 있다. (명제)<br>　독일어를 할 수 있는 사람은 / 이탈리아어와 스페인어를 할 수 없다. (명제의 '부정')<br>• '모든'이라는 의미를 갖는 수식어의 부정은 '어떤'이라는 의미를 갖는 수식어이다.<br>예 독일어를 할 수 있는 모든 사람은 / 스페인어를 할 수 있다. (명제)<br>　독일어를 할 수 있는 어떤 사람은 / 스페인어를 할 수 없다. (명제의 '부정')<br>• '어떤'이라는 의미를 갖는 수식어의 부정은 '모든'이라는 의미를 갖는 수식어이다.<br>예 독일어를 할 수 있는 어떤 사람은 / 스페인어를 할 수 있다. (명제)<br>　독일어를 할 수 있는 모든 사람은 / 스페인어를 할 수 없다. (명제의 '부정') |

| 명제의 분리 | • 분리된 명제가 참인 경우 |
|---|---|

| (S or P) → Q | S → Q (참), P → Q (참) |
|---|---|
| S → (P and Q) | S → P (참), S → Q (참) |

예 남자이거나 여자이면 사람이다. (명제 – 참)

남자이면 사람이다. (참)

여자이면 사람이다. (참)

• 분리된 명제의 참과 거짓을 판별할 수 없는 경우

| S → (P or Q) | S → P (알 수 없음), S → Q (알 수 없음) |
|---|---|
| (S and P) → Q | S → Q (알 수 없음), P → Q (알 수 없음) |

예 바다를 좋아하고 산을 좋아하는 사람은 마음이 넓다. (명제 – 참)

바다를 좋아하는 사람은 마음이 넓다. (알 수 없음)

산을 좋아하는 사람은 마음이 넓다. (알 수 없음)

**명제의 집합관계**

• 모든 S는 P이다. 기출

• 어떤 S는 P이다. 기출

• 모든 S는 P가 아니다. / 어떤 S도 P가 아니다. 기출

| 명제의<br>집합관계 | • 어떤 S는 P가 아니다. 기출 <br>   |
|---|---|

## ❷ 연역추론과 귀납추론

| 연역추론 | • 일반적인 원리를 전제로 개별적인 경우를 추론하는 방법으로, 전제가 참이면 결론도 반드시 참인 특<br>징이 있다. 또한, 연역추론의 대표적인 형태가 삼단논법이다.<br>예 새는 모두 날개가 있는데, 고양이는 날개가 없다. 그러므로 고양이는 새가 아니다. |
|---|---|
| 귀납추론 | • 구체적이고 개별적인 사실에서 일반적인 원리를 도출해 내는 추론 방법으로, 전제가 참일지라도 결<br>론은 반드시 참이 보장되지 않는 특징이 있다.<br>예 지혜는 어제도 늦고 오늘도 늦었으니, 내일도 늦을 것이다. |

## ❸ 삼단논법

| 삼단논법의<br>정의 | • 명제로 구성된 두 개의 전제로부터 하나의 결론을 도출하는 추리 방법이다.<br><table><tr><td>대전제</td><td>모든 동물은 잠을 잔다.</td></tr><tr><td>소전제</td><td>모든 다람쥐는 동물이다.</td></tr><tr><td>결론</td><td>모든 다람쥐는 잠을 잔다.</td></tr></table><br>• 대전제: 결론의 술어 개념인 '대개념'을 포함한 전제<br>• 소전제: 결론의 주어 개념인 '소개념'을 포함한 전제<br>• 매개념: 결론의 중개 역할을 하면서 전제에만 나오는 개념 |
|---|---|
| 타당성 증명<br>규칙 | • 긍정명제: 긍정의 관계를 나타내는 명제<br>예 모든 동물은 잠을 잔다.<br>• 부정명제: 부정 판단을 나타낸 명제<br>예 모든 동물은 다람쥐가 아니다.<br>• 대전제와 소전제 모두 긍정명제라면 결론도 긍정명제여야 한다.<br>• 대전제와 소전제 중 하나라도 부정명제라면 결론은 반드시 부정명제여야 한다.<br>• 삼단논법에서 두 개의 전제가 모두 부정명제일 수는 없다. |

| | 경우 1 | 경우 2 | 경우 3 |
|---|---|---|---|
| 대전제(전제1) | 긍정명제 | 긍정명제 | 부정명제 |
| 소전제(전제2) | 긍정명제 | 부정명제 | 긍정명제 |
| 결론 | 긍정명제 | 부정명제 | 부정명제 |

| | |
|---|---|
| 타당한 논증 | • 전제를 참으로 받아들일 경우에 결론도 틀림없이 참이 된다면 타당한 논증이다.<br><br>예 1. 전제1: 모든 정치가는 공무원이다.<br>　　전제2: 어떤 사업가도 공무원은 아니다.<br>　　결론: 어떤 사업가도 정치가는 아니다.<br><br>　　　공무원　사업가<br>　　　（정치가）　（　）<br><br>　2. 전제1: 어떤 정치가도 사업가가 아니다.<br>　　전제2: 어떤 공무원은 정치가이다.<br>　　결론: 어떤 공무원은 사업가가 아니다.<br><br>　　정치가 공무원 사업가<br>　　（　）（　）（　）<br><br>　　정치가 공무원　사업가<br>　　（　）（　）　（　）<br><br>　　공무원　정치가<br>　　（사업가）（　）|
| 타당하지 않은 논증 | • 반례가 한 가지라도 존재한다면 타당하지 않은 논증이다.<br><br>예 1. 전제1: 어떤 공무원은 사업가이다.<br>　　전제2: 모든 정치가는 공무원이다.<br>　　결론: 어떤 정치가는 사업가이다.<br>　　→ 아래의 반례와 같이 모든 정치가는 사업가가 아닐 수도 있으므로 타당하지 않은 결론이다.<br><br>　　공무원　사업가<br>　　（정치가）（　）<br><br>　2. 전제1: 모든 정치가는 공무원이다.<br>　　전제2: 어떤 사업가도 정치가는 아니다.<br>　　결론: 어떤 사업가도 공무원은 아니다.<br>　　→ 아래의 반례와 같이 공무원인 사업가가 존재할 수도 있으므로 타당하지 않은 결론이다.<br><br>　　공무원　사업가<br>　　（정치가）（　）<br><br>　3. 전제1: 어떤 공무원도 사업가는 아니다.<br>　　전제2: 어떤 공무원은 정치가이다.<br>　　결론: 어떤 정치가는 사업가이다.<br>　　→ 아래의 반례와 같이 모든 정치가는 사업가가 아닐 수도 있으므로 타당하지 않은 결론이다.<br><br>　　정치가 공무원　사업가<br>　　（　）（　）　（　）|

# 2 수/문자추리

## 등차

• 앞항에 차례로 일정한 수를 더하여 다음 항이 얻어지는 규칙 **기출**

예

| 1 | → | 3 | → | 5 | → | 7 | → | 9 | → | 11 | → | 13 |
|---|---|---|---|---|---|---|---|---|---|----|---|----|
| | ｜2 | | +2 | | +2 | | +2 | | +2 | | +2 | |

## 등비

• 앞항에 차례로 일정한 수를 곱하여 다음 항이 얻어지는 규칙 **기출**

예

| 1 | → | 2 | → | 4 | → | 8 | → | 16 | → | 32 | → | 64 |
|---|---|---|---|---|---|---|---|----|---|----|---|----|
| | ×2 | | ×2 | | ×2 | | ×2 | | ×2 | | ×2 | |

## 피보나치

• 앞의 두 항을 합하면 다음 항이 얻어지는 규칙 **기출**

예

| 0 | → | 1 | → | 1 | → | 2 | → | 3 | → | 5 | → | 8 |
|---|---|---|---|------|---|------|---|------|---|------|---|------|
| | | | | =0+1 | | =1+1 | | =1+2 | | =2+3 | | =3+5 |

## 계차

• 등차 계차: 앞항과 다음 항의 차가 순서대로 등차를 이루는 규칙 **기출**

예

| 1 | → | 3 | → | 7 | → | 13 | → | 21 | → | 31 | → | 43 |
|---|-----|----|-----|----|-----|----|-----|----|-----|----|-----|----|
| | +2 | | +4 | | +6 | | +8 | | +10 | | +12 | |
| | | +2 | | +2 | | +2 | | +2 | | +2 | | |

• 등비 계차: 앞항과 다음 항의 차가 순서대로 등비를 이루는 규칙 **기출**

예

| 1 | → | 3 | → | 7 | → | 15 | → | 31 | → | 63 | → | 127 |
|---|-----|----|-----|----|-----|----|-----|----|-----|----|-----|-----|
| | +2 | | +4 | | +8 | | +16 | | +32 | | +64 | |
| | | ×2 | | ×2 | | ×2 | | ×2 | | ×2 | | |

## 반복

• 앞항과 다음 항 사이에 여러 개의 연산기호가 반복적으로 적용되는 규칙 **기출**

예

| 1 | → | 3 | → | 6 | → | 4 | → | 6 | → | 12 | → | 10 |
|---|-----|---|-----|---|-----|---|-----|---|-----|----|-----|----|
| | +2 | | ×2 | | -2 | | +2 | | ×2 | | -2 | |

• 앞항과 다음 항 사이에 여러 개의 연산이 반복적으로 적용되는 규칙 **기출**

예

| 1 | → | 3 | → | 9 | → | 11 | → | 33 | → | 35 | → | 105 |
|---|-----|---|-----|---|-----|----|-----|----|-----|----|-----|-----|
| | +2 | | ×3 | | +2 | | ×3 | | +2 | | ×3 | |

## 기타

• 앞항에 두 개 이상의 연산을 적용시키면 다음 항이 얻어지는 규칙

예

| 1 | → | 3 | → | 8 | → | 19 | → | 42 | → | 89 | → | 184 |
|---|------|---|------|---|------|----|------|----|------|----|------|-----|
| | ×2+1 | | ×2+2 | | ×2+3 | | ×2+4 | | ×2+5 | | ×2+6 | |

• 앞항과 다음 항 사이에 적용되는 연산이 분기점을 중심으로 변화하는 규칙

예

| 1 | → | 1 | → | 2 | → | 6 | → | 24 | → | 72 | → | 144 |
|---|-----|---|-----|---|-----|---|-----|----|-----|----|-----|-----|
| | ×1 | | ×2 | | ×3 | | ×4 | | ×3 | | ×2 | |

해커스 20대기업 인적성 통합 기본서 최신기출유형+실전문제

# 3 도식추리

## ❶ 변환 규칙

| | |
|---|---|
| 문자 변환/증감 | • 문사의 순서에 따리 문지를 다른 문자로 변환시키는 규칙 **기출**<br>예 abcd → acde (a, b+1, c+1, d+1)<br>• 제시된 각 숫자의 크기를 증가시키거나 감소시키는 규칙 **기출**<br>예 2857 → 1948 (2-1, 8+1, 5-1, 7+1) |
| 자리 변환 | • 문자나 숫자를 특정 자리로 이동시키거나 자리를 서로 바꾸는 규칙 **기출**<br>예 abcd → dcba (a ↔ d, b ↔ c) |

## ❷ 문자 순서

| | | | | | | | | | | | |
|---|---|---|---|---|---|---|---|---|---|---|---|
| **알파벳** | | | | | | | | | | | |

• 오름차순에 따른 알파벳 순서 **기출**

| ... | X | Y | Z | A | B | C | D | E | F | G | H |
|---|---|---|---|---|---|---|---|---|---|---|---|
| ... | -2 | -1 | 0 | 1 | 2 | 3 | 4 | 5 | 6 | 7 | 8 |
| I | J | K | L | M | N | O | P | Q | R | S | T |
| 9 | 10 | 11 | 12 | 13 | 14 | 15 | 16 | 17 | 18 | 19 | 20 |
| U | V | W | X | Y | Z | A | B | C | ... | | |
| 21 | 22 | 23 | 24 | 25 | 26 | 27 | 28 | 29 | ... | | |

• 오름차순에 따른 한글 자음 순서 **기출**

| ... | ㅌ | ㅍ | ㅎ | ㄱ | ㄴ | ㄷ | ㄹ | ㅁ | ㅂ | ㅅ |
|---|---|---|---|---|---|---|---|---|---|---|
| ... | -2 | -1 | 0 | 1 | 2 | 3 | 4 | 5 | 6 | 7 |
| ㅇ | ㅈ | ㅊ | ㅋ | ㅌ | ㅍ | ㅎ | ㄱ | ㄴ | ㄷ | ... |
| 8 | 9 | 10 | 11 | 12 | 13 | 14 | 15 | 16 | 17 | ... |

• 오름차순에 따른 한글 모음 순서 **기출**

| ... | ㅠ | ㅡ | ㅣ | ㅏ | ㅑ | ㅓ | ㅕ | ㅗ |
|---|---|---|---|---|---|---|---|---|
| ... | -2 | -1 | 0 | 1 | 2 | 3 | 4 | 5 |
| ㅛ | ㅜ | ㅠ | ㅡ | ㅣ | ㅏ | ㅑ | ㅕ | ... |
| 6 | 7 | 8 | 9 | 10 | 11 | 12 | 13 | ... |

# 4 도형추리

## ❶ 도형 변환 규칙

| | |
|---|---|
| **도형 회전** | • 제시된 도형이 시계 방향이나 반시계 방향으로 회전하는 규칙 기출<br><br>**예**<br><br><br>제시된 도형은 시계 방향으로 90도씩 회전한 형태이다. |
| **내부도형 이동** | • 제시된 도형의 내부도형이 시계 방향이나 반시계 방향으로 일정하게 이동하는 규칙 기출<br><br>**예**<br><br><br>제시된 도형은 백색 내부도형이 반시계 방향으로 한 칸씩, 회색 내부도형이 반시계 방향으로 두 칸씩 이동한 형태이다. |
| **선 삭제하기<br>(선 합치기)** | • 제시된 도형의 선 일부를 삭제하거나 합치는 규칙 기출<br><br>**예**<br><br><br>세 번째에 제시된 도형은 두 번째에 제시된 도형에서 첫 번째에 제시된 도형의 선을 삭제한 형태이다. (두 번째에 제시된 도형은 첫 번째와 세 번째에 제시된 도형의 선을 합친 형태이다.) |
| **면 자르기** | • 제시된 도형의 면을 가로 방향이나 세로 방향으로 자르는 규칙 기출<br><br>**예**<br><br><br>두 번째에 제시된 도형은 첫 번째에 제시된 도형을 세로 방향으로 절반을 자른 후 하나의 모양만 나타낸 형태이고, 세 번째에 제시된 도형은 두 번째에 제시된 도형을 세로 방향으로 절반을 자른 후 하나의 모양만 나타낸 형태이다. |
| **도형의 개수 증가(감소)** | • 제시된 도형이 증가하거나 감소하는 규칙 기출<br><br>**예**<br><br><br>제시된 도형은 도형의 개수가 1개씩 증가하는 형태이다. |

해커스 20대기업 인적성 통합 기본서 최신기출유형+실전문제

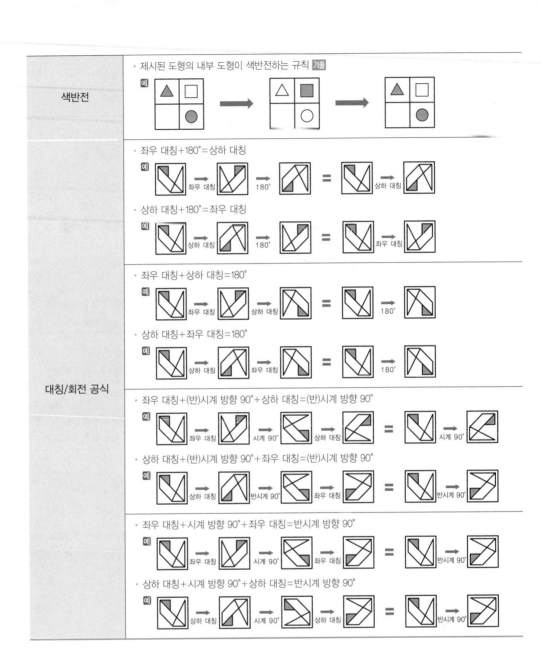

| 색반전 | • 제시된 도형의 내부 도형이 색반전하는 규칙 기출 |
| 대칭/회전 공식 | • 좌우 대칭+180°=상하 대칭<br>• 상하 대칭+180°=좌우 대칭<br><br>• 좌우 대칭+상하 대칭=180°<br>• 상하 대칭+좌우 대칭=180°<br><br>• 좌우 대칭+(반)시계 방향 90°+상하 대칭=(반)시계 방향 90°<br>• 상하 대칭+(반)시계 방향 90°+좌우 대칭=(반)시계 방향 90°<br><br>• 좌우 대칭+시계 방향 90°+좌우 대칭=반시계 방향 90°<br>• 상하 대칭+시계 방향 90°+상하 대칭=반시계 방향 90° |

공간지각능력은 직무적성검사에 출제되었던 유형을 중심으로 취약 유형을 파악한 후, 관련 이론과 문제 풀이 전략을 학습하여 공간 판단력을 향상시켜야 한다. 전개도 유형은 대부분 정육면체의 전개도가 출제되므로 정육면체 전개도의 다양한 형태를 충분히 학습하여 정답률을 높인다. 블록/투상도 유형은 방향에 따라 달라지는 입체도형의 형태에 유의하여 문제를 푼다. 공간지각능력은 출제되는 유형이 계속해서 변동되므로 문제의 형태를 익히는 데 집중하기보다는 문제 풀이 원리를 익히는 데 집중하도록 한다.

## 1 전개도

### ❶ 정육면체의 전개도

| 전개도를 접어 완성한 정육면체 |
| :---: |

| 위의 정육면체를 만들 수 있는 다양한 전개도 |
| :---: |

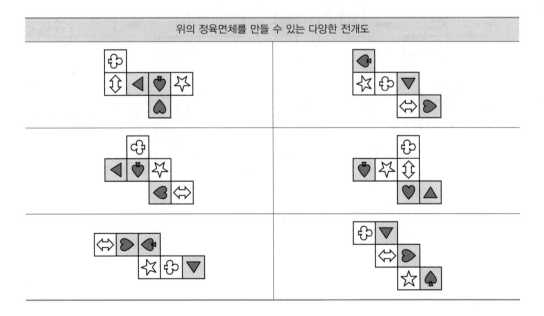

해커스 20대기업 인적성 통합 기본서 최신기출유형+실전문제

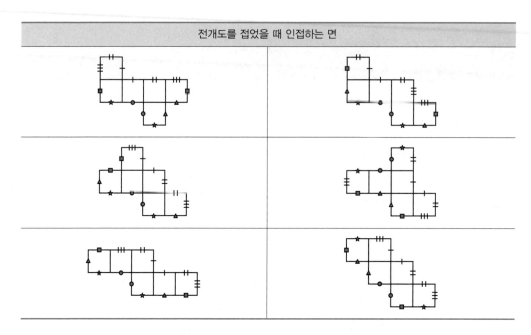

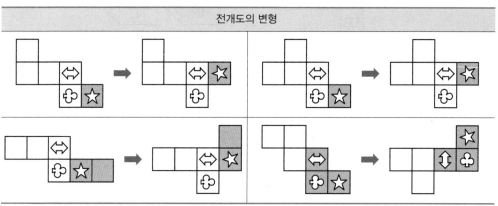

# 2 블록

**❶ 두 블록의 다양한 결합 형태**

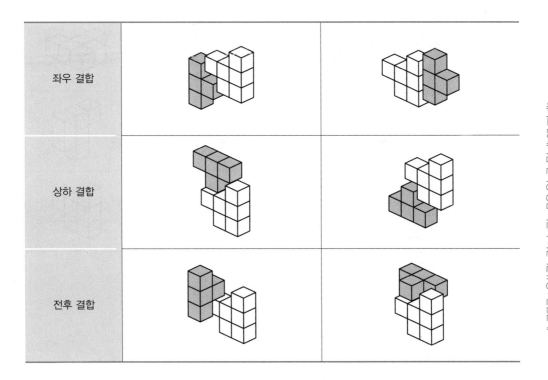

| | | |
|---|---|---|
| 좌우 결합 | | |
| 상하 결합 | | |
| 전후 결합 | | |

## ❷ 블록의 회전 규칙

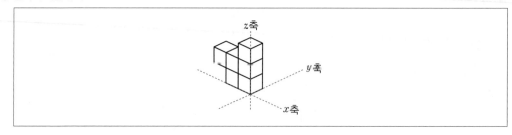

| | 90도 회전 | 180도 회전 | 270도 회전 |
|---|---|---|---|
| $x$축 기준 | | | |
| $y$축 기준 | | | |
| $z$축 기준 | | | |

# 3 투상도

## ❶ 입체도형의 투상도

| 입체도형 | 앞에서 본 모양 | 위에서 본 모양 | 옆에서 본 모양 |
|---|---|---|---|
| 앞 | | | |
| 앞 | | | |
| 앞 | | | |
| 앞 | | | |

해커스 20대기업 인적성 통합 기본서 최신기출유형 + 실전문제